wisu-texte

Görgens/Ruckriegel/Seitz

# Europäische Geldpolitik

Für Inge, Karin, Uschi

Prof. Dr. Egon Görgens
Universität Bayreuth

Prof. Dr. Karlheinz Ruckriegel
Georg-Simon-Ohm-Fachhochschule Nürnberg

Prof. Dr. Franz Seitz
Fachhochschule Amberg-Weiden

# Europäische Geldpolitik

## Theorie, Empirie, Praxis

2., vollkommen überarbeitete und stark erweiterte Auflage

WERNER VERLAG

Die Deutsche Bibliothek – CIP-Einheitsaufnahme

Görgens, Egon:
Europäische Geldpolitik : Theorie, Empirie, Praxis / Egon Görgens ;
Karlheinz Ruckriegel ; Franz Seitz. – 2., vollkommen überarbeitete und stark
erweiterte Aufl. – Düsseldorf : Werner, 2001
ISBN 3-8041-1821-6


Printed in Germany
Eine Lange-Produktion


Satz: TGK Wienpahl, Köln
Druck: Aschendorff Druckhaus, Münster
Umschlaggestaltung: Ute Weber GrafikDesign, Geretsried

Archiv-Nr.: 1105-9.99
Bestell-Nr.: 3-8041-1821-6

# Vorwort zur zweiten Auflage

Als vor zwei Jahren die erste Auflage der „Europäischen Geldpolitik“ erschien, war naturgemäß ein Rückgriff auf Erfahrungen mit der Geldpolitik des Eurosystems nicht möglich. Selbstverständlich erlauben auch zweieinhalb Jahre einheitliche Geldpolitik noch kein abschließendes erfahrungsgestütztes Urteil. Dennoch sind Konturen und Probleme deutlicher geworden.

Erinnert sei an die umfangreiche Strategiediskussion im Allgemeinen und die Zwei-Säulen-Strategie des Eurosystems im Besonderen. Transparenz, Rechenschaftspflicht, Unsicherheit sind weitere Stichworte zu einer mittlerweile sehr umfangreichen Literatur über Probleme der Geldpolitik des Eurosystems.

Ursachen und Folgen unterschiedlicher Konjunktur- und Preisentwicklungen in den EWU-Ländern – die Unterschiede sind bislang offenbar größer als vielfach im Vorfeld der EWU angenommen wurde – nehmen in der Diskussion breiten Raum ein. Dies gilt auch für die retrospektive und – in Bezug auf potenzielle Mitglieder – prospektive Konvergenzdebatte.

Vergleiche mit dem Federal Reserve System der Vereinigten Staaten lassen konzeptionelle und institutionelle Besonderheiten des Eurosystems deutlicher hervortreten.

Wenn auch die Grundkonzeption des Lehrbuches beibehalten wurde, so erforderten die Berücksichtigung der neuen Entwicklungen und der in den letzten Jahren kräftig angeschwollenen Literatur zu Problemen europäischer Geldpolitik doch eine gründliche Überarbeitung des gesamten Textes.

Wir haben uns wiederum um eine möglichst knappe und eingängige Darstellung bemüht. Dennoch ließ sich eine deutliche Ausweitung des Textes nicht vermeiden. Ein Teil des gewachsenen Umfangs ist jedoch der leserfreundlichen Präsentation zuzuschreiben.

Die erste Auflage hat ein derart lebhaftes Echo gefunden, dass schon nach kurzer Zeit die zweite Auflage nötig wurde. Vielfältige Anregungen haben zu Ergänzungen und klareren Formulierungen beigetragen. Dafür herzlichen Dank. Einen besonderen Dank schulden wir T. Beißinger (Universität Regensburg), U. Bindseil (EZB), H. P. Bisani (FH Deggendorf), J. Clostermann (FH Ingolstadt), M. Eder (Landeszentralbank im Freistaat Bayern), B. Hayo (Zentrum für Europäische Integrationsforschung, Bonn), C. Knoppik (Universität Regensburg), M. Kremer (EZB), J. v. Landesberger (HypoVereinsbank), J. Möller (Universität Regensburg), H. E. Reimers (FH Wismar), H. Rottmann (FH Amberg-Weiden) und S. Schich (OECD), die uns mit Kurzdarstellungen in Boxen, Datenbeschaffungen und der Durchsicht einzelner Abschnitte tatkräftig unterstützt haben. Bedanken möchten wir uns auch bei Frau Heidi Frohnhöfer für das Schreiben einzelner Textbausteine und deren Verarbeitung zum Gesamtwerk.

*Bayreuth, Nürnberg, Weiden*
*im Sommer 2001*

*Prof. Dr. Egon Görgens*
*Prof. Dr. Karlheinz Ruckriegel*
*Prof. Dr. Franz Seitz*

Prof. Dr. E. Görgens, Lehrstuhl für Volkswirtschaftslehre II (Wirtschaftspolitik), Universität Bayreuth, 95440 Bayreuth,
e-mail: egon.goergens@uni-bayreuth.de

Prof. Dr. K. Ruckriegel, Fachbereich Betriebswirtschaft,
Georg-Simon-Ohm-Fachhochschule Nürnberg, Bahnhofstr. 87, 90402 Nürnberg,
e-mail: karlheinz.ruckriegel@fh-nuernberg.de

Prof. Dr. F. Seitz,
Fachhochschule Amberg-Weiden, Hetzenrichter Weg 15, 92637 Weiden,
e-mail: f.seitz@fh-amberg-weiden.de

# Vorwort zur ersten Auflage

Mit dem 1.1.1999 begann auf dem Gebiet der Geldpolitik in Europa eine neue Zeitrechnung. Zu diesem Zeitpunkt haben die elf Mitgliedsländer der Europäischen Union (Belgien, Deutschland, Finnland, Frankreich, Irland, Italien, Luxemburg, Niederlande, Österreich, Portugal und Spanien), die nach dem Beschluss des EU-Rats die Voraussetzungen für die Währungsunion erfüllten, als gemeinsame Währung den Euro eingeführt. Die Geldpolitik wird seither zentralisiert vom so genannten Eurosystem, den elf nationalen Zentralbanken und der Europäischen Zentralbank, einheitlich für den neuen Währungsraum durchgeführt. Auf nationale Belange kann keine Rücksicht mehr genommen werden. Zwar existiert der Euro bis 2002 nur im bargeldlosen Zahlungsverkehr. Faktisch sind die elf nationalen Währungen aber nur noch Untereinheiten der neuen europäischen Währung „Euro".

Vor diesem Hintergrund haben Lehrbücher zur Geldpolitik, die die institutionellen Bedingungen bis Ende 1998 zum Gegenstand haben, nur noch eingeschränkten Informationswert. Zwar ändern sich die gesamtwirtschaftlichen Strukturen nicht von heute auf morgen. Auf vielfältigen Gebieten ergeben sich allerdings neue Rahmenbedingungen für die Geldpolitik. Und gerade auf den Finanzmärkten, die bei der Analyse geldpolitischer Effekte eine zentrale Rolle einnehmen, vollziehen sich viele Änderungen recht schnell bzw. sind in den Entscheidungen der Marktteilnehmer bereits vorweg genommen. Diese Änderungen betreffen institutionelle Aspekte, die operative Ebene des Geldmarktes, mögliche Zwischenziele und alternative strategische Ausrichtungen, aber auch die Endzielebene.

Mittlerweile gibt es eine Fülle von Beiträgen, die sich mit speziellen geldpolitischen Problemen der Europäischen Wirtschafts- und Währungsunion beschäftigen. Die nationalen Zentralbanken und insbesondere auch die Europäische Zentralbank haben sich um umfangreiche Aufklärungsarbeit über die zu verfolgende geldpolitische Strategie, Instrumentarium und Steuerungsprobleme bemüht. Dennoch sind im Hochschulbereich gleichermaßen wie in Diskussionen über Probleme europäischer Geldpolitik – von Expertenzirkeln abgesehen – erhebliche Informationsdefizite unverkennbar. Diesen Defiziten durch eine möglichst geschlossene Gesamtdarstellung beizukommen, ist das Hauptanliegen des vorliegenden Lehrbuches. Das Buch richtet sich vornehmlich an Studierende an Universitäten und Fachhochschulen mit Grundkenntnissen in makroökonomischer Theorie und Geldtheorie. Doch auch zu geldpolitisch einschlägigen Studienabschnitten an Verwaltungsakademien und verwandten Bildungseinrichtungen dürfte der Text einen geeigneten Zugang ermöglichen. Darüber hinaus wendet er sich an Mitarbeiter von Banken und anderen Finanzinstitutionen, die ihr Wissen über die Europäische Geldpolitik vertiefen möchten.

Zu danken haben wir Frau Dr. Caroline Willeke, Dr. Ulrich Bindseil und Dr. Dieter Gerdesmeier (alle Europäische Zentralbank), Manfred Eder (Landeszentralbank im Freistaat Bayern) sowie den Kollegen Professor Jörg Clostermann (Ingolstadt) und Professor Hans-Eggert Reimers (Wismar), die sich der Mühe unterzogen haben, eine frühere Fassung des Buches kritisch unter die Lupe zu nehmen. Sie haben manche Unklarheiten und Argumentationslücken aufgedeckt. Selbstverständlich gehen verbleibende Fehler und Mängel zu unseren Lasten. Frau Iris Röckelein danken wir für das Schreiben verschiedener Fassungen von Teilstücken und deren Komposition zu einem lesbaren Buch.

*Bayreuth, Nürnberg, Weiden*
*im Sommer 1999*

*Prof. Dr. Egon Görgens*
*Prof. Dr. Karlheinz Ruckriegel*
*Prof. Dr. Franz Seitz*

# Kurzübersicht

# 1 Inhaltsverzeichnis

Seite

# 2 Nützliche Internet-Adressen zum Euro und zur Währungsunion

*http://www.ecb.int*
Homepage der EZB mit Links zu allen nationalen EU-Zentralbanken, aktuelle Publikationen (Monatsberichte, Statistiken, Working Papers, Reden), Aufnahme in Mailing List zum kostenlosen Bezug der Publikationen. Verweis auf Konferenzen der EZB, Möglichkeit des Herunterladens von Daten.

*http://www.zei.de*
Internet-Seite des Zentrums für Europäische Integrationsforschung in Bonn (politische, wirtschaftliche, soziale und kulturelle Aspekte der europäischen Integration, Finanzpolitik und Währungsunion, Erweiterung der EU, Grenzen des Integrationsprozesses, EWU-Monitor mit Stellungnahmen zur Geldpolitik des Eurosystems).

*http://de.promotions.yahoo.com/euro.html*
Euro-Zeitplan, Euroscheine und -münzen, aktuelle Informationen zum Euro, Euro-Lexikon, Euro-Konversionskurse.

*http://europa.eu.int/index_de.htm*
Homepage der EU: EU-Institutionen, amtliche Dokumente, Informationsquellen zur EU, ABC Europas.

*http://europa.eu.int/comm/eurostat*
Statistisches Amt der EU mit Daten zum Euro und zur EU.

*http://europa.eu.int/comm/enlargement/index.htm*
Offizielle Informationen zur Erweiterung der EU.

*http://www.euro-aktuell.de*
Informationsdienst der Sparkassen und des Wirtschaftsmagazins „DM" zum Euro: Informationen zu EWU-Teilnehmerländern, Internet-Adressen zum Euro, Möglichkeit des Herunterladens eines Euro-Konversionsrechners, Präsentation der Euronoten und -münzen.

*http://www.bundesbank.de*
Publikationen der Deutschen Bundesbank zur EWWU (Informationsbriefe, Monatsberichtsaufsätze), Euro-Links, Euro-FAQ.

*http://www.ceps.be*
Die „Macroeconomy Policy Group" des CEPS („Center for European Policy Studies") in Brüssel ist eine der ECB Watcher. Veröffentlichung eines Jahresberichtes zur Lage in der EWU.

*http://www.euroeiiw.de*
Euro-Seite des Europäischen Instituts für Internationale Wirtschaftsbeziehungen: Euro- und EU-Integration, Euro-Links, Pro und Contra Euro, Euro und Wirtschaftspolitik, Landkarten zur EU, EU-Erweiterung.

*http://www.amue.org*
Homepage der Assoziation für die Europäische Währungsunion (AMUE): Informationen zum Thema „Unternehmen und Euro".

*http://www.bankofengland.co.uk/euro/index.htm*
Einfluss des Euro auf Großbritannien und die EWU-Länder, Finanzmärkte und Euro, Euro-Internet-Adressen.

*http://www.euregio.net/deutsch/europa/index.html*
Europäische Organisationen und Institutionen, Osterweiterung der EU.

*http://www.econ.yale.edu/~corsetti/euro*
Euro-Homepage von G. Corsetti von Yale University: Finanzmärkte und EWU, Geldpolitik der EZB, aktuelle Informationen zum Euro und zur EWU, grundlegende Literatur zur EWU, Finanz- und Strukturpolitik und EWU, Informationsquellen zum Euro, Indikatoren zum Euro, Arbeitsmarktfragen, Auswirkungen des Euro auf Nicht-EU-Länder.

*http://www.dbresearch.de*
Behandlung von Fragen zur EU und EWU und ihre Auswirkungen auf die Finanzmärkte, Veröffentlichung eines EWU-Monitors (inkl. eines halbjährlichen Inflationsberichtes) und eines Monitors EU-Erweiterung.

# 3 Boxenverzeichnis

Seite

# 4 Schaubildverzeichnis

# 5 Tabellenverzeichnis

Seite

**Kapitel III**

# 6 Abkürzungsverzeichnis

| | |
|---|---|
| bez. | bezüglich |
| BIP | Bruttoinlandsprodukt |
| BIZ | Bank für Internationalen Zahlungsausgleich |
| bzw. | beziehungsweise |
| CFA | Communauté Financière de l'Afrique |
| ECOFIN-Rat | Ministerrat der EU in der Zusammensetzung der Wirtschafts- und Finanzminister |
| EG | Europäische Gemeinschaft |
| EP | Europäisches Parlament |
| ER | Europäischer Rat |
| ESZB | Europäisches System der Zentralbanken |
| EU | Europäische Union |
| EWG | Europäische Wirtschaftsgemeinschaft |
| EWI | Europäisches Währungsinstitut |
| EWS | Europäisches Währungssystem |
| EWU | Europäische Währungsunion |
| EWWU | Europäische Wirtschafts- und Währungsunion |
| EZB | Europäische Zentralbank |
| EZB-Rat | Rat der Europäischen Zentralbank |
| FED | Federal Reserve System |
| FF | Französischer Franc |
| HVPI | Harmonisierter Verbraucherpreisindex |
| IWF | Internationaler Währungsfonds |
| Kap. | Kapitel |
| kfr.; lfr. | kurzfristig; langfristig |
| LZB | Landeszentralbank |
| MFIs | Monetäre Finanzinstitute |
| NZB | Nationale Zentralbank |
| sog. | so genannt |
| TARGET-System | Trans-European Automated Real-Time Gross Settlement Express Transfer System |
| VGR | Volkswirtschaftliche Gesamtrechnung |
| WKM | Wechselkursmechanismus |
| z.B. | zum Beispiel |
| ZBR | Zentralbankrat der Deutschen Bundesbank |

# 7 Symbolverzeichnis

| | |
|---|---|
| A | Arbeit |
| Aj | Arbeitsjahre |
| a | Reservehaltungskoeffizient |
| a (als Index) | Ausland |
| $\alpha$ | Anteil handelbarer Güter am Preisindex |
| B | realer staatlicher Schuldenstand |
| $B^n$ | nominaler staatlicher Schuldenstand |
| b | nominale Schuldenquote |
| ß | Anpassungsgeschwindigkeit der Erwartungen |
| BG | Bargeld |
| c | Bargeldhaltungskoeffizient (Bargeldneigung) |
| C | Konsum |
| D | staatliches Defizit |
| d | reale Defizitquote |
| $d^n$ | nominale Defizitquote |
| $D_N$ | Einlagen von Nichtbanken |
| $\Delta$ | absolute Veränderung |
| $\frac{dY}{dA}$ | Grenzprodukt der Arbeit |
| E | Ertrag |
| $E_{t-1}$ | Erwartungswert bei geg. Informationen der Vorperiode t-1 |
| e | nominaler Wechselkurs |
| $\bar{e}$ | fixer Wechselkurs |
| $e^{erw}$ | erwarteter Wechselkurs |
| $e^r$ | realer Wechselkurs |
| $e^{r,erw}$ | erwarteter realer Wechselkurs |
| $e^T$ | Terminkurs |
| $\varepsilon$ | nicht prognostizierbarer Zufallsfehler |
| $F^A_{T(N)}$ | Grenzprodukt der Arbeit bei Tradables (Non-Tradables) |
| g | Wachstumsrate des realen BIP |
| G | Staatsausgaben |
| g | Aufschlagssatz auf die Lohnstückkosten |
| i | inländischer Nominalzins |
| $i^a$ | ausländischer Nominalzins |
| $i^{Tay}$ | Taylorzins |
| IR | Inflationsrisikoprämie |
| K | Kredite |
| $\lambda$ | Arbeitsproduktivität |
| Lj | Lebensjahre |
| M | Geldmenge |
| $M_r$ | reale Geldmenge |

| | |
|---|---|
| MO | Zentralbankgeld (Geldbasis) |
| m(n) | Laufzeit m (n) einer Anlageform |
| m | Geldschöpfungsmultiplikator; logarithmierte Geldmenge |
| $\mu$ | Wachstumsrate der Geldbasis |
| MWU | Marktwert eines Unternehmens |
| N | nicht handelbare Güter („non-tradables") |
| og | Output Gap |
| P,p | inländisches Preisniveau |
| $P^a,p^a$ | ausländisches Preisniveau |
| $p_N$ | Preise nicht-handelbarer Güter („non-tradables") |
| $p_T$ | Preise handelbarer Güter („tradables") |
| pd | Primärdefizitquote |
| $\pi$ | inländische Inflationsrate |
| $\pi^a$ | ausländische Inflationsrate |
| $\pi^{erw}$ | erwartete Inflationsrate |
| $\pi^{a,erw}$ | erwartete ausländische Inflationsrate |
| $\pi^{Norm}$ | Inflationsnorm |
| $\pi^{Ziel}$ | Inflationsziel |
| q | Tobins q |
| R | Reservehaltung |
| $r_M$ | Mindestreservesatz |
| $\rho$ | Risikoprämie |
| r | inländischer Realzins |
| $r^a$ | ausländischer Realzins |
| s | Swapsatz |
| S | Seigniorage |
| t | Zeitindex |
| T | Tradables; Steuerzahlung bzw. Steuereinnahmen |
| u,v | unabhängig normalverteilte Schockvariablen mit Erwartungswert null und konstanter Varianz |
| V | Umlaufgeschwindigkeit des Geldes |
| w | inländischer Nominallohn |
| $w^a$ | ausländischer Nominallohn |
| WBK | Wiederbeschaffungskosten des Sachkapitals |
| x | exogene Variable |
| X | Anlagebetrag |
| Y | Realeinkommen, reales BIP, reale Produktion |
| $Y^P$ | Produktionspotenzial |
| $Y^n$ | Nominaleinkommen, nominales BIP, nominale Produktion |
| $Y^A$ | Arbeitseinkommen |
| z | Zwischenzielvariable |
| * | Gleichgewichtswert |
| $\wedge$ | Wachstumsrate |

# Einführung: Problemstellung und Überblick

*„Es gibt kein feineres und kein sichereres Mittel, die bestehenden Grundlagen der Gesellschaft umzustürzen, als die Vernichtung der Währung."*

J. M. Keynes 1920[1]

*"An economic environment charaterised by low and stable inflation is the best contribution that monetary policy can give to reduce the general level of uncertainty and promote an efficient allocation of resources. In this respect, the maintenance of price stability represents the key contribution of monetary policy to 'support the general economic policies in the Community' and it is the best monetary policy can do to foster a high rate of growth of output."*

O. Issing et al. 2001[2]

1 Keynes, J. M. (1920), Die wirtschaftlichen Folgen des Friedensvertrages, Duncker & Humblot, München/Leipzig 1920, S. 192.

2 Issing, O., Gaspar, V., Angeloni, I., Tristani, O. (2001), Monetary Policy in the Euro Area, Cambridge University Press, Cambridge, S. 67.

Das vorliegende Lehrbuch versucht, auf konsequente Weise die Neuerungen auf dem Gebiet der europäischen Geldpolitik, wie sie seit Anfang 1999 existieren, herauszuarbeiten und mit traditionellen Einsichten zu kombinieren. So erfolgt die Diskussion der angemessenen geldpolitischen Strategie und des monetären Transmissionsprozesses vor dem Hintergrund bekannter Alternativen, aber unter Berücksichtigung der veränderten Rahmenbedingungen. Auch ging der Übergang auf die dritte Stufe der EWWU mit einem Wechsel in der Darstellung des Wechselkurses von der Preis- auf die Mengennotierung einher. Dementsprechend wird Letztere durchwegs zugrunde gelegt. Notwendigerweise erfordert die Darstellung des neuen geldpolitischen Regimes einige spekulative Aussagen, die sich normalerweise nicht in einem Lehrbuch finden, da die Erfahrungen mit der Geldpolitik des Eurosystems immer noch recht kurz sind.

In Kapitel I wird dargelegt, warum die Währungsunion zunächst mit elf Ländern begann. In diesem Zusammenhang muss auch näher auf die Beitrittsbedingungen, die so genannten Konvergenzkriterien, eingegangen werden, da sie für künftige Beitrittskandidaten ebenfalls Anwendung finden werden. Vor dem Hintergrund der bevorstehenden EU-Erweiterung wird diskutiert, inwieweit die Erfüllung der Konvergenzkriterien eine ernste Hürde für den Beitritt dieser Länder zur Währungsunion darstellt.

Kapitel II behandelt zunächst den institutionellen Rahmen, in dem die einheitliche Geldpolitik operiert. Im Mittelpunkt stehen hier der Aufbau und die Aufgaben des Eurosystems sowie die Analyse des Unabhängigkeitsaspektes. Hier wird nicht nur das „Warum" erörtert. Vielmehr werden auch die einzelnen Aspekte, die die Unabhängigkeit des Eurosystems ausmachen, herausgearbeitet. Um den hohen Grad an Unabhängigkeit, den das Eurosystem genießt, zu verdeutlichen, erfolgt ein Vergleich mit anderen Zentralbanken, insbesondere mit der amerikanischen Notenbank (FED). Auch die Gewinnentstehung und -verwendung im Eurosystem werden diskutiert.

Der zweite Abschnitt von Kapitel II hat die Diskussion verschiedener geldpolitischer Strategien und deren Adäquanz für das Eurosystem zum Inhalt. Unter einer geldpolitischen Strategie versteht man die grundsätzliche Ausrichtung der Geldpolitik zur Erreichung der jeweiligen Ziele. Neben traditionellen Zwischenzielstrategien (z.B. eine Zinsorientierung oder eine Geldmengensteuerung) werden auch die Strategie direkter Inflationssteuerung und ein so genannter Multi-Indikatoren-Ansatz nach dem Vorbild des Federal Reserve Systems analysiert. Und letztlich erfolgt eine Analyse der vom Eurosystem eingeschlagenen Strategie vor dem Hintergrund der Argumente für oder gegen die verschiedenen Alternativen und der spezifischen Bedingungen in der EWU.

Abschnitt 3 setzt sich mit dem geldpolitischen Instrumentarium des Eurosystems auseinander. Das Mindestreservesystem legt zusammen mit dem Banknotenmonopol des Eurosystems die Basis für die Refinanzierungsabhängigkeit des Bankensystems und stabilisiert durch seine Ausgestaltung den Tagesgeldsatz. Im Rahmen der Refinanzierung der Kreditinstitute beim Eurosystem kommt der Offenmarktpolitik und speziell dem wöchentlich abgeschlossenen Hauptrefinanzierungsgeschäft dominierende Bedeutung zu. Flankierend wirken die Ständigen Fazilitäten, also die Spitzenrefinanzierungs-

und die Einlagefazilität. Die einzelnen Instrumente werden charakterisiert und ihre Wirkungsweise wird anhand der konsolidierten Bilanz, dem „Ausweis“ des Eurosystems, herausgearbeitet.

Das entscheidende Operationsfeld der Geldpolitik ist der Geldmarkt. Der Zinssatz für das Hauptrefinanzierungsgeschäft stellt hier den Leitzinssatz für den Zins für täglich fällige Gelder unter Banken (Tagesgeld) dar. Als Monopolanbieter von Zentralbankgeld kann das Eurosystem entweder den Preis (Zins) oder die Menge (Geldbasis) steuern, wobei das Eurosystem am Preis (Tagesgeldzins) ansetzt. Die Geldbasis ist also eine endogene Größe. Abschnitt 4 arbeitet die Vorteilhaftigkeit einer solchen Preis-(Zins-)steuerung heraus und zeigt die Art und Weise wie diese technisch umgesetzt wird. Der Tagesgeldsatz, der im Konzept des Eurosystems als operatives Ziel fungiert, stellt dann den Ausgangspunkt für den monetären Transmissionsprozess dar.

Wie die geldpolitischen Impulse von einer Änderung der Notenbankzinsen zu den gesamtwirtschaftlichen Endzielen übertragen werden, ist Gegenstand des Transmissionsprozesses. Er wird im fünften Abschnitt behandelt. Dabei muss vor allem auf die Frage eingegangen werden, welche – unter Umständen unterschiedlichen – nationalen Effekte eine einheitliche Geldpolitik auslöst und welche Übertragungskanäle in Zukunft eine stärkere bzw. schwächere Bedeutung haben werden. So leuchtet es unmittelbar ein, dass Wechselkursänderungen aufgrund des geringen Offenheitsgrades des Euro-Währungsgebietes nur noch eine untergeordnete Rolle spielen. Auf der anderen Seite gibt es einige Argumente für eine zunehmende Relevanz eines erwartungsinduzierten Transmissionsprozesses und für eine mögliche Neueinschätzung des Kreditkanals. Darüber hinaus wird auch die Rolle von Unsicherheit und Transparenz thematisiert.

Schließlich ist Kapitel III möglichen Störpotenzialen für die einheitliche Geldpolitik des Eurosystems gewidmet. Der erste Abschnitt beschäftigt sich mit den Wechselwirkungen zwischen Geld- und Finanzpolitik. Dabei werden die theoretischen Zusammenhänge vor dem Hintergrund der Vorschriften des EG-Vertrages und des Stabilitäts- und Wachstumspaktes diskutiert. Diese versuchen, das traditionelle Konfliktpotenzial zu entschärfen. Nichtsdestotrotz verbleiben Probleme unkoordinierter Geld- und Fiskalpolitiken, die letztlich in den Anreizen bestehen, sich der realen Staatsschuldlast durch Inflationierung zu entledigen. Dieser Teil ist aufgrund der Diskussion der letzten Jahre und des Stellenwerts, den die Haushaltspolitik im Maastricht-Vertrag einnimmt, am ausführlichsten gehalten.

Des Weiteren muss auch die weiterhin in nationalen Händen verbleibende Lohnpolitik die durch die Währungsunion veränderten Bedingungen beachten (Abschnitt 2). Tut sie dies nicht, sind von dieser Seite ebenfalls Probleme für die einheitliche Geldpolitik programmiert. Durch die einheitliche Geldpolitik werden sich die nationalen Inflationsraten auf Dauer nur noch unmerklich voneinander unterscheiden, und es besteht keine Möglichkeit mehr, sich durch Abwertungen innerhalb des EWU-Raumes einen nationalen Wettbewerbsvorteil zu verschaffen. Dementsprechend dürfte der Berücksichtigung der jeweiligen Produktivitätsentwicklung bei den Lohnverhandlungen für die Entwicklung auf dem Arbeitsmarkt, speziell den weiteren Fortgang der Arbeitslosigkeit, verstärkte Bedeutung zukommen. Sollte es nicht gelingen, die Arbeitslosigkeit in den Griff zu bekommen, könnte von dieser Seite das Projekt Währungsunion zunehmend unter Druck geraten und die Forderung nach nationalen und/oder supranationalen (von Seiten der EU) Transferleistungen verstärkt erhoben werden.

Als letzter Problembereich ist auf die Interaktion zwischen Geld- und Wechselkurspolitik einzugehen (Abschnitt 3). Letztere liegt in Händen des ECOFIN-Rates, an dessen Vorgaben sich das Eurosystem zu orientieren hat. Sollte dieser über ein Wechselkurssystem einen förmlichen Beschluss fassen oder Wechselkurszielzonen einführen, dürfte eine stabilitätsorientierte Geldpolitik über die dadurch ausgelösten Devisenmarktinterventionen in Schwierigkeiten kommen. Diese Problematik wurde bei der Gestaltung der Wechselkursbeziehungen zwischen den Euro-Ländern und den nicht an der EWU teilnehmenden EU-Ländern, dem so genannten EWS II, von vornherein entschärft.

Die getroffene inhaltliche Auswahl deckt unseres Erachtens den Kernbereich der Europäischen Geldpolitik ab. Bei einem Lehrbuch, das ein Projekt zum Thema hat, das sich noch im Anfangsstadium befindet und von einer dynamischen Entwicklung gekennzeichnet ist, besteht automatisch die Gefahr, dass man von den aktuellen Ereignissen „überholt" wird. Deshalb ist das Buch in Teilbereichen zwangsläufig auch auf plausible Mutmaßungen angewiesen. Auf der anderen Seite haben wir versucht, über die Angabe einiger Internet-Seiten dem Leser die Möglichkeit zu bieten, sich aktuell über die Währungsunion und den Euro zu informieren.

Jeder Abschnitt endet mit Übungsaufgaben zum Text, deren Beantwortung am Ende des Buches stattfindet, und einer kommentierten weiterführenden Literaturliste zu ausgewählten Aspekten. Am Ende des Buches haben wir zusätzlich noch ein nach Kapiteln geordnetes ausführliches Literaturverzeichnis aufgenommen. Um dem interessierten Leser die Literaturbeschaffung zu erleichtern, verweisen wir dabei – wenn möglich – auf Internet-Adressen, unter denen die angegebenen Quellen abgerufen werden können. Ebenfalls aus didaktischen Gründen haben wir versucht, den Text nicht zu überfrachten, damit der „rote Faden" nicht verloren geht. So finden sich in den einzelnen Kapiteln mehrere Boxen, die einen Begriff näher erklären oder einen Gedankengang vertiefen. Daneben haben wir uns zum Ziel gesetzt, theoretische Aussagen mit aktuellen Entwicklungen und Daten zu kombinieren. Dies spiegelt sich in einer Vielzahl von empirisch orientierten Schaubildern und Tabellen wider. Ein Glossarium wichtiger geldpolitischer Begriffe rundet das Buch in didaktischer Hinsicht ab.

# Kapitel I: Auswahl der Teilnehmerstaaten zur Europäischen Währungsunion

*„Die Errichtung einer Währungsunion bedeutet die unwiderrufliche Fixierung der Wechselkurse zwischen den beteiligten Währungen (mit der Möglichkeit ihrer späteren Ablösung durch eine einheitliche Währung) ... Die teilnehmenden Volkswirtschaften werden so auf Gedeih und Verderb miteinander verbunden."*

Stellungnahme der Deutschen Bundesbank zur Errichtung einer Wirtschafts- und Währungsunion in Europa vom 6. September 1990[3]

*„Für den Gesamterfolg der angestrebten Wirtschafts- und Währungsunion wird es von zentraler Bedeutung sein, dass bei den 1996 beziehungsweise 1998 anstehenden Gemeinschaftsentscheidungen über die Auswahl der für die Teilnahme an der WWU in Frage kommenden Länder allein auf die stabilitätspolitische Leistungsfähigkeit abgestellt wird."*

Stellungnahme des Zentralbankrates (der Dt. Bundesbank, Anmerk. der Verf.) vom 23. Januar 1992[4]

---

3 Deutsche Bundesbank, Informationsbriefe zur Europäischen Wirtschafts- und Währungsunion Nr. 11 (Stellungnahmen der Deutschen Bundesbank zur Europäischen Währungsunion), April 1998, S. 5.

4 Deutsche Bundesbank, Informationsbriefe zur Europäischen Wirtschafts- und Währungsunion Nr. 11 (Stellungnahmen der Deutschen Bundesbank zur Europäischen Währungsunion), April 1998, S. 13.

# 1 Vom Werner-Plan nach Maastricht

Bereits im Jahre 1962 machte die Kommission der Europäischen Wirtschaftsgemeinschaft erstmals Vorschläge zur Errichtung einer Wirtschafts- und Währungsunion. Da zur damaligen Zeit zum einen das *Festkurssystem von Bretton-Woods* noch intakt war, zum anderen in den Mitgliedstaaten die politische Bereitschaft für ein solches Vorhaben fehlte, wurden die Vorschläge der Kommission nicht aufgegriffen. Als es im Verlauf der zweiten Hälfte der 60er Jahre jedoch zu zunehmenden Spannungen im Weltwährungssystem kam, schien eine engere wirtschafts- und währungspolitische Zusammenarbeit immer notwendiger. Im Februar 1969 legte die Kommission deshalb ein Memorandum vor. Darauf aufbauend erarbeitete eine Arbeitsgruppe unter Leitung des damaligen luxemburgischen Ministerpräsidenten Werner einen Plan zur Gründung einer Wirtschafts- und Währungsunion *(Werner-Plan)*. Auf der Grundlage des Werner-Plans verabschiedete der Ministerrat 1971 eine Grundsatzentscheidung über die Verwirklichung der Wirtschafts- und Währungsunion in drei Stufen bis zum Jahr 1980. Da es nach dem Zusammenbruch des Bretton-Woods-Systems vor dem Hintergrund der ersten Ölpreiskrise nicht gelang, einheitliche Zielvorstellungen über eine gemeinsame Stabilitätspolitik zu formulieren, scheiterte aber auch dieser Anlauf zu einer Wirtschafts- und Währungsunion.[5]

Mitte der 80er Jahre erlebte der Gedanke einer Wirtschafts- und Währungsunion eine Renaissance. Vertraglich verankert wurde das Ziel einer schrittweisen Verwirklichung der Wirtschafts- und Währungsunion in der Einheitlichen Europäischen Akte, die am 1. Juli 1987 in Kraft trat. Im darauf folgenden Jahr beauftragte der Europäische Rat eine Arbeitsgruppe unter Vorsitz von Kommissionspräsident Delors, konkrete Schritte zur Umsetzung dieser Union zu prüfen. Auf der Grundlage des erstellten Berichts *(Delors-Bericht)*, der wiederum das Erreichen einer Wirtschafts- und Währungsunion in drei Stufen vorsah, beschloss der Europäische Rat im Juni 1989, die *erste Stufe der Wirtschafts- und Währungsunion* am 1. Juli 1990 zu beginnen. Dabei ging es insbesondere um die Einführung einer multilateralen Überwachung, die völlige Liberalisierung des Geld- und Kapitalverkehrs zwischen den Mitgliedstaaten und die Vollendung des Gemeinsamen Binnenmarktes. Darüber hinaus fasste der Europäische Rat 1989 den Be-

5 „Letztlich scheiterte aber das damalige WWU-Projekt an grundlegenden Meinungsverschiedenheiten über die mit der WWU zu verfolgenden Ziele. Hinzu kamen unterschiedliche wirtschaftspolitische Reaktionen der Länder auf die erste Ölkrise und die fehlende Bereitschaft, sich einem gemeinsamen Stabilitätsziel zu unterwerfen." (Deutsche Bundesbank, 1997b, 98). Seinen sichtbaren Niederschlag fand dies in Aus- und Wiedereintritten aus bzw. in den *Europäischen Wechselkursverbund*, einem 1972 errichteten frühen Festkurssystem zwischen den EG-Währungen.

schluss, eine Regierungskonferenz zur Vorbereitung der notwendigen Vertragsänderungen für die weiteren Schritte einzuberufen.[6]

## Box I.1.1: Die Hauptorgane der EU[7]

**Europäischer Rat**

Der *Europäische Rat* (ER) besteht aus den Staats- und Regierungschefs der Mitgliedstaaten der EU und dem Präsidenten der EU-Kommission. Der ER legt die allgemeinen politischen Zielvorstellungen für die Entwicklung der EU fest. Er ist in erster Linie ein politisches Entscheidungsorgan und tagt mindestens zwei Mal jährlich (die sog. „Gipfeltreffen"). Zu unterscheiden vom ER ist der „Rat in der Zusammensetzung der Staats- und Regierungschefs", dem der Präsident der EU-Kommision nicht angehört. Auch der Zuständigkeitsbereich beider Institutionen ist nicht deckungsgleich. So hatte nach Art. 121 Absatz 4 EG-Vertrag der Rat in der Zusammensetzung der Staats- und Regierungschefs und nicht der ER 1998 die Entscheidung darüber zu treffen, welche Länder die notwendigen Voraussetzungen für den Beitritt in die dritte Stufe der Europäischen Wirtschafts- und Währungsunion erfüllten.

**EU-Kommission**

Die *EU-Kommission* ist das entscheidende Exekutivorgan der Gemeinschaft. Deshalb wird sie auch als „Motor der EU" und „Hüterin der Verträge" bezeichnet. Ihr steht ein Präsident vor. Sie besteht aus 20 Mitgliedern, den so genannten Kommissaren, die auf fünf Jahre gewählt werden. Auf die fünf großen Länder entfallen dabei jeweils zwei Kommissare, auf die restlichen zehn Länder jeweils ein Kommissar. Die Regierungen der Mitgliedstaaten benennen im gegenseitigen Einvernehmen den Kommissionspräsidenten und in Konsultationen mit diesem die übrigen Mitglieder. Sowohl der Kommissionspräsident als auch die gesamte Kommission (Kommissionspräsident und übrige Mitglieder der Kommission) bedürfen der Zustimmung des Europäischen Parlaments. Jeder Kommissar ist für einen bestimmten Arbeitsbereich zuständig. Die Kommission steht an der Spitze einer Behörde von ca. 15.000 Mitarbeitern. Sie hat Exekutivaufgaben (Durchführung der Gemeinschaftspolitik auf Grundlage der Ratsbeschlüsse oder in direkter Anwendung des EG-Vertrages), Kontrolllaufgaben (Einhaltung der Regeln und Grundsätze des Gemeinsamen Marktes), Initiativaufgaben (Unterbreitung von Vorschlägen zur Fortentwicklung der Gemeinschaft; die Kommission hat hier eine Monopolstellung bei der Entwicklung von Beschlussvorlagen für den Rat) und Finanzaufgaben (Führung des Haushalts der EU und Bewirtschaftung der Finanzmittel). Spezielle Befugnisse hat die Kommission im Bereich der Wettbewerbspolitik (Überwachung des Kartellverbots, Missbrauchsaufsicht, Fusionskontrolle, Kontrolle staatlicher Beihilfen).

6 "The creation of the internal market in the mid-eighties reinforced the call for a single currency. The otherwise cumbersome process of integration suddenly gained momentum when, in 1989, the fall of the Berlin Wall obliterated the political dichotomy in Europe. France and Germany, which from the outset had been driving forces behind the post-war process of European integration, reached a political compromise in which the unified Germany, in pursuit of more control in the global political arena, met the French desire to curb the Bundesbank's monetary power in the same global arena through the foundation of a supranational European Central Bank." De Nederlandsche Bank, 2001, 56. Zu den politischen Hintergründen siehe auch Bundesministerium des Innern, 1998, 596–600 (Dokumente Nr. 108 sowie 108a) und Der Spiegel, 1998, 108–112.

7 Gegenwärtig gültiger Stand (Juni 2001).

**Rat der Europäischen Union**

Der Rat besteht aus den Fachministern der nationalen Regierungen (je ein Vertreter pro Land). Die Mitglieder des Rates sind gegenüber ihren nationalen Parlamenten politisch verantwortlich. Der Rat tagt in verschiedenen Zusammensetzungen (z.B. als Rat der Finanz- und Wirtschaftsminister, dem sog. *ECOFIN-Rat*). Der Vorsitz im Rat wechselt alle sechs Monate nach einer vom Rat einstimmig festgelegten Reihenfolge. Dem Rat ist eine Reihe von Befugnissen zugewiesen. Er ist das gesetzgebende Organ der Gemeinschaft. Im normalen Gesetzgebungsverfahren (Mitentscheidungsverfahren) übt er dieses Recht allerdings gemeinsam mit dem Europäischen Parlament aus. In manchen Bereichen (z.B. bei der Festsetzung der Agrarpreise) hat das Europäische Parlament aber nur die Möglichkeit, eine Stellungnahme abzugeben. Des Weiteren schließt der Rat u.a. Abkommen mit dritten Staaten und internationalen Organisationen ab, bildet gemeinsam mit dem Europäischen Parlament die Haushaltsbehörde der EU und sorgt für die Abstimmung der Wirtschaftspolitik der Mitgliedstaaten.

Eine solche Abstimmung ist angezeigt, da im Gegensatz zur einheitlichen Geldpolitik im Euroraum die anderen Felder der Wirtschaftspolitik, insbesondere die Finanz- und die Lohnpolitik in nationaler Verantwortung verbleiben. Um der Geldpolitik Flankenschutz zu gewähren, rückt daher die Koordinierung der allgemeinen Wirtschaftspolitik nach Art. 99 EG-Vertrag verstärkt in den Mittelpunkt. Zentrales Gremium hierfür ist der ECOFIN-Rat. Zwar gibt es auch informelle Zusammenkünfte der Minister aus den Euro-Ländern *(Eurogruppe)*, allein entscheidungsberechtigtes Gremium bleibt aber der ECOFIN-Rat. In der Entschließung des ER vom Dezember 1997 (Luxemburger ER-Entschließung) wird für die dritte Stufe der Wirtschafts- und Währungsunion zwischen dem ECOFIN-Rat und der Europäischen Zentralbank unter Wahrung der Unabhängigkeit des Europäischen Systems der Zentralbanken ein „ständiger und fruchtbarer" Dialog für notwendig erachtet. Weder dem ECOFIN-Rat noch der Eurogruppe stehen aber Kontrollfunktionen im Hinblick auf das Eurosystem zu. Dies wäre mit dem EG-Vertrag auch nicht vereinbar.[8] Vorbereitet wird dieser Dialog vom *Wirtschafts- und Finanzausschuss*, dem hohe Beamte der nationalen Zentralbanken, der Europäischen Zentralbank (EZB) sowie der Finanzministerien angehören (siehe Box III.1.4). Der Wirtschafts- und Finanzausschuss hat mit Beginn der Währungsunion 1999 den Währungsausschuss abgelöst.

Die Entscheidungen im Rat erfordern entweder eine einfache Stimmenmehrheit (jeder Mitgliedstaat hat eine Stimme), eine qualifizierte Mehrheit oder Einstimmigkeit. Bei Abstimmungen mit „qualifizierter Mehrheit" werden die Stimmen der Mitgliedstaaten gewichtet. So verfügt etwa Deutschland über zehn Stimmen, Luxemburg über zwei. Eine qualifizierte Mehrheit ist dann erreicht, wenn mindestens 62 der insgesamt 87 Stimmen zustimmen. Nach dem *Luxemburger Kompromiss* vom 18.1.1966 soll in Fragen, in denen ein Staat ein „vitales nationales Interesse" geltend macht, so lange nach einem Kompromiss gesucht werden, bis auch der besonders betroffene Staat zustimmen kann.

8 Zum Verhältnis Eurosystem/ECOFIN-Rat bzw. Eurogruppe im Einzelnen siehe Deutsche Bundesbank, 2001a, 26–32.

**Europäisches Parlament**

Das *Europäische Parlament* (EP) besteht aus 626 Abgeordneten, die auf fünf Jahre nach mitgliedstaatlichem Wahlrecht direkt gewählt werden (erste Wahl 1979). Die Abgeordneten sind unabhängig und nicht weisungsgebunden. Im EP werden Beschlüsse in der Regel mit absoluter Mehrheit gefasst. Es fungiert als Kontrollorgan von Rat und Kommission und ist im Gesetzgebungsverfahren eingebunden. Durch den Vertrag von Amsterdam (1997) wurden die demokratischen Kontrollrechte des EP im Gesetzgebungsverfahren spürbar erweitert. So sind jetzt die meisten Gesetzesvorlagen, die von der Kommission und vom Rat ausgearbeitet werden, zustimmungspflichtig. Bei Entscheidungen von „großer" Bedeutung ist ebenfalls die Zustimmung des EP erforderlich (etwa Beitritt neuer Länder zur EU, Besetzung der EU-Kommission). Das EP kann auch eine Untätigkeitsfeststellungsklage gegen Rat bzw. Kommission beim Europäischen Gerichtshof erheben.

Diese Regierungskonferenz erarbeitete 1991 einen Vertragsentwurf, der im Dezember 1991 in Maastricht vom Europäischen Rat gebilligt wurde *(Vertrag von Maastricht)*. Dieser Vertrag trat nach Abschluss des innerstaatlichen Ratifikationsverfahrens am 1. November 1993 in Kraft. Der Maastrichter Vertrag erweiterte die Bestimmungen des EWG-Vertrages um Vorschriften über die stufenweise Weiterentwicklung der Gemeinschaft zu einer Wirtschafts- und Währungsunion und führte zu einer Umbenennung des EWG-Vertrages in einen Vertrag über die Europäische Gemeinschaft (EG-Vertrag). Im *Vertrag von Amsterdam*, der im Oktober 1997 in Amsterdam beschlossen wurde und der zum 1. Mai 1999 in Kraft trat, kam ein Kapitel zur Beschäftigungspolitik hinzu und die Rolle des Europäischen Parlaments wurde gestärkt. Auch wurde der gesamte Vertragstext des EG-Vertrages neu durchstrukturiert.[9] Das Treffen des Europäischen Rats in Nizza (7.–11.12.2000) brachte eine Weiterentwicklung des EG-Vertrages. Es wurden institutionelle Änderungen vereinbart, um neue Länder aufnehmen zu können. Der *„Vertrag von Nizza"* muss noch durch die Parlamente aller Mitgliedstaaten ratifiziert werden. Die wichtigsten institutionellen Änderungen betreffen die Neugewichtung der Stimmen im Rat, die Größe und Neuorganisation der Kommission, den Übergang zur Entscheidung mit qualifizierter Mehrheit bei einer Reihe von Fragen sowie das Europäische Parlament (Größe und Sitzverteilung).[10]

**Im Gegensatz zur Währungsunion, die zu einer Vergemeinschaftung der Geldpolitik führte, basiert die Wirtschaftsunion im Kern auf dem Subsidiaritätsgedanken.** Die Zuständigkeiten auf dem Gebiet der Wirtschaftspolitik und der Finanzpolitik ver-

9 Als Konsequenz dieser redaktionellen Überarbeitung des EG-Vertragstextes hat sich die Numerierung der einzelnen Artikel in der aktuell gültigen Fassung des EG-Vertrages gegenüber der Fassung nach dem Maastrichter Vertrag geändert. Eine Gegenüberstellung von alter und neuer Numerierung findet sich bei Khan, 1998, 181–192. Wird im Folgenden auf den EG-Vertrag Bezug genommen, so liegt die Amsterdamer Fassung zugrunde. Die entsprechenden Artikel gemäß der Maastrichter Fassung werden – soweit es sich um „bekannte" Paragraphen handelt – in Klammern hinzugefügt.

10 Deutsche Bundesbank, 2001c, 15–18. Da die meisten institutionellen Änderungen erst ab 2005 greifen sollen, fußt Box I.1.1 noch auf dem gegenwärtig (Juni 2001) gültigen Recht.

bleiben danach grundsätzlich bei den Mitgliedstaaten. Allerdings ist eine Überwachung durch den ECOFIN-Rat vorgesehen. Der ECOFIN-Rat gibt Empfehlungen zu den Grundzügen der Wirtschaftspolitik der Mitgliedstaaten und überprüft deren Einhaltung. Jedoch sind die Sanktionsmöglichkeiten begrenzt. Der ECOFIN-Rat kann lediglich das betreffende Land „öffentlich" bitten, seine Politik zu ändern.[11] Neben dieses Überwachungsverfahren nach Art. 99 EG-Vertrag trat 1997 noch der sog. Stabilitäts- und Wachstumspakt, der allerdings bei einem Verstoß weitaus schärfere Sanktionsmöglichkeiten vorsieht (Näheres hierzu siehe Kapitel III.1.2).

Zum 1. Januar 1994 begann die *zweite Stufe der Europäischen Wirtschafts- und Währungsunion.* In dieser Stufe ging es insbesondere um das Verbot der Notenbankfinanzierung öffentlicher Haushalte und die Gründung des *Europäischen Währungsinstituts (EWI)* zur Intensivierung der geldpolitischen Koordinierung und der Schaffung der technischen Voraussetzungen für den Eintritt in die dritte Stufe der Europäischen Wirtschafts- und Währungsunion.

Spätestens zu Beginn des Jahres 1999 sah der *Vertrag von Maastricht* den Übergang in die *dritte Stufe der Europäischen Wirtschafts- und Währungsunion*[12] vor. An der Währungsunion sollten diejenigen Länder der Europäischen Union teilnehmen, die bestimmten Eintrittskriterien („Konvergenzkriterien") genügten. Aus ökonomischer Sicht liegt der *Nutzen einer Währungsunion* in einer Verminderung der Transaktionskosten, in einer Verminderung von Wechselkursschwankungen und der damit verbundenen Unsicherheit (Wechselkursschwankungen innerhalb der Währungsunion entfallen) sowie in einer größeren Preistransparenz, die zu mehr Wettbewerb und damit verbunden zu einer effizienteren Verwendung der Ressourcen führt. Die *Kosten einer Währungsunion* liegen in einem Verzicht der einzelnen Mitgliedstaaten auf den autonomen Einsatz der Geld- und Wechselkurspolitik bei asymmetrischen Schocks (siehe hierzu auch Box III.2.1 und Eijffinger/De Haan, 2000, 16–26).

---

11 Nach Art. 99 des EG-Vertrags spricht der ECOFIN-Rat Empfehlungen zu den Grundzügen der Wirtschaftspolitik der Mitgliedstaaten aus. So hat er der irischen Regierung am 19.6.2000 empfohlen, die Haushaltspolitik einzusetzen, um Überhitzungserscheinungen entgegenzuwirken. Der Haushaltsplan für das Jahr 2001, den die irische Regierung Anfang Dezember 2000 vorlegte, sah im Gegensatz dazu expansive Maßnahmen vor (insbesondere Senkungen bei den direkten und indirekten Steuern). In seiner Stellungnahme vom 12.2.2001 vertrat der ECOFIN-Rat hierzu die Ansicht, „dass bestimmte haushaltspolitische Pläne für 2001 nicht mit den Grundzügen der Wirtschaftspolitik in Bezug auf die Haushaltspolitik übereinstimmen. ... Der Haushalt für 2001 wird die Nachfrage in Irland weiter stark ankurbeln, und seine möglichen Angebotseffekte dürften kurzfristig gering sein. Daher wird er die Überhitzungserscheinungen und den inflationären Druck noch verstärken ..." Der ECOFIN-Rat hat deshalb der irischen Regierung empfohlen, ihre Haushaltspolitik anzupassen: „Um die mangelnde Übereinstimmung mit den Grundzügen der Wirtschaftspolitik infolge des Haushaltsplanes 2001 zu beseitigen, sollte die irische Regierung während des laufenden Haushaltsjahres haushaltspolitische Gegenmaßnahmen ergreifen." ECOFIN-Rat, 2001, 11–13. Allerdings gibt es über die Veröffentlichung dieser Empfehlungen hinaus keine weiteren Sanktionsmöglichkeiten. Die irische Regierung hat auch die Bitte des ECOFIN-Rates zurückgewiesen und eine Änderung ihrer Budgetpläne mit Verweis auf den hohen Budgetüberschuss und die niedrige Staatsverschuldung abgelehnt (Remsperger, 2001, 6).

12 Die dritte Stufe der Europäischen Wirtschafts- und Währungsunion (EWWU) wird im Folgenden auch als Währungsunion bezeichnet (kurz: EWU).

*Tabelle I.1.1: Berechnung des ECU-Wertes zum 31.12.1998*

| Währung | Betrag der im ECU-Währungskorb enthaltenen nationalen Währungseinheiten (a) | Wechselkurse gegenüber dem US-Dollar am 31. Dezember 1998 (b) | Gegenwert des nationalen Währungsbetrags in US-Dollar (c) = (a) ÷ (b) | ECU-Wechselkurse (d) = (USD/ECU) × (b) |
|---|---|---|---|---|
| DEM | 0,6242 | 1,6763000000 | 0,3723677 | 1,95583 |
| BEF | 3,301 | 34,574525650 | 0,0954749 | 40,3399 |
| LUF | 0,13 | 34,574525650 | 0,0037600 | 40,3399 |
| NLG | 0,2198 | 1,8887542620 | 0,1163730 | 2,20371 |
| DKK | 0,1976 | 6,3842 | 0,0309514 | 7,44878 |
| GRD | 1,44 | 282,57 | 0,0050961 | 329,689 |
| ITL | 151,8 | 1.659,5403526 | 0,0914711 | 1.936,27 |
| ESP | 6,885 | 142,60652886 | 0,0482797 | 166,386 |
| PTE | 1,393 | 171,82913150 | 0,0081069 | 200,482 |
| FRF | 1,332 | 5,6220755180 | 0,2369232 | 6,55957 |
| GBP[a)] | 0,08784 | 1,6539 | 0,1452786 | 0,705455 |
| IEP[a)] | 0,008552 | 1,4814687984 | 0,0126695 | 0,787564 |
| | | USD/ECU[b)] = 1,1667512 | | |
| FIM | | 5,0959687630 | | 5,94573 |
| ATS | | 11,793642176 | | 13,7603 |
| SEK | | 8,1320 | | 9,48803 |

Quelle: EZB, 1999, 75.

Anmerkungen:

a) Der Wechselkurs des US-Dollar in Spalte (b) zum Pfund Sterling und zum irischen Pfund wird als US-Dollar-Gegenwert pro Währungseinheit und nicht als Währungseinheit pro US-Dollar angegeben. Der für diese beiden Währungen jeweils in Spalte (c) angegebene Betrag ergibt sich daher aus der Multiplikation des Betrags in Spalte (a) mit dem Kurs in Spalte (b), während sich der jeweils in Spalte (d) angegebene Kurs aus der Division des US-Dollar-Gegenwerts der ECU (d.h. USD/ECU) durch den in Spalte (b) angegebenen Kurs ergibt.

b) Der Kurs der ECU gegenüber dem US-Dollar ist auf sieben Dezimalstellen gerundet angegeben, bei der Berechnung wurde aber ein höherer Genauigkeitsgrad gewählt.

Am 31.12.1998 wurden zwischen dem Euro und den nationalen Währungen unwiderruflich feste Umrechnungskurse festgelegt (siehe Tabelle I.1.1). Gemäß den Regelungen des Art. 123 Absatz 4 des EG-Vertrags musste der Wert des Euro in US-Dollar zum 1.1.1999 dem des ECU-Korbs am 31.12.1998 entsprechen. Der US-Dollar-Wert des ECU-Korbes errechnete sich, indem die einzelnen nationalen Währungsbeträge des ECU-

Korbs zum 31.12.1998 in US-Dollar umgerechnet wurden (ausgehend vom Währungsbeitrag der DM im ECU-Korb, also 0,6242 DM, errechnete sich ein US-Dollar-Wert von 0,6242 DM × 0,59655193 US-$/DM = 0,3723677 US-$). Die Addition der Gegenwerte der nationalen Währungsbeträge in US-Dollar ergaben den US-Dollar-Wert des ECU-Korbs (1,1667521 US-$/ECU), der zugleich dem Startwert des Euro entsprach. Der Wert einer jeden nationalen Währung in Euro errechnete sich, indem der US-Dollar-Wert des Euro (1,1667521 US-$/€) mit dem Wert der nationalen Währung je US-Dollar (z.B. 1,6763 DM/US-$) multipliziert wurde (z.B. 1,1667521 US-$/€ × 1,6763 DM/US-$ = 1,95583 DM/€).

Seit dem 1.1.1999 stellen die einstmals eigenständigen nationalen Währungen rechtlich nur noch Untereinheiten („ungerade Bruchteile“) des Euro dar. Sie stehen damit rechtlich im selben Verhältnis zum Euro wie der Pfennig zur DM.

Während einer dreijährigen Übergangsfrist, also bis zum 31.12.2001, ist der Euro nur als Buchgeld verfügbar. Zu Beginn des Jahres 2002 wird der Euro dann auch als Bargeld (Banknoten und Münzen) umlaufen. Der Parallelumlauf von nationalem Bargeld und Eurobargeld als gesetzliches Zahlungsmittel ist dabei nach Beschluss des ECOFIN-Rates vom 8. November 1999 auf höchstens zwei Monate begrenzt. Bis auf Deutschland haben alle anderen Mitgliedstaaten von der Möglichkeit eines zeitlich begrenzten Nebeneinanders der umlaufenden gesetzlichen Zahlungsmittel Gebrauch gemacht. In Deutschland hingegen werden auf Euro lautende Banknoten und Münzen bereits zum 1.1.2002 alleiniges gesetzliches Zahlungsmittel (sog. juristischer Big Bang). Allerdings werden Einzelhandel und Kreditinstitute bis zum 28.2.2002 noch auf DM lautende Banknoten und Münzen in Zahlung nehmen *(„modifizierte Stichtagsregelung“)*. Die Deutsche Bundesbank wird zeitlich unbefristet und betragsmäßig unbeschränkt auf DM lautende Banknoten und Münzen zum festen Umtauschkurs (1,95583 DM je Euro) in Euro umtauschen (Deutsche Bundesbank, 2000, 2f sowie Deutsche Bundesbank, 2001b, 5 f.).

# 2 Konvergenzkriterien

Jedes Land, welches der Währungsunion beitreten will, muss nach dem Vertrag von Maastricht – geregelt in Art. 121 (alt Art. 109 j) in Verbindung mit den dem Vertrag beigefügten Protokollen über die *Konvergenzkriterien* und über das Verfahren bei übermäßigen Haushaltsdefiziten – bestimmte Eintrittsbedingungen erfüllen. Im Einzelnen ergeben sich aus der Anwendung des Vertrages folgende Eintrittsbedingungen:

1. Die durchschnittliche **Inflationsrate** eines Landes darf während des letzten Jahres vor der Konvergenzprüfung um nicht mehr als anderthalb Prozentpunkte über dem ungewogenen arithmetischen Mittel der Inflationsrate der drei preisstabilsten Mitgliedstaaten der EU liegen *(Inflationskriterium)*. Ermittelt wird die Inflationsrate eines Landes auf der Grundlage des zuletzt verfügbaren Zwölfmonatsdurchschnitts der Harmonisierten Verbraucherpreisindices (HVPIs) gegenüber dem Zwölfmonatsdurchschnitt des Vorjahres. Der maßgebliche Referenzzeitraum für die Konvergenz-

prüfung im Jahre 1998 reichte von Februar 1997 bis Januar 1998. Der Referenzzeitraum entspricht i.d.R. also nicht dem Kalenderjahr.

2. Der **langfristige Zinssatz**, gemessen am durchschnittlichen Nominalzinssatz für langfristige (zehnjährige) Staatsschuldverschreibungen oder vergleichbare Wertpapiere, darf im Verlaufe des Jahres vor der Konvergenzprüfung einen bestimmten Referenzwert nicht übersteigen. Dieser Referenzwert liegt um zwei Prozentpunkte über dem ungewogenen arithmetischen Mittel der langfristigen Zinssätze der drei preisstabilsten Länder (*Zinskriterium*). Der Zinssatz für ein Land ergibt sich als arithmetisches Mittel der letzten zwölf Monate. Der Referenzzeitraum ist mit dem bei der Ermittlung der Inflationsrate identisch. Mithilfe dieses Kriteriums soll die Einschätzung der Märkte Eingang in die Konvergenzprüfung finden. Ein hoher langfristiger Zinssatz lässt vermuten, dass das Vertrauen der Märkte in die Stabilitätspolitik eines Landes noch wenig ausgeprägt ist, so dass für langfristige Gelder eine hohe Inflationsprämie verlangt wird.

3. Eine **spannungsfreie Teilnahme am EWS-Wechselkursmechanismus** bzw. (nach Beginn der Währungsunion zum 1.1.1999) am Wechselkursmechanismus II innerhalb der letzten zwei Jahre vor Konvergenzprüfung (*Wechselkurskriterium*).

4. Besondere Bedeutung kommt dem Kriterium einer **auf Dauer tragbaren Finanzlage der öffentlichen Hand** zu. Dauerhaft bedeutet, dass über eine längere Zeit eine entsprechende Haushaltsdiziplin erkennbar ist. Um diese zu beurteilen, werden zum einen die jährlichen Haushaltsdefizite (*Finanzierungssalden*), zum anderen die Staatsschulden (*Schuldenstände*) herangezogen.[13] So sollte der jährliche *Finanzierungsfehlbetrag* der öffentlichen Haushalte nicht mehr als 3 % des nominalen Bruttoinlandsprodukts (BIP) betragen (die sog. *Defizitquote*) und der öffentliche Bruttoschuldenstand 60 % des nominalen BIP nicht übersteigen (die sog. *Schuldenquote*).[14] Allerdings lassen die Vertragsbestimmungen einen gewissen Interpretationsspielraum zu. So genügt es, wenn das Defizit erheblich und laufend zurückgegangen ist und einen Wert in der Nähe des Referenzwertes erreicht. Ein höheres Defizit bleibt zudem unbeanstandet, wenn der Referenzwert nur ausnahmsweise und vorübergehend überschritten wird und das Defizit in der Nähe des Referenzwertes bleibt. Beim öffentlichen Schuldenstand reicht es aus, wenn er hinreichend rückläufig ist und sich rasch genug dem Referenzwert nähert. Um zu erreichen, dass die Finanzpolitik auch nach Beitritt in die Währungsunion Maß hält, wurde 1997 zwischen den 15 EU-Staaten ein „*Stabilitäts- und Wachstumspakt*" vereinbart. Um sicherzustellen, dass in kon-

13 Die Ermittlung des Finanzierungssaldos sowie des Bruttoinlandsprodukts (BIP) erfolgen auf der Grundlage des „Europäischen Systems Volkswirtschaftlicher Gesamtrechnungen (ESVG 1995)". Zum „ESVG 1995" siehe etwa Görgens/Ruckriegel, 2000, Kapitel II.

14 Im Jahre 1991 lag die (ungewichtete) durchschnittliche Schuldenquote aller EU-Länder bei knapp 62 %. (siehe hierzu auch Tabelle I.3.5). Die Vorgabe von 60 % war – zumindest bezogen auf den EU-Durchschnitt – also nicht sehr ehrgeizig. Ausgehend von der Annahme eines jährlichen Wachstums des nominalen Bruttoinlandsprodukts von 5 % ergab sich eine maximale jährliches Defizitquote von 3 %, wollte man auf Dauer die 60 % nicht überschreiten.

junkturell schwierigen Zeiten mit stagnierendem oder leicht rückläufigem Wirtschaftswachstum beim Haushaltsdefizit die Obergrenze von 3 % des BIP nicht überschritten wird, haben sich die Mitgliedstaaten in diesem Ergänzungsvertrag verpflichtet, mittelfristig das Ziel eines nahezu ausgeglichenen oder überschüssigen Haushalts einzuhalten. Die Vereinbarung sieht auch Sanktionen für Länder mit einem *„übermäßigen Defizit“* vor. Der Rat der Wirtschafts- und Finanzminister stellt ein übermäßiges Defizit normalerweise fest, wenn das Haushaltsdefizit in einem Land die Dreiprozentgrenze übersteigt. Eine Überschreitung kann jedoch hingenommen werden, sofern sie nur ausnahmsweise und vorübergehend ist, z.B. im Falle einer schweren Rezession (siehe dazu ausführlicher Kapitel III.1.2).

Die *Konvergenzkriterien* sollen sicherstellen, dass nur solche Länder an der Währungsunion teilnehmen, die bereits vorher ihre stabilitätspolitische Leistungsfähigkeit nachgewiesen haben, so dass gewährleistet ist, dass die Teilnehmerländer eine einigermaßen homogene Stabilitätsgemeinschaft bilden.[15] Der Maastricht-Vertrag stellt dabei unzweideutig auf eine **dauerhafte und nachhaltige** Erfüllung der Konvergenzkriterien ab. Die EU-Kommission und die EZB (im Jahre 1998 noch das EWI) haben nach Art. 121.1 EG-Vertrag zu prüfen, „ob ein hoher Grad an **dauerhafter Konvergenz** erreicht ist“ (Hervorhebungen, die Verfasser).

# 3 Konvergenzprüfung

Die erste Konvergenzprüfung wurde im April/Mai 1998 auf der Grundlage der Konvergenzberichte der EU-Kommission und des EWI vorgenommen. Zu prüfen war hierbei auch, ob die nationalen Zentralbanken den rechtlichen Anforderungen (Unabhängigkeit der nationalen Zentralbanken; rechtliche Integration der nationalen Zentralbanken in das Europäische System der Zentralbanken) genügen. Gemäß EG-Vertrag findet eine solche Prüfung alle zwei Jahre oder auf Antrag eines Mitgliedstaates statt, wobei letztlich der ECOFIN-Rat mit qualifizierter Mehrheit auf Vorschlag der EU-Kommission entscheidet, ob ein Land aufgenommen wird.[16] Vor diesem Beschluss wird das Europäische Parla-

15 An diesen Kriterien wurde vielfältige Kritik geübt, auf die an dieser Stelle nicht nochmals eingegangen werden soll. Siehe dazu stellvertretend Buiter et al., 1992; Klein, 1993; Schmidt/Straubhaar, 1995; Spahn, 1997; McKay, 1997. Nichtsdestotrotz wird den Konvergenzkriterien eine wichtige Rolle auf dem Weg zu einer einheitlichen Währung zugeschrieben. Im Vertrag sind auch noch weitere Anhaltspunkte (Kriterien) genannt, die allerdings nicht quantifiziert wurden. Im Einzelnen wird auf die Entwicklung der europäischen Währungseinheit ECU, die Ergebnisse bei der Integration der Märkte, den Stand und die Entwicklung der Leistungsbilanz sowie auf die Entwicklung der Lohnstückkosten und andere Preisindices verwiesen. Letztere könnten bei der Konvergenzprüfung im Zuge der bevorstehenden Erweiterung des Euro-Währungsraums nach der Vergrößerung der EU eine stärkere Rolle spielen (siehe hierzu insbesondere I.4).

16 Während bei der Auswahl der Teilnehmerstaaten für den Beginn der Währungsunion zum 1.1.1999 die Entscheidung im Rat in der Zusammensetzung der Staats- und Regierungschefs getroffen wurde (Art. 121 Absatz 4 EG-Vertrag), ist mit Beginn der Währungsunion diese Entscheidung auf den ECOFIN-Rat übergegangen (Art. 122 Absatz 2 EG-Vertrag).

ment angehört und im Rat in der Zusammensetzung der Staats- und Regierungschefs findet eine Aussprache statt.

## 3.1 Prüfung im Jahre 1998

Ende März 1998 legten die EU-Kommission und das EWI ihre Konvergenzberichte vor. Verschiedene Regierungschefs baten darüber hinaus ihre Zentralbanken um eine Stellungnahme zur Konvergenzlage. Die EU-Kommission empfahl, elf Staaten in die Währungsunion aufzunehmen. Die rechtlichen Anforderungen an die Unabhängigkeit der nationalen Zentralbanken waren in diesen Ländern geschaffen bzw. auf dem Weg der Gesetzgebung. Dänemark und das Vereinigte Königreich hatten zuvor auf der Grundlage der ihnen vertraglich zugestandenen Sonderregelungen erklärt,[17] dass sie zum 1.1.1999 noch nicht teilnehmen wollten. Griechenland und Schweden – Letzteres im Wesentlichen wegen Nichteinhaltung einer mindestens zweijährigen Teilnahme am EWS-Wechselkursmechanismus und unvollständiger rechtlicher Konvergenz[18, 19] – hin-

17 Im Vertrag von Maastricht haben sich diese beiden Länder eine sog. *„Opting-Out-Klausel"* ausbedungen (Protokoll Nr. 16 und Nr. 17 zum Vertrag), nach der sie auch bei Erfüllung der Konvergenzkriterien wählen können, ob sie der Währungsunion betreten wollen.

18 Eine interessante Würdigung des Verhaltens Schwedens aus rechtlicher Sicht liefert Häde, 1998, 1092: „Formal kann sich Schweden darauf berufen, daß es die zwei genannten Voraussetzungen nicht erfüllt. Allerdings gibt es im Anhang zum EGV(EG-Vertrag, die Verfasser) ein Protokoll über den Übergang zur dritten Stufe der Wirtschafts- und Währungsunion. Dieses Protokoll steht rechtlich auf der gleichen Stufe wie die Vorschriften des EGV, ist also auch verbindlich. Es verpflichtet die Mitgliedstaaten, alle vorbereitenden Arbeiten so zu beschleunigen, daß die einheitliche Währung 1999 eingeführt werden kann. Zumindest gegen diese Pflicht in Verbindung mit Art. 5 EGV (neu Art. 10, die Verf.) sowie gegen Art. 108 EGV (neu Art. 109, die Verf.) hat Schweden verstoßen, weil es bewußt die Voraussetzungen für die Teilnahme an der Währungsunion nicht erfüllt hat."

19 „Die europäische Währungsunion wurde auf der Konferenz von Maastricht, auf der sie beschlossen wurde, von einigen Mitgliedstaaten nur bedingt akzeptiert. Während das Maastrichter Vertragswerk den automatischen Eintritt in die dritte Stufe der Währungsunion für den Fall vorsah, daß der Rat in der Zusammensetzung der Staats- und Regierungschefs die Erfüllung der sog. Konvergenzkriterien für gegeben erachtet, haben sich Großbritannien und Dänemark die freie Entscheidung über ihre Teilnahme an der Währungsunion zu gegebener Zeit vorbehalten. Schweden nimmt für sich den gleichen Sonderstatus in Anspruch. An sich haben Österreich, Finnland und Schweden anläßlich ihres Beitritts zur Europäischen Union 1995 die Regelungen der Maastrichter Währungsunion in der Ausgestaltung übernommen, wie diese für die Mehrzahl der Mitgliedstaaten vereinbart wurden. Bei der Ratifizierung des Beitrittsvertrags hat sich jedoch der schwedische Reichstag die freie Entscheidung über die Teilnahme Schwedens zur Währungsunion auch für den Fall vorbehalten, daß Schweden die Beitrittsvoraussetzungen erfüllt. Während in Deutschland einem ähnlichen Vorbehalt des Bundestages und des Bundesrates anläßlich der Ratifizierung des Maastrichter Vertrages, der für den schwedischen Reichstag als Vorbild diente, lediglich intern die Wirkung beigemessen wurde, daß er die Bundesregierung hinsichtlich ihrer bei den Schlußverhandlungen im Rat einzunehmenden Haltung bindet, betrachtet die schwedische Regierung den Vorbehalt ihres Parlamentes – vergleichbar dem vertragsrechtlichen Sonderstatus Großbritanniens und Dänemarks – als einen echten völkerrechtlich relevanten Vorbehalt, der über die interne Bindung hinausreicht. Schweden wird zum gegebenen Zeitpunkt dementsprechend ungeachtet seiner Beitrittsreife, die an sich zur Teilnahme verpflichtet, den Eintritt in die Währungsunion von dem Ausgang eines Referendums abhängig machen." Seidel, 2000, 861 f.

*Tabelle I.3.1:* Übersicht über die Konvergenzlage der EU-Staaten

| Land | Inflationsrate | Langfristiger Zinssatz | Öffentlicher Finanzierungssaldo[a)] | Öffentliche Verschuldung |
|---|---|---|---|---|
| | in % | | in % des BIP | |
| | Referenzzeitraum: | | | |
| | Feb. 1997 bis Jan. 1998 | | 1997 | |
| Belgien | 1,4 | 5,7 | – 2,1 | 122,2 |
| Dänemark | 1,9 | 6,2 | 0,7 | 65,1 |
| Deutschland | 1,4 | 5,6 | – 2,7 | 61,3 |
| Finnland | 1,3 | 5,9 | – 0,9 | 55,8 |
| Frankreich | 1,2 | 5,5 | – 3,0 | 58,0 |
| Griechenland | 5,2 | 9,8 | – 4,0 | 108,7 |
| Irland | 1,2 | 6,2 | 0,9 | 66,3 |
| Italien | 1,8 | 6,7 | – 2,7 | 121,6 |
| Luxemburg | 1,4 | 5,6 | 1,7 | 6,7 |
| Niederlande | 1,8 | 5,5 | – 1,4 | 72,1 |
| Österreich | 1,1 | 5,6 | – 2,5 | 66,1 |
| Portugal | 1,8 | 6,2 | – 2,5 | 62,0 |
| Schweden | 1,9 | 6,5 | – 0,8 | 76,6 |
| Spanien | 1,8 | 6,3 | – 2,6 | 68,8 |
| Vereinigtes Königreich | 1,8 | 7,0 | – 1,9 | 53,4 |
| Referenzwert | 2,7[b)] | 7,8[c)] | – 3,0 | 60,0 |

Quelle: Deutsche Bundesbank 1998a, 23.

Anmerkung:

a) – = Defizit + = Überschuss.

b) Berechnet als ungewogenes arithmetisches Mittel der jährlichen Inflationsraten Österreichs, Irlands und Frankreichs plus 1,5 Prozentpunkte.

c) Berechnet als ungewogenes arithmetisches Mittel der langfristigen Zinssätze Österreichs, Irlands und Frankreichs plus 2 Prozentpunkte.

gegen erfüllten die Voraussetzungen nicht. Die politische Entscheidung über den Teilnehmerkreis der Währungsunion wurde durch den Rat in der Zusammensetzung der Staats- und Regierungschefs am 2. Mai 1998 getroffen. Der Beschluss folgte der Empfehlung der EU-Kommission und des ECOFIN-Rates.

*Tabelle I.3.2:* Verbraucherpreise in den EU-Staaten

| Land | auf Basis des ... | | | | | |
|---|---|---|---|---|---|---|
| | ... nationalen Index | | | | ... harmonisierten Index | |
| | 1992 | 1993 | 1994 | 1995 | 1996 | 1997 |
| Belgien | 2,4 | 2,8 | 2,4 | 1,5 | 1,8 | 1,5 |
| Dänemark | 2,1 | 1,2 | 2,0 | 2,1 | 2,1 | 1,9 |
| Deutschland | 5,1 | 4,5 | 2,7 | 1,8 | 1,2 | 1,5 |
| Finnland | 2,9 | 2,2 | 1,1 | 1,0 | 1,1 | 1,2 |
| Frankreich | 2,4 | 2,1 | 1,7 | 1,8 | 2,1 | 1,3 |
| Griechenland | 15,9 | 14,4 | 10,9 | 8,9 | 7,9 | 5,4 |
| Irland | 3,0 | 1,5 | 2,4 | 2,5 | 2,2 | 1,2 |
| Italien | 5,4 | 4,2 | 3,9 | 5,4 | 4,0 | 1,9 |
| Luxemburg | 3,2 | 3,6 | 2,2 | 1,9 | 1,2 | 1,4 |
| Niederlande | 3,2 | 2,6 | 2,8 | 1,9 | 1,4 | 1,9 |
| Österreich | 4,1 | 3,6 | 3,0 | 2,2 | 1,8 | 1,2 |
| Portugal | 8,9 | 6,5 | 5,2 | 4,1 | 2,9 | 1,9 |
| Schweden | 2,6 | 4,7 | 2,4 | 2,8 | 0,8 | 1,8 |
| Spanien | 5,9 | 4,6 | 4,7 | 4,7 | 3,6 | 1,9 |
| Vereinigtes Königreich | 4,7 | 3,0 | 2,3 | 2,9 | 2,5 | 1,8 |

Quelle: Deutsche Bundesbank, 1998a, 24.

Sowohl das Inflations- als auch das Zinskriterium wurde bis auf Griechenland im relevanten Refenrenzzeitraum von allen EU-Mitgliedstaaten erreicht.

Die niedrigen Inflationsraten im Jahre 1997 sind allerdings auch vor dem Hintergrund eines zunehmenden Wettbewerbs sowie einer gedämpften Nachfrage in Europa zu sehen. Sie waren nicht nur auf eine verstärkte Stabilitätsorientierung der Geldpolitik zurückzuführen.

Der in manchen Ländern im Jahr 1997 beobachtbare starke Rückgang der langfristigen Zinsen ging neben eigenen Anstrengungen (Verbesserung der Fundamentalfaktoren: Beruhigung des Preisauftriebs, gesunkene Staatsdefizite) auch auf den internationalen Zinstrend sowie auf eine Vorwegnahme der Teilnahme an der Währungsunion durch die Finanzmärkte zurück. Besonders profitiert davon haben Italien, Portugal und Spanien (zur Entwicklung der langfristigen Zinssätze im Vorfeld der Währungsunion siehe auch Schaubild II.5.15).

*Tabelle I.3.3:* Konvergenz der langfristigen Zinssätze

| Land | 1991 | 1992 | 1993 | 1994 | 1995 | 1996 | 1997 |
|---|---|---|---|---|---|---|---|
| Belgien | 9,3 | 8,6 | 7,2 | 7,8 | 7,5 | 6,5 | 5,8 |
| Dänemark | 9,3 | 9,0 | 7,3 | 7,8 | 8,3 | 7,2 | 6,3 |
| Deutschland | 8,5 | 7,9 | 6,5 | 6,9 | 6,9 | 6,2 | 5,6 |
| Finnland | 11,7 | 12,0 | 8,8 | 9,0 | 8,8 | 7,1 | 6,0 |
| Frankreich | 9,0 | 8,6 | 6,8 | 7,2 | 7,5 | 6,3 | 5,6 |
| Griechenland | – | – | 23,3 | 20,8 | 17,4 | 14,4 | 9,9 |
| Irland | 9,2 | 9,1 | 7,7 | 7,9 | 8,3 | 7,3 | 6,3 |
| Italien | 13,3 | 13,3 | 11,2 | 10,5 | 12,2 | 9,4 | 6,9 |
| Luxemburg | 8,2 | 7,9 | 6,9 | 7,2 | 7,2 | 6,3 | 5,6 |
| Niederlande | 8,7 | 8,1 | 6,4 | 6,9 | 6,9 | 6,2 | 5,6 |
| Österreich | 8,6 | 8,2 | 6,7 | 7,0 | 7,1 | 6,3 | 5,7 |
| Portugal | 14,5 | 13,8 | 11,2 | 10,5 | 11,5 | 8,6 | 6,4 |
| Schweden | 10,7 | 10,0 | 8,5 | 9,7 | 10,2 | 8,0 | 6,6 |
| Spanien | 12,4 | 11,8 | 10,2 | 10,0 | 11,3 | 8,7 | 6,4 |
| Vereinigtes Königreich | 10,1 | 9,1 | 7,5 | 8,2 | 8,3 | 7,9 | 7,1 |

Quelle: Deutsche Bundesbank, 1998a, 25.

Auf dem Gebiet der Wechselkursentwicklung wurde zunehmende Konvergenz erreicht, d.h. die am Wechselkursmechanismus des EWS teilnehmenden Währungen bewegten sich im Allgemeinen relativ nahe am jeweiligen Leitkurs. Allerdings hatten die italienische Lira und die Finnmark das Erfordernis der zweijährigen Mitgliedschaft vor Konvergenzprüfung nicht voll erfüllt (Eintritt Finnland: 14.10.1996; Eintritt Italien: 25.11.1996).

Problematischer war die Beurteilung des Kriteriums einer auf Dauer tragbaren Finanzlage der öffentlichen Hand. So wurde die *Defizitquote* einer Reihe von Mitgliedstaaten 1997 durch Maßnahmen mit zeitlich begrenzter Wirkung beeinflusst, die z.B. in Italien insgesamt 1 Prozentpunkt, in Frankreich 0,6 Prozentpunkte des BIP ausmachten.[20] Man sprach hier von *kreativer Buchführung*.

20 Zu den Ländern im Einzelnen siehe Deutsche Bundesbank, 1998a, 32.

*Tabelle I.3.4:* Finanzierungssalden der öffentlichen Haushalte der EU-Staaten

| Land | 1991 | 1992 | 1993 | 1994 | 1995 | 1996 | 1997 |
|---|---|---|---|---|---|---|---|
| Belgien | - 6,3 | -6,9 | -7,1 | -4,9 | -3,9 | -3,2 | -2,1 |
| Dänemark | -2,1 | -2,1 | -2,8 | -2,8 | -2,4 | -0,7 | 0,7 |
| Deutschland | -3,1 | -2,6 | -3,2 | -2,4 | -3,3 | -3,4 | -2,7 |
| Finnland | -1,5 | -5,9 | -8,0 | -6,4 | -4,7 | -3,3 | -0,9 |
| Frankreich | -2,1 | -3,9 | -5,8 | -5,8 | -4,9 | -4,1 | -3,0 |
| Griechenland | -11,5 | -12,8 | -13,8 | -10,0 | -10,3 | -7,5 | -4,0 |
| Irland | -2,3 | -2,5 | -2,7 | -1,7 | -2,2 | -0,4 | 0,9 |
| Italien | -10,1 | -9,6 | -9,5 | -9,2 | -7,7 | -6,7 | -2,7 |
| Luxemburg | 1,9 | 0,8 | 1,7 | 2,8 | 1,9 | 2,5 | 1,7 |
| Niederlande | -2,9 | -3,9 | -3,2 | -3,8 | -4,0 | -2,3 | -1,4 |
| Österreich | -3,0 | -2,0 | -4,2 | -5,0 | -5,2 | -4,0 | -2,5 |
| Portugal | -6,0 | -3,0 | -6,1 | -6,0 | -5,7 | -3,2 | -2,5 |
| Schweden | -1,1 | -7,7 | -12,2 | -10,3 | -6,9 | -3,5 | -0,8 |
| Spanien | -4,2 | -3,8 | -6,9 | -6,3 | -7,3 | -4,6 | -2,6 |
| Vereinigtes Königreich | -2,3 | -6,2 | -7,9 | -6,8 | -5,5 | -4,8 | -1,9 |

Quelle: Deutsche Bundesbank, 1998a, 31.

## Box I.3.1: Kreative Buchführung

„1997 haben viele Mitgliedstaaten ihre Haushaltsausgaben so weit gedrosselt und ihre Einnahmen so stark ausgeschöpft, dass das bis vor kurzem für viele unerreichbar scheinende Defizitkriterium von 3,0 Prozent erreicht oder sogar unterschritten wurde. Die öffentliche Diskussion hat sich auf das Kriterium für die laufende Verschuldung („Le Drei-Komma-Null") konzentriert. Dabei ist diese Größe nur eine Momentaufnahme und kann sogar den Blick für zukünftige Entwicklungen versperren ... Erfüllung des Defizitkriteriums kann also bedeuten, dass man sich von einer auf Nachhaltigkeit und Beständigkeit ausgerichteten Budgetpolitik weiter entfernt hat. Drei viel diskutierte und umstrittene Fälle belegen das.

Die einmalige Zahlung der France Télécom an den Staatshaushalt in Höhe von 37,5 Mrd. Francs als Gegenleistung für die Übernahme von Pensionsverpflichtungen durch den französischen Staat entspricht einer Reduzierung des staatlichen Defizits von 1997 um etwa 0,5 Prozentpunkte. Der (damalige, Anm. die Verf.) Chefvolkswirt der BHF-Bank, Hermann Remsperger, kommentierte diesen Vorgang wie folgt: „Das Ergebnis dieser kreativen Budgetierung führt die Intention der Maastricht-Fiskalkriterien ad absurdum: Obwohl die Vereinbarung mit der Télécom insgesamt eine Verschlechterung der französischen Haushaltslage bedeutet, kann für das die WWU-Teilnahme entscheidende Jahr 1997 einmalig eine niedrigere Quote ausgewiesen werden." Der SPD-Bundestagsabgeordnete Norbert Wieczorek hoffte, dieser schwere Sündenfall werde von der französischen Regierung noch korrigiert. Diese Hoffnung blieb unerfüllt. Sollte Frankreich das Defizitkriterium formal realisieren, dann ist Nachhaltigkeit dadurch nicht gesichert.

Italien hat u.a. eine weitgehend rückzahlbare Eurosteuer erhoben, die in 1997 das Haushaltsdefizit von 3,6 Prozent auf genau 3,0 Prozent reduziert. Auch diese Maßnahme war – zurückhaltend formuliert – umstritten. (Der damalige, Anm. die Verf.) Ministerpräsident Prodi kommentierte dies wie folgt: „Am Anfang haben alle deswegen über mich gelacht. Aber ich war sicher, dass es keine großen Widerstände geben würde. Es hat sich gezeigt, dass eine Steuer für Europa anders bewertet wird." Freilich ist auch dies kein Ausweis von Nachhaltigkeit. Ministerpräsident Prodi gibt dies selbst zu: „Jetzt müssen wir beweisen, dass wir nicht nur zu einer einmaligen Anstrengung fähig sind, sondern einen langen Atem haben."

Deutschland ist ebenfalls der Versuchung manipulativer Methoden erlegen. Besonders der von der Deutschen Bundesbank mithilfe der Öffentlichkeit abgewehrte Angriff des Finanzministers auf ihre Unabhängigkeit, indem sie gezwungen werden sollte, die Goldreserven neu zu bewerten und als Buchgewinn an die Bundesregierung auszuschütten,[21] hat das Ansehen der Bundesregierung und ihr Eintreten für eine unabhängige Zentralbank in Misskredit gebracht. Der Tenor in der Auslandspresse war allgemein, dass Deutschland nach seinem ordnungspolitischen Sündenfall nicht mehr die Rolle eines für manche Partner unerträglichen Lehrmeisters spielen könne."

Quelle: Hankel et al., 1998, 76 f.

Hinzu kam, dass die Rückführung der Defizitquoten 1997 durch sinkende lang- und kurzfristige Zinsen begünstigt wurde. Profitiert haben davon insbesondere die Mitgliedstaaten, deren Zinsniveau durch die von den Märkten erwartete sofortige Teilnahme an der Währungsunion überdurchschnittlich zurückging (insbesondere Italien, Portugal und Spanien). Zu berücksichtigen ist auch, dass die Haushalte einiger Mitgliedstaaten erhebliche Nettozahlungen aus dem EU-Haushalt empfangen haben (Griechenland, Irland, Portugal und Spanien).

Von größerer Bedeutung für die nachhaltige Tragbarkeit der öffentlichen Finanzen in den einzelnen Mitgliedstaaten ist allerdings die *Schuldenquote*. Ein übermäßiger Schuldenstand beeinträchtigt den künftigen Handlungsspielraum der Finanzpolitik, was angesichts der längerfristig zu erwartenden starken Belastungen aufgrund der demographischen Entwicklung besonders schwer wiegt. Ein übermäßiger Schuldenstand gerät auch leicht in Konflikt mit der Geldpolitik, wobei das Konfliktpotenzial umso stärker zunimmt, je größer der Anteil von kurzfristigen bzw. variabel verzinsten Krediten bei der Finanzierung der Staatsschuld ist.[22] Die Zentralbank kann hier nämlich politisch

21 Im Einzelnen siehe hierzu Ruckriegel, 1997.

22 So weist etwa DeGrauwe angesichts des hohen Anteils der kurzfristigen Staatsverschuldung auf die große Bedeutung des kurzfristigen Zinssatzes für den italienischen Staatshaushalt hin. (DeGrauwe, 2000, 31).

*Tabelle I.3.5:* Verschuldung der öffentlichen Haushalte der EU-Staaten

| Land | 1991 | 1992 | 1993 | 1994 | 1995 | 1996 | 1997 |
|---|---|---|---|---|---|---|---|
| Belgien | 127,5 | 129,0 | 135,2 | 133,5 | 131,3 | 126,9 | 122,2 |
| Dänemark | 65,5 | 69,7 | 81,6 | 78,1 | 73,3 | 70,6 | 65,1 |
| Deutschland | 41,5 | 44,1 | 48,0 | 50,2 | 58,0 | 60,4 | 61,3 |
| Finnland | 23,0 | 41,5 | 58,0 | 59,6 | 58,1 | 57,6 | 55,8 |
| Frankreich | 35,8 | 39,8 | 45,3 | 48,5 | 52,7 | 55,7 | 58,0 |
| Griechenland | 92,3 | 98,8 | 111,6 | 109,3 | 110,1 | 111,6 | 108,7 |
| Irland | 95,3 | 92,3 | 96,3 | 89,1 | 82,3 | 72,7 | 66,3 |
| Italien | 101,5 | 108,7 | 119,1 | 124,9 | 124,2 | 124,0 | 121,6 |
| Luxemburg | 4,2 | 5,1 | 6,1 | 5,7 | 5,9 | 6,6 | 6,7 |
| Niederlande | 79,0 | 80,0 | 81,2 | 77,9 | 79,1 | 77,2 | 72,1 |
| Österreich | 58,1 | 58,0 | 62,7 | 65,4 | 69,2 | 69,5 | 66,1 |
| Portugal | 67,3 | 60,1 | 63,1 | 63,8 | 65,9 | 65,0 | 62,0 |
| Schweden | 52,8 | 66,8 | 75,8 | 79,0 | 77,6 | 76,7 | 76,6 |
| Spanien | 45,5 | 48,0 | 60,0 | 62,6 | 65,5 | 70,1 | 68,8 |
| Vereinigtes Königreich | 35,6 | 41,8 | 48,5 | 50,5 | 53,9 | 54,7 | 53,4 |

Quelle: Deutsche Bundesbank, 1998a, 33.

leicht unter Druck kommen, wenn sie den Zinssatz erhöhen will, da eine Zinssatzerhöhung umso stärker auf das Haushaltsdefizit durchschlägt, je größer die Staatsverschuldung ist (siehe dazu ausführlich Kapitel III.1). In einigen Mitgliedstaaten stellt die hohe Staatsverschuldung eine große Belastung dar. In Belgien, Griechenland und Italien wurde der Referenzwert besonders deutlich überschritten. Im Falle dieser drei Länder konnte – etwa im Gegensatz zu Irland – auch nicht davon gesprochen werden, dass die öffentliche Schuldenquote über die Jahre hinweg hinreichend rückläufig war und sich so rasch dem Referenzwert näherte.

Bei Italien und Belgien (Griechenland wurde von der EU-Kommission nicht vorgeschlagen) sahen sich die Deutsche Bundesbank und das EWI daher auch veranlasst, Zweifel an einer auf Dauer tragbaren Finanzlage der öffentlichen Hand zum Ausdruck zu bringen.[23]

23 „Ernsthafte Besorgnisse" (Italien und Belgien), Deutsche Bundesbank, 1998a, 39; „muß man nach wie vor besorgt sein" (Italien), EWI, 1998, 175; „besteht offensichtlich nach wie vor Besorgnis" (Belgien), EWI, 1998, 48. Zur Problematik aus rechtlicher Sicht siehe etwa Häde, 1998, 1091: Die „Prüfung hätten Belgien und Italien nicht bestehen dürfen, weil sie Zweifel an der dauerhaften Tragbarkeit ihrer Finanzlage nicht ausräumen konnten. Ihre Zulassung zur dritten Stufe läßt sich nur als politisch motiviert verstehen und verstößt deshalb gegen Gemeinschaftsrecht."

## 3.2 Prüfung im Jahre 2000

Gemäß EU-Vertrag wurde im Jahre 2000 geprüft, inwieweit EU-Mitgliedstaaten, die noch nicht der Währungsunion beigetreten waren, „bei der Verwirklichung der Wirtschafts- und Währungsunion ihren Verpflichtungen bereits nachgekommen sind" (EZB, 2000b, 2). Nicht in diese automatische Prüfung einbezogen wurden Dänemark und das Vereinigte Königreich, für die bekanntlich eine Sonderregelung gilt. Konvergenzberichte für diese Länder müssen nur auf deren Antrag vorgelegt werden. Ein solcher Antrag lag nicht vor. Die Konvergenzberichte erstreckten sich somit nur auf Griechenland und Schweden, wobei Griechenland bereits von sich aus im März 2000 einen Antrag auf Beitritt zur Währungsunion gestellt hat.

Mit Blick auf Griechenland ist festzuhalten, dass der Schuldenstand mit 104 % deutlich über dem Referenzwert lag. Parallelen zu Belgien und Italien sind hier unverkennbar. Bemerkenswert ist auch, dass die Absenkung der griechischen Inflationsrate auf 2,0 % durch Einmalmaßnahmen (Senkung indirekter Steuern) beeinflusst wurde.[24] Schweden erfüllte sowohl die Kriterien hinsichtlich der Finanzlage der öffentlichen Hand als auch

*Tabelle I.3.6:* Übersicht über die Konvergenzlage in Griechenland und Schweden

| Land | Inflationsrate | Langfristiger Zinssatz | Öffentlicher Finanzierungssaldo[a)] | Öffentliche Verschuldung |
|---|---|---|---|---|
| | in % | | in % des BIP | |
| | Referenzzeitraum: | | | |
| | April 1999 bis März 2000 | | 1999 | |
| Griechenland | 2,0 | 6,4 | – 1,6 | 104,4 |
| Schweden | 0,8 | 5,4 | 1,9 | 65,5 |
| Referenzwert | 2,4[b)] | 7,2[c)] | – 3,0 | 60,0 |

Quelle: EZB, 2000b.

Anmerkungen:

a) – = Defizit + = Überschuss.

b) Berechnet als ungewogenes arithmetisches Mittel der jährlichen Inflationsraten Schwedens, Österreichs und Frankreichs plus 1,5 Prozentpunkte.

c) Berechnet als ungewogenes arithmetisches Mittel der langfristigen Zinssätze Schwedens, Österreichs und Frankreichs plus 2 Prozentpunkte.

24 „Für die künftige Preisentwicklung in Griechenland bestehen einige Aufwärtsrisiken. 2000 und 2001 werden die Inflationsraten unter Aufwärtsdruck geraten, wenn der Einfluß der jüngsten Senkungen indirekter Steuern nicht mehr wirksam ist. ... Trotz der Bemühungen, die Haushaltssituation zu verbessern, und der dabei bereits erzielten erheblichen Fortschritte besteht nach wie vor Anlass zur Sorge, ob das Verhältnis des öffentlichen Schuldenstands zum BIP ‚hinreichend rückläufig ist und sich rasch genug dem Referenzwert nähert' und ob bereits eine auf Dauer tragbare Finanzlage erreicht wurde." EZB, 2000b, 26.

bezüglich der Inflationsrate und dem langfristigen Zinssatz. Allerdings war Schweden zum Zeitpunkt der Konvergenzprüfung noch nicht dem Wechselkursmechanismus II beigetreten. Auch hatte Schweden die rechtlichen Anpassungsanforderungen noch nicht zur Gänze umgesetzt.[25] Aufgrund dieser Hinderungsgründe im Falle Schwedens wurde von der EU-Kommission nur Griechenland für einen Beitritt in die dritte Stufe der Europäischen Währungsunion zum 1.1.2001 vorgeschlagen. Der ECOFIN-Rat folgte diesem Vorschlag. Im Vergleich zu den Vereinigten Staaten und Japan hat sich durch den Beitritt Griechenlands die wirtschaftliche Bedeutung des Euro-Währungsgebiets aber kaum erhöht (siehe hierzu Tabelle I.3.7).

*Tabelle I.3.7:* Schlüsseldaten des Euro-Währungsgebietes, der Vereinigten Staaten und Japans

| | Berichtszeitraum | Einheit | Euro-Währungsgebiet mit Griechenland | Euro-Währungsgebiet ohne Griechenland | Vereinigte Staaten | Japan |
|---|---|---|---|---|---|---|
| Bevölkerung[a)] | 2000 | Mio. | 302 | 292 | 272 | 127 |
| BIP (Anteil am weltweiten BIP)[b)] | 1999 | % | 16,2 | 15,8 | 21,9 | 7,6 |
| BIP | 1999 | Mrd. € | 6.245 | 6.127 | 8.666 | 4.081 |
| BIP pro Kopf | 1999 | € | 20.667 | 21.013 | 31.916 | 32.205 |
| Wirtschaftsbereiche:[c)] | | | | | | |
| Landwirtschaft, Fischerei, Forstwirtschaft | 1999 | % des BIP | 2,8 | 2,6 | 1,6 | 1,8 |
| Industrie (einschließlich Baugewerbe) | 1999 | % des BIP | 28,5 | 28,6 | 27,3 | 36,4 |
| Dienstleistungen | 1999 | % des BIP | 68,7 | 68,7 | 71,1 | 61,9 |
| Arbeitslosenquote (Anteil an den Erwerbspersonen) | 1999 | % | 9,9 | 9,9 | 4,2 | 4,7 |
| Erwerbsbeteiligungsquote[d)] | 1999 | % | 67,3 | 67,4 | 77,2 | 72,4 |
| Beschäftigtenquote[d),e)] | 1999 | % | 60,5 | 60,6 | 73,9 | 68,9 |

25 „Schweden nimmt nicht am WKM II teil. Schweden ... wurde keine Klausel eingeräumt, die es erlaubt, nicht zur dritten Stufe der WWU überzugehen. Schweden ist somit nach dem EG-Vertrag verpflichtet, den Euro einzuführen, was bedeutet, daß es sich bemühen muß, alle Konvergenzkriterien einschließlich des Wechselkurskriteriums zu erfüllen. ... Die schwedischen Rechtsvorschriften, insbesondere das Gesetz über die Sveriges Riksbank, sehen die rechtliche Integration der schwedischen Zentralbank in das ESZB nicht vor, obwohl Schweden kein Mitglied mit Sonderstatus ist und daher allen Anpassungsanforderungen nach Artikel 109 des EG-Vertrages nachzukommen hat." EZB, 2000b, 5 f.

| | Berichtszeitraum | Einheit | Euro-Währungsgebiet mit Griechenland | Euro-Währungsgebiet ohne Griechenland | Vereinigte Staaten | Japan |
|---|---|---|---|---|---|---|
| Ausfuhr von Waren[f] | 1999 | % des BIP | 12,9 | 13,3 | 7,4 | 9,3 |
| Ausfuhr von Waren und Dienstleistungen[f] | 1999 | % des BIP | 16,9 | 17,2 | 10,3 | 10,7 |
| Einfuhr von Waren[f] | 1999 | % des BIP | 11,8 | 11,9 | 11,1 | 6,4 |
| Einfuhr von Waren und Dienstleistungen[f] | 1999 | % des BIP | 15,9 | 16,1 | 13,2 | 9,1 |
| Ausfuhren (Anteil an den weltweiten Ausfuhren)[g] | 1999 | % | 18,9 | 19,0 | 15,2 | 9,1 |
| Leistungsbilanzsaldo[f] Staat | 1999 | % des BIP | – 0,2 | – 0,1 | – 3,6 | 2,5 |
| Überschuss (+) oder Defizit (–) | 1999 | % des BIP | – 1,3 | – 1,3 | 1,0 | – 8,9 |
| Bruttoverschuldung | 1999 | % des BIP | 72,7 | 72,2 | 63,2 | 125,6 |
| Einnahmen | 1999 | % des BIP | 47,7 | 47,8 | 32,9 | 31,0 |
| Ausgaben | 1999 | % des BIP | 49,0 | 49,1 | 31,9 | 39,9 |
| Bankeinlagen[h] | 1999 | % des BIP | 79,4 | 80,0 | 41,0 | 134,5 |
| Kredite an den privaten Sektor[i] | 1999 | % des BIP | 90,1 | 91,1 | 76,1 | 136,3 |
| Umlauf an inländischen Schuldverschreibungen[j] | 1999 | % des BIP | 89,8 | 90,1 | 178,0 | 157,9 |
| Aktienmarktkapitalisierung | 1999 | % des BIP | 66,1 | 64,7 | 128,7 | 73,9 |

Quelle: EZB, 2001a, 43.

Anmerkungen:

a) Stand: 1. Januar 2000.

b) Anteile am BIP basieren auf der Bewertung des BIP des jeweiligen Landes zu Kaufkraftparitäten.

c) Gemessen an der realen Wertschöpfung. Angaben für die Vereinigten Staaten und Japan beziehen sich auf 1997.

d) Angaben für Griechenland beziehen sich auf 1998.

e) Prozentualer Anteil der erwerbstätigen Personen an der Bevölkerung im erwerbsfähigen Alter (im Alter von 15 bis 64 Jahren).

f) Zahlungsbilanzdaten umfassen nur den Handel mit Ländern außerhalb des Euro-Währungsgebiets. Ein- und Ausfuhren des Euro-Währungsgebiets einschließlich Griechenlands: EZB-Schätzung auf Grundlage von Zahlungsbilanzangaben von Eurostat und der EZB.

g) Außenhandelsstatistik, Angaben zur weltweiten Ausfuhr beinhalten nicht die Handelsströme innerhalb des Euro-Währungsgebiets.

h) Euro-Währungsgebiet: gesamte Einlagen bei MFIs; Vereinigte Staaten: Sicht-, Termin- und Spareinlagen bei Banken; Japan: Sicht- und Termineinlagen bei Depositenbanken.

i) Euro-Währungsgebiet: MFI-Kredite an sonstige Ansässige im Euro-Währungsgebiet; Vereinigte Staaten und Japan: inländische Kredite.

j) Angaben zu inländischen Schuldverschreibungen beziehen sich auf Dezember 1999.

# 4 EU-Erweiterung

Derzeit führt die EU mit einer Reihe von mittel- und osteuropäischen Ländern (sog. *MOE-Länder*) sowie mit Malta und Zypern formelle Betrittsverhandlungen. Mit Estland, Polen, Slowenien, Tschechien, Ungarn und Zypern (*Luxemburg-Gruppe*) begannen die Verhandlungen im März 1998, mit Bulgarien, Lettland, Litauen, Rumänien, der Slowakei und Malta (*Helsinki-Gruppe*) im Februar 2000.[26] Da es für die neuen Mitgliedstaaten keine *Opting-Out-Klauseln* geben wird (EZB, 2000a, 48), verpflichten sich diese Länder mit dem Beitritt zur EU, zu einem späteren Zeitpunkt den Euro als Währung einzuführen. Die Teilnahme an der Währungsunion setzt allerdings die Erfüllung der Konvergenzkriterien voraus. Auch dürfen die nationalen Gesetze zur Zentralbankgesetzgebung nicht im Widerspruch zu den rechtlichen Anforderungen (Unabhängigkeit der nationalen Zentralbanken; Integration der nationalen Zentralbanken in das Europäische System der Zentralbanken) stehen.

Im offiziellen Schlussprotokoll des Wiener Seminars zum EU-Beitrittsprozess (14.–15.12.2000) wurde ausdrücklich nochmals auf die Teilnahmebedingungen für die dritte Stufe der EWU Bezug genommen. Es wurde folgende Schlussfolgerung gezogen: „Voraussetzung für den Beitritt zum Euroraum wird die Erfüllung der Konvergenzkriterien sein. Der Vertrag zur Gründung der Europäischen Gemeinschaft verlangt die strikte und nachhaltige Erfüllung dieser Kriterien; **hierbei werden für künftige Mitglieder des Euroraumes dieselben Maßstäbe angelegt werden wie für die Staaten, die dem Euroraum bereits angehören** (EZB, 2001c, 117; Hervorhebungen durch die Verfasser).[27]

26 Zum aktuellen Stand des Betrittsprozesses siehe Europäische Kommission: Progress Reports (www.europa.eu.int/comm/enlargement/).

27 Ähnlich äußert sich der ECOFIN-Rat: „Nach dem Beitritt werden die Bewerberländer den Euro nicht sogleich einführen können: Sie werden dies erst tun können, wenn sie alle einschlägigen Erfordernisse des Vertrags, einschließlich der Maastrichter Konvergenzkriterien, erfüllt haben. Die Beurteilung der Erfüllung dieser Kriterien und die Verfahren für die Einführung des Euro werden die Gleichbehandlung der künftigen Mitgliedstaaten und der derzeit zur Euro-Zone gehörenden Länder sicherstellen." ECOFIN-Rat, 2000b, 7.

*Tabelle I.4.1:* Makroökonomische Indikatoren der MOE-Länder 2000

| | Bevölkerung (Mio.)[a] | BIP pro Kopf zu Kaufkraftparitäten in % des EU-Durchschnitts | Inflationsrate (Jahresdurchschnitt) | Defizitquote[b] | Schuldenquote[b] | Langfristiger Zinssatz[c] (Stand Mitte Februar 2001) | Reales BIP-Wachstum[a] | Ausfuhren in die EU in % der Ausfuhren insgesamt |
|---|---|---|---|---|---|---|---|---|
| Bulgarien | 8,2 | 25,5 | 10,1 | – 1,0 | 95,5 | 5,0 | – 1,7 | 53,7 |
| Estland | 1,4 | 37,9 | 4,1 | – 0,7 | 11,0 | 6,9 | 4,5 | 77,0 |
| Lettland | 2,4 | 32,9 | 2,6 | – 2,8 | 9,6 | 9,8 | 3,0 | 62,0 |
| Litauen | 3,7 | 32,0 | 1,0 | – 3,2 | 23,8 | 7,5 | 3,2 | 50,0 |
| Polen | 38,7 | 40,0 | 10,1 | – 3,2 | 43,9 | 10,2 | 5,8 | 68,0 |
| Rumänien | 22,5 | 26,5 | 49,0 | – 3,7 | 31,4 | 46,3 | – 0,7 | 67,0 |
| Slowakei | 5,4 | 47,0 | 12,0 | – 5,1 | 27,0 | 7,7 | 5,0 | 59,1 |
| Slowenien | 2,0 | 72,8 | 8,9 | – 1,7 | 25,0 | kA | 4,2 | 68,0 |
| Tschechien | 10,3 | 59,6 | 3,9 | – 4,9 | 29,2 | 6,5 | 1,5 | 70,0 |
| Ungarn | 10,0 | 56,8 | 9,8 | – 3,5 | 70,4 | 8,3 | 3,4 | 76,0 |
| EWU-Referenzwert | | | 2,8 | – 3,0 | 60,0 | 7,4 | | |

Quellen: Deutsche Bank Research, 2001, 20, 26, 27; Deutsche Bundesbank, 2001d, 106; Europäische Kommission, 2001, 51; EZB, 2000a, 42; Polkowski, 2001, 113; eigene Berechnungen.

Anmerkungen:

a) 1999.

b) Definitionen können von denen der EU abweichen.

c) Laufzeit 10 Jahre, falls verfügbar; im Falle Bulgariens, Estlands, Lettlands, Litauens, Rumäniens und der Slowakei betrug die längste verfügbare Laufzeit 1 Jahr.

Ausgehend von Tabelle I.4.1 dürften für die meisten Beitrittsländer die Staatsfinanzen keine größeren Probleme aufwerfen (so auch Gros, 2000, 1375). Ähnliches dürfte für eine Teilnahme am *Wechselkursmechanismus II* (WKM II, siehe hierzu III.3.3) nach erfolgtem Beitritt zur EU gelten. Konsequenz dieses Kriteriums ist allerdings, dass nach Beitritt zur EU ein Land mindestens zwei Jahre am WKM II teilnehmen muss, bevor eine Konvergenzprüfung erfolgen kann.[28] Auch ein *Currency-Board-System* (siehe hierzu III.3.3) kann gegebenfalls („nach sorgfälltiger Prüfung des Einzelfalls unter bestimmten Umständen", Deutsche Bundesbank, 2001d, 106) als einseitiges Instrument zur Wechselkursstabilisierung akzeptiert werden. Die notwendige Anpassung der Zentralbankgesetzgebung an die „Unabhängigkeitserfordernisse" des Eurosystems dürfte ebenfalls kein Hindernis für einen EWU-Beitritt sein.

Problematischer stellt sich aber die Situation beim Inflations- und beim Zinskriterium dar. Die Inflationsraten dürften in den nächsten Jahren strukturell bedingt deutlich über dem Durchschnitt im bisherigen Euro-Währungsraum liegen. Zum einen wird sich der Transformationsprozess in Richtung Marktwirtschaft verstärken, was weitere Preisliberalisierungen, d.h. in vielen Fällen Preiserhöhungen, zur Folge haben wird. Zum anderen ist der sog. *Balassa-Samuelson-Effekt* (siehe auch Box I.4.1) ins Kalkül zu ziehen. Ausgangspunkt ist hier die Beobachtung, dass bei nicht-handelbaren Gütern die Preise von Land zu Land unterschiedlich sind. Grund hierfür ist im Wesentlichen der Stand der wirtschaftlichen Entwicklung. In wirtschaftlich entwickelten Ländern sind die Preise für nicht-handelbare Güter tendenziell höher. Der hohe Lebensstandard beruht dabei im Wesentlichen auf einem hohen Produktivitätsniveau im Sektor der handelbaren Güter (Landwirtschaft, Verarbeitendes Gewerbe). Bei integrierten nationalen Arbeitsmärkten führt ein hohes Lohnniveau im Sektor der handelbaren Güter auch zu hohen Löhnen im Sektor der nicht-handelbaren Güter (im Wesentlichen Dienstleistungen), da ansonsten die Arbeitskräfte abwandern würden. Betrachtet man nun Länder mit unterschiedlichem Entwicklungsstand und damit unterschiedlichen Produktivitätsniveaus, so kommt es bei einer Angleichung des Lebensstandards – ein Ziel, welches mithilfe verschiedenster Maßnahmen innerhalb der EU verfolgt wird und was natürlich bereits im Vorfeld des Beitritts der MOE-Länder zum Euro-Währungsgebiet angestrebt werden soll – zu folgendem Reaktionsmuster: Handelsliberalisierung, steigender Wettbewerbsdruck, Know-how-Transfer über Direktinvestitionen sowie öffentliche Transferleistungen führen in einem Land mit Produktivitätsrückstand im Sektor der handelbaren Güter zu rasch ansteigender Produktivität. Dies zieht entsprechend starke Lohnerhöhungen nach sich, die aber auch auf den Sektor der nicht-handelbaren Güter überspringen. Während der Lohnkostenanstieg im Sektor der handelbaren Güter aber durch den Produktivitätsanstieg gedeckt ist, somit die Lohnstückkosten unverändert bleiben, gehen die Lohnerhöhungen im Sektor der nicht-handelbaren Güter kaum mit Produktivitätserhöhungen einher, so dass es bei diesen Gütern zu einem Anstieg der Lohnstückkosten und damit der Preise kommt. Im Zuge des wirtschaftlichen Aufholprozesses kommt es also

28 Es sei allerdings an dieser Stelle darauf hingewiesen, dass weder Italien noch Finnland diese Frist vor der Konvergenzprüfung im April/Mai 1998 eingehalten haben (siehe hierzu auch I.3.1).

zu einer Angleichung der Produktivitätsniveaus bei handelbaren Gütern und der Preise für nicht-handelbare Güter. Während dieses Aufholprozesses weisen die weniger entwickelten Länder bedingt durch einen starken Anstieg der Preise bei nicht-handelbaren Gütern somit eine höhere Inflationsrate auf.[29]

**Box I.4.1: Der Balassa-Samuelson-Effekt**

Wenn alle Waren und Dienstleistungen über die Grenzen hinweg frei gehandelt werden könnten, würde der ökonomischen Theorie zufolge Arbitrage zu einer Situation führen, in der das Preisniveau in den verschiedenen Ländern (ausgedrückt in einer gemeinsamen Währung) gleich wäre und strikte Kaufkraftparität herrschen würde. In der Praxis ist dies jedoch selten der Fall, und eine Reihe von Studien haben nachgewiesen, dass das Preisniveau von Land zu Land erheblich differiert. Diese Unterschiede sind nicht durch Transportkosten, Steuern, Zölle oder Ähnliches zu erklären. Vielmehr sind die Preise in ärmeren Ländern typischerweise niedriger als in reicheren Ländern. Bei näherer Betrachtung scheint dieses Muster auf Unterschiede bei den Preisen für „nicht-gehandelte" Güter und Dienstleistungen zurückzuführen zu sein, beispielsweise im Wohnungssektor oder bei persönlichen Dienstleistungen. Außerdem ist in Ländern mit einem kräftigeren Produktivitätswachstum und damit auch mit einer stärkeren Verbesserung des Lebensstandards tendenziell eine höhere Steigerungsrate des Preisniveaus (ebenfalls wechselkursbereinigt) zu verzeichnen. Der Balassa-Samuelson-Ansatz erklärt diese Differenzen, indem er einen Zusammenhang zwischen der Entwicklung der Preise der nicht-gehandelten Güter und dem Produktivitätswachstum herstellt.

Für eine ausführlichere Erörterung dieses Themas sollen zwei Länder A und B betrachtet werden, die Teil einer Währungsunion sind. Zunächst beschränkt sich die Darstellung auf ein Land (A). Zur Vereinfachung wird angenommen, es handle sich um eine Volkswirtschaft mit zwei Gütern (einem gehandelten und einem nicht-gehandelten Gut), zwei Produktionsfaktoren (Kapital und Arbeit), freiem Wettbewerb, Produktionsfunktionen mit konstanten Skalenerträgen in beiden Sektoren und freiem Zugang zu den globalen Kapitalmärkten.[a)] Auf der Grundlage dieser Annahmen kann gezeigt werden, dass für die Preissteigerungsrate der nicht-gehandelten Güter im Vergleich zu den gehandelten Gütern in jedem der beiden Länder gilt:

$$\Delta(P_N - P_T) = \frac{SL_N}{SL_T}\Delta PROD_T - \Delta PROD_N \qquad (B1)$$

wobei $\Delta P_N$ und $\Delta P_T$ die Änderungsraten der Preise bei nicht-gehandelten bzw. gehandelten Gütern seien, $\Delta PROD_N$ und $\Delta PROD_T$ die Produktivitätswachstumsraten in den beiden Sek-

29 „Im europäischen Kontext (gemeint sind hier die 15 EU-Länder, Anmerk. der Verf.) ergibt sich daraus, daß ein Prozeß, durch den Differenzen im Produktivitätsniveau und Lebensstandard im Zeitverlauf verringert werden, die Preise für nicht-gehandelte Güter in denjenigen Ländern, die sich im Aufholprozeß befinden, rascher ansteigen und gegen die Niveaus in den weiter fortgeschrittenen Volkswirtschaften konvergieren läßt. Die Erfahrung der letzten 20 Jahre zeigt eindeutig, daß ein solcher Aufholprozeß in der EWU im Gange ist ...". EZB, 1999c, 44; zur prinzipiellen Wirkungsweise des Balassa-Samuelson-Effekts vgl. ebenda, 44–46, BHF-Bank, 2001 sowie DeGrauwe, 2000, 41–45; Forschungsinstitute, 2001, 82; empirische Ergebnisse hierzu finden sich etwa bei Sinn/Reutter, 2000.

toren und $SL_N$ und $SL_T$ die Anteile der Arbeit an der Wertschöpfung in den beiden Sektoren. Da die Produktion nicht-gehandelter Güter (z.B. Dienstleistungen) arbeitsintensiver ist als die Produktion gehandelter Güter (z.B. im verarbeitenden Gewerbe), ist $SL_N/SL_T$ normalerweise größer eins. Der Anschaulichkeit halber wird dieser Wert jedoch gleich eins gesetzt, woraus folgt:

B(2) $$\Delta(P_N - P_T) = \Delta PROD_T - \Delta PROD_N$$

Diese Gleichung besagt, dass die Preise für nicht-gehandelte Güter tendenziell schneller steigen als die Preise für gehandelte Güter, wenn im Bereich der gehandelten Güter ein höheres Produktivitätswachstum zu verzeichnen ist als bei den nicht-gehandelten Gütern. Dahinter steckt ein einfacher Mechanismus: Ein Anstieg der Produktivität bei den gehandelten Gütern treibt tendenziell die Löhne in diesem Bereich in die Höhe, doch da diese Lohnsteigerung mit einer entsprechend höheren Produktivität einhergeht, steigen die Preise für gehandelte Güter nicht. Da jedoch davon ausgegangen wird, dass Arbeit sektorübergreifend mobil ist, sind die Unternehmen im Bereich der nicht-gehandelten Güter gezwungen, höhere Löhne zu bezahlen, um ihre Arbeiter zu halten. Bei den nicht-gehandelten Gütern gehen die Lohnerhöhungen nicht mit Produktivitätssteigerungen einher, weshalb die Kosten steigen. Dieser Kostenanstieg führt zu einer Preissteigerung bei den nicht-gehandelten Gütern.

Die Veränderungsrate des Verbraucherpreisindex insgesamt ($\Delta P$) ergibt sich in diesem Land als gewogener Durchschnitt der Preissteigerungsraten für gehandelte und nicht-gehandelte Güter:

(B3) $$\Delta P = \alpha \Delta P_T + (1 - \alpha)\Delta P_N$$

bzw. unter Berücksichtigung von (B2)

(B3') $$\Delta P = \Delta P_T + (1 - \alpha)(\Delta PROD_T - \Delta PROD_N)$$

Dabei ist $\alpha$ der Anteil der gehandelten Güter am Verbrauch. Somit hängt der Anstieg des Verbraucherpreisindex insgesamt von der Preissteigerung bei den gehandelten Gütern, vom Anteil der gehandelten Güter am Verbrauch und von der Differenz zwischen den Raten des Produktivitätswachstums in den beiden Sektoren ab. Je höher das Produktivitätswachstum im Bereich der gehandelten Güter (im Vergleich zum Bereich der nicht-gehandelten Güter) ist, desto höher ist der Anstieg des Verbraucherpreisindex (ceteris paribus).

Für Land B lassen sich ähnliche Zusammenhänge ableiten. Definitionsgemäß ist die Preissteigerungsrate für gehandelte Güter in beiden Ländern gleich hoch. Zur Vereinfachung sollen zwei weitere Annahmen getroffen werden: Erstens sei die Produktivitätssteigerung bei den nicht-gehandelten Gütern in den beiden Ländern gleich, und zweitens sei der Anteil der gehandelten Güter am Verbrauch ebenfalls in beiden Ländern gleich. Dann gilt für die Differenz zwischen den Steigerungsraten der Verbraucherpreise in Land A und B:

B(4) $$\Delta P - \Delta P^B = (1 - \alpha)(\Delta PROD_T - \Delta PROD^B{}_T)$$

Somit hängt die Differenz zwischen den Steigerungsraten der Verbraucherpreise der beiden Länder unter den gegebenen Annahmen von der Differenz zwischen den Produktivitätswachstumsraten bei den gehandelten Güter in den beiden Ländern ab. Ist das Produktivitätswachstum für gehandelte Güter in Land A höher, steigen dort die Löhne stärker, und die Preise für nicht-gehandelte Güter steigen aus den oben genannten Gründen schneller. Folglich ist die Teuerungsrate insgesamt in Land A höher als in Land B.

Quelle: EZB, 1999c, 45 f.; eigene Ergänzungen.

Anmerkung:

a) Zur Herleitung von Kostenfunktionen aus linear-homogenen Produktionsfunktionen (konstante Skalenerträge) unter Berücksichtigung der Minimalkostenkombination (Gewinnmaximierung) siehe etwa Fehl/Oberender, 1999, 163 ff.

Anhaltspunkte für das mögliche Ausmaß der unterschiedlichen Produktivitätsentwicklungen in den einzelnen Sektoren lassen sich hilfsweise gewinnen, wenn man die wirtschaftliche Entwicklung Irlands – ein typisches Beispiel für ein Land im Aufholprozess in den 80er und 90er Jahren – näher betrachtet. So stieg von 1987–1995 im Jahresdurchschnitt die Arbeitsproduktivität im Sektor der handelbaren Güter um 6,07 %, im Sektor der nicht-handelbaren Güter nur um 1,84 %, so dass sich im Jahresdurchschnitt eine Differenz von 4,23 Prozentpunkten ergab. Die entsprechenden Werte bei der Arbeitsproduktivität im Falle Deutschlands lagen bei 1,90 % (handelbare Güter) bzw. bei 1,55 % (nicht-handelbare Güter). Die Differenz ist mit 0,34 %-Punkten hier kaum spürbar (Sinn/Reutter, 2000, 25). Bei Ländern, die sich im wirtschaftlichen Aufholprozess befinden, wirkt also der „Balassa-Samuelsen-Effekt“ entwicklungsbedingt tendenziell auf eine höhere Inflationsrate hin. Gemessen am BIP pro Kopf (Tabelle I.4.1) besteht in allen MOE-Ländern ein mehr oder minder deutlicher Rückstand zum EU-Durchschnitt, d.h. ein entsprechendes Potenzial zum Wirksamwerden des Balassa-Samuelson-Effekts. Da bereits in den 90er Jahren realwirtschaftliche Aufholprozesse bei wichtigen Änwärtern für einen Beitritt stattgefunden haben, verwundert es auch nicht, dass in Ländern wie der Tschechischen Republik und Ungarn die Preise für nicht-handelbare Güter zwischen 1995 und 2000 jährlich um etwa 2 % stärker als die Gesamtkosten der Lebenshaltung gestiegen sind. Ähnliches gilt für Polen. In Deutschland und Frankreich hingegen entwickelten sich die Gesamtkosten der Lebenshaltung und die Preise für nicht-handelbare Güter nahezu gleich (Remsperger, 2001, 6).

Ausgangspunkt für die Ermittlung des Referenzwertes für die Inflationsrate ist das ungewogene arithmetische Mittel der Inflationsrate in den drei EU-Mitgliedsländern, die die niedrigste Preissteigerungsrate aufweisen. Der Referenzwert liegt um 1,5 Prozentpunkte über dem Drei-Länder-Wert. Da es sich bei den drei Ländern mit der niedrigsten Inflationsrate um Länder mit einem relativ hohen Lebensstandard handeln dürfte, dürfte bei Beitrittsländern, bei denen der Lebensstandard deutlich darunter liegt, der Balassa-Samuelson-Effekt voll zu Buche schlagen. Fraglich ist, ob eine Marge von 1,5 Prozentpunkten ausreicht, diese stukturellen Inflationsunterschiede abzudecken. Zwar ist es denkbar, dass es einem Land mithilfe von Einmaleffekten oder einer besonders restriktiven Geldpolitik gelingt, das Inflationskriterium zum Zeitpunkt der Konvergenzprüfung zu erfüllen. Fallen aber nach Beitritt die Möglichkeiten einer eigenständigen Geldpolitik weg, so treten strukturell bedingte Inflationsunterschiede innerhalb der Währungsunion zutage. Ausgehend von einem vorgegebenen unionsweiten Stabilitätsziel würden strukturell bedingt höhere Inflationsraten in den neuen Mitgliedsländern aufgrund einer dadurch höheren Inflationsrate im Euroraum insgesamt zu einer restriktiveren Geldpolitik führen, d.h. den fortgeschrittenen Kernländern würde ein stärkerer monetärer Restriktionsdruck zugemutet als zuvor (Remsperger, 2001, 6). Dies würde den politischen Druck auf das Eurosystem erhöhen, sein derzeitiges Stabilitätsziel aufzuweichen. Ein Aufweichen des Stabilitätszieles wiederum führt zu höheren Inflationserwartungen, die in höherer Inflation münden.[30] Sollen diese Probleme, die durch einen zu frühen Beitritt der aufholenden Volkswirtschaften in die Währungsunion entstehen können, vermieden werden, muss auch Fragen der realen Konvergenz Beachtung geschenkt werden. Solche realwirtschaftlichen Elemente sind bereits in den Vorschriften zur Konvergenzprüfung im EG-Vertrag verankert. Zu achten ist hier insbesondere auf Inflationsrisiken, die sich durch die reale Konvergenz im wirtschaftlichen Aufholprozess ergeben können. Besonders zu beachten sind hier deshalb „die Entwicklung bei den Lohnstückkosten und andere Preisindizes." (Art. 121.1). Der Entwicklung der Preise für nicht-handelbare Güter sollte hier ein besonderes Augenmerk gelten. Erst bei hinreichend realer Konvergenz, d.h. nach einem weitgehenden Auslaufen des Balassa-Samuelson-Effekts, kann von einem „hohen Grad an Preisstabilität" im Sinne der Konvergenzkriterien des EG-Vertrages gesprochen werden und erst dann sind die Gefahren, die große strukturell bedingte Inflationsunterschiede für die Währungsunion als Ganzes nach sich ziehen, gebannt. Im Gegensatz zu diesen „handfesten" Problemen lassen sich neueren Arbeiten folgend (Frankel/Rose, 1998) aus Sicht der „Theorie der optimalen Währungsräume" keine Schwierigkeiten für die Währungsunion ableiten (siehe hierzu Box. I.4.2).

### Box I.4.2: Theorie optimaler Währungsräume

Die *Theorie optimaler Währungsräume* befasst sich mit der Frage, wodurch optimale Währungsräume gekennzeichnet sind und wie sie abzugrenzen sind. Maßstab für die Optimalität sind bestimmte Wohlfahrtskritierien (Lafrance/St-Amant, 1999) oder wirtschaftspolitisch motivierte Ziele, wie z.B. Vollbeschäftigung, Preisniveaustabilität, Zahlungsbilanzgleichgewicht. Die drei Pioniere auf diesem Gebiet – Mundell (1961), McKinnon (1963) und Kenen (1969) – unterscheiden sich dadurch, dass sie jeweils unterschiedliche Voraussetzungen für die Erreichung der postulierten Ziele betonen.

Mundell stellt die Bedeutung der Faktormobilität für das reibungslose Funktionieren eines Währungsraums heraus. In seinem theoretischen Modell unterstellt er zwei Länder „A" und „B". Es kommt zu einer Nachfrageverschiebung von Land „A" nach „B". Die Konsequenz ist zunächst eine Unterbeschäftigungssituation im Land A verbunden mit Preissteigerungstendenzen und einer höheren Beschäftigung in Land B. Ist der Wechselkurs fixiert und sind die Löhne nach unten starr, kann sich Vollbeschäftigung und Preisniveaustabilität in beiden Ländern nur einstellen, wenn die „überschüssigen" Arbeitskräfte von Land A nach Land B wandern.

30 Zum Zusammenhang zwischen Inflationserwartungen und Inflation siehe etwa Görgens/Ruckriegel, 2000, 220–222.

Nun ist die Faktormobilität nicht die einzige Möglichkeit, die bei asymmetrischen Schocks die Flexibilität des Wechselkurses ersetzen kann. Wären die Löhne flexibel, würden Lohnsenkungen in Land A die preisliche Wettbewerbsfähigkeit verbessern, wodurch die Nachfrage des Auslands steigt. Gleiches gilt für Land B, nur mit umgekehrten Vorzeichen. McKinnon weist nun darauf hin, dass dieser durch Lohnveränderungen eingeleitete Anpassungsprozess maßgeblich vom Offenheitsgrad der beiden Volkswirtschaften abhängt. Je offener die Volkswirtschaften sind, d.h. je intensiver beide Länder miteinander Handel betreiben, desto stärker würde der Einkommenseffekt einer Lohnsenkung in Land A die Nachfrage nach Gütern aus B vermindern, und umgekehrt. Ein hoher Offenheitsgrad würde die Anpassung an Vollbeschäftigung und Preisniveaustabilität beschleunigen.

Sowohl Mundell als auch McKinnon unterstellen einen asymmetrischen Schock in Form einer Nachfrageverschiebung. Je diversifizierter die Produktionsstruktur der beiden Volkswirtschaften ist, desto geringer ist jedoch die Wahrscheinlichkeit asymmetrischer Schocks. Aus diesem Grund hat Kenen als Kriterium zur Bestimmung eines optimalen Währungsraums den Grad der Diversifikation eines Gebiets vorgeschlagen. Bei stark diversifizierten Volkswirtschaften, so seine Überlegung, würden außenwirtschaftliche Schocks in einzelnen Bereichen sich gegenseitig neutralisieren und somit auch bei festen Wechselkursen ohne Gefahr für die gesamtwirtschaftlichen Zielsetzungen abgefangen werden.

Alle drei Kriterien – Faktormobilität, Offenheits- und Diversifikationsgrad – leiden darunter, dass sie für eine empirische Bestimmung von Währungsräumen nur ungenügende Anhaltspunkte geben, bzw. die Kriterien schwer zu operationalisieren sind. Die Ergebnisse hängen zudem stark von dem jeweils gewählten Theorierahmen ab. Im weiteren Verlauf wurde die Theorie optimaler Währungsräume verstärkt in die prinzipielle Thematik der Vorteile und Nachteile einer Währungsintegration eingebunden. Hier entwickelte man eine Vielzahl weiterer, vor allem makroökonomischer Kriterien, u.a. reale Konvergenzkriterien, die Bedeutung unterschiedlicher Inflationsmentalitäten, Arbeitsmarktregulierungen, die Glaubwürdigkeit der Geldpolitik und Rechtssysteme (DeGrauwe, 2000). Neueste Arbeiten auf diesem Gebiet verweisen auf die „Endogenität“ optimaler Währungsräume. So stellen Frankel und Rose (1998) heraus, dass ein (politisch intendierter) intensiverer Handelsaustausch von Staaten, die Produktionsstruktur der beteiligten Länder diversifiziert. Die daraus resultierende geringere Anfälligkeit gegen asymmetrische Schocks würde die Länder wiederum für eine Währungsunion prädestinieren. Eine interessante Variante der Theorie optimaler Währungsräume in Bezug auf die EWU, den sog. optimalen „Zentralbankraum“ („central bank area“) liefert Stockman (2001).

Box erstellt von J. Clostermann, FH Ingolstadt.

Im Rahmen der Konvergenzprüfung kann sich auch das Zinskriterium als nicht ganz unproblematisch erweisen. Der langfristige (Nominal-) Zinssatz enthält eine Inflationsprämie, deren Höhe sich nach den Inflationserwartungen richtet. Entwicklungsbedingt hohe Inflationsraten dürften so auch in den langfristigen Zinssätzen ihren Niederschlag finden und die Erfüllung des Zinskriteriums erschweren. Hinzu kommt, dass gegenwärtig in einer Reihe von MOE-Ländern noch keine langfristigen Staatspapiere existieren (siehe Tabelle I.4.1, Anmerkung c)). Dies mag zum einen daran liegen, dass sich der

Kapitalmarkt in den betreffenden Ländern erst im Aufbau befindet bzw. bisher noch keine Notwendigkeit zur Emission langfristiger Wertpapiere gesehen wurde. Das Nichtvorhandensein langfrisitger Staatspapiere kann aber auch schlicht darauf beruhen, dass es (nichtstaatlichen) Anlegern einfach zu risikoreich ist, Mittel langfristig anzulegen, weil ihnen das Vertrauen in eine solide Wirtschaftspolitik fehlt und große Unsicherheiten im Hinblick auf die künftige Inflationsentwicklung bestehen.[31] Da über das Zinskriterium aber gerade die Einschätzung der Märkte Eingang in die Konvergenzprüfung finden soll, ist ein Nichtvorhandensein langfristiger Staatspapiere (zum Zeitpunkt der Konvergenzprüfung) ein Indikator für mangelndes Vertrauen der Märkte in die Wirtschaftspoltik eines Landes und somit ähnlich wie ein Überschreiten des Referenzwertes (eigentlich) ein Ausschlusskriterium für die Währungsunion.

# 5 Zusammenfassung

Zum 1.1.1999 begann die Währungsunion mit elf Ländern. Gemäß dem Vertrag von Maastricht mussten sich diese Länder vorher für den Beitritt qualifizieren, d.h. bestimmten Konvergenzkriterien und rechtlichen Anforderungen genügen. Bei den Konvergenzkriterien lag das Augenmerk auf der Preisentwicklung, den langfristigen Zinsen, der Teilnahme am Wechselkursmechanismus des EWS sowie auf einer tragbaren Finanzlage der öffentlichen Haushalte. Während eine Reihe von Ländern das Haushaltsdefizit des Jahres 1997 durch Maßnahmen mit einmaligem Charakter unter die Dreiprozenthürde drückte, haben beim Schuldenkriterium insbesondere Belgien, Griechenland und Italien den Referenzwert deutlich verfehlt. Dies war Anlass, dass sowohl das EWI als auch die Deutsche Bundesbank Bedenken hinsichtlich einer auf Dauer tragbaren Finanzlage bei diesen Ländern äußerten. Je höher nämlich die Staatsverschuldung ist, umso stärker wird der Staatshaushalt von der Zinspolitik der Zentralbank berührt und umso stärker wird der politische Druck gegen Zinserhöhungen sein.

Im Jahr 2000 fand die erste routinemäßige Konvergenzprüfung statt. Im Falle von Schweden kam ein Beitritt nicht zustande, weil dieses Land nicht dem Wechselkursmechanismus II beigetreten war und im Rahmen der Zentralbankgesetzgebung nicht alle Voraussetzungen geschaffen hatte. Diese Gründe standen bereits 1998 einem Beitritt in die Währungsunion entgegen. Griechenland hingegen ist zwar zum 1.1.2001 in die Währungsunion aufgenommen worden. Bei Griechenland äußerte die Europäische Zen-

31 Ähnlich argumentiert DeGrauwe im Falle Italiens vor der Währungsunion. Er führt die stark kurzfristig ausgerichtete Staatsverschuldung Italiens auf ein inflationäres Umfeld zurück, was die Anleger vor einem langfristigen Engagement zurückschrecken ließ (DeGrauwe, 2000, 31 f.). Aufgrund des großen Vertrauens in die Stabiltität der DM, damit in die Stabilitätspolitik der Deutschen Bundesbank, war im Gegensatz dazu in Deutschland die langfristige Verschuldung dominierend. "The high degree of stability of the D-Mark has had a number of important positive effects. ... It has promoted the creation and maintenance of a culture of long-termism on the German capital market, where long-term credit relations account for a large proportion of the total." Tietmeyer, 2000, 28.

tralbank aber Bedenken hinsichtlich einer auf Dauer tragbaren Finanzlage der öffentlichen Haushalte. Hinzu kam, dass die Inflationsrate Griechenlands durch Einmalmaßnahmen beeinflusst wurde.

Länder, die zukünftig in die EU aufgenommen werden, verpflichten sich, zu einem späteren Zeitpunkt den Euro als Währung einzuführen. Die Teilnahme an der Währungsunion setzt allerdings die Erfüllung der Konvergenzkriterien voraus, wobei hier dieselben Maßstäbe angelegt werden wie für die Staaten, die dem Euroraum bereits angehören. Im Falle der MOE-Länder kann es insbesondere aufgrund des Balassa-Samuelson-Effekts beim Inflationskriterium und als Folge davon auch beim Zinskriterium „eng" werden. Aufgrund des bisherigen Umgangs mit den Konvergenzkriterien dürfte es allerdings schwer fallen, bei beitrittswilligen Ländern auf einer strikten Einhaltung der Konvergenzkriterien zu beharren. Lässt man aber außer Acht, dass Länder vor Beitritt zur Währungsunion auch hinreichend reale Konvergenzfortschritte erreicht haben müssen, damit der Balassa-Samuelson-Effekt keine große Rolle mehr spielt, so kommt es zu einem Fortwirken struktureller Inflationsunterschiede in der Währungsunion. Bei gegebenem Stabilitätsziel bedeutet dies für die bisherigen Kernländer eine tendenziell zu restriktive Geldpolitik. Dadurch würde der politische Druck auf das Eurosystem erhöht, sein derzeitiges Stabilitätsziel aufzuweichen.

## Kontrollfragen

1. Was ist mit dem Konvergenzkriterium einer auf Dauer tragbaren Finanzlage der öffentlichen Hand gemeint?
2. Wie wurde mit dem Kriterium einer auf Dauer tragbaren Finanzlage der öffentlichen Hand bei der Beschlussfassung über den Kreis der Teilnehmerstaaten an der Währungsunion umgegangen?
3. Erläutern Sie den Balassa-Samuelson-Effekt.
4. Wieso sollte im Zusammenhang mit der künftigen Erweiterung des Euro-Währungsraumes der realen Konvergenz Beachtung geschenkt werden?

## Weiterführende Literatur

*Theurl, T., Meyer, E.* (2001), Institutionelle Grundlagen der Europäischen Union, in: Ohr, R., Theurl, T. (Hg.) (2001), Kompendium Europäische Wirtschaftspolitik, Vahlen, München, S. 41–203. *Schäfer, W.* (2001), EU-Osterweiterung, in: Ohr, R., Theurl, T. (Hg.) (2001), Kompendium Europäische Wirtschaftspolitik, Vahlen, München, S. 241–270.

Der Beitrag von Theurl/Meyer liefert eine umfassende Darstellung der institutionellen Grundlagen und der aktuellen Entwicklungsperspektiven der Europäischen Union unter Anwendung institutionenökonomischer Erkenntnisse. Der Aufsatz von Schäfer setzt sich mit den wirtschaftspolitischen Herausforderungen der EU-Osterweiterung auseinander. Ein besonderes Augenmerk gilt dabei dem Reformbedarf innerhalb der EU.

*Europäisches Währungsinstitut* (1998), Konvergenzbericht. (http://www.ecb.int).

Der Konvergenzbericht beschäftigt sich im ersten Teil ausführlich mit den Konvergenzkriterien sowie mit den prinzipiellen Anforderungen an innerstaatliche Rechtsvorschriften. Im zweiten und dritten Teil werden konkret die einzelnen Länder analysiert.

*Europäische Zentralbank* (2000b), Konvergenzbericht 2000. (http://www.ecb.int).

Für EU-Mitgliedstaaten, die noch nicht der Währungsunion angehören und für die kein Sonderstatus (Dänemark; Vereinigtes Königreich) existiert, findet mindestens alle zwei Jahre oder auf Antrag eines Mitgliedstaates eine Konvergenzprüfung sowie eine Prüfung der Vereinbarkeit der innerstaatlichen Rechtsvorschriften mit dem EG-Vertrag statt. Die erste routinemäßige Prüfung erfolgte im Jahre 2000. Die Ergebnisse für Griechenland und Schweden finden sich in obigem Bericht.

*Europäische Kommission* (1998), Konvergenzbericht 1998 sowie *Europäische Kommission* (2000), Konvergenzbericht 2000, in: Europäische Wirtschaft Nr. 70. (http://www.europa.eu.int/comm).

Nicht nur von der EZB, sondern auch von der EU-Kommission müssen Konvergenzberichte erstellt werden, wobei die EU-Kommission dem Rat vorschlägt, welche Länder in die Währungsunion aufgenommen werden sollen. Die entsprechenden Prüfungen bzw. Vorschläge finden sich in obigen Berichten.

*Europäische Kommission*, Progress Reports. (http://www.europa.eu.int/comm/enlargement/).

In dieser Reihe werden Informationen zum aktuellen Stand des Beitrittsprozesses veröffentlicht.

*Deutsche Bank Research*, Monitor EU-Erweiterung Mittel- und Osteuropa (http://www.dbresearch.com); *Europäische Kommission*, Economic Reform Monitor, (http://www.europa.eu.int/comm); *Österreichische Nationalbank*, Focus on Transition (http://www.oenb.co.at).

In obigen Publikationsreihen wird in regelmäßigen Zeitabständen die Situation in den Mittel- und Osteuropäischen Beitrittsländern analysiert.

*DeGrauwe, P.* (2000), Economics of Monetary Union, 4th Edition, Oxford University Press, Oxford; *Eijffinger, S.C., De Haan, J.* (2000), European Monetary and Fiscal Policy, Oxford University Press, Oxford.

Im Teil 1 (S. 3–93) liefert das Buch von DeGrauwe eine breite Diskussion möglicher Nutzen und Kosten einer Währungsunion vor dem Hintergrund der „Theorie des optimalen Währungsraumes“, wobei auch immer wieder konkrete Bezüge zur Europäischen Währungsunion hergestellt werden. Die wichtigsten Aspekte im Hinblick auf die Kosten-/Nutzenüberlegung werden auch bei Eijffinger/De Haan vorgestellt und diskutiert (S. 14–26).

# Kapitel II: Das Eurosystem als Träger der Geldpolitik

*„Die Verselbständigung der meisten Aufgaben der Währungspolitik bei einer unabhängigen Zentralbank löst staatliche Hoheitsgewalt aus unmittelbarer staatlicher oder supranationaler parlamentarischer Verantwortlichkeit, um das Währungswesen dem Zugriff von Interessengruppen und der an einer Wiederwahl interessierten politischen Mandatsträger zu entziehen."*

Bundesverfassungsgericht, Maastricht-Urteil vom 12.10.1993[32]

32 NJW 1993, H. 47, S. 3056. In weitaus drastischeren Worten lieferte bereits Adam Smith vor über 200 Jahren die Begründung für eine unabhängige Zentralbank: „Denn überall in der Welt haben Herrscher und unabhängige Staaten in ihrer Habsucht und Ungerechtigkeit das Vertrauen der Menschen mißbraucht, indem sie nach und nach den ursprünglichen Metallgehalt ihrer Münzen herabgesetzt haben", Smith, 1789, 26. Ähnlich Hayek 1976: "practically all goverments of history have used their exclusive power to issue money in order to defraud and plunder the people." zitiert nach Issing, 2000a, 11. Während Hayek in seinem Werk „Die Verfassung der Freiheit" – das Orginal erschien 1960 auf Englisch – eine unabhängige Zentralbank als die beste Lösung ansah, um Geldwertstabilität zu gewährleisten (von Hayek, 1983, 420), forderte er später eine vollkommene *„Entnationalisierung des Geld*es" im Sinne einer Aufgabe der Anbindung der Geschäftsbanken an die Zentralbank bei der Geldschöpfung. Hayek argumentierte, dass im Wettbewerb nur die Währungen überleben würden, die eine stabile Kaufkraft aufwiesen. Dieser Vorschlag ist allerdings mit einer Reihe von (gravierenden) Problemen verbunden: Zwar würden im Zuge des Wettbewerbsprozesses „instabile" Währungen ausscheiden. Durch diese instabilen Währungen wäre der Wettbewerbsprozess selbst aber durch Inflation gekennzeichnet. Auch wäre keineswegs sichergestellt, dass die Währung(en), die wegen ihrer Kaufkraftstabilität übrig bliebe(n), für alle Zeiten stabil bliebe(n), da der Emittent (die Emittenten) jederzeit der Versuchung unterliegen könnte(n), mithilfe übermäßiger, d.h. inflationärer Emission die Seigniorage-Einnahmen zu steigern. Schließlich gäbe es, zumindest während des Wettbewerbsprozesses, eine große Zahl von Währungen, so dass der Nutzen des Geldes als Recheneinheit stark beeinträchtigt würde. Gibt es nämlich nicht nur einen Preis für jedes Gut, sondern bei n Währungen n Preise, so kompliziert sich das Preissystem unnötig, wodurch die Transaktionskosten des Tausches steigen, also Wohlfahrtsverluste entstehen (Issing, 2000b, 8).

# 1 Das Eurosystem als Institution

Der Begriff „*Eurosystem*" findet sich nicht in den vertraglichen Grundlagen (Verträge von Maastricht bzw. von Amsterdam einschließlich der Protokolle). Er wurde vielmehr zu Beginn der (dritten Stufe der) Währungsunion (1.1.1999) vom EZB-Rat eingeführt, um die Teile des Europäischen Systems der Zentralbanken zu bezeichnen, die für Geldpolitik im Euroraum zuständig und verantwortlich sind (Europäische Zentralbank, 1999a, 7).

## 1.1 Aufbau und Entscheidungsstruktur

Das ***Europäische System der Zentralbanken (ESZB)*** besteht aus den rechtlich selbständigen ***nationalen Zentralbanken (NZBen)* aller EU-Mitgliedstaaten** (aktuell 15)[33] und aus der rechtlich selbstständigen ***Europäischen Zentralbank (EZB)***. Die EZB wurde am 1. Juni 1998 als gemeinsames Tochterinstitut der nationalen Zentralbanken mit Sitz in Frankfurt/Main errichtet. Sie ist Nachfolgerin des Europäischen Währungsinstituts (EWI). Dem ***Eurosystem*** gehören neben der EZB hingegen nur die nationalen Zentralbanken der Länder an, die dem Euro-Währungsraum beigetreten sind. Das Eurosystem trägt die alleinige Verantwortung für die Geldpolitik in der Währungsunion. Die EZB ist das Herzstück des Eurosystems. Sie ist verantwortlich dafür, dass alle Aufgaben des Eurosystems entweder durch ihre eigene Tätigkeit oder durch die nationalen Zentralbanken erfüllt werden. Die nationalen Zentralbanken sind dabei der EZB funktional untergeordnet, „womit sichergestellt wird, dass das Eurosystem mit Blick auf die Umsetzung der Ziele des EG-Vertrages als Einheit effizient agieren kann .... Als integrale Bestandteile des Eurosystems stellen die nationalen Zentralbanken die operativen Organe des ESZB dar und führen die dem Eurosystem übertragenen Aufgaben gemäß den von der EZB festgelegten Regeln aus." (EZB, 1999d, 61, 66f).[34]

Für das Eurosystem gilt also der Grundsatz „zentrale Entscheidungsfindung – dezentrale Ausführung". Dabei besagt das Dezentralitätsprinzip, dass die Durchführung der Geschäfte bei den nationalen Zentralbanken liegt, so weit dies möglich und sachgerecht ist. Dezentralität ist aber nicht mit Eigenständigkeit in der Organisation der Verfahrensabläufe gleichzusetzen, da eine einheitliche Geldpolitik auch einer weitgehend einheitlichen Umsetzung bedarf (Haferkamp, 2001, 9).

Im Gegensatz zur EZB und den NZBen haben das Eurosystem bzw. das ESZB keine eigene Rechtspersönlichkeit und keine eigenen Beschlussorgane. Das Eurosystem bzw. das

33 In Deutschland wird derzeit (Stand Mai 2001) eine Reform der Bundesbankstruktur aufgrund des Übergangs der geldpolitischen Kompetenz auf das Eurossytem diskutiert. Im Einzelnen siehe hierzu Pöhl-Kommission 2000, Ruckriegel 2000, Bundesministerium der Finanzen 2001, Deutsche Bundesbank 2001a.

34 Vgl. hierzu auch Art. 14.3 des Protokolls über die Satzung des Europäischen Systems der Zentralbanken und der Europäischen Zentralbank: „Die nationalen Zentralbanken sind integraler Bestandteil des ESZB und handeln gemäß den Richtlinien und Weisungen der EZB."

ESZB werden daher von den Beschlussorganen der EZB (EZB-Rat, Erweiterter Rat, Direktorium) geleitet.

Zentrales Entscheidungsorgan des Eurosystems ist der *EZB-Rat*. Er besteht aus den Mitgliedern des Direktoriums der EZB, also dem Präsidenten und dem Vizepräsidenten der EZB sowie den (vier) weiteren Mitgliedern des Direktoriums der EZB und den Präsidenten der nationalen Zentralbanken der Staaten, die an der Währungsunion teilnehmen. Während die Berufung der Präsidenten der nationalen Zentralbanken bei den einzelnen Mitgliedstaaten liegt, erfolgt die Ernennung der Mitglieder des Direktoriums der EZB einvernehmlich durch die Regierungen der Mitgliedstaaten auf der Ebene der Staats- und Regierungschefs.

Beschlüsse des EZB-Rates benötigen die einfache Mehrheit der persönlich anwesenden Mitglieder, wobei jedes Mitglied über eine Stimme verfügt. Bei Stimmengleichheit gibt die Stimme des Präsidenten der EZB den Ausschlag. Eine Ausnahme bilden Entscheidungen über das EZB-Kapital, über die Beiträge der nationalen Zentralbanken zu den Währungsreserven der EZB sowie über Fragen der Gewinnverteilung im Eurosystem. Hier werden die Stimmen nach den (voll eingezahlten) Kapitalanteilen gewichtet. Direktoriumsmitglieder sind bei diesen Fragen somit nicht stimmberechtigt.

Die bisherige Konstruktion des EZB-Rates, wonach jeder NZB-Präsident Sitz und Stimme hat, dürfte im Zuge der EU-Erweiterung und damit wohl später auch einer entsprechenden Ausweitung des Euro-Währungsraumes aber größenbedingt bald an ihre Grenzen stoßen. Aufschlussreich ist in diesem Zusammenhang die Zusammensetzung des Federal Open Market Committee (FOMC), des maßgeblichen geldpolitischen Entscheidungsgremiums des Federal Reserve Systems (FED) in den USA. Dem FOMC gehören die sieben Mitglieder des Board of Governors (etwa vergleichbar mit den Mitgliedern des Direktoriums der EZB) und der Präsident der Federal Reserve Bank von New York als ständige Mitglieder an. Von den restlichen elf Präsidenten der Federal Reserve Banks (FRBs) haben nur jeweils vier Stimmrecht, wobei ein Wechsel in jährlichem Rhythmus erfolgt. Unbeschadet der Frage des Stimmrechtes nehmen aber alle Präsidenten der FRBs an den Sitzungen und an den Diskussionen des FOMC teil.

### Box II.1.1: Federal Reserve System (FED)[35]

Das *Federal Reserve System (FED)* wurde 1913 gegründet. Es besteht aus dem Board of Governors und zwölf regionalen *Federal Reserve Banks (FRBs)*. Bis zum Jahre 1935 lag der maßgebliche Einfluss bei den FRBs. Das maßgebliche geldpolitische Instrument zur damaligen Zeit, der Diskontsatz, wurde von jeder FRB selbstständig festgesetzt. In den 20er Jahren wurde das Instrument der Offenmarktpolitik „entdeckt", von den einzelnen FRBs aber unterschiedlich intensiv genutzt. 1933 wurde das *Federal Open Market Committe (FOMC)* gegründet. Es konnte aber nur Empfehlungen geben. Die letzte Entscheidung trafen die ein-

35 Weitergehende Informationen zu Aufbau und Aufgaben des Federal Reserve System finden sich in Board of Governors, 1994; Goodfriend, 2000 und Mishkin, 2001a, insbes. Kap. 14.

zelnen FRBs. Um die Geldpolitik zu vereinheitlichen und gesamtstaatlich auszurichten, kam es 1935 zu einer grundlegenden Reform des FED. Die Offenmarktpolitik wurde nun in die Verantwortung des FOMC gelegt und der Einfluss der FRBs im FOMC wurde beschnitten, so dass nun die Mitglieder des Board of Governors die Mehrheit hatten (Meade/Sheets, 1999, 55f). Dem *Board of Governors* gehören heute sieben Mitglieder an. Sie werden vom Präsidenten der Vereinigten Staaten ernannt. Ihre Vertragslaufzeit beträgt 14 Jahre; eine Wiederernennung ist nicht möglich. Die Gouverneure müssen aus unterschiedlichen Federal Reserve Distrikten (regionale Zuständigkeitsbereiche der einzelnen FRBs) stammen, damit einzelne Regionen nicht überrepräsentiert sind. Der Vorsitzende des Board of Governors (*„Chairman of the Board of Governors“*) wird vom Präsidenten der Vereinigten Staaten aus den sieben Mitgliedern ausgewählt und hat eine Amtsdauer von vier Jahren. Die zwölf *Federal Reserve Banks* sind jeweils für einen bestimmten Distrikt zuständig. Ursprünglich wiesen die zwölf Distrikte jeweils ein Bruttoinlandsprodukt in etwa derselben Größenordnung auf. Die Distrikte waren so auch nicht zwangsläufig identisch mit Staatsgrenzen. Die jeweiligen Sitze der FRBs in den einzelnen Distrikten wurden nach der politischen bzw. der wirtschaftlichen Bedeutung der einzelnen Städte vergeben. Seit Gründung des FED haben sich allerdings die einzelnen Distrikte wirtschaftlich unterschiedlich entwickelt. Allerdings sind die Unterschiede in der Wirtschaftskraft der einzelnen Distrikte deutlich geringer als in den Ländern, die zum Euro-Währungsraum gehören (siehe hierzu auch Tabelle II.1.1) Die Präsidenten der FRBs werden von den Direktoren der FRBs ernannt. Hierzu bedarf es allerdings der Zustimmung durch das Board of Governors. Im Eurosystem ist die Berufung der nationalen Zentralbankpräsidenten hingegen allein eine Angelegenheit des jeweiligen Landes, d.h. eine Zustimmung des Direktoriums der EZB ist nicht notwendig. Jede FRB hat neun Direktoren, wovon sechs von den Mitgliedsbanken, die formal Eigentümer der FRBs sind, gewählt und drei vom Board of Governors ernannt werden. Von den sechs von den Mitgliedsbanken gewählten Direktoren stammen drei aus dem Bankenbereich und drei aus dem Nichtbankenbereich. Die FRBs wickeln das operative Geschäft der FED ab, analysieren und berichten über die regionale Wirtschaftsentwicklung und erläutern in ihrem Distrikt den Kurs der Geldpolitik. Die FRBs unterliegen der Aufsicht des Board of Governors.

Das maßgebliche Entscheidungsgremium des FED ist das *Federal Open Market Committee (FOMC)*. Ihm gehören die sieben Mitglieder des Board of Governors, der Präsident der FRB of New York sowie vier weitere FRB-Präsidenten an, wobei Letztere in einjährigem Turnus wechseln. Die jeweils nicht stimmberechtigten FRB-Präsidenten nehmen allerdings an den Diskussionen teil. Insbesondere informieren sie jeweils über die wirtschaftliche Situation in ihren Distrikten. Diese regionalen Wirtschaftsanalysen werden nach den Sitzungen auch veröffentlicht (sog. *„Beige Book“*).

Im Gegensatz zum FED, bei dessen Gründung im Jahre 1913 die einzelnen FRB-Distrikte wirtschaftlich – gemessen am BIP-Anteil – in etwa gleich groß waren, bestehen beim Eurosystem von Haus aus gravierende Unterschiede in der wirtschaftlichen Bedeutung der einzelnen Mitgliedstaaten. Diese Unterschiede sind weitaus größer als die Unterschiede in der Wirtschaftskraft der einzelnen FED-Distrikte (siehe Tabelle II.1.1).

Für eine erfolgreiche Geldpolitik ist dies an sich unproblematisch, sofern sich die geldpolitischen Entscheidungen im EZB-Rat am Euroraum insgesamt orientieren, d.h. ih-

*Tabelle II.1.1:* Verteilung der BIP-Anteile auf die FED-Distrikte im Vergleich zur Verteilung der BIP-Anteile auf die einzelnen Mitgliedstaaten des Euro-Währungsraums

| Anteil am nominalen BIP (1999) in % | FED districts | EWU-Länder |
|---|---|---|
| 0–5 | 1 | 7 |
| 5–10 | 10 | 2 |
| 10–15 | – | – |
| 15–20 | 1 | 1 |
| 20–30 | – | 1 |
| > 30 | – | 1 |
| Gesamtzahl | 12 | 12 |
| BIP gesamt (in Mrd. €) | 10.015 | 6.217 |

Quelle: De Nederlandsche Bank, 2001, 57.

nen gewichtete Durchschnittsgrößen zugrunde liegen. Da im Zuge der bevorstehenden Erweiterung der Mitgliedstaaten der Währungsunion auch eine Änderung des Abstimmungsverfahrens im EZB-Rat geboten erscheint, wäre es im Sinne einer „Entnationalisierung der Geldpolitik" folgerichtig, das Abstimmungsverfahren so umzugestalten, dass im EZB-Rat die Stimmen der Vertreter des Direktoriums der EZB überwiegen.[36] Damit könnte bereits institutionell eine Ausrichtung der Geldpolitik am Euroraum insgesamt verankert werden.[37] Zu entscheiden wäre dann über die Anzahl der stimmberechtigen Präsidenten der nationalen Zentralbanken. Zwangsläufig stellt sich dann natürlich die Frage, ob ggf. manche Länder ständig einen stimmberechtigten Vertreter im EZB-Rat haben bzw. ob Ländergruppen mit jeweils nur einem stimmberechtigten Vertreter im EZB-Rat gebildet werden. Eine Änderung des Abstimmungsverfahrens zugunsten des Direktoriums bedeutet jedoch nicht, dass sich das Eurosystem aus seiner regionalen Verankerung löst.

Gemäß Artikel 29 der Satzung des ESZB und der EZB bestimmt sich der Anteil am *Kapital der EZB* (derzeit nominal 5 Mrd. €), der auf die einzelnen nationalen Zentralbanken entfällt, zu je 50 % nach dem Anteil des jeweiligen Mitgliedstaates an der Bevölkerung der Gemeinschaft und dem Anteil des jeweiligen Mitgliedstaates am BIP der Gemein-

36 "Europe may do well to heed the Fed's history. Much more decentralized in structure and in operational responsibilities than the Fed, the ESCB must avoid any tendency to promote the national economic situation or national financial market at the expense of the area as a whole." Meade/Sheets, 1999, 66. Zu den institutionellen Änderungen bei FED im Laufe der Zeit siehe Box II.1.1.

37 In Nizza (Dezember 2000) wurde vereinbart, eine Ermächtigungsklausel für eine vereinfachte Änderung des Abstimmungsverfahrens im EZB-Rat aufzunehmen. Die Entscheidung über eine Änderung des Abstimmungsverfahrens trifft der Rat in der Zusammensetzung der Staats- und Regierungschefs einstimmig auf Empfehlung der EZB bzw. der EU-Kommission. Sie muss von den Mitgliedstaaten gemäß ihren nationalen verfassungsrechtlichen Vorschriften ratifiziert werden. Deutsche Bundesbank, 2001b, 18.

## Box II.1.2: Gründe für eine regionale Verankerung des Eurosystems

Durch die Einbindung der nationalen Zentralbanken in das Eurosystem spiegelt sich die regionale Verankerung der Geldpolitik wider. Für eine regionale Verankerung des Eurosystems kann eine Reihe von Gründen ins Feld geführt werden:

Eine regionale Verankerung ist notwendig, um die Akzeptanz der Geldpolitik in den einzelnen Ländern durch eine angemessene Beteiligung an der Entscheidungsfindung sowie durch Information über geldpolitische Maßnahmen vor Ort zu schaffen und auszubauen. Hierbei ist insbesondere auch zu berücksichtigen, dass die EZB über keine eigene „europäische Öffentlichkeit" verfügt, so dass als Mittler der Geldpolitik die nationalen Zentralbanken unverzichtbar sind. "Decentralization enables the Eurosystem to be present for all European citizens in their regions, and to communicate measures that may sometimes be controversial, and helps to ensure public support." (Zeitler, 2001, 7).

Es spricht einiges dafür, dass der „Wettbewerb der Ideen" zwischen den einzelnen Zentralbanken des Eurosystems Effizienz und innovatives Denken begünstigt. Dies befruchtet auch die Diskussion im EZB-Rat und wirkt so einer zu einseitigen Betrachtungsweise entgegen. "With respect to the Eurosystems's task to conduct a single monetary policy for a currency area which is still rather heterogeneous, a similar richness of views of the members of the Governing Council certainly represents an essential advantage." (Padoa-Schioppa, 2000, 36).

Zwar ist Geldpolitik nicht regionalisierbar; die vom Eurosystem bestimmten kurzfristigen Zinsen sind im Euroraum einheitlich. Gleichwohl aber können die Wirkungen von geldpolitischen Impulsen, also von Veränderungen der Notenbankzinssätze, von Region zu Region unterschiedlich sein, und zwar sowohl in ihrer Intensität als auch in ihrem zeitlichen Ablauf. Die Gründe hierfür liegen in unterschiedlichen Finanzierungsstrukturen sowie in realwirtschaftlichen Strukturunterschieden, so dass regionale Analysen zur Wirkungsweise geldpolitscher Impulse zum Zwecke der monetären Urteilsbildung geboten erscheinen (siehe hierzu auch Kapitel II.5).

Die Beobachtung der wirtschaftlichen Entwicklung in den einzelnen Ländern liefert wichtige Informationen für die Geldpolitik.

In den USA werden von den regionalen Federal Reserve Banks fortlaufend Analysen der sog. „intranationalen Makroökonomie" zum Zwecke der monetären Urteilsbildung erstellt. Den Federal Reserve Banks kommt auch eine wichtige Rolle bei der Vermittlung der Geldpolitik des Federal Reserve Systems zu. "The regional presence helps a central bank to get its policy message out and to gather anecdotal and specialized information on regional economies. Information gathering and dissemination are particularly important for central banks such as the Eurosystem and Federal Reserve System, whose currency areas span large and populous regions. For this reason, the Central Bank of the Russian Federation and the People's Bank of China might profitably restructure themselves as a system of regional central banks." (Goodfriend, 2000, 8)

schaft. Die Gewichtsanteile werden alle fünf Jahre überprüft, sofern nicht bereits zwischenzeitliche Beitritte zur EU eine Revision nötig machen. Der EZB-Rat ist auch ermächtigt, das Kapital um bis zu weitere 5 Mrd. € aufzustocken.

Auf der Basis aller 15 EU-Mitgliedsländer entfiel auf die Deutsche Bundesbank danach ein Kapitalanteil von 24,4935 % (siehe Tabelle II.1.2). Da aber zurzeit nur 12 Länder der Währungsunion und damit dem Eurosystem angehören und nur diese Länder ihren entsprechenden Kapitalanteil am Kapital der EZB voll eingezahlt haben, ist der Anteil der Deutschen Bundesbank am voll eingezahlten Kapital der EZB höher (gut 30 %, siehe Tabelle II.1.3).

Wichtig ist der Anteil am voll eingezahlten Kapital unter anderem deshalb, weil sich nach Art. 32.5 und Art. 33.1 der Satzung des ESZB und der EZB die Verteilung der um die Zinszahlungen auf Einlagen der Kreditinstitute (im Wesentlichen also auf Mindestreserveguthaben) verminderten monetären Einkünfte der nationalen Zentralbanken und des Nettogewinns der EZB (ggf. nach Abzug von Zuführungen zu einem Reservefonds) nach den voll eingezahlten Anteilen am Kapital der EZB richten. Bei den *monetären Einkünften* der nationalen Zentralbanken handelt es sich um Einnahmen aus Vermö-

*Tabelle II.1.2: Anteile der EU-Zentralbanken am Kapital der EZB*

| Anteilseigner | Prozent |
|---|---|
| Banque Nationale de Belgique | 2,8658 |
| Danmarks Nationalbank | 1,6709 |
| Deutsche Bundesbank | 24,4935 |
| Bank von Griechenland | 2,0564 |
| Banco de España | 8,8935 |
| Banque de France | 16,8337 |
| Central Bank of Ireland | 0,8496 |
| Banca d'Italia | 14,8950 |
| Banque Centrale du Luxembourg | 0,1492 |
| De Nederlandsche Bank | 4,2780 |
| Österreichische Nationalbank | 2,3594 |
| Banco de Portugal | 1,9232 |
| Suomen Pankki | 1,3970 |
| Sveriges Riksbank | 2,6537 |
| Bank of England | 14,6811 |

Quelle: EZB, 1999c, 128.

*Tabelle II.1.3: Anteile der zum Euro-Währungsraum gehörenden Zentralbanken am (voll) eingezahlten Kapital der EZB*

| Anteilseigner | Prozent (gerundet) |
|---|---|
| Deutsche Bundesbank | 30,2 |
| Banque de France | 20,8 |
| Banca d'Italia | 18,4 |
| Banco de España | 11,0 |
| De Nederlandsche Bank | 5,3 |
| Banque Nationale de Belgique | 3,5 |
| Österreichische Nationalbank | 2,9 |
| Bank von Griechenland | 2,5 |
| Banco de Portugal | 2,4 |
| Suomen Pankki | 1,7 |
| Central Bank of Ireland | 1,0 |
| Banque Centrale du Luxembourg | 0,2 |

Quelle: Eigene Berechnungen.

Anmerkung:

Die zwölf nationalen Zentralbanken des Eurosystems halten zusammen 81 % des EZB-Kapitals von 5 Mrd. €; die restlichen 19 % haben die Zentralbanken von Dänemark, Schweden und des Vereinigten Königreichs gezeichnet, aber nur 5 % des auf sie entfallenden Grundkapitals von 950 Mio.€ eingezahlt.

genswerten, die nationale Zentralbanken als Gegenposten zum Banknotenumlauf[38] und zu ihren Verbindlichkeiten aus Einlagen der Kreditinstitute halten.

38 Im Art. 32.2. der Satzung in der deutschen Fassung wird – im Gegensatz zur richtigen englischen Fassung, in der von „notes in circulation" die Rede ist – fälschlicherweise vom *Bargeldumlauf* gesprochen. Der Bargeldumlauf setzt sich aus dem *Banknotenumlauf* und dem *Münzumlauf* zusammen. Relevant für die monetären Einkünfte einer nationalen Zentralbank ist allein der Banknotenumlauf, nicht jedoch der Bargeldumlauf insgesamt. Auch in der Währungsunion verbleibt nämlich das Recht der Münzprägung und damit der *Münzgewinn*, der aus der Differenz zwischen Nominalwert und Prägekosten herrührt, bei den nationalen Zentralregierungen. Innerhalb bestimmter Grenzen können die Zentralregierungen Münzen zum Nominalwert an die nationalen Zentralbanken verkaufen, die ihrerseits nach Bedarf diese Münzen an die Kreditinstitute weiterverkaufen. Folglich können dem Teil des Bargeldumlaufs, der aus dem Münzumlauf herrührt, keine Vermögenswerte auf der Aktivseite der Notenbankbilanz gegenüberstehen, da es sich aus Sicht der Notenbankbilanz letztlich nur um einen durchlaufenden Posten handelt. Sieht man von einer vorübergehenden (und gesetzlich beschränkten) Lagerung der Münzen in den Tresoren der Zentralbank ab, so geht das Inverkehrbringen von Münzen durch die Zentralbank letztlich nur mit einem Passivtausch in der Zentralbankbilanz einher, da die nationale Zentralbank die entsprechenden Beträge den Kreditinstituten belastet und der Zentralregierung gutschreibt.

Diese Zusammenhänge lassen sich anhand der *konsolidierten Bilanz des Eurosystems (konsolidierter Ausweis des Eurosystems)*, die jeweils zum Wochenschluss (Stichtag: Freitag) erstellt und danach veröffentlicht wird, verdeutlichen. Im Zahlenwerk des Eurosystems gibt der Ausweis Auskunft über den Bedarf an Zentralbankgeld sowie die Art der Zurverfügungstellung durch die Zentralbank (siehe Schaubild II.1.1).

*Schaubild II.1.1: Der konsolidierte Ausweis der Eurosystems*

| Konsolidierter Ausweis des Eurosystems – vereinfachte Darstellung – zum 6.4.2001 (in Mrd. €) | | | | | |
|---|---|---|---|---|---|
| Aktiva | | | Passiva | | |
| A.1: | Währungsreserven | 387,5 | P.1: | Banknotenumlauf | 356,1 |
| | – Gold | 118,5 | | | |
| | – Fremdwährungsforderungen[a)] | 269,0 | | | |
| A.2: | Forderungen in Euro an Kreditinstitute im Euro-Währungsgebiet | 227,1 | P.2: | Verbindlichkeiten in Euro gegenüber Kreditinstituten im Euro-Währungsgebiet | 119,1 |
| | darunter: | | | darunter: | |
| | – Hauptrefinanzierungsgeschäfte | 168,0 | | – Einlagen auf Girokonten (Bankenliquidität) | 119,0 |
| | – Längerfr. Refinanzierungsgeschäfte | 59,1 | | | |
| A.3: | Sonstiges | 214,5 | P.3: | Sonstiges | 353,9 |
| Bilanzsumme | | 829,1 | | | 829,1 |

Quelle: EZB, 2001a, 6* f.

Anmerkungen:

Zum 31.12.1998 lag der Banknotenumlauf (P.1) in der konsolidierten Bilanz des Eurosystems bei 342 Mrd. €, beim US-Federal Reserve System bei 421 Mrd. (umgerechnet in Euro) und bei der Bank of Japan bei 422 Mrd. (umgerechnet in Euro). Die Einlagen der Kreditinstitute (P.2) machten beim Eurosystem 87 Mrd. €, beim US-Federal Reserve System 16 Mrd. (umgerechnet in Euro) und bei der Bank of Japan 33 Mrd. (umgerechnet in Euro) aus (Bini Smaghi/Gros, 2000, 71).

a) Forderungen in Fremdwährung an Ansässige außerhalb des Euro-Währungsgebiets.

Das Banknotenmonopol der Zentralbank (P.1) und die Pflicht, Einlagen auf Girokonten bei der Zentralbank zu halten (Mindestreservepflicht – P.2), führt zu einer (Zwangs-) Nachfrage nach Zentralbankgeld[39] seitens der Kreditinstitute. Zentralbankgeld kann aber

39 Ausgehend von der Bilanz (Ausweis) des Eurosystems subsumiert die EZB unter den Begriff „Basisgeld" den Banknotenumlauf (P.1) sowie die Euroguthaben (Einlagen) auf den Girokonten der Kreditinstitute des Euro-Währungsgebiets (P.2) (EZB, 2001a, 11*, Fußnote 1). Aus dem Wochenausweis nicht ersichtlich ist der Münzumlauf. Auch er stellt Zentralbankgeld dar, da die Kreditinstitute sich Münzen nur über die Zentralbank besorgen können.

nur geschaffen werden, wenn die Kreditinstitute Geschäfte mit der Zentralbank tätigen. Im Wesentlichen gibt es hier zwei Möglichkeiten: Entweder die Zentralbank ist bereit, *Fremdwährungsforderungen* anzukaufen[40], oder die Kreditinstitute verschulden sich bei der Zentralbank.[41] Im zweiten Fall spricht man auch davon, dass sich die Kreditinstitute bei der Zentralbank „refinanzieren".[42] Einkünfte entstehen den nationalen Notenbanken aus der Tatsache, dass die Kreditinstitute für die Kreditaufnahme bei der Zentralbank Zinsen zahlen müssen bzw. daraus, dass die Zentralbank die Fremdwährungsforderungen zinsbringend anlegt. Einkünfte aus Vermögenswerten entstehen darüber hinaus, wenn Bewertungsgewinne durch Veräußerung realisiert werden.[43, 44]

Da die Mindestreservehaltung mit dem Zinssatz für das Hauptrefinanzierungsgeschäft verzinst wird, diese Zinszahlungen aber von den monetären Einkünften aus Vermögenswerten abgezogen werden, bleibt als entscheidende Quelle für umverteilungsrelevante Einkünfte nur noch der Banknotenumlauf (außerhalb des Eurosystems befindliche Banknoten) übrig. Da der Anteil der einzelnen NZBen am gesamten Banknotenumlauf aber nicht mit dem für die Verteilung der monetären Einkünfte relevanten Anteil am (voll) eingezahlten Kapital übereinstimmen muss, kann es – verglichen mit der Situation vor der Währungsunion – zu „Umverteilungs"-Gewinnern und -Verlierern kommen (siehe z.B. Sinn/Feist, 2000). So hielt die Deutsche Bundesbank Anfang 1999 einen An-

40 Das Eurosystem setzt allerdings den Ankauf von Fremdwährungsforderungen nicht aktiv zur Veränderung des Bestands an Zentralbankgeld ein. Zu einer Veränderung der Währungsreserven kommt es im Wesentlichen nur infolge von Devisenmarktinterventionen, Bewertungsänderungen aufgrund von (Wechsel-)Kursschwankungen und wenn Zinserträge in Fremdwährung anfallen, die nicht in Euro umgetauscht werden.

41 Den Kreditinstituten fließt auch Zentralbankgeld zu, wenn sie von Dritten (insbes. Staat) emittierte Wertpapiere an die Zentralbank verkaufen. Dieser Fall ist zwar denkbar, z.B. im Rahmen von Strukturellen Operationen des Eurosystems. Praktisch dürfte ihm im Rahmen der Geldpolitik des Eurosystems aber kaum Bedeutung zukommen. Im Gegensatz dazu fußt die Technik der Bereitstellung von Zentralbankgeld beim FED im Wesentlichen auf dem Kauf von (staatlichen) Wertpapieren vom Bankensystem.

42 Diese „Refinanzierungsgeschäfte" sind die geldpolitischen Aktionsparameter des Eurosystems, d.h. sie werden aktiv zur Veränderung des Bestands an Zentralbankgeld eingesetzt. Der wachstumsbedingt steigende Bedarf an Zentralbankgeld wird über eine entsprechende Ausweitung dieser Geschäfte befriedigt.

43 Der konsolidierte Wochenausweis des Eurosystems zeigt jeweils zum Wochenschluss die Vermögenswerte und die Verbindlichkeiten der EZB und der nationalen Zentralbanken, die dem Euroraum angehören. Die Vermögenswerte, insbesondere Gold und Fremdwährungsforderungen werden jeweils zum Quartalsende zu Marktpreisen neu bewertet. Während des Quartals werden die Transaktionen des Eurosystems zu Transaktionswerten gebucht. Unrealisierte Bewertungsgewinne stellen keine monetären Einkünfte dar. Sie finden ihren Niederschlag auf der Passivseite unter der Position „Ausgleichsposten aus Neubewertung" – hier unter Sonstiges erfasst. Unrealisierte Bewertungsverluste schlagen sich am Jahresende in der GuV-Rechnung nieder, sofern sie vorangegangene Bewertungsgewinne übersteigen. Die monetären Einkünfte der nationalen Zentralbanken bzw. der Nettogewinn der EZB werden also nur dann berührt, wenn es zu einer Realisierung von Bewertungsgewinnen durch Veräußerung kommt bzw. wenn Bewertungsverluste am Jahresende die GuV-Rechnung belasten.

44 Beim FED rühren die Einkünfte hingegen im Wesentlichen aus den Zinserträgen der im Rahmen der Offenmarktgeschäfte angekauften (staatlichen) Wertpapiere her.

teil am (voll) eingezahlten Kapital der EZB von etwa 31 %.[45] Der Anteil der DM am Banknotenumlauf lag aber zum 1.1.1999 bei 37 %. Beide Anteile stimmen also nicht überein. Der hohe DM-Banknotenumlauf ging dabei insbesondere auf die Verwendung der DM im Ausland zurück (Seitz, 1995). Über die mit einem dadurch bedingten höheren Refinanzierungsbedarf einhergehenden höheren Zinseinnahmen floss der Deutschen Bundesbank in der Vergangenheit also eine Art „Stabilitätsrendite" zu, die in der Währungsunion mit anderen geteilt werden muss.[46] Allerdings setzt dies voraus, dass der Euro gegenüber der DM außerhalb der EWU nicht an Beliebtheit verliert.

**Box II.1.3: Seigniorage**

Für die Einnahmen, die dem Staat aus dem Monopol (der Zentralbank) bei der Schaffung von Zentralbankgeld zufließen, hat sich in der Literatur der Begriff „Seigniorage" eingebürgert. Der Name *Seigniorage* leitet sich aus dem französischen Wort für Fürst („seigneur") ab. Im Mittelalter lag das ausschließliche Recht auf Münzprägung bei den Fürsten. Unter Seigniorage verstand man dementsprechend zunächst den Gewinn aus der Prägung von Münzen, der den Fürsten zustand.

In heutigen Banken- und Geldsystemen gibt es prinzipiell zwei Möglichkeiten, wie dem Staat Seigniorage-Einnahmen zufließen können: Über eine Monetisierung der Staatsschuld oder über Gewinnausschüttungen der Zentralbank.

Eine *Monetisierung der Staatsschuld* bedeutet, dass es zu einer unmittelbaren Verschuldung des Staates bei der Zentralbank kommt (A.3 steigt). Im Gegenzug schreibt die Zentralbank dem Staat auf seinem Konto bei ihr den Gegenwert gut (P.3 Sonstiges – Einlagen von öffentlichen Haushalten steigt). Die Seigniorage-Einnahmen fallen hier auf einen Schlag an. Unerheblich ist in diesem Zusammenhang, ob der Staat für seine Verschuldung bei der Zentralbank Zinsen zahlen muss, da er die gezahlten Zinsen – nach Abzug der mit der Arbeit der Zentralbank verbundenen Sach- und Personalaufwendungen – in Form von Gewinnausschüttungen wieder zurückerstattet bekommt.

Bilanz (Ausweis) einer Zentralbank – vereinfachte Darstellung –

| Aktiva | | Passiva | |
|---|---|---|---|
| A.1: | Währungsreserven | P.1: | Banknotenumlauf |
| A.2: | Forderungen an inl. Kreditinstitute | P.2: | Verbindlichkeiten gegenüber inl. Kreditinstituten (KI) darunter: Einlagen der KI |
| A.3: | Forderungen an den Staat | | |
| A.4: | Sonstiges darunter: – Bestand an Scheidemünzen | P.3: | Sonstiges darunter: – Einlagen von öffentlichen Haushalten |

45 Durch den Beitritt Griechenlands zum 1.1.2001 hat sich dieser Anteil mittlerweile auf gut 30% verringert.

46 Die Einkünfte aus der Emission von Banknoten sollen gemäß Beschluss des EZB-Rates vom 3.11.1998 allerdings nicht vor Einführung der Euro-Banknoten verteilt werden. Bezogen auf Deutschland heißt dies, dass die monetären Einkünfte aus dem DM-Banknotenumlauf bis Ende 2001 ungeschmälert der Deutschen Bundesbank zufließen.

Zentralbankgeld wird durch eine direkte Verschuldung des Staates bei der Notenbank dann geschaffen, wenn der Staat mithilfe seiner Guthaben bei der Notenbank seine Ausgaben finanziert, also seine Einlagen bei der Notenbank den Kreditinstituten zufließen (P.3 – Einlagen von öffentlichen Haushalten sinken, P.2 – Einlagen von Kreditinstituten bei der Notenbank steigen). Im Gegenzug werden die Kreditinstitute entsprechende Gutschriften auf den Konten ihrer Kunden, die die eigentlichen Empfänger der staatlichen Zahlungen sind, vornehmen. Im Zuge dieses Prozesses erhöhen sich also die Guthaben der Kreditinstitute bei der Notenbank, wodurch der Bestand an Zentralbankgeld steigt. Diese Möglichkeit der Schaffung von Zentralbankgeld schließt der Vertrag von Maastricht aber definitiv aus. (Verbot von Kreditfazilitäten für öffentliche Einrichtungen gemäß Art. 101 EG-Vertrag)

Zu einer Monetisierung der Staatsschuld kommt es nur noch beim *Münzregal*, da das Recht zur Münzprägung bei den Zentralregierungen (der Münzumlauf stellt eine Verbindlichkeit der Staates dar) liegt. Die Zentralregierungen (Staat) verkaufen die Münzen zum Nominalwert an das Eurosystem. Es kommt zu einem Münzgewinn, da der Nominalwert der Münzen in der Regel über ihren Prägekosten liegt. Im ersten Schritt kauft die Zentralbank die Münzen zum Nominalwert vom Staat an und schreibt ihm den Gegenwert auf seinem Konto bei ihr gut (A.4 Sonstiges – Bestand an Scheidemünzen und P.3 Sonstiges – Einlagen von öffentlichen Haushalten steigen gleichzeitig). Die Bestände der EZB und der NZBen sind jedoch auf 10 % des Münzumlaufs begrenzt (Artikel 6 der Verordnung des Rates Nr. 3603/93 vom 13.12.1993). Fragen die Kreditinstitute Münzen bei der Zentralbank nach, so verkauft diese in einem zweiten Schritt die Münzen an die Kreditinstitute (A.3 Sonstiges – Bestand an Scheidemünzen und P.2 – Einlagen auf Girokonten sinken gleichzeitig). Für die Zentralbank sind Münzen also letztlich nur ein durchlaufender Posten.

Sieht man vom Münzregal ab, so kommen zur Erzielung von Seigniorage-Einnahmen im Euroraum nur die Gewinnausschüttungen des Eurosystems in Betracht. Da Zentralbankgeld nicht über eine direkte Verschuldung des Staates bei der Zentralbank geschaffen werden kann, kommt Zentralbankgeld nur ins System, wenn die Geschäftsbanken sich bei der Zentralbank verschulden bzw. Währungsreserven an sie verkaufen (A.2 – Forderungen an inl. Kreditinstitute bzw. A.1 – Währungsreserven und P.2 – Einlagen auf Girokonten steigen gleichzeitig; kommt es zu einer Umwandlung von Guthaben bei der Zentralbank in Banknoten, so steigt P.1 – Banknotenumlauf zulasten von P.2 – Einlagen auf Girokonten). Auf der Aktivseite der Zentralbankbilanz stehen also Forderungen an inl. Kreditinstitute bzw. Währungsreserven. Quelle der Seigniorage-Einnahmen des Staates sind hier die Zinseinnahmen, die die Zentralbank aus diesen Aktiva erzielt. Diese Zinseinnahmen stellen zwar den Ausgangspunkt für die Seigniorage-Einnahmen dar, sind mit ihnen aber nicht identisch. Vielmehr müssen sie um die Zinsausgaben der Notenbank (Verzinsung der Mindestreserve) verringert und um die sonstigen Aufwendungen bzw. Erträge der Notenbank (z.B. Kosten im Zusammenhang mit dem Druck von Banknoten und der Pflege des Bargeldumlaufs) bereinigt werden. Da im Eurosystem die mindestreservebedingten Guthaben verzinst werden, hängt die Gewinnsituation also im Wesentlichen ab von der Höhe des Umlaufs an Banknoten.

Prinzipiell garantiert der EZB-Rat die erforderliche Einheitlichkeit der Geldpolitik. Die Ausführung der geldpolitischen Beschlüsse liegt bei der EZB im Zusammenwirken mit den nationalen Zentralbanken, deren umfassende Erfahrungen damit genutzt werden können. Dem Direktorium der EZB obliegt die Ausführung der Geldpolitik gemäß den Leitlinien und Entscheidungen des EZB-Rates. Es erteilt hierzu die für die Umsetzung der Leitlinien und Entscheidungen des EZB-Rates notwendigen Weisungen an die nationalen Zentralbanken.

Solange nicht alle EU-Mitgliedstaaten der Währungsunion beigetreten sind, fungiert als beratendes Gremium noch ein *„Erweiterter Rat"*, der aus dem Präsidenten und dem Vizepräsidenten der EZB sowie den Präsidenten aller nationalen Zentralbanken der EU besteht. Der Erweiterte Rat verfügt aber über keine geldpolitischen Kompetenzen, er soll vorrangig die geldpolitische Koordinierung verstärken. Ihm kommt ferner die Aufgabe zu, die Funktionsweise des neuen Wechselkursmechanismus (WKM II bzw. EWS II) zu überwachen.

## 1.2 Hauptaufgabe und Stellung

Das vorrangige Ziel des Eurosystems ist, Preisstabilität zu gewährleisten,[47] wobei es dem Eurosystem obliegt, dieses Ziel zu operationalisieren. Nur soweit es ohne Beeinträchtigung des Ziels der Preisstabilität möglich ist, soll das Eurosystem die allgemeine Wirtschaftspolitik in der EU unterstützen (Art. 105 EG-Vertrag und Art. 2 der Satzung des ESZB und der EZB). Das Ziel ist dem Eurosystem also vorgegeben, es ist insoweit „goal dependent".

Damit das Eurosystem sein vorrangiges Ziel, die Gewährleistung der Preisstabilität, effektiv durchsetzen kann, sind die EZB und die nationalen Zentralbanken in ihren Entscheidungen von Weisungen der sonstigen Träger der Wirtschaftspolitik auf nationaler wie auch auf Gemeinschaftsebene unabhängig. Im Rahmen des ihm vorgegebenen Ziels ist das Eurosystem frei (unabhängig) bei der Wahl der Mittel, das Eurosystem hat also volle „instrument independence".[48] Einschränkend ist jedoch zu berücksichtigen, dass nach Art. 105 EG-Vertrag das Eurosystem im Einklang mit den Grundsätzen einer offenen Marktwirtschaft mit freiem Wettbewerb zu handeln hat. Bestimmte Instrumente, etwa quantitative Beschränkungen der Kreditvergabe, dürfen somit nicht eingesetzt werden (Schwarze, 2000, 1294).

47 Der Begriff Preisstabilität findet sich explizit in Art. 105 EG-Vertrag. Ziel der Geldpolitik ist es aber nicht, Verschiebungen in der Preisstruktur (in den relativen Preisen), sondern nur (dauerhafte) Erhöhungen des Preisniveaus im gesamten Euroraum (nicht in einzelnen Ländern) zu verhindern. Die relativen Preise müssen sich vielmehr an neue Knappheitsverhältnisse anpassen können, damit sie ihre Lenkungsfunktion in einem marktwirtschaftlichen System entfalten können. Insofern ist der Ausdruck Preisstabilität zwar griffig, rein ökonomisch betrachtet aber nicht ganz treffend. Im Folgenden wird aber aus Gründen der Vereinfachung Preisstabilität mit Preisniveaustabilität oder Geldwertstabilität gleichgesetzt.

48 Zu Unterscheidung zwischen „goal independence" und „instrument independence" siehe auch Mishkin, 2000, 5.

Ökonomisch lässt sich die langfristige Vorteilhaftigkeit einer unabhängigen Zentralbank mithilfe einer Mehrperioden- (Mehrjahres-)Betrachtung begründen. Zugrunde liegt diesem Ansatz die Annahme eines kurzfristigen „trade-off" zwischen Inflation und Beschäftigung. Das heißt, Inflation bewirkt nach diesen Vorstellungen über vorübergehend sinkende Reallöhne kurzfristig positive Beschäftigungseffekte (Nutzenvorteile). Mittel- bis langfristig kommt es hingegen zu negativen Beschäftigungseffekten, da einerseits der Reallohnvorteil verloren geht,[49] andererseits die Kosten der Inflation in Form von Wachstums- und damit auch Beschäftigungseinbußen zur Geltung kommen (Nutzeneinbußen). Solche Kosten können etwa in Form von Verzerrungen der relativen Preise, die zu einer Beeinträchtigung der Informations- und Lenkungsfunktion der Preise führen, entstehen. Kosten können auch in Form von hohen Inflationsrisikoprämien, die ein entsprechend hohes langfristiges (Real-)Zinsniveau und damit tendenziell eine niedrigere Investitionstätigkeit nach sich ziehen, anfallen.[50] Zu denken ist schließlich an den realen Ressourcenverbrauch zur Absicherung gegen Inflation, an anreizschädliche Verzerrungseffekte durch das Steuer- und Sozialsystem sowie an Umverteilungseffekte.[51]

Welche Politik in einem Land betrieben wird, hängt letztlich davon ab, wie die wirtschaftspolitischen Entscheidungsträger und letztendlich die Gesellschaft die Nutzenvorteile in der Gegenwart und die Nutzeneinbußen in der Zukunft gewichten. Bei politisch abhängigen Notenbanken ist die Haltung der jeweiligen Regierung bestimmend. Ausschlaggebend für das Verhalten der jeweiligen Regierungen sind neben parteipolitisch motivierten Sichtweisen vor allem die Wiederwahlinteressen, was eher eine Kurzfristorientierung nahe legt.[52] "But politicians in democratic – and even undemocratic – countries are not known for either patience or long time horizons. Neither is the mass media nor the public ... So, if politicians made monetary policy on a day-to-day basis, the temptation to reach for short-term gains at the expense of the future (that is, to inflate too

49 Zur Diskussion dieser Problematik im Rahmen der *Phillips-Kurve* vgl. Görgens/Ruckriegel, 2000, 222–226.

50 Die Argumentation, dass die Inflationsprämie im langfristigen Zinssatz ohne schädliche Folgen bliebe, da beide Marktseiten letztlich ihre Inflationserwartungen nach demselben Prognosemodell bilden würden, geht in der Realität allein deshalb ins Leere, weil aufgrund der Vielfalt von möglichen Inflationsursachen (vgl. hierzu Görgens/Ruckriegel, 2000, 210-222) und Reaktionsweisen der Zentralbank sowie einer unsicheren Umwelt im konkreten Fall kaum seriöse Inflationsprognosen über einen längeren Zeitraum, d.h. über ein oder zwei Jahre hinaus, möglich sind. Dies hat aber zur Konsequenz, dass aus Vorsichtsgründen die Anbieter von längerfristigem Kapital eher mit höheren, die Nachfrager nach Kapital (insbes. Unternehmen) eher mit niedrigeren Inflationsraten rechnen, was aus Sicht der Kapitalnachfrager den am Markt verlangten Realzinssatz ansteigen lässt und somit dämpfend auf die Investitionstätigkeit wirkt.

51 Zu einer umfassenden Übersicht und empirischen Abschätzung für verschiedene Länder siehe den Band von Feldstein (1999). Zu dieser Thematik veranstaltete auch die EZB im November 2000 eine Konferenz mit dem Titel „Why Price Stability". Siehe etwa Issing, 2000c und Herrero et al., 2001.

52 Vgl. hierzu auch das Eingangszitat des Bundesverfassungsgerichts.

much) would be hard to resist." (Blinder, 1999, 55 f.).[53] Man spricht in diesem Zusammenhang auch von einem *„Zeitinkonsistenz-Problem"* der Geldpolitik (Mishkin, 2000, 2).

Bei politisch unabhängigen Zentralbanken tragen die Notenbanken Verantwortung für die Geldpolitik. Da – der Theorie des Verhaltens von Bürokratien folgend – auch Zentralbanken ihren Nutzen maximieren, der Nutzen hier aber im Wesentlichen in Ansehen und Macht besteht, muss die Anreizstruktur für Notenbanker auf das (mittel- bis langfristige) Ziel der Preisnivaustabilität ausgerichtet sein. Reputationsgewinne bei Geldwertstabilität, lange Amtsperioden sowie finanzielle Anreize[54] wirken hier tendenziell auf eine Langfristorientierung, d.h. auf eine Politik der Inflationsvermeidung hin (Bofinger et al., 1998b, 146–150; Caesar 2000, 79, 83 f.; Mishkin, 2001, 384).[55]

Empirische Untersuchungen zeigen einen engen Zusammenhang zwischen Unabhängigkeit und Preisstabilität (siehe hierzu Schaubild II.1.2).[56] Dies lässt den Schluss zu,

53 Ähnlich Frenkel 1999, 900 und Mishkin, 2001, 386. Die Gründe, die für eine unabhänigige Zentralbank sprechen, lassen sich aber auch auf andere Bereiche übertragen. "When you think deeply about the reasons for removing monetary policy decisions from the 'political thicket', you realize that the reasons apply just as well to many other aspects of economic policy – and, indeed, to noneconomic policy as well." Blinder, 1999, 59. So findet sich etwa auch in der Diskussion um die Reform der Alterssicherung in Deutschland eine ähnliche Argumentation: „Der Beirat empfiehlt, das System der deutschen Rentenversicherung unverzüglich in Richtung eines kapitaldeckenden Systems zu entwickeln, um so die zukünftige Finanzkraft des Versicherungssystems und mit ihm die Kraft der Volkswirtschaft zu stärken. Aus grundsätzlichen ordnungspolitischen Erwägungen sollte das Kapitaldeckungsverfahren nicht staatlich, sondern privatwirtschaftlich organisiert werden. Nur auf diese Weise läßt sich das Kapital vor den Eigengesetzlichkeiten politischer Entscheidungsprozesse schützen, die das Augenblicksinteresse der aktiven Interessengruppen über das langfristige Gemeinwohl stellen." Wissenschaftlicher Beirat beim Wirtschaftsministerium, 1998, 12 f.

54 Am weitesten ist hier Neuseeland gegangen. Dort kann die Regierung den Gouverneur der Zentralbank entlassen, wenn das „Inflationsziel" verfehlt wird (Schich/Seitz, 2000).

55 Eine solche Langfristorientierung kann allerdings Schaden nehmen, wenn sich die Zentralbanken zu stark an den Bewertungen und damit an der kurzfristigen Sichtweise der Finanzmärkte ausrichten. "Central bankers are only human; they want to earn high marks – from whomever is handing out the grades. While the only verdict that really matters is the verdict of history, it takes an amazingly strong constitution to wait that long. In stark constrast, the markets provide a kind of giant biofeedback machine that monitors and publicly evaluates the central bank's performance in real time. So central bankers naturally turn to markets for instant evaluation ... Modern central banks ought to assert their independence from financial markets just as vigorously as they assert their independence from politics. ... Following the markets too closely, I argued, may lead the central bank to inherit precisely the short time horizon that central bank independence is meant to prevent." Blinder, 1999, 60, 75 f.

56 Vgl. hierzu etwa Alesina et al., 1993; Bofinger et al., 1998a, 73–75; Loef, 1998, 327–331; Solveen, 1998, 3 f., 188 f.; Temple, 1998; Brumm, 2000. Die Messung des Grads der Unabhängigkeit einer Zentralbank erfolgt i.d.R. aufgrund der rechtlichen Grundlagen, die für die Zentralbank in dem jeweiligen Land gelten. Im Einzelnen werden etwa Berufungsverfahren, Entlassungsmöglichkeiten und Amtsdauer der Präsidenten der Zentralbank, Stellung der Zentralbank gegenüber der Regierung, die Bedeutung der Preisstabilität gegenüber anderen Zielen sowie die Verschuldungsmöglichkeiten der Regierung bei der Zentralbank bewertet (Eijffinger/De Haan, 2000, 44). Ein gewisses Problem ergibt sich hier allerdings, wenn in einem Land die rechtlichen Grundlagen wenig über das tatsächliche Verhalten aussagen.

*Schaubild II.1.2: Grad der Unabhängigkeit der Zentralbank und durchschnittliche Inflationsrate in Industrieländern[a] im Zeitraum 1980–1995*

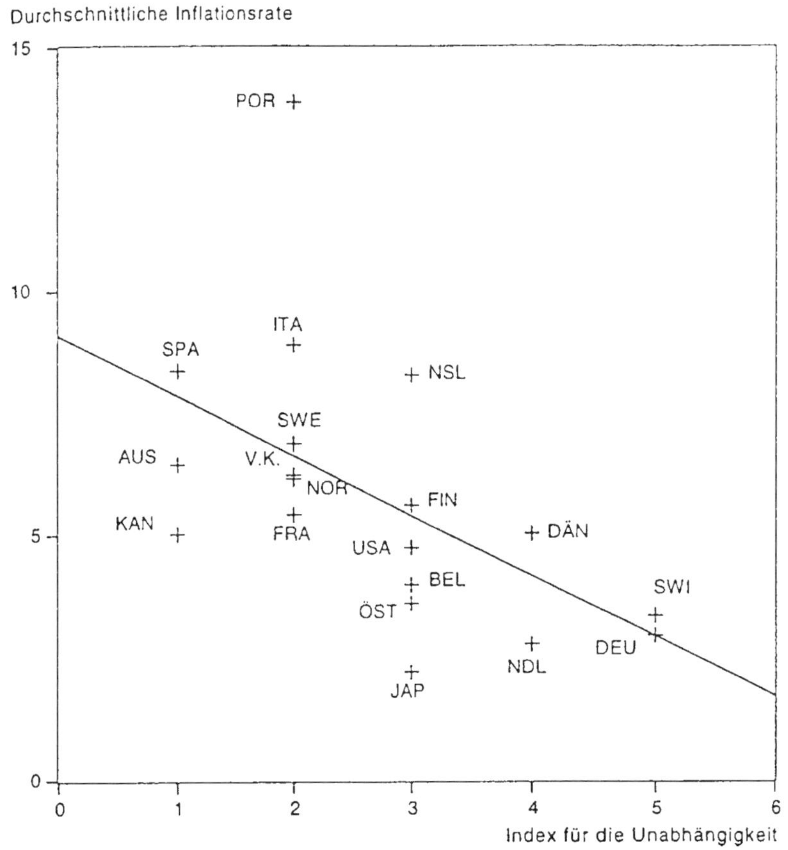


Quelle: Solveen, 1998, 189.

a) Länderbezeichnungen: Australien (AUS), Belgien (BEL), Dänemark (DÄN), Deutschland (DEU), Finnland (FIN), Frankreich (FRA), Italien (ITA), Japan (JAP), Kanada (KAN), Neuseeland (NSL), Niederlande (NDL), Norwegen (NOR), Österreich (ÖST), Portugal (POR), Schweden (SWE), Schweiz (SWI), Spanien (SPA), Vereinigtes Königreich (V.K.), Vereingte Staaten (USA).

dass in der Vergangenheit die Gesellschaften, die der Geldwertstabilität eine hohe Priorität beigemessen haben, die Verfolgung des Ziels der Inflationsvermeidung in die Hände einer unabhängigen Zentralbank gelegt haben. Oder anders formuliert: **„Jede Gesellschaft hat letztlich die Inflationsrate, die sie verdient und im Grunde auch**

**will.**"(Issing, 1992, 8)[57] Die Zentralbank kann eine auf Geldwertstabilität zielende Politik auf Dauer nämlich nur dann betreiben, ggf. also auch auf Konfliktkurs zur Finanz- und Lohnpolitik gehen, wenn sie dabei von der Bevölkerung unterstützt wird, d.h. wenn in breiten Kreisen der Bevölkerung eine Präferenz für stabiles Geld besteht (*Stabilitätskultur*).

Ausgehend von diesen Erkenntnissen, die die Vorteilhaftigkeit einer unabhängigen Notenbank für eine stabilitätsorientierte Geldpolitik nahe legen, wurde vom EWI für das Eurosystem eine Reihe von rechtlichen Anforderungen entwickelt, um Unabhängigkeit sicherzustellen. Alle Bestandteile des Eurosystems, also sowohl die EZB als auch die NZBen müssen diesen Anforderungen genügen. Allerdings – und dies sei hier nochmals betont – reicht es nicht, dass das Eurosystem nur formal unabhängig ist. Hinzukommen muss eine entsprechende Stabilitätskultur in den einzelnen Teilen des Euroraumes.[58]

Die **Unabhängigkeit** des Eurosystems ruht auf vier Säulen (Deutsche Bundesbank, 1998a, 6–8; EWI, 1998, 14; Art. 108 EG-Vertrag i.V.m. Art 7, 11 und 14 der Satzung des ESZB und der EZB):

- **Institutionelle Unabhängigkeit**
  Kernstück der *institutionellen Unabhängigkeit* ist die Freiheit der nationalen Zentralbanken sowie der EZB und ihrer Beschlussorgane von Weisungen Dritter. Folgende Rechte dritter Parteien (z.B. Regierung, Parlament) sind mit der Unabhängigkeit einer Zentralbank unvereinbar: das Weisungsrecht; das Recht, Entscheidungen zu genehmigen, auszusetzen, aufzuheben oder aufzuschieben; das Recht, Entscheidungen aus rechtlichen Gründen zu zensieren; das Recht, in Beschlussorganen einer Zentralbank mit Stimmrecht vertreten zu sein, und das Recht, bei Entscheidungen einer Zentralbank (ex ante) konsultiert zu werden.

57 Issings These wird von Hayo (1998b, 241) gestützt. "This paper proposes that central bank independence alone is insufficient to explain low inflation. It argues instead that central bank independence may be interconnected with public attitudes towards inflation via a historical feedback process that has led to an anti-inflation culture and public consensus on monetary stability in countries with low inflation rates. Using survey data from European Community members over the period 1976–1993, I find supportive evidence of the existence of a stability culture in low-inflation countries. In their assessment of the importance of price stability, people living in countries with a low inflation record appear to be more sensitive to an increase in the actual inflation rate than people in higher-inflation countries." Ähnlich Pollard (1993, 34): "Countries with an aversion to inflation may formalize this aversion through the creation of an independent central bank."

58 Wie wichtig eine solche Stabilitätskultur für die Zentralbank ist, zeigte sich etwa im Jahre 1997, als die öffentliche Unterstützung der Position der Deutschen Bundesbank die Bundesregierung bei der Neubewertung der Währungsreserven zum Einlenken zwang (Ruckriegel 1997).

- **Personelle Unabhängigkeit**
  Die Amtszeit des Präsidenten der EZB beträgt acht Jahre.[59] Grundsätzlich gilt dies auch für die übrigen Mitglieder des Direktoriums der EZB. Um zu verhindern, dass sämtliche Organmitglieder zur selben Zeit ausscheiden, wurden für diese bei der ersten Bestellung zeitlich gestaffelte Amtszeiten festgelegt. Mitglieder des Direktoriums der EZB werden nur für eine Amtszeit ernannt, d.h. eine Wiederernennung ist nicht möglich (Art. 112.2 EG-Vertrag; Art. 11.2 und 50 der Satzung des ESZB und der EZB). Die Amtszeit der Präsidenten der nationalen Notenbanken sowie der übrigen Mitglieder der Beschlussorgane der nationalen Zentralbanken muss mindestens fünf Jahre betragen. Die Präsidenten der nationalen Notenbanken werden von den jeweils in den einzelnen Ländern dafür zuständigen Stellen berufen. In Deutschland erfolgt die Ernennung durch den Bundespräsidenten auf Vorschlag der Bundesregierung. Die Mitglieder des EZB-Direktoriums werden durch die Staats- und Regierungschefs der teilnehmenden Mitgliedstaaten einvernehmlich ernannt. Eine vorzeitige Entlassung ist nur in Ausnahmefällen, z.B. aufgrund einer schweren Verfehlung, möglich. Dieser Aspekt der Unabhängigkeit soll sicherstellen, dass die Organmitglieder nicht über kurze Vertragslaufzeiten bzw. jederzeitige Abberufungen unter Druck gesetzt werden können (*personelle Unabhängigkeit*).

- **Finanzielle Unabhängigkeit**
  Die Zentralbanken sollen in der Lage sein, sich selbst mit den erforderlichen Mitteln auszustatten, um die ordnungsgemäße Erfüllung ihrer Aufgaben im Rahmen des Eurosystems sicherzustellen (*finanzielle Unabhängigkeit*). Andernfalls könnte die Arbeitsfähigkeit des Eurosystems über entsprechend „knappe“ Mittelzuweisungen geschwächt und faktische Abhängigkeiten geschaffen werden.[60]

---

59 „Diese Vorschriften über die zwingend vorgeschriebene Amtszeit dienen der Gewährleistung der Unabhängigkeit des ESZB. ... Nicht zuletzt auch in Anbetracht dieser Zielsetzung der Vorschriften über die Bestellungsdauer erscheint es gemeinschaftsrechtlich bedenklich, daß – wie bei der erstmaligen Bestellung des EZB-Präsidenten geschehen – eine Ernennung erst nach Maßgabe einer Absichtserklärung über einen vorzeitigen Rücktritt erfolgt.“ Schwarze, 2000, 1308.

60 „Jeder Versuch etwa, eine nationale Zentralbank der Budgetverantwortung einer Regierung oder eines nationalen Parlamentes zu unterstellen, wäre mit dem EG-Vertrag nicht vereinbar. **Gefügigkeit in der geldpolitischen Willensbildung durch finanzielle Abhängigkeit zu erreichen, erlaubt der EG-Vertrag nicht** (Hervorhebung durch die Verf.) Insoweit ist die in dem jetzt vorgelegten Entwurf (Stand 6.4.2001, Anm. die Verf.) eines Bundesbankänderungsgesetztes enthaltene Regelung, wonach der Deutsche Bundestag den künftigen Vorstand der Bank zu entlasten hat, nicht frei von Bedenken, auch wenn sie die durch Art. 108 EG-Vertag garantierte Unabhängigkeit der Notenbank zu respektieren vorgibt.“ Haferkamp, 2001, 8. Siehe hierzu auch Burckhardt, 2001, 11 f. Die Ende Mai 2001 von Bundeskabinett verabschiedete Gesetzesvorlage enthielt diese Regelung allerdings nicht mehr. Zurückzuführen war dies insbes. auf eine deutlich ablehnende Haltung der Deutschen Bundesbank und auf die öffentliche Unterstützung, die die Position der Deutschen Bundesbank fand. Enthalten ist hingegen aber noch, dass der Deutsche Bundestag Stellungnahmen zur „Verbesserung der Effizienz der Deutschen Bundesbank“ abgeben kann. Zwar ist eine solche Stellungnahme für die Deutsche Bundesbank nicht rechtsverbindlich. Angesichts des damit verbundenen politischen Drucks wird es dem Vorstand der Deutschen Bundesbank aber kaum möglich sein, eine solche Stellungnahme nicht zu beachten. Aus Sicht der Unabhängigkeit ist diese Vorschrift also als im höchsten Maße problematisch einzustufen.

*Tabelle II.1.4: Ausgewählte Aspekte der Unabhängigkeit im internationalen Vergleich*

| | (gesetzliche) Zielvorgabe | Zieloperationalisierung | Entscheidungshoheit |
|---|---|---|---|
| Eurosystem | Wahrung der Preisstabilität als vorrangiges Ziel | Zielvorgabe wurde vom Eurosystem operationalisiert:[a)] „Price stability shall be defined as a year-on-year increase in the Harmonised Index of Consumer Prices (HICP) for the euro area of below 2%. Price stability is to be maintained over the medium term." (EZB, Press Release vom 13. Oktober 1998) | (Zins-)Entscheidungen des Eurosystems können nicht revidiert werden. |
| Federal Reserve System | "maximum employment, stable prices, and moderate long-term interest rates" (Board of Governors, 1994, 17) | Das Federal Reserve System hat kein Ziel operationalisiert.[b)] | Nur der Kongress kann per Gesetz (Zins-) Entscheidungen des FOMC aufheben, wodurch sie faktisch unangreifbar sind (Blinder, 1999, 55). |
| Bank of England | "maintain price stability and, subject to that, to support the economic policy of the Government including its objectives for growth and employment" (George, 2000, 405) | Erfolgt durch den Finanzminister | In Ausnahmefällen kann der Finanzminister den Kurs der Geldpolitik, d.h. das Ergreifen bestimmter geldpolitischer Maßnahmen (z.B. Veränderungen des Notenbankzinssatzes) der Bank of England vorschreiben. |
| Reserve Bank of New Zealand (RBNZ) | Hauptziel ist die Wahrung der Preisstabilität. | Zielvorgabe für die Inflationsrate wird zwischen Finanzminister und dem Präsidenten der Zentralbank im sog. „Policy Target Agreement" (PTA) vereinbart. Die Regierung kann jedoch nach einer öffentlichen Darlegung der Gründe das Inflationsziel von sich aus ändern (so-called „override") und so vom PTA abweichen. | Zentralbank kann Instrumenteneinsatz und geldpolitische Strategie frei wählen, um die Zielvorgabe für die Inflationsrate zu erreichen. |

Quelle: Blinder, 1999; Caesar, 2000; George, 2000; Mishkin, 2000.

Anmerkungen:

a) „Das Eurosystem hat also im Rahmen seiner geldpolitischen Funktionen wohl nur insofern Interpretationsspielraum, als geringfügig positive Inflationsraten mit statistischen Messfehlern und aufgrund der Unmöglichkeit eines punktgenauen Anpeilens der Inflationsrate rechtfertigbar sind." Liebscher, 1999, 79.

b) "At the present time, the public (and maybe even members of the FOMC) have no idea of whether the Fed`s goal for inflation is1 percent, 2 percent, or possibly higher. I think it is fair to say that right now the nominal anchor in the United States is Alan Greenspan. The problem is that this leaves some ambiguity as to what the Fed`s target is." Mishkin, 2000, 9.

- **Funktionelle Unabhängigkeit**
  Die Zentralbanken des Eurosystems sind vorrangig auf das Ziel der Preisstabilität ausgerichtet. Sonstige Funktionen dürfen sie nur insoweit wahrnehmen, als der EZB-Rat sie nicht mit dem Ziel der Preisstabilität für unvereinbar hält (*funktionelle Unabhängigkeit).*

Während die Geldpolitik ausschließlich dem Eurosystem zugewiesen wurde, liegen die welchselkurspolitischen Kompetenzen weitestgehend beim Rat der Wirtschafts- und Finanzminister der Europäischen Union (*ECOFIN-Rat*). Die Problematik von wechselkurspolitischen Vorgaben für die Unabhängigkeit der Geldpolitik wird in Kapitel III.3 ausführlich behandelt.

Verglichen mit anderen großen Zentralbanken besitzt das Eurosystem den höchsten Grad an Unabhängigkeit.[61] Das geldpolitische Ziel des Eurosystems ist klar auf Preisstabilität ausgerichtet und dem Eurosystem obliegt es auch, dieses Ziel zu operationalisieren. Die mögliche Androhung einer Revision seiner Entscheidungen (z.B. durch das Europäische Parlament, die EU-Kommission oder den ECOFIN-Rat) steht nicht im Raum. Die gesetzliche Grundlage bildet der Vertrag von Maastricht (bzw. von Amsterdam). Da es sich hierbei um einen völkerrechtlichen Vertrag zwischen den EU-Mitgliedstaaten handelt, bedarf eine Veränderung des Statuts des Eurosystems der Zustimmung aller Mitgliedstaaten. Die Stellung des Federal Reserve System ist hier deutlich schwächer. "The Federal Reserve System is considered to be an independent central bank. It is so, however, only in the sense that its decisions do not have to be ratified by the President or anyone else in the executive branch of government. The entire System is subject to oversight by the U.S. Congress because the Constitution gives to Congress the power to coin money and set its value – a power that, in the 1913 act, Congress itself delegated to the Federal Reserve. The Federal Reserve must work within the framework of the overall objectives of economic and financial policy established by the government, and thus the description of the System as 'independent within the government' is more accurate." (Board of Governors, 1994, 3). Im Gegensatz zum Eurosystem, dessen rechtliche Grundlage ein völkerrechtlich verbindlicher Vertrag zwischen den einzelnen Mitgliedstaaten ist, der nur einstimmig geändert werden kann, besteht für das FED stets die Gefahr, dass der Kongress die rechtliche Grundlage nach seinen Vorstellungen ändert.[62]

## 1.3 Sonstige Aufgaben

Nach Art. 105 Abs. 2 und Art. 106 Abs. 1 EG-Vertrag (Fassung von Amsterdam) hat das Eurosystem neben der Geldpolitik aber noch weitere Aufgaben zu erfüllen. In seinen

61 Diese Einschätzung findet sich etwa auch bei Bini Smaghi/Gros, 2000, 126; Mishkin, 2001, 383; Schich/Seitz, 2000 und Wynne, 1999, 6.

62 "Moreover, bearing in mind that Congress may alter the legislation at all times, the Fed will make sure that its monetary policy does not deviate too much from the Congress members' views." De Nederlandsche Bank, 2001, 57.

Zuständigkeitsbereich fällt es auch Banknoten zu emittieren, Devisentransaktionen durchzuführen, die offiziellen Währungsreserven zu halten und zu verwalten sowie das reibungslose Funktionieren der Zahlungsverkehrssysteme zu unterstützen.[63] Daneben sind die NZBen i.d.R. mit in die Bankenaufsicht eingebunden und bieten Bankdienstleistungen für staatliche Auftraggeber an. Diese Aufgaben nimmt im Wesentlichen auch das FED wahr (Board of Governors, 1994, Kap. 4, 5 und 7).

Im **Barzahlungsverkehr** obliegt dem Eurosystem die Emission von Banknoten. Den NZBen kommt die Aufgabe zu, Banknoten und Münzen in den Verkehr zu bringen – nach Art. 106 Abs. 2 EG-Vertrag steht den Mitgliedstaaten der Währungsunion das Recht zu, Münzen auszugeben, wobei der Umfang dieser Ausgabe der Genehmigung durch die EZB bedarf – sowie den Bestand an umlaufenden Noten und Münzen (Einziehen von gefälschtem und abgenutztem Geld) zu pflegen.

Im *unbaren Zahlungsverkehr* sind die nationalen Zentralbanken sowohl bei der Abwicklung des nationalen als auch des grenzüberschreitenden Zahlungsverkehrs beteiligt. Für den grenzüberschreitenden Zahlungsverkehr stellt das Eurosystem ein europaweites Echtzeit-Brutto-Zahlungssystem, das sog. *TARGET-System* (Trans-European Automated Real-Time Gross Settlement Express Transfer System, siehe auch Box II.4.1) zur Verfügung. Das TARGET-System ist ein leistungsfähiges und effizientes Großbetragszahlungssystem zur sicheren (grenzüberschreitenden) Ausführung von Euro-Zahlungen. Es gewährleistet, dass (grenzüberschreitend) ein schneller Liquiditätsausgleich zwischen den Kreditinstituten möglich ist. Es stellt somit die Basis für ein reibungsloses Funktionieren eines „europäischen" Geldmarktes dar. TARGET soll so einerseits eine reibungslose Umsetzung der einheitlichen Geldpolitik ermöglichen, andererseits die Stabilität und die Effizienz des grenzüberschreitenden Zahlungsverkehrs im Euroraum erhöhen.

Verantwortlich ist das Eurosystem auch für die **Verwaltung der offiziellen Währungsreserven** der Mitgliedstaaten, wobei die einzelnen nationalen Bestände bei den jeweiligen NZBen gehalten werden. Daneben legt Art. 30 der Satzung des ESZB und der EZB fest, dass die nationalen Zentralbanken aus ihren Beständen die EZB mit Währungsreserven im Gegenwert von bis zu 50 Mrd. € ausstatten.[64] Die Anteile, die auf die einzelnen NZBen entfallen, richten sich nach ihren Anteilen am EZB-Kapital. So hat etwa die Deutsche Bundesbank der EZB Währungsreserven im Gegenwert von rund 12,25 Mrd. € (24,4935 % aus 50 Mrd. € = 12,25 Mrd. €) zu Marktpreisen in der ersten Bankwoche des Jahres 1999 übertragen. Eine Übertragung erfolgte allerdings nur von denjenigen EU-Zentralbanken, deren Länder bereits der Währungsunion angehörten. Die auf die EZB übertragenen Währungsreserven werden von den nationalen Zentralbanken im Namen und nach Vorgabe der EZB verwaltet. Durch die Übergabe der Reserven entstand eine Gegenforderung der nationalen Zentralbanken, die von der EZB verzinst wird.

63 Der Vollständigkeit halber sei an dieser Stelle noch darauf hingewiesen, dass dem Eurosystem auch Aufgaben im Bereich des statistischen Meldewesens obliegen.

64 Dabei handelt es sich um die Anfangsausstattung. Die EZB kann weitere Einzahlungen im Gegenwert von bis zu 50 Mrd. € von den NZBen fordern. Diese Möglichkeit soll aber nur in Anspruch genommen werden, um Reserveverluste auszugleichen.

Die Ausstattung mit eigenen Währungsreserven ermöglicht es der EZB, bei Bedarf auf den Devisenmärkten zu intervenieren bzw. durch die NZBen intervenieren zu lassen. Der größte Teil der Währungsreserven im Euroraum liegt aber nach wie vor in der Dispositionsgewalt und Verantwortung der nationalen Zentralbanken, wobei Transaktionen, die die Wechselkurse oder die Liquiditätslage im Euroraum beeinflussen können, ab einer bestimmten Größenordnung von der EZB genehmigt werden müssen. Nicht der Zustimmung der EZB bedürfen hingegen Anlagegeschäfte der NZBen (in Fremdwährung) auf ausländischen Finanzmärkten, da diese keine Auswirkung auf die Geldpolitik des Eurosystems haben. Derzeit hält das Eurosystem Devisenreserven (Forderungen in Fremdwährung an Ansässige außerhalb des Euro-Währungsgebietes) im Gegenwert von 269 Mrd. € (Stand 6. April 2001). Sofern die EZB nicht durch Vorgaben des ECOFIN-Rates im Rahmen der Wechselkurspolitik eingeengt ist (siehe hierzu III.3), kann die EZB frei entscheiden, ob sie am Markt interveniert. Anders hingegen ist die Situation in den USA. Dort ist eine Intervention der Zentralbank nur in Abstimmung mit der Regierung möglich (Bini Smaghi/Gros, 2000, 133). Auch werden offizielle Währungsreserven nicht ausschließlich vom FED, sondern auch vom Finanzministerium gehalten (Board of Governors, 1994, 68).

Ein weiterer wichtiger Baustein eines funktionsfähigen Geld- und Finanzwesens ist ein stabiles und krisensicheres System von Geschäftsbanken. Dies zu gewährleisten ist Ziel der *Bankenaufsicht* (zur Rückwirkung der Bankenaufsicht auf die Geldpolitik siehe Box II.1.4).

**Box II.1.4: Bankaufsichtliche Eigenkapitalanforderungen und Geldpolitik[65] – Einfluss von Basel II auf die Geldpolitik –**

1. Nach den bislang gültigen Eigenkapitalvorschriften haben **alle** Kreditinstitute **alle** nicht besonders besicherten sog. „normalen" Kredite an Unternehmen und Privatpersonen pauschal, d.h. undifferenziert, mit 8 % haftendem Eigenkapital zu unterlegen.[a] Durch den pauschalen und starren Anrechnungssatz wird die in der Regel voneinander abweichende Bonität einzelner Kreditnehmer nicht berücksichtigt.

2. Der Baseler Ausschuss für Bankenaufsicht strebt nunmehr eine Neuregelung der angemessenen Mindesteigenkapitalausstattung bei Kreditinstituten und Wertpapierhäusern an. Hauptziel des sog. Baseler Eigenkapitalakkords ist, ab 2005 die bankaufsichtliche Anwendung differenzierter Kreditrisikoerfassungs- und -managementverfahren zu ermöglichen.[b] Mit diesen Neuregelungen ist vor allem eine genauere Erfassung des Kreditrisikos vorgesehen. Zur Beurteilung des Kreditrisikos hat der Baseler Ausschuss nachfolgende drei gleichberechtigte Verfahren zur Quantifizierung der Kreditrisiken vorgeschlagen:

   - externe Bonitätsurteile (von Ratingagenturen)
   - interne Ratingsysteme
     - Basismethode für interne Ratingverfahren, sog. foundation approach
     - Fortgeschrittene Methode für interne Ratingverfahren, sog. advanced approach

65 Siehe hierzu auch EZB, 2001b.

■ Kreditrisikomodelle (derzeit keine bankaufsichtliche Zulassung vorgesehen)

Der Baseler Akkord weist in die richtige Richtung, wenn er unternehmensspezifische Ratings fordert, auf deren Grundlage das Kreditinstitut das jeweilige Ausfallrisiko ermitteln und maßgeschneiderte Konditionen bieten kann. Die Höhe der als Kostengröße zu berücksichtigenden Eigenkapitalunterlegung wird sich künftig insofern mehr an der tatsächlichen Bonität des Kreditnehmers orientieren. Kredite an gut geratete Schuldner sind dann mit geringeren Sätzen als Risikoaktiva in den bankaufsichtlichen Eigenkapitalvorschriften anzurechnen und entsprechend mit weniger Eigenkapital zu unterlegen als Kredite an Schuldner mit schlechter Bonitätseinstufung.

3. Bei vorgegebenem haftendem Eigenkapital der Kreditinstitute hat dann die Bonität ihrer Kreditnehmer erheblichen Einfluss auf die Höhe des maximal möglichen Kreditgewährungsrahmens.

Beispielsweise sind nach dem sog. Standardansatz (externes Rating) Kredite an Unternehmen abhängig vom Kreditrating folgendermaßen durch haftendes Eigenkapital der Kreditinstitute zu unterlegen:

| Externes Rating (z.B. S&P) | Risikogewichtung in % | Eigenkapitalunterlegung |
|---|---|---|
| AAA bis AA– | 20 | 1,6 % des Kreditvolumens |
| A+ bis A– | 50 | 4,0 % des Kreditvolumens |
| BBB+ bis BB– | 100 | 8,0 % des Kreditvolumens |
| B+ bis CCC | 150 | 12,0 % des Kreditvolumens |

Bei einem für Kreditgewährungen zur Verfügung stehenden haftenden Eigenkapital von z.B. 8 Mio. € kann ein Kreditinstitut maximal 500 Mio. € nicht besonders besicherte Kredite an Kreditnehmer mit der besten Risikogewichtung (20 %) ausreichen. Falls die Bonität seiner Kreditnehmer lediglich in der dritten Bonitätsklasse (BBB+ bis BB–) läge, würde sich der Kreditgewährungsspielraum auf nur noch 100 Mio. € verringern.

An diesem Beispiel wird deutlich: Die neue Eigenkapitalvereinbarung des Baseler Ausschusses ist auch für die Geldpolitik relevant. Beispielsweise könnten die künftig differenzierten Mindesteigenkapitalanforderungen der Kreditinstitute die konjunkturellen Schwankungen in einem Wirtschaftsraum verstärken. Sie sind somit für die Stabilität des Finanzsektors und der Gesamtwirtschaft von großer Bedeutung. Dies zeigt folgendes Szenario:

In Zeiten einer deutlichen Konjunkturabschwächung verschlechtert sich die Bonität eines größeren Teils der Kreditnehmer. Dies hat wiederum zur Folge:

Die ansteigenden Kreditausfallrisiken beeinträchtigen die Ertragslage der Finanzintermediäre und bremsen somit deren Eigenkapitalbildung durch Gewinnthesaurierung. Schlechtes konjunkturelles Umfeld und Rückgang der Erträge erschweren zudem auch die externe Eigenkapitalbeschaffung (z.B. Aktienemission über die Börse).

Gleichzeitig müssen die Kreditinstitute – aufgrund des schlechteren konjunkturellen Umfeldes[66] – einen größeren Teil ihrer Schuldner bonitätsmäßig schlechter einstufen.

66 Zum Beispiel ungünstige Unternehmensentwicklung (Umsatzrückgang, Ertragseinbruch ...) etc.

Die schlechtere Bonitätseinstufung verlangt wiederum, dass diese Kredite – wie obige Übersicht zeigt – mit mehr haftendem Eigenkapital zu unterlegen sind.

Der Kreditgewährungsspielraum der Kreditinstitute geht dadurch in der Rezession zurück und könnte bei Kreditinstituten mit knapper Eigenkapitalausstattung im Extremfall zu Kreditkündigungen führen, was wiederum den Konjunkturabschwung verschärfen könnte. Die gleiche prozyklische Wirkung kann von vorbeugenden geschäftspolitischen Maßnahmen der Kreditinstitute ausgehen, die in der Rezession zu einer deutlichen Zurückhaltung bei der Neukreditgewährung führen. Dadurch könnte der Kreditkanal (siehe II.5) verstärkt zum Tragen kommen.

4. Durch die Baseler Eigenkapitalvereinbarung könnten außerdem langfristig orientierte Kreditbeziehungen benachteiligt werden. Derzeit sind nämlich laufzeitabhängige Eigenkapitalzuschläge bei Krediten vorgesehen, um die besonderen Ausfallrisiken der Finanzintermediäre zu berücksichtigen, die bei langfristigen Kreditzusagen auftreten. Allerdings ist nicht zuletzt aus der Asienkrise von 1998/1999 bekannt, dass kurzfristige Kreditbeziehungen die Verletzlichkeit eines Landes in finanziellen Krisensituationen erhöhen, während eine Kultur langfristiger Kreditbeziehungen zwischen Unternehmen und ihren Hausbanken eher stabilisierend wirken.

Box erstellt von H. P. Bisani, FH Deggendorf.

Anmerkungen:

a) Das heißt, ein Kredit über 100 € bindet bei einem Kreditinstitut 8 € haftendes Eigenkapital.

b) Daneben ist künftig auch die Erfassung und getrennte Eigenkapitalunterlegung von sog. „operationalen" Risiken (z.B. technische Abwicklungsrisiken, vertragliche Risiken) vorgesehen.

Die Finanzkrisen in Südostasien (1997/98), Russland (1998) und Brasilien (1999) haben deutlich gemacht, wie wichtig eine funktionierende Aufsicht über Finanzinstitutionen zur Vermeidung von Systemrisiken und Dominoeffekten ist. Die Zentralbanken sind im Krisenfall als *„lender of last resort"* gefragt. In einem solchen Fall müssen sie dem Bankensystem zusätzliche Liquidität zur Verfügung stellen, um Zahlungsschwierigkeiten der Banken und damit eine Selbstverstärkung der Finanzkrise zu vermeiden. Um sicherzustellen, dass nur illiquide, nicht jedoch insolvente Institute Unterstützung erfahren, benötigen die Zentralbanken aber Informationen über einzelne Institute. Zum anderen lassen sich aus den Informationen, die die Bankenaufsicht liefert, auch Schlüsse darüber ziehen, inwieweit eine Finanzkrise tatsächlich droht, um so ein zu frühes bzw. zu spätes Eingreifen der Zentralbank in ihrer Funktion als „lender of last resort" zu vermeiden (Mishkin, 2000, 8; Mishkin 2001b). Für ihre Funktion als „lender of last resort" sind also Informationen, die aus der Bankenaufsicht gewonnen werden, unerlässlich. Im Euroraum gilt im Rahmen der Bankenaufsicht das Prinzip der nationalen Zuständigkeit, wobei die Organisationsstrukturen von Land zu Land stark differieren. In nahezu allen Ländern sind allerdings die nationalen Zentralbanken in die Bankenaufsicht eingebunden oder allein für sie zuständig (EZB, 2000b, 63–66).[67] Auch das Federal Reserve System ist stark in die Bankenaufsicht involviert (Board of Governors, 1994, 71–85).

NZBen bieten auch Bankdienstleistungen für staatliche Auftraggeber an. So fungiert die Deutsche Bundesbank als „Hausbank" des Bundes und – in eingeschränktem Maße – der Länder. Sie wickelt den größten Teil des bargeldlosen Zahlungsverkehrs von Bund und Ländern ab. Zudem fungiert sie am Kapitalmarkt als *„fiscal agent"* des Staates (Mitwirkung bei der Emission von Wertpapieren; Kurspflege; Anlage der Versorgungsrücklage für Bund und Länder). Eine Kreditgewährung ist damit jedoch nicht verbunden. Eine solche wäre nach Art. 101 und 102 EG-Vertrag auch nicht zulässig. Auch das FED fungiert als Hausbank und „fiscal agent" des Staates (Board of Govenors, 1994, 108 f.; Hillery/Thompson, 2000).

## 1.4 Zusammenfassung

Das Banknotenmonopol sowie die Pflicht, Mindestreserveguthaben zu halten, lösen bei den Kreditinstituten eine (Zwangs-)Nachfrage nach Zentralbankgeld aus, zwingen sie also

67 Im Rahmen der Diskussion um die Bundesbankstrukturreform plädierte die *Pöhl-Kommission* für eine komplette Übernahme der Bankenaufsichtsfunktion durch die Bundesbank. „Die Entwicklung der Kapitalmärkte legt es – aufgrund der erheblichen Schnittmenge, die die geldpolitische und aufsichtsrechtliche Funktion aufweisen – nahe, die überkommene Aufgabenteilung zwischen Bankenaufsicht und Geldpolitik zu überdenken. Einmal profitiert die Geldpolitik bei ihrer Makroaufgabe von möglichst präzisen Kenntnissen der Bankenstruktur. Zum anderen hängt die Systemstabilität in einer mehr und mehr kapitalmarktgeprägten Umwelt, die durch das vielfältige Eingehen von Gegenpositionen gekennzeichnet ist, insbesondere davon ab, daß Vorsorge gegen Liquiditätsrisiken getroffen wird. Aus einer funktionalen Sicht gehören die geldpolitische und die aufsichtsrechtliche Aufgabe wegen ihrer stark komplementären Bezüge zusammen. ... (Für eine Übernahme der Bankenaufsichtsfunktion durch die Bundesbank, Anmerk. der Verf.) sprechen auch ganz praktische Synergieeffekte mit anderen Bundesbankaufgaben:

- So bildet die monatliche Bilanzstatistik der Kreditinstitute die Grundlage für ein bankaufsichtliches „Frühwarnsystem" und liefert die Daten für die geldpolitische Kenngröße M3 (Geldmenge, Kreditwachstum),
- so können sich „Frühwarnhinweise" für bankaufsichtliche Probleme aus dem Zahlungsverkehr ergeben, den die Bundesbank betreut,
- die Notenbank ist bei Systemrisiken ohnehin „lender of last ressort" und muss deshalb möglichst in das bankaufsichtliche Tagesgeschäft einbezogen sein,
- schließlich sind die Kreditinstitute im Refinanzierungsgeschäft mit der Notenbank Kreditnehmer, zu deren Bonitätsbeurteilung die Notenbank auf Daten der Bilanzstatistik zurückgreift. ...

Bezüglich der Unabhängigkeit bzw. Weisungsabhängigkeit der Bankenaufsicht ist das Prinzip 1 der Kernprinzipien für eine wirksame Bankenaufsicht des Basler Ausschusses für Bankenaufsicht zu beachten, wonach eine effektive Bankenaufsicht durch klare Verantwortlichkeiten und Ziele für jede beaufsichtigende Institution gegeben sein muß, die in die Überwachung der Kreditinstitute eingebunden ist. Jede dieser Institutionen sollte über eine operative Unabhängigkeit und eine angemessene Mittelausstattung verfügen." Pöhl-Kommission, 2000, 8, 14 f.

in die Zentralbank. Zentralbankgeld kann nämlich nur geschaffen werden, wenn die Zentralbank Geschäfte mit den Kreditinstituten tätigt. Im Wesentlichen gibt es hier im Rahmen des Eurosystems zwei Möglichkeiten: Entweder die Zentralbank kauft Währungsreserven an oder die Kreditinstitute verschulden sich bei ihr. Die Einkünfte, die die Zentralbank aus diesen Aktiva erzielt, sind die Quelle des Notenbankgewinns.

Das Eurosystem setzt sich aus den nationalen Zentralbanken der Teilnehmerländer der Währungsunion und der Europäischen Zentralbank zusammen. Alle Teile des Eurosystems müssen bestimmten Anforderungen in Hinblick auf ihre funktionelle, personelle, institutionelle und finanzielle Unabhängigkeit genügen. Die Absicherung der Unabhängigkeit des Eurosystems rührt aus der Erkenntnis, dass sich erfahrungsgemäß nur eine unabhängige Zentralbank am eher langfristigen Ziel der Geldwertstabilität ausrichtet. Abhängige Notenbanken dagegen sind dem eher kurzfristigen Ziel des Machterhalts der Regierungen ausgeliefert. Mit dieser Kurzfristorientierung sind eine tendenziell höhere Inflation und damit auf Dauer Wachstums- und Beschäftigungseinbußen verbunden. Die Unabhängigkeit des Eurosystems ist somit eine notwendige Voraussetzung dafür, dass sich das Eurosystem vorrangig an seiner Hauptaufgabe, der Aufrechterhaltung der Preisstabilität ausrichten kann.

Dem Eurosystem kommt ferner die Aufgabe zu, Banknoten zu emittieren, Bargeld (Banknoten und Münzen) in den Verkehr zu bringen und bei der Abwicklung des Zahlungsverkehrs mitzuwirken. Das Eurosystem hält auch die offiziellen Währungsreserven der Mitgliedstaaten des Euroraums. Schließlich sind die NZBen in unterschiedlich starkem Ausmaß bei der nationalstaatlich organisierten Bankenaufsicht involviert.

## Kontrollfragen

1. Erläutern Sie die Struktur des Eurosystems.
2. Wodurch kommt es zu einer (Zwangs-)Nachfrage nach Zentralbankgeld seitens der Kreditinstitute?
3. Weshalb kommt es bei den nationalen Zentralbanken zu Einkünften aus Vermögenswerten?
4. Warum ist die Unabhängigkeit des Eurosystems zwar eine notwendige, nicht aber eine hinreichende Bedingung für Geldwertstabilität?
5. Warum benötigen Zentralbanken Erkenntnisse, die im Rahmen der Bankenaufsicht gewonnen werden?

## Weiterführende Literatur

*Europäische* Zentralbank (1999), Der institutionelle Rahmen des Europäischen Systems der Zentralbanken, Monatsbericht Juli 1999, S. 59–67 (http://www.ecb.int); *Schwarze, J. (Hg.)* (2000), EU-Kommentar, Nomos Verlagsgesellschaft, Baden-Baden.

Der Sonderaufsatz der EZB behandelt ausführlich den institutionellen Rahmen des ESZB. Das von Schwarze herausgegebene Werk kommentiert die für das Eurosystem einschlägigen Artikel des EG-Vertrages. Die Satzung des ESZB und der EZB sind abgedruckt.

*Blinder, A. S.* (1999), Central Banking in Theory and Practice, The MIT Press, Cambridge et al.; *Liebscher, K.* (1999), Stabilitätsauftrag und Zentralbankunabhängigkeit, in: *Simmert, D., Welteke, E.* (Hg.), Die Europäische Zentralbank, Deutscher Sparkassen Verlag, Stuttgart, S. 71–99.

In Teil 3 beschäftigt sich das Buch von Blinder mit der Problematik der Unabhängigkeit der Zentralbanken. Es liefert interessante Einsichten insbesondere auch im Hinblick auf die Frage der (Un-)abhängigkeit der Zentralbanken von Finanzmärkten. Liebscher gibt einen Überblick über den aktuellen Stand der Diskussion um die Zentralbankunabhägigkeit aus ökonomischer Sicht, wobei er auch immer wieder explizite Bezüge zum Eurosystem herstellt.

*Board of Governors of the Federal Reserve System* (1994), The Federal Reserve System – Purposes & Functions, Washington, D.C. (http://www.ferderalreserve.gov/pf/pf.htm); *Mishkin, F. S.* (2001a), The Economics of Money, Banking and Financial Markets, 6th Edition, Addison-Wesley Publishing Company, Reading (Massachusetts) et al., Kap. 14; *De Nederlandsche Bank* (2001), A Comparative Study of the Federal Reserve System and the ESCB, Quarterly Bulletin, March 2001, S. 55–64 (http://www.dnb.nl/englisch/index.htm).

Die ersten beiden Arbeiten beschäftigen sich sehr intensiv mit der Struktur und den Aufgaben des Federal Reserve Systems. Mishkin gibt auch Einblicke ins „Innenleben“ der FED („Inside the Fed“). Die Veröffentlichung von De Nederlandsche Bank liefert einen Vergleich zwischen dem FED und dem Eurosystem.

# 2 Geldpolitische Strategien und die Europäische Währungsunion

Die primäre Aufgabe des Eurosystems ist die Gewährleistung von Preisstabilität. Allerdings kann eine Notenbank die Preise nicht direkt kontrollieren, sondern sie versucht, Preisstabilität über eine angemessene *geldpolitische Strategie* zu erreichen. Die geldpolitische Strategie bildet das konzeptionelle Gerüst für die laufende Geldpolitik. Unter ihr versteht man ein **mittel- bis langfristig** ausgerichtetes und konsistentes Verfahren, nach dem im Sinne einer Grundsatzentscheidung über den Instrumenteneinsatz zur Erreichung der geldpolitischen Endziele entschieden wird. Sie beinhaltet somit den gesamten Weg vom Instrumenteneinsatz über das operative Ziel bis zu den Endzielen der Geldpolitik (siehe Schaubild II.2.1). Im Kern besteht dabei das strategische Problem einer stabilitätsorientierten Geldpolitik darin, die Inflationserwartungen auf dem Niveau des Inflationsziels bzw. der höchstzulässigen Inflationsrate dauerhaft zu stabilisieren.

Der Einsatz einer geldpolitischen Strategie empfiehlt sich wegen der unvollständigen Kenntnis des genauen Transmissionsprozesses der Geldpolitik (siehe Kap. II.5). Die von Veränderungen der Notenbanksätze ausgehenden Effekte auf die Zielvariablen sind sowohl in ihrer Stärke als auch in ihrer Verteilung über die Zeit variabel. Zudem besteht das Problem, dass die Zielvariablen in der Regel nicht nur von der Geldpolitik allein beeinflusst werden. Folglich sollte eine geldpolitische Strategie den geldpolitischen Entscheidungsträgern die Informationsverarbeitung erleichtern und Hilfestellung bei geldpolitischen Entscheidungen liefern. Durch ein in sich geschlossenes und glaubhaftes Konzept, das der Öffentlichkeit bekannt ist, soll auch eine *Verstetigung* der Geldpolitik erreicht werden. Und darüber hinaus kann sie als Kommunikationsmedium mit der Öffentlichkeit eingesetzt werden sowie zur Berechenbarkeit von Notenbankaktionen und Reduktion von geldpolitischer Unsicherheit beitragen. Dadurch erhöht sie dann auch die Transparenz der Geldpolitik.

Die optimale Strategiewahl hängt von den Gegebenheiten in dem jeweiligen Währungsgebiet, speziell der Größe, der außenwirtschaftlichen Verflechtung und den Finanzmarktstrukturen ab. Einerseits sind dabei Strategien in der Diskussion, die sich auf geldpolitische Zwischenziele stützen (z.B. Geldmengen-, Zins-, Wechselkursziele oder eine nominelle BIP-Steuerung). Zwischenziele befinden sich im geldpolitischen Transmissionsprozess zwischen den direkt kontrollierbaren operativen Zielen (z.B. dem Tagesgeldzins oder der Menge an Zentralbankgeld) und den gesamtwirtschaftlichen Endzielen, z.B. der Preisstabilität. Praktisch fanden in Europa in der Vergangenheit vor allem Geldmengen- und Wechselkursziele Anwendung. Andererseits sind seit den 90er Jahren einige Zentralbanken auf eine Politik mit direkten Inflationszielen übergegangen. In den USA dagegen wird weder der eine noch der andere Ansatz verfolgt. Dort orientiert sich die Geldpolitik an einer Strategie ohne explizite nominale Orientierungsgrößen. Sie kann als Multi-Indikatoren-Ansatz im Hinblick auf die Endziele interpretiert werden. Innerhalb dieses Ansatzes spielen reale Variablen eine wichtige Rolle. Das Eurosystem steht in diesem Zusammenhang generell vor dem Problem, dass es bei der Wahl der Strategie

*Schaubild II.2.1: Die Rolle einer geldpolitischen Strategie*

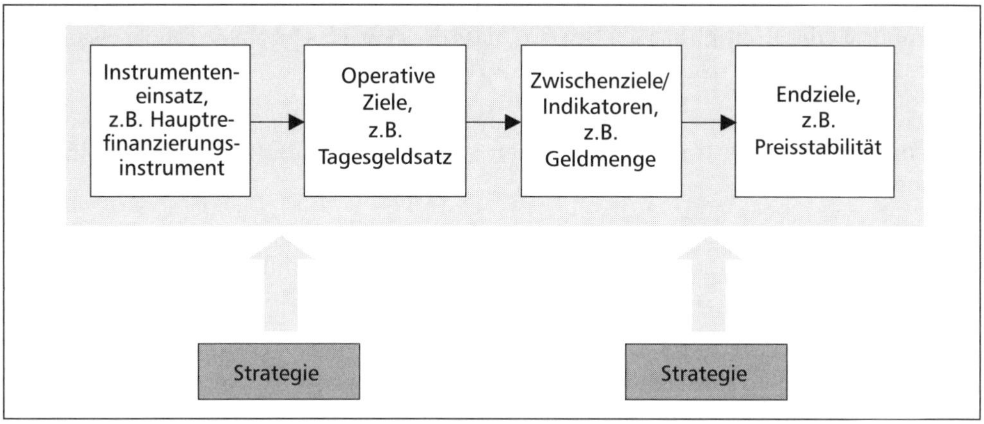


nicht nur gewisse Leitlinien beachten, sondern auch das neue und unsichere geldpolitische Umfeld ab 1999 in seine Überlegungen mit einbeziehen muss.

Im Folgenden sollen einzelne Konzepte vorgestellt und vor dem Hintergrund der Situation in der Währungsunion kritisch diskutiert werden. Dazu muss zunächst geklärt werden, welchen Anforderungen eine geldpolitische Strategie genügen sollte.

## 2.1 Anforderungen an eine Strategie

Wie oben bereits betont, besteht das strategische Problem der Geldpolitik darin, die geldpolitischen Instrumente so einzusetzen, dass die Zielsetzungen der Geldpolitik bestmöglich erreicht werden. Eine *geldpolitische Strategie* und mithin auch die des Eurosystems sollte dabei folgenden Grundsätzen entsprechen:

1. Die Strategie muss als notwendige Bedingung auf das Endziel Preisstabilität ausgerichtet sein und das Eurosystem in die Lage versetzen, dieses Ziel zu erreichen. Damit verbunden ist eine klare Zuordnung von Verantwortlichkeiten.
2. Die mit der Strategie verbundenen Ziele sollen publiziert werden und damit eine Rechenschaftspflicht sowie einen Rechtfertigungszwang gegenüber der Öffentlichkeit bei Zielverfehlungen beinhalten. Dafür muss die Strategie für die Öffentlichkeit verständlich sein. Mit Hilfe der Strategie sollen der Öffentlichkeit die Intentionen der Zentralbank transparent mitgeteilt werden können.
3. Eine Strategie sollte mittel- bis langfristig ausgerichtet sein, um eine Orientierung für die Erwartungsbildung der privaten Marktteilnehmer, im Besonderen der Inflationserwartungen, zu bilden. Kurzfristige Zielabweichungen müssen vereinbar mit der Strategie sein.

4. Die Strategie des Eurosystems muss auf den Erfahrungen der an der Stufe 3 teilnehmenden Länder aufbauen und über einen längeren Zeitraum Bestand haben. Dieser Grundsatz der Kontinuität setzt voraus, dass die gewählte Strategie robust gegenüber Änderungen im wirtschaftlichen Umfeld ist.

5. Vereinbarkeit mit der Unabhängigkeit des Eurosystems, da die Strategie ansonsten dem Maastricht-Vertrag widersprechen würde und eine effektive Geldpolitik erschwert.

6. Schnelle und präzise Datenverfügbarkeit: Die ökonomischen Größen, auf die sich die Strategie stützt, sollten ohne große Verzögerungen und mit hinreichender Genauigkeit verfügbar sein.

Vor dem Hintergrund dieser Leitlinien sollen nun verschiedene geldpolitische Strategien diskutiert werden. Dabei wird zunächst auf den Unterschied zwischen ein- und zweistufigen geldpolitischen Strategien eingegangen.

## 2.2 Einstufige versus zweistufige geldpolitische Strategien

Generell unterscheidet man bei geldpolitischen Strategien zwischen solchen, die sich ein *Zwischenziel* setzen (eine sog. *zweistufige Strategie*), und solchen, die versuchen, das Endziel Preisstabilität direkt zu steuern (die sog. *einstufige Strategie*). Grundvoraussetzung für eine als Zwischenziel geeignete Größe ist, dass sie möglichst kurzfristig beobachtbar ist und von der Zentralbank mit Hilfe ihres Instrumenten-Sets hinreichend genau kontrolliert werden kann. Eine sinnvolle Zwischenzielgröße muss aber vor allem einen im Zeitablauf engen und stabilen Zusammenhang zum Endziel aufweisen. Verzichten die geldpolitischen Entscheidungsträger auf die Setzung eines Zwischenziels und versuchen stattdessen, das Endziel direkt zu erreichen, spricht man von der sog. direkten Inflationssteuerung. Es gilt strikt zu unterscheiden zwischen der Zwischenziel- und der Endzielebene. Das Zwischenziel ist nur Mittel zum Zweck der Erreichung des Endziels.

Im Folgenden soll untersucht werden, ob beide Strategieausrichtungen prinzipiell dazu geeignet sind, das Endziel Preisstabilität zu erreichen (siehe dazu Neumann, 2000, 1595 ff.). Nehmen wir dafür an, die Zielgröße der Geldpolitik sei die Inflationsrate $\pi$. Diese sei eine Funktion einer endogenen Variablen z, einer exogenen Variablen x (z.B. der Ausrichtung der Lohn- und Fiskalpolitik) und eines exogenen stochastischen Schocks v (z.B. eine unerwartete Wechselkurs- oder Rohölpreisentwicklung). Letzterer sei normalverteilt mit Mittelwert null und konstanter Varianz. Somit gilt unter Berücksichtigung von time-lags

(1) $$\pi_{t+1} = z_t + a_1 x_t + v_{t+1}$$

Die Inflationsrate in Periode t+1 hängt also von den Realisationen von z und x in t ab. Zudem beeinflusst die Höhe des unerwarteten Schocks v in t+1 die Inflationsrate.

Die Variable z wird bestimmt durch die die Geldpolitik repräsentierende Instrumentvariable, den Nominalzins i, und einen unabhängig normalverteilten exogenen Störterm u (z.B. eine unerwartete Veränderung der Geldhaltungsgewohnheiten).

(2) $$z_t = b_1 i_t + u_t$$

Über die Variable z übt somit die Geldpolitik Einfluss auf die zukünftige Inflationsrate aus. Dementsprechend ist z grundsätzlich als Zwischenziel geeignet.

Nehmen wir nun zunächst an, der Geldpolitik wären die beiden Strukturgleichungen (1) und (2) bekannt. Des Weiteren kenne sie die Verteilungen der beiden Schocks u und v. Diese kann sie zwar nicht prognostizieren, aber ohne zeitliche Verzögerung beobachten. Nach Realisationen der exogenen Größe x soll die Zentralbank allerdings nicht in der Lage sein, in derselben Periode noch mit ihrem Instrumenteneinsatz zu reagieren. Der Zielwert für die Inflationsrate soll $\pi^{Ziel}$ betragen.

Wenn die Variable z tatsächlich als Zwischenziel verwendet wird, ergibt sich unter Berücksichtigung der in t-1 verfügbaren Information ($E_{t-1}$, wobei E für den Erwartungswert steht) aus (1) folgender Zielwert für das Zwischenziel z*:

(3) $$z_t^* = \pi^{Ziel} - a_1 E_{t-1} x_t$$

Dieses Zwischenziel wird publiziert. Es impliziert als Operationsziel für das geldpolitische Instrument i nach (2)

(4) $$i_{z,t}^* = \frac{z_t^*}{b_1} = \frac{(\pi^{Ziel} - a_1 E_{t-1} x_t)}{b_1}$$

Wenn in t durch einen Schock u die tatsächliche Entwicklung von z vom Zwischenzielwert abweicht, muss geldpolitisch reagiert werden. Das heißt, die Instrumentvariable i muss gemäß (5) angepasst werden, um den Einfluss auf die Preisentwicklung π zu kompensieren.

(5) $$i_{z,t} = i_{z,t}^* - \frac{u_t}{b_1}$$

Je stärker der unerwartete Schock u also ausfällt, desto niedriger müssen die Zinsen gesetzt werden. Insgesamt ergibt sich dann folgende Inflationsrate in t+1

(6) $$\pi_{z,t+1} = \pi^{Ziel} + a_1(x_t - E_{t-1} x_t) + v_{t+1}$$

Die Inflationsrate bewegt sich also um ihr Zielniveau in Abhängigkeit von nicht antizipierten Veränderungen der Variablen x in der Kontrollperiode t, auf die sich das Zwischenziel bezieht, und stochastischen Einflüssen in der Folgeperiode t+1.[68]

68 Eine weitere Zwischenzielvariante, in welcher z auch noch von x abhängt, untersucht Neumann (2000), 1596.

Wenn die Zentralbank sämtliche Strukturgleichungen kennt und alle Variablen der laufenden Periode t fehlerfrei beobachten kann, könnte sie auch versuchen, ihr Ziel $\pi^{Ziel}$ direkt anzusteuern, d.h. eine Politik ohne Zwischenziel betreiben. Als Inflationsrate ergibt sich ja aus den Zusammenhängen (1) und (2)

(7) $$\pi_{t+1} = a_1 x_t + b_1 i_t + u_t + v_{t+1}$$

Ist der Zentralbank dieser dynamische Zusammenhang bekannt, könnte sie am Ende der Vorperiode t-1 ihr Operationsziel gemäß (8) festlegen:

(8) $$i^*_{d,t} = \frac{(\pi^{Ziel} - a_1 E_{t-1} x_t)}{b_1}$$

Ergeben sich exogene Schocks u und x, kann dieses Operationsziel optimal verändert werden, wie (9) zeigt

(9) $$i_{d,t} = i^*_{d,t} - \frac{u_t + a_1(x_t - E_{t-1} x_t)}{b_1}$$

Insgesamt resultiert damit bei einer Politik der direkten Inflationssteuerung folgende Inflationsrate in t+1

(10) $$\pi_{d,t+1} = \pi^{Ziel} + v_{t+1}$$

Ein Vergleich von (6), der Inflationsrate bei Verfolgung eines Zwischenziels, und (10) zeigt, dass die Erwartungswerte beider Lösungen identisch sind. Mit beiden Strategien kann also Preisstabilität, d.h. ein Inflationsziel $\pi^{Ziel} = 0$ erreicht werden. Auch die Schwankungen der Inflationsraten unterscheiden sich nicht. Dementsprechend könnte man also auch auf ein Zwischenziel verzichten.

Allerdings wurde im Fall der direkten Inflationssteuerung unterstellt, dass die Zentralbank die Struktur der Volkswirtschaft vollständig kennt und alle Schocks rechtzeitig und richtig beobachten kann. Unter dieser Informationsverteilung ist es sicherlich überflüssig, sich ein Zwischenziel zu setzen. Dies trifft allerdings in der praktischen Geldpolitik gerade nicht zu. Wie wir in den folgenden Abschnitten 2.3 und 2.4 noch im Detail sehen werden, liegen die Unterschiede zwischen einer an einem Zwischenziel ausgerichteten Geldpolitik und einer einstufigen Strategie vor allem in den Informationserfordernissen und in der Beeinflussung der Erwartungen der Marktteilnehmer begründet.

## 2.3 Strategien mit expliziten Zwischenzielen

Operiert die Geldpolitik mit einem *Zwischenziel*, bezeichnet man dies also als *zweistufige Strategie*, da sie sich zur Erreichung des Endziels auf eine weitere Variable – eben das Zwischenziel – konzentriert, die sie eher kontrollieren kann (siehe auch Schaubild II.2.1). Als Zwischenziele kommen dabei potenziell mehrere ökonomische Größen in Frage.

## 2.3.1 Wechselkursziele

Die Wahl eines Wechselkurses gegenüber einer ausgewählten Währung oder einem Währungskorb als Zwischenziel beruht auf der Idee der Kopplung der Inlandswährung an eine als wertstabil anerkannte ausländische Währung. Über die Entscheidung für eine externe Orientierungsgröße soll, so die Idee, Stabilität aus dem Ausland importiert werden. Deshalb bezeichnet man sie auch als *„externen nominalen Anker"*. Zudem soll eine derartige Orientierung zu einem Glaubwürdigkeitsimport führen.

Wie lässt sich ein Wechselkursziel formulieren? Gehen wir dazu von der Definition des realen Wechselkurses $e^r$ aus (siehe dazu Box III.3.5). Sie lautet $e^r = ep / p^a$. Hierbei steht e für den nominalen Wechselkurs (in Mengennotierung), p für das inländische und $p^a$ für das ausländische Preisniveau. Dementsprechend gilt für die Veränderungsrate (∧) des nominalen Wechselkurses in der Periode t

(11) $$\hat{e}_t = \pi_t^a - \pi_t + \hat{e}_t^r$$

π steht dabei für die Inflationsrate. Der Erwartungswert von (11) zu Ende der Vorperiode t-1 ist gegeben durch

(12) $$E_{t-1}\hat{e}_t = E_{t-1}\pi_t^a - E_{t-1}\pi_t + E_{t-1}\hat{e}_t^r$$

Wenn nun die Zentralbank anstatt der erwarteten Inflationsrate $E_{t-1}\pi$ ihr Inflationsziel $\pi^{Ziel}$ verwendet, ergibt sich als Wechselkursziel

(13) $$\hat{e}_t^{Ziel} = E_{t-1}\pi_t^a - \pi^{Ziel} + E_{t-1}\hat{e}_t^r$$

Wenn dieses Wechselkursziel eingehalten wird, stellt sich die folgende Inflationsrate ein

(14) $$\pi_t = \pi^{Ziel} + (\pi_t^a - E_{t-1}\pi_t^a) + (\hat{e}_t^r - E_{t-1}\hat{e}_t^r)$$

Der Erfolg der Geldpolitik wird also durch die Prognosefehler der Zentralbank bezüglich der ausländischen Inflationsrate und des realen Wechselkurses bestimmt. Aus (14) ist bereits eine Schwäche von Wechselkurszielen ersichtlich. Die inländische Geldpolitik hängt dadurch nämlich auch von der ausländischen Geldpolitik ab. Wenn sich die ausländische Geldpolitik unerwartet verändert, muss entweder das Wechselkursziel entsprechend angepasst werden, um das Inflationsziel nicht zu gefährden, oder die ausländische geldpolitische Ausrichtung wird ebenfalls übernommen.

Damit ein Wechselkurs als Zwischenziel geeignet ist, müssen mehrere Bedingungen erfüllt sein:

Zunächst einmal ist diese Konzeption nur dann praktikabel, wenn es ein *Ankerland* gibt, an dessen Währung man die eigene Währung anbinden kann. Dafür sollte das Ankerwährungsland hinreichend groß sein und über eine hohe *Glaubwürdigkeit* und *Reputation* in der Öffentlichkeit verfügen. Auch sollte ein bedeutender Teil des Außenhandels mit dem Ankerwährungsland oder zumindest in dessen Währung abgewickelt werden. Nur dann können die Bedingungen im Ankerwährungsland über Güterarbitrage und den internationalen Preiszusammenhang (siehe Box II.2.2) Auswirkungen auf das Inland haben. Und schließlich muss natürlich der Wechselkurs mit Hilfe des geldpolitischen Instrumentariums auch kontrolliert werden können.

Die Notenbank richtet bei einem Wechselkursziel ihre geldpolitischen Entscheidungen im Extremfall alleine an der festen *Wechselkursparität* aus: Wertet sich die Inlandswährung tendenziell ab, ist ein restriktiverer geldpolitischer Kurs, also eine Zinserhöhungspolitik einzuschlagen. Eine expansivere Ausrichtung (zinssenkende Maßnahmen) dagegen ist angezeigt, wenn ein Aufwertungsdruck herrscht. Dadurch wird die entgegengesetzte Wechselkursentwicklung ausgelöst und die fixe Parität erhalten.

Über welche Mechanismen werden nun diese Prozesse ausgelöst? Dafür gehen wir von einem kleinen Land, das ausländische Variablen nicht beeinflussen kann, und *vollkommener Kapitalmobilität* aus.[69] Für vergleichbare in- und ausländische Finanztitel (*perfekte Substituierbarkeit*) gilt somit die sog. *Ungedeckte Zinsparität* („*Uncovered Interest Parity*", UIP). Nach dieser müssen sich die erwarteten Erträge einer Anlage in Inlands- bzw. Auslandswährung angleichen (siehe Box II.2.1). Angenähert gilt dann

$$i - i^a = \frac{e - e^{erw}}{e^{erw}} \tag{15}$$

In (15) bezeichnen i den Inlandszins, $i^a$ den Auslandszins, e den Wechselkurs in *Mengennotierung* (also 1 € = e $) und $e^{erw}$ den *erwarteten Wechselkurs*. Der Zeithorizont, der den Wechselkurserwartungen $e^{erw}$ zugrunde liegt, muss dabei dem Anlagehorizont (für beide Anlageformen) entsprechen. Wenn nun ein Land ein glaubwürdiges nominelles *Wechselkursziel* verfolgt, ist die erwartete Wechselkursänderung null. Folglich muss der ausländische dem inländischen Zins entsprechen. In der Regel erfolgt eine Wechselkursbindung an ein großes Land. Dann ist der Auslandszins durch das Inland nicht zu beeinflussen. Er wird für das Inland zur exogenen Größe. Dies hat zur Konsequenz, dass ökonomische *Schocks* im Ankerwährungsland, die zu Zinsbewegungen führen, auf das Inland übertragen werden. Ausländische Zinsänderungen schlagen sich somit letztendlich immer auch in inländischen Zinsänderungen nieder. Daraus entstehen vor allem dann Probleme, wenn das sich ergebende Zinsniveau nicht zur inländischen wirtschaftlichen Lage passt. **Insgesamt ist also mit einem Wechselkursziel immer auch ein Verlust an *geldpolitischer Autonomie* verbunden.**

69 In der EU sind seit der ersten Stufe der EWWU und nach dem Auslaufen einiger Übergangsbestimmungen inzwischen alle *Kapitalverkehrsbeschränkungen* abgeschafft. Dies war notwendige Bedingung für die Verwirklichung des *Europäischen Binnenmarktes*.

**Box II.2.1: Die ungedeckte Zinsparität**

Ein (inländischer) Anleger steht vor der Entscheidung einer Anlage in inländischer oder ausländischer Währung. Es bestehe vollkommene *Kapitalmobilität* und perfekte *Substituierbarkeit* beider Anlageformen. Der Ertrag der Inlandsanlage $E_I$ wird durch den Zinssatz i bestimmt. Bei einer einjährigen Anlage von X € resultiert ein Ertrag $E_I$ von

$$E_I = X \cdot (1 + i) \qquad \text{(B1)}$$

Wird der Betrag X in Auslandswährung (z.B. US-Dollar) angelegt, muss der Anlagebetrag zuerst zum Wechselkurs e (in Mengennotierung) in Dollar umgetauscht werden. Darauf bekommt man den Auslandszins $i^a$. Am Ende der Anlagedauer wird dann der resultierende Ertrag mit dem erwarteten Wechselkurs $e^{erw}$ wieder in Euro umgetauscht. Als erwarteter Ertrag in Euro $E_A$ ergibt sich somit

$$E_A = \frac{X \cdot e \cdot (1 + i^a)}{e^{erw}} \qquad \text{(B2)}$$

Solange $E_I \neq E_A$ kommt es zu Arbitrageoperationen, die zu einer Angleichung der Erträge führen. Es gilt somit im *Arbitragegleichgewicht*

$$(1 + i) = \frac{e \cdot (1 + i^a)}{e^{erw}} \qquad \text{(B3)}$$

Wenn man (B3) durch $(1 + i^a)$ dividiert und dann auf beiden Seiten 1 $(= e^{erw} / e^{erw} = 1 + i^a / 1 + i^a)$ subtrahiert, kann man dafür alternativ auch schreiben

$$\frac{i - i^a}{1 + i^a} = \frac{e - e^{erw}}{e^{erw}} \qquad \text{(B4)}$$

Bei kleinen Werten von $i^a$ wird dafür aus Vereinfachungsgründen häufig folgender Ausdruck verwendet

$$i - i^a \approx \frac{e - e^{erw}}{e^{erw}} \qquad \text{(B5)}$$

Die nominelle Zinsdifferenz zwischen In- und Ausland $(i - i^a)$ entspricht also der erwarteten Wechselkursänderung $(e - e^{erw} / e^{erw})$. Bei Existenz von Risikoprämien müsste (B5) entsprechend modifiziert werden. Besteht z.B. eine Risikoprämie ρ für die Inlandswährung, gilt

$$i - i^a = \frac{e - e^{erw}}{e^{erw}} + \rho \qquad \text{(B5')}$$

Ob die *Zinspolitik* eines Landes einem Wechselkursziel angemessen ist, kann an der Entwicklung der marktmäßigen *Wechselkurse* und dem Bestand an *Währungsreserven* abgelesen werden. Entstehen Zweifel an der Aufrechterhaltung der fixen Parität, wird es zu entsprechenden Wechselkursbewegungen kommen. Gerät die Währung unter Abwertungsdruck, d.h. $(e - e^{erw} / e^{erw}) > 0$, müssen die inländischen Zinsen erhöht werden. Gelingt dies (kurzfristig) nicht, kommt es zu einer Abnahme der offiziellen Währungsreserven. Am Devisenmarkt wird nämlich von der Zentralbank die inländische Währung gegen Devisen aufgekauft (*Devisenmarktintervention*), um den fixen Wechselkurs aufrecht zu erhalten (siehe dazu auch die Ausführungen in III.3). Dies entspricht einer restriktiven Geldpolitik, da der Bestand an Zentralbankgeld abnimmt.

An diesen Überlegungen wird auch ein großer Vorteil von Wechselkurszielen offensichtlich. Es handelt sich um eine einfache und klare Regel, die automatisch zu einer Anpassung des geldpolitischen Kurses führt. Die Adäquanz der Geldpolitik kann im Prinzip sowohl von der Notenbank als auch von der Öffentlichkeit kontinuierlich anhand der Marktkurse abgelesen werden. Durch das *Wechselkursziel* und den *internationalen Preiszusammenhang* (siehe Box II.2.2) erfolgt darüber hinaus eine Orientierung an der (unterstellten) preisstabilen Ausrichtung des Auslands. Auf Wettbewerbsmärkten, bei vernachlässigbaren Transportkosten und fehlenden Handelsbeschränkungen – weltweit besteht eine Tendenz zum Abbau von Handelshemmnissen wie Zöllen – müssen sich die Preise *handelbarer Güter* („*Tradables*“) im In- und Ausland, in einheitlicher Währung gerechnet, entsprechen.

(16) $$P_T = \frac{P_T^a}{e}$$

$P_T$ entspricht dem Inlandspreis, $P_T^a$ dem Auslandspreis. Bei (glaubhaft) festen Wechselkursen gilt dann für die inflationäre Entwicklung bei Tradables

(17) $$\pi_T = \pi_T^a$$

Es besteht also eine Tendenz zur Angleichung der Inflationsraten handelbarer Güter zwischen dem Inland ($\pi_T$) und dem Ausland ($\pi_T^a$). Bei einem hohen Anteil handelbarer Güter – die typische Situation kleiner Länder – wird dadurch auch die allgemeine Preisentwicklung bestimmt.[70] Im Euro-Währungsgebiet werden ca. 16 % des weltweiten BIP erwirtschaftet. Der Anteil handelbarer Güter bzw. der Offenheitsgrad des Euroraumes (gemessen als Anteil der Exporte von Gütern und Dienstleistungen am BIP des Euroraums) beträgt nur etwa 17 %.[71] Und der Außenhandel wird nicht von einer ausländischen Währung extrem dominiert.

Generell wird also bei Wechselkurszielen die heimische Preisentwicklung mit der ausländischen verknüpft. Gemäß der *Quantitätsgleichung* gilt per Definition, dass der Wert der Güterproduktion (Preis P multipliziert mit der realen Gütermenge Y) gleich dem

70 Über Lohnverhandlungen und Substitutionsbeziehungen wird dieser Prozess auch auf den Sektor der nichthandelbaren Güter („Non-Tradables“) ausstrahlen (siehe auch Box II.2.2).

71 Damit ist Euroland allerdings „offener“ als die USA und Japan. Dort betragen die entsprechenden Zahlen 10 % bzw. 11 %.

## Box II.2.2: Der internationale Preiszusammenhang

Der internationale Preiszusammenhang beruht auf dem *„Gesetz des einheitlichen Preises“* (*„Law of one Price“*). Dieses besagt, dass bei freiem internationalen Güterhandel auf Wettbewerbsmärkten die Inlandspreise *handelbarer Güter* (*internationale Güter*; *„Tradables“*) $P_T$ den Auslandspreisen $P_T^a$ (in einer Währung gerechnet) entsprechen müssen. Diese Tradables bestehen aus im In- und Ausland abgesetzten Exportgütern, importierten Produkten und den unmittelbar mit Importgütern konkurrierenden Gütern des Inlands. In Inlandswährung gilt (mit e als Wechselkurs in Mengennotierung)

$$P_T = \frac{P_T^a}{e} \tag{B1}$$

Dieser Zusammenhang wird durch die Existenz von Transportkosten, pricing to market, tarifären und nicht-tarifären Handelshemmnissen und sonstigen Restriktionen sowie der nicht vollkommenen Substituierbarkeit von in- und ausländischen Produkten gelockert. Solange diese aber keinen zu starken Schwankungen im Zeitablauf unterliegen und das Wechselkursziel glaubhaft ist, steht zumindest die Veränderung der In- und Auslandspreise handelbarer Güter, d.h. die Inflationsrate handelbarer Güter, in einer direkten Beziehung zueinander. Diese wird umso stärker auf die allgemeine Preisentwicklung im Inland durchschlagen, je größer der Anteil handelbarer Güter im Preisindex ist. Das ist vor allem in kleinen Ländern der Fall. Ist dagegen der Anteil *nicht-handelbarer Güter* (*nationale Güter*; *„Non-Tradables“*), wie z.B. vieler Dienstleistungen, hoch, wird die Verbindung lockerer. Des Weiteren spielt auch der Anteil des Außenhandels, der in der Währung des „Anbindungslandes“ abgewickelt wird, eine wichtige Rolle.

Der Preiszusammenhang bleibt jedoch im Normalfall nicht auf den Bereich handelbarer Güter beschränkt. Wenn Importgüter als Vorprodukte in der Produktion benötigt werden, gehen sie in die Kostenrechnung der heimischen Güter ein. Auch wird die Gewinnsituation bei den handelbare Güter anbietenden Unternehmen Auswirkungen auf die vorgelagerten Faktormärkte (z.B. über eine veränderte Arbeitsnachfrage) haben, die dann auch andere Unternehmen in der Volkswirtschaft betreffen. Auf den Arbeitsmärkten können sich auch erwartungsinduzierte Preiszusammenhänge einstellen, wenn die Tarifparteien sich an der Lohnentwicklung des Ankerwährungslandes orientieren. Und solange handelbare und nicht-handelbare Güter in gewissem Umfang substituierbar sind, werden auch die Nachfrager auf unterschiedliche Preisentwicklungen reagieren, d.h. die eher billigeren Produkte verstärkt nachfragen. Auch daraus resultiert ein Preisübertragungseffekt.

Ein *Stabilitätsimport* durch eine Wechselkursanbindung kann auch über einen *Drittlandeffekt* indirekt stattfinden. So können z.B. enge Handelsbeziehungen mit einem Land bestehen, das seinerseits einen festen Wechselkurs zu einem stabilen und großen Ankerwährungsland unterhält, mit dem es einen hohen Anteil seines Außenhandels abwickelt. In diesem Fall würde das kleine Land Stabilität über die Vermittlungsfunktion des Drittlandes importieren. Als weitere Möglichkeit neben der Bindung an eine einzelne Währung besteht die Bindung an einen *Währungskorb*. Die darin enthaltenen Währungen sollten sich sinnvollerweise auf die der wichtigsten Handelspartner beschränken.

Produkt aus Geldmenge M und Umlaufsgeschwindigkeit V ist.[72] Bezogen auf das Ausland (mit dem Index „a") bedeutet dies

$$(18) \qquad M^a \cdot V^a = P^a \cdot Y^a$$

In Wachstumsraten („^") ergibt sich

$$(19) \qquad \hat{M}^a + \hat{V}^a = \pi^a + \hat{Y}^a$$

Das um die Veränderung der *Umlaufgeschwindigkeit* korrigierte Geldmengenwachstum muss also dem Wachstum des nominalen BIP (stellvertretend für den Wert der Güterproduktion) entsprechen. Wechselkursziele können dann so interpretiert werden, dass über den internationalen Preiszusammenhang die ausländische Quantitätsgleichung „importiert" wird. Es gilt nämlich unter Berücksichtigung von (17) und (19) für die allgemeine Preisentwicklung in inländischer Währung (angenähert)

$$(20) \qquad \pi = \hat{M}^a + \hat{V}^a - \hat{Y}^a$$

Ist das Wechselkursziel glaubwürdig, bietet es eine Orientierungsgröße („Anker") für die Erwartungsbildung der Öffentlichkeit. Speziell die *Inflationserwartungen* dürften sich dann an der Inflationsrate des Ankerwährungslandes orientieren. Gibt es allerdings andauernde Glaubwürdigkeitsprobleme, kommt es früher oder später zu einer Abwertung. Die Konsequenz hiervon wäre zumindest eine vorübergehende Abkehr vom Wechselkurs als Zwischenziel.

Auch gerät bei Wechselkurszielen die Geldpolitik leicht ins „Schlepptau" der *Fiskalpolitik*. Eine expansive Fiskalpolitik führt in der Regel zu steigenden Zinsen. Um dem dadurch entstehenden Aufwertungsdruck auf die inländische Währung zu begegnen, muss die Zentralbank Devisen gegen Inlandswährung aufkaufen. Dies entspricht einer expansiv ausgerichteten Geldpolitik. Eine zunehmende öffentliche Verschuldungspolitik hätte also eine expansive Geldpolitik zur Folge (siehe auch Box III.3.4).

Ein weiterer mit den beiden vorherigen Punkten zusammenhängender Nachteil von Wechselkurszielen ist die Gefahr *spekulativer Attacken* und der damit verbundene Verlust an Währungsreserven der Zentralbanken. Beispielsweise führten die im Gefolge der deutschen Wiedervereinigung von der Bundesbank 1990–1992 vorgenommenen Zinserhöhungen in den EWS-Partnerländern ebenfalls zu einem Zinsanstieg. Die EWS-Partner-Zentralbanken hielten zunächst an der damals vorherrschenden DM-Orientierung fest. Auf den Finanzmärkten entstanden aber zunehmend Zweifel an der Fähigkeit, den fixen Wechselkurs zu halten, da die Gefahr bestand, mit den hohen Zinsen die Konjunktur abzuwürgen. In einer derartigen Situation sahen sich die Spekulanten einer *risikolosen Einbahnspekulation* gegenüber: Sie gingen davon aus, dass die entsprechenden Währungen abgewertet werden und kauften DM (gegen die abwertungsverdächti-

72 Y steht stellvertretend für das gesamtwirtschaftliche Transaktionsvolumen.

gen Währungen), um einen Aufwertungsgewinn (der DM) einzufahren. Dadurch entstand weiterer Druck auf die Währungen. Eine Aufwertung der ausländischen Währungen ist in einer solchen Situation ausgeschlossen, so dass die Spekulation praktisch risikolos ist. Als dann die Währungen tatsächlich abwerteten und allgemein auf eine erweiterte Bandbreite von ± 15 % übergegangen wurde, wurde der Spekulationsgewinn realisiert.

In der Vergangenheit dienten in Europa vor allem die DM, der Französische Franc (für die 14 afrikanischen Staaten, die den *CFA-Franc*[73] verwenden) und der US-Dollar als derartige Ankerwährungen (siehe Tabelle II.2.1). Die Anbindung kann dabei entweder freiwillig in Form einer Selbstbindung (wie z.B. im EWS II die Bindung der Dänischen Krone an den Euro oder die Bindung einiger osteuropäischer Währungen an den Euro) oder durch vertragliche Vereinbarungen (wie z.B. im Rahmen des früheren Europäischen Währungssystems (EWS)) geschehen.

Das so genannte *EWS II* existiert seit Beginn der 3. Stufe der EWWU (siehe Box II.2.3). Es verbindet auf **freiwilliger** Basis die Währungen der an der Währungsunion teilnehmenden Länder („*ins*") mit denen der nicht partizipierenden EU-Länder („*pre-ins*"). Dabei fungiert der Wechselkurs zum Euro als Leitlinie und damit faktisch auch als geldpolitisches *Zwischenziel* für diese Länder. Erstens soll damit den Märkten ein stabilitätspolitisches Signal gegeben werden. Es wird verdeutlicht, dass auch diese Länder dem im Maastricht-Vertrag festgeschriebenen Ziel der Preisstabilität oberste Priorität einräumen. Zweitens soll damit auch die enge Kooperation mit der EZB bzw. dem Eurosystem und die Absicht des zukünftigen Beitritts zur Währungsunion signalisiert werden. Das EWS II darf allerdings nicht dahingehend missverstanden werden, der EZB wäre ein Wechselkursziel exogen vorgegeben. Der Wechselkurs fungiert vielmehr nur für die nicht an Stufe 3 teilnehmenden EU-Länder als derartiges Zwischenziel, d.h. zurzeit potenziell für Großbritannien, Dänemark, und Schweden.[74] Die teilnehmenden Notenbanken, im Speziellen auch die EZB, sind zur Einhaltung der „Regeln" des EWS II nur verpflichtet, insoweit ihr Ziel der *Preisstabilität* nicht gefährdet ist. Insbesondere brauchen sie keine unfreiwilligen *Interventionen* vorzunehmen. Auch können sie ein Verfahren zur Überprüfung der bilateralen Leitkurse einleiten.

Für einige der osteuropäischen Reformstaaten bietet sich ebenfalls eine Orientierung am Euro an. So spielten bereits seit Beginn des Transformationsprozesses EU-Währun-

---

73 Franc de la Communauté Financière de l'Afrique. Der CFA-Franc wurde 1948 eingeführt. Er steht in einer fixen Wechselkursbeziehung zum Französischen Franc (FF). Dieser Wechselkurs kann gemeinsam von der französischen Regierung und den CFA-Staaten (Benin, Burkina Faso, Kamerun, Zentralafrikanische Republik, Tschad, Kongo, Elfenbeinküste, Äquatorial-Guinea, Gabun, Mali, Niger, Senegal, Togo und Komoren) neu festgesetzt werden. Das französische Finanzministerium garantiert den Umtausch des CFA-Franc in den FF zum fixen Wechselkurs. Ab 1999 trat der Euro an die Stelle des FF.

74 Nachdem seit dem 1.1.2001 Griechenland zwölftes Mitglied der Währungsunion wurde, nimmt zurzeit nur Dänemark (mit einer Schwankungsbreite von ± 2,25 %) am EWS II teil. Nach allgemeiner Auffassung (siehe auch Art. 121 EG-Vertrag) ist die Teilnahme am EWS II Voraussetzung für eine Aufnahme in die Währungsunion (Deutsche Bundesbank, 1998d, 21).

*Tabelle II.2.1: Währungsanbindungen europäischer Länder 2001*

| US-Dollar | Sonderziehungsrecht[a)] | Euro | Währungskorb |
|---|---|---|---|
| Litauen[b)] | Lettland | Dänemark | Island[e)] |
| | | Bosnien Herzegowina[b)] | Malta[f)] |
| | | Bulgarien[b)] | |
| | | Estland[b)] | |
| | | Kroatien | |
| | | Mazedonien[g)] | |
| | | Rumänien[c)] | |
| | | Slowakei[c)] | |
| | | Slowenien[c)] | |
| | | Ungarn[d)] | |
| | | Zypern | |

Quelle: IMF International Financial Statistics, nationale Notenbanken, eigene Ergänzungen.

Anmerkungen:

a) Das *Sonderziehungsrecht* (SZR) ist ein internationales Zahlungsmittel im Verkehr zwischen Zentralbanken, das durch die 1. Ergänzung des Abkommens über den Internationalen Währungsfonds am 28.7.1969 geschaffen wurde. Der Wert des SZR bestimmt sich nach den Wechselkursen der wichtigsten internationalen Währungen (US-Dollar, Euro, Japanischer Yen, Pfund Sterling).

b) Currency Board;

c) Managed Floating mit Euro als Referenzwährung;

d) Wechselkursband zum Euro;

e) Bindung an Währungskorb, der die Währungen der neun wichtigsten Handelspartner enthält (Euro, US-Dollar, Pfund Sterling, Jap. Yen, Dän. Krone, Norwegische Krone, Schwed. Krone, Kan. Dollar, Schweizer Franken).

f) Bindung an Währungskorb, der Euro, US-Dollar und Pfund Sterling enthält;

g) Wechselkursziel zur DM.

gen eine wichtige Rolle in der *Wechselkursorientierung* z.B. von Ungarn, Tschechien, Polen und der Slowakei. Aktuell ist der Euro die wichtigste externe Orientierungsgröße für die osteuropäischen Länder (siehe auch Tabelle II.2.1). Inzwischen werden mit zwölf Ländern (Bulgarien, Estland, Lettland, Litauen, Malta, Polen, Rumänien, Slowakei, Slowenien, Tschechien, Ungarn, Zypern) EU-Beitrittsverhandlungen geführt. Diese Länder haben nach erfolgtem Beitritt auch ein Interesse daran, zum „Euro-Club" zu gehören. Dementsprechend werden sie dem EWS II beitreten und so ihre Geldpolitik mit einem *Wechselkursziel* zum Euro betreiben. Über eine derartige Orientierung am Euro können diese Intentionen und die Übereinstimmung mit der Stabilitätsauffassung des ESZB verdeutlicht werden.

**Box II.2.3: Das EWS II (Wechselkursmechanismus II)**

Der Europäische Rat einigte sich auf dem Gipfeltreffen Ende 1996 in Dublin auf ein reformiertes Nachfolgesystem für das Europäische Währungssystem (EWS). Ziel dieses *EWS II* ist die reibungslose Vorbereitung der Aufnahme der nicht an Stufe 3 teilnehmenden Länder (*„pre-ins"*) in den Euroraum durch Sicherung stabiler Währungsverhältnisse. Die Mitgliedschaft im EWS II ist freiwillig. Es ist allerdings zu erwarten, dass Länder, die an der Währungsunion teilnehmen wollen, zuvor dem EWS II beitreten. Die Teilnahme am EWS II kann nämlich im Analogieschluss als ein (angepasstes) Konvergenzkriterium aufgefasst werden.

Dieses Wechselkursarrangement soll einen Anreiz für die „pre-ins" schaffen, ihre Wirtschafts- und Währungspolitik am stabilitätsorientierten Euroraum auszurichten. Die auf diese Weise geförderte Konvergenz der wirtschaftlichen Rahmendaten in der gesamten EU ist Voraussetzung für dauerhaft stabile Wechselkursbeziehungen zwischen dem Euro und den restlichen EU-Währungen. Darüber hinaus soll es einen wesentlichen Beitrag zur Eingliederung der noch „außen vor stehenden" Länder leisten.

Das EWS II ist um den Euro konzipiert (sog. *„Nabe-und-Speichen-Modell"*). Er ist sowohl Bezugsgröße als auch Recheneinheit des Mechanismus. Die Währungen sind auf bilateraler Basis mit dem Euro verbunden. Die Leitkurse werden durch ein Abkommen zwischen den Wirtschafts- und Finanzministern der am EWS II teilnehmenden Länder, der EZB und den Notenbanken der teilnehmenden „pre-ins" festgelegt. Im Vorfeld wird auch die EU-Kommission gehört. Um die festgelegten bilateralen Leitkurse können die Wechselkurse in einem Band von generell ± 15 % schwanken. Aufgrund des unterschiedlichen Konvergenzfortschrittes der am EWS II potenziell teilnehmenden Länder und der Abwehr spekulativer Attacken boten sich diese weiten Bandbreiten an. Es besteht allerdings die Möglichkeit der Vereinbarung einer weitergehenden wechselkurspolitischen Zusammenarbeit mit der EZB, einschließlich engerer Bandbreiten. Davon hat z.B. Dänemark Gebrauch gemacht. Die Bandbreiten betragen hier ± 2,25 %. Der *Erweiterte Rat* der EZB ist für das tägliche Management des Systems zuständig.

Bei Erreichen der oberen und unteren *Interventionspunkte* sind automatisch *Devisenmarktinterventionen* in unbegrenzter Höhe zur Aufrechterhaltung der bilateralen Paritäten vorgesehen. Sie gelten als „Ultima Ratio" und sollen erst dann ergriffen werden, wenn die internen wirtschaftspolitischen Maßnahmen zur Förderung der Konvergenz nicht mehr ausreichen. Koordinierte intramarginale Interventionen vor Erreichen der „Grenzen" des Systems sind ebenfalls möglich. Im Gegensatz zum EWS I haben jedoch sowohl die EZB als auch die am Wechselkursmechanismus beteiligten Zentralbanken das Recht, Interventionen und Interventionsfinanzierungen zu verweigern, wenn diese die Einhaltung des Ziels der Preisstabilität gefährden. Zudem wird den beteiligten Währungsbehörden das Recht zugestanden, ein vertrauliches Verfahren zur Überprüfung der Leitkurse einzuleiten. *Leitkursanpassungen*, sog. *Realignments*, dürfen nicht ausgeschlossen werden. Die Hauptanpassungslast bei Spannungen liegt somit eindeutig bei den Schwachwährungsländern. Insofern ist das EWS II von seiner Struktur her asymmetrisch konzipiert.

Die Wahl des Wechselkurses als *Zwischenziel* in der EWU ist somit differenziert zu beurteilen. Innerhalb des EWS II bietet es sich speziell für Länder wie Dänemark und Schweden, mit einem Außenhandelsanteil der EU von 68 % bzw. 58 % an (Stand 1998), sich an den Euro zu binden. Dies wäre ein eindeutiges Signal an die Märkte für eine stabilitätspolitische Ausrichtung. Auch für osteuropäische Reformstaaten, speziell die potenziellen EU-Beitrittskandidaten ist eine derartige Orientierung empfehlenswert. Sie würde auf alle Fälle einen Glaubwürdigkeitsgewinn bedeuten. Die Gefahr spekulativer Attacken ist allerdings nicht von der Hand zu weisen. Sie relativiert sich jedoch, wenn berücksichtigt wird, dass im EWS II die generelle Schwankungsbreite auf ± 15 % festgelegt ist. Eine Wechselkursorientierung führt jedoch nicht zwangsläufig zu positiven Ergebnissen. So müssen die ökonomischen Gegebenheiten im Inland auch zu dem festgelegten Wechselkurs passen. Und auf alle Fälle muss Preisstabilität oberstes Ziel der Geldpolitik sein, der Notenbank *Unabhängigkeit* gewährt werden und eine monetäre Finanzierung von staatlichen Defiziten ausgeschlossen sein.

Kleinere EU-Länder haben mit einem Wechselkurs als Zwischenziel in der Vergangenheit durchaus positive Erfahrungen gemacht. Für das Eurogebiet dagegen ist eine derartige Konzeption abzulehnen. Zunächst wäre überhaupt nach der Währung zu fragen, an die man den Euro anbinden sollte. Der Euro-12-Raum ist von der Bevölkerungszahl größer als die USA (300 Mio. gegenüber 270 Mio.) und von der Wirtschaftskraft her gesehen das zweitgrößte Währungsgebiet nach den USA. Der Euro wird sich voraussichtlich weltweit als eigenständige Anlage-, Transaktions- und Reservewährung etablieren (siehe Box II.2.4). Zudem wird sich ein großer Eurofinanzmarkt mit umfangreichen Kapitalbewegungen und -beständen entwickeln. Ein beträchtlicher Anteil der Eurofinanztitel dürfte sich dabei in Händen institutioneller Investoren in den USA und Asien befinden. Angesichts dieser Fakten würde eine Anbindung des Euro an eine Währung, z.B. den US-Dollar, eine potenzielle Gefahr für eine stabilitätsorientierte Geldpolitik bedeuten. So sind umfangreiche internationale Umschichtungen auf den Finanzmärkten mit entsprechenden Konsequenzen für Wechselkurse und unter Umständen dann auch Devisenmarktinterventionen nicht auszuschließen. Gerade in den Anfangsjahren wäre die Einschränkung des geldpolitischen Autonomiegrades gefährlich, da dadurch ein weiterer Freiheitsgrad verloren geht. Die EZB muss sich zwar *Reputation* und *Glaubwürdigkeit* erst noch erwerben. Sie tut jedoch gut daran, dies auf eigene Art und Weise zu vollziehen und ohne von Zwängen zur Aufrechterhaltung einer Wechselkursparität an dieser Aufgabe gehindert zu werden. Für eine stabilitätsgerechte Geldpolitik sollte sie sich primär um die Lage innerhalb der Währungsunion kümmern.

Auch ergäbe sich das Problem, wie man denn die *Zielwerte* überhaupt festlegen wollte. Sowohl die Berechnung von Kaufkraftparitäten als auch sonstiger Fundamentalfaktoren des Euroraumes sind aufgrund der neuen Situation ab 1999 äußerst schwierig und unsicher. Und der relativ geringe *Offenheitsgrad* spricht ebenfalls gegen ein *Wechselkursziel*.[75] Der Wechselkurs dürfte dementsprechend für die Wirtschaftsentwicklung im

75 Deshalb scheidet auch eine Orientierung an einem sog. „*Monetary Conditions Index*", in welchen neben einem Wechselkurs noch (kurzfristige) Zinsen eingehen, aus (Deutsche Bundesbank, 1999c, 61).

## Box II.2.4: Der Euro als internationale Anlage-, Transaktions- und Reservewährung

Die Einführung des Euro stellt die weitest gehende Veränderung des Weltwährungsgefüges der letzten Jahrzehnte dar. Die Rolle, die der Euro in Zukunft in diesem Gefüge, vor allem im Verhältnis zum US-Dollar und japanischen Yen, spielen kann, hängt eng damit zusammen, inwieweit er die *Geldfunktionen* übernehmen kann. Dabei geht es speziell um die Transaktions-, Wertaufbewahrungs- und Recheneinheitsfunktion. Während für Private die Verwendung des Euro als Anlage-/Emissionswährung, als Fakturierungs-/Vehikelwährung und als Medium für Preis- und Kursangaben im Vordergrund steht, ist für die Notenbanken der Euro als Reserve-, als Interventions- und als Ankerwährung für Währungsarrangements von Interesse. In den meisten Fällen sind diese Funktionen eng miteinander verknüpft.

Laut Angaben des Internationalen Währungsfonds wurden Ende 1997 die weltweiten *Währungsreserven* von Zentralbanken zu 57 % in US-Dollar gehalten. Der Anteil der Währungen des Eurosystems machte dagegen kumuliert nur knapp 20 % aus. Darunter war die DM die mit deutlichem Abstand dominierende Währung. Mit der Einführung des Euro dürfte der Anteil der Währungen des Euroraums (inkl. ECU) an den Devisenreserven aufgrund zweier technischer Anpassungen gesunken sein. Erstens löste das Eurosystem am 31.12.1998 seine Bestände an offiziellen ECU auf, welche in Gold und US-Dollar umgewandelt wurden. Zweitens gelten seit dem 1.1.1999 alle Devisenreserven des Eurosystems, die auf eine Landeswährung eines Eurolands lauteten, als Binnenaktiva.

Ansonsten dürfte sich die Rolle des Euro als *Reservewährung* in Zukunft nur langsam verändern, da Zentralbanken in der Regel nicht abrupt die Zusammensetzung ihrer Devisenreserven variieren. Wenn allerdings Drittländer ihre Währungen an den Euro binden (Euro als *Ankerwährung*), dürfte die Nachfrage nach Euroreserven für Interventionszwecke ansteigen. In diesem Zusammenhang wären das *EWS II* (siehe Box II.2.3), mittel- und osteuropäische Länder sowie die Schweiz und Norwegen zu nennen. Asiatische Länder, die aktuell einen Großteil der offiziellen weltweiten Währungsreserven halten, werden sich dagegen voraussichtlich weiterhin am US-Dollar orientieren. In den letzten Jahren stellte man auch fest, dass die Zentralbanken ihr Währungsportfolio zunehmend diversifizieren. Da im „Euro" (bisher) zwölf nationale Währungen aufgehen, dürfte er im Rahmen der Reservehaltung eine bedeutendere Rolle einnehmen als dies bei den einzelnen nationalen Währungen der Fall war. Andererseits kann gerade der Euro auch als diversifiziertes Portfolio betrachtet werden. Dadurch würde aus Risikoüberlegungen die Nachfrage nach Euro geringer ausfallen als diejenige nach der Summe der individuellen Währungen. Letztlich werden die Anlageentscheidungen der Zentralbanken aber entscheidend von der Stabilität der Einheitswährung abhängen. Ende 1999 betrug der Anteil des US-Dollars an den weltweiten Währungsreserven 66 %, dem des Euro rund 13 %, gefolgt vom Japanischen Yen mit 5 %.

Auch als private *Anlagewährung* dominiert bisher der US-Dollar. Gerechnet am Emissionsvolumen internationaler Schuldverschreibungen nimmt der Euro mit 27 % Platz zwei hinter dem Dollar (48 %) ein (Stand Ende 1999). Betrachtet man die Marktkapitalisierung, liegen die Börsen des Euroraums derzeit mit 14 % ebenfalls an zweiter Stelle hinter den USA mit 60 % (Stand April 1999). Durch die Verschmelzung der zwölf Teilnehmerwährungen zum Euro entsteht allerdings ein großer EWU-Finanzmarkt, der auf Dauer sicherlich auch bisher in Europa eher unterrepräsentierte amerikanische und japanische Anleger anziehen wird. Die währungsbedingte Segmentation der Märkte wird beseitigt, und das Spektrum der verfügbaren Anlagemöglichkeiten dürfte breiter werden. Hinzu kommen dürfte eine durch den verschärften Wettbewerb resultierende attraktive Konditionengestaltung.

Die internationale Rolle des Euro wird auch davon bestimmt, inwieweit er sich zu einer *Transaktions- und Vehikelwährung* im grenzüberschreitenden Zahlungsverkehr außerhalb des Euro-Währungsgebietes entwickelt. Die derzeit wichtigste Währung in dieser Beziehung ist wiederum der US-Dollar (sowohl gemessen am Anteil an den Devisentransaktionen als auch an den weltweiten Exporten). Durch die Einführung des Euro kommt es zunächst „automatisch" zu einer Rückführung des Anteils der Euro-Währungen an den Devisentransaktionen und dem Außenhandel, da der Handel innerhalb des Euro-Währungsgebietes nur mehr in Euro abgewickelt wird und der Anteil des Intra-EWU-Außenhandels der zwölf EWU-Länder ca. 60 % ausmacht. Allerdings dürften im Zeitablauf der Handel der EWU-Länder mit anderen Staaten und auch die in Euro abgewickelten Transaktionen von Drittländern zunehmen. So haben z.B. bereits einige Unternehmen in Dänemark, Schweden, Großbritannien und der Schweiz angekündigt, ihre Geschäftstätigkeit auf Euro umzustellen. Die Herausbildung einer Transaktionswährung hängt eng mit den Vorteilen der Verwendung einer einzigen Standardwährung zusammen. Diese Rolle hat sich der US-Dollar über Jahrzehnte erworben. Inzwischen beläuft sich der Gesamtwert des in Dollar abgewickelten internationalen Handels auf etwa das Vierfache der Exporte der USA. Diese Stellung als Vehikelwährung wird der US-Dollar auch nicht von heute auf morgen verlieren.

Die Bedeutung des Euro im Devisenhandel wird entscheidend von seinen Marktanteilen als Anlage- und Reservewährung sowie seiner Rolle als möglicher Ankerwährung in Europa abhängen. Sollte er sich in diesen Bereichen durchsetzen, dann hat er durchaus das Potenzial zu einer bedeutenden Transaktionswährung im Devisenhandel, ohne allerdings kurzfristig dem Dollar nennenswerte Marktanteile abnehmen zu können. Grundvoraussetzung dafür ist jedoch die Stabilität des Euro und eine stabilitätsorientierte Geldpolitik des Eurosystems. Ein weiterer wichtiger Bestimmungsgrund sind effiziente (hohe Produktvielfalt und Marktliquidität, breites Laufzeitenspektrum) und offene Finanzmärkte.

Box erstellt unter Mitarbeit von J. Clostermann.

Euro-Währungsgebiet nur eine untergeordnete Rolle spielen. Entscheidend für die Preisentwicklung dürften die binnenwirtschaftlichen Gegebenheiten sein. Aufgrund der Möglichkeit stark schwankender Wechselkurse und der vielschichtigen Ursachen für Veränderungen von Wechselkursen können der Inflationstrend und die monetären Bedingungen durch Wechselkursbewegungen nur äußerst unzureichend erfasst werden (vergleichbar der Situation in den USA).

## 2.3.2 Zinsen als geldpolitisches Zwischenziel

Mit Hilfe ihrer Instrumente übt die Geldpolitik hauptsächlich Wirkungen über veränderte Zinsen aus. Anhand der Diskussion des geldpolitischen Transmissionsprozesses wird deutlich (siehe Kapitel II.5), dass diese Änderungen Auswirkungen auf das gesamtwirtschaftliche Umfeld haben. Dementsprechend könnten auch Zinsgrößen als geldpolitische Zwischenziele dienen. Dies wurde in der einschlägigen Literatur immer wieder diskutiert. Dabei gilt es, zwei grundlegende Alternativen zu unterschieden:

- Zinsniveaus (*Nominalzinsen* am Geld- und Kapitalmarkt, *Realzinsen*)
- *Zinsdifferenzen* oder *Zinsstruktur*

Zinsvariablen sind darüber hinaus attraktive Zwischenzielkandidaten, weil sie täglich auf den Finanzmärkten verfügbar sind und keinen statistischen Manipulationsmöglichkeiten unterliegen.

### 2.3.2.1 Zinsniveaus

Unter dem Aspekt der Kontrollierbarkeit bieten sich insbesondere die **nominellen Geldmarktzinsen** (z.B. der Dreimonatssatz) als Zwischenziele an. Mit ihrer Monopolstellung auf dem Markt für *Zentralbankgeld* strebt die EZB als operatives Ziel ein bestimmtes Niveau des Tagesgeldsatzes an. Über Arbitragebeziehungen ergeben sich dann auch recht direkte Effekte auf die anderen kurzfristigen Zinsen am Geldmarkt. Diese enge Verbindung der Geldmarktzinsen mit Aktionen der Zentralbank lässt diese jedoch gleichzeitig als Zwischenziel ausscheiden. Sie sind dadurch zwar sehr gut kontrollierbar, können aber für die Zentralbank keine verlässlichen Hinweise mehr über die angemessene geldpolitische Ausrichtung geben. In vielen Ländern (z.B. in Deutschland) weisen sie zudem nur einen losen Zusammenhang zur gesamtwirtschaftlichen Nachfrage und zur Preisentwicklung auf. Insgesamt sind Geldmarktzinsen daher eher als Indikator der Reaktionen der Zentralbank auf bestimmte Variablen, z.B. der inflationären Entwicklung (siehe die Ausführungen zur Taylor-Regel in Box II.4.6), oder als operatives Ziel der Geldpolitik (siehe II.4) geeignet.

**Kapitalmarktzinsen** (Renditen langfristiger Wertpapiere) weisen eine enge Korrelation mit der Inflation auf (siehe Schaubild II.2.2 für den Fall Deutschlands). Sie setzen sich zusammen aus dem Realzins, Inflationserwartungen und unter Umständen *Risikoprämien* für das Inflationsrisiko und für politische sowie Konkursrisiken.[76] Im *Realzins* spiegelt sich die *Grenzleistungsfähigkeit* bzw. Grenzproduktivität *des Kapitals* wider.[77] Variationen der Kapitalmarktzinsen können folglich auch auf veränderte konjunkturelle Aussichten und damit Gewinnerwartungen von Unternehmen zurückzuführen

76 Wenn es um die Zinsen von Staatspapieren der hier in Frage kommenden EU-Länder geht, sind Letztere vernachlässigbar.

77 Daneben spielt auch die Zeitpräferenzrate der Wirtschaftssubjekte eine wichtige Rolle.

sein. Dies sollte nicht als Anzeichen einer veränderten Geldpolitik gewertet werden. Auch ist daraus nicht der Schluss zu ziehen, dass eine geldpolitische Kursänderung erforderlich wäre. Die *Inflationserwartungen* hängen üblicherweise mit der vergangenen Inflationsentwicklung und damit der in der Vergangenheit praktizierten Geldpolitik zusammen. Im Falle einer Veränderung des geldpolitischen Umfeldes, wie dies durch die Einführung der einheitlichen Geldpolitik der Fall ist, ist es allerdings sinnvoll, verstärkt eine zukunftsgerichtete Erwartungsbildung („*rationale Erwartungen*") an den Tag zu legen. Letztlich sind somit die Inflationserwartungen immer auch geldpolitisch determiniert. Steigende Inflationserwartungen gerade in der Anfangsphase von Stufe 3 und damit ein erhöhter Kapitalmarktzins waren aber nicht unbedingt ein Indiz für eine lockere Geldpolitik. Eher stand dahinter ein mit der Einführung des Euro verbundenes Unsicherheitsmoment und – darauf zurückführend – eine steigende Inflationsrisikoprämie. Generell können von derartigen Zinsänderungen also falsche Signale über den geldpolitischen Kurs ausgehen.

Es ist bereits theoretisch schwierig, ein geeignetes Zwischenzielkonzept für den Kapitalmarktzins zu entwickeln. Um dies zu veranschaulichen, gehen wir von der Fisher Rela-

*Schaubild II.2.2: Inflation und langfristiger Zins in Deutschland (in %)*

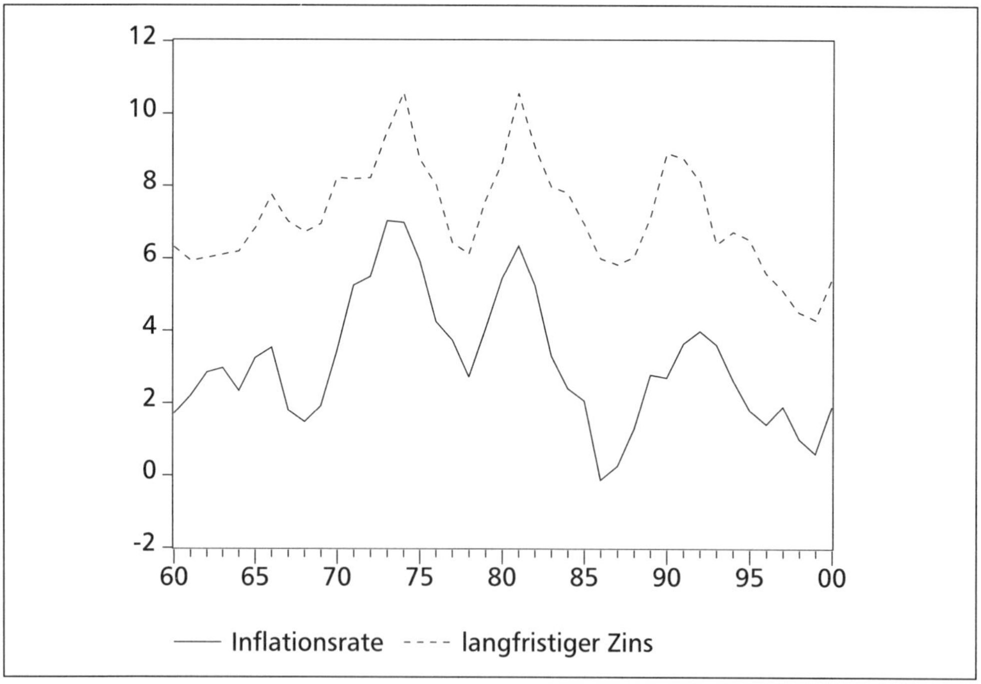


Quelle: Deutsche Bundesbank.

Anmerkungen: Inflationsrate gemessen am Preisindex der Lebenshaltung; langfristiger Zins: Umlaufrendite festverzinslicher Wertpapiere inländischer Emittenten.

tion (siehe Box II.2.5) aus, nach der sich der Nominalzins i aus dem Realzins r und der erwarteten Inflationsrate $\pi^{erw}$ zusammen setzt.

(21) $$i = r + \pi^{erw}$$

Rein formal betrachtet könnte die Zentralbank unter Berücksichtigung ihres Inflationsziels $\pi^{Ziel}$ und des Erwartungswertes (E) bezüglich des Realzinses ein Zinsziel für die Periode t setzen.

(22) $$i_t^{Ziel} = E_{t-1}r_t + \pi^{Ziel}$$

Allerdings mangelt es an einer geeigneten Bestimmungsgleichung für den erwarteten Realzins. Der Realzins ist ja gerade eine nicht beobachtbare Größe. Ein verlässliches empirisches Modell für diesen ist bisher noch nicht in Sicht.

### Box II.2.5: Die Fisher-Gleichung

Eine relativ einfache Herleitung der *Fisher-Gleichung* (21) im Haupttext resultiert aus folgenden Überlegungen:

Aus einer Anlage von 1 € zum Nominalzins i erhält man nach einer Periode (1 + i) €. Der Nominalwert nimmt also um den Faktor (1 + i) zu. Was geschieht nun mit dem Realwert der Aktiva? Bei konstantem Preisniveau nimmt dieser genau wie der Nominalwert zu. Der Nominalzins entspricht dann dem Realzins. Realistischerweise ist aber von einer positiven Inflationsrate $\pi$ und damit auch positiven Inflationserwartungen $\pi^{erw}$ auszugehen. Die Inflationsrate in Periode t ist definiert durch

(B1) $$\pi_t = \frac{P_{t+1} - P_t}{P_t}$$

Das Preisniveau in Periode t+1 ($P_{t+1}$) ist dementsprechend um den Faktor ($1 + \pi_t$) höher als das Preisniveau in t ($P_t$).

(B2) $$P_{t+1} = (1 + \pi_t) \cdot P_t$$

Der reale Wert des angelegten Geldbetrages steigt somit nicht um den Faktor (1 + i), sondern um (1 + i) / (1 + $\pi$). Dieser Faktor wird in der Regel als *Realzinsfaktor* (1 + r) bezeichnet

(B3) $$(1 + r_t) = \frac{(1 + i_t)}{(1 + \pi_t)}$$

Gleichung (B3) gibt darüber Auskunft, wie viel zusätzlichen Konsum die Wirtschaftssubjekte in t+1 erhalten, wenn sie in t auf eine Konsumeinheit verzichten. Als Ausdruck für den Realzins ergibt sich dann

(B4) $$r_t = i_t - \pi_t - \pi_t \cdot r_t$$

Bei geringen Inflationsraten und Realzinsen kann der Term $\pi_t r_t$ vernachlässigt werden. Zusätzlich muss anstatt mit tatsächlichen mit erwarteten Inflationsraten gerechnet werden.

Dann ergibt sich die üblicherweise verwendete Form der Fisher-Gleichung (siehe Gleichung (21) im Haupttext)

(B5) $$r_t = i_t - \pi^{erw}$$

Bei Berücksichtigung von Unsicherheit muss diese Grundgleichung um eine *Inflationsrisikoprämie* IR ergänzt werden (Shen, 1998), so dass gilt

(B6) $$i_t = r_t + \pi_t^{erw} + IR_t$$

Zudem stehen die längerfristigen Zinsen nur in einem lockeren Zusammenhang zu geldpolitischen Maßnahmen. Änderungen der Notenbankzinsen rufen keine eindeutigen Veränderungen der Kapitalmarktzinsen hervor. Selbst die Richtung der Änderung ist nicht immer eindeutig. Auch wenn die Inflationserwartungen langfristig hauptsächlich monetär determiniert sind, überlagern doch Schwankungen der Wirtschaftsaktivität (z.B. durch die noch fehlende Synchronisation der Konjunkturverläufe im Euroraum), fiskalpolitische Schocks (durch die fehlende Vergemeinschaftung der Fiskalpolitik) und der internationale Zinsverbund (z.B. wegen des schärferen Wettbewerbs zwischen den Finanzmärkten durch die Währungsunion) die geldpolitischen Faktoren und konterkarieren sie nicht selten (siehe dazu auch Box II.5.1). Dabei handelt es sich um Einflüsse, die gerade in den ersten Jahren der Stufe 3 von Bedeutung sind. Von einer eindeutigen Zuordnung von Verantwortlichkeiten kann jedenfalls nicht gesprochen werden. Ein letztes Argument gegen die Verwendung von langfristigen Zinsen als Zwischenziele stellen auch die fehlenden Erfahrungen der an der Währungsunion teilnehmenden Länder dar. Keines der EU-Länder hat in der Vergangenheit eine derartige Orientierung betrieben.

Die Kapitalmarktzinsen können jedoch als Indiz für die *Glaubwürdigkeit* und *Reputation* der Geldpolitik dienen, wenn sie relativ wenig schwanken. Dann ist nämlich davon auszugehen, dass die Inflationsunsicherheit und damit die Inflationsrisikoprämie, die maßgeblich vom Kurs der Geldpolitik bestimmt wird, relativ niedrig ist. So betrug z.B. die Standardabweichung der Umlaufrendite in Deutschland von 1980 bis 1998 1,57, die von Geldmarktzinsen 2,57 (siehe Schaubild II.2.3).

Seit einiger Zeit wird von einigen Seiten vorgeschlagen, Zentralbanken sollten die (**kurzfristigen**) **Realzinsen** verstärkt in ihr Kalkül miteinbeziehen. Darauf verwies z.B. FED-Gouverneur *Alan Greenspan* in einer Rede vor dem US-Repräsentantenhaus im Jahre 1993: "One important guidepost is real interest rates, which have a key bearing on longer-run spending decisions and inflation prospects. In assessing real rates, the central issue is their relationship to an equilibrium interest rate, specifically the real rate level that if maintained, would keep the economy at its production potential over time." (Greenspan, 1993).

*Schaubild II.2.3: Zinsentwicklung in Deutschland und in der EWU (in %)*

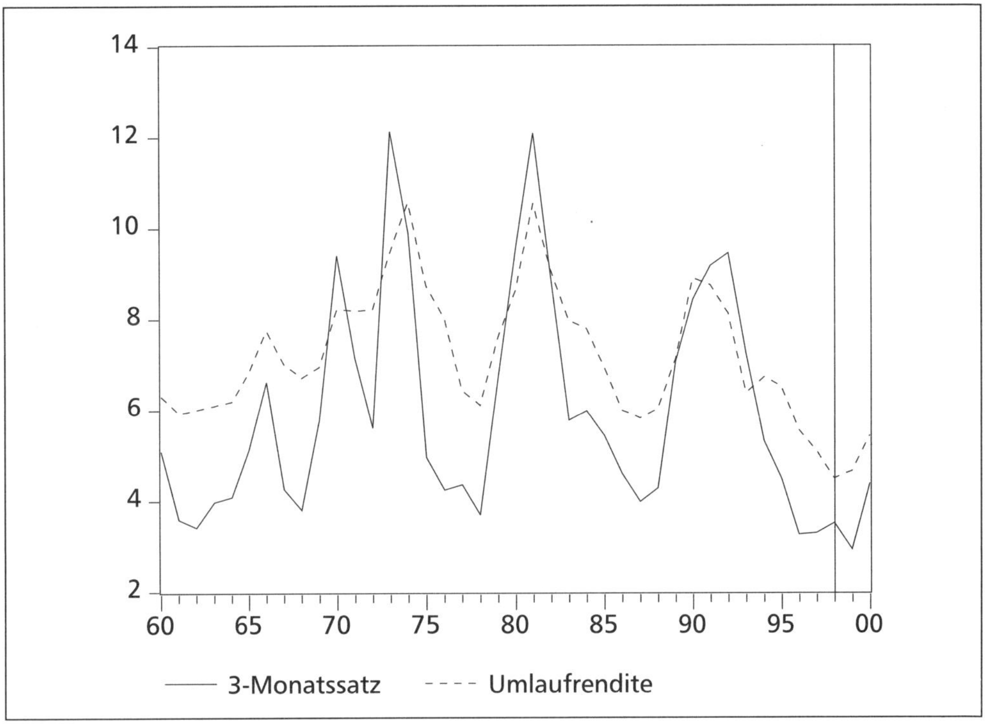


Quelle: Deutsche Bundesbank, EZB.

Anmerkungen: Bis Ende 1998 Deutschland, ab 1999 EWU. Umlaufrendite: Umlaufrendite festverzinslicher Wertpapiere inländischer Emittenten (bis 1998) bzw. Rendite zehnjähriger Staatsanleihen im Euro-Währungsgebiet (ab 1999).

Die dahinter stehende Theorie lässt sich relativ einfach darstellen. Alan Greenspan verwies in seiner Aussage auf einen Vergleich des gleichgewichtigen (oder natürlichen) Realzinses mit dem aktuell vorherrschenden Realzins. Unter dem *gleichgewichtigen Realzins* versteht man dasjenige Niveau, bei dem die Volkswirtschaft voll ausgelastet ist und das Inflationsziel eingehalten wird. Über dieses Niveau hinausgehende Realzinsen sind verbunden mit einer schwachen Konjunktur und Disinflation (oder sogar Deflation). Niedrigere Realzinsen dagegen signalisieren zukünftige Inflationsprobleme und konjunkturelle Überhitzungserscheinungen. Optimalerweise sollte der Realzins auf seinem gleichgewichtigen Wert gehalten werden. Dies soll durch geldpolitische Maßnahmen erreicht werden. Bezogen auf die Ausrichtung der Geldpolitik des Eurosystems am Endziel „Preisstabilität“ bedeutet dies: Entspricht die Inflationsprognose dem Inflationsziel, sollte das Eurosystem (bei Vollauslastung) den kurzfristigen Realzins auf seinem gegenwärtigen und zugleich gleichgewichtigen Niveau halten. Liegt die prognostizierte Inflationsrate dagegen über dem Zielwert, muss der kurzfristige Realzins über einen restriktiveren Kurs der Geldpolitik angehoben werden und umgekehrt.

Das entscheidende Problem dieses Ansatzes ist wiederum die empirische Ermittlung des gleichgewichtigen realen Zinssatzes. Auch ist anzuzweifeln, dass eine Zentralbank den Realzins dauerhaft beeinflussen kann. Dieser hängt hauptsächlich von realwirtschaftlichen Faktoren, wie z.B. der (Grenz-)Produktivitätsentwicklung oder den Präferenzen für Gegenwarts- und Zukunftskonsum ab. Die Geldpolitik spielt dafür nur eine untergeordnete Rolle. Zu fragen wäre auch nach der Relevanz des kurzfristigen Realzinses für die konjunkturelle Situation und die Preisentwicklung. In einer Vielzahl von EU-Ländern spielt z.B. der langfristige Zins die entscheidende Rolle im Transmissionsprozess, da die Wirtschaft vor allem auf langfristige Finanzierungen und Anlageformen zurückgreift (siehe Kap. II.5). Die Unbestimmtheit des Ansatzes kann bei der praktischen Implementierung der Geldpolitik des Eurosystems Probleme schaffen. Er sorgt weder für eine eindeutige Abgrenzung von Verantwortlichkeiten noch für Transparenz der Geldpolitik.

### 2.3.2.2 Zinsstruktur

In der Realität gibt es nicht nur einen Zins, sondern eine Vielzahl von Zinssätzen. Aufgrund der interpretativen Mehrdeutigkeit von nominalen und realen Zinsänderungen wurde deshalb auf die Zinsstruktur als mögliches geldpolitisches Zwischenziel verwiesen. Üblicherweise versteht man unter der *Zinsstruktur* die Fristigkeitsstruktur („*term structure*") der (nominalen) Zinssätze bzw. Renditen. Das heißt, es geht um Zinssätze von (vergleichbaren) Wertpapieren, die sich nur in der Restlaufzeit unterscheiden. Aus Vereinfachungsgründen beschränkt man sich häufig auf die Differenz zwischen einem langfristigen (z.B. dem Zins zehnjähriger Staatsanleihen) und einem kurzfristigen Zins (z.B. dem Drei-Monats-Zins), der sog. *Zinsdifferenz* oder dem *Zinsspread.* Man spricht von einer *normalen Zinsstruktur,* wenn die langfristigen Zinsen über den kurzfristigen liegen. Im umgekehrten Fall liegt eine *inverse Zinsstruktur* vor. Anhand Schaubild II.2.4 ist erkenntlich, dass inverse Zinsstrukturen eher der Ausnahmefall sind und in der Regel mit hohen kurzfristigen Zinsniveaus einhergehen.

Die theoretischen Zusammenhänge zwischen Geldpolitik und Zinsstruktur auf der einen Seite und Zinsstruktur und realer Aktivität sowie Preisentwicklung auf der anderen Seite werden in der Literatur kontrovers diskutiert. Vor allem besteht Uneinigkeit darüber, welche über Zinsniveaus hinausgehenden Informationen die Zinsstruktur liefern sollte. In der Regel wird von folgenden Zusammenhängen ausgegangen: Eine glaubhaft durchgeführte restriktive Geldpolitik führt zu einer Erhöhung der Geldmarkzinsen und über eine Senkung der Inflationserwartungen (und unter Umständen einer konjunkturellen Abkühlung) zu sinkenden Kapitalmarktzinsen. Der „Spread" zwischen lang- und kurzfristigen Zinsen wird also geringer. Die glaubhafte Ankündigung einer derartigen Politik würde ebenfalls zu diesem Ergebnis führen – allerdings nur über den Erwartungseffekt auf die langfristigen Zinsen. Anhand der *Fisher-Gleichung* kann dann ein Zusammenhang mit der inflationären Entwicklung hergestellt werden. Nach dieser Beziehung (siehe Box II.2.5) gilt (angenähert), dass sich der Nominalzins i für ein Wertpapier (ohne

*Schaubild II.2.4: Zinsspread und Zinsniveau in Deutschland und der EWU*

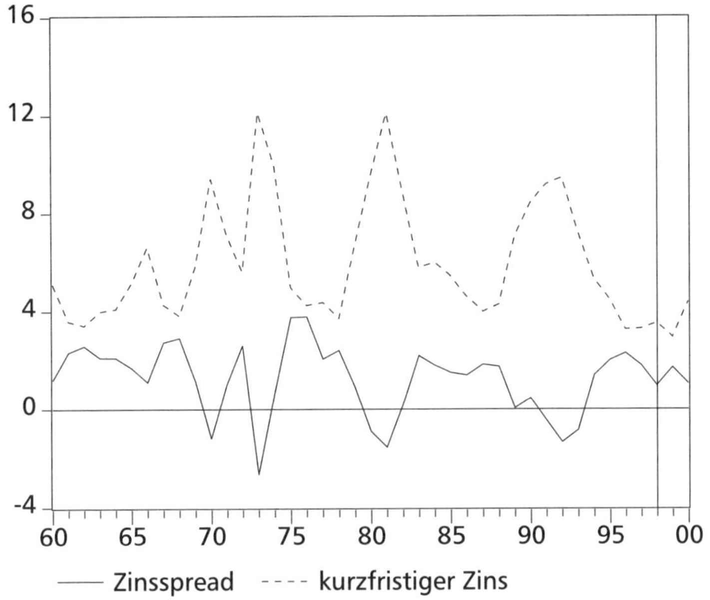


Quelle: Deutsche Bundesbank, EZB.

Anmerkungen: Zinsspread: langfristiger minus kurzfristiger Zins. Bis Ende 1998 Deutschland, ab 1999 EWU (siehe auch Anmerkungen zu Schaubild II.2.3).

Inflations-, Konkurs- und politische Risiken) mit einer bestimmten Laufzeit in den Realzins r und die Inflationserwartungen $\pi^{erw}$ aufspalten lässt.

(23) $$i = r + \pi^{erw} \quad \text{bzw.} \quad \pi^{erw} = i - r$$

Bei *rationalen Erwartungen* unterscheidet sich die tatsächliche zukünftige von der erwarteten Inflation nur durch einen nicht prognostizierbaren Zufallsfehler $\varepsilon$. Es werden folglich keine systematischen Erwartungsfehler begangen. Zum Prognosezeitpunkt werden alle relevanten verfügbaren Informationen ausgewertet, um eine „optimale“ Erwartung zu bilden. Erwartungsfehler resultieren aber z.B. aus dem Entscheidungszeitpunkt neu auftretenden Informationen („*News*“). Somit gilt

(24) $$\pi = \pi^{erw} + \varepsilon$$

Setzt man (23) in (24) ein, kann die Inflationsrate für einen beliebigen Zeitraum bestimmt werden. Für zwei unterschiedliche Zeiträume (Laufzeiten) m und n (m > n) ergibt sich dann als Differenz

(25) $$\pi_t^m - \pi_t^n = -(r_t^m - r_t^n) + (i_t^m - i_t^n) + (\varepsilon_t^m - \varepsilon_t^n)$$

Gleichung (25) liefert einen Ausdruck für die Veränderung der tatsächlichen Inflationsrate zwischen den Zeiträumen m und n. Wenn m = 2 Jahre und n = 1 Jahr, besagt (25), dass die nominale Zinsdifferenz zwischen einem zweijährigen und einem einjährigen Papier ($i^2 - i^1$) (bei konstantem Realzins) die Veränderung der Inflationsrate im nächsten Jahr ($\pi^2 - \pi^1$) prognostiziert. Ein zunehmender Spread würde dabei steigende Preistendenzen signalisieren. Die Genauigkeit dieser Prognose hängt allerdings von den Schwankungen der Realzinsen, die sich in ($r^2 - r^1$) widerspiegelt, und der Genauigkeit der Inflationserwartungen ab. In Deutschland ist nur ein relativ schwacher und sehr langfristiger Vorlauf des Zinsspreads vor der Inflation auszumachen. Eine inverse Zinsstruktur geht in etwa fünf bis sechs Jahren später tendenziell mit relativ niedrigen Inflationsraten einher, eine steile Zinsstruktur mit dementsprechend hohen Inflationsraten (siehe auch Schaubild II.2.5).[78] Für kürzere Laufzeiten wird die Varianz der Inflation(serwartungen) anscheinend von Schwankungen der realen Zinsstruktur dominiert (siehe Gleichung (25)). Derartige langfristige Zusammenhänge scheinen in der Vergangenheit generell in der EU vorgeherrscht zu haben (Estrella/Mishkin, 1997). Wenn diese auch im Euroraum gelten, können kaum Empfehlungen für die aktuelle Geldpolitik der Eurosystems abgeleitet werden.

Die Nominalzinsen von Papieren verschieden langer Fristigkeiten unterscheiden sich nach der *Erwartungstheorie der Zinsstruktur* (siehe Box II.2.6) hauptsächlich durch unterschiedliche Erwartungen über den weiteren Zinsfortgang am kurzen Ende. Dies ist leicht anhand Gleichung (B3) der Box II.2.6 nachzuvollziehen, wenn für $i_{lfr}$ unterschiedliche Laufzeiten eingesetzt werden. Folglich könnte eine erfolgreiche Implementierung der Zinsstruktur als Zwischenziel, d.h. die Vorgabe eines konkreten Wertes für ein Zinsstrukturziel, unter Umständen zur Stabilisierung dieser Zinserwartungen beitragen. Und dadurch könnte dann über die *Fisher-Beziehung* auch eine Stabilisierung der Inflationserwartungen erreicht werden.

78 Der Zusammenhang zur realen Entwicklung, speziell dem realen BIP, hat sich dagegen in vielen Ländern als vor allem kurzfristig relativ eng erwiesen (siehe stellvertretend Estrella/Mishkin, 1997; Hu, 1993; Lahiri et al., 2000). Kritisch für das Euro-Währungsgebiet insgesamt und einzelne EWU-Länder äußern sich Berk/Bergeijk (2000), die für den Zeitraum 1970–1998 herausarbeiten, dass die Zinsstruktur sowohl für die Preis- als auch für die BIP-Entwicklung innerhalb eines Jahres kaum zusätzliche Informationen erbringt, die über die vergangene Entwicklung dieser beiden Größen hinausgeht.

*Schaubild II.2.5: Prognosegehalt der Zinsstruktur am Kapitalmarkt für die Inflationsentwicklung in Deutschland*

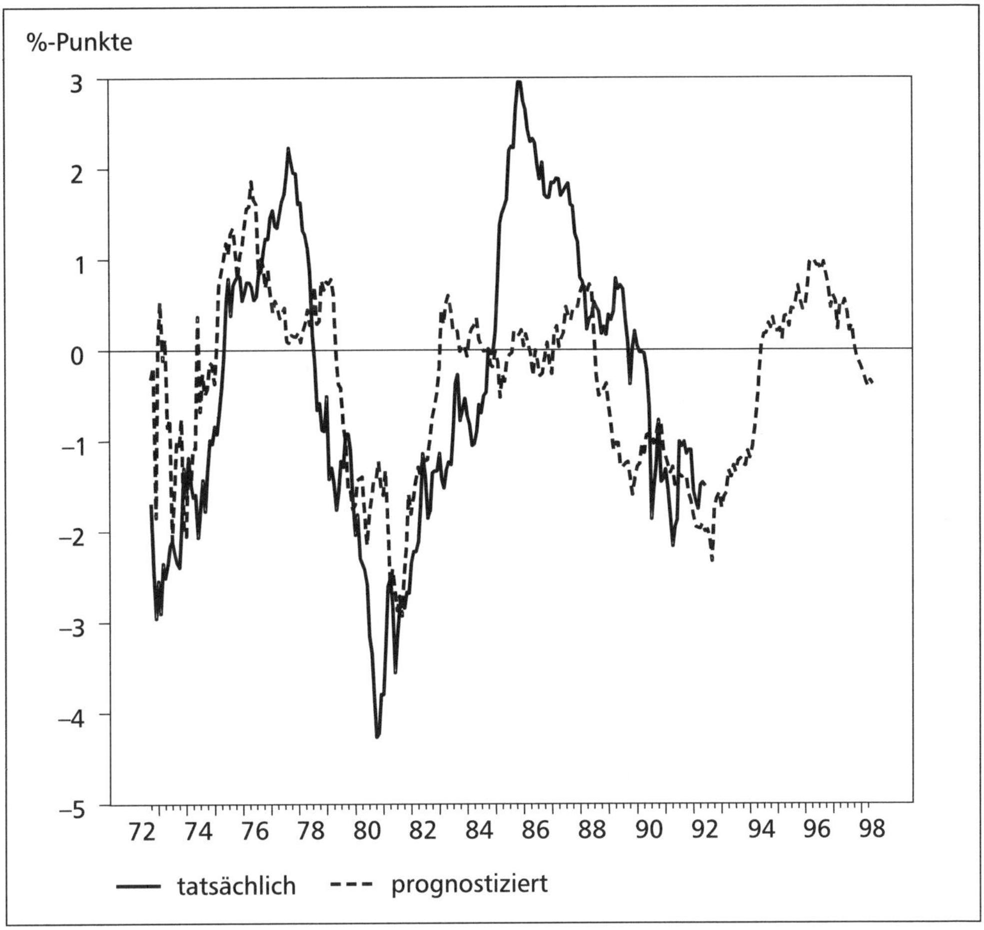


Quelle: Deutsche Bundesbank, 1998c, 60.

Anmerkungen: „tatsächlich": tatsächliche Veränderung der durchschnittlichen Inflationsrate innerhalb der auf das nächste Jahr folgenden fünf Jahre, um sechs Jahre in die Vergangenheit verschoben; „prognostiziert": Inflationsprognose anhand der Zinsdifferenz zwischen Anleihen mit sechs- und mit einjähriger Laufzeit.

Allerdings ist eine Orientierung an der **Zinsstruktur** mit schwer wiegenden Nachteilen verbunden. So zeigt allein schon die Zusammensetzung des Spreads aus dem kurzfristigen und langfristigen Zins, dass er als **Zwischenziel unbrauchbar** ist. Das Eurosystem würde sich dann einerseits an den Geldmarktzinsen orientieren, die es zu einem großen Teil selbst bestimmt, andererseits am Kapitalmarktzins, der vor allem von Zins- und

## Box II.2.6: Die Erwartungstheorie der Zinsstruktur

Die Erwartungstheorie der Zinsstruktur beruht auf Arbitrageüberlegungen. Die dahinter stehende Idee ist, dass eine Geldanlage für einen bestimmten Zeitraum den gleichen Ertrag erbringen muss, unabhängig davon, ob sie über mehrere kurzfristige Anlagen oder einmalig in einem längerfristigen Papier erfolgt.

An einem einfachen Beispiel können diese Überlegungen dargestellt werden. Unterstellen wir als langfristige Anlage ein Drei-Jahres-Papier zum Zins $i_{lfr}$ und vergleichen diese mit einer dreimaligen einjährigen Anlage. Zusätzlich soll Risikoneutralität herrschen. Aus dem langfristigen Engagement erzielt man den Ertrag $E_{lfr}$

(B1) $$E_{lfr} = (1 + i_{lfr})^3$$

Alternativ könnte der Geldbetrag jetzt zum einjährigen Zins $i_1$, $E_1$ zum erwarteten Zins $i_2^{erw}$ und für das dritte Jahr $E_2$ zm erwarteten Zins $i_3^{erw}$ angelegt werden. Als (erwarteter) Ertrag $E_{kfr}$ dieser Anlageform resultiert

(B2) $$E_{kfr} = (1 + i_1)(1 + i_2^{erw})(1 + i_3^{erw})$$

Wenn $E_{kfr} > E_{lfr}$ lohnt sich die sukzessive kurzfristige Anlage, wodurch der kurzfristige Zins sinkt, der langfristige Zins steigt. Ist dagegen $E_{kfr} < E_{lfr}$ sollte langfristig angelegt werden. In diesem Fall würden Arbitrageure kurzfristige Wertpapiere verkaufen und langfristige Wertpapiere nachfragen (Geldanlage), wodurch der Kurzfristzins steigt und der Langfristzins sinkt. Insgesamt kommt es somit zu einer Angleichung der Erträge durch *Arbitrage*, und es gilt:

(B3) $$(1 + i_{lfr})^3 = (1 + i_1)(1 + i_2^{erw})(1 + i_3^{erw}) \text{ bzw. } i_{lfr} = \sqrt[3]{(1 + i_1)(1 + i_2^{erw})(1 + i_3^{erw})} - 1$$

Der langfristige Zins entspricht also dem (um Eins verminderten) geometrischen Mittel der kurzfristigen Zinsen. Wird keine Zinsänderung erwartet, gilt also $i_1 = i_2^{erw} = i_3^{erw}$, entspricht der langfristige dem kurzfristigen Zins. Wird ein Anstieg des kurzfristigen Zinses erwartet ($i_1 < i_2^{erw} \leq i_3^{erw}$), ist der langfristige Zins größer als der kurzfristige Zins (Bei zwei Perioden mit $i_1 = 4$ % und $i_2^{erw} = 6$ % ergäbe sich: $i_{lfr} = (1{,}04 \cdot 1{,}06)^{1/2} - 1 = 0{,}05$, d.h. $i_{lfr} > i_1$). Im umgekehrten Fall resultiert $i_{lfr} < i_1$. Anders ausgedrückt: Eine steigende Zinsstrukturkurve deutet darauf hin, dass die Finanzmärkte steigende kurzfristige Zinsen erwarten. Eine fallende Zinsstrukturkurve dagegen signalisiert sinkende Zinserwartungen am kurzen Ende.

Zu Veränderungen des langfristigen Zinssatzes kann es also durch Veränderungen des kurzfristigen Zinses und der Zinserwartungen kommen. Ausschlaggebend ist dabei nicht nur die Art der Erwartungsbildung der Wirtschaftssubjekte, sondern auch, ob zukünftige geldpolitische Maßnahmen korrekt antizipiert werden. Bei sowohl vom Ausmaß als auch vom Zeitpunkt überraschenden geldpolitischen Aktionen ist eine relativ starke Auswirkung auf den Langfristzins zu erwarten, da die kurzfristigen Zinserwartungen angepasst werden müssen.

Die internationale empirische Evidenz bez. der Erwartungstheorie ist nicht eindeutig. Für Deutschland erzielte man allerdings positive Ergebnisse (Gerlach/Smets, 1997; 1998).

Inflationserwartungen bestimmt ist. Zudem ergibt sich wieder das Problem der Ermittlung des Realzinses. Gleichung (26) veranschaulicht diese Zusammenhänge für die Differenz zwischen einem lang- ($i_{lfr}$) und einem kurzfristigen ($i_{kfr}$) Zins unter Berücksichtigung der Fisher-Gleichung für den langfristigen Zins.

(26) $$i_{lfr} - i_{kfr} = r + \pi^{erw} - i_{kfr}$$

Auch ist nicht klar, ob z.B. eine steilere Zinsstruktur einen Vertrauensverlust der Zentralbank indiziert, der sich in gestiegenen Inflationserwartungen manifestiert oder die Markterwartung einer restriktiveren Geldpolitik, d.h. höhere kurzfristige Zinsen in der Zukunft, anzeigt.

Es gibt zudem keine fundierte theoretische Begründung des Geldpolitik-Zinsstruktur-Inflation-Zusammenhangs. Noch nicht einmal die Richtung der ökonomischen Kausalität ist eindeutig. Die obigen Ausführungen greifen jedenfalls zu kurz. So wirkt zwar eine expansive Geldpolitik über den *Liquiditätseffekt* („Liquidity effect") zunächst zinssenkend und damit auch konjunkturstimulierend. Im Zeitablauf kommen dazu aber noch potenziell Einkommens-, Preisniveau- und Inflationseffekte. Die kurzfristig sich einstellende Zinssenkung kann dadurch mittel- bis langfristig überkompensiert werden. Wie schnell diese konterkarierenden Effekte ablaufen, hängt vor allem von der Anpassung der Inflationserwartungen ab.

Vielfach wird zudem übersehen, dass auch eine an der Zinsstruktur orientierte Geldpolitik letztlich eines **nominalen Ankers** bedarf, damit die Entwicklung des Preisniveaus nicht indeterminiert oder zumindest destabilisiert wird. So ist z.B. eine ansteigende Zinsstrukturkurve grundsätzlich sowohl mit Preisstabilität als auch mit zweistelligen Inflationsraten vereinbar (siehe auch Schaubild II.2.4). Und eine als optimal angesehene Zinsdifferenz kann mit jeglicher Höhe der kurz- und langfristigen Zinsen in Einklang stehen. Auch ist gerade für die EZB die Tatsache, dass sich die Geldpolitik bei Orientierung an der Zinsstruktur von Markterwartungen leiten lässt, problematisch. Hierbei geht es vor allem um Zins- und Inflationserwartungen. Diese sind letztlich zu einem großen Teil Erwartungen über das Verhalten der Zentralbank selbst. Eine inverse Zinsstrukur, die sich aufgrund einer glaubhaften Restriktion der Geldpolitik einstellt, liefert aber für eine Notenbank keine darüber hinausgehenden Informationen mehr. Gerade wegen der fehlenden Bindung der Markterwartungen und der Handlungen der Notenbank scheidet die Zinsstruktur insgesamt als sinnvolles Zwischenziel für das Eurosystem aus.

Unter Berücksichtigung von Erwartungseffekten und der recht komplexen und nicht eindeutigen Zusammenhänge zwischen den Zinsvariablen und dem Endziel Preisstabilität geht die augenscheinliche Attraktivität von Zinsen als Zwischenziele verloren. Auch hätte die EZB bei dieser Wahl zu berücksichtigen, dass öffentlich bekannt gegebene Zinsziele unerwünschte Ankündigungseffekte auslösen können. So würde eine am Anfang des Jahres öffentlich angekündigte Zinssenkung unter Umständen zu einem Aufschub von Konsum- und Investitionsentscheidungen führen. Dies würde aber der Verstetigungsabsicht von Zwischenzielen widersprechen. Auf der anderen Seite würde ein Verzicht auf die Vorankündigung die Transparenz der Geldpolitik schwächen und den Marktteilnehmern keinen Orientierungsrahmen für ihre Erwartungen bieten.

### 2.3.3 Das nominelle BIP

Nachdem die Zentralbanken einiger Länder aufgrund der Entwicklung auf den Finanzmärkten (Stichworte: Finanzinnovationen, Deregulierung, Disintermediation) von traditionellen geldpolitischen Strategien Abschied nahmen, wurde vor allem von wissenschaftlicher Seite eine nominelle BIP-Steuerung vorgeschlagen. Im Folgenden soll deshalb eine Steuerung des nominellen BIP als Zwischenzielgröße (nicht als Alternative zum Endziel) diskutiert werden.

Die Idee der *nominellen BIP-Steuerung* kann einfach anhand der in Veränderungsraten ausgedrückten Quantitätsgleichung (27) dargestellt werden.[79]

(27) $$\hat{M} + \hat{V} \equiv \pi + \hat{Y} \equiv \hat{Y}^n$$

Hierbei bezeichnet $\hat{Y}^n$ die Wachstumsrate des nominellen BIP. Die Konzeption setzt somit an der rechten Seite der Quantitätsgleichung an. Es handelt sich im Prinzip um eine Zwischenzielstrategie, die zwei Endziele, die Preisentwicklung ($\pi$) und das reale Wirtschaftswachstum ($\hat{Y}$) miteinander kombiniert. Dabei sind beide Ziele gleich gewichtet. Die Steuerung des BIP-Ziels erfolgt über eine Anpassung der Notenbankzinsen. Die Zinsreaktion kann entweder erfolgen, wenn die aktuelle BIP-Entwicklung vom Ziel abweicht („verzögerte Anpassung") oder wenn das prognostizierte Wachstum des nominalen BIP vom Zielwert abweicht („vorausschauende Anpassung"). Ist eine (nominale) Wachstumsstimulierung beabsichtigt, müssen die Zinsen gesenkt werden. Dadurch wird das reale BIP-Wachstum angeregt und die Preise steigen tendenziell.

Bei der Kontrolle des nominalen BIP-Wachstums orientiert sich die Zentralbank also an Abweichungen zwischen diesem Wachstum und einer Zielwachstumsrate. Das nominelle Wachstumsziel besteht aus einer Inflationskomponente bzw. dem *Inflationsziel* $\pi^{Ziel}$ und einer realen Wachstumskomponente $Y^*$. $Y^*$ könnte z.B. das Wachstum bei Vollauslastung der Produktionskapazitäten sein. Folglich gilt für die gesamte Zielabweichung $(\hat{Y}^n - \hat{Y}^{*n})$

(28) $$\hat{Y}^n - \hat{Y}^{*n} = (\pi - \pi^{Ziel}) + (\hat{Y} - \hat{Y}^*)$$

Die Geldpolitik reagiert also auf Abweichungen vom Inflationsziel $(\pi - \pi^{Ziel})$ und auf Veränderungen im gesamtwirtschaftlichen Auslastungsgrad bzw. Output Gap $(\hat{Y} - \hat{Y}^*)$. Wird das Ziel eingehalten, d.h. $(\hat{Y}^n - \hat{Y}^{*n}) = 0$ resultiert als Inflationsrate

(29) $$\pi_t = \pi^{Ziel} + E_{t-1}(\hat{Y}^* - \hat{Y})_t$$

79 Eine alternative Formulierung in Niveauform findet sich in Miller/vanHoose, 1993, Kap. 24. Stark/Croushore, 1998 zeigen, dass die hier präferierte Spezifikation die überlegenere ist.

Es wird also entscheidend determiniert von der Prognose des Output Gaps. Diese wiederum setzt eine Einschätzung der tatsächlichen und der potenziellen BIP-Entwicklung voraus.

Neben dem Vorteil der engen Verbindung mit gesamtwirtschaftlichen Zielen, die von der Öffentlichkeit anerkannt werden, schreiben Befürworter der nominellen BIP-Steuerung dieser die Fähigkeit zur *Schockabsorption* zu. Stellen wir uns dafür einen exogenen Nachfragerückgang (z.B. durch verschlechtertes Investitionsklima oder sinkende Exporte) vor, der das reale und folglich auch das nominale Wirtschaftswachstum (kurzfristig) verlangsamt.[80] Eine nominelle BIP-Regel würde dann eine Lockerung der Geldpolitik erfordern, um auf den Zielpfad zurückzukehren. Über die Zinssenkung würden – so die idealisierte Vorstellung – die aggregierte Nachfrage und das reale Wachstum ansteigen. Aber auch bei einer aggregierten Angebotsstörung zeigen sich die positiven Eigenschaften der nominellen BIP-Orientierung. Ein adverser Angebotsschock (z.B. durch steigende Rohstoffpreise), der das reale BIP-Wachstum sinken lässt und zu steigender Inflation führt (sog. *Stagflation*), stellt die Geldpolitik vor ein „Dilemma“: Wird sie expansiv tätig, stabilisiert sie das reale BIP, sorgt aber für weiterhin steigende Preise. Wird sie restriktiv tätig, wird die Preisentwicklung bei einem weiteren Rückgang des realen BIP stabilisiert. Eine nominelle BIP-Orientierung löst dieses Dilemma, indem sie auf die Kombination beider Ziele ihr Augenmerk lenkt.[81]

Zur Entfaltung dieser positiven Eigenschaften ist allerdings Voraussetzung, dass das Wachstum des nominellen BIP von der Zentralbank perfekt gesteuert werden kann. Wenn zudem nur ein Endziel, realistischerweise Preisstabilität, angestrebt wird, gilt auch bei vollkommener Kontrollierbarkeit des nominalen BIP-Wachstums die Vorteilhaftigkeit der nominellen BIP-Regel nicht mehr uneingeschränkt. Man kann bei angebotsseitigen Störungen nämlich nur den Preiseffekt oder den Outputeffekt kompensieren.

Ein gravierender Nachteil der nominellen BIP-Orientierung ist die Datenverfügbarkeit. Die Datenquelle für das reale BIP ist die *Volkswirtschaftliche Gesamtrechnung* (VGR), die erst mit einer Zeitverzögerung von etlichen Monaten und höchstens auf Quartalsbasis zur Verfügung steht. Zudem unterliegen die Daten der VGR häufig noch späteren, teilweise deutlichen Revisionen. Auch wäre zu fragen, ob die Verfolgung von Konjunktur- und Wachstumszielen neben dem Ziel der Inflationsbekämpfung eine Zentralbank nicht überfordert. Vielmehr lässt sich argumentieren, die Gewährleistung von Preisstabilität ist der beste Beitrag der Geldpolitik für die reale Entwicklung. Darüber hinaus ist das Konzept „Nominales BIP“ in der Öffentlichkeit wenig bekannt und könnte leicht mit der realen BIP-Entwicklung verwechselt werden. Die *Transparenz* der Geldpolitik und die Kommunikation mit den Märkten und der allgemeinen Öffentlichkeit wird dadurch erschwert.

---

80 Kurzfristig sind die Güterpreise relativ starr.

81 Dies erklärt auch, warum der Vorschlag einer nominellen BIP-Orientierung vor allem aus den USA kommt. Der FED sind nämlich neben der Verfolgung von Preisstabilität auch die Förderung des Wirtschaftswachstums und der Beschäftigung als Ziele vorgegeben.

Des Weiteren können die Vorteile des nominalen BIP als Zwischenziel nur ausgeschöpft werden, wenn im Prinzip der gesamte *Transmissionsprozess* vom Ergreifen einer geldpolitischen Maßnahme bis zur Beeinflussung der aggregierten Nachfrage und des nominalen Einkommens bekannt ist. Es ist nun aber gerade ein Charakteristikum dieses Übertragungsweges, dass er recht komplex und in seinen Einzelheiten nicht bekannt ist. Dieses Informationsproblem lässt sich auch auf Dauer nicht gänzlich lösen. Es tritt gerade in der Währungsunion in gravierender Weise zutage. So sind die zwölf Länder z.B. noch durch unterschiedliche finanzielle Strukturen gekennzeichnet. Auch die Rolle der kurz- und langfristigen Zinsen für die privaten und öffentlichen Finanzierungsentscheidungen sowie die Inanspruchnahme des Kapitalmarktes durch Unternehmen innerhalb des Euroraumes sind uneinheitlich. Zudem ist die Bedeutung der Banken bei der Unternehmensfinanzierung und bei Anlageentscheidungen noch recht unterschiedlich. Der Transmissionsprozess läuft (zumindest bisher) nicht einheitlich ab (siehe dazu Kap. II.5). In welche Richtung dabei eine Vereinheitlichung abläuft und wie lange diese dauern wird, ist nicht absehbar.

Bezogen auf die Währungsunion und die EZB weist die Strategie weitere Probleme auf. So ist bisher noch keine Zentralbank auf eine derartige Politik übergegangen. Es fehlen somit die praktischen Erfahrungen. Des Weiteren würde ein nominelles BIP-Zwischenziel den Eindruck erwecken, das Eurosystem alleine wäre für die Stabilisierung des Nominaleinkommens der Euroländer verantwortlich. Vor dem Hintergrund weiterer Einflussfaktoren (z.B. außenwirtschaftliche Entwicklungen, fiskalpolitische Maßnahmen, Lohnpolitik) und der noch fehlenden Glaubwürdigkeit ist dies nicht unproblematisch. Letztlich könnte eine nominale BIP-Orientierung auch zu Fehlinterpretationen des Endziels des Eurosystems führen. In Art. 105 des EG-Vertrages ist dieses aber eindeutig formuliert: Das vorrangige Ziel des Eurosystems ist es, Preisstabilität zu gewährleisten. Alle geldpolitischen Maßnahmen sind auf dieses Ziel hin auszurichten. Über eine nominelle BIP-Steuerung würde das Eurosystem aber eine Konjunkturverantwortung bekommen, die nicht seinem gesetzlichen Auftrag entspricht. Wie die Diskussion von Angebotsschocks gezeigt hat, kann eine Orientierung am nominellen BIP, also der Kombination aus letztlich zwei Endzielen, zu uneindeutigen Handlungsanweisungen bzw. zur Unterlegenheit gegenüber anderen Strategien führen.

## 2.3.4 Geldmengenziele – das Vorbild der Deutschen Bundesbank

Als letzte explizite Zwischenzielvariante soll nun auf die Strategie mit vorangekündigten *Geldmengenzielen* eingegangen werden. Als Anschauungsbeispiel dient dabei die von der Deutschen Bundesbank seit Mitte der 70er Jahre praktizierte Politik mit Geldmengenzielen.

### 2.3.4.1 Allgemeine Beschreibung

Eine Politik der Geldmengensteuerung wie sie die Deutsche Bundesbank von 1975 bis 1998 betrieben hat, bedient sich im Sinne einer zweistufigen Strategie des Zwischenziels „Geldmenge“, mit Hilfe dessen versucht wird, das eigentliche Endziel „Preisstabilität“ zu erreichen. Bei der „Geldmenge“ handelt es sich um die Wachstumsrate eines **sinnvoll abgegrenzten Geldmengenaggregates**. Dies bedeutet, sie sollte vom Eurosystem hinreichend über die Zinspolitik kontrollierbar sein und einen voraussehbaren engen und längerfristigen Zusammenhang zur Preisentwicklung aufweisen. Angesichts der langen und variablen Zeitverzögerungen zwischen dem Einsatz des geldpolitischen Instrumentariums und der Wirkung auf die Preisentwicklung sowie der Unsicherheiten im Transmissionsprozess erlaubt ein derartiges Zwischenziel dann eine frühzeitige Reaktion auf sich abzeichnende Inflationsgefahren.

Die Logik von Geldmengenzielen und deren Ableitung kann wiederum anhand der *Quantitätsgleichung* (siehe (27) verdeutlicht werden. Gegeben die Informationen der Zentralbank zum Ende der Periode t-1, lautet diese Gleichung in Erwartungswerten ausgedrückt:

(30) $$E_{t-1}\hat{M}_t + E_{t-1}\hat{V}_t = E_{t-1}\pi_t + E_{t-1}\hat{Y}_t$$

Ersetzt man die erwartete Inflationsrate durch das Inflationsziel $\pi^{Ziel}$, ergibt sich die Zielrate für die Geldmengenentwicklung $\hat{M}^{Ziel}$ aus dem prognostizierten realen Wachstum der Volkswirtschaft $E_{t-1}\hat{Y}_t$, dem angestrebten Inflationsziel $\pi^{Ziel}$ und der erwarteten Entwicklung der Umlaufgeschwindigkeit des Geldes $E_{t-1}\hat{V}_t$

(31) $$\hat{M}_t^{Ziel} = \pi^{Ziel} + E_{t-1}\hat{Y}_t - E_{t-1}\hat{V}_t$$

Gelingt es der Zentralbank, die Geldmenge über eine Anpassung der Notenbankzinsen so zu steuern, dass das Geldmengenziel eingehalten wird, ist die Inflationsrate gegeben durch

(32) $$\pi_t = \pi^{Ziel} - (\hat{Y}_t - E_{t-1}\hat{Y}_t) + (\hat{V}_t - E_{t-1}\hat{V}_t)$$

In Abhängigkeit von unerwarteten konjunkturellen Entwicklungen $(\hat{Y} - E_{t-1}\hat{Y})$ und unerwarteten Bewegungen der Umlaufgeschwindigkeit $(\hat{V} - E_{t-1}\hat{V})$ weicht die tatsächliche Inflationsrate $\pi$ von der gewünschten Rate $\pi^{Ziel}$ ab. Solange allerdings keine anhaltenden systematischen Fehlprognosen gemacht werden, sollte sich das Inflationsziel längerfristig als Orientierungsgröße bzw. Anker für die Erwartungen etablieren. Die Fehleinschätzungen werden sich dann in Grenzen halten, wenn das Outputwachstum und die Entwicklung der Umlaufgeschwindigkeit stabilen empirischen Zusammenhängen folgen (siehe dazu auch den nächsten Abschnitt).

Die Deutsche Bundesbank verwendete bei der Ableitung ihrer Geldmengenziele für $\pi^{Ziel}$ eine sog. Preisnorm bzw. mittelfristige Preisannahme $\pi^{Norm}$ von maximal 2 %. Für die reale BIP-Entwicklung setzte sie einen prognostizierten längerfristigen Wachstumstrend $\hat{Y}^*$ an. Und auch für die Wachstumsrate der Umlaufgeschwindigkeit wurde nicht die Entwicklung im nächsten Jahr herangezogen, sondern ein geschätzter Trendwert $\hat{V}^*$. Somit lautete das deutsche Geldmengenziel in der Vergangenheit

(33) $$\hat{M}^{Ziel} = \pi^{Norm} + \hat{Y}^* - \hat{V}^*$$

Ausgangspunkt der Zielableitung war zunächst das erwartete Wirtschaftswachstum. Entsprechend der mittelfristigen Ausrichtung einer Geldmengenpolitik handelte es sich dabei nicht um die Entwicklung im nächsten Jahr, sondern um einen Trendwert ($Y^*$). Die Bundesbank bestimmte diesen anhand der Wachstumsrate des realen *Produktionspotenzials*. Darunter versteht man im Sinne eines potenziellen BIP die gesamtwirtschaftliche Produktion, die sich unter Berücksichtigung des technischen Fortschritts mit den jeweils verfügbaren Produktionsfaktoren Arbeit und Sachkapital bei normaler Auslastung erstellen lässt. Eine Expansion der Geldmenge im Ausmaß des Wachstums des Produktionspotenzials (oder einer anderen Trendgröße) ist notwendig, um einen ausreichenden Finanzierungsspielraum für das zur Ausschöpfung der Angebotsmöglichkeiten benötigte Ausgabenwachstum zu sichern. Dadurch ist auch eine implizite antizyklische Komponente enthalten. Bei unterausgelasteten Kapazitäten fällt das Geldmengenziel nämlich durch die Potenzialorientierung stärker aus als bei einer Orientierung am tatsächlichen BIP. Umgekehrt wird in Jahren, in denen eine konjunkturelle Überhitzung droht, weil das Wirtschaftswachstum die Ausweitung des Produktionspotenzials übersteigt, die Expansion der Geldmenge geringer ausfallen. Dies trägt in der Tendenz zu einer *Verstetigung* des Wirtschaftsablaufs bei.

Als Nächstes ist es nötig, das reale Wachstum über eine Preisvariable in eine nominale Größe zu transformieren. Auch hier kann nicht die aktuelle Preisentwicklung herangezogen werden, sondern es muss um eine Orientierung an den längerfristigen Stabilitätsvorstellungen gehen. Die Bundesbank setzte sich eine *Preisnorm* von etwa 2 %, die als maximal zu tolerierende Inflationsrate aufzufassen war.

Als letzte grundlegende Determinante des Geldmengenziels ist der Trend in der *Umlaufgeschwindigkeit* des Geldes zu berücksichtigen. Diese definierte die Bundesbank als das Verhältnis von nominalem Produktionspotenzial zu der entsprechenden Geldmengengröße. Bei einem anhaltenden trendmäßigen Rückgang der Umlaufgeschwindigkeit, wie er in Deutschland auszumachen war (siehe Schaubild II.2.6), steigt die Geldhaltung im Verhältnis zum BIP. Deshalb muss das Geldmengenwachstum entsprechend kräftiger ausfallen als das Potenzialwachstum, wenn ein deflatorischer Druck vermieden werden soll. Umgekehrt entstünde allerdings ein inflatorischer Geldüberhang, wenn das Eurosystem aufgrund eines nur vorübergehenden Rückgangs der Umlaufgeschwindigkeit eine höhere Wachstumsrate der Geldmenge anstreben würde. Gründe für den fallenden Trend können in der Rolle des Geldes als Transaktionsmittel (Veränderung im Verhältnis von Transaktionsvolumen zu Bruttoinlandsprodukt) und als Wertaufbewahrungsmittel (Veränderung in der Relation von Einkommen zu Vermögen) liegen.

Entwickelt sich die Volkswirtschaft tatsächlich nach den bei der Ableitung des Geldmengenziels zugrunde gelegten Determinanten, wird von der monetären Seite der Finanzierungsspielraum zur Verfügung gestellt, der für ein stetiges und inflationsfreies Wirtschaftswachstum benötigt wird. Abweichungen vom Geldmengenziel zeigen sich zunächst in der Geldhaltung und führen erst mit einiger Verzögerung zu einer veränderten Güternachfrage und veränderten Preisen. Dadurch wirkt eine Geldmengenpolitik zwangsläufig vorausschauend, da sie aktiv wird, bevor sich inflationäre Prozesse auszubreiten beginnen.

Der theoretische und empirische Zusammenhang zur Inflationsentwicklung ergibt sich aus dem sog. *P-Stern*-(„P-Star"-)Konzept (siehe Box II.2.7). Daran wird nochmals deutlich, dass Geldmengenziele nur Mittel zum Zweck der Inflationsbekämpfung bzw. der Erreichung von Preisstabilität sind. Sie haben keinen Selbstzweck, sondern stellen ein über Liquiditäts- oder Output-Lücke hinausgehendes zusätzliches Informationsmedium zur Beurteilung der Preisentwicklung zur Verfügung (siehe (B5) in Box II.2.7). Wenn die tatsächliche Geldmengenentwicklung dem Geldmengenziel entspricht ($\hat{M}^{Ziel} = \hat{M}$), zeigt der P-Stern-Ansatz auch, dass dann die gleichgewichtige Inflationsrate $\pi^*$ dem Inflationsziel $\pi^{Ziel}$ entspricht ($\pi^* = \pi^{Ziel}$). Nach der *Quantitätsgleichung* und der Definition von P-Stern gilt nämlich (siehe auch (B1) und (B4) in Box II.2.7)

(34) $$\pi^* = \hat{M} + \hat{V}^* - \hat{Y}^*$$

Da sich bei Stabilität die tatsächliche Preisentwicklung im Zeitablauf an die gleichgewichtige anpasst, gilt langfristig auch $\pi = \pi^{Ziel}$.

**Box II.2.7: Das P-Stern-Konzept**

Ende der 80er Jahre wurde von Mitarbeitern des Federal Reserve Board der Indikator P-Stern (*„P-Star"*, P*) entwickelt, der zur theoretischen und empirischen Fundierung des Geldmengen-Preis-Zusammenhangs beitragen sollte.

Der Grundgedanke des Ansatzes ist denkbar einfach: Zusätzliches Geld führt langfristig zu höheren Preisen, sofern es nicht durch eine zunehmende Güterproduktion oder eine höhere Geldhaltung (geringere *Umlaufgeschwindigkeit*) absorbiert wird. Ausgehend von der Quantitätsgleichung wird dasjenige Preisniveau als gleichgewichtig (= P*) bezeichnet, das sich bei einem gegebenen Geldmengenbestand M in einer Situation normal ausgelasteter Kapazitäten Y* und einer gleichgewichtigen Umlaufgeschwindigkeit V* einstellen würde (dabei bezeichnen Kleinbuchstaben logarithmierte Größen):

(B1) $$P^* = \frac{M \cdot V^*}{Y^*} \quad \text{bzw.} \quad p^* = m + v^* - y^*$$

Für das tatsächliche Preisniveau P (p) dagegen gilt

(B2) $$P = \frac{M \cdot V}{Y} \quad \text{bzw.} \quad p = m + v - y$$

Der Unterschied zwischen den tatsächlichen und den gleichgewichtigen Preisen, die sog. *Preislücke* (in logarithmischer Form) ist also gegeben durch

(B3) $$(p - p^*) = (v - v^*) + (y^* - y)$$

Die Preislücke (p – p*) setzt sich zusammen aus der *Liquiditätslücke* (v – v*) und der Kapazitätsauslastung bzw. dem *Output Gap* (y* – y). Wenn nun die tatsächliche Preisentwicklung im Zeitablauf gegen die gleichgewichtige konvergiert, kann diese Preislücke als Inflationsindikator verwendet werden. Nach (B3) ist dann mit einer Beschleunigung des Preisauftriebs zu rechnen, wenn die Produktionskapazitäten übermäßig ausgelastet sind (y > y*) und/oder die Umlaufgeschwindigkeit niedriger (die Geldhaltung höher) als im langfristigen Gleichgewicht (v < v*) ist. Die Preislücke erfasst damit das Inflationspotenzial bereits realisierter Güternachfrage (Nachfrageüberhang) als auch potenzieller Nachfrage (Liquiditätsüberhang). Für die Preislücke (p – p*) wird in jüngster Zeit häufig auch geschrieben

(B3') $$(p - p^*) = -(m_r - m_r^*).$$

Dabei entspricht $m_r \equiv (m - p)$ der (logarithmierten) realen Geldmenge und $m_r^* \equiv (m - p^*)$ der (logarithmierten) gleichgewichtigen realen Geldmenge. Der Ausdruck $(m_r - m_r^*)$ wird als reale *Geldlücke* („*real money gap*") bezeichnet, so dass die Preislücke der negativen realen Geldlücke entspricht (siehe auch EZB, 2001).

Im Falle Deutschlands erzielte man mit dem P-Stern-Modell gute empirische Ergebnisse (siehe Tödter/Reimers, 1994; Clostermann/Seitz, 1999). Dabei spielte allerdings die Wahl der Geldmengengröße eine entscheidende Rolle. Die positiven Resultate beziehen sich nahezu ausschließlich auf M3, nicht auf enge Geldmengenaggregate wie z.B. M1. Die Wahl der Preisgröße (Preisindex der Lebenshaltung, BIP-Deflator etc.) hatte dagegen keinen bedeutenden Einfluss. Das Konzept wurde auch erfolgreich auf den Fall der EWU angewendet (Deutsche Bank Research, 2000, 21 f.; Nicoletti-Altimari, 2001; Gerlach/Svensson, 2001). Darüber hinaus konnte gezeigt werden, dass eine europäische Preislücke für die Inflationserklärung in Deutschland ab Ende der 80er Jahre eine immer bedeutendere Rolle spielt (Groneveld et al., 1997).

Der Zusammenhang mit Geldmengenzielen ergibt sich, indem man eine weitere Quantitätsgleichung (in Logarithmen) für Zielgrößen aufstellt.

(B4) $$p^{Ziel} = m^{Ziel} - y^* + v^*$$

Nach (B4) ergibt sich das Preisniveauziel $p^{Ziel}$ aus dem Geldmengenziel $m^{Ziel}$ je Einheit des realen (gleichgewichtigen) Produktionspotenzials y* bei gleichgewichtiger Umlaufgeschwindigkeit v*. Die Abweichungen vom Preisziel $(p - p^{Ziel})$ ergeben sich aus einer Kombination von (B4) mit (B2)

(B5) $$p - p^{Ziel} \equiv (m - m^{Ziel}) - (p^* - p)$$

(B5) besagt, dass eine Zentralbank, die eine Geldmengenstrategie zur Erreichung von Preisstabilität verfolgt, auch dann reagieren muss, wenn die Geldmenge sich zielgerecht verhält. Die so definierte „*Preisziellücke*" $(p - p^{Ziel})$ setzt sich aus Abweichungen vom Geldmengenziel $(m - m^{Ziel})$ vermindert um die *Preislücke* (p* – p) zusammen. Nur wenn Letztere null ist, ist allein die Geldmengenentwicklung für die Preisziellücke relevant. Diese Zusammenhänge werden i.d.R. bei der Festlegung von Geldmengenzielen berücksichtigt.

Nach der Quantitätsgleichung könnte man den Eindruck gewinnen, die Geldmengensteuerung sei im Prinzip identisch mit der nominalen BIP-Steuerung und setze nur an einem anderen Punkt der Gleichung an. Während jedoch die *Geldmengenstrategie* eine mittelfristige Verstetigung der Geldmengenentwicklung beabsichtigt, führt die nominelle BIP-Steuerung zu antizyklischen Schwankungen der monetären Entwicklung. Der entscheidende Unterschied bezieht sich dabei auf die Behandlung der *Umlaufgeschwindigkeit*. Während bei der nominellen BIP-Steuerung mit dem prognostizierten Wert für die Zielperiode gearbeitet wird, verwendet man im Rahmen der Geldmengenstrategie einen längerfristigen Trendwert.[82] Da sich der Wert der Umlaufgeschwindigkeit in der Regel im Konjunkturzyklus verändert, implizieren die Geldmengen- und die nominelle BIP-Orientierung unterschiedliche Zielwerte für das Geldmengenwachstum. In Boomphasen steigt üblicherweise die Umlaufgeschwindigkeit an, d.h. die reale Geldnachfrage nimmt nicht so stark zu wie das reale BIP. Bei einer nominellen BIP-Orientierung fällt dadurch der (implizite) Zielwert für das Geldmengenwachstum (gemäß der Quantitätsgleichung) geringer aus. Umgekehrtes gilt für Rezessionsphasen.

### 2.3.4.2 Die Rolle der Geldnachfrage

Das Verhalten der Geldnachfrage bzw. der Umlaufgeschwindigkeit spielt für das Konzept der Geldmengensteuerung die entscheidende Rolle. Die Theorie der Geldnachfrage beschäftigt sich mit den Motiven der Wirtschaftssubjekte zur Geldhaltung. Nach Keynes wird ein Transaktions-, ein Spekulations- und ein Vorsichtsmotiv unterschieden. Entscheidend für unsere Fragestellung ist in diesem Zusammenhang die Summe der individuellen Geldnachfragen, d.h. die aggregierte (gesamtwirtschaftliche) Geldnachfrage.

Die Geldnachfragetheorie versucht dabei eine Erklärung der realen Geldnachfrage. Entscheidend sind die realen Geldbestände, da die Halter von Geld die Kaufkraft einer gegebenen nominalen Geldeinheit interessiert. Üblicherweise begründet man dann im Rahmen der Geldnachfragetheorien eine Abhängigkeit der realen Geldnachfrage L („*Liquiditätspräferenz*“) von einer *Transaktionsgröße* und einer Opportunitätskostenvariablen oc. Da über das aggregierte Transaktionsvolumen der Wirtschaftssubjekte keine statistischen Informationen vorliegen, verwendet man dafür stellvertretend in Geldnachfragefunktionen eine gesamtwirtschaftliche Einkommensgröße. Dafür kommt z.B. das reale BIP Y in Frage. Die reale Geldnachfragebeziehung lautet somit in kompakter Form

$$\frac{M}{P} = L(\underset{+}{Y}, \underset{-}{oc}) \qquad (35)$$

Die Zeichen „+“ und „–“ unter den Determinanten stehen für die partiellen Abhängigkeiten.

82 Die Deutsche Bundesbank setzte hier zuletzt die durchschnittliche Entwicklung im Zeitraum 1975 bis 1998 an.

Welche Opportunitätskosten Verwendung finden sollten, hängt davon ab, was als Alternativen zur Geldhaltung betrachtet wird (siehe dazu auch EZB, 2001). Bei unverzinsten Geldaggregaten (wie z.B. größtenteils M1) kommen dafür repräsentative (nominale) Zinsen in Frage. Damit ist in der Regel auch die erwartete Inflationsrate mit erfasst, da sich nach der Fisher-Gleichung (siehe Box II.2.5) der Nominalzins aus dem Realzins und einer erwarteten Inflationskomponente zusammensetzt. Handelt es sich dagegen um ein umfassendes Geldmengenaggregat (z.B. M3), das auch zinstragende kurzfristige Anlageformen enthält, wäre die Differenz zwischen der Rendite einer längerfristigen festverzinslichen Anlage und der *Eigenverzinsung* des Geldaggregates als Opportunitätskosten anzusetzen. Werden auch risikotragende Anlageformen (z.B. Aktien) ins Kalkül gezogen, sind deren Ertragsraten ebenfalls zu berücksichtigen. Auch nicht-finanzielle Aktiva sind unter Umständen in Betracht zu ziehen.

Die *Stabilität der Geldnachfrage* ist notwendige Voraussetzung für eine erfolgreiche Geldmengenstrategie. Stabilität der Geldnachfrage und Stabilität der Umlaufgeschwindigkeit sind dabei zwei Seiten einer Medaille. Unter Berücksichtigung der Quantitätsgleichung ergibt sich nämlich für die Umlaufgeschwindigkeit der folgende Ausdruck

(36) $$V = \frac{P \cdot Y}{M} = \frac{Y}{M/P} = \frac{Y}{L(Y, oc)}$$

Instabile Entwicklungen der Umlaufgeschwindigkeit sind also gleichbedeutend mit einer instabilen Geldnachfrage.

Stabilität impliziert jedoch nicht Konstanz. In vielen Ländern der EWU war z.B. ein fallender Trend in der Umlaufgeschwindigkeit breiter Geldmengenaggregate festzustellen. In Deutschland konnte dieser als trendstabil betrachtet werden (siehe Schaubild II.2.6 für M3 in Deutschland). Die Bundesbank ging hier in der Regel von einem Rückgang pro Jahr von 0,5 bis einem Prozentpunkt aus. Allgemein bedeutet dies, dass die Geldhaltung in Relation zu den vorgenommenen Transaktionen zunimmt. Zwar spricht der Trend zum bargeldlosen Zahlungsverkehr und die Tendenz zur Ökonomisierung der Geldhaltung eher für eine steigende Umlaufgeschwindigkeit. Da es aber neben dem Transaktionsmotiv noch weitere Motive der Geldhaltung gibt (Vermögens- bzw. Anlagemotive bei zinstragenden Teilen, Hortungen von Bargeld, Bargeldhaltung im Ausland) ist ein rückläufiger Trend ökonomisch durchaus begründbar. Dementsprechend kann der „Geldmantel" dann reichlicher ausfallen, ohne Stabilitätsgefahren herauf zu beschwören (siehe (33)).

Die Stabilität der Geldnachfrage bzw. Umlaufgeschwindigkeit bedeutet ganz generell, dass sich die Geldmengenentwicklung durch einige wenige Faktoren erklären lässt und die Zusammenhänge im Zeitablauf nicht zu stark schwanken. Empirisch beinhaltet dies zunächst, dass eine langfristige Geldnachfragefunktion in Abhängigkeit von einigen wenigen Determinanten (z.B. einer Transaktionsgröße und einer Opportunitätskostenvariablen) existiert. Zudem sollten die geschätzten Abhängigkeiten im Zeitablauf nicht zu sehr schwanken. Dann lässt sich die Beziehung auch für eine Prognose der Geldmengenentwicklung verwenden. Darüber hinaus bezieht sich Stabilität auf die systematische

*Schaubild II.2.6: Die Umlaufgeschwindigkeit von M3 in Deutschland*

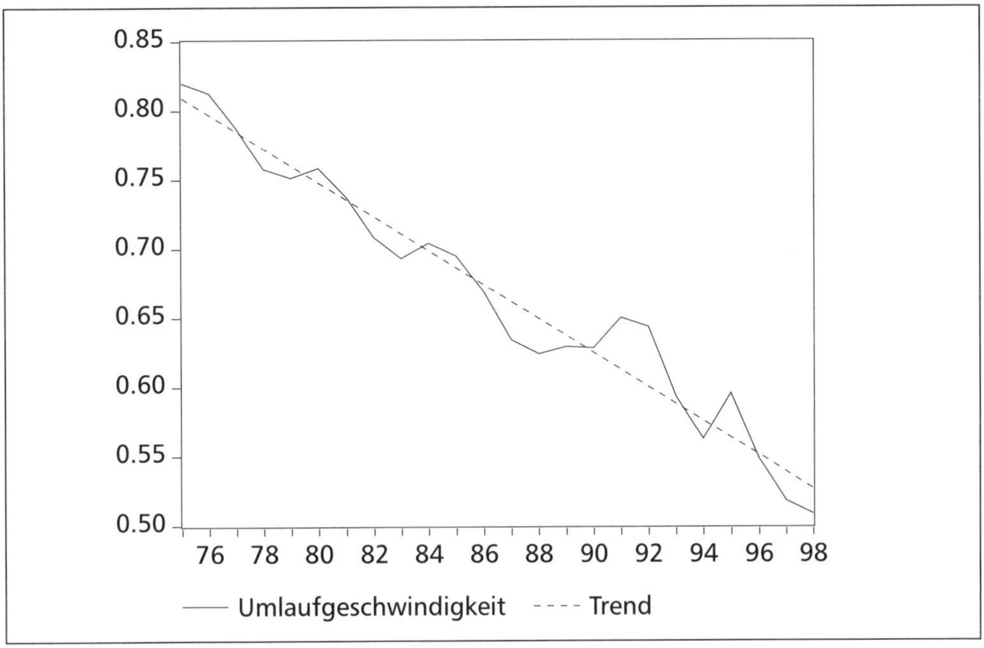


Quelle: Deutsche Bundesbank.

Anmerkung: logarithmischer Maßstab.

Beeinflussbarkeit der Geldmengenentwicklung mit Hilfe der Instrumente der Geldpolitik. Und schließlich sollte auch ein Geldmengen-Preis-Zusammenhang feststellbar sein. Für die Geldpolitik ist dabei vor allem die längerfristige Stabilität der Geldnachfrage von Interesse. Die kurzfristige Dynamik gewinnt allerdings dann an Bedeutung, wenn die Anpassung an das langfristige Gleichgewicht relativ langsam abläuft.

Die Frage nach der Stabilität der Geldnachfrage hängt eng mit der Abgrenzung des Geldmengenbegriffes zusammen. Allen nationalen Geldmengenzielen, die in den Jahren vor Eintritt in die EWU veröffentlicht wurden (in der EU geschah dies in Deutschland, Frankreich, Italien und Griechenland) lagen breite *Geldmengenaggregate* zugrunde. So setzte sich z.B. die offizielle Zielgröße M3 in Deutschland nicht nur aus Bargeld und Sichteinlagen von inländischen Nichtbanken bei inländischen Kreditinstituten zusammen, sondern enthielt auch Termingelder unter vier Jahren und Spareinlagen mit dreimonatiger Kündigungsfrist. Breite Geldmengenaggregate haben den Vorteil, viele zinsbedingte Umschichtungen, die die volkswirtschaftliche Liquiditätslage insgesamt unverändert lassen, in sich aufzufangen. Andererseits sind sie jedoch weiter entfernt von den direkter kontrollierbaren Größen auf dem Geldmarkt. Enge Geldmengengrößen wie M1 verlaufen aufgrund des hohen Bargeldanteils dagegen häufig zu erratisch, um als offizielle geldpolitische Orientierungsgrößen zu dienen. Oder anders formuliert: Eng abgegrenzte Geldmengenaggregate haben eine Tendenz zu instabilen Verläufen.

*Finanzinnovationen* sorgten in vielen Ländern, z.B. in den USA und Großbritannien, dafür, dass die Geldnachfragerelationen instabil wurden. Sie führten zum Auftreten neuer Substitute zur Geldhaltung. Häufige Ursache dafür waren Deregulierungen auf den Finanzmärkten, d.h. letztlich die zuvor existierenden Regulierungen. Wenn das Finanzvermögen aufgrund attraktiver Konditionen verstärkt in diese neuen (kurzfristigen) Anlageformen fließt, die offiziell nicht zur Geldmenge zählen, entsteht das Problem des sog. „missing money". Dadurch werden zuvor festgestellte Zusammenhänge, z.B. zwischen der Geldmengenentwicklung und Zinsen sowie der Inflation, destabilisiert. Das Hauptproblem besteht dabei darin, dass sich die Finanzinnovationen und im Speziellen die „Zahlungstechnologie" (Bargeld versus Schecks, Geldkarten, Kreditkarten; die Verwendung von Retail Sweep Accounts, bei denen jeweils nur bei Bedarf Geld von zinstragenden Konten auf Girokonten überwiesen wird) endogen aus den Kosten-Nutzen-Überlegungen der Nutzer entwickeln.

In Deutschland haben Finanzinnovationen die Strategie der Geldmengensteuerung mit dem breiten Geldmengenaggregat M3 kaum gestört (Scharnagl, 1996). Hauptsächlich zurückzuführen war dies auf die bereits seit Ende der 60er Jahre liberalisierten Finanzmärkte, stabile Finanzmarktstrukturen und den eher konservativen deutschen Anleger. Die Bundesbank hielt selbst nach der deutschen Vereinigung und den EWS-Krisen der Jahre 1992/93 an der Geldmengenstrategie fest, da keine Anzeichen für dauerhafte Instabilitäten im Geldnachfrageverhalten nach M3 vorlagen. Darauf weisen vielfältige Untersuchungen hin (siehe die Übersicht in Funke/Cabos, 2000, 1508 sowie Hubrich, 1999).

### 2.3.4.3 Vorteile einer Geldmengenstrategie

Mit einer Geldmengenpolitik nach der Art, wie sie z.B. die Deutsche Bundesbank über lange Jahre betrieben hat, verbindet man eine Anzahl von Vorteilen:

- Zunächst einmal liegt ihr eine klare und relativ einfache Theorie zugrunde. Diese besagt, dass Veränderungen der Geldmenge auf Dauer einen positiven Effekt auf das allgemeine Preisniveau haben. Es gilt jedoch keine 1 : 1-Beziehung, da das Wirtschaftswachstum und der Trend in der Umlaufgeschwindigkeit den Geldmengen-Preis-Zusammenhang überlagern. Anhand der Schaubilder II.2.7a und b sowie Tabelle II.2.2 kann dies für unterschiedliche Ländergruppen nachvollzogen werden. Voraussetzung zur Ausnutzung dieser Beziehung ist allerdings die Stabilität der entsprechenden Geldnachfrage. Die entscheidende Rolle der Zentralbank für die Inflationsentwicklung wird vor allem daran deutlich, dass eine übermäßige Ausweitung der Geldmenge ohne Einschaltung der Zentralbank **dauerhaft** nicht vorstellbar ist. Die letztlich gewählte Geldmengengröße sollte prognostizierbar sein, nicht zu starken kurzfristigen Ausschlägen unterliegen und nur von wenigen grundlegenden Bestimmungsfaktoren abhängen.

*Schaubild II.2.7a: Internationaler Geldmengen-Preis-Zusammenhang*

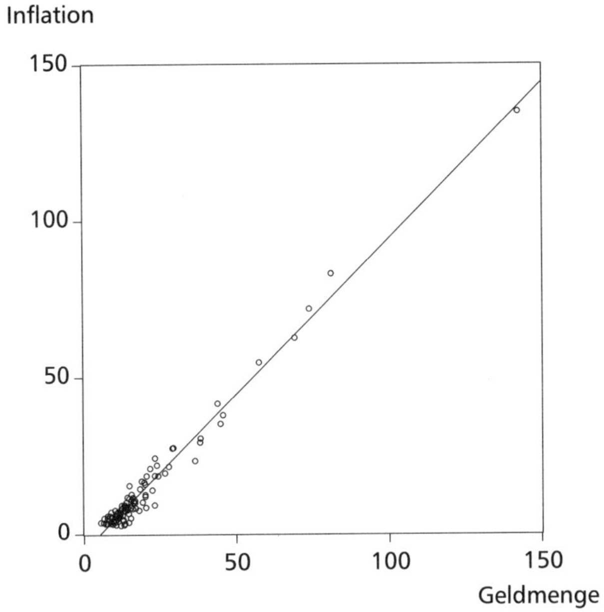


Quelle: Herwartz/Reimers, 2001.

Anmerkungen: Durchschnittliche jährliche Wachstumsraten eines breiten Geldmengenaggregates und des Preisindex der Lebenshaltung von 1960–1999 in 110 Ländern (in %).

*Tabelle II.2.2: Zusammenhang zwischen Geldmengenwachstum und Inflation*

| Ländergruppe | Geldmengenaggregat | |
|---|---|---|
| | M1 | Mb |
| 110 Länder | 0,983 | 0,975 |
| 22 OECD-Länder | 0,936 | 0,968 |
| 18 lateinamerikanische Länder | 0,996 | 0,995 |

Quelle: Herwartz/Reimers, 2001.

Anmerkungen: Angegeben ist das Bestimmtheitsmaß einer Regression der Inflationsrate auf eine Konstante und das entsprechende Geldmengenwachstum. Untersuchungszeitraum 1960–1999; Inflation gemessen am Preisindex der Lebenshaltung; Mb: breites Geldmengenaggregat gemäß Definition des IWF, das neben M1 auch Quasi-Geld enthält.

*Schaubild II.2.7b: Geldmengen-Preis-Zusammenhang in Industrieländern und Ländern mit niedrigen Inflationsraten*

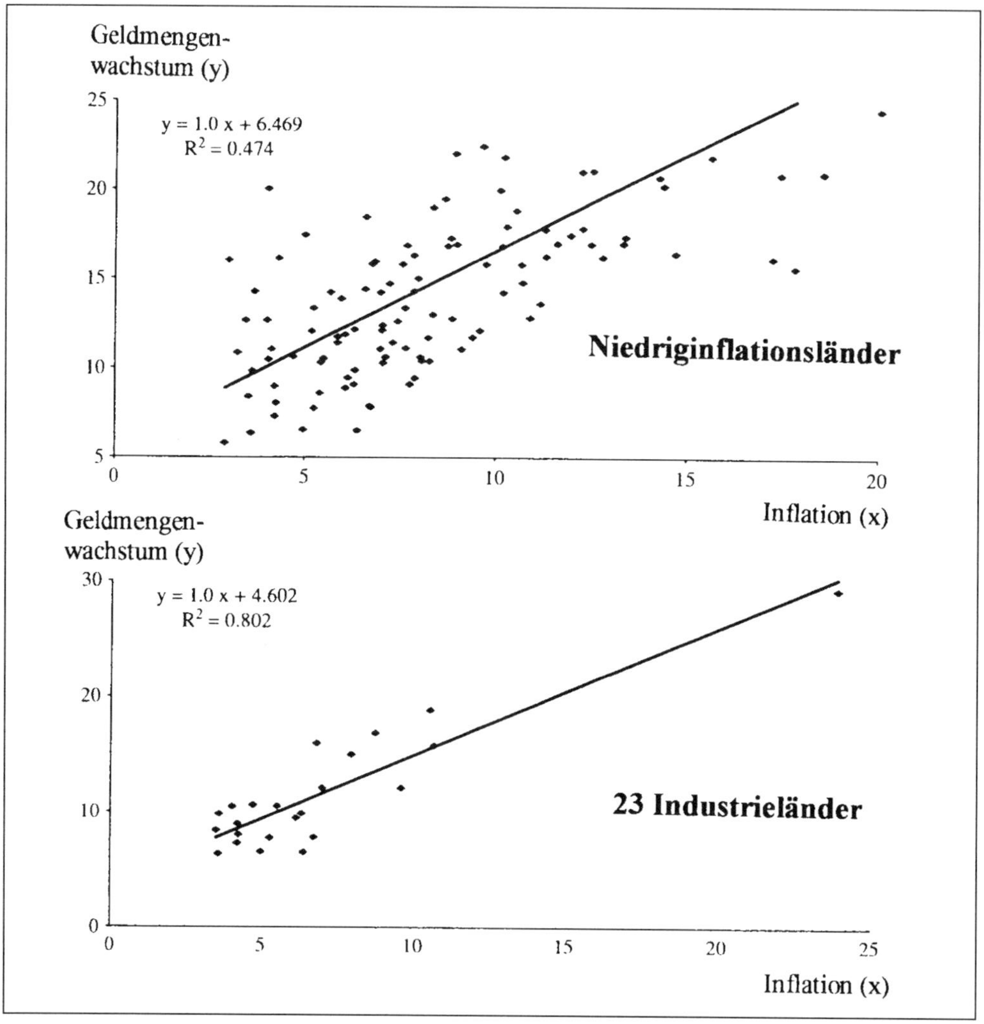


Quelle: Issing et al., 2001, 11.

Anmerkungen: Industrieländer: 23 OECD-Länder ohne Türkei, Mexiko, Südkorea und die Transformationsländer; Länder mit niedriger Inflation: alle IWF-Länder mit jährlichen Inflationsraten unter 20 %. $R^2$: Bestimmtheitsmaß.

■ Aus den drei Komponenten Wirtschaftswachstum, Preiskomponente und Umlaufgeschwindigkeit errechnet sich der stabilitätsgerechte Wert für die Geldmengenausdehnung pro Jahr. Üblicherweise wird jedoch kein *Punktziel* verfolgt, sondern um diesen Wert eine Bandbreite oder ein *Zielkorridor* gelegt.[83] Dadurch trägt man dem Umstand Rechnung, dass ein kurzfristiges „fine-tuning" nicht möglich ist und Schwankungen der Geldmenge innerhalb einer gewissen, eng bemessenen Bandbreite keine Stabilitätsgefahren und Glaubwürdigkeitsprobleme darstellen. Mit dieser Vorgehensweise geht eine Vergrößerung des Flexibilitätsspielraums der Zentralbank einher.

- Vereinfachung des geldpolitischen Steuerungsprozesses: Die Geldpolitik kann sich auf eine Variable konzentrieren, die (bei Stabilität) einen ausreichend gesicherten Zusammenhang zum Endziel aufweist, **ohne** dass sie den genauen Transmissionsprozess geldpolitischer Entscheidungen kennen muss. Geldmengendaten sind zudem relativ schnell verfügbar.

- Werden Geldmengenziele und die ihr zugrunde liegenden Determinanten auch öffentlich bekannt gegeben, erfüllen sie die Funktion eines „Sprachrohrs" und erhöhen damit die Transparenz der Notenbankpolitik in der Öffentlichkeit. Sie liefern Informationen über die Absichten der Zentralbank und fungieren dadurch als Richtschnur für die Erwartungsbildung der Märkte. Die publizierten Geldmengenziele stellen auch eine Art Selbstbindung der Zentralbank dar. Wenn die Ziele nicht eingehalten werden, steht die Zentralbank nämlich unter Rechtfertigungszwang. Nur wenn sie überzeugend darzulegen weiß, dass solche Abweichungen nicht dem letztendlichen Ziel der Preisstabilität im Wege stehen, sind sie nach außen vertretbar und schaden dem Ansehen nicht. Hier kann eine mehrjährige Orientierung unter Umständen hilfreich sein, wenn dadurch nicht ständig auf kurzfristig wirkende Sonderfaktoren verwiesen werden muss. Sind diese allerdings längerfristiger Natur, lösen mehrjährige Geldmengenziele das Problem selbstverständlich nicht, sondern verschieben es nur. In diesem Zusammenhang ist auch zu berücksichtigen, dass letztlich nicht die Geldmengenziele, sondern die Erfolge bei der Inflationsbekämpfung im Vordergrund stehen. Geldmengenziele sind hierfür nur Mittel zum Zweck.

- Eindeutige Zuordnung von Verantwortlichkeiten, da die Geldmengenentwicklung aufgrund des Geldschöpfungsprozesses im Endeffekt der Notenbank unterliegt.

- Die Bundesbank war mit der Geldmengenorientierung relativ erfolgreich. Zwar verfehlte auch sie in knapp 50 % der Fälle ihre Geldmengenziele (siehe Tabelle II.2.3). Dabei ist allerdings zu berücksichtigen, dass ein Großteil der Zielverfehlungen in die Anfangszeit der Geldmengenstrategie fielen, im Zuge der deutschen Wiedervereinigung und der EWS-Krisen (1992/93) auftraten oder durch steuerpolitische Entscheidungen (1995/96) beeinflusst waren. Im Rahmen einer mittelfristig orientierten Strategie spielt die Nicht-Einhaltung von Jahreszielen auch eine nur untergeordnete Rolle. Sie sollte nur der Öffentlichkeit gut kommuniziert werden. Zudem ist der Zwischenzielcharakter der Geldmenge wichtig. Letztlich relevant sind die Endziele. Und bei der Inflationsbekämpfung erzielte die Bundesbank weltweite Spitzenwerte.

83 Seit 1979 legte z.B. die Deutsche Bundesbank Zielkorridore für das Geldmengenziel fest.

*Tabelle II.2.3: Geldmengenziele und ihre Realisierung in Deutschland (in %)*

| | Ziel: Wachstum der Zentralbankgeldmenge bzw. der Geldmenge M3[a] | | | Tatsächliche Entwicklung | | |
|---|---|---|---|---|---|---|
| Jahr | Im Verlauf des Jahres[b] | Im Jahres-durchschnitt | Konkretisierung im Verlauf des Jahres | Im Verlauf des Jahres[b] | Im Jahres-durchschnitt | Ziel erreicht |
| 1975 | 8 | – | – | 10 | – | nein |
| 1976 | – | 8 | – | – | 9 | nein |
| 1977 | – | 8 | – | – | 9 | nein |
| 1978 | – | 8 | – | – | 11 | nein |
| 1979 | 6–9 | – | Untergrenze | 6 | – | ja |
| 1980 | 5–8 | – | Untergrenze | 5 | – | ja |
| 1981 | 4–7 | – | untere Hälfte | 4 | – | ja |
| 1982 | 4–7 | – | obere Hälfte | 6 | – | ja |
| 1983 | 4–7 | – | obere Hälfte | 7 | – | ja |
| 1984 | 4–6 | – | – | 5 | – | ja |
| 1985 | 3–5 | – | – | 5 | – | ja |
| 1986 | 3 ½–5 ½ | – | – | 8 | – | nein |
| 1987 | 3–6 | – | – | 8 | – | nein |
| 1988 | 3–6 | – | – | 7 | – | nein |
| 1989 | etwa 5 | – | – | 5 | – | ja |
| 1990 | 4–6 | – | – | 6 | – | ja |
| 1991 | 3–5[c] | – | – | 5 | – | ja |
| 1992 | 3 ½–5 ½ | – | – | 9 | – | nein |
| 1993 | 4 ½–6 ½ | – | – | 7 | – | nein |
| 1994 | 4–6 | – | – | 6 | – | ja |
| 1995 | 4–6 | – | – | 2 | – | nein |
| 1996 | 4–7 | – | – | 8 | – | nein |
| 1997 | 3 ½–6 ½[d] | – | – | 5 | – | ja |
| 1998 | 3–6 | – | – | 6 | – | ja |

Quelle: Deutsche Bundesbank.

Anmerkungen:

a) Ab 1988: Geldmenge M3;

b) Jeweils vom vierten Quartal des Vorjahres bis zum vierten Quartal des laufenden Jahres; 1975: Dezember 1974 bis Dezember 1975;

c) Gemäß der Adjustierung des Geldmengenziels im Juli 1991;

d) Erstmalige Vorgabe eines Zwei-Jahres-Zieles, nach dem M3 im Verlauf von 1997 und 1998 um jeweils etwa 5 % wachsen soll.

Bei Übertragung auf Europa könnte das Eurosystem an die erfolgreiche Vergangenheit der Bundesbank anknüpfen, die mit hoher Glaubwürdigkeit auf den Märkten verbunden war und von vielen mit Stabilitätsorientierung gleichgesetzt wird. Dafür sollte man dann allerdings nicht zu lange warten. Bei den sonstigen Unsicherheiten könnte ein derartiges Signal der Kontinuität nicht hoch genug eingeschätzt werden. Andererseits verbleiben allerdings die Unwägbarkeiten bei der Entwicklung der zukünftigen Geldnachfrage. Die mittelfristige Orientierung und die angesprochenen Unsicherheiten könnten es auch angezeigt lassen, über eine Jahresorientierung der Geldmengenentwicklung hinauszugehen. Man würde dadurch deutlich dokumentieren, dass kurzfristige Fehlentwicklungen keinen Handlungsbedarf signalisieren. Der Zeithorizont darf allerdings auch nicht zu lange gewählt werden, da dann das Ziel aufgrund der fehlenden Bindungskraft unglaubwürdig wirkt. Diese Mehrjahresziele könnten zur besseren Orientierung in Jahresziele umgesetzt werden. Insgesamt bieten sich Zwei- oder Drei-Jahres-Ziele an. So ging auch die Deutsche Bundesbank mit dem Jahr 1997 auf eine Zwei-Jahres-Orientierung über. Dies wurde mit Unsicherheiten im Vorfeld der Währungsunion begründet.

In der geldpolitischen Praxis wurde nie eine „strikte" Geldmengenpolitik betrieben. Die Zentralbanken unterwerfen sich zwar der *Regelbindung* der Ziele zu einem großen Teil, verzichten aber nicht auf einen gewissen Flexibilitätsspielraum. Es kann jedenfalls nicht um einen mechanistischen Einsatz des geldpolitischen Instrumentariums gehen (siehe auch die Ausführungen zu Tabelle II.2.3). Der Erfolg der von der Bundesbank in den letzten Jahren ihrer Politik mit eigenständigen Geldmengenzielen praktizierten **pragmatischen** Geldmengenpolitik basierte größtenteils auf ihrer hohen Reputation und Glaubwürdigkeit sowie der guten Performance in der Vergangenheit. Die Gewichtung von „rules" und „flexibility" („discretion") wird bei anderen Zentralbanken sicherlich anders ausfallen müssen. Auch bedeutet eine Geldmengenstrategie nicht, Informationen von anderen Variablen außer Acht zu lassen.[84] Das offizielle Geldmengenaggregat nimmt nur eine herausgehobene Stellung ein, kann also als „primus inter pares" bezeichnet werden. Die aktive Nutzung dieses Flexibilitätsgrades, ohne Zweifel an der Stabilitätsorientierung aufkommen zu lassen, ist zwar stets (und gerade für eine neue Institution) eine Gratwanderung. Bei Erfolg dürfte sie allerdings dem Aufbau von Glaubwürdigkeit auf alle Fälle förderlich sein.

## 2.4 Direkte Inflationssteuerung – ein relativ neues Konzept

Wie in Abschnitt II.2.2 gezeigt wurde, ist es auch mit einer einstufigen Strategie, die sich kein Zwischenziel setzt, möglich, Preisstabilität zu erreichen. Hier soll auf die Charakteristika dieses Ansatzes näher eingegangen werden. Speziell sollen auch die Unterschiede zu einer Zwischenzielstrategie herausgearbeitet werden.

84 Dies verdeutlicht auch das P-Star-Konzept, in welchem neben der Liquiditätslücke der Output Gap als Inflationsindikator fungiert (siehe Box II.2.7).

### 2.4.1 Die einstufige Strategie

Die unsteten Entwicklungen auf den Finanzmärkten aufgrund von Finanzinnovationen, Deregulierungen und einer Disintermediation weg vom Bankensektor „zwangen" viele Länder, von der Geldmengenstrategie und/oder Wechselkurszielen Abschied zu nehmen. Auch einige europäische Länder mussten sich neu orientieren, da nach den EWS-Krisen der Jahre 1992/93 die davor geltenden Wechselkursziele bedeutungslos wurden. Auf der Suche nach einer adäquaten geldpolitischen Strategie gingen manche Zentralbanken auf eine Politik der *direkten Inflationssteuerung* über. Diese entspricht einer Strategie ohne traditionelles Zwischenziel und wird dementsprechend als *einstufiges Konzept* bezeichnet. Den Anfang machte Neuseeland 1989. Es folgten Chile (1990), Kanada (1991), Israel (1991), Großbritannien (1992), Schweden (1993), Finnland (1993), Australien (1994), Spanien (1994), Tschechien (1998), Polen (1999), Brasilien (1999), Thailand (2000) und Südafrika (2000).

Bei den Ländern, die inzwischen *Inflationsziele* verfolgen, handelt es sich um solche, die in der Vergangenheit relativ hohe Inflationsraten aufwiesen. Der Öffentlichkeit sollte durch den Strategiewechsel signalisiert werden, dass in Zukunft die Erreichung von Preisstabilität eindeutig im Zentrum der geldpolitischen Überlegungen steht. Um Glaubwürdigkeit (wieder) zu gewinnen und einen „Anker" für die Erwartungsbildung der Marktteilnehmer zu bieten, enthält eine derartige Strategie, trotz aller Unterschiede im Detail, folgende charakteristische Elemente:

1. Festlegung der zu steuernden Preisgröße.
2. Öffentliche Ankündigung eines numerischen mittelfristigen Ziels für die Preisentwicklung.
3. Institutionelle Absicherung des Endziels Preisstabilität bzw. Inflationsbekämpfung.
4. Herausgehobene Stellung einer modellgestützten *Inflationsprognose*, in die mehrere Indikatoren eingehen. Explizite Zwischenziele spielen keine Rolle mehr.
5. Erhöhte Transparenz durch verstärkte Kommunikation mit der Öffentlichkeit und den Märkten über Ziele und Absichten der Notenbank (z.B. über die Publikation eines Inflationsberichtes).
6. Verstärkte Verantwortung der Zentralbank, die Inflationsziele zu erreichen, und *Rechenschaftspflicht* bei Zielverfehlungen.

Einen Überblick über ausgewählte Charakteristika in einzelnen Ländern gibt Tabelle II.2.4.

Um einen „Anker" für die Erwartungsbildung der privaten Marktteilnehmer zu bilden, soll durch die Vorgabe eines veröffentlichten Inflationsziels die Stabilitätsorientierung der Zentralbank verdeutlicht werden. Der Geldmengenstrategie und der Strategie der direkten Inflationssteuerung ist also gemeinsam, dass dasselbe Endziel – Preisstabilität – angestrebt wird. Bei der Inflationssteuerung wird dieses deutlicher herausgestellt, und

*Tabelle II.2.4: Grundmerkmale der direkten Inflationssteuerung in europäischen Ländern*

| | Großbritannien | Schweden | Polen | Tschechien |
|---|---|---|---|---|
| Beginn der Inflations-steuerung | Oktober 1992 | Januar 1993 | 1999 | Januar 1998 |
| Zielvariable | Index der Einzelhandelspreise ohne Hypothekenzinszahlungen | Allgemeiner Verbraucherpreisindex | Allgemeiner Verbraucherpreisindex | Allgemeiner Verbraucherpreisindex ohne staatlich administrierte Preise sowie die Effekte indirekter Steuern |
| Letztes Inflationsziel | 2,5 % | 2 % ± 1 Prozentpunkt | 6 %–8 %[a)] | 4 % ± 1 Prozentpunkt[b)] |
| Verantwortung für Zielsetzung | Regierung | Zentralbank | Zentralbank | Zentralbank |
| Publizierte Inflations-prognosen | ja | ja | ja | ja |
| Veröffentlichungen zu Inflationsaussichten | vierteljährlicher Inflationsbericht | vierteljährlicher Inflationsbericht | vierteljährlicher Inflationsbericht | vierteljährlicher Inflationsbericht |

Quelle: Nationale Zentralbanken.

Anmerkungen:

a) bezogen auf das Jahr 2001; mittelfristiges Ziel: Senkung der Inflationsrate auf unter 4 % bis zum Jahresende 2003;

b) bezogen auf das Jahr 2001; längerfristiges Ziel: Senkung der Inflationsrate auf 2 % ± 1 Prozentpunkt bis 2005.

die Zentralbank gibt dadurch auch öffentlich bekannt, was sie unter Preisstabilität versteht. Üblicherweise ist man sich dabei darüber einig, Preisstabilität allein schon aufgrund von statistischen Messproblemen nicht als eine Inflationsrate von null zu definieren (siehe Box II.2.9).

Das **Inflationsziel** wird mit der ***Inflationsprognose* der Zentralbank** verglichen. In dieser ist die Geldmenge – wenn überhaupt – nur eine unter mehreren Variablen. Typischerweise gehen Variablen wie Importpreise, Lohnstückkosten und der Output Gap in die Prognose ein. Die Inflationsziele sind in der Regel als *Zielkorridore* oder Obergrenzen für die Preissteigerung formuliert. Anders als beim Geldmengenziel wird die Einhaltung des Inflationsziels an der offiziell erwarteten Entwicklung, nicht dem tatsächlichen Wert gemessen. Wenn die prognostizierte Inflation über dem Zielwert liegt, muss die Geldpolitik einen restriktiveren Kurs einschlagen, d.h. die Notenbankzinsen anheben. Auf der anderen Seite signalisieren günstigere Inflationsperspektiven als durch das Inflationsziel vorgegeben eine expansivere geldpolitische Ausrichtung in der Zukunft.

Um allerdings auf Inflationsprognosen zu vertrauen, sollte die ökonomische Struktur des Landes relativ stabil und einfach modellierbar sein. Stabilität ist also auch hier wieder ein wichtiges Thema. Speziell für das Eurosystem von Interesse ist die Vermeidung von Konflikten mit der Unabhängigkeit. Das konkrete Inflationsziel sollte in diesem Zusammenhang auf alle Fälle von der Zentralbank gesetzt werden. Dies ist bis auf Großbritannien auch in allen Ländern mit Inflationszielen der Fall. Dadurch sind allerdings auch Konflikte programmiert. So muss die Zentralbank innerhalb dieses Ansatzes auch eine Beurteilung des Preiseinflusses der nationalen Haushalts- und Lohnpolitiken abgeben. Diese Einschätzung muss sich nicht unbedingt mit derjenigen der Regierungsvertreter decken.

## 2.4.2 Vor- und Nachteile des „direct inflation targeting"

Die Vorteile, die man sich aus einer derartigen Orientierung verspricht, lassen sich an folgendem Zitat von Mervyn King (1996, 71), dem ehemaligen Chefvolkswirt und jetzigen Vizegouverneur der Bank of England, anschaulich nachvollziehen: "Direct inflation targets do not offer a fundamentally new approach to monetary policy. Rather, they describe the best practice of successful central banks, provide a convenient framework within which a robust policy reaction function can be operated and explained to the public. They encompass intermediate target approaches to monetary policy because if the intermediate target is a good predictor of future inflation, then that variable will play a major role in the forecast of expected inflation which itself is the intermediate target in a direct inflation target framework. The principal advantage of an inflation target is that it can be used as a means of providing the appropriate incentives for central bankers to implement the objectives of the public. Although any intermediate target can correspond to an optimal policy reaction function, especially when there is latitude to miss the target, the use of an inflation target may make it easier for the public to monitor the performance of a monetary authority. In the design of a monetary framework it is important to consider the incentives facing the central bank. For that reason, it is hardly surprising that inflation targets have been adopted by those countries in which intermediate targets such as money have proved unstable, or in which there has been a change in attitudes among the public towards the desirability of price stability. For both reasons such countries have needed a new framework within which to make credible the commitment to price stability (...)."

Für eine Politik der direkten Inflationssteuerung sind also „Umlaufgeschwindigkeitsschocks" nur von untergeordneter Bedeutung, da eine stabile Geldnachfrage keine Grundvoraussetzung für die sinnvolle Implementierung ist. Man versucht vielmehr, alle relevanten Indikatoren für die Inflationsentwicklung zu verwenden. Diese können sich selbstverständlich im Zeitablauf verändern. Allerdings sollte die zur Prognose verwendete Inflationsgleichung stabile Zusammenhänge aufweisen. Wenn auch die technischen Feinheiten der Inflationsprognose der Öffentlichkeit wenig zugänglich sind, so ist doch das grundlegende Konzept einfach: „Vergleiche das Ziel mit der erwarteten Entwicklung und handle dementsprechend!" In den meisten Ländern wird zudem über die Publikation eines *Inflationsberichts* die Analyse und Diagnose des Inflationsprozesses der Öffentlichkeit in möglichst transparenter und ausführlicher Weise zugänglich gemacht.

Richtigerweise konzentriert sich das Konzept der direkten Inflationssteuerung auf die letztlich entscheidende Realisation von Preisstabilität. Es handelt sich um keine strikte Regel, sondern sie beinhaltet ein beträchtliches Maß an Flexibilität. Dies liegt allein schon darin begründet, dass nicht nur eine einzige Variable zur Inflationsprognose herangezogen wird. Auch besteht keine Veranlassung, das Ziel zu jedem Zeitpunkt einzuhalten. Außerdem müssen keine Punktziele für die Inflation angestrebt werden. Darüber hinaus erlaubt die Regel üblicherweise Zielverfehlungen bei *Angebotsschocks*. So bezieht sich das Inflationsziel häufig auf sog „underlying rates", die Energie- und Rohstoffpreise, Änderungen indirekter Steuern und die direkten Effekte von Zinsänderungen (z.B. über die Kapitalkosten von Wohneigentum) etc. ausklammern. In Neuseeland gibt es sogar explizit formulierte Ausnahmen, bei denen der Gouverneur der Zentralbank nicht zur Rechenschaft gezogen wird (z.B. bei Änderung indirekter Steuern, stark schwankenden Import- und Exportpreisen oder Naturkatastrophen).

Für die Öffentlichkeit wird durch die Inflationsziele ein Erfolgsmaßstab sowie eine Orientierungsgröße für die Handlungen der Zentralbank geliefert. Allerdings gerät eine Notenbank hier leicht in eine Dilemmasituation: Einerseits erfordert Transparenz und Glaubwürdigkeit eine möglichst genaue Ankündigung des Inflationsziels. Andererseits muss berücksichtigt werden, dass die Geldpolitik allein kurzfristig die Preisentwicklung nicht kontrollieren kann. Analoges gilt für die Inflationsprognosen. Sie sind von der Natur der Sache her unsicher, und zwar umso mehr, je länger der Prognosehorizont ist. Sie müssen aber hinreichend genau sein, um stabilisierend auf die Inflationserwartungen einwirken zu können.

Zwar ist Inflation langfristig ein monetäres Phänomen. Sie liegt also letztendlich in Händen der Notenbank. Die laufende Inflationsrate wird jedoch von einer Vielzahl von Einflussfaktoren überlagert, die nicht dem direkten Verantwortungsbereich der Notenbank unterliegen. So vermag die Notenbank in der kurzen Frist weder den Einfluss der Preise wichtiger Importgüter noch den der Lohnstückkosten auf die allgemeine Preisentwicklung auszuschalten. In noch stärkerem Maße gilt dies für den Kurs der Finanzpolitik im Allgemeinen und für die Änderung indirekter Steuern (z.B. der Mehrwertsteuer) oder staatlich administrierter Verbraucherpreise im Speziellen. Für die Öffentlichkeit ist es jedoch schwierig, geldpolitische Preiseinflüsse von anderen Einflussfaktoren zu unterscheiden. Die Formulierung entsprechend korrigierter Inflationsraten als Zielgrößen, wie von einigen Zentralbanken praktiziert (siehe Tabelle II.2.5), löst das grundsätzliche Problem nicht.

Somit entsteht die Schwierigkeit, zu beurteilen, ob die Notenbank sich stabilitätsgerecht verhält. Folglich stehen Zentralbanken mit direkten Inflationszielen vor dem Problem, die Öffentlichkeit davon zu überzeugen, dass es sich bei Zielverfehlungen um solche handelt, die nicht in ihrem Verantwortungsbereich liegen. Für einen raschen Aufbau von Glaubwürdigkeit, der für das Eurosystem unerlässlich ist, ist diese Strategie **allein** also nur bedingt geeignet. Aus diesem Blickwinkel muss den obigen Aussagen des Chefvolkswirtes der Bank of England also widersprochen werden.

Die bisherigen Erfahrungen der Länder mit einer Politik des „direct inflation targeting" sind in den meisten Fällen erst einige Jahre alt. Gemessen an den Erfolgen bei der Bekämpfung von Inflation und der Eindämmung von *Inflationserwartungen* muss sie als erfolgreich bewertet werden. Sie fiel allerdings größtenteils in eine Phase weltweit niedriger bzw. sinkender Inflationsraten. In Großbritannien hat sich die Strategie aber selbst über einen Konjunkturzyklus hinweg bewährt. In der Boomphase erforderte dabei die Einhaltung des Inflationsziels wegen eines Anstiegs der prognostizierten Inflation Zinserhöhungen. Der Glaubwürdigkeit der Inflationsziele wurde dadurch Vorschub geleistet.

Für die Länder, die auf die Strategie direkter Inflationsziele übergingen, stand zur Verfolgung des Endziels Preisstabilität im Prinzip keine andere Alternative zur Verfügung. Sie muss primär als „aus der Not geboren" denn als Anerkennung einer grundlegenden Überlegenheit betrachtet werden. Eine derartige Orientierung ist demnach eher als zweitbeste Lösung zu interpretieren. Die angesprochene „Not" könnte jedoch im Laufe der Zeit auch für das Eurosystem vorliegen.

Eine Orientierung an einem direkten Inflationsziel ist mit einigen weiteren Nachteilen verbunden. So muss bei ihr im Prinzip der (aktuelle und zukünftige) *Transmissionsprozess* vom Einsatz der geldpolitischen Instrumente bis zum eigentlichen Ziel der Geldpolitik, der Preisstabilität, hinreichend bekannt sein, um eine vorausschauende Geldpolitik zu betreiben. Diese Annahme lag auch der Ableitung des Ergebnisses in Abschnitt II.2.2 zugrunde, dass es sowohl einstufige als auch Zwischenzielstrategien gestatten, Preisstabilität zu erreichen. Konkret wurde dort unterstellt, dass die Zentralbank die gesamte Struktur der Volkswirtschaft vollständig kennt und alle Schocks rechtzeitig und richtig diagnostiziert. Dann wäre es in der Tat unnötig, sich ein Zwischenziel zu setzen. Ein Kennzeichen des Transmissionsprozesses im Allgemeinen und im Euro-Währungsgebiet im Speziellen ist aber gerade, dass er nur unvollständig bekannt ist (siehe dazu ausführlich Kapitel II.5). Die Wirkungskanäle sind im Normalfall lang und variieren im Zeitablauf. In der nicht notwendigen Kenntnis des Transmissionsprozesses liegt ja gerade der Vorteil einer Geldmengenstrategie begründet. Ohne eine hinreichende Kenntnis der Inflationsdeterminanten besteht aber die Gefahr, dass der Versuch einer direkten Zielsteuerung zu einer Fehlsteuerung führt.

Damit sind wir bei dem strategischen Problem einer an Preisstabilität orientierten Geldpolitik angelangt, der dauerhaften Stabilisierung der Inflationserwartungen auf dem Niveau des Inflationsziels. Um diese Inflationserwartungen zu beeinflussen, genügt es nicht, die Marktteilnehmer über die generelle Zielsetzung und die Höhe des Inflationsziels zu informieren. Dafür sollte dies im Rahmen eines transparenten Handlungskonzeptes geschehen. Die Publikation eines Geldmengenziels und seiner Determinanten, wie im Fall der Bundesbank, können diese Funktion bei einer glaubwürdigen Zentralbank erfüllen. Mit diesem mittelfristig ausgerichteten Konzept wird versucht, die Trendrate der Inflation dem Inflationsziel anzugleichen.

Wie ist nun die Politik der direkten Inflationssteuerung in dieser Hinsicht zu beurteilen? An den veröffentlichten Inflationsprognosen kann die Öffentlichkeit ablesen, ob die Zentralbank mit ihrer Politik richtig liegt. Gerade diese Prognosen sind aber für Außenstehende nur schwer nachvollziehbar, weil die Prognoseverfahren nur in rudimentärer Form veröffentlicht werden. Vor allem ist nicht klar, wie verschiedene der Prognose zugrunde liegende Annahmen (z.B. über die Konjunktur-, Wechselkurs und Lohnentwicklung) zusammen wirken und welche Rolle subjektive Einschätzungen spielen. Diese fehlende Transparenz ist der Glaubwürdigkeit der Geldpolitik nicht förderlich.

Letztlich läuft somit eine Strategie der direkten Inflationssteuerung in der Praxis auf eine **Inflationserwartungssteuerung** hinaus, ohne allerdings einen soliden Anker für diese Erwartungsbildung zu liefern. Eine alleinige Orientierung am Konzept der direkten Inflationssteuerung belässt so auch bei einer offensiven Öffentlichkeitsarbeit die konkrete geldpolitische Handlungsregel im Dunkeln. Unter Umständen kommt es erst dann zu einem geldpolitischen Gegensteuern, wenn die Inflation tatsächlich angestiegen ist. Dies ist gerade vor dem Hintergrund der unsicheren und variablen time-lags der Wirkung geldpolitischer Entscheidungen problematisch. Die Transparenz in der Öffentlichkeit, die durch diese Strategie ja gerade gefördert werden sollte, erleidet somit aus dieser Richtung einen Rückschlag. Es ist nämlich nicht eindeutig geklärt, auf welche Weise die Notenbank mit einer derartigen Strategie ihr Inflationsziel erreichen will.

## 2.4.3 Die Inflationsprognose der Zentralbank

Von einigen Seiten, allen voran der Bank of England (siehe auch das Zitat von M. King am Anfang von Abschnitt 2.4.2), wird angeführt, man könnte im Rahmen der Politik der direkten Inflationssteuerung die Inflationsprognose bzw. die *Inflationserwartungen* der Zentralbank als Zwischenziel verwenden. Dadurch wird noch einmal deutlich die Abhängigkeit der Geldpolitik von der Qualität der Inflationsprognose dokumentiert. Das Konzept wäre somit gar nicht als einstufige Strategie, sondern als implizite oder „verkappte“ Zwischenzielstrategie zu interpretieren. Das Verbindungsglied zwischen den geldpolitischen Aktionen und dem Endziel wären die Inflationserwartungen. Die Handlungsempfehlung an die Notenbank leitet sich dann aus dem Schema des Schaubilds II.2.8 ab.

Die *Inflationserwartungen* wären nach den Verfechtern dieses Vorschlags sogar ein ideales Zwischenziel.[85] Erstens weisen sie eine hohe Korrelation mit der künftigen Inflationsentwicklung auf. Zweitens ist die eigene Inflationsprognose optimal kontrollierbar. Um allerdings größeren Manipulationsmöglichkeiten von vornherein einen Riegel vorzuschieben und der Kontrolle durch die Öffentlichkeit zu unterliegen, sollten die

85 Protagonist und vehementester Befürworter dieser Sichtweise aus der Wissenschaft ist Lars Svensson aus Schweden, siehe Svensson, 1997, 1999a, 1999b.

*Schaubild II.2.8: Inflationserwartungen und direkte Inflationssteuerung*

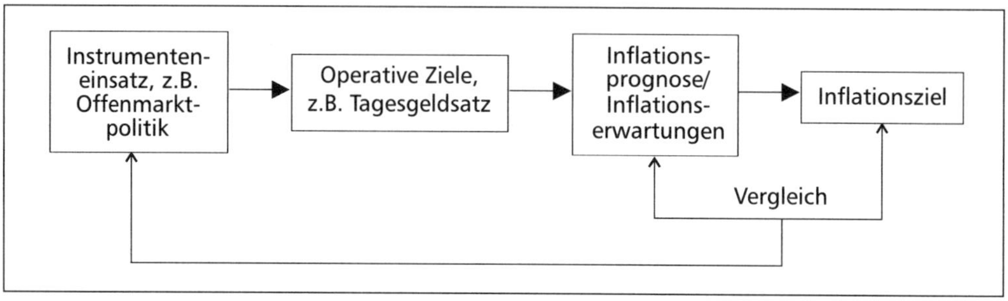


Inflationsprognosen auf alle Fälle publiziert werden. Drittens ist dieses Zwischenziel aktuell verfügbar, da es nur von Informationen zum Entscheidungszeitpunkt abhängt. Und viertens seien die Schlussfolgerungen aus der Inflationserwartung sehr transparent, da je nach Prognose die Geldpolitik angepasst werden muss. Eine Prognose des künftigen Kurses der Geldpolitik würde dann darauf hinauslaufen, die zukünftige Preisentwicklung adäquat einzuschätzen.

Diese Argumentation lässt jedoch zwei wichtige Gesichtspunkte außer Acht, die gerade auch für die Geldpolitik des Eurosystems ein wichtige Rolle spielen.

So ist eine der Voraussetzungen für ein sinnvolles Zwischenziel ein stabiler Zusammenhang zur Endzielvariablen. Die in der Vergangenheit festgestellten statistischen Zusammenhänge können sich aber z.B. durch einen geldpolitischen Regimewechsel verändern. Die Prognosequalität einer Variablen hängt nämlich auch davon ab, ob eine Zentralbank sich an ihr orientiert oder nicht. Dies gilt insbesondere für Größen, die stark von Inflationserwartungen oder Erwartungen über den zukünftigen Kurs der Geldpolitik bestimmt sind. Das sind insbesondere Finanzmarktpreise wie Zinsen, die Zinsstruktur oder die Preise von Derivaten. Stellen wir uns z.B. vor, eine Zentralbank basiert ihre Inflationsprognose vor allem auf derartige Größen und ihr gelingt eine Stabilisierung der Inflationserwartungen auf dem angestrebten Zielniveau. Ist dies der Fall, liefern die Größen, in der die Inflationserwartungen enthalten sind, keine sinnvollen Informationen über die Inflationsperspektiven. Da keine Inflationserwartungen bestehen, haben die Marktteilnehmer auch kein Interesse daran, sich über die Inflation nähere Gedanken zu machen.

Darüber hinaus kann es auch zu instabilen Rückkopplungen vom Instrumenteneinsatz zum Inflationsindikator und sich selbst erfüllenden Inflationserwartungen kommen. Nehmen wir dafür an, die Zentralbank richtet ihre Inflationsprognose wegen der guten Indikatoreigenschaften an einem langfristigen Zins aus. Ein steigender Langfristzins soll dabei wegen der darin enthaltenden Inflationserwartungen eine Erhöhung der Notenbankzinsen nach sich ziehen und umgekehrt. Zusätzlich gehen wir vom Normalfall eines positiven Zusammenhangs zwischen den (erwarteten) künftigen kurzfristigen Zinsen und dem Langfristzins aus, wie er bei einer normalen Zinsstruktur von der *Erwartungstheorie* prognostiziert wird (siehe Box II.2.6). Kommt es in einer derartigen

Situation zu einem Rückgang des Zinses am langen Ende, werden daraus verbesserte Preisperspektiven abgeleitet und dementsprechend die Notenbankzinsen gesenkt. Dadurch gehen auch die kurzfristigen Marktzinsen zurück und über die zinsstrukturtheoretischen Zusammenhänge nochmals die Zinsen am langen Ende. Der Prozess wird erneut angestoßen, ohne Garantie, dass ein neues Gleichgewicht erreicht wird.

Dieser Argumentation folgend, sollte eine Zentralbank die Inflationsindikatoren sorgfältig auswählen und deren Entwicklung eingehend analysieren. „Inflationserwartungslastige“ Variablen, die entscheidend vom Kurs der Geldpolitik abhängen, sollten eher eine untergeordnete Rolle spielen. Gerade diese Finanzmarktgrößen sind aber in der EWU (bisher) die wenigen, die präzise und schnell verfügbar sind.

Ein bei der Propagierung der Inflationserwartungen als Zwischenziel verharmlostes Problem ist die im Extremfall perfekte Kontrolle der eigenen Inflationsprognose. Kommt es zu einem unerwarteten Anstieg der Inflationsrate, ist entscheidend, ob über die eigene Inflationsprognose ein nennenswerter Einfluss auf die Inflationserwartungen der Öffentlichkeit ausgeübt werden kann. Weist eine Zentralbank eine hohe Glaubwürdigkeit und erfolgreiche Vergangenheit auf (siehe die Situation der Deutschen Bundesbank vor Beginn der EWU) kann man davon ohne Weiteres ausgehen. Ansonsten muss ein *„Reputationsgleichgewicht“* erst aufgebaut werden. Und die Marktteilnehmer sind davon zu überzeugen, dass die Zentralbank gewillt und in der Lage ist, die Inflationsgefahren in den Griff zu bekommen. Ein stabilitätsgerechtes Statut ist hier sicherlich hilfreich. Andererseits muss durch entsprechende Maßnahmen aber auch die Ernsthaftigkeit der Absichten signalisiert werden. Dies kann unter Umständenzu einer stark restriktiven Ausrichtung der Geldpolitik führen. Man spricht von einer sog. *„Stabilisierungsrezession“*.

## 2.5 Ein Multi-Indikatoren-Ansatz

Die USA waren wegen Instabilitäten im Geldnachfrageverhalten Anfang der 90er Jahre ebenfalls gezwungen, sich nach einem neuen geldpolitischen Konzept umzuschauen. Verantwortlich dafür zeigten sich der Innovationsprozess an den Finanzmärkten, der fortschreitende *Disintermediationsprozess* und – damit zusammenhängend – Verhaltensänderungen der privaten Anleger. So ging die amerikanische Wirtschaft z.B. zunehmend dazu über, ihre Investitionen nicht über den Banken- und Sparkassensektor, sondern direkt an den Finanzmärkten über Aktien und Anleihen zu finanzieren. Die Papiere wurden verstärkt von Nichtbanken (Investmentfonds, Versicherungen, Pensionsfonds, Kleinanleger) erworben. Mit diesem Disintermediations- und Verbriefungsprozess ging zwangsläufig ein Rückgang der Nachfrage nach Bankeinlagen einher. Man sprach vom „missing money“. Schaubild II.2.9 stellt diese Tatsache dar und veranschaulicht darüber hinaus, dass der Zusammenhang zwischen der Geldnachfrage und den Opportunitätskosten zusammenbrach. Die vielfältig vorgenommenen Umdefinitionen der Geldmengen haben auf lange Sicht wenig Wirkungen gezeitigt. Die gesamtwirtschaftlich kaufkraftrelevante Liquidität ließ sich so nicht angemessen erfassen. Oder anders formuliert: Der „richtige“ *Geldbegriff* wird durch die oben beschriebenen Erscheinungen immer

„undeutlicher". Dies ist auch nicht überraschend: Wenn der Finanzsektor zu Instabilitäten neigt, so wirkt sich dies über kurz oder lang auf alle finanziellen Größen aus. Der nötige geldpolitische Umorientierungsprozess wird durch das rigide Festhalten an einem überkommenen Konzept eher noch hinausgezögert.

*Schaubild II.2.9: USA: Umlaufgeschwindigkeit von M2 und Opportunitätskosten*

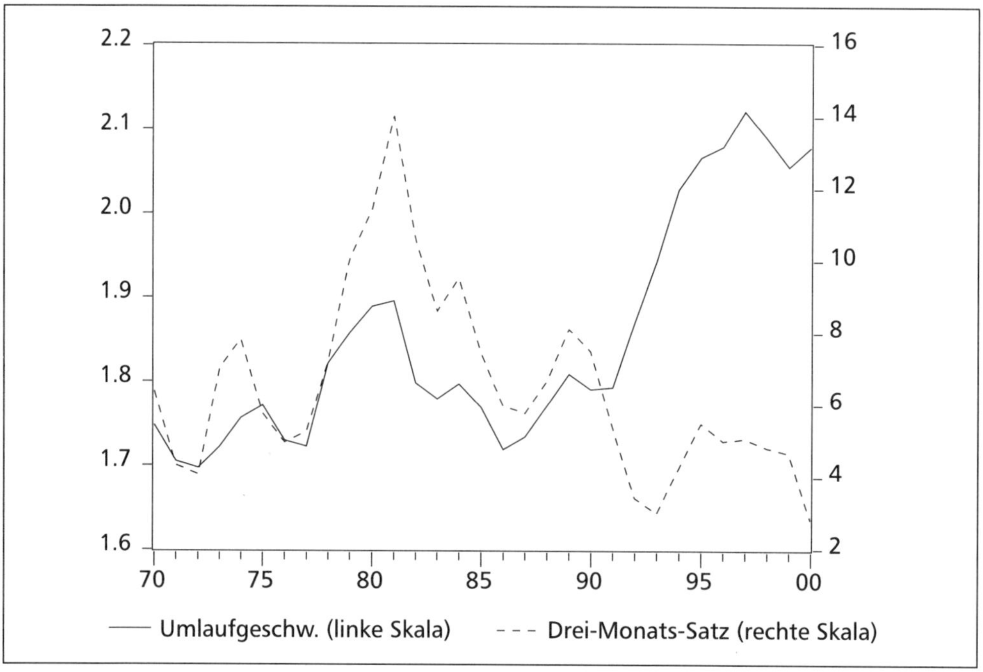


Quelle: http://www.economagic.com.

Einen Übergang auf eine Strategie der direkten Inflationssteuerung wollte das Federal Reserve System (FED) bewusst nicht vollziehen. Als entscheidendes Argument betrachtete das Federal Open Market Committee, das zentrale Entscheidungsorgan des FED, in einer Stellungnahme 1995, dass "close adherence to inflation targets could unduly constrain the Federal Reserve in its efforts to counteract the effects of cyclical shortfalls in the performance of the economy". Diese Beurteilung ist auch vor dem Hintergrund der Tatsache zu sehen, dass dem Federal Reserve System mehrere Endziele vorgegeben sind. So soll das FED neben Preisstabilität auch das Wirtschaftswachstum und die Vollbeschäftigung im Auge behalten. Im Federal Reserve Act heißt es dazu in Abschnitt 2A.1: "The Board of Governors of the Federal Reserve System and the Federal Open Market Committee shall maintain long run growth of the monetary and credit aggregates commensurate with the country's long run potential to increase production, so as to promote effectively the goals of maximum employment, stable prices and moderate long-term interest rates."

Seither kann die Politik des FED als ein ***Multi-Indikatoren-Ansatz*** ohne explizites Zwischenziel bezeichnet werden, in welchem realen Variablen eine herausragende Rolle zukommt. Um Alan Greenspan (1993, 2), den amerikanischen Notenbankpräsidenten, zu zitieren: "With considerable uncertainty persisting about the relationship of the monetary aggregates to spending, the behavior of the aggregates relative to their annual ranges will likely be of limited use in guiding policy (...), and the Federal Reserve will continue to utilize a broad range of financial and economic indicators in assessing its policy stance." Unter den realen Variablen wird vor allem den (kurzfristigen) *Realzinsen* und der (realen) *Zinsstruktur* Beachtung geschenkt. Sie erreichten jedoch bisher nicht die Rolle eines offiziellen Zwischenziels. Diese beiden Variablen werden eingebettet in ein Multi-Indikatoren-System zur Prognose der Inflationsentwicklung, d.h. alle verfügbaren Informationen werden herangezogen („looking at everything"). Bernanke et al. (1999) bezeichnen diesen Ansatz als eine „just do it strategy". Mit einer künftig steigenden Inflationsrate rechnet das FED vor allem bei positiven Wirtschaftsaussichten, die sich unter anderem in einer steigenden Kapazitätsauslastung niederschlagen.

Für das Eurosystem ist dieses Konzept deshalb von Interesse, weil es sich bei den USA im Vergleich zum Euroraum von der Größe und Wirtschaftskraft um einen ähnlichen Wirtschaftsraum handelt. Zudem war das FED mit dieser Ausrichtung relativ erfolgreich: Die Inflationsraten sanken und konnten trotz des lange anhaltenden Booms der amerikanischen Wirtschaft auf einem relativ niedrigen Niveau stabilisiert werden. Dem FED gelang es dabei, die fehlende Intransparenz des Ansatzes durch eine hohe Glaubwürdigkeit mehr als zu kompensieren. Durch den Erfolg bei der Inflationsbekämpfung hatte das FED auch Spielraum, ihre weiteren Ziele, z.B. konjunktureller Natur, zu verfolgen.

Ein derartiges Konzept birgt jedoch auch eindeutige Nachteile in sich.

Zunächst einmal ist inzwischen fast allen Zentralbanken, speziell denjenigen in der EU, eindeutig ein Endziel, die Gewährung von Preisstabilität vorgegeben. Weitere Ziele sollen in der Regel nur verfolgt werden, soweit das primäre Ziel dadurch nicht gefährdet ist. Ein weiteres Problem dieser Strategie ist das Fehlen eines expliziten nominalen Ankers. Damit mangelt es an einer Orientierungsgröße für die Erwartungen der Öffentlichkeit und für den internen Entscheidungsprozess der Notenbank. Es fehlt ein verlässlicher Rückkopplungsmechanismus. Deshalb kann es sein, dass z.B. die Inflationserwartungen zu sensitiv auf exogene Preisschocks (z.B. durch importierte Inflation, übermäßige Lohnsteigerungen) reagieren. Und aufgrund der ausgeprägten Inflationsaversion von Zentralbankern könnte es zu einer zu restriktiven geldpolitischen Ausrichtung kommen. Es besteht nämlich generell unter Zentralbanken die Tendenz, eher zu vorsichtig zu agieren. In Kombination mit der schwierigen Standortbestimmung aufgrund einer fehlenden „Beurteilungsgröße" könnte sich dies negativ auf die Volkswirtschaft (z.B. konjunkturabwürgend) auswirken.

Die nur implizit bestehende Rückkopplung in diesem Strategieansatz ist zudem nicht eindeutig, da das FED eben im Unterschied zum Eurosystem neben der Preisstabilität noch gleichberechtigt andere Ziele verfolgen soll. Auch ist mit ihr ein Element der Intransparenz verbunden. Die Marktteilnehmer sind ständig gezwungen, darüber zu rätseln, an welchen Größen sich die Notenbank denn nun orientiert. Verstärkte Unsicherheit und unnötige Volatilitäten auf den Finanzmärkten sind die Folge. Aber auch die Verantwortlichkeit und Rechenschaftspflicht gegenüber der Öffentlichkeit leidet, da es ja gerade keine Kriterien zur Beurteilung des geldpolitischen Erfolges gibt. Alleine die Verpflichtung auf bestimmte Ziele reicht hier nicht aus. Der Erfolg der Strategie hängt damit stark von glaubwürdigen offiziellen Stellungnahmen zur Geldpolitik ab. Das FED hat dies vor allem dank des Ansehens Alan Greenspans geschafft. Die Schwierigkeiten dieses Konzepts bei einem geldpolitischen Kurswechsel traten dadurch nur dezent zu Tage.

## 2.6 Die geldpolitische Strategie des Eurosystems

### 2.6.1 Die Ausgangslage

Ende 1998 hat die EZB die geldpolitische Strategie des Eurosystems bekannt gegeben, die seither praktisch unverändert verfolgt wird. Sie versucht damit, den spezifischen Gegebenheiten in der EWU Rechnung zu tragen.

Erstens steht das Eurosystem immer noch vor dem Problem einer unsicheren Datenbasis, auf die es seine Analysen stützen muss. Eine Vielzahl von EWU-Daten werden erst mit erheblicher zeitlicher Verzögerung veröffentlicht und unterliegen nicht selten mehreren Revisionen. Manche geldpolitisch relevanten Daten gibt es noch gar nicht auf EWU-Ebene, für andere ist keine lange Historie auf konsistenter Basis verfügbar. Zudem markierte der Regimewechsel hin zu einer einheitlichen Geldpolitik mit dem Jahr 1999 einen Bruch in den Zeitreihen. Auch die Aufnahme neuer Länder in die EWU (so Griechenland zu Beginn des Jahres 2001) stellt einen weiteren Unsicherheitsbereich in den Daten dar.

Die Währungsunion besteht inzwischen aus zwölf Ländern. Trotz der „Erfüllung“ der Konvergenzkriterien weisen diese noch beträchtliche Unterschiede in der Realwirtschaft und im Finanzsystem auf. Dies kann zur Folge haben, dass je nach Land unterschiedliche geldpolitische Impulse notwendig sind und diese Impulse dann auch national verschiedene Auswirkungen haben. Eine einheitliche Geldpolitik kann sich jedoch nur um die Situation im gesamten Währungsgebiet kümmern.

Allein der Regimewechsel hin zu einer einheitlichen Geldpolitik kann zu Verhaltensänderungen führen (z.B. Änderungen der Geldhaltungsgewohnheiten), die sich erst im Laufe der Zeit in den Daten niederschlagen. Dies kann auch zur Folge haben, dass in der Vergangenheit festgestellte Zusammenhänge in der Zukunft nicht mehr gelten. Die bisher noch fehlende Reputation der EZB auf den Märkten und die noch kurze Performancezeit kommen hier verstärkt zum Tragen.

Insgesamt ist durch die Währungsunion sicherlich der geldpolitisch relevante Unsicherheitsbereich angestiegen. Er reicht von der unsicheren Datenbasis über die Beurteilung von Verhaltensänderungen bis zu den schwer abschätzbaren Wirkungen der geldpolitischen Maßnahmen insgesamt und auf einzelne Länder. Die EZB bewegt sich dementsprechend in unruhigerem Fahrwasser als früher die nationalen Zentralbanken. Je nach Art der Unsicherheit kann dies eine vorsichtigere aber auch eine aggressivere Geldpolitik zur Folge haben (siehe hierzu ausführlicher Teil II.5.2.3). Zusätzlich wird diese Unsicherheit überlagert von der (neuen) Dynamik des Wirtschaftsprozesses (Stichworte: New Economy, Finanzkrisen, Globalisierung). Im Großen und Ganzen ist also das Umfeld der Geldpolitik schwieriger geworden als in der Vergangenheit auf nationaler Ebene.

Vor diesem Hintergrund kommt der sorgfältigen Auswahl der geldpolitischen Strategie eine entscheidende Bedeutung zu. Sie soll ja gerade den geldpolitischen Entscheidungsträgern und den Marktteilnehmern über die Regelbindung Orientierungshilfen bieten. Dafür muss sie der Situation in der EWU angemessen sein. Aber die neue Situation erfordert auch ein gewisses Maß an Flexibilität, damit neue Erkenntnisse vereinbar mit der Strategie sind. Es wäre fatal, wenn die Strategie schon nach kurzer Zeit wieder geändert oder sogar aufgegeben werden müsste.

## 2.6.2 Generelle Adäquanz der Strategien

Wie sind nun die besprochenen geldpolitischen Strategien im Hinblick auf die Währungsunion zu beurteilen?

Ein *Wechselkursziel* kann keine sinnvolle Orientierung darstellen, da es in Anbetracht der Größe des Euroraumes zu Problemen mit dem internen Ziel Preisstabilität kommt. Auch *Zinsen* (egal in welcher Abgrenzung) als Zwischenziel sind ungeeignet, weil es schwierig ist, den Zins zu bestimmen, der mit Preisstabilität vereinbar ist. Eine *nominale BIP-Steuerung* scheidet allein schon wegen der fehlenden praktischen Erfahrung und den Datenproblemen aus. Und dem sog. *Multi-Indikatoren-Ansatz* fehlt ein expliziter nominaler „Anker" und damit die nötige Transparenz, die gerade vom Eurosystem in den ersten Jahren verlangt wird. Somit verbleiben für die Anfangsphase nur noch die *Geldmengensteuerung* und eine Politik *direkter Inflationsziele* übrig. Nach eingehender Analyse der möglichen Alternativen kam auch das EWI zu dem Schluss, dass sinnvollerweise nur diese zwei Strategiemöglichkeiten für das Eurosystem in Frage kommen.

In der praktischen Anwendung liegt der Hauptunterschied zwischen diesen beiden Strategien in der Transparenz, im notwendigen Informationsstand der Zentralbank über die Struktur der Volkswirtschaft und in der Rolle der Geldmengenaggregate. Bei einer Geldmengensteuerung orientiert sich eine Notenbank primär an Abweichungen zwischen der Wachstumsrate der Geldmenge und dem Geldmengenziel. Diese Differenz setzt sich nach (31) bzw. (33) wie folgt zusammen

$$(37) \qquad (\hat{M} - M^{Ziel}) = (\pi - \pi^{Ziel}) + (\hat{Y} - \hat{Y}^*) + (\hat{V}^* - \hat{V})$$

Bei rationalen Erwartungen orientiert sich die Notenbank im Falle eines direkten Inflationsziels letztlich am Unterschied zwischen $\pi$ und $\pi^{Ziel}$. Bei einer nominalen BIP-Steuerung reagiert die Zentralbank sowohl auf Abweichungen vom Inflationsziel ($\pi - \pi^{Ziel}$) als auch vom Outputziel($\hat{Y} - \hat{Y}^*$). Eine *Geldmengenstrategie* dagegen berücksichtigt **zusätzlich** noch die Informationen, die sie aus der Liquiditätslücke ($\hat{V}^* - \hat{V}$) ziehen kann. **Damit wird deutlich, dass die Steuerung des nominalen BIP und die Strategie eines direkten Inflationsziels theoretisch Spezialfälle der Geldmengensteuerung sind.** Je nach gesamtwirtschaftlichem Umfeld kann die Notenbank dabei die einzelnen Abweichungen unterschiedlich stark gewichten. Dies ist gerade in der Anfangsphase der Währungsunion ein nicht zu unterschätzender Flexibilitätsvorteil.

Die Kontrolle des nominalen BIP wäre für den Fall geeignet, dass die monetären Beziehungen, die sich in der *Umlaufgeschwindigkeit* zeigen, instabil geworden sind (und das oben angesprochene Daten- und Erfahrungsproblem gelöst wäre). Die Inflationssteuerung dagegen passt zu einer Situation, in der zusätzlich auch vom Output Gap keine verlässlichen Inflationssignale mehr ausgehen. Solange jedoch die Geldnachfrage stabil ist, ist die Verwendung eines Geldmengenziels die erstbeste Lösung. Sie berücksichtigt neben Inflations- und *Outputlücke* auch noch die *Liquiditätslücke*. Zudem lässt sich bei einer Inflationssteuerung nur sehr langfristig überprüfen, ob die Notenbank sich stabilitätsgerecht verhält, da sich geldpolitische Maßnahmen nur mit großer und unsicherer Zeitverzögerung auf die Preisentwicklung auswirken. Darüber hinaus dürfte gerade in den ersten Jahren der Währungsunion die Intransparenz des Ansatzes in Kombination mit dem deutlichen diskretionären Spielraum Probleme für die praktische Geldpolitik bereiten.

Vor dem Hintergrund der historischen Erfahrungen in Deutschland, der Anforderungen an geldpolitische Strategien und der Situation in Stufe 3 der EWWU ist dem Eurosystem eine Geldmengenorientierung zu empfehlen. Die empirischen Voraussetzungen dafür scheinen gegeben zu sein, da zahlreiche Studien auf die größere langfristige Stabilität eines europaweiten Geldmengenaggregates im Vergleich zu nationalen Aggregaten verweisen (siehe Tabelle II.2.5). Diese Analysen beziehen sich jedoch notwendigerweise auf einen Zeitraum, während dessen größtenteils die Währungsunion gerade nicht existent war. Sie müssen dementsprechend mit „künstlich generierten" Eurodaten arbeiten.

Die Qualität des statistischen Datenmaterials in der Währungsunion ist noch mit großen Unsicherheiten behaftet. Des Weiteren können größere Schwankungen in der Geldmengenentwicklung nicht ausgeschlossen werden. So bedeutet die EWWU eine Umstellung für Unternehmen und private Haushalte, die zu einer Änderung der Portfolioentscheidungen führen kann. Darüber hinaus sind die Finanzmarktstrukturen in den einzelnen Teilnehmerländern noch recht unterschiedlich. Von daher können kurzfristige Instabilitäten im Geldnachfrageverhalten nicht ausgeschlossen werden. Auch haben einige EWU-Länder noch keine längeren Erfahrungen mit niedrigen Inflationsraten, wie sie inzwischen allgemein in den Euroländern vorherrschen. Dementsprechend fehlen auch Erkenntnisse, wie sich die privaten Marktteilnehmer und der Staat in einer derartigen Umgebung verhalten. Wenn sich dadurch deren Verhalten ändert, würde man in vergangenheitsbezogenen Analysen Instabilitäten feststellen, obwohl sich insgesamt das geldpolitische Umfeld verbessert hätte.

Von daher können kurzfristige Instabilitäten im Geldnachfrageverhalten nicht ausgeschlossen werden. Man sollte sie aber auch nicht überinterpretieren. Da die EZB als Institution ohne Vergangenheit den von der Bundesbank in den letzten Jahren ihres eigenständigen Bestehens praktizierten Pragmatismus nicht an den Tag legen kann, lassen es diese Probleme als wünschenswert erscheinen, die Geldmengenstrategie mit Elementen der direkten Inflationssteuerung zu kombinieren. Konkret bedeutet dies, das Geldmengenziel im Sinne einer **Mischstrategie** um eine umfassende Inflationsprognose, in die alle inflationsrelevanten Indikatoren (z.B. der Output Gap, die Entwicklung der Lohnstückkosten und des Außenwerts des Euro) eingehen, zu ergänzen. Diese Inflationsprognose sollte in der Regel veröffentlicht und konkret an einer Zahl oder einer Spannbreite festgemacht werden. Sie sollte sich auf den Verbraucherpreisindex beziehen, da damit die Öffentlichkeit am besten vertraut ist.

Insgesamt würde damit deutlich dokumentiert, dass die Geldmenge als primäres mittelfristiges Instrument zur Erreichung des Endziels Preisstabilität dient. Nur bei eindeutigen Hinweisen auf Verzerrungen im Geldmengenwachstum sollte die Geldmengenorientierung zugunsten der umfassenden Inflationsprognose zurückgestellt werden. Dadurch könnten dann auch die Irritationen in der Öffentlichkeit bei Verfehlung von Inflationszielen und Konflikte mit den nationalen Lohn- und Fiskalpolitiken bei einer reinen Inflationssteuerung eher vermieden werden. Da der geldpolitische Transmissionsprozess in der EWU noch weniger bekannt ist als auf nationaler Ebene, wäre eine direkte Inflationssteuerung allein vor dem Hintergrund des *Regimewechsels* äußerst problematisch.

Die Mischung zwischen Elementen einer Geldmengenstrategie und der Strategie einer direkten Inflationssteuerung wurde auch vom *Eurosystem* eingeschlagen. Auf den Sitzungen des EZB-Rates im Oktober und Dezember 1998 wurden diese Bausteine konkretisiert. Die gewählte Strategie umfasst drei Hauptelemente, die im Folgenden ausführlich beschrieben werden:

1. Eine quantitative Definition von Preisstabilität („der Anker").
2. Ein Referenzwert für M3 („1. Säule").
3. Eine umfassende Beurteilung der Preisperspektiven („2. Säule").

## 2.6.3 Der „Anker": Preisstabilität

Das „Inflationsziel" des Eurosystems bezieht sich auf einen Anstieg des Harmonisierten Verbraucherpreisindex (*HVPI*) in der EWU von unter 2 % gegenüber dem Vorjahr. Diese Definition von Preisstabilität stimmt mit den von den meisten nationalen EU-Zentralbanken vor Beginn der Währungsunion benutzten Definitionen überein. Sie ist inzwischen „common sense" unter Zentralbanken. Preisstabilität soll dabei mittelfristig erreicht bzw. eingehalten werden. Temporäre Verfehlungen der Bandbreite von 0 % bis

2 % (z.B. aufgrund von Ölpreisschocks) sind also durchaus vereinbar mit dem Ziel. Die Definition des Eurosystems bezieht sich auf den allgemeinen Verbraucherpreisindex, die sog. „Headline Inflation". Es werden nicht bestimmte Teile zur Berechnung einer Kerninflationsrate („Core Inflation", „Underlying Inflation") herausgerechnet (siehe dazu auch Box II.2.8).

Nach der Definition der EZB wird nicht eine gemessene Inflationsrate von null angestrebt. Vielmehr ist auch eine Inflationsrate von bis zu 2 % vereinbar mit Preisstabilität. Alleine Messfehler bei der Preisentwicklung legen es nahe, nicht eine Inflationsrate von

### Box II.2.8: Core Inflation und Headline Inflation

Die Analyse und Beurteilung der Preisperspektiven ist für eine Zentralbank wie die EZB, die als Hauptaufgabe die Gewährleistung von Preisstabilität hat, von zentraler Bedeutung. Üblicherweise konzentrieren sich dabei die Zentralbanken auf die Inflationsentwicklung auf der Verbraucherstufe. Auf EWU-Ebene wird diese durch Veränderungen des Harmonisierten Verbraucherpreisindex gemessen. Die Rate, die sich auf die Entwicklung des Index in seiner Gesamtheit bezieht, bezeichnet man als *„Headline Inflation"*.

Die Interpretation der Daten zur Teuerung wird allerdings dadurch erschwert, dass sie eine hohe Volatilität aufweisen (z.B. verursacht durch saisonale Schwankungen, irreguläre Witterungsverhältnisse, Ölpreisschocks, administrierte Preise, indirekte Steuern usw.). Diese kurzfristigen Schwankungen stehen nicht im Zusammenhang mit dem grundlegenden Inflationsprozess und eine vorausschauende und mittelfristig orientierte Geldpolitik sollte sich von ihnen nicht beirren lassen. Vielmehr sollte sie ihr Augenmerk auf den generellen Preistrend richten. Entsprechend wird ein Preisindikator benötigt, der diesen Preistrend anzeigt, also möglichst wenig durch temporäre Schocks beeinträchtigt ist. Für diese Größe hat sich der Begriff *Kerninflation* („Core Inflation") eingebürgert (zu einer Analyse für das Euro-Währungsgebiet siehe EZB, 2001d, Morana, 2000 und Vega/Wynne, 2001). Es existiert jedoch keine konkrete und allgemein akzeptierte theoretische Definition der Kerninflation.

Es gibt mehrere Möglichkeiten, Kerninflationsraten zu bestimmen (Deutsche Bundesbank, 2000). Entweder man rechnet bestimmte volatile Komponenten (z.B. Energiepreise) aus dem gesamten Preisindex heraus oder man versucht, die Rate zu schätzen. Die Trennung (ex-ante) zwischen temporären und permanenten Einflüssen ist allerdings nicht immer einfach. Dabei ist zudem zu berücksichtigen, dass die Verbraucher sich an der gesamten für sie relevanten Inflation orientieren, da sie ihre Lebenshaltungskosten widerspiegelt. Folglich dürfte diese auch in die Inflationserwartungen der Öffentlichkeit eingehen. So können sich auch vorübergehende Teuerungsimpulse verfestigen, wenn sie z.B. über eine Änderung der Preiserwartungen oder durch Forderung eines vollständigen Inflationsausgleichs in Lohnverhandlungen den Preistrend beeinflussen. Divergenzen zwischen Kernrate und gemessener allgemeiner Inflationsrate können deshalb zu Glaubwürdigkeitsverlusten der Zentralbank führen. Dies ist vor allem dann wahrscheinlich, wenn sich die Geldpolitik auf eine im Durchschnitt zu niedrige Kernrate konzentriert. Insgesamt ist es deshalb nicht ratsam, Kerninflationsraten als alleinige geldpolitische Indikatoren zu verwenden. Sie sollten eher komplementär zur traditionellen Preisanalyse herangezogen werden.

null anzustreben (siehe Box II.2.9). Je geringer der Preisanstieg ist, desto mehr fallen diese statistischen Messprobleme ins Gewicht. Da sich im Euro-Währungsgebiet die Inflationsraten auf relativ niedrigem Niveau befinden, ist eine Auseinandersetzung mit den Erfassungs- und Messproblemen unverzichtbar. Gibt der Messfehler allerdings nicht bis zu 2 % her, muss der Rest mit dem Deflationsrisiko und den eventuell entstehenden Kosten (z.B. der Verfehlung anderer Ziele) zu niedriger Inflationsraten begründet werden. Das eigentliche ökonomische Kriterium für Preisstabilität muss sein, dass Inflation nicht in das Entscheidungskalkül der Wirtschaftssubjekte eingeht.

### Box II.2.9: Probleme der *Inflationsmessung*

Gemessen wird die Inflation anhand von Indices, wobei die Entwicklung des Preisindex der Lebenshaltung aller privaten Haushalte der gebräuchlichste Maßstab ist. Zwar lässt sich mit diesem Index nur ein Teil der gesamtwirtschaftlichen Preisentwicklung abbilden. Ein solches Vorgehen erscheint jedoch sinnvoll, da die private Bedürfnisbefriedigung als finaler Zweck des Wirtschaftens gilt.

Um den *Preisindex der Lebenshaltung* („*Consumer Price Index*", CPI) zu ermitteln, wird aufgrund von Haushaltsbefragungen ein repräsentativer Warenkorb erstellt. Hierbei gilt es zum einen, die Güter (derzeit erfasst das Statistische Bundesamt zur Berechnung des deutschen CPI rund 750 Positionen, hinter denen 250.000 Einzelpreisreihen für die alten Bundesländer und 150.000 Preisreihen für die neuen Bundesländer stehen), zum anderen die Verbrauchsmengen der einzelnen Güter festzustellen. Die Preise der einzelnen Güter und Dienstleistungen, die in diesem Warenkorb enthalten sind, werden dann monatlich erfasst (derzeit werden vom Statistischen Bundesamt in fast 200 Gemeinden Preise erhoben) und mit den jeweiligen Verbrauchsmengen multipliziert. Die jährliche Inflationsrate lässt sich errechnen, indem der aktuelle Wert des Warenkorbes mit dem mengenmäßig gleichen (konstante Zusammensetzung des Warenkorbes), jedoch zu Vorjahrespreisen bewerteten Warenkorb in Beziehung gesetzt wird. Basis ist also ein sog. *Laspeyres-Preisindex.*

Bei diesem Berechnungsverfahren wird insbesondere unterstellt, dass sich die Verbrauchsgewohnheiten der Konsumenten über einen mehr oder weniger langen Zeitraum nicht verändern. Ein Warenkorb ist bei seiner Einführung normalerweise bereits vier Jahre, bei seiner Ablösung neun Jahre alt (derzeit wird ein Warenkorb aus dem Jahre 1995 als Basis verwendet). Dieses lange Festhalten an einem Warenkorb impliziert eine Reihe von möglichen Fehlerquellen bei der Inflationsmessung:

Relativ teurer gewordene Güter werden von den Haushalten weniger nachgefragt. Dieser Effekt kann mit einem fixen Warenkorb nicht erfasst werden („*Product Substitution Bias*").

Qualitätsverbesserungen werden nur unzureichend aus den Preiserhöhungen herausgerechnet („*Quality Change Bias*"). Gerade bei Dienstleistungen sind Qualitätsänderungen oft äußerst schwer auszumachen. Aber auch bei gewerblichen Waren, bei denen normalerweise einmal pro Jahr ein Modellwechsel stattfindet, wird eine oft schwierige Verknüpfung der Preisreihen für alte und neue Modelle erforderlich.

Neue Produkte, deren Preise nach Markteinführung häufig fallen, werden erst mit einer Verzögerung von mehreren Jahren in die Preisbeobachtung einbezogen („*New Product Bias*"). Dies führt dazu, dass die Teuerung mit einem Warenkorb ohne die neuen Produkte überzeichnet wird.

Wenn der Preisindex auf einer festen Auswahl von Berichtsstellen basiert, kommt hinzu, dass Strukturänderungen im Handel, die zu preisgünstigeren Einkaufsmöglichkeiten führen, unzureichend berücksichtigt werden („*Outlet Substitution Bias*").

Insgesamt kommt es i.d.R. zu einer systematischen Übertreibung der tatsächlichen Inflationsrate. Untersuchungen für Großbritannien, die USA und Kanada kommen hier auf eine Spanne zwischen einem halben und eineinhalb Prozentpunkten pro Jahr. In Westdeutschland wird der durchschnittliche Fehler bei maximal drei viertel Prozentpunkten pro Jahr gesehen. Dabei zeigte sich, dass vor allem Qualitätsänderungen der Produkte und neue Güter Probleme bereiten.

Wird aber die Teuerung tendenziell zu hoch ausgewiesen, so hat dies zur Konsequenz, dass das reale Wachstum der Volkswirtschaft insgesamt, aber auch etwa die reale Zunahme der verfügbaren Haushaltseinkommen sowie der Arbeitsproduktivität unterschätzt werden. Aber auch Leistungen, die an den Preisindex der Lebenshaltung gekoppelt sind, fallen „zu großzügig" aus.

Im Eurosystem konzentriert sich das Interesse vor allem auf den *Harmonisierten Verbraucherpreisindex* (HVPI), der vom Statistischen Amt der EU (*Eurostat*) berechnet wird (Issing et al. 2001, Kap. 3.2.1). Grundlage dafür sind die auf harmonisierter Basis von den jeweiligen nationalen statistischen Ämtern erhobenen nationalen Preisindices Bei der Konstruktion des HVPI hat Eurostat versucht, die Messfehler zu verringern bzw. zu beseitigen. Deshalb ist davon auszugehen, dass der Messfehler beim HVPI geringer ausfällt als bei den nationalen Verbraucherpreisindices. Nichtsdestotrotz und aufgrund der dennoch bestehenden Unsicherheiten des neuen Konzeptes HVPI ist die Entscheidung des *EZB-Rates* begründbar, bei seiner quantitativen Definition von Preisstabilität nicht eine gemessene Inflationsrate von null anzusetzen.

Die konkrete Formulierung des Ziels durch das Eurosystem hat drei weitere wichtige Implikationen:

Erstens ist die Preisentwicklung im gesamten Euroraum relevant, nicht in einzelnen Ländern. Nach dem *Balassa-Samuelson-Effekt* (siehe Box II.2.10 und Box I.4.1) können je nach nationaler Produktivitätsentwicklung im Sektor der handelbaren und nicht-handelbaren Güter mehr oder weniger deutliche Inflationsunterschiede bestehen. Zudem spielen hier auch konjunkturelle Unterschiede ein Rolle. Im Jahresdurchschnitt 2000 hatte z.B. Irland eine Preissteigerungsrate von 5,3 %, Frankreich dagegen nur eine solche von 1,8 %. Die Differenz betrug also 3,5 Prozentpunkte. Die einheitliche Geldpolitik des Eurosystems kann sich jedoch nur auf die Inflationsrate im gesamten Euro-Währungsgebiet konzentrieren. Sie kann nicht zugleich regionale Preisentwicklungen berücksichtigen oder sogar versuchen, diese zu beeinflussen. Solange die nationalen Inflationsraten einiger Länder deutlich über 2 % liegen, müssen andere Länder zur Einhaltung des EWU-weiten „Inflationsziels" von maximal 2 % Preissteigerungsraten unter 2 % aufweisen. Damit stellt sich die Frage, ob nicht die gemessenen 2 % insgesamt zu ehrgeizig gesetzt sind, da sie für einige Länder unter Umständen Deflationsgefahren heraufbeschwören (siehe dazu ausführlicher Box II.2.10). Oder anders gefragt: Wie hoch ist die Mindestinflationsrate in der EWU? Wenn diese Inflationsunterschiede anhalten, wäre der EZB somit ein höheres Inflationsziel zu empfehlen als es für einzelne Teilnehmerstaaten optimal wäre. Allerdings dürften die Inflationsraten in Zukunft durch die verstärkte Integration der an der EWU teilnehmenden Volkswirtschaften zunehmend konvergieren.

Zweitens wird die Teuerung gemessen auf Verbraucherebene, nicht an anderen Preisgrößen (z.B. den Erzeugerpreisen oder dem BIP-Deflator). Dies ist konsistent mit der mikroökonomischen Theorie und marktwirtschaftlichen Grundlagen, nach denen es letztlich der Konsument ist, der möglichst gut gestellt werden soll.

### Box II.2.10: Eine Mindestinflationsrate für die EWU?

Sollte das Eurosystem bei der Festlegung ihres Inflationsziels einfach die (implizite) Rate der Bundesbank übernehmen, weil sie die erfolgreichste Zentralbank unter den EWU-Ländern in der Vergangenheit war? Solange Unterschiede in den nationalen Entwicklungsständen existieren, könnte diese Vorgehensweise zu Problemen führen. Dann ist nämlich mit Änderungen der relativen Preise zwischen den Ländern und innerhalb der Länder zu rechnen.

Grundlage für diese Argumentation ist der sog. *Balassa-Samuelson-Effekt*. Dieser geht davon aus, dass es handelbare und nicht-handelbare Güter sowie mehr und weniger entwickelte Volkswirtschaften gibt. Nehmen wir an, es geht dabei um die zwölf EWU-Länder. Für die Preise handelbarer Güter ($p_T$) soll die (absolute) Kaufkraftparität gelten, d.h. sie haben überall den gleichen Preis (in Euro).

(B1) $$p_T^i = p_T \forall\, i = 1,\ldots,12$$

Die Preise der Non-Tradables ($p_N$) können jedoch zwischen den Ländern je nach Produktivitätsentwicklung differieren. Durch internen Wettbewerb und freie Arbeitskräftewanderungen zwischen dem Sektor der Tradables und Non-Tradables gibt es aber nur einen Lohnsatz w innerhalb eines Landes. Unterstellen wir eine Grenzproduktivitätsentlohnung und bezeichnen die entsprechenden Grenzprodukte mit $F_T^A$ und $F_N^A$, gilt:

(B2) $$F_T^{A,i} p_T^i = w^i = F_N^{A,i} p_N^i$$

Durch Kombination von (B1) und (B2) ergibt sich die Inflationsrate (∧) der Non-Tradables aus

(B3) $$\hat{p}_N^i = \hat{p}_T + \hat{F}_T^{A,i} - \hat{F}_N^{A,i}$$

Diese Preissteigerungsrate hängt also von der Erhöhung des gemeinsamen internationalen Preises $p_T$ und der Wachstumsdifferenz zwischen den Produktivitäten im Sektor der handelbaren und nicht-handelbaren Güter im jeweiligen Land ($F_T^A - F_N^A$) ab. Empirisch lässt sich feststellen, dass der Sektor handelbarer Güter in den weniger entwickelten Ländern (Land 2, z.B. Irland, Spanien) aufgrund des Nachholbedarfs eine höhere Produktivität aufweist als in den fortgeschritteneren Ländern (Land 1, z.B. Deutschland, Frankreich). Folglich werden dort auch die Preissteigerungsraten bei den Non-Trabables und somit auch bei der Preisentwicklung insgesamt stärker ausfallen. Wenn somit in einer Währungsunion in jedem Land eine Deflation verhindert werden soll, muss die aggregierte EWU-Inflationsrate umso höher ausfallen, je größer die sektoralen Produktivitätsunterschiede ($\hat{F}_T^A - \hat{F}_N^A$) über die Länder hinweg sind.

Definieren wir den Preisindex $P^i$ als (geometrisch) gewichteten Durchschnitt der Preise handelbarer ($p_T$) und nicht-handelbarer ($p_N$) Güter. Der Gewichtungsfaktor sei durch $\alpha$ gegeben ($0 \leq \alpha_T, \alpha_N \leq 1, \alpha_T = 1 - \alpha_N$). Dann gilt für die Inflationsrate von Land i unter Beachtung von (B3)

(B4) $$\pi^i = (1 - \alpha_N^i) \cdot \hat{p}_T + \alpha_N^i \cdot \hat{p}_N^i = \hat{p}_T + \alpha_N^i \cdot (\hat{F}_T^{A,i} - \hat{F}_N^{A,i})$$

Sie wird bestimmt von der Preissteigerung bei Tradables, dem Anteil nicht-handelbarer Güter und dem Produktivitätsvorsprung im Sektor handelbarer Güter gegenüber dem nicht-handelbarer Güter. Soll in keinem Land eine Deflation herrschen, gilt $\pi^i \geq 0 \nabla\ i = 1,\ldots,12$. Dann folgt aus (B4).

(B5) $$\hat{p}_T \geq -\alpha_N^i \cdot (\hat{F}_T^{A,i} - \hat{F}_N^{A,i})$$

Welche Implikationen ergeben sich dadurch für die aggregierte Inflationsrate $\pi$? Diese sei gegeben durch

(B6) $$\pi = \sum_{i=1}^{12} \beta^i \pi^i$$

Dabei ist $\beta^i$ das Gewicht eines Landes i, z.B. gemessen am BIP-Anteil. Es gilt $\sum_i \beta^i = 1$. Nach (B4) resultiert dann

(B7) $$\pi = \hat{p}_T + \sum_{i=1}^{12} \beta^i \alpha_N^i (\hat{F}_T^{A,i} - \hat{F}_N^{A,i})$$

Für die minimale Inflationsrate $\pi_{min}$, die Deflation in jedem Land verhindert, folgt daraus in Kombination mit Ungleichung (B5)

(B8) $$\pi_{min} = \sum_{i=1}^{12} \beta^i \alpha_N^i (\hat{F}_T^{A,i} - \hat{F}_N^{A,i}) - \min_{i=1,\ldots,12} \left[\alpha_N^i (\hat{F}_T^{A,i} - \hat{F}_N^{A,i})\right]$$

Zur Interpretation von (B8) unterstellen wir zunächst eine hoch entwickelte Ökonomie, die keinen Produktivitätsvorsprung bei Tradables im Vergleich zu Non-Tradables aufweist. Die relativen Preise zwischen diesen Sektoren sind also konstant. In allen anderen Ländern sollen dagegen die relativen Preise der Non-Tradables steigen. Wenn der Preis von Tradables also sinkt, resultiert im hoch entwickelten Land nach (B4) eine Deflation. Nach dem ersten Term von (B8) muss dann das aggregierte Preisniveau wegen des Produktivitätsvorsprungs der Tradables gegenüber den Non-Tradables in den anderen Ländern steigen, um diese

Deflation zu verhindern. Wenn man dagegen annimmt, dass selbst das am weitesten entwickelte Land noch einen Produktivitätsvorsprung bei Tradables hat, können diese Preise sinken, ohne dort eine Deflation auszulösen, da die Preise der nicht-handelbaren Güter steigen. Die Nicht-Deflationsbeschränkung (B5) wird also gelockert. Insgesamt resultiert weniger Inflation als im ersten Fall, weil die Preise der Tradables sinken.

Nach den Berechnungen von Sinn/Reutter (2000) beträgt $\pi_{min}$ 0,94 %. Die größte Deflationsgefahr besteht dabei für Deutschland, da dort die Differenz des intersektoralen Produktivitätswachstums am geringsten ist. Diese Überlegungen gewinnen vor dem Hintergrund des EU-Beitritts osteuropäischer Länder weitere Brisanz. Um die Ergebnisse allerdings adäquat beurteilen zu können, müssen auch die Kosten der Inflation (siehe dazu z.B. Feldstein, 1999 und Andrés et al., 2000) und die zu erwartende nationale Produktivitätsentwicklung in die Analyse aufgenommen werden.

Drittens ist sowohl eine Inflation (Preissteigerungen über 2 %) als auch eine Deflation (negative Wachstumsraten des HVPI) unvereinbar mit Preisstabilität. Dadurch wird darauf verwiesen, dass nicht nur übermäßige Preissteigerungsraten, sondern auch sinkende Preise negative Konsequenzen für die Wirtschaftsentwicklung nach sich ziehen. So können z.B. Letztere zu Unternehmenskonkursen und Beschäftigungsproblemen führen.

Ein Vergleich der tatsächlichen HVPI-Entwicklung mit dem Inflationsziel zeigt deutlich das Überschießen des Ziels im Gefolge der Ölpreiserhöhung und der Abwertung des Euro im Jahr 2000 (siehe Schaubild II.2.10). Größere anhaltende Verfehlungen des Ziels waren aber bisher nicht auszumachen. Dafür spielt auch der in den letzten Jahren verschärfte Wettbewerbsdruck eine nicht unerhebliche Rolle. Dadurch werden die Preisüberwälzungsspielräume der Unternehmen eingeschränkt. Dennoch ist danach zu fragen, wie schnell nach einem temporären Schock wie einem drastischen Ölpreisanstieg, der dazu führt, das die Preissteigerung über das Inflationsziel hinausschießt, die EZB versuchen sollte, die Inflationsrate wieder unter die 2 %-Marke zu drücken. Dieser Zeithorizont sollte umso kürzer ausfallen, je höher die Inflationsaversion der Bevölkerung ist, je größer die Bedeutung vorausschauender Elemente bei der Preis- und Outputbestimmung ist und je geringer die Kosten der Disinflation sind, d.h. je steiler die Phillips-Kurve ist.

*Schaubild II.2.10: Inflation und Inflationsziel in Euroland (in %)*

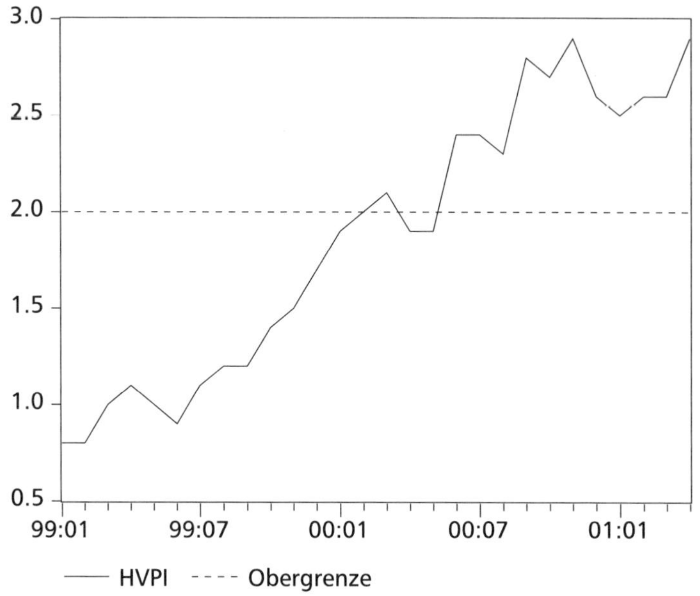


Quelle: EZB.

## 2.6.4 Die 1. Säule: Der Referenzwert für M3

Nachdem das letztendliche Ziel durch den „Anker" empirisch operationalisiert wurde, geht es in einem nächsten Schritt darum, effiziente Wege zur Gewährleistung von Preisstabilität zu finden.

Eine geldpolitische Strategie ist mittelfristig ausgerichtet. Da auf Dauer Inflation auf eine übermäßige Ausweitung der Geldmenge zurückgeführt werden kann, wollte auch das Eurosystem der Geldmenge eine hervorgehobene Stellung unter den Inflationsindikatoren einräumen (siehe auch Nicoletti-Altimari, 2001). Die letztendlich gewählte Variante der Publikation eines Referenzwertes für M3 lehnt sich eng an die indirekte Zielsteuerung mittels Geldmengenzielen, wie sie die Bundesbank betrieben hat, an. Nach den quantitätstheoretischen Zusammenhängen muss dafür auch das Eurosystem über entsprechende Werte der drei grundlegenden Bestimmungsfaktoren der monetären Entwicklung – dem realen Wirtschaftswachstum, der Preiskomponente und der Veränderung der Umlaufgeschwindigkeit – verfügen.

### Box II.2.11: Die Geldmengenbegriffe im Eurosystem

Die Geldmengengröße, an der sich das Eurosystem orientiert, ist weit abgegrenzt. Sie wird als M3 bezeichnet und enthält folgende Komponenten (die Zahlenangaben beziehen sich auf den Durchschnitt des Jahres 2000, Mrd. Euro):

Bargeldumlauf (338,0),
\+ täglich fällige Einlagen (1.663,8),
= **M1** (2.001,8)

\+ Einlagen mit einer vereinbarten Laufzeit bis zwei Jahren (927,3),
\+ Einlagen mit einer vereinbarten Kündigungsfrist von bis zu drei Monaten (1.242,9),
= **M2** (4.172,0)

\+ Repogeschäfte (171,0),
\+ Schuldverschreibungen mit einer Laufzeit bis zu zwei Jahren (89,0),
\+ Anteile an Geldmarktfonds und Geldmarktpapiere (507,6)
= **M3** (4.939,6)

Beim Bargeld zählt (aus statistischen Gründen) wie üblich der gesamte Umlauf außerhalb des Eurobankensystems zur Geldmenge. Die restlichen Teile des Geldmengenaggregats beziehen sich auf Verbindlichkeiten von im Euro-Währungsgebiet ansässigen *„Monetären Finanzinstituten"* („Monetary Financial Institutions" *MFIs*), dem sog. „Geldschöpfungssektor", gegenüber Nichtbanken (ohne Zentralregierungen) im Euro-Währungsgebiet. Die Währung, auf die sie lauten, spielt dafür keine Rolle, d.h. es sind auch Fremdwährungseinlagen in den Geldmengen enthalten. Neben den Verbindlichkeiten des Geldschöpfungssektors zählen zu den Geldmengenbegriffen auch die Verbindlichkeiten von Zentralregierungen mit monetärem Charakter. Darunter fallen die Bankeinlagen vergleichbaren Verbindlichkeiten von Post- und Schatzämtern und staatlichen Sparkassen.

Täglich fällige Einlagen sind vergleichbar mit Sichteinlagen, Einlagen mit einer vereinbarten Laufzeit mit Termineinlagen und Einlagen mit einer vereinbarten Kündigungsfrist mit Spareinlagen. Im Unterschied zum deutschen M3 wurde bei Termineinlagen eine andere zeitliche Abgrenzung vorgenommen und *Repogeschäfte,*[86] Schuldverschreibungen, Geldmarktfonds und Geldmarktpapiere zusätzlich aufgenommen. Diese werden als *„marktfähi-*

86 Bei Repogeschäften handelt es sich um „echte" Pensionsgeschäfte, bei denen Kreditinstitute als Pensionsgeber auftreten. Bei diesen überträgt der Pensionsgeber ihm gehörende Vermögensgegenstände (i.d.R. Wertpapiere) an einen Dritten, den sog. Pensionsnehmer, gegen Zahlung eines bestimmten Betrags. Gleichzeitig wird vereinbart, dass die Vermögensgegenstände zu einem festgelegten späteren Zeitpunkt an den Pensionsgeber zurückübertragen werden müssen. Die Vermögensgegenstände werden weiterhin beim Pensionsgeber in der Bilanz ausgewiesen. In Höhe des Betrages, den die Kreditinstitute für die befristete Überlassung der Vermögensgegenstände vom Pensionsnehmer erhalten, müssen sie eine Verbindlichkeit gegenüber dem Pensionsnehmer ausweisen. Sofern es sich bei diesem Pensionsnehmer um eine im Euroraum ansässige Nichtbank handelt, wird diese Verbindlichkeit unter der Rubrik „Repogeschäfte" in M3 erfasst. Letztendlich handelt es sich bei den Repogeschäften um besicherte Termineinlagen.

*ge Finanzinstrumente*" bezeichnet. Das Aggregat ähnelt somit eher dem in Deutschland früher bekannten *M3 erweitert*, während obige Abgrenzung M2 mit der früheren deutschen Geldmenge M3 vergleichbar ist. Die zusätzlichen Komponenten wurden vor allem wegen der unterschiedlichen Finanzmarktstrukturen, speziell der Bedeutung einzelner Finanzinstrumente, in anderen Euroländern mit berücksichtigt. So haben z.B. Geldmarktfonds und Geldmarktpapiere in Frankreich, Repogeschäfte in Spanien, Italien und Frankreich eine bei weitem größere Bedeutung als in Deutschland.

Für den *Referenzwert* wählte die EZB das weite Aggregat M3 aus. Daneben gibt es noch die Geldmengenbegriffe M1 und M2. Die Definitionen und Abgrenzungen sind in Box II.2.11 erläutert. Diese Geldmengenaggregate gehen über die Summe der entsprechenden nationalen Geldmengen hinaus, da grenzüberschreitende Anlageformen in der EWWU in keinem nationalen Geldmengenbegriff enthalten waren. In Schaubild II.2.11 sind die jährlichen Wachstumsraten dieser drei Geldmengenaggregate, für den Zeitraum 1981 bis 2000, gegenübergestellt. Daran ist erkenntlich, dass seit Mitte der neunziger Jahre die Wachstumsraten von M3 tendenziell ansteigend sind. Das Jahr 2000 war dabei geprägt von einer Entwicklung weg von verzinslichen Bankeinlagen. M1 unterliegt wegen der Zinslosigkeit im Allgemeinen größeren Schwankungen als die weiter abgegrenzten Aggregate.

*Schaubild II.2.11: Wachstumsraten der Geldmengenaggregate im Euro-Währungsgebiet*

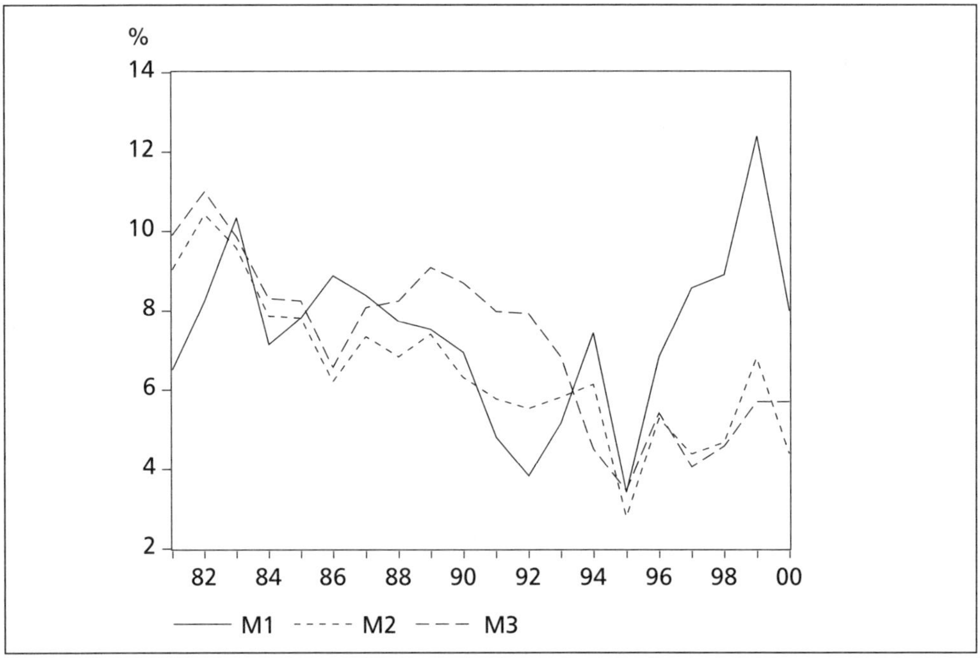


Quelle: EZB.

Ausschlaggebend für die letztliche Entscheidung für M3 war der Zusammenhang zur direkt kontrollierbaren operativen Größe, dem Tagesgeldsatz, und zur inflationären Entwicklung (siehe zu letzterem Schaubild II.2.12 sowie Nicoletti-Altimari, 2001). Diese Zusammenhänge sollten vor allem über einen längeren Zeitraum stabil sein. Die Forderung nach Steuerbarkeit bzw. Kontrollierbarkeit einerseits und stabiler Beziehung zur Inflationsentwicklung andererseits erzeugen in diesem Zusammenhang eine gewisse Dilemmasituation: Um die erste Voraussetzung zu erfüllen, sollte das Augenmerk auf Größen liegen, die nahe an den geldpolitischen Steuerungsgrößen selbst und damit nahe am Geldmarkt liegen. Für die zweite Bedingung dagegen sprechen eher Aggregate, die näher beim Endziel liegen, und umfassend definiert sind. Dies dürfte bei M3 der Fall sein.

Die bisher mit EU-Aggregaten durchgeführten Stabilitätsanalysen zur Geldnachfrage im Rahmen von Geldnachfrageschätzungen (siehe Box II.2.12) erbrachten bei breiten Geldmengendefinitionen fast durchgängig positive Ergebnisse (siehe Tabelle II.2.5). Das ist allein schon wegen der statistischen Durchschnittsbildung, durch die sich viele natio-

*Schaubild II.2.12: Geldmengen-Preis-Zusammenhang für das Euro-Gebiet*

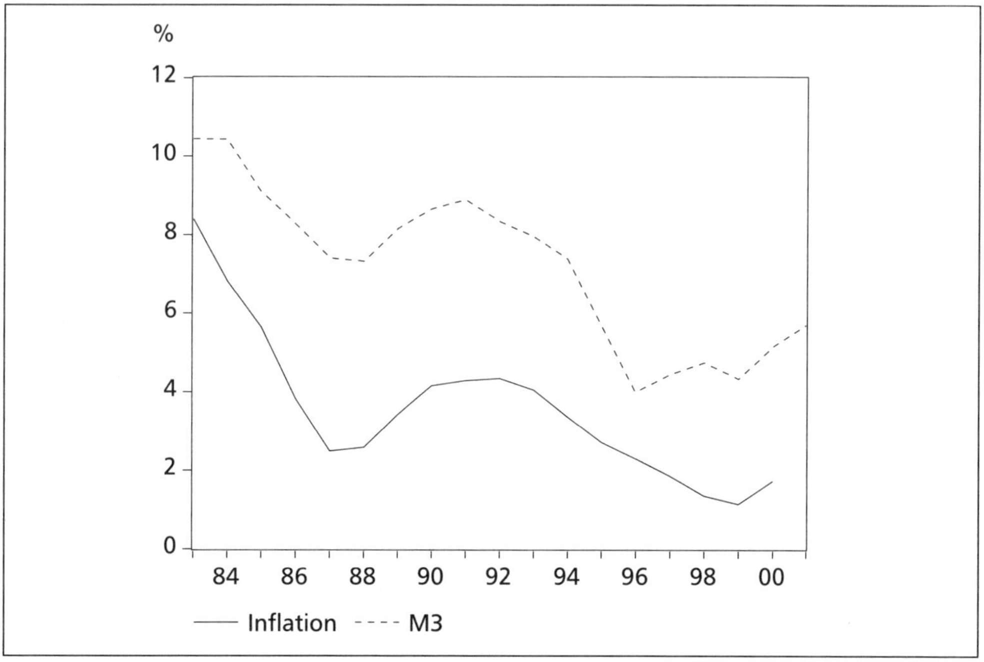


Quelle: EZB; eigene Berechnungen.

Anmerkungen: Geglättete Jahreswachstumsraten; M3 um ein Jahr nach vorne verschoben; Inflation gemessen an Verbraucherpreisen.

## Box II.2.12: Geldnachfrageschätzung

Die Prognostizierbarkeit der zukünftigen Geldnachfrage ist eine wichtige Bedingung für eine erfolgreiche Geldmengenpolitik. Die empirische Überprüfung, welche Geldmengendefinition sich am besten als Zwischenziel eignet, erfolgt u.a. anhand von *Geldnachfrageschätzungen*. Diese beruhen in den meisten Fällen auf einer einfachen Strukturgleichung, wonach die reale Geldnachfrage eine Funktion des Transaktionsvolumens und der Opportunitätskosten der Geldhaltung ist.

Oft lässt sich schon mit „simplen" *Kleinst-Quadrat-Schätzungen* („*Ordinary Least Squares*") überprüfen, ob eine Geldnachfragefunktion identifizierbar ist:

$$\Delta(m-p)_t = -\alpha\left[(m-p)_{t-1} - (\beta_1 \cdot y_{t-1} - \beta_2 \cdot oc_{t-1})\right] + \sum_{i=0} \gamma_{y,i} \cdot \Delta y_{t-i} + \sum_{i=0} \gamma_{oc,i} \cdot \Delta oc_{t-i} + \mu_t$$

Alle Größen – mit Ausnahme der Opportunitätskostenvariablen oc sind logarithmiert. $\mu_t$ steht für einen normalverteilten, unkorrelierten und homoskedastischen Störterm, $\Delta$ für die erste Differenz. m ist die im Zentrum der Betrachtung stehende Geldmenge. Als Transaktionsvariable $y_t$ dient in vielen Fällen das reale Bruttoinlandsprodukt. Das Preisniveau p wird mit Hilfe des BIP-Deflators oder dem Preisindex der Lebenshaltung operationalisiert. Als Opportunitätskostenvariable verwendet man üblicherweise die Differenz zwischen einem langfristigen (z.B. Umlaufrendite öffentlicher Anleihen) und einem kurzfristigen Zins (z.B. Geldmarktzins oder Eigenverzinsung des Geldes). Der Ausdruck in der eckigen Klammer ist der so genannte *Fehlerkorrekturterm*. Er beinhaltet den langfristigen Zusammenhang zwischen der Geldnachfrage und ihren Bestimmungsfaktoren in normalisierter Form (langfristige Geldnachfrage). Dementsprechend stehen die $\beta$-Koeffizienten für die langfristigen Elastizitäten der Bestimmungsfaktoren der Geldnachfrage. Die $\gamma$-Koeffizienten kann man als kurzfristige Elastizitäten interpretieren. Solange die Geldnachfrage ihr Gleichgewicht nicht erreicht hat, d.h. der Klammerausdruck ungleich null ist, passt sich die Geldnachfrage ihrem langfristigen Gleichgewicht an. Aus diesem Grund bezeichnet man den Ausdruck in der eckigen Klammer auch als Fehlerkorrekturterm, da vorhandene „Fehler" (= Abweichungen vom Gleichgewicht) korrigiert werden. Ein Wert für $\alpha$ von 0,15 heißt, dass – falls Quartalsdaten verwendet werden – Ungleichgewichte pro Quartal um 15 % abgebaut werden. Ein signifikant negativer Wert vor der Klammer kann gleichzeitig als Indiz für die langfristige Stabilität der Geldnachfrage gewertet werden.

Brand/Cassola (2000) erhalten für die europäische M3-Geldnachfrage eine langfristige Einkommenselastizität von 1,3. Demnach würde eine Erhöhung des realen Bruttoinlandsprodukts um 1 % eine 1,3 %ige Erhöhung der Geldnachfrage nach sich ziehen. Die Europäische Zentralbank muss also bei der Ableitung ihres Geldmengenziels eine tendenziell fallende Umlaufgeschwindigkeit in Rechnung stellen. Würde also der mittelfristige Wachstumspfad des Euro-Währungsgebiets 2 % betragen, müsste die Europäische Zentralbank den stabilitätsgerechten Geldmantel zusätzlich um 0,6 % ausweiten (2 · 1,3 – 2). Gleichzeitig bestätigen Brand/Cassola, dass die Geldnachfrage nach M3 stabil ist. Somit ist für das Eurosystem eine wichtige Bedingung für die erste Säule ihrer Strategie erfüllt, die Geldmenge M3 für die Prognose und Steuerung des Preisniveaus einzusetzen.

Box erstellt von J. Clostermann.

*Tabelle II.2.5: Ausgewählte aggregierte europäische Geldnachfrageschätzungen*

| Autoren | Zeitraum | Länder | Geldmenge | lfr. Stabilität |
|---|---|---|---|---|
| Kremers/Lane (1990) | 1978–1987 | B, D, DK, F, I, IR, NL | M1 | stabil |
| Monticelli/Strauss-Kahn (1992) | 1979–1990 | B, D, DK, F, I, IR, NL, SP, UK | M3 | stabil |
| Artis et al. (1993) | 1979–1990 | B, D, DK, F, I, IR, NL | M1, M2 | stabil[c)] |
| Falk/Funke (1995) | 1977–1992[e)] | D, F, NL+B, DK, I, IR | M1 | stabil |
| Monticelli (1996) | 1979–1992 | B, D, DK, F, I, IR, NL, SP, UK | M3[a)] | stabil[d)] |
| Tullio et al. (1996) | 1979–1989 | B, D, DK, F, I, IR, NL | M1, M3[a)] | stabil[b)] |
| Cassard et al. (1997) | 1980–1990 | B, D, DK, F, LUX, NL | M3 | stabil |
| Spencer (1997) | 1980–1995 | B, D, DK, F, I, IR, NL, Ö, SP | M1, M3[f)] | stabil[i)] |
| Wesche (1997a) | 1973–1994 | D, F, NL | M3[f)] | stabil |
| Wesche (1997b) | 1973–1994 | D, F, NL; D, F, I, UK | M3H[g)] | stabil[h)] |
| Cabrero et al. (1998) | 1970–1997 | B, D, DK, F, I, IR, LU, NL, Ö, SP, P | M3 | stabil[j)] |
| Fase/Winder (1998) | 1971–1995 | EU14 (ohne LU) | M1, M2, M3 | stabil[k)] |
| Fagan/Henry (1998) | 1981–1994 | EU14 (ohne LU) | M1, M3,[a)] BG | M1, M3: stabil; Bargeld: instabil |
| Hayo (1998) | 1964–1994 | EWU11 (ohne LU) | M1, M3 | stabil |
| Coenen/Vega (1999) | 1980–1998 | EWU11 | M3 | stabil |
| Dedola et al. (2001) | 1982–1999 | EWU 11 | M3 | stabil |
| Deutsche Bundesbank (2001a) | 1983–2000 | EWU 11 | M3 | stabil |
| Gottschalk (1999) | 1983–1997 | EWU11 | M3 | stabil |
| Brand/Cassola (2000) | 1980–1999 | EWU11 | M3 | stabil |
| Bruggemann (2000) | 1980–1994 | EWU11, EU15 | M1, M3H[g),l)] | stabil[m)] |
| Clausen (2001) | 1979–1996 | EWU11 (ohne LU) | M1, M3 | stabil[n)] |
| Funke (2001) | 1980–1998 | EWU11 | M1, M3 | M1: instabil; M3: stabil |
| Müller/Hahn (2001) | 1984–1998 | EWU 11 | M3 | stabil |
| Stracca (2001) | 1980–2000 | EWU11 | M1 | stabil/instabil[o)] |

Anmerkungen: B: Belgien, D: Deutschland, DK: Dänemark, F: Frankreich, I: Italien, IR: Irland, LU: Luxemburg, NL: Niederlande, Ö: Österreich, P: Portugal, SP: Spanien, UK: Großbritannien; BG: Bargeld. EWU11: Startländer der EWU.

a) Inkl. grenzüberschreitende Anlagen;

b) ohne Deutschland-Instabilitäten;

c) ohne Frankreich-Instabilitäten;
d) bei Ausschluss grenzüberschreitender Anlagen weiterhin Stabilität;
e) bei Untersuchung der 3 Länder D, F, NL 1977–1990;
f) Summenaggregat und Divisia-Aggregat;
g) M3H entspricht dem von den EU-Zentralbanken Anfang der 90er Jahre entwickelten Aggregat M3 harmonisiert. Für Deutschland enthielt es neben dem früheren M3 noch Sparbriefe mit einer Laufzeit bis zu einem Jahr;
h) EU3 („Kernländer") stabiler als EU4 („große Länder");
i) Ergebnisse für Divisia-Aggregat entsprechen eher den theoretischen Vorstellungen;
j) europäisches Geldmengenaggregat weniger gut kontrollierbar als M3 in Deutschland;
k) Anwendung von drei Stabilitätstests. Bei M1 weist ein Test auf Instabilitäten hin;
l) mit/ohne Berücksichtigung der Nationalität des Halters der Anlagen und des Sitzes der Bank;
m) bei Einbeziehung aller EU-Länder Instabilitäten bei M1; Modell, das nicht nach der Nationalität des Halters unterscheidet nur mehr stabil für EU15;
n) bei M3 lange und variable Anpassungsverzögerungen an langfristiges Gleichgewicht;
o) Stabilität, wenn der Wert der Zinselastizität der Geldnachfrage als abnehmende Funktion des Zinsniveaus spezifiziert wird.

nal bedeutende „Schocks" auf die Geldnachfrage (z.B. durch unterschiedliche Zahlungsgewohnheiten, Tourismus) aufheben, zu erwarten. Für die größere Stabilität eines europaweiten Geldmengenaggregates im Vergleich zu national abgegrenzten Geldmengenbegriffen sprechen aber auch theoretische Argumente. So werden europaweite Geldverlagerungen (die sog. *Währungssubstitution*) innerhalb eines Euroaggregats (das ja auch grenzüberschreitende Anlageformen enthält) aufgefangen. Auch die nur bescheidene Rolle von *Finanzinnovationen* in einigen Euroländern, speziell in Deutschland, könnten zur Stabilität des Euroaggregats beitragen. Es waren gerade diese Finanzinnovationen und die von ihnen ausgelösten Prozesse, die im Zusammenspiel mit Deregulierungs- und Re-Regulierungsmaßnahmen die USA und Großbritannien zur Aufgabe der Geldmengensteuerung „zwangen".

Die verfügbaren Studien müssen allerdings vorsichtig interpretiert werden, da sie mit vergangenheitsorientierten und vor 1999 künstlich erzeugten Geldmengen und deren Determinanten operieren.[87] So fand mit dem 1.1.1999 ein Regimewechsel statt, der sich wegen seiner unsicheren Auswirkungen in empirischen Analysen ex-ante schwer einfangen lässt. So könnte es z.B. sein, dass die festgestellte Stabilität der europäischen Geldnachfrage die Folge der asymmetrischen Funktionsweise des *EWS* war. In diesem System gab die Deutsche Bundesbank die geldpolitische Ausrichtung vor, und die ande-

87 Eine konsistente Möglichkeit der Konstruktion historischer Eurozeitreihen findet sich in Beyer et al. (2000). Arnold (1994) argumentiert, dass die größere Stabilität der so erzeugten Geldmengenaggregate ein rein statistisches Ergebnis der Aggregation ist. Dadurch werden nationale „Schocks" sozusagen herausgemittelt. Folglich würden aber die positiven Eigenschaften auch verloren gehen, wenn eine zunehmende Integration der europäischen Geld- und Finanzmärkte sowie eine Synchronisation der „Schocks" stattfinden.

ren Mitgliedsländer hielten den Wechselkurs zur DM fix. Dadurch importierten sie sozusagen die geldpolitische Orientierung Deutschlands. Da diese *Asymmetrie* aber mit dem Übergang zu einer einheitlichen Geldpolitik zwangsläufig entfiel, könnten sich auch Instabilitäten einstellen. Auch können *Geldnachfrageschocks*, die früher die einzelnen Länder unterschiedlich trafen und sich in einer Vielzahl von Fällen im Aggregat aufhoben, in Zukunft positiv miteinander korreliert sein, da sie gemeinsame Ursachen haben. Zudem herrscht auch über den künftigen Bedarf an Zentralbankgeld, der Geldnachfrage für Transaktionszwecke (abgeleitet aus dem Gütermarkt) und das Portfolioverhalten der privaten Marktteilnehmer (abgeleitet aus dem Vermögensanlagemotiv) Unsicherheit.[88] Darüber hinaus ist überhaupt nicht klar, wie sich der finanzielle Innovationsprozess in Europa weiter entwickelt.

Es ist schlicht auch möglich, dass sich ein vergangenheitsbezogenes europäisches Geldmengenaggregat deshalb als relativ stabil herausstellt, weil es gerade nicht als offizielle Zielgröße diente. Dies wird häufig mit dem Begriff *„Goodhart's Law"* bezeichnet.[89] Folglich würde sich die Summe der nationalen Geldnachfragen vor der Währungsunion von der aggregierten EWU-Geldnachfrage unterscheiden. Deshalb kann nicht zwingend davon ausgegangen werden, dass in der EWU die in der Vergangenheit festgestellten stabilen Zusammenhänge weiter gelten. Diese müssen sich vielmehr erst endogen herausbilden. Dies alles legt eine vorsichtige Geldpolitik nahe, um nicht von der Geldangebotsseite für Störungen zu sorgen.

Im Bewusstsein dieser Vorbehalte hat die EZB für dieses Euro-M3 einen **Referenzwert** publiziert. Er soll es dem Eurosystem ermöglichen, **mittelfristig** für Preisstabilität zu sorgen. Dafür spricht, dass sich auf M3 basierende Größen als empirisch besonders gut geeignet erwiesen, Inflationsprognosen über einen Zeitraum bis zu zwei Jahren und darüber hinaus zu erstellen. Zudem soll er als längerfristiger Anker für die Inflationserwartungen der Öffentlichkeit dienen.[90] Der Referenzwert wird ausdrücklich nicht als Zwischenziel verstanden, sondern soll eine geringere Bindungsfunktion besitzen. Das

88 Wenn das Portfolioverhalten stärkeren Veränderungen ausgesetzt ist als die Geldnachfrage für Transaktionszwecke, würde man eher für ein enges (z. B. M1) als für ein weites (z. B. M3) Geldmengenaggregat als Zielgröße plädieren.

89 Dieses nach dem britischen Ökonom Charles Goodhart benannte Gesetz besagt, "that any observed statistical regularity will tend to collapse once pressure is placed upon it for control purposes" (Goodhart, 1975, 5). Falls also eine Zentralbank versucht, aufgrund vergangener stabiler Beziehungen zwischen einer bestimmten Geldmengenspezifikation und Zinsen, Inlandsprodukt und Preisen, auf das entsprechende Aggregat verstärkt ihre Aufmerksamkeit zu richten, evtl. sogar eine Geldmengenstrategie darauf aufzubauen, wäre nach Goodhart's Law davon auszugehen, dass es durch eine Änderung der ökonomischen Strukturen zu Instabilitäten und Strukturbrüchen in diesen Beziehungen kommt. Und dadurch würde dieses Aggregat seine positiven Eigenschaften als Informations- und Zwischenzielvariable verlieren (Seitz, 1998).

90 Auf der konzeptionellen Ebene sollte zwischen der Rolle der Geldmenge als nominaler Anker und als Frühindikator unterschieden werden. Erstere bezieht sich darauf, ob **zukünftige** Entwicklungen der Geldmenge (der Referenzwert für M3) nützlich bei der Inflationsprognose sind. Bei Zweiterer geht es darum, ob aus den Wachstumsraten der Geldmenge der **Vergangenheit** die Inflation vorhergesagt werden kann.

Referenzziel wird zudem anders als bei den deutschen Geldmengenzielen nicht in Form eines Zielkorridors festgelegt, sondern als Punktwert bekannt gegeben. Allerdings ließe sich auch argumentieren, dass gerade die speziellen Unsicherheiten es nahe legen, den Referenzwert als Bandbreite zu spezifizieren. Noch dazu, wo auch die Bestimmungsgrößen nicht als exakte Werte festgelegt wurden.

Insgesamt soll mit dieser Herangehensweise der Fehleinschätzung vorgebeugt werden, Abweichungen der Entwicklung von M3 vom Referenzwert würden automatisch zu Zinsanpassungen führen. Unter normalen Umständen signalisiert zwar eine nicht konforme Geldmengenentwicklung Gefährdungen der Preisstabilität. Das Eurosystem wird allerdings nicht mechanistisch auf „Zielverfehlungen" reagieren, sondern die genauen Ursachen dafür und die Preisrelevanz sorgfältig analysieren und danach handeln. So kann z.B. ein verstärktes Wachstum von M3 auf einem Anstieg der Kreditvergabe infolge weniger restriktiver Rating-Standards der MFIs beruhen. Ein derartiger monetärer Schock dürfte Auswirkungen auf die Preisentwicklung haben. Auf der anderen Seite kann jedoch das erhöhte Geldmengenwachstum auch auf einen temporären Sonderfaktor zurückgehen, der keine Preiswirkungen zeitigt. Darunter fallen z.B. institutionelle Änderungen in der Besteuerung, die bestimmte in M3 enthaltene Anlageformen attraktiver erscheinen lassen oder größere einmalige Transaktionen wie die Finanzierung der deutschen UMTS-Lizenzen im Spätsommer 2000.

Die Ableitung des Referenzwertes setzt an den Determinanten reales Wirtschaftswachstum, Inflationsziel und Veränderung der Umlaufgeschwindigkeit an. Dabei bietet es sich aufgrund der mittelfristigen Orientierung der Geldpolitik an, nicht auf die tatsächlichen Werte für das nächste Jahr, sondern auf Trendverläufe zurückzugreifen. Diese Größen müssen normativ gesetzt oder geschätzt werden. Das Eurosystem veröffentlicht sowohl den Referenzwert als auch die zugrunde liegenden Bestimmungsgrößen. Dies dürfte der Transparenz sicherlich förderlich sein.

Nach Einschätzung des EZB-Rates liegt das Trendwachstum bzw. das Produktionspotenzial im Eurogebiet zwischen 2 % und 2,5 %. Die EZB räumt jedoch ein, dass in Zukunft das inflationsfreie Wirtschaftswachstum höher ausfallen kann, falls die notwendigen Reformen auf den Arbeits- und Gütermärkten zügig angegangen werden und sich unter Umständen auch in Euroland eine „New Economy", die zu messbaren und dauerhaften Erhöhungen des Produktivitätswachstums führt, auf breiter Ebene durchsetzt. Dieses Trendwachstum wurde allerdings nicht wie von der Bundesbank über eine Schätzung des Produktionspotenzials erzielt. Vielmehr wurde wegen Datenproblemen (z.B. gibt es in einigen Ländern keine zuverlässigen Zahlen über den Kapitalstock) ein „potenzielles Euro-BIP" im Sinne einer Fortschreibung eines vergangenen Trendwertes ermittelt.

Das Inflationsziel wurde mit höchstens 2 % angesetzt. Es entspricht also der Definition von Preisstabilität anhand des HVPI. Konsistenterweise muss es sich allerdings auf den BIP-Deflator beziehen, da als Transaktionsgröße das reale BIP Verwendung findet (siehe die Quantitätsgleichung). Die EZB setzt hier dennoch den HVPI an. Man kann aus dieser gewissen „Inkonsistenz" schließen, dass das Eurosystem bei beiden Preisgrößen dieselbe Entwicklung anstrebt. Längerfristig unterscheiden sich diese beiden Inflationsmaße in der Regel auch nicht. In einzelnen Jahren kann es aber durchaus zu deutlichen Abweichungen kommen, da z.B. Importpreise im Konsumentenpreisindex, nicht jedoch im BIP-Deflator enthalten sind (siehe die Entwicklung im Jahr 2000, in welchem wegen des Ölpreisanstiegs und der Abwertung des Euro der Preisanstieg gemäß dem HVPI deutlich über demjenigen gemäß dem BIP-Deflator lag).

Neben der Einschätzung der Wachstumsperspektiven im nächsten Jahr liegt der größte Unsicherheitsbereich in der Abschätzung der Geldhaltungsgewohnheiten von Unternehmen und Privatpersonen. Hier spielen die schwer prognostizierbaren Verhaltensänderungen wegen des Regimewechsels hin zu einer europäischen Geldpolitik und einer neuen Währung eine wichtige Rolle. So hat man z.B. nur unvollständige Informationen, wie sich Vorsichtsmotive auf die Geldhaltung im Euroraum auswirken. Auch haben viele Euroländer noch keine längerfristigen Erfahrungen mit niedrigen Inflationsraten, wie sie seit einiger Zeit allgemein in der EU vorherrschen. Auch die Hortung von Bargeld und die Verwendung des Euro im Ausland sowie die zukünftige Entwicklung *elektronischen Geldes* (vorausbezahlte Karten und Netzgeld) und der Finanzmärkte erschweren eine Einschätzung der Entwicklung der Geldhaltungsgewohnheiten. All dies schlägt sich in der *Umlaufgeschwindigkeit* nieder. Berechnungen der EZB zufolge ist von einem trendstabilen Rückgang der Umlaufgeschwindigkeit von 0,5 % bis 1 % pro Jahr auszugehen (siehe Schaubild II.2.13). Nach Auffassung der EZB ist dabei eher der untere Teil des Bereichs relevant. Dieser Rückgang wird üblicherweise mit dem Vermögenscharakter eines Teils der Geldkomponenten (hauptsächlich die zinstragenden Teile), die nicht nur Transaktionszwecken dienen, erklärt. Dadurch wächst M3 im Trend schneller als das BIP. Dementsprechend ist ein Zuschlag beim inflationsfreien Geldmengenwachstum in Höhe von 0,5 bis einem Prozentpunkt vorzunehmen.

Aus diesen Komponenten errechnete die EZB einen Referenzwert für M3 in Höhe von 4½ %. Da dafür die Preisnorm mit knapp 2 %, der trendmäßige Rückgang der Umlaufsgeschwindigkeit mit etwa 0,5 % angesetzt wurde, verbleibt für das reale Wirtschaftswachstum nur gut 2 %. Der Referenzwert ist nicht wie bei Geldmengenzielen üblich zeitlich befristet, d.h. es handelt sich um kein Jahres- oder Zwei-Jahresziel. Es ist ein zeitloser Wert, der in der Regel am Ende eines Jahres überprüft wird. Der mittelfristigen Orientierung entsprechend ist der Referenzwert als Durchschnittsziel zu interpretieren.[91]

Die EZB wird die aktuelle monetäre Entwicklung mit diesem Referenzwert vergleichen. Zur Berechnung des aktuellen Geldmengenwachstums wird jedoch kein einfacher Vorjahresvergleich vorgenommen, sondern im Sinne einer Glättung der Geldmengenentwicklung ein gleitender Drei-Monats-Durchschnitt der monatlichen Jahreswachstumsraten berechnet. Wie Schaubild II.2.14 zeigt, wurde von Anfang 1999 bis Ende 2000 der

91 Der Referenzwert ist konsistent mit den Ergebnissen von Geldnachfrageschätzungen für M3 (siehe z. B. Brand/Cassola, 2000 oder Coenen/Vega, 1999). Er lässt sich errechnen, indem man den Wert für die Einkommenselastizität (gemäß den erwähnten Studien ca. 1,3) multipliziert mit dem Trendwachstum des BIP (ca. 2 %) und dazu die Definition von Preisstabilität addiert (maximal 2 %).

*Schaubild II.2.13: Umlaufgeschwindigkeit von M3*

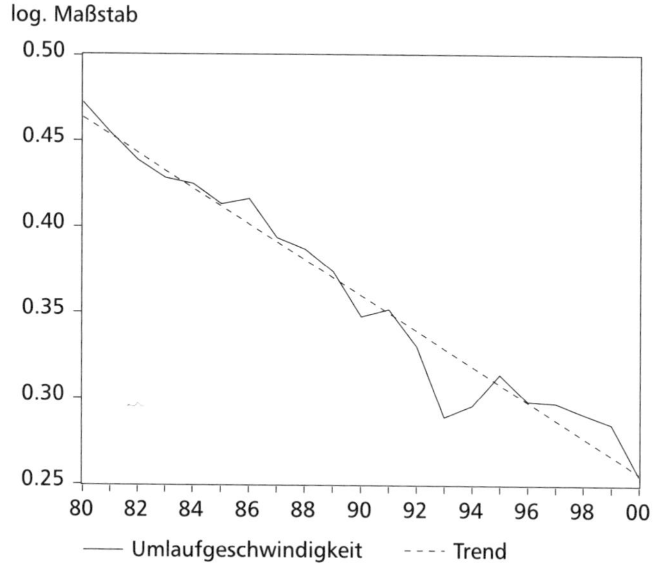


Quelle: EZB; eigene Berechnungen.

Anmerkungen: Umlaufgeschwindigkeit als Verhältnis des nominalen BIP zu M3.

Referenzwert permanent übertroffen. Allerdings näherten sich Referenzwert und tatsächliche Entwicklung im Verlauf des Jahres 2000 immer mehr an. Dafür waren auch die Zinserhöhungen durch das Eurosystem verantwortlich. An der Abbildung ist erkenntlich, dass eventuell mit Beginn der EWU eine Verhaltensänderung stattgefunden hat. Zudem zeigt sie den glatteren Verlauf des gleitenden Durchschnitts im Vergleich zur einfachen Jahreswachstumsrate.

Zusätzlich zu diesem Vergleich analysiert die EZB im Rahmen der ersten Säule verschiedene Messgrößen für die existierende Überschussliquidität. Darunter fallen die Entwicklung sog. *„money gaps"* (Geldlücken) in nominaler und realer Form und der Geldüberhang. Unter einer nominalen *Geldlücke* versteht man die kumulierte Differenz zwischen dem M3-Wachstum und dem Referenzwert. Er dient der EZB als ein aus der ersten Säule der Strategie abgeleiteter Inflationsindikator. Wie man aus Abb. II.2.14 ersehen kann, hat die nominelle Geldlücke im Verlauf des Jahres 2000 weiter zugenommen. Diese Zunahme war jedoch weniger stark ausgeprägt als 1999. Die *reale Geldlücke* (*„real money gap"*, siehe auch Box II.2.7) berücksichtigt zusätzlich noch die Differenz zwischen der tatsächlichen Inflationsrate und der Definition von Preisstabilität. Und der *Geldüberhang* bzw. -unterhang misst die Abweichung der nominalen Geldmenge von einer mittels eines Modells geschätzten Gleichgewichtsgeldmenge. Letztere errechnet sich, indem die Werte der makroökonomischen Bestimmungsgründe der Geldnachfrage in die Glei-

*Schaubild II.2.14: Referenzwert und tatsächliche Entwicklung von M3*

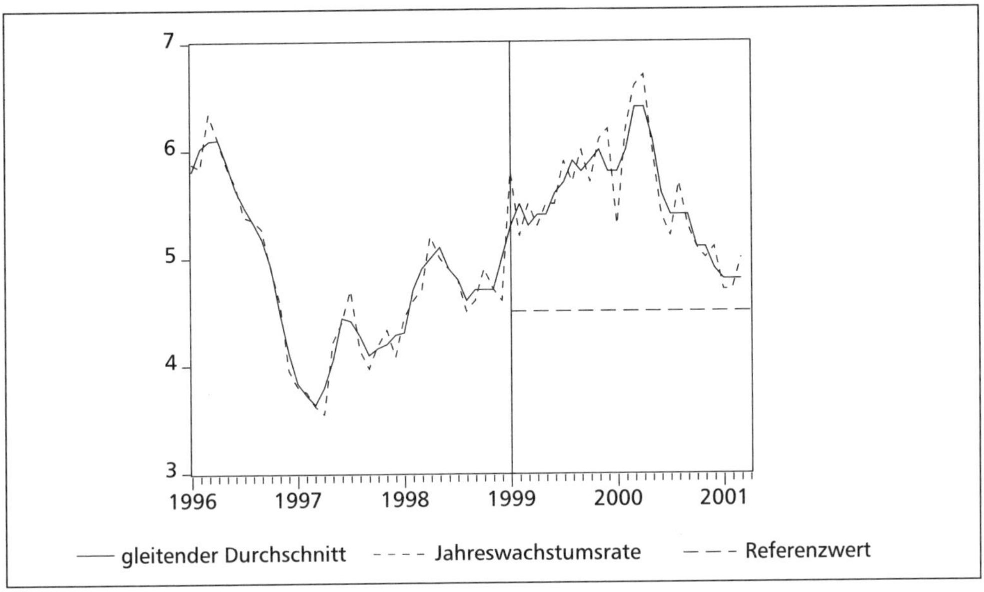


Quelle: EZB.

chung der langfristigen Geldnachfrage eingesetzt werden (siehe Box II.2.12). Der Geldüberhang spiegelt somit den nicht durch die makroökonomischen Variablen erklärten Teil der Geldmengenentwicklung wider.

Daneben erfolgt im Rahmen der ersten Säule auch eine Analyse der engeren Geldmengenaggregate M1 und M2 sowie der Einzelkomponenten von M3. Besonderes Augenmerk verdient dabei M1, da es die liquidesten Bestandteile enthält und ein großes Gewicht an M3 besitzt (ca. 40 %). Aber auch eine Betrachtung der *Gegenposten* von M3 im Rahmen der konsolidierten Bilanz der MFIs (speziell der Kreditgewährung) kann sinnvolle Zusatzinformationen über die Ursachen des Geldmengenwachstums erbringen. Solange die monetäre Entwicklung in den einzelnen Teilnehmerländern der EWU noch recht unterschiedlich verläuft, empfiehlt es sich auch, die nationalen Bewegungen sorgfältig zu analysieren (Deutsche Bank, 2001; Dedola et al., 2001).

All diese Ansätze dienen letztendlich dem Ziel, sich ein Urteil über die in der Entwicklung von Geld und Kredit enthaltenen Risiken für die Preisstabilität zu bilden.

## 2.6.5 Die 2. Säule: Eine breit fundierte Beurteilung der Preisperspektiven

Aufgrund der Unsicherheiten im Zusammenhang mit der Geldnachfrage baut die Strategie des Eurosystems zur Ergänzung noch auf einer zweiten Säule auf. Diese beinhaltet eine breit fundierte Beurteilung der Preisperspektiven anhand einer Vielzahl von Inflationsindikatoren neben der Geldmenge. Zwar ist Inflation auf Dauer ein monetäres Phänomen. Auf kurze Sicht wird dieser Zusammenhang allerdings von einer Vielzahl von Faktoren überlagert. Und da sich diese Einflüsse verfestigen können, ist diese kurze Frist durchaus geldpolitisch relevant.

Um sich ein Gesamtbild der Preisentwicklung zu verschaffen, werden dafür zunächst die Preise auf verschiedenen Stufen des Preisbildungsprozesses näher untersucht (Erzeuger-, Vorleistungsgüter-, Investitionsgüter- und verschiedene Konsumgüterpreise). Ansonsten lässt sich bei dem verwendeten Indikatoren-Set eine Dreiteilung vornehmen.

Erstens werden kurzfristige Konjunkturindikatoren analysiert. Darunter fallen Variablen, die eine veränderte Grunddynamik der Wirtschaft anzeigen, wie z.B. der Output Gap sowie generell angebots- und nachfrageseitige Einflüsse. Auf der Angebotsseite geht es dabei speziell um die Produktionsfaktoren Arbeit und Kapital, deren Auslastung und Kosten. Die gesamtwirtschaftliche Nachfrage wird unterteilt in ihre Komponenten Konsum, Investitionen, Außenbeitrag und zusammen mit ihren Determinanten beurteilt. Daneben kommen als preisrelevante Konjunkturdaten noch temporäre Faktoren wie Rohstoffpreis- und Wechselkursentwicklungen und die Veränderung indirekter Steuern in Frage. Die Relevanz von Output Gaps bzw. der Kapazitätsauslastung hat sich dabei in der Vergangenheit als umso höher erwiesen, je geringer der Offenheitsgrad einer Volkswirtschaft war. Deshalb dürfte diese Variable für den Euroraum besonders für Preisprognosen geeignet sein. Für die kurzfristigen Preisperspektiven haben sich empirisch Lohnkostenmaße gut bewährt.

Als Zweites werden auch Finanzmarktindikatoren näher untersucht. Hierfür analysiert die EZB z.B. Zinsstrukturkurven, nominale und indexierte Renditen von Staatsanleihen, Aktienkursindices und Optionspreise. Gerade in der EWU sind Finanzmarktpreise attraktiv, da es sich um schnell verfügbare und erwartungsorientierte Marktdaten handelt, die nicht wie die Daten der VGR für den Euroraum durch Revisionen und aufgrund der Aggregation durch erhöhte statistische Unsicherheiten behaftet sind. Auf der anderen Seite ist jedoch die Eignung von Finanzmarktpreisen wegen der in Kapitel II.2.3.2 beschriebenen Gefahr multipler Gleichgewichte und politikinduzierter Instabilitäten vorsichtig zu beurteilen. Da Finanzmarktpreise nicht nur Variablen im geldpolitischen Transmissionsprozess, sondern zu einem Großteil auch ein Abbild der vorherrschenden Markterwartungen sind, kann es aufgrund von Verhaltensänderungen der privaten Wirtschaftssubjekte leicht zu Fehlinterpretationen kommen.

Den dritten Komplex stellen Branchen- und Verbraucherumfragen dar. Diese sollen Preiserwartungen abbilden. So stellt die EU-Kommission monatliche Angaben zu den Verkaufspreiserwartungen für die kommenden Monate im Verarbeitenden Gewerbe und zu der von Konsumenten erwarteten Preisentwicklung in den nächsten zwölf Monaten zur Verfügung. Ferner ermittelt die EZB jedes Quartal durch eine Umfrage bei mehr als 80 professionellen Prognostikern die Erwartungen in Bezug auf die HVPI-Entwicklung im Euroraum („survey of professional forecasters"). Die Qualität dieser direkten Erwartungsgrößen hängt entscheidend von den Annahmen ab, die den Prognosen zugrunde liegen.

Innerhalb dieser zweiten Säule veröffentlicht die EZB seit Dezember 2000 auch eigene Prognosen für die Veränderung des HVPI und das BIP-Wachstum (inkl. der wichtigsten Determinanten Private Konsumausgaben, Staatsverbrauch, Bruttoanlageinvestitionen, Exporte und Importe). Diese Prognosen werden gemeinsam von Experten der EZB und der nationalen Zentralbanken der an der Währungsunion teilnehmenden Länder erstellt. Grundlage bilden sowohl ökonometrische Modelle als auch nicht modellgestützte Expertenurteile (EZB, 2001b). Die Projektionen werden in regelmäßigen Abständen jeweils im Frühjahr und im Herbst für einen Zwei-Jahres-Zeitraum erstellt. Der erste Prognosezeitraum reichte somit bis zum Jahr 2002.

Die EZB bezeichnet diese Prognosen als gesamtwirtschaftliche *Projektionen*. Dabei handelt es sich um keine „echten" Prognosen (sog. *unbedingte Prognosen*), indem eine möglichst gute Übereinstimmung von Prognose und tatsächlicher Entwicklung angestrebt wird. Vielmehr wird diese Projektion unter der Annahme unveränderter kurzfristiger Zinsen und Wechselkurse getroffen (sog. *bedingte Prognosen*). Dies bedeutet insbesondere, dass von einem unveränderten geldpolitischen Kurs ausgegangen wird. Dadurch will die EZB verhindern, dass von den Prognosen auf die zukünftige Veränderung der Notenbankzinsen geschlossen wird. Zudem können mit dieser Vorgehensweise die Konsequenzen einer unveränderten Geldpolitik aufgezeigt werden. Dementsprechend stellen die Projektionen nicht eine beste Prognose, vor allem über längere Zeiträume dar, da die Geldpolitik immer handeln wird, wenn sich Gefahren für die Preisstabilität zeigen. Auf der anderen Seite kann allerdings die EZB enorm unter Druck geraten, wenn die von ihr abgegebene bedingte Inflationsprognose nicht mit Preisstabilität vereinbar ist. In die Projektionen gehen des Weiteren gewisse Annahmen über das außenwirtschaftliche Umfeld ein (z.B. über das Wachstum außerhalb des Euro-Währungsgebietes und den Ölpreis).

Um die Unsicherheit der Projektionen zu betonen, werden diese als Bandbreiten ausgedrückt (siehe Tabelle II.2.6). Sie beruhen auf der absoluten Differenz zwischen den tatsächlichen Zahlen und den Ergebnissen früherer Projektionen. Dabei gilt als generelle Tendenz, dass sich die Bandbreiten im Verlauf des Prognosezeitraums ausweiten. Dadurch kommt zum Ausdruck, dass das Risiko von Fehlprognosen umso größer wird, je länger der Prognosehorizont ist. Zur Berechnung der konkreten „Breite" wird deshalb die oben angesprochene Differenz mit 2 multipliziert.

Mit der Inflationsprojektion soll eine breite Palette von Einzelinformationen zusammengefasst und verbunden werden. Der Expertenstab trägt die Verantwortung für die Projektionen. Der EZB-Rat dagegen, das Entscheidungsgremium des Eurosystems, soll weder für den Inhalt noch für den Erfolg verantwortlich sein. Vielmehr wird er die Projektionen zusammen mit anderen Vorhersagen und Informationen analysieren.

Mit der Veröffentlichung bedingter Inflationsprognosen beabsichtigt die EZB, die Transparenz ihrer Geldpolitik zu verbessern. Allerdings üben sie nur eine begrenzte Funktion

*Tabelle II.2.6: Makroökonomische Projektionen des Eurosystems (in %)*

| | 2001 | 2002 |
|---|---|---|
| HVPI | 2,3–2,7 | 1,2–2,4 |
| Reales BIP | 2,2–2,8 | 2,1–3,1 |
| Privater Verbrauch | 2,2–2,6 | 2,0–3,3 |
| Staatsverbrauch | 1,2–2,1 | 0,9–1,9 |
| Bruttoanlageinvestitionen | 2,3–4,5 | 2,2–5,4 |
| Exporte | 5,0–7,9 | 4,1–7,3 |
| Importe | 4,9–8,3 | 4,3–7,7 |

Quelle: EZB, 2001c, 60.

Anmerkung: Stand Juni 2001.

aus, da sie nicht die Meinung des EZB-Rats widerspiegeln und eine wichtige Inflationsdeterminante, die Geldmengenentwicklung, außer Acht lassen. Dementsprechend ist zu fragen, warum sie überhaupt publiziert werden, wo es doch bereits Prognosen anderer Institutionen (z.B. des IWF, der OECD oder der EU-Kommission) gibt. Dadurch und vor dem Hintergrund des zinspolitischen Drucks, der entstehen kann, wenn die Prognose nicht mit der Definition von Preisstabilität übereinstimmt, ist die Entscheidung der EZB eher kritisch zu beurteilen. Die grundlegende Basis für diese Prognosen, hinreichend lange verfügbare Zeitreihen, unterlag zudem mit Beginn der Stufe 3 einem Strukturbruch. Und dessen Umfang und Auswirkungen lassen sich bisher nur in Ansätzen abschätzen.

## 2.6.6 Kritische Würdigung

In diesem Kapitel wurden die drei Elemente der geldpolitischen Strategie des Eurosystems beschrieben (siehe Schaubild II.2.15). Es handelt sich dabei um die Definition von Preisstabilität („der Anker") und die zwei Säulen „Referenzwert für M3" und „breit fundierte Beurteilung der Preisperspektiven". Die beiden Säulen sind als gleichberechtigte Teile im Versuch der Gewährleistung von Preisstabilität zu betrachten.

Trotz einiger kritischer Einwände kann das „Inflationsziel", nach dem der gemessene HVPI maximal um 2 % steigen soll, als weithin akzeptierte Definition von Preisstabilität betrachtet werden. In einem nächsten Schritt wurde dann auf die Rolle der Geldmengenentwicklung zur Erreichung dieses Ziels im Rahmen einer mittelfristig orientierten Geldpolitik eingegangen. Ausgangspunkt war dabei die Überzeugung, dass Inflation letztendlich immer auf eine übermäßige Geldmengenausweitung zurückzuführen ist. Deshalb wird bei der Beurteilung der Preisentwicklung dem Geldmengenwachstum eine hervorgehobene Rolle unter den möglichen Inflationsindikatoren bzw. Informationsvariablen eingeräumt. Für das Geldmengenaggregat M3 wird ein *Referenzwert* festgelegt, der jedes Jahr überprüft wird. Dieser Referenzwert wird mit der aktuellen Geldmengen-

*Schaubild II.2.15: Die geldpolitische Strategie des Eurosystems*

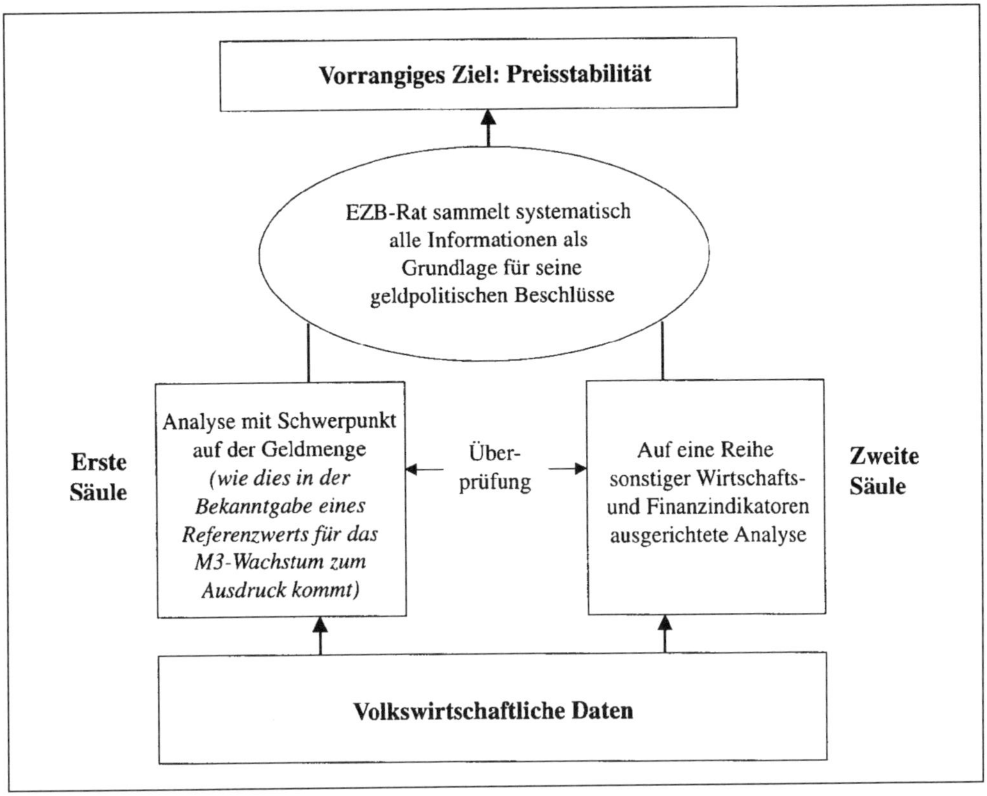


Quelle: EZB, 2000, 43.

entwicklung verglichen. Unter normalen Umständen signalisieren erhebliche und anhaltende Abweichungen vom Referenzwert zukünftige Gefährdungen der Preisstabilität. Kurzfristige Über- und Unterschreitungen des Referenzwertes werden jedoch von der EZB toleriert, es handelt sich um kein striktes Geldmengenziel.

Gerade wegen der mit dem Beginn der Währungsunion zusammenhängenden Unsicherheiten soll auf derartige Abweichungen allerdings nicht „mechanistisch" reagiert werden. Die Zinspolitik muss sich auf eine sorgfältige und umfassende Ursachenanalyse stützen. Wenn diese auf Sonderentwicklungen, die keine Gefährdung des Ziels der Preisstabilität beinhalten, hindeutet, darf es nicht zu Änderungen des geldpolitischen Kurses kommen. Dafür beurteilt die EZB die Preisperspektiven im Rahmen einer zweiten Säule auf Basis einer Vielzahl von Indikatoren, die neben der Geldmenge „gute" Vorlaufeigenschaften für die künftige Preisentwicklung haben.

Die beiden letzten Elemente – der publizierte Referenzwert für M3 und die auf breiter Grundlage erfolgende Beurteilung der Preisperspektiven – bezeichnet man als das *„Zwei-*

*Säulen-Konzept“* (*„two-pillars-concept“*) des Eurosystems. Dieser Terminus soll einerseits auf die spezifischen Eigenheiten des Eurosystems verweisen und ist andererseits als eine bewusste Abgrenzung zu einer Politik mit Geldmengenzielen oder einer direkten Inflationssteuerung zu betrachten. Mit dieser neuen Strategie verbindet das Eurosystem die Erfahrungen der teilnehmenden nationalen Zentralbanken mit der spezifisch neuen Situation der Währungsunion. In diesem Zusammenhang sind hauptsächlich die Verpflichtung auf Preisstabilität, die hervorgehobene Rolle der Geldmenge, die Möglichkeit von Instabilitäten in der Geldnachfrage und eine Beurteilung der Preisperspektiven auf breiter Basis zu nennen.

Dieser auf den ersten Blick generell sinnvollen Vorgehensweise, fehlt jedoch ein konkretes öffentliches Leitkonzept, an dem sich die Inflationserwartungen orientieren können. Dadurch können der EZB in schwierigen Situationen die Inflationserwartungen entgleiten. Deshalb sollte möglichst bald eine stärkere Ausdifferenzierung der Strategie erfolgen. Da eine Strategie mittelfristig ausgerichtet ist und über diesen Zeithorizont Inflation monetär verursacht ist, sollte die Geldmengenorientierung stärker in den Vordergrund rücken. Wenn bei nicht zielkonformen Entwicklungen vom Eurosystem keine Gefährdungen der Preisstabilität gesehen werden, muss dies den Märkten dann mithilfe einer sorgfältigen Ursachenanalyse vermittelt werden.

Auch kann es durch bestimmte inhärente Entwicklungen im Zeitablauf zu erzwungenen Anpassungen kommen. So hat die Einführung des Euro einschneidende Konsequenzen für die Finanzmärkte der teilnehmenden Länder. Die Marktfähigkeit verschiedener Finanzinstrumente und die Liquidität des Eurofinanzmarktes wird deutlich ansteigen. Ein verändertes internationales Umfeld und die Internationalisierung der Finanzmärkte waren aber immer Ursachen von Finanzinnovationen. Das Potenzial dieses neuen Marktes dürfte selbst dasjenige des US-Finanzsystems übersteigen. Damit einher geht auch ein verstärkter Konkurrenzdruck für die Finanzinstitute. Sie werden gezwungen sein, Produkte zu attraktiven Konditionen anzubieten, z.B. auch zinstragende Girokonten.

In Marktwirtschaften mit hoch entwickelten Finanzmärkten wird es extrem schwierig, eine Geldmengengröße, die an Bankbilanzen ansetzt, zu kontrollieren. Man müsste dafür nämlich auch über das Verhalten und die Reaktionen des Bankensektors genaue Informationen haben (z.B. wie diese ihre Konditionengestaltung auf die beschriebenen Entwicklungen hin anpassen). Um ihre Margen zu halten bzw. zu erhöhen, werden Banken neue Finanzaktiva und auch neue Transaktionstechnologien (z.B. transaktionsfähige Geldmarktkonten) einführen. Als Indikator zukünftiger Entwicklungen dürfte dann ein Geldmengenaggregat immer weniger geeignet sein.

Die zunehmende *Zinssensitivität* der Anleger wird ihr Übriges tun und unter Umständen einen gewissen *Disintermediationsprozess* weg vom Bankensystem auslösen. Dieser wiederum wird den Wettbewerb um Marktanteile weiter intensivieren. Auch für private Haushalte wird ein effizientes Cash-Management aufgrund der modernen Informationstechnologie möglich werden. Sie werden zudem mit neuen Finanzinstrumenten wie Optionen und Futures immer besser umgehen können. In gewissem Sinne lässt sich der Innovationsprozess dann als „Selbstläufer“ bezeichnen. Auf alle Fälle werden die Grenzen zwischen dem, was in offizieller Definition als Geld bzw. Nicht-Geld zählt, weiter verwischt werden.

Betont werden muss in diesem Zusammenhang die spezielle Rolle und das Marktpotenzial von *Finanzderivaten* und deren Rückwirkungen auf eine an finanziellen Variablen orientierte Geldpolitik. Dadurch wird nämlich die Unterscheidbarkeit von Finanzaktiva erschwert: Wird z.B. eine Bundesanleihe durch einen Bund-Future kursrisikogesichert, unterscheidet sie sich vom Risiko her nicht mehr von einer Termineinlage mit entsprechender Laufzeit. Ein derartig abgesichertes Papier ist jedoch aufgrund der hohen Liquidität sowohl am Kassamarkt als auch am Futuresmarkt liquider als die vergleichbare Termineinlage. Kombiniert mit den sowieso eher instabilen monetären Verhältnissen in anderen Ländern (z.B. Frankreich, Italien) und der zunehmenden Verwendung von Finanzderivaten auch von privaten Anlegern könnte also die Geldpolitik des Eurosystems mittel- bis langfristig vor nicht unerhebliche Abgrenzungsprobleme gestellt werden.

Falls das Wirtschaftswachstum im Euro-Währungsgebiet weiterhin eher moderat verläuft, wird auch der Druck auf das Eurosystem zur Berücksichtigung konjunktureller Gesichtspunkte ansteigen. Dies dürfte vor allem dann wahrscheinlich sein, wenn sich die Inflationsraten über Jahre hinweg auf niedrigem Niveau bewegen. Dann wäre diese verstärkte Konjunkturorientierung aber auch konform mit dem Maastricht-Vertrag.

Sollte dieses Szenario Wirklichkeit werden, entsprächen die Euroverhältnisse in etwa denen der USA. Der dort verwendete *Multi-Indikatoren-Ansatz* ohne explizites Zwischenziel und nominalen Anker mit verstärkter Konzentration auf ausgewählte reale Variablen könnte dann verstärkt zum Tragen kommen. Falls sich das Eurosystem bis dahin Glaubwürdigkeit und Reputation auf den Märkten erworben hat, könnte dieser Ansatz nach dem Vorbild der amerikanischen Notenbank erfolgreich eingesetzt werden. Die Risiken sind zwar nicht unbeträchtlich. Es erscheint dann jedoch keine andere Alternative in Sicht.

## 2.7 Zusammenfassung

In diesem Kapitel wurden verschiedene geldpolitische Strategien vorgestellt und im Hinblick auf ihre Eignung für die Geldpolitik des Eurosystems diskutiert. Die Diskussion erfolgte vor dem Hintergrund gewisser Anforderungen, die an geldpolitische Konzeptionen zu stellen sind.

Generell gilt es zu unterscheiden zwischen Strategien, die sich ein Zwischenziel setzen, und solchen, die sich direkt auf das Endziel Preisstabilität konzentrieren. Dabei wurde zu Beginn gezeigt, dass es mit beiden Ansätzen theoretisch gleichermaßen möglich ist, dieses Endziel zu erreichen. Daran anschließend wurden ausgewählte geldpolitische Strategien vorgestellt.

Schon aufgrund der Größe des Euroraumes scheiden Wechselkurse als Zwischenziele für das Eurosystem aus. Sie können jedoch sinnvolle Orientierungen für die zunächst noch nicht an der Währungsunion teilnehmenden Länder im Rahmen des EWS II sein. Auch für die EU-Beitrittskandidaten bietet sich ein Wechselkursziel zum Euro an.

Bei der Zinssteuerung (gleich welcher Art) fehlt letztlich ein nominaler Anker für die Erwartungsbildung der Privaten. Auch bleibt die Preisentwicklung letztlich unbestimmt. Zinsgrößen liefern zwar wichtige Informationen. Diese Funktion können sie aber am besten innerhalb einer anderen geldpolitischen Konzeption erfüllen.

Eine nominale BIP-Steuerung erscheint auf den ersten Blick attraktiv, weil sie auch ein Outputziel enthält und sich nicht nur auf die Inflation alleine konzentriert. Auf der anderen Seite scheidet diese Orientierung aber wegen Datenproblemen, potenziellen Konflikten mit dem im Maastricht-Vertrag formulierten Ziel Preisstabilität und fehlenden praktischen Erfahrungen als wirkliche Alternative für das Eurosystem aus.

Eine pragmatische Geldmengensteuerung, wie sie von der Deutschen Bundesbank verfolgt wurde, hat viele Vorteile. Man konzentriert sich auf eine Variable, die einen theoretisch gesicherten Zusammenhang zur Preisentwicklung aufweist, hat eine eindeutige Zuweisung von Verantwortlichkeiten und lässt keine Informationen außer Acht. Voraussetzung für den sinnvollen Einsatz ist allerdings die nötige Kontrolle und damit Steuerbarkeit der Geldmenge sowie die Stabilität der Geldnachfrage. Darüber besteht gerade in der Währungsunion Unsicherheit.

Direkte Inflationsziele stellen die Orientierung an der Inflationsbekämpfung deutlicher heraus als eine Geldmengenorientierung. Dies ist gerade für das Eurosystem ein wichtiges Signal für die Märkte und die Öffentlichkeit. Die Bedeutung kurzfristig neben der Geldpolitik wirkender weiterer Einflussfaktoren (z.B. Fiskal- und Lohnpolitik), die Informationserfordernisse seitens der Zentralbank und die langen Lags zwischen der Diagnose und dem Ergreifen geldpolitischer Maßnahmen sowie der endgültigen Wirkung auf die Preise mahnen allerdings zur Vorsicht.

Bleibt als letzte Möglichkeit die „just do it"-Strategie der USA ohne explizite Orientierungsgröße. Es erfolgte hier höchstens eine implizite Rückkopplung vom Endziel Preisstabilität. Das FED hatte bisher damit beträchtliche Erfolge. Für das Eurosystem dürfte sie allerdings wegen der mangelnden Transparenz und des Fehlens eines expliziten nominalen Ankers – zumindest zunächst – nicht empfehlenswert sein.

Was die adäquate Strategie für das Eurosystem ist, ist je nach Zeithorizont differenziert zu beurteilen. Zunächst bietet sich eine Mischstrategie aus einer Geldmengensteuerung und einem direkten Inflationsziel an, wie sie das Eurosystem auch gewählt hat. Der Referenzwert für die Geldmenge ist unter normalen Umständen primäre Orientierungsgröße (Referenzgröße) zur Erreichung von Preisstabilität bzw. zur Signalisierung von Inflationsgefahren. Dadurch gibt das Eurosystem ein Signal der Kontinuität und knüpft an die erfolgreiche Vergangenheit der Bundesbank an. Diese Strategie erschwert zwar wegen des nur undeutlichen Leitmotivs die Verankerung der Inflationserwartungen. So wurde z.B. schon häufig der Vorwurf geäußert, die EZB suche sich je nach Situation die für sie passenden Variablen heraus. Folglich wäre eine deutlichere Herausstellung der

Geldmengenorientierung vorzuziehen. Allerdings dürfte die Strategie der Lage zu Beginn der Stufe 3 doch im Großen und Ganzen, vor allem unter Beachtung der zur Verfügung stehenden Alternativen und der erheblichen Unsicherheit, gerecht werden.

Auf Dauer ist für die Strategiewahl die Entwicklung auf den Finanz- und Gütermärkten aufmerksam zu beobachten. Es könnte sich durchaus eine Situation ergeben, die einen Übergang auf einen Multi-Indikatoren-Ansatz ohne expliziten nominalen Anker erfordert. So könnte es auch in der EU zu einer „Amerikanisierung der Finanzmärkte", verbunden mit einer stärkeren Berücksichtigung konjunktureller Gesichtspunkte durch das Eurosystem, kommen, die eine Strategie nach dem Vorbild des FED (unter Beachtung der unterschiedlichen Zielstrukturen) geradezu erzwingen könnte. Eine stärkere Konjunkturorientierung ist vor allem bei weiterhin niedrigen Inflationsraten nicht unwahrscheinlich. Wenn die EZB bis dahin den notwendigen Rückhalt in der Öffentlichkeit und auf den Märkten besitzt, könnte sie mit einem derartigen Strategiewechsel ähnlich erfolgreich wie die amerikanische Notenbank sein. In den ersten Jahren der EWU ist diese Strategie aber aufgrund der fehlenden Reputation, Glaubwürdigkeit und Regelbindung nicht empfehlenswert.

## Kontrollfragen

1. Welche Anforderungen werden an eine geldpolitische Strategie gestellt? Gehen Sie insbesondere darauf ein, wie diese Anforderungen durch die neue Situation der Währungsunion beeinflusst werden!
2. Was sind die Gemeinsamkeiten und Unterschiede der ein- und zweistufigen geldpolitischen Strategien?
3. Warum scheiden Wechselkursziele als Strategie für das Eurosystem aus?
4. Was ist der Unterschied zwischen einer Geldmengensteuerung und einer nominalen BIP-Steuerung?
5. Welche Voraussetzungen müssen für die Eignung der Zinsstruktur als Zwischenziel der Geldpolitik gegeben sein?
6. Inwiefern spielt der Zeithorizont bei der Entscheidung für die angemessene Strategie des Eurosystems eine wichtige Rolle?
7. Wie beurteilen Sie die vom Eurosystem verfolgte Strategie im Hinblick auf die Situation in der Währungsunion und das primäre Ziel des Eurosystems, der Gewährleistung von Preisstabilität?
8. Welche Rolle spielt die Geldnachfrage für eine erfolgreiche Geldmengenstrategie und die Strategie des Eurosystems?

## Weiterführende Literatur

*Issing, O., Gaspar, V., Angeloni, I., Tristani, O.* (2001), Monetary Policy in the Euro Area – Strategy and Decision Making at the European Central Bank, Cambridge University Press, Cambridge.

Analyse der geldpolitischen Strategie des Eurosystems aus der Sicht der EZB. Beschreibung des analytischen Hintergrunds, der Hauptelemente der Strategie, der Implementierungsebene und polit-ökonomischer Aspekte. Dabei wird speziell auf die Situation in der EWU eingegangen.

*Bernanke, B.S., Laubach, T., Posen, A.S., Mishkin, F.S.* (1999), Inflation Targeting: Lessons from the International Experience, Princeton University Press, Princeton.

Beschreibung der praktischen Erfahrungen verschiedener Länder mit der Strategie der direkten Inflationssteuerung. Vergleich mit den Strategien Deutschlands in der Vergangenheit und der USA. Konkreter Vorschlag für Ausgestaltung eines Inflationssteuerungssystems für das Eurosystem und die USA.

*Bofinger, P., Reischle, J., Schächter, A.* (1996), Geldpolitik – Ziele, Institutionen, Strategien und Instrumente, Vahlen, München.

Kompakte Darstellung der Debatte um Regelbindung versus Diskretionarität in der Geldpolitik (Kap. III). Diskussion einer auf das Endziel Geldwertstabilität ausgerichteten Geldpolitik (Kap. II). Bedeutung der Unabhängigkeit der Notenbank (Kap. IV).

*Deutsche Bundesbank* (Hg.) (1996), Monetary Policy Strategies in Europe, Vahlen, München.

Rolle einer Strategie für geldpolitischen Erfolg. Darstellung einzelner Strategien und konkreter Vorschlag für EWU.

*Laidler, D.E.W.* (1993) The Demand for Money – Theories, Evidence & Problems, $4^{th}$ ed., Harper Collins College Publishers, New York.

Umfassende Darstellung der Theorie und Empirie der Geldnachfrage.

*Angeloni, I., Rovelli, R.* (Eds.) (1998), Monetary Policy and Interest Rates, MacMillan Press, Houndmills u.a.

Verschiedene Aufsätze, die sich mit der Rolle der Zinsstruktur für die Geldpolitik beschäftigen.

Auf die Rolle von Datenunsicherheit und Datenrevisionen, speziell bei der BIP-Entwicklung, und deren Rückwirkungen auf die Geldpolitik im Fall der USA verweisen *Orphanides*, A. (2000), The Quest for Prosperity without Inflation, ECB Working Paper No. 15, March 2000 (http://www.ecb.int) und *Rudebusch, G.D.* (2000), Assessing Nominal Income Rules for Monetary Policy with Model and Data Uncertainty, ECB Working Paper No. 14, February 2000 (http://www.ecb.int). Das spezielle Problem der unsicheren Schätzung des Produktionspotenzials und deren Rückwirkungen auf die Geldpolitik thematisieren *Ehrmann, M., Smets, F.* (2001), Uncertain Potential Output: Implications for Monetary Policy, ECB Working Paper No. 59, April 2001 (http://www.ecb.int).

Welche Größen die EZB im Rahmen einer monetären Analyse bei der Beurteilung der ersten Säule ihrer Strategie untersucht, findet sich in *Europäische Zentralbank* (2001), Gestaltungsrahmen und Instrumentarium der monetären Analyse, Monatsbericht Mai 2001, S. 43–63 (http://www.ecb.int). Welchen Informationsgehalt dabei monetäre Größen (Geldmengen- und Kreditaggregate, Geldlücke, P-Star) für die Preisentwicklung im Euro-Währungsgebiet haben, analysiert *Nicoletti-Altimari, S.* (2001), Does Money Lead Inflation in the Euro Area, ECB Working Paper No. 63, May 2001 (http://www.ecb.int). Auf den M3-Gegenposten „Kreditgewährung" gehen ein *Calza, A., Gartner, C., Sousa, J.* (2001), Modelling the Demand for Loans to the Private Sector in the Euro Area, ECB Working Paper No. 55, April 2001 (http://www.ecb.int).

# 3 Geldpolitisches Instrumentarium

Das geldpolitische Instrumentarium muss das Eurosystem in die Lage versetzen, den Tagesgeldsatz (*operatives Ziel*) zu steuern und klare geldpolitische Signale zu setzen. Das geldpolitische Instrumentarium zielt ausschließlich auf mindestreservepflichtige und der Bankenaufsicht unterliegende Kreditinstitute ab, die im Euroraum niedergelassen sind. Darüber hinaus müssen weitere verfahrenstechnische Kriterien erfüllt sein (zu den Einzelheiten siehe EZB, 2000b, 10 f.).[92] Ende 2000 gab es im Euroraum gut 7.500 mindestreservepflichtige Kreditinstitute,[93] davon standen 3.600 die Einlagenfazilität und 3.000 die Spitzenrefinanzierungsfazilität zur Verfügung. 2.500 Institute konnten sich am Hauptrefinanzierungsgeschäft und am längerfristigen Refinanzierungsgeschäft beteiligen. Zu Feinsteuerungsoperationen waren rund 200 Institute zugelassen.

## 3.1 Mindestreservepolitik

Seit es die Mindestreserveidee gibt und speziell seit „Entdeckung“ als Instrument der Geldpolitik zu Beginn der 30er Jahre des letzten Jahrhunderts in den USA (Feinman, 1993, 574) wird dieses Instrument sowohl in der Theorie als auch in der Praxis der Zentralbankpolitik, d.h. bei Fragen der praktischen Implementierung von Mindestreserveregelungen, kontrovers diskutiert. Auch im Vorfeld der Einführung einer einheitlichen europäischen Geldpolitik war die Verwendung dieses Instruments nicht unumstritten. Von Gegnern der Mindestreserve wurden insbesondere zwei Argumente ins Feld geführt: Zum einen wurde darauf hingewiesen, dass eine unverzinste Mindestreserve zu Wettbewerbsverzerrungen führt, zum anderen darauf, dass die Mindestreserve schlichtweg überflüssig sei, da andere geldpolitische Instrumente an ihre Stelle treten könnten.[94] Das Problem mindestreservebedingter Wettbewerbsverzerrungen wurde gelöst, indem seit Beginn der Europäischen Währungsunion die Mindestreserve verzinst wird. Das zweite Argument, wonach die Mindestreserve ohne Weiteres durch andere geldpolitische Instrumente ersetzt werden könne, beruhte hingegen auf einem falschen Rollenverständnis der Mindestreserve im Gesamtgefüge des geldpolitischen Instrumentariums.

Die Mindestreserve erfüllt im Rahmen des Eurosystems zwei Funktionen: Zum einen bindet sie die Geschäftsbanken an die Zentralbank, indem sie eine künstliche Nachfrage

92 So setzt etwa in Deutschland die Teilnahme an den Tenderverfahren eine Anbindung an das Automatische Bietungssystem (ABS) der Deutschen Bundesbank voraus. Dies stellt zwar kein größeres technisches und kostenmäßiges Problem dar, wurde aber dennoch von einer Reihe von Instituten nicht realisiert. (Deutsche Bundesbank, 2000, 19 Fußnote 4). Lediglich bei definitiven Käufen und Verkäufen gibt es keine Beschränkung des Kreises der Geschäftspartner.

93 Von den 7.521 Instituten hielten 5.304 ihre Mindestreserveguthaben direkt bei der jeweiligen NZB des Eurosystems, der Rest indirekt über einen Mittler (EZB, 2001c, 71).

94 Zur Diskussion um die Mindestreserve siehe etwa Hesse 1991; Stevens 1991, Kath 1993, Meister/Hofmann 1994, Remsperger/Angenendt 1995 sowie Ruckriegel 1989, 111–118 und 1996.

nach Zentralbankgeld schafft (Anbindungsfunktion). Zum anderen trägt sie zu einer Stabilisierung der Geldmarktsätze bei (EZB, 2000b, 56).[95] Die *Anbindungsfunktion der Mindestreserve* schafft – neben dem Banknotenmonopol der Zentralbank – dabei erst die Voraussetzung dafür, dass andere Instrumente der Notenbank greifen können. Die Mindestreserve kann also keineswegs durch andere Instrumente (z.B. durch die Offenmarktpolitik) ersetzt werden.[96]

Die *Mindestreserve* verpflichtet die Kreditinstitute, für bestimmte Verbindlichkeiten in Höhe eines bestimmten Prozentsatzes Guthaben beim Eurosystem zu halten (siehe Schaubild II.3.1).

*Schaubild II.3.1*: Reservebasis und Mindestreservesätze

| A. In die Mindestreservebasis einbezogene Verbindlichkeiten mit einem Reservesatz von 2 % |
|---|
| Einlagen<br>■ Täglich fällige Einlagen<br>■ Einlagen mit vereinbarter Laufzeit von bis zu zwei Jahren<br>■ Einlagen mit vereinbarter Kündigungsfrist von bis zu zwei Jahren<br>Ausgegebene Schuldverschreibungen<br>■ Schuldverschreibungen mit vereinbarter Laufzeit von bis zu zwei Jahren<br>Geldmarktpapiere |
| B. In die Mindestreservebasis einbezogene Verbindlichkeiten mit einem Reservesatz von 0 % |
| Einlagen<br>■ Einlagen mit vereinbarter Laufzeit von über zwei Jahren<br>■ Einlagen mit vereinbarter Kündigungsfrist von über zwei Jahren<br>■ Repogeschäfte<br>Ausgegebene Schuldverschreibungen<br>■ Schuldverschreibungen mit vereinbarter Laufzeit von über zwei Jahren |
| C. Nicht in die Mindestreservebasis einbezogene Verbindlichkeiten |
| ■ Verbindlichkeiten gegenüber Instituten, die selbst den Mindestreservevorschriften unterliegen<br>■ Verbindlichkeiten gegenüber der EZB und den nationalen Zentralbanken |

Quelle: EZB, 2000b, 58, eigene Ergänzungen

95 Während in den 60er und 70er Jahren des letzten Jahrhunderts die Mindestreserve noch eingesetzt wurde, um über ständige Variationen der Mindestreservesätze die Liquidität des Bankensystems zu beeinflussen, gehört dies im Eurosystem nicht mehr zu den Funktionen der Mindestreserve.

96 Des Weiteren gilt es zu berücksichtigen, dass die Fluktuationen des Bargeldumlaufs weniger gut zu prognostizieren sind als die Mindestreserveerfordernisse der Kreditinstitute. Dadurch erleichtert die Mindestreserve über eine Stabilisierung der Nachfrage nach Zentralbankgeld das *Liquiditätsmanagement der Zentralbank*.

Für die unter A aufgeführten Verbindlichkeiten gilt derzeit ein Reservesatz von 2 %, d.h. die Kreditinstitute sind verpflichtet, für diese Verbindlichkeiten Guthaben beim Eurosystem in Höhe von 2 % zu unterhalten.[97] Bemerkenswert ist, dass es auch Verbindlichkeiten gibt, die zwar grundsätzlich mindestreservepflichtig sind, für die derzeit aber ein Reservesatz von 0 % festgesetzt wurde (siehe Position B). Hinter dieser Vorgehensweise steht die Überlegung, dass – falls die Reservebasis, die aus den unter A aufgelisteten Verbindlichkeiten resultiert, zu stark schwinden sollte – ohne größeren Aufwand die Reservebasis um die unter B aufgeführten Verbindlichkeiten erweitert werden kann. Derzeit steht eine solche Erweiterung allerdings nicht zur Debatte.

Grundlage für die Berechnung des *Mindestreservesolls*, also der Höhe des bei den nationalen Zentralbanken zu haltenden Guthabens, bilden die Monatsendstände der betreffenden Bilanzpositionen der Kreditinstitute. Das Mindestreservesoll wird durch die Multiplikation der reservepflichtigen Bilanzpositionen mit den *Mindestreservesätzen* (*reserve ratios*) berechnet. Um kleinere Institute von der Pflicht zur Haltung von Mindestreserve zu befreien, wird vom Mindestreservesoll einheitlich ein Freibetrag in Höhe von 100.000 € in Abzug gebracht. Die Meldung des Mindestreservesolls an das Eurosystem erfolgt im Rahmen der „Monatlichen Bilanzstatistik". Die „*Monatliche Bilanzstatistik*" wird primär für Zwecke der „Monetären Analyse" (insbes. Beobachtung der Geldmengenentwicklung) erhoben. Eigenständige *Mindestreservemeldungen* werden nicht gefordert. Das nach den Monatsendständen des Vormonats berechnete Mindestreservesoll ist Grundlage für die *Mindestreservehaltung* der im laufenden Monat beginnenden Mindestreserverfüllungsperiode. Diese *Mindestreserveerfüllungsperiode* (*maintenance period*) beträgt einen Monat. Sie beginnt am 24. des laufenden Monats und endet am 23. des Folgemonats. Bespielsweise liegen die Monatsendstände zum 31.1. dem Mindestreservesoll für die Erfüllungsperiode vom 24.2.–23.3. zugrunde. Im Durchschnitt der Kalendertagesendstände müssen die Guthaben – genauer die Einlagen auf Girokonten beim Eurosystem (siehe hierzu auch Schaubild II.3.2) – (mindestens) dem Mindestreservesoll entsprechen (*Durchschnittsmindestreserve*).

Um das Instrument der Mindestreserve wettbewerbsneutral zu gestalten, werden Guthaben bei den nationalen Zentralbanken bis zur Höhe des Mindestreservesolls mit einem (nach der Anzahl der Kalendertage) gewichteten Durchschnittszinssatz der während der Erfüllungsperiode abgeschlossenen Hauptrefinanzierungsgeschäfte verzinst (*Mindestreserveverzinsung*), wobei beim Zinstender der marginale Zuteilungssatz herangezogen

97 Gemäß Verordnung (EG) Nr. 2531/98 des Rates vom 23. November 1998 über die Auferlegung einer Mindestreservepflicht durch die Europäische Zentralbank kann der Mindestreservesatz zwischen 0 und 10 % liegen.

wird.[98] Guthaben, die das Mindestreservesoll überschreiten (sog. *Überschussreserven*), bleiben unverzinst. Die Überschussreserven konvergierten allerdings nach Anpassungsproblemen zu Beginn des Jahres 1999 mittlerweile (2000/2001) auf ein relativ niedriges Niveau von ca. 0,7 % des Mindestreservesolls.[99]

Bei Nichteinhaltung der Mindestreservepflicht ist eine Reihe von Sanktionen möglich. Diese können je nach Schwere des Verstoßes von unverzinslichen Einlagen über Sonderzinsen auf den Mindestreservefehlbetrag bis zu einer Aussetzung des Zugangs zu den Ständigen Fazilitäten und Offenmarktoperationen reichen. Derzeit werden aber nur Sonderzinsen von der Europäischen Zentralbank verhängt. Dieser Sonderzinssatz liegt 2,5 % Punkte über dem durchschnittlichen Spitzenrefinanzierungssatz für den Zeitraum der Mindestreserveerfüllungsperiode bzw. im Wiederholungsfall (mehr als zwei Fehlbeträge innerhalb von zwölf Monaten) 5,0 % Punkte darüber (EZB, 2001c, 72).[100]

Der *Mindestreserve* (*reserve requirement*) kommt im geldpolitischen Instrumentarium somit eine Sonderrolle zu. Indem sie die Rahmenbedingungen für den Einsatz der übrigen geldpolitischen Instrumente setzt, hat sie eher ordnungspolitischen Charakter. Grundsätzlich bindet die Mindestreserve – gemeinsam mit der Nachfrage nach Banknoten – die Kreditinstitute an die Zentralbank. Die Mindestreserve zwingt die Kreditinstitute – in Höhe der bei der Zentralbank zu haltenden Guthaben – zur Refinanzierung bei ihr und erzeugt so gemeinsam mit dem Banknotenmonopol der Zentralbank erst das Band, damit die anderen Instrumente der Zentralbank greifen können (***Anbindungsfunktion der Mindestreserve***).

Im Gegensatz dazu kommt der Begrenzungsfunktion der Mindestreserve, die einfachen Multiplikatormodellen zugrunde liegt, für die Geldpolitik keine Bedeutung zu. Diese Multiplikatormodelle unterstellen, die Geschäftsbanken könnten sich nur innerhalb ei-

98 Dadurch sind die Kosten der deutschen Kreditinstitute durch die vor 1999 bestehende unverzinste deutsche Mindestreserve in Höhe von 4 bis 6 Basispunkten und zugleich der Wettbewerbsnachteil der deutschen Banken z. B. gegenüber dem Londoner Finanzplatz entfallen. Konsequenterweise gingen die kurzfristigen Einlagen deutscher Anleger bei Filialen inländischer Kreditinstitute in Großbritannien bis Ende 1999 deutlich, und zwar um knapp 50 % auf ca. 110 Mrd. DM zurück. Die mindestreservebedingten Guthaben beim Eurosystem werden von den Kreditinstituten auch als Arbeitsguthaben („*working balances*") für Zwecke des Zahlungsverkehrs genutzt. Unterstellt man, daß diese Arbeitsguthaben auch ohne Mindestreserve von den Kreditinstituten bei der Zentralbank unterhalten würden, so stellt eine „verzinste" Mindestreserve sogar einen Wettbewerbsvorteil gegenüber Ländern ohne Mindestreserve dar. Zur Diskussion des Zusammenhangs zwischen Mindestreserve und Arbeitsguthaben vgl. Ruckriegel, 1989, 114.

99 Für eine kleinere Bank kann es durchaus rational sein, in geringem Umfang Überschussreserven zu halten, da der für eine exakte Steuerung der Guthaben bei der Zentralbank notwendige Personalaufwand die durch eine solche Steuerung vermiedenen Zinsentgänge leicht übersteigen kann. Siehe hierzu auch Bindseil/Seitz, 2001, 31.

100 Im Jahre 2000 wurden pro Erfüllungsperiode durchschnittlich 92 sanktionierte Verstöße gezählt (1999: 139). In rund 80 % der Fälle lag der Fehlbetrag unter 500 €.

nes von der Zentralbank vorgegebenen Umlaufs von Zentralbankgeld bewegen. Sie messen der Mindestreserve somit an erster Stelle eine Begrenzungsfunktion (*Begrenzungsfunktion der Mindestreserve* bzw. *Mindestreserve als Geldschöpfungsbremse*) für die Geldschöpfung zu. Für die Geldpolitik spielt diese Funktion aber **keine** Rolle, da die Zentralbanken nicht das Ziel verfolgen, den Wirtschaftssubjekten eine bestimmte Geldmenge exogen vorzugeben (Näheres hierzu siehe II.4.2). Vielmehr entwickelt sich die Geldmenge zunächst endogen aus dem Zusammenspiel der Zentralbank, der Geschäftsbanken und der Nichtbanken heraus. Die Zentralbank befriedigt dann in einem ersten Schritt stets (vollkommen elastisch) den Bedarf der Geschäftsbanken an Zentralbankgeld. Über die Anbindung des Geschäftsbankensektors an die Notenbank kann die Zentralbank aber im weiteren Verlauf durch eine Änderung der Zinsen, zu denen sie Zentralbankgeld zur Verfügung stellt, auf das Verhalten der Geschäfts- und der Nichtbanken Einfluss nehmen.

In der konsolidierten Bilanz (Ausweis) des Eurosystems schlägt sich die Mindestreservehaltung der Institute unter P.2 – Einlagen auf Girokonten nieder.

Ein Blick in Schaubild II.3.2 zeigt, dass dem Banknotenumlauf (derzeit noch) eine weitaus größere Bedeutung für die Anbindungsfunktion zukommt als der Mindestreserve. Dieses Bild kann sich jedoch grundlegend ändern, wenn „*Electronic Money*" (siehe hierzu auch Box II.3.1) sich im Zahlungsverkehr durchsetzt und Bargeld verdrängt.

*Schaubild II.3.2: Mindestreserve und Ausweis des Eurosystems*

| Konsolidierter Ausweis des Eurosystems – vereinfachte Darstellung – zum 6.4.2001 (Mrd. Euro) | | |
|---|---|---|
| Aktiva | Passiva | |
| A.1: Währungsreserven<br>– Gold<br>– Fremdwährungsforderungen | P.1: **Banknotenumlauf** | 356 |
| A.2: Forderungen in Euro an Kreditinstitute im Euro-Währungsgebiet<br>darunter:<br>– Hauptrefinanzierungsgeschäfte<br>– Längerfr. Refinanzierungsgeschäfte | P.2: Verbindlichkeiten in Euro gegenüber Kreditinstituten im Euro-Währungsgebiet<br>darunter:<br>– **Einlagen auf Girokonten** (Bankenliquidität) | 119 |
| A.3: Sonstiges | P.3: Sonstiges | |

Quelle: EZB, 2001b, 6* f.

Anmerkung: Die Hervorhebungen im Ausweis des Eurosystems erfolgen, weil diesen Positionen in den nachfolgenden Ausführungen besondere Bedeutung zukommt.

## Box II.3.1: Electronic Money (Elektronisches Geld)

Electronic Money bezeichnet Geldeinheiten, die auf einem Datenträger, der sich im Besitz des Kunden befindet, gespeichert sind und die dieser für Zahlungszwecke verwenden kann. Der Begriff Electronic Money bezieht sich üblicherweise nur auf multifunktionales elektronisches Geld, nicht hingegen auf einfunktionale elektronische Zahlungsmittel. Während Letztere nur vom Emittenten selbst akzeptiert werden (z.B. elektronische Zahlungsmittel, die nur innerhalb eines Verbundes öffentlicher Verkehrsmittel einer Stadt akzeptiert werden oder Telefonkarten), wird Ersteres in breitem Umfang für Zahlungen an Unternehmen, die nicht der Emittent sind, genutzt.

Technisch betrachtet können zwei Arten von Electronic Money unterschieden werden, und zwar hardwaregestützte Produkte einerseits und softwaregestützte andererseits. Der Datenträger bei hardwaregestützten Produkten ist üblicherweise ein Computerchip, der i.d.R. Teil einer Plastikkarte ist (sog. *vorausbezahlte Karten* oder *pre-paid cards*). Der Zugriff auf die Zahlungsmittel ist mittels hardwaregestützter Sicherheitsmerkmale geschützt. Softwaregestützte Produkte arbeiten mit einer speziellen PC-Software. Die elektronischen Werteinheiten werden über Telekommunikationsnetze (z.B. das Internet) übertragen (sog. *Netzgeld* oder *Network money*).

Elektronisches Geld kommt als Instrument des Massenzahlungsverkehrs in Betracht. Entscheidend für den Einsatz sind die damit verbundenen Kosten und Nutzen im Vergleich zu den Kosten/Nutzen alternativer Instrumente für Emittenten, Handel und Nutzer. Insbesondere im Vergleich zu Bargeld können hier Kostenvorteile zum Tragen kommen, da die Notwendigkeit entfällt, das Bargeld zu bearbeiten und spezielle Sicherheitsvorkehrungen zu treffen. Ob elektronisches Geld Bargeld verdrängen kann, wird aber auch von der Frage abhängen, inwieweit in Zukunft Zahlungen mit elektronischem Geld ähnliche Anonymität gewährleisten können wie Zahlungen mit Bargeld. Die Verwendung von elektronischem Geld verursacht derzeit beim Handel noch relativ hohe Fixkosten, ist allerdings mit niedrigen Grenzkosten verbunden. Die „Stückkosten" je Transaktion nehmen also mit steigendem Transaktionsvolumen ab. Ist eine kritische Masse erreicht, so besteht also ein Anreiz zur weiteren Verbreitung. Es kommt so ein Netzwerkeffekt zum Tragen.

Derzeit kommt im Euroraum elektronischem Geld noch keine große Bedeutung zu. Ende Juni 2000 machte es lediglich 140 Mio. € aus, was 0,04 % des Bargeldumlaufs bzw. 0,003 % der Geldmenge M3 entsprach. Insbesondere vor dem Hintergrund des technischen Fortschritts hält die EZB aber künftig eine weit verbreitete Nutzung von elektronischem Geld für durchaus möglich. Um entsprechend gewappnet zu sein, wurden deshalb im Jahr 2000 zwei EU-Richtlinien zur Schaffung eines rechtlichen Rahmens für E-Geld-Institute, also reine Emittenten von elektronischem Geld, verabschiedet. Sie sehen u.a. vor, dass die EZB auch Mindestreservevorschriften für E-Geld-Institute erlassen und so auch Daten über elektronisches Geld bei Emittenten außerhalb des Bereichs der Kreditinstitute erheben kann. Elektronisches Geld, welches von Kreditinstituten ausgegeben wird, wird bankstatistisch bereits heute wie täglich fällige Einlagen behandelt. Es unterliegt somit nicht nur der Mindestreserve, sondern ist auch in M3 enthalten.

Quelle: Deutsche Bank Research, 2001; EZB, 2000c; Issing, 2000; eigene Ergänzungen.

Kommt es zu einer Verdrängung von Bargeld, so reduziert sich die Refinanzierungsabhängigkeit der Kreditinstitute von der Zentralbank. Ohne Mindestreserve könnte dies die Bilanz des Eurosystems in einem solchen Ausmaß verkürzen, dass es mangels Refinanzierungsabhängigkeit nicht mehr in der Lage wäre, die Geldmarktsätze zu steuern. “The central bank‘s ability to influence money market rates rests on its monopoly in the creation of base money .... The question is, however, whether new payment technologies will reduce the necessity for banks to hold central bank reserves, and in the extreme reduce the demand for base money to zero. In the latter scenario, the central bank would maintain its monopoly, but it would be useless.“ (Issing, 2000, 12 f.)

Es stellt sich nun die Frage, inwieweit die Zentralbank noch Einfluss auf den Geldmarktzins nehmen kann, wenn ihr die „Zwangsnachfrage“ nach Zentralbankgeld abhanden gekommen ist. Bestünde keine Nachfrage mehr nach Bargeld und verfügte die Zentralbank nicht über das Instrument der Mindestreserve, so könnte die Zentralbank nur über entsprechend attraktive Konditionen die Geschäftsbanken „freiwillig“ an sich binden. Will in einem solchen Umfeld die Zentralbank Einfluss auf den Geldmarktzins nehmen, so müssen die Geschäfte, die sie den Geschäftsbanken anbietet, für diese also einen Vorteil bringen. So wird eine Geschäftsbank nur dann bereit sein, einen Kredit bei der Zentralbank aufzunehmen, wenn der Zins, der für eine Kreditaufnahme zu zahlen ist, unter dem Zinssatz liegt, den das Kreditinstitut für die Einlage erhält, die die „Gegenleistung“ für die Kreditaufnahme darstellt (A.2 und P.2 steigen gleichzeitig, siehe Schaubild II.3.2). Der Kreditzinssatz (Einnahmen der Zentralbank) muss also stets unter dem Zinssatz liegen, den sie für Einlagen vergütet (Ausgaben der Zentralbank). Die „zwangsweise“ Anbindung über das Banknotenmonopol bzw. die Mindestreserve müsste also durch eine „freiwillige“ Anbindung über das Gewinnstreben der Geschäftsbanken ersetzt werden. Der „Preis“ einer solchen „freiwilligen“ Anbindung läge also in ständigen Verlusten bei der Zentralbank, die aus dem allgemeinen Staatshaushalt, d.h. letztlich vom Steuerzahler, zu begleichen wären.

Hat man hingegen das Instrument der Mindestreserve, so verbleibt zumindest der Teil der Refinanzierungsabhängigkeit, der auf die Mindestreservehaltung zurückgeht. Es ist auch jederzeit möglich, die mindestreservebedingte Refinanzierungsabhängigkeit auszuweiten. So besteht die Möglichkeit, die bereits gegenwärtig bestehende Verpflichtung zur Haltung von Mindestreserven bei emittierten elektronischen Werteinheiten zu erhöhen.[101] Flankierend hierzu könnten Verbindlichkeiten, die zwar in die Mindestreservebasis einbezogen sind, für die momentan aber ein Reservesatz von 0 % gilt, mit einem positiven Reservesatz belegt werden. Das Instrument der Mindestreserve könnte also relativ problemlos einen Rückgang beim Banknotenumlauf ausgleichen. Da unverzinste Passiva (Banknotenumlauf) durch verzinste ersetzt würden (Mindestreserveguthaben),

101 Bei pre-paid-cards dienen in den Bankbilanzen die „Geldkarten-Aufladungsgegenwerte“ als Ansatzpunkt; mindestreservemäßig werden sie wie täglich fällige Gelder behandelt. Die Aufladungsgegenwerte stellen die Verbindlichkeiten der Kreditinstitute aus den umlaufenden Chip-Karten-Guthaben dar. Im Extremfall – nach Zustimmung des ECOFIN-Rates – könnte bei elektronischen Werteinheiten (pre-paid-cards, Netzgeld) auch eine Mindestreserve von 100 % erhoben werden.

käme es in einem solchen Fall allerdings unweigerlich zu einem Rückgang des Notenbankgewinnes. Dies wäre nur dann zu vermeiden, wenn die Zentralbank selbst (unverzinstes) elektronisches Geld emittieren würde.[102]

Neben der Anbindungsfunktion spielt die Mindestreserve aber auch bei der laufenden Geldmarktsteuerung eine wichtige Rolle. Die Mindestreserve in der gewählten Ausgestaltung als Durchschnittsmindestreserve führt nämlich zu einer Stabilisierung des Tagesgeldsatzes (*Stabilisierungsfunktion der Mindestreserve*). Die zur Erfüllung der Mindestreservepflicht notwendigen Zentralbankguthaben brauchen nämlich nicht von Tag zu Tag in der von der Mindestreserve geforderten Höhe gehalten zu werden. Sie müssen vielmehr nur im Durchschnitt der Kalendertagesendstände einer Erfüllungsperiode dem Mindestreservesoll entsprechen (*Durchschnittsmindestreserve*). Dies heißt aber, dass während einer Erfüllungsperiode Mindestreserveunterschreitungen und -überschreitungen miteinander verrechnet werden können. Kurzfristig am Tagesgeldmarkt auftretende Anspannungen bzw. Verflüssigungen können so durch ein vorübergehendes Unterschreiten bzw. Überschreiten des durchschnittlich zu haltenden Mindestreservesolls abgefedert werden. Kommt es etwa zu einer plötzlichen Anspannung am Tagesgeldmarkt (Zinsanstieg), so kann es für eine einzelne Bank lohnend sein, ihr Mindestreservesoll kurzfristig zu unterschreiten, um diese Mittel dann am Tagesgeldmarkt in der Erwartung anzulegen, sich im weiteren Monatsverlauf wieder günstiger refinanzieren zu können. Kommt es hingegen zu einer Verflüssigung des Geldmarktes, d.h. tendiert der Tagesgeldsatz nach unten, weil reichlich Tagesgeld angeboten wird, so wird eine Bank eher zu einer Vorauserfüllung („*front loading*") des Mindestreservesolls tendieren, wodurch das Mittelangebot am Tagesgeldmarkt sinkt. Im ersten Fall wirkt dieses Verhalten der Banken tendenziell einem (weiteren) Anziehen, im zweiten Fall tendenziell einem (weiteren) Absinken des Tagesgeldsatzes entgegen (Näheres siehe II.4.3.1. – Zinsführerschaft am Geldmarkt). **Unvorhergesehene Schwankungen im Liquiditätsbedarf können so zunächst ohne Interventionen des Eurosystems abgefedert werden, was zu einer Verstetigung der Zinsentwicklung am Tagesgeldmarkt beiträgt.** Der Tagesgeldmarkt kann dann sozusagen aus sich heraus ein Gleichgewicht finden, ohne dass die Zinsführerschaft der Zentralbank gefährdet ist oder es zu einer übermäßigen Volatilität des Tagesgeldsatzes kommt. Allerdings kann naturgemäß am letzten Tag der Erfüllungsperiode die Durchschnittsmindestreserve nicht mehr stabilisierend wirken, da Reservefehlbeträge bzw. Überschüsse nicht mehr mit künftigen Gegenpositionen verrechnet werden können, was eine höhere Volatilität des Tagesgeldsatzes an diesem Tag zur Folge haben kann.

Diese Stabilisierungsfunktion der Mindestreserve kann anschaulich am Beispiel der Schweiz nachvollzogen werden. Die Schweizerische Nationalbank führte Ende der 80er

102 Sollte elektronisches Geld Banknoten in großem Umfang verdrängen, so spricht deshalb einiges dafür, dass das Eurosystem dann auch selbst elektronisches Geld emittiert, um sich die Grundlage für seine finanzielle Unabhängigkeit zu erhalten. „Durch eine potenzielle Bilanzverkürzung könnten auch die Gewinne der Zentralbanken auf Grund einer Verringerung der Seigniorage schrumpfen. Im Extremfall könnte dies die finanzielle Unabhängigkeit der Zentralbanken beeinträchtigen." (EZB, 2000c, 61).

Jahre eine Durchschnittsmindestreserve ein. Wie die nachfolgende Abbildung zeigt, kam es dadurch zu einer deutlichen Senkung der Volatilität des Tagesgeldsatzes.

*Schaubild II.3.3: Die Stabilisierungsfunktion der Durchschnittserfüllung:[a] Der Fall der Schweiz*

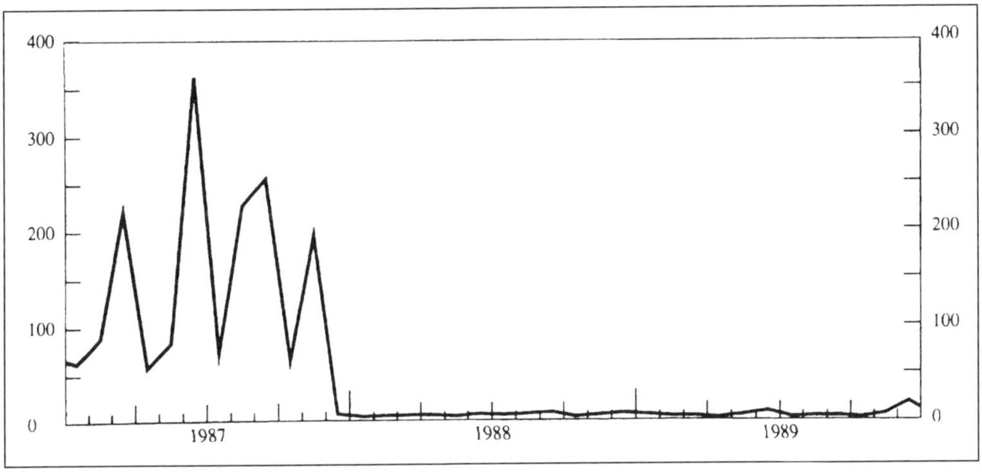


a) Gemessen anhand der annullisierten Standardabweichung täglicher Änderungen des Tagesgeldsatzes während eines Kalendermonats.

Eine geringere Volatilität des Tagesgeldsatzes hat für die Geldpolitik auch den großen Vorteil, dass geldpolitisch gewollte Signale nicht von technischen Anpassungen überlagert bzw. verzerrt werden und somit deutlicher zutage treten können (EZB, 1999b, 36).

Die vom Eurosystem gewählte Verzinsung der Mindestreserve führt allerdings dazu, dass keine mindestreservebedingten Notenbankgewinne mehr anfallen. Bei einer unverzinsten Mindestreserve resultieren diese Gewinnbeiträge daraus, dass die Zentralbank für das Schaffen von unverzinsten Guthaben von den Geschäftsbanken verzinsliche Vermögenswerte (insbes. zinsbringende Kreditforderungen) erhält. Den Zinseinnahmen aus dem Aktivgeschäft der Notenbank stehen so keine Zinsausgaben (Einstandskosten) aus dem Passivgeschäft gegenüber. Werden die mindestreservebedingten Guthaben bei der Zentralbank mit dem Zinssatz für das maßgebliche Aktivgeschäft verzinst, so ist ein mindestreservebedingter Notenbankgewinn ausgeschlossen. Verglichen mit der Alternative einer unverzinsten Mindestreserve reduziert sich also der Gewinn des Eurosystems bei einer Mindestreservehaltung von derzeit (Stand Ende März 2001) rd. 120 Mrd. € (Position P.2 – Einlagen auf Girokonten) und bei einem Zinssatz für das Hauptrefinanzierungsgeschäft von 4,75 % um 5,7 Mrd. € pro Jahr (4,75 % aus 120 Mrd. €).

## 3.2 Geldpolitische Operationen

Offenmarktgeschäfte und Ständige Fazilitäten (siehe Schaubild II.3.4) dienen dem Eurosystem dazu, über die Notenbankzinssätze und die *Bankenliquidität* (Einlagen der im Euroraum ansässigen Kreditinstitute auf Girokonten beim Eurosystem) den Tagesgeldsatz zu steuern und Signale über den beabsichtigten geldpolitischen Kurs zu setzen.

### 3.2.1 Offenmarktgeschäfte

Bei den *Offenmarktgeschäften* (*open market operations*) handelt es sich um geldpolitische Operationen, **die auf Initiative der Zentralbank** durchgeführt werden. Während ursprünglich unter Offenmarktgeschäften der Kauf und Verkauf von Wertpapieren am offenen Markt verstanden wurde, wird dieser Begriff vom Eurosystem rein enumerativ gebraucht, d.h. Offenmarktgeschäfte sind diejenigen Geschäfte, die die Zentralbank als solche bezeichnet, ohne dass es sich dabei um Käufe bzw. Verkäufe von Wertpapieren am offenen Markt handeln muss.[103]

#### 3.2.1.1 Arten

Im Mittelpunkt der offenmarktpolitischen Aktivitäten des Eurosystems stehen zwei Geschäftsarten: die Hauptrefinanzierungsgeschäfte („*Haupttender*") und die längerfristigen Refinanzierungsgeschäfte („*Basistender*"). Als *Hauptrefinanzierungsgeschäfte* (*main refinancing operation*) fungieren im wöchentlichen Rhythmus angebotene Kredite mit einer Laufzeit von zwei Wochen. Über dieses Instrument stellt das Eurosystem dem Finanzsektor den größten Teil des Refinanzierungsvolumens zur Verfügung. Das Volumen der Hauptrefinanzierungsgeschäfte belief sich 2000 im Jahresdurchschnitt auf 159 Mrd. €. Ihr Anteil an der gesamten Refinanzierung (Anteil an A.2, siehe Schaubild II.3.5) lag bei etwa drei Vierteln. Die Hauptrefinanzierungsgeschäfte nehmen auch eine Schlüsselrolle ein, wenn es darum geht, den geldpolitischen Kurs des Eurosystems über entsprechende Zinssignale zu verdeutlichen. Neben diesen Hauptrefinanzierungsgeschäften gibt es im monatlichen Rhythmus angebotene *längerfristige Refinanzierungsgeschäfte* (*longer-term refinancing operations*) mit einer dreimonatigen Laufzeit. Im Gegensatz zum den Hauptrefinanzierungsgeschäften verfolgt das Eurosystem bei längerfristigen Refinanzierungsgeschäften nicht die Absicht, dem Markt Zinssignale zu geben.[104] Die längerfristigen Refinanzierungsgeschäfte machten im Jahr 2000 im Jahresdurchschnitt mit gut 57 Mrd. € rund ein Viertel des gesamten Refinanzierungsvolumens aus.

103 Das FED gebraucht hingegen den Begriff Offenmarktgeschäfte noch in der herkömmlichen Weise, d.h. damit sind nur Käufe und Verkaufe von Wertpapieren gemeint, wobei diese auch in der Form von Repo-Geschäften erfolgen können.

104 „Bei einem monatlichen Tender tritt das Eurosystem ... in der Regel als Preisnehmer auf, da es den Zinssatz akzeptiert, der sich aus dem Zinstender ergibt, d.h. der Satz, bei dem die Gebote der Kreditinstitute den vorher angekündigten Zuteilungsbetrag erreichen." EZB, 1999b, 35.

*Schaubild II.3.4: Geldpolitische Operationen des Eurosystems*

| Geldpolitische Geschäfte | Transaktionsart | | Laufzeit | Rhythmus | Verfahren |
|---|---|---|---|---|---|
| | **Liquiditäts-bereitstellung** | **Liquiditäts-abschöpfung** | | | |
| **Offenmarktgeschäft** | | | | | |
| Hauptrefinanzierungs-geschäfte | Befristete Transaktionen | – | Zwei Wochen | Wöchentlich | Standardtender |
| Längerfristige Refinanzierungsgeschäfte | Befristete Transaktionen | – | Drei Monate | Monatlich | Standardtender |
| Feinsteuerungsoperationen | Befristete Transaktionen<br>Devisenswaps | Devisenswaps<br>Hereinnahme von Termineinlagen<br>Befristete Transaktionen | Nicht standardisiert | Unregelmäßig | Schnelltender<br>Bilaterale Geschäfte |
| | Endgültige Käufe | Endgültige Verkäufe | | | Bilaterale Geschäfte |
| Strukturelle Operationen | Befristete Transaktionen | Emission von Schuld-verschreibungen | Standardisiert/ nicht standardisiert | Regelmäßig und unregelmäßig | Standardtender |
| | Endgültige Käufe | Endgültige Verkäufe | | | Bilaterale Geschäfte |
| **Ständige Fazilitäten** | | | | | |
| Spitzenrefinanzierungs-fazilität | Befristete Transaktionen | – | Über Nacht | Inanspruchnahme auf Initiative der Kreditinstitute | |
| Einlagefazilität | – | Einlagenannahme | Über Nacht | Inanspruchnahme auf Initiative der Kreditinstitute | |

Quelle: EZB, 2000b, 7.

Bei beiden Geschäften handelt es sich um befristete Transaktionen. Allgemein sind *befristete Transaktionen* (*reverse transactions*) Geschäfte, bei denen die Zentralbank gemäß einer *Rückkaufsvereinbarung* (*repurchase agreement*) Vermögenswerte kauft oder verkauft oder befristet Kredite gegen Verpfändung von Sicherheiten (Pfandkredit) gewährt bzw. befristet Einlagen entgegennimmt.

Haupt- und Basistender können entweder als Pensionsgeschäfte oder in Form von Pfandkrediten durchgeführt werden. Bei *Pensionsgeschäften* (*repo operations*) wird das Eigentum an einem Vermögenswert dem Gläubiger übertragen, wobei die Parteien gleichzeitig vereinbaren, die Transaktionen durch eine Rückübertragung des Vermögenswertes zum Ende der Laufzeit des Geschäftes (*Rückkaufstag* bzw. *repurchase date*) umzukehren. Die von der Deutschen Bundesbank früher verwendeten *Wertpapierpensionsgeschäfte* fußten auf diesem Prinzip. Beim *Pfandkredit* hingegen wird dem Gläubiger ein durchsetzbares Sicherungsrecht an den hinterlegten Pfändern eingeräumt, wobei die Sicherheiten im Eigentum des Schuldners verbleiben. Es liegt in der Hand der jeweiligen nationalen Zentralbank, welche Alternative Verwendung findet. Eine entscheidende Rahmenbedingung hierfür stellt das jeweilige nationale Rechtssystem dar. So kennen z.B. nicht alle Mitgliedsländer der Währungsunion das Rechtsinstitut der Verpfändung.

Aus Gründen der Vereinfachung wickelt die Deutsche Bundesbank liquiditätszuführende befristete Transaktionen nicht mehr (wie früher) auf der Basis von Pensionsgeschäften, sondern nur noch gegen Verpfändung von refinanzierungsfähigen Sicherheiten ab. Die Pfand-Lösung (*Pfandpoolverfahren* bzw. *pooling system*) weist gegenüber der „Repo"-Lösung den Vorteil auf, dass die einzelnen Pfänder nicht einem bestimmten Refinanzierungsgeschäft zugeordnet werden müssen. Entscheidend ist der Gesamtbeleihungswert auf dem Pfandkonto. Auf dem Pfandkonto werden alle refinanzierungsfähigen Sicherheiten eines Kreditinstituts eingestellt. Sie dienen „en bloc" der Besicherung aller Arten von Notenbankkrediten. So können auch die Geschäftspartner über die Sicherheiten flexibel disponieren und sie jederzeit austauschen.

In der konsolidierten Bilanz des Eurosystems können die Offenmarktgeschäfte entweder auf der Aktivseite oder auf der Passivseite ansetzen.

Die Hauptrefinanzierungsgeschäfte und die längerfristigen Refinanzierungsgeschäfte finden im Ausweis des Eurosystems unter der Position A.2 ihren Niederschlag. Da die Geschäfte *revolvierend* sind, d.h. Neuabschlüsse an die Stelle von auslaufenden Geschäften treten, kommt es nur dann zu einer Veränderung der Bankenliquidität (Position P.2 – Einlagen auf Girokonten), wenn die aus den Neuabschlüssen resultierende Bereitstellung von Zentralbankgeld die Abschöpfung von Zentralbankgeld aus den auslaufenden Geschäften über- oder unterschreitet. Dies sei beispielhaft anhand der Hauptrefinanzierungsgeschäfte verdeutlicht. Wenn ein Haupttender nach zwei Wochen ausläuft, müssen die Kreditinstitute das aus diesem Geschäft herrührende Zentralbankgeld an die jeweilige nationale Zentralbank zurückzahlen. Der Betrag wird von ihren Konten beim Eurosystem abgebucht (P.2 – Einlagen auf Girokonten nimmt ab). Zeitgleich aber fließt

*Schaubild II.3.5: Offenmarktgeschäfte und Ausweis des Eurosystems*

| Konsolidierter Ausweis des Eurosystems – vereinfachte Darstellung – zum 6.4.2001 (Mrd. Euro) | | | |
|---|---|---|---|
| Aktiva | | Passiva | |
| A.1: Währungsreserven | | P.1: Banknotenumlauf | |
| – Gold | | | |
| – **Fremdwährungsforderungen** | 269 | | |
| A.2: Forderungen in Euro an Kreditinstitute im Euro-Währungsgebiet | | P.2: Verbindlichkeiten in Euro gegenüber Kreditinstituten im Euro-Währungsgebiet | |
| darunter: | | darunter: | |
| – **Hauptrefinanzierungsgeschäfte** | 168 | – Einlagen auf Girokonten (Bankenliquidität) | |
| – **Längerfristige Refinanzierungsgeschäfte** | 59 | – Einlagefazilität | |
| | | – **Termineinlagen** | 0 |
| – **Feinsteuerungsoperationen in Form von befristeten Transaktionen** | 0 | – **Feinsteuerungsoperationen in Form von befristeten Transaktionen** | 0 |
| – **Stukturelle Operationen in Form von befristeten Transaktionen** | 0 | | |
| – Spitzenrefinanzierungsfazilität | | | |
| A.3: **Sonstiges** | | P.3: **Sonstiges** | |
| darunter: | | darunter: | |
| – **Bestand an Wertpapieren** | | – **Verbindlichkeiten aus emittierten Wertpapieren** | |

Quelle: EZB, 2001b, 6* f.

den Kreditinstituten Zentralbankgeld aus dem neu abgeschlossenen Haupttender zu, d.h. das Eurosystem schreibt den Kreditinstituten insgesamt einen Betrag in Höhe der getätigten Neuabschlüsse gut (P.2 – Einlagen auf Girokonten nimmt zu). Die Bankenliquidität (Position P.2 – Einlagen auf Girokonten) wird per Saldo also nur dann verändert, wenn Zufluss und Abfluss an Zentralbankgeld betragsmäßig nicht identisch sind.

Zu Offenmarktgeschäften zählen nach der Klassifikation des Eurosystems auch *Feinsteuerungsoperationen* (*fine-tuning operations*). Feinsteuerungsoperationen werden eingesetzt, um unerwarteten Veränderungen bei der Bankenliquidität, die etwa durch vom Eurosystem nicht vorhergesehene Schwankungen bei der Bargeldhaltung der Nichtbanken, bei den Einlagen der öffentlichen Haushalte (beim Eurosystem) oder durch unerwartete Devisenmarktinterventionen des Eurosystems ausgelöst worden sein können, entgegenzuwirken. Der Einsatz dieser Operationen ist beidseitig vorgesehen, d.h. sie können entweder der kurzfristigen Liquiditätsbereitstellung oder der kurzfristigen Liquiditätsabschöpfung dienen. Die Laufzeit bei Feinsteuerungsoperationen ist auf wenige Tage begrenzt, was bei definitiven Verkäufen entsprechende Rückkäufe, bei definitiven Käufen spätere Verkäufe bedingt. Feinsteuerungsoperationen können mit einer Reihe von Instrumenten durchgeführt werden.

Zur kurzfristigen Liquiditätsbereitstellung kommen befristete Transaktionen (Kredite) mit wenigen Tagen Laufzeit (A.2 steigt), definitive Käufe, also Käufe von Wertpapieren oder sonstiger Aktiva (A.3 bzw. A.1 – Fremdwährungsforderungen – steigt) ohne Rückkaufsverpflichtung des Verkäufers (*outright transaction*) sowie *Devisenswaps* (*foreign exchange swap*) in Betracht. Bei *Devisenswapgeschäften* kauft das Eurosystem im Falle einer beabsichtigten Liquiditätszuführung Devisen (Fremdwährungsforderungen) von den Kreditinstituten (A.1 steigt) und verkauft sie zugleich per Termin wieder an sie zurück. Bei jedem Devisenswapgeschäft vereinbaren das Eurosystem und die Geschäftspartner den Swapsatz für das Geschäft. Der Swapsatz entspricht der Differenz zwischen dem Terminkurs und dem Kassakurs und stellt damit die Verzinsung des Geschäftes dar. Für die Dauer ihrer Laufzeit schlagen sich alle beschriebenen Geschäfte passivseitig in einer Erhöhung der Bankenliquidität (P.2 – Einlagen auf Girokonten steigt) nieder, wirken also liquiditätserhöhend, d.h. bilanzverlängernd.

Feinsteuerungsoperationen können aber auch darauf gerichtet sein, Liquidität abzuschöpfen. Will das Eurosystem dem Markt Liquidität entziehen, so kann es *Devisenswapgeschäfte* auch umgekehrt einsetzen und per Kassa Devisen verkaufen (A.1 und P.2 – Einlagen auf Girokonten sinken während der Laufzeit des Geschäftes) bei gleichzeitigem Rückkauf per Termin. Eine andere Möglichkeit Bankenliquidität abzuschöpfen besteht darin, von den Kreditinstituten kurzfristig Termineinlagen hereinzunehmen (P.2 – Einlagen auf Girokonten sinkt, P.2 – Termineinlagen steigt). Als liquiditätsentziehende Maßnahmen kommen aber auch befristete Transaktionen in Form von Wertpapierpensionsgeschäften – Verkauf von Wertpapieren aus dem Eigenbestand des Eurosystems bei Rückkauf zu einem späteren Zeitpunkt – (P.2 – Einlagen auf Girokonten sinkt, P.2 Feinsteuerungsoperationen in Form befristeter Transaktionen steigt)[105] sowie definitive Verkäufe von Wertpapieren oder sonstigen Aktiva (A.3 bzw. A.1 – Fremdwährungsforderungen – und P.2 – Einlagen auf Girokonten sinken gleichzeitig) in Betracht.

Schließlich gehören zur Klasse der Offenmarktgeschäfte noch die sog. *strukturellen Operationen* (*structural operations*), die genutzt werden, um ggf. die Liquiditätsposition des Finanzsektors gegenüber dem Eurosystem grundsätzlich und dauerhaft zu verändern. Als liquiditätszuführende Transaktionen kommen befristete Transaktionen (Kredite) und definitive Käufe von Wertpapieren oder sonstigen Aktiva (A.2 bzw. A.3 bzw.

105 Da es sich hier um ein „echtes" Pensionsgeschäft handelt und deshalb die Wertpapiere nach wie vor bilanzmäßig als Aktiva bei der Zentralbank bilanziert werden müssen, muss auf der Passivseite ein Ausgleichskonto gebildet werden. Bilanztechnisch kommt es also zu einem Passivtausch.

A.1 steigt, P.2 – Einlagen auf Girokonten steigt) in Frage. Zur Liquiditätsabschöpfung kann die Zentralbank auf definitive Verkäufe von Wertpapieren und sonstigen Aktiva und auf die Emission von Schuldverschreibungen der EZB (A.3 bzw. A1 sinkt bzw. P.3 steigt und P.2 – Einlagen auf Girokonten sinkt) zurückgreifen. Im Gegensatz zu Feinsteuerungsoperationen, die kurzfristigen Charakter (einige Tage) haben, sind strukturelle Operationen längerfristig (i.d.R. zeitlich unbefristet) angelegt.

Die *Mindestreserve* in ihrer Funktion als individueller und genereller Liquiditätspuffer am Geldmarkt dürfte aber bewirken, dass der Bedarf an Feinsteuerungsmaßnahmen sich in engen Grenzen hält, da die Folgen von vorübergehenden Schwankungen der Bankenliquidität für den Tagesgeldsatz aufgrund der *Durchschnittsmindestreserve* abgefedert werden. Unter Einbeziehung der Mindestreservepflicht besteht auch eine hinreichende Refinanzierungsabhängigkeit des Bankensystems vom Eurosystem, so dass auf strukturelle Operationen zur Erhöhung des Liquiditätsbedarfs der Banken wohl auf absehbare Zeit ebenfalls verzichtet werden kann. Bisher (Stand Juni 2001) wurden erst drei Feinsteuerungsoperationen durchgeführt. Am 5. Jan. 2000 kam es zu einer Hereinnahme von Termineinlagen mit einer Laufzeit von 7 Tagen zur Abschöpfung der im Zuge der Jahr 2000-Problematik aufgebauten Liquiditätspolster (14,4 Mrd. €). Am 21. Juni 2000 und am 30. April 2001 fand je eine befristete Transaktion mit einer Laufzeit von einem Tag bzw. von 7 Tagen zur Liquiditätsbereitstellung (7,0 Mrd. € bzw. 73 Mrd. €) statt. Alle Geschäfte wurden als Schnelltender in der Form von Zinstendern nach dem amerikanischen Zuteilungsverfahren abgewickelt. Strukturelle Operationen kamen bisher nicht zum Einsatz.

### 3.2.1.2 Verfahren

Offenmarktgeschäfte des Eurosystems werden normalerweise in Form von *Tendern (tender procedure)*, also im Wege der Ausschreibung durchgeführt. Im Rahmen von Feinsteuerungsoperationen und strukturellen Operationen sind allerdings auch *bilaterale Geschäfte* (*bilateral procedure*), also direkte Geschäftsabschlüsse zwischen dem Eurosystem und ihren Geschäftspartnern ohne Ausschreibung möglich.

#### 3.2.1.2.1 Tenderverfahren: Standardtender versus Schnelltender

Der *Standardtender* (*standard tender*) ist die Tenderform, die den Hauptrefinanzierungsgeschäften, den längerfristigen Refinanzierungsgeschäften sowie den strukturellen Operationen in Form von befristeten Transaktionen und der Emission von Schuldverschreibungen zugrunde liegt. Bei Feinsteuerungsmaßnahmen (Feinsteuerungsoperationen in der Form von befristeten Transaktionen, Hereinnahme von Termineinlagen, Devisenswaps) findet der *Schnelltender* (*quick tender*) Verwendung. Der Schnelltender unterscheidet sich vom Standardtender zum einen durch eine begrenztere Zahl von Geschäftspartnern, zum anderen durch die schnellere Abwicklung. Während bei Standardtendern zwischen der Tenderankündigung und der Abwicklung der Transaktion zwei Tage liegen, verkürzt sich diese Frist bei Schnelltendern auf etwa eine Stunde (siehe Box II.3.2).

## Box II.3.2: Die technische Abwicklung des Tenderverfahrens bei liquiditätszuführenden Transaktionen

Der Liquiditätsbereitstellung über das Tenderverfahren kommt innerhalb des geldpolitischen Instrumentariums des Eurosystems eine herausragende Bedeutung zu. Vom gesamten Refinanzierungsvolumen von tagesdurchschnittlich 216,3 Mrd. € im Jahr 2000 stellte das Eurosystem dem Bankensystem nahezu 100 % über Tenderverfahren zur Verfügung. Andere geldpolitische Instrumente wie die Spitzenrefinanzierungsfazilität fallen dagegen kaum ins Gewicht, da sie nur tageweise in Anspruch genommen werden. Die beiden wichtigsten Refinanzierungsinstrumente des Eurosystems, die wöchentlich angebotenen Hauptrefinanzierungsgeschäfte (Haupttender) mit einer Laufzeit von 14 Tagen sowie die monatlich ausgeschriebenen längerfristigen Refinanzierungsgeschäfte mit ca. dreimonatiger Laufzeit (Basistender) werden als Standardtender abgewickelt. Wegen der herausgehobenen Bedeutung dieser Geschäfte für die laufende Geldmarktsteuerung wird bei deren Terminierung darauf geachtet, dass Geschäftspartner aus allen Mitgliedsstaaten daran teilnehmen können. Nationale Bankfeiertage werden daher bei der Ausschreibung dieser Geschäfte berücksichtigt – die EZB veröffentlicht bereits im September den Tenderkalender für das kommende Jahr. Die Abwicklung der Geschäfte erfolgt dezentral durch die nationalen Notenbanken. Der Haupttender wird normalerweise dienstags und der Basistender – im Interesse einer gewissen technischen Entkoppelung – mittwochs zugeteilt. Da der Basistender eine „Grundversorgung" mit Liquidität über einen längeren Zeitraum gewährleistet, erfolgt die Zuteilung jeweils am ersten Mittwoch einer Mindestreserveerfüllungsperiode.

Konkret läuft ein Standardtender – hier dargestellt am Beispiel eines Haupttenders – wie folgt ab:

- Am Montag, 15.30 Uhr, übermittelt die EZB allen nationalen Zentralbanken (NZBen) über ein spezielles Computerprogramm, das „Tender Operational Procedure" („TOP"), die Ankündigung eines neuen Tenders. In Deutschland wird der Tender von der Dienststelle des Direktoriums der Deutschen Bundesbank in Frankfurt/Main über die Landeszentralbanken mit dem „Automatischen Bietungs-System" (ABS) an die Kreditinstitute weitergeleitet. Die Tenderankündigung informiert die Kreditinstitute über die Konditionen des Geschäfts, d.h. Mengen- oder Zinstender, die Gebotsfrist, den Zuteilungs- und den Valutierungstag sowie die Laufzeit. Der Mindestbietungsbetrag beträgt 1 Million €, darüber hinaus kann in Schritten von 100.000 € geboten werden. (Für den Basistender liegt das Mindestgebot dagegen bei 10.000 €, um auch sehr kleinen Kreditinstituten nach Fortfall des Diskontkredits Zugang zur längerfristigen Notenbankrefinanzierung zu ermöglichen).
- Die Kreditinstitute müssen bis spätestens Dienstag, 9.30 Uhr, ihre Gebote über ein elektronisches Bietungsformular an die Landeszentralbanken abgeben. Anschließend werden die Gebote für den gesamten Bundesbankbereich verdichtet und per TOP an die EZB weitergeleitet. Nach Zusammenstellung der europaweiten Bietungsergebnisse und Beratung über den erforderlichen Zuteilungsbetrag übermittelt die EZB um 11.15 Uhr die Zuteilungsentscheidung wieder per TOP an die NZBen. In der Bundesbank errechnet ABS auf Basis der Globalzuteilung die individuellen Zuteilungsbeträge für die einzelnen Kreditinstitute und informiert die Bieter per E-Mail über das globale und das indivi-

duelle Zuteilungsergebnis. Im Jahr 2000 nahmen im Durchschnitt 721 Kreditinstitute des Euroraums an den Haupttendern teil, davon 513 deutsche Institute.

- Am Mittwoch, dem Valutierungstag, übertragen die Landeszentralbanken bis spätestens 11.00 Uhr die Zuteilungsinformationen elektronisch in das Pfandkonten- und Depotverwaltungssystem. Damit wird die Inanspruchnahme der Sicherheiten im Pfandpool (Reduzierung der Beteiligungsgrenze) und die Gutschrift der Geldbeträge auf den Girokonten der Kreditinstitute angestoßen. Im Gegensatz zu den früheren Wertpapierpensionsgeschäften der Bundesbank erfolgt die Besicherung der Haupttender und Basistender auf Pfandbasis. Die im Pfandpool vorhandenen freien Sicherheiten müssen spätestens zum Zeitpunkt der Valutierung mindestens die Höhe des Zuteilungsbetrags zuzüglich einer Sicherheitenmarge erreichen. Während früher bei der Bundesbank bereits die Gebote der Kreditinstitute durch Sicherheiten gedeckt sein mussten, reicht im Eurosystem die Deckung der Zuteilungsbeträge aus.

Schnelltender werden nur zur Abwicklung von Feinsteuerungsoperationen verwendet. Allerdings dürfen von der Ankündigung bis zur Zuteilung bei diesen Geschäften nur 55 Minuten vergehen. Um diesen Zeitrahmen einzuhalten, kann ein Schnelltender daher nur mit einer kleineren Gruppe von Banken durchgeführt werden. Dabei handelt es sich um große, geldmarktaktive Kreditinstitute.

Box erstellt von M. Eder, Landeszentralbank im Freistaat Bayern, München.

#### 3.2.1.2.2 Zuteilungsverfahren bei Tendern: Zins- versus Mengentender

Sowohl der Standard- als auch der Schnelltender können als Mengen- oder als Zinstender ausgeschrieben werden. Beim *Mengentender* (*fixed rate tender, volume tender*) setzt das Eurosystem vorab den Zinssatz (bei Devisenswapgeschäften den Swapsatz) fest, zu dem es bereit ist, Geschäfte abzuschließen. Übersteigt das Bietungsaufkommen den vom Eurosystem angestrebten Zuteilungsbetrag, so werden die Gebote anteilig im Verhältnis des vorgesehenen Zuteilungsbetrages zum Gesamtbietungsaufkommen zugeteilt (sog. *Repartierung,* siehe Box II 3.3). Für weniger geldmarktaktive Kreditinstitute haben Mengentender den Vorteil, dass hier kein Informationsbedarf im Hinblick auf „marktgerechte" Gebote besteht.

Beim Zinstender hingegen müssen die bietenden Kreditinstitute eine eigene Einschätzung der Zinsentwicklung am Geldmarkt vornehmen. Der *Zinstender* (*variable rate tender*) zeichnet sich nämlich dadurch aus, dass die Kreditinstitute – im Gegensatz zum Mengentender – neben der Betragshöhe auch den Zinssatz[106] nennen müssen, zu dem sie bereit sind, Geschäfte mit dem Eurosystem abzuschließen.[107] Bei Zinstendern kann das Eurosystem die Zuteilung entweder zu einem einheitlichen Zinssatz (*„holländisches"*

106 Bei Devisenswapgeschäften tritt anstelle des Zinssatzes der Swapsatz.

107 Beim Zinstender kann ein Institut bis zu zehn Gebote mit verschiedenen Zinssätzen abgeben, wobei der kleinste Zinsschritt 0,01 Prozentpunkte beträgt.

## Box II.3.3: Beispiel für eine liquiditätszuführende befristete Transaktion über Mengentender

Die EZB beschließt, dem Markt Liquidität über eine befristete Transkation in Form eines Mengentenders zuzuführen.

Drei Geschäftspartner geben folgende Gebote ab:

| Geschäftspartner | Gebot (Mio. Euro) |
|---|---|
| Bank 1 | 30 |
| Bank 2 | 40 |
| Bank 3 | 70 |
| Insgesamt | 140 |

Die EZB beschließt, insgesamt 105 Mio. € zuzuteilen.

Der Prozentsatz der Zuteilung (*Zuteilungssatz* oder *Repartierungssatz*) errechnet sich wie folgt:

$$\frac{105}{(30+40+70)} = 75\,\%$$

Die Zuteilung an die Geschäftspartner beträgt:

| Geschäftspartner | Gebot (Mio. Euro) | Zuteilung (Mio. Euro) |
|---|---|---|
| Bank 1 | 30 | 22,5 |
| Bank 2 | 40 | 30,0 |
| Bank 3 | 70 | 52,5 |
| Insgesamt | 140 | 105,0 |

Quelle: EZB, 2000b, 66; eigene Ergänzungen.

*Zuteilungsverfahren, Dutch auction, single rate auction*) oder zu den individuellen Bietungssätzen (*„amerikanisches" Zuteilungsverfahren, American auction, multiple rate auction*) der Geschäftpartner vornehmen. Beim „holländischen Zuteilungsverfahren" werden **alle** akzeptierten Gebote zum niedrigsten vom Eurosystem noch akzeptierten, also dem marginalen Zinssatz abgerechnet.[108] Dieses Verfahren hat der EZB-Rat bei den beiden ersten Basistendern, die am 14. Januar und am 25. Februar 1999 abgewickelt wurden, gewählt. Damit sollten Preisrisiken für die Banken im neuen ungewohnten Umfeld ausgeschaltet werden und so weniger erfahrenen Geschäftspartnern die Teilnahme am

108 Diese Aussage bezieht sich auf liquiditätszuführende Transaktionen wie den Haupt- oder Basistender. Bei liquiditäsentziehenden Transaktionen wie z. B. der Emission von Schuldverschreibungen oder der Hereinnahme von Termineinlagen über den Zinstender werden beim holländischen Zuteilungsverfahren alle akzeptierten Gebote zum höchsten vom Eurosystem noch akzeptierten Zinssatz abgerechnet. Siehe hierzu etwa Box II.3.6.

Tenderverfahren erleichtert werden. Nach dieser Einführungsphase ist das Eurosystem aber bei Basistendern auf das marktorientiertere „amerikanische" Zuteilungsverfahren zu individuellen Bietungssätzen übergegangen.

### Box II.3.4: Der Basiszinssatz – Nachfolger des Diskontsatzes

Die Notwendigkeit, ein einheitliches geldpolitisches Instrumentarium für den gesamten Euroraum zu schaffen, führte mit Beginn der Europäischen Währungsunion zum 1. Januar 1999 zur Aufgabe des deutschen Diskontkredits. Da der *Diskontsatz* der Deutschen Bundesbank in einer Vielzahl von deutschen Gesetzestexten und Verträgen als Referenzgröße dient, musste eine entsprechende Nachfolgeregelung für den Diskontsatz geschaffen werden. Mit Beginn der Währungsunion wurde der Diskontsatz daher entsprechend den Regelungen des *Diskontsatz-Überleitungsgesetzes* (DÜG) durch den so genannten *Basiszinssatz* ersetzt. Dieser Basiszinssatz entsprach zunächst dem letzten Diskontsatz der Deutschen Bundesbank von 2,5 %, der am 31.12.1998 galt.

Die Veränderung des Basiszinssatzes richtet sich nach der Veränderung des Zinssatzes der längerfristigen Refinanzierungsgeschäfte des Eurosystems (geregelt in der *Basis-Zinssatz-Bezugsgrößenverordnung*). Diese Geschäfte werden monatlich einmal mit den Kreditinstituten abgeschlossen, haben eine Laufzeit von drei Monaten und enthalten daher Elemente des früheren Diskontkredits. Um häufige Anpassungen zu vermeiden und eine dem Diskontsatz nachgebildete Kontinuität zu erreichen, werden Anpassungen des Basiszinssatzes an seine Bezugsgröße nur in viermonatigen Abständen vorgenommen, d.h. konkret zum 1. Januar, 1. Mai und 1. September eines jeden Jahres. Zudem tritt eine Anpassung nur ein, wenn sich der Zinssatz der längerfristigen Refinanzierungsgeschäfte innerhalb dieser Zeiträume um mindestens 0,5 Prozentpunkte verändert. Da die längerfristigen Refinanzierungsgeschäfte i.d.R. in Form eines Zinstenders angeboten werden, gilt als maßgeblicher Zinssatz der „marginale" Zuteilungssatz, d.h. der niedrigste Zinssatz, zu dem Gebote der Banken berücksichtigt werden. Änderungen des Basiszinssatzes werden im Bundesanzeiger bekannt gegeben.

Beim ersten längerfristigen Refinanzierungsgeschäft des Eurosystems am 14. Januar 1999 betrug dieser Zinssatz 3,08 %. Der entsprechende Zinssatz des am 28. April 1999 zugeteilten längerfristigen Refinanzierungsgeschäfts belief sich auf 2,53 %. Dies entspricht einem Rückgang um 0,55 Prozentpunkte. Der Basiszinssatz wurde daher zum 1. Mai 1999 um 0,55 Prozentpunkte auf 1,95 % gesenkt. Zum 1. September 1999 blieb der Basiszinssatz unverändert, da sich die Zinssätze der längerfristigen Refinanzierungsgeschäfte von April bis August 1999 um weniger als 0,5% Prozentpunkte veränderten. Eine Anpassung erfolgte wieder zum 1. Januar 2000 um 0,73 % auf 2,68 %. Aktuell – Stand Juni 2001 – beträgt der Basiszinssatz 4,26 %.

Box erstellt von M. Eder, Landeszentralbank im Freistaat Bayern, München.

Bei liquiditätszuführenden Zinstendern werden, beginnend mit dem höchsten Zinsgebot, in absteigender Reihenfolge alle Gebote zugeteilt, bis der für die Zuführung vorgesehene Gesamtbetrag erreicht ist. Beim marginalen Zinssatz kommt es ggf. zu einer Repartierung (siehe Box II.3.5)

## Box II.3.5: Beispiel für eine liquiditätszuführende befristete Transaktion über Zinstender

Die EZB beschließt, dem Markt Liquidität über eine befristete Transaktion in Form eines Zinstenders zuzuführen.

Drei Geschäftspartner geben folgende Gebote ab (Beiträge in Mio. Euro):

| Zinssatz (%) | Bank 1 | Bank 2 | Bank 3 | Gebote insgesamt (je Zinssatz) | Kumulative Gebote |
|---|---|---|---|---|---|
| 3,15 | | | | 0 | 0 |
| 3,10 | | 5 | 5 | 10 | 10 |
| 3,09 | | 5 | 5 | 10 | 20 |
| 3,08 | | 5 | 5 | 10 | 30 |
| 3,07 | 5 | 5 | 10 | 20 | 50 |
| 3,06 | 5 | 10 | 15 | 30 | 80 |
| 3,05 | 10 | 10 | 15 | 35 | 115 |
| 3,04 | 5 | 5 | 5 | 15 | 130 |
| 3,03 | 5 | | 10 | 15 | 145 |
| Insgesamt | 30 | 45 | 70 | 145 | |

Die EZB beschließt, 94 Mio. € zuzuteilen, so dass sich ein marginaler Zinssatz von 3,05 % ergibt.

Alle Gebote über 3,05 % (bis zu einem kumulativen Betrag von 80 Mio. €) werden voll zugeteilt. Bei 3,05 % ergibt sich folgende prozentuale Zuteilung (*Zuteilungssatz* oder *Repartierungssatz*):

$$\frac{94-80}{35} = 40\,\%$$

Die Zuteilung an Bank 1 zum marginalen Zinssatz beträgt zum Beispiel:

$$0{,}4 \cdot 10 = 4$$

Insgesamt ergibt sich für Bank 1 folgende Zuteilung:

$$5 + 5 + 4 = 14$$

Die Zuteilungsergebnisse lassen sich wie folgt zusammenfassen (Beträge in Mio. Euro):

| Geschäftspartner | Bank 1 | Bank 2 | Bank 3 | Insgesamt |
|---|---|---|---|---|
| Gebote insgesamt | 30,0 | 45,0 | 70,0 | 145 |
| Zuteilung insgesamt | 14,0 | 34,0 | 46,0 | 94 |

Wenn die Zuteilung nach dem holländischen Zuteilungsverfahren erfolgt, beträgt der Zinssatz für die den Geschäftspartnern zugeteilten Beträge 3,05 %.

Erfolgt die Zuteilung nach dem amerikanischen Zuteilungsverfahren, wird kein einheitlicher Zinssatz auf die den Geschäftspartnern zugeteilten Beträge angewandt: Bank 1 erhält zum Beispiel 5 Mio. € zu 3,07 %, 5 Mio. € zu 3,06 % und 4 Mio. € zu 3,05 %.

Quelle: EZB, 2000b, 67; eigene Ergänzungen.

Bei liquiditätsabschöpfenden Zinstendern erfolgt die Zuteilung in aufsteigender Reihenfolge der Zinsgebote. Es werden alle Gebote zugeteilt, bis der für die Zuführung vorgesehene Gesamtbetrag erreicht ist. Auch hier kommt es beim marginalen Zinssatz ggf. zu einer Repartierung (siehe Box II.3.6).

**Box II.3.6: Beispiel für eine Emission von Schuldverschreibungen des Eurosystems über Zinstender**

Die EZB beschließt, am Markt Liquidität durch die Emission von Schuldverschreibungen über einen Zinstender abzuschöpfen.

Drei Geschäftspartner geben folgende Gebote ab (Beiträge in Mio. Euro):

| Zinssatz (%) | Bank 1 | Bank 2 | Bank 3 | Gebote insgesamt (je Zinssatz) | Kumulative Gebote |
|---|---|---|---|---|---|
| 3,00 | | | | 0 | 0 |
| 3,01 | 5 | | 5 | 10 | 10 |
| 3,02 | 5 | 5 | 5 | 15 | 25 |
| 3,03 | 5 | 5 | 5 | 15 | 40 |
| 3,04 | 10 | 5 | 10 | 25 | 65 |
| 3,05 | 20 | 40 | 10 | 70 | 135 |
| 3,06 | 5 | 10 | 10 | 25 | 160 |
| 3,08 | 5 | | 10 | 15 | 175 |
| 3,10 | | 5 | | 5 | 180 |
| Insgesamt | 55 | 70 | 55 | 180 | |

Die EZB beschließt, einen Nominalbetrag von 124,5 Mio. € zuzuteilen, so dass sich ein marginaler Zinssatz von 3,05 % ergibt.

Alle Gebote unter 3,05 % (bis zu einem kumulativen Betrag von 65 Mio. €) werden voll zugeteilt. Bei 3,05 % ergibt sich folgende prozentuale Zuteilung (*Zuteilungssatz* oder *Repartierungssatz*):

$$\frac{124{,}5 - 65}{70} = 85\%$$

Die Zuteilung von Bank 1 zum marginalen Zinssatz beträgt zum Beispiel:

$$0{,}85 \cdot 20 = 17$$

Insgesamt ergibt sich für Bank 1 folgende Zuteilung:

$$5 + 5 + 5 + 10 + 17 = 42$$

Die Zuteilungsergebnisse lassen sich wie folgt zusammenfassen (Beträge in Mio. Euro):

| Geschäftspartner | Bank 1 | Bank 2 | Bank 3 | Insgesamt |
|---|---|---|---|---|
| Gebote insgesamt | 55,0 | 70,0 | 55,0 | 180,0 |
| Zuteilung insgesamt | 42,0 | 49,0 | 33,5 | 124,5 |

Quelle: EZB, 2000b, 68; eigene Ergänzungen.

Für den Zinstender spricht, dass er dem Wettbewerb unter den Banken mehr Raum gibt und mehr einer Marktorientierung entspricht. Aus Sicht der Zentralbank hat er aber den Nachteil, dass die Erwartungen der Marktteilnehmer Einfluss auf den Zinssatz haben. **Letztlich muss aber die Zentralbank den Zinssatz bestimmen (können), den sie für notwendig erachtet, um ihre Ziele zu erreichen.** Dieser Zinssatz muss aber nicht zwangsläufig deckungsgleich mit dem Zinssatz sein, den die Geschäftsbanken erwarten bzw. wünschen.

Für die Zinspolitik des Eurosystems entscheidend ist der Zinssatz für das Hauptrefinanzierungsgeschäft. Um dem Markt klare Signale über seine Zinsvorstellungen zu geben, hat das Eurosystem von Anfang 1999 bis Ende Juni 2000 diese Geschäfte auch als Mengentender durchgeführt. Ein Übergang zum Zinstender („amerikanisches" Zuteilungsverfahren) erfolgte erst, als massive Überbietungen beim Mengentender eine Reaktion des Eurosystems erforderlich machten und die unsichere Anfangsphase der EWU beendet war. Während der *Repartierungssatz* 1999 noch durchschnittlich 10 % betragen hatte, lag er im ersten Halbjahr durchschnittlich unter 3 %, bei einzelnen Geschäften sogar unter einem Prozent (EZB, 2000a, 39). Die vom Eurosystem seit Ende Juni 2000 als Zinstender ausgeschriebenen Hauptrefinanzierungsgeschäfte sind allerdings mit einem Mindestbietungssatz versehen. Der *Mindestbietungssatz* übernahm dabei „die geldpolitische Signalfunktion, die bislang dem Zinssatz für Mengentender zukam." (EZB, 2000a, 40). Dabei lag im Durchschnitt der Geschäfte im zweiten Halbjahr 2000 der marginale Zuteilungssatz um acht Basispunkte (= 0,08 Prozentpunkte) über dem Mindestbietungssatz, der gewichtete Durchschnittssatz der Zuteilungen um 10 Basispunkte über dem Mindestbietungssatz (zu den Geschäften im Jahr 2001 bis Mitte April siehe Schaubild II.3.6). Dies zeigt, dass der Mindestbietungssatz seiner Signalfunktion durchaus gerecht wurde. Der Übergang vom Mengentender zum Zinstender nach dem „amerikanischen" Zuteilungsverfahren führte allerdings dazu, dass sich vor allem kleinere Institute mit geringerer Geldmarkterfahrung aus diesem Geschäft mit dem Eurosystem zurückzogen, so dass sich die durchschnittliche Anzahl der am Tenderverfahren teilnehmenden Kreditinstitute von 814 im ersten Halbjahr 2000 auf 640 im zweiten Halbjahr 2000 reduziert hat.

*Schaubild II.3.6: Hauptrefinanzierungsgeschäfte (Zinstender) vom 1. Januar – 11. April 2001 (Mrd. Euro, Zinsen p.a. in %)*

| Gutschriftstag | Gebote | Zuteilung | Mindest-bietungssatz | Marginaler Zuteilungssatz | Gewichteter Durchschnittssatz |
|---|---|---|---|---|---|
| 3. Jan. | 136,4 | 101,0 | 4,75 | 4,76 | 4,78 |
| 10. Jan. | 95,8 | 95,0 | 4,75 | 4,75 | 4,75 |
| 17. Jan. | 137,6 | 101,0 | 4,75 | 4,75 | 4,77 |
| 24. Jan. | 118,5 | 104,0 | 4,75 | 4,75 | 4,76 |
| 31. Jan. | 137,6 | 84,0 | 4,75 | 4,76 | 4,77 |
| 7. Feb. | 104,4 | 100,0 | 4,75 | 4,75 | 4,75 |
| 14. Feb. | 65,3 | 65,3 | 4,75 | 4,75 | 4,75 |
| 21. Feb. | 200,5 | 155,0 | 4,75 | 4,78 | 4,83 |
| 26. Feb. | 109,6 | 27,0 | 4,75 | 4,78 | 4,79 |
| 7. März | 189,9 | 143,0 | 4,75 | 4,76 | 4,77 |
| 14. März | 130,3 | 51,0 | 4,75 | 4,77 | 4,78 |
| 21. März | 182,1 | 135,0 | 4,75 | 4,77 | 4,78 |
| 28. März | 57,5 | 50,0 | 4,75 | 4,75 | 4,75 |
| 4. April | 129,1 | 118,0 | 4,75 | 4,75 | 4,75 |
| 11. April | 24,9 | 24,9 | 4,75 | 4,75 | 4,75 |

Quelle: EZB, 2001b, 8*.

## 3.2.2 Ständige Fazilitäten

*Ständige Fazilitäten* (*standing facilities*) können die Kreditinstitute jederzeit **auf eigene Initiative** in Anspruch nehmen. Sie stehen den Kreditinstituten an jedem Geschäftstag zur Verfügung. Je nachdem, ob die Operationen liquiditätszuführend oder liquiditätsentziehend wirken, setzen sie entweder auf der Aktiv- oder Passivseite der Notenbankbilanz an.

*Schaubild II.3.7: Ständige Fazilitäten und Ausweis des Eurosystems*

| Konsolidierter Ausweis des Eurosystems – vereinfachte Darstellung – zum 6.4.2001 (Mrd. Euro) | | | |
|---|---|---|---|
| Aktiva | | Passiva | |
| A.1: Währungsreserven<br>– Gold<br>– Fremdwährungsforderungen | | P.1: Banknotenumlauf | |
| A.2: Forderungen in Euro an Kreditinstitute im Euro-Währungsgebiet<br>darunter:<br>– Hauptrefinanzierungsgeschäfte<br>– Längerfristige Refinanzierungsgeschäfte<br>– **Spitzenrefinanzierungsfazilität** | 0,009 | P.2: Verbindlichkeiten in Euro gegenüber Kreditinstituten im Euro-Währungsgebiet<br>darunter:<br>– Einlagen auf Girokonten (Bankenliquidität)<br>– **Einlagefazilität** | 0,059 |
| A.3: Sonstiges | | P.3: Sonstiges | |

Quelle: EZB, 2001b, 6* f.

### 3.2.2.1 Spitzenrefinanzierungsfazilität

Die *Spitzenrefinanzierungsfazilität* (*marginal lending facility*) soll den Geschäftspartnern des Eurosystems die Möglichkeit bieten, sich bis zum nachfolgenden Geschäftstag („über Nacht") Liquidität zu einem vorher festgelegten Zinssatz zu beschaffen. Die nationalen Zentralbanken können hier Liquidität in Form von Übernacht-Pensionsgeschäften oder als Übernacht-Pfandkrediten zur Verfügung stellen, wobei die Deutsche Bundesbank auf letztere Alternative zurückgreift. Diese Spitzenrefinanzierungsfazilität soll zur Deckung eines vorübergehenden, kurzfristigen („über Nacht") Liquiditätsbedarfs dienen. Für die Inanspruchnahme gibt es keine Höchstgrenze.[109] Allerdings müssen Sicherheiten gestellt werden. Eine Inanspruchnahme der Spitzenrefinanzierungsfazilität seitens der Kreditinstitutute führt zu einer Verlängerung der Zentralbankbilanz (A.2 und P.2 – Einlagen auf Girokonten steigen im gleichen Ausmaß). Während des Geschäftstages stellt das Eurosystem seinen Geschäftspartnern auf der Grundlage von Sicherheiten zinslose *Innertageskredite* (*intraday credit*) für Zwecke des Zahlungsverkehrs zur Verfügung. Am Ende eines Geschäftstages werden noch in Anspruch genommene Innertageskredite automatisch als Antrag auf eine Inanspruchnahme der Spitzenrefinanzierungsfazilität betrachtet.

109 Dies gilt im Normalfall. Die EZB kann allerdings Beschränkungen einführen (EZB, 1999b, 35).

### 3.2.2.2 Einlagefazilität

Auf der anderen Seite ist auch eine *Einlagefazilität* (*deposit facility*) verfügbar, d.h. die Geschäftspartner haben die Möglichkeit, Guthaben bis zum nächsten Geschäftstag („über Nacht") beim Eurosystem zu einem vorher festgesetzten Zinssatz anzulegen (d.h. die Einlagen auf Girokonten sinken, die Guthaben auf den Konten für die Einlagefazilität steigen – es kommt somit zu einer Umbuchung innerhalb von P.2). Dadurch sinkt die Bankenliquidität.

## 3.2.3 Refinanzierungsfähige Sicherheiten

Gemäß Art. 18.1 der Satzung des ESZB und der EZB sind für Darlehen ausreichende Sicherheiten zu stellen. Diese Bestimmung soll verhindern, dass dem Eurosystem aus der Vergabe von Krediten Verluste entstehen. Die Besicherung kann über zwei Arten erfolgen. Die Geschäftspartner des Eurosystems können die Sicherheiten entweder als Pfand hinterlegen oder durch Übertragung des Eigentums an diesen Vermögenswerten im Rahmen von Rückkaufsvereinbarungen (Repogeschäfte) stellen.

Als Sicherheiten können öffentliche und private Schuldtitel einwandfreier Bonität herangezogen werden. Es wird zwischen *Kategorie-1-Sicherheiten* (*tier-one assets*) und *Kategorie-2-Sicherheiten* (*tier-two assets*) unterschieden. Für Erstere kommen nur marktfähige Papiere in Frage, die vom Eurosystem festgelegte einheitliche und in der gesamten Währungsunion geltende Zulassungskriterien erfüllen. Sicherheiten der Kategorie 2 werden jeweils von den NZBen bestimmt. Sie sind für die nationalen Finanzmärkte und Bankensysteme von besonderer Bedeutung. Neben marktfähigen Sicherheiten können die nationalen Zentralbanken auch nicht marktfähige Sicherheiten zulassen. Die Kategorie-2-Sicherheiten müssen von den nationalen Zentralbanken als bonitätsmäßig einwandfrei eingestuft worden sein. Bei nicht marktfähigen Sicherheiten nehmen sie hierzu i.d.R. eine Kreditwürdigkeitsprüfung vor.

Ende 2000 betrug der Gesamtbetrag der marktfähigen Sicherheiten, die für die Kreditgeschäfte des Eurosystems zugelassen sind, 6,3 Billionen € (Anfang 1999 5,6 Billionen €), wobei 94 % auf Kategorie-1-Sicherheiten entfielen. Nach Schätzungen des Eurosystems befand sich aber nur ein Drittel aller marktfähigen Sicherheiten – also im Werte von etwa 2 Billionen € – im Bestand der Kreditinstitute. Dies verwundert nicht, da auch Nichtbanken Wertpapiere halten. Im Jahre 2000 lag das durchschnittliche Gesamtvolumen der von den Kreditinstituten für Kreditgeschäfte mit dem Eurosystem verwendeten Sicherheiten (Kategorie 1 und Kategorie 2) bei 622 Mrd. €. Sie dienten sowohl als Sicherheiten bei geldpolitischen Geschäften als auch zur Besicherung von Innertageskrediten im Rahmen des Zahlungsverkehrs. In einigen Ländern ist dabei ein Trend zu Kategorie-2-Sicherheiten (marktfähig und nichtmarktfähig) zu beobachten (EZB, 2001a, 61, 64). Die Gründe hierfür können einerseits in einem absoluten Rückgang bzw. zumindest einer geringeren Zunahme von umlaufenden Staatsanleihen als Folge von Finanzierungsüberschüssen bzw. sinkenden Finanzierungsdefiziten der öffentlichen Haushalte gesehen werden. Gerade aber Staatsanleihen machen einen Großteil der Kategorie-1-Sicherheiten

*Schaubild II.3.8: Hauptkategorien der refinanzierungsfähigen Sicherheiten für die Kreditgeschäfte des Eurosystems*

| Art der Sicherheit | Kategorie 1 | Kategorie 2 |
|---|---|---|
| Marktfähig | ■ EZB-Schuldverschreibungen (werden derzeit nicht begeben)<br>■ Schuldtitel von ausländischen und supranationalen Institutionen<br>■ Von Gebietskörperschaften begebene Wertpapiere<br>■ Ungedeckte Bankschuldverschreibungen<br>■ Pfandbriefe und gleichwertige Wertpapiere<br>■ Unternehmensanleihen | ■ Von Gebietskörperschaften begebene Wertpapiere<br>■ Bankschuldverschreibungen<br>■ Unternehmensanleihen<br>■ Certificates of Deposit<br>■ Medium Term Notes<br>■ Commercial Paper<br>■ Aktien<br>■ Marktfähige private Forderungen |
| Nicht Marktfähig | ■ Keine | ■ Bankkredite<br>■ Hypothekarisch gesicherte Solawechsel<br>■ Handelswechsel |
| Bonitäts-anforderungen | Der Emittent (Garant) muss von der EZB als bonitätsmäßig einwandfrei eingestuft worden sein | Der Emittent/Schuldner (Garant) muss von der NZB, die die Sicherheit in ihr Kategorie-2-Verzeichnis aufgenommen hat, als bonitätsmäßig einwandfrei eingestuft worden sein |
| Sitz des Emittenten (oder des Garanten) | Europäischer Wirtschaftsraum (Ausnahme: supranationale Organisationen) | Euro-Währungsgebiet |

Quelle: EZB, 2001a, 56, 60.

aus. Andererseits gewinnt die Besicherung von Geldmarktgeschäften unter Banken über Repogeschäfte zunehmend an Bedeutung. Bei Repogeschäften kann nämlich der Pensionsgeber (= Kreditnehmer) durch die Besicherung seine Refinanzierungskosten senken. Dieselben Konsequenzen für den Bedarf an Sicherheiten haben Repogeschäfte zwischen Banken und Nichtbanken. Diese in M3 erfassten Repogeschäfte lagen Ende 2000 bei 175,6 Mrd. € (Ende 1999: 144,2 Mrd. €).[110] Da für Repogeschäfte aber primär marktfähi-

110 Repogeschäfte zwischen Geschäftsbanken und Nichtbanken werden in M3 erfasst, da sie aus Sicht der Nichtbanken (faktisch) besicherte Termineinlagen darstellen. Termineinlagen stellen aber einen Teil der Liquiditätausstattung der Nichtbanken dar (Näheres hierzu siehe Box II.2.11). Diese Geschäfte sind insbesondere in Spanien und Italien verbreitet und eine Konsequenz der Ausgestaltung der jeweiligen Einlagensicherungssysteme.

ge Sicherheiten mit hohem Liquiditätsgrad in Frage kommen, bietet es sich für Kreditinstitute an, bei den Geschäften mit dem Eurosystem auf weniger liquide Kategorie-2-Sicherheiten, die kaum anderweitig genutzt werden können, auszuweichen. Setzen sich diese Trends fort, so könnten auch die von den deutschen Kreditinstituten bisher als Sicherheit wenig genutzten „Wirtschaftskredite" (Wechsel und Kreditforderungen der Banken) deutlich an Bedeutung gewinnen.[111] Bisher scheint ein – im Vergleich zu alternativen Sicherheiten – höherer Arbeitsaufwand beim Handling dieser Sicherheiten bzw. die im Falle der Kreditverpfändung notwendige Verpfändungsanzeige an den Kreditnehmer die Kreditinstitute eher von einer stärkeren Nutzung abzuhalten.

### Box II.3.7 Kategorie-2-Sicherheiten der Deutschen Bundesbank

Bei den zur Besicherung geldpolitischer Operationen des Eurosystems zugelassenen Sicherheiten (refinanzierungsfähige Sicherheiten) wird zwischen Kategorie-1- und Kategorie-2-Sicherheiten unterschieden. Während zur Gruppe der Kategorie-1-Sicherheiten ausschließlich marktfähige Schuldtitel zählen, die von der EZB festgelegte einheitliche und im gesamten Euroraum geltende Zulassungskriterien erfüllen, kann das Spektrum der Sicherheiten durch die nationalen Notenbanken um weitere marktfähige, aber auch nicht-marktfähige Sicherheiten – Kategorie-2 – erweitert werden, die für die nationalen Finanzmärkte und Bankensysteme von besonderer Bedeutung sind. Die nationalen Zentralbanken legen mit Zustimmung der EZB die jeweiligen Zulassungskriterien auf Basis von EZB-Mindeststandards fest. Wichtige Mindeststandards für die Refinanzierbarkeit von Sicherheiten sind Eurobezug und besondere Qualität. Die für geldpolitische Operationen zugelassenen Kategorie-2-Sicherheiten müssen auf Euro bzw. auf nationale Denominierungen des Euro lauten und im Euro-Währungsgebiet hinterlegt sein. Bei den Sicherheiten der Gruppe 2 muss der Emittent im Euroraum ansässig sein, bei Kategorie 1 im Europäischen Wirtschaftsraum (dazu zählen neben den 15 EU-Staaten noch Norwegen, Island und Liechtenstein). Im Hinblick auf die Qualität müssen Kategorie-2-Sicherheiten prinzipiell die gleichen Bonitätsanforderungen erfüllen wie Sicherheiten der Gruppe 1. Daher werden bei der Bundesbank alle refinanzierungsfähigen Sicherheiten – Kategorie 1 und Kategorie 2 – in einen einheitlichen Pfandpool eingestellt, der „en bloc" der Besicherung aller Arten von Notenbankkrediten dient.

Auf deutsche Verhältnisse bezogen ergeben sich folgende Kategorie-2-Sicherheiten:

- Nicht-börsennotierte Bundes- und Länderschuldverschreibungen
- Börsennotierte Schuldverschreibungen von Kommunen
- Börsennotierte Anleihen und Medium Term Notes von Unternehmen
- Commercial Papers von Unternehmen
- Wechsel- und Kreditforderungen (*Wirtschaftskredite*)

Marktfähige oder nicht-marktfähige Sicherheiten von Unternehmen können nur hereingenommen werden, wenn der Schuldner ein deutsches Unternehmen des nichtfinanziellen

111 Ende August 2000 lag der Anteil der Wirtschaftskredite am gesamten Pfandbestand der Deutschen Bundesbank bei etwa 3 % (Landeszentralbank in Hessen, 2000, 4).

Sektors ist und von der für ihn zuständigen Hauptstelle der Landeszentralbank als „notenbankfähig" eingestuft wird, d.h. den Bonitätsstandards des Eurosystems bzw. der Bundesbank entspricht. Urteile von Ratingagenturen werden dabei – soweit vorhanden – berücksichtigt. Mit der Zulassung von Handelswechseln knüpfte die Bundesbank an die Tradition des Diskontkredits an und ermöglicht damit auch künftig, *Handelswechsel* als refinanzierungsfähige Sicherheit zu nutzen. Mit der Erweiterung um *Kreditforderungen*, wie es beispielsweise bei der Bank von Frankreich schon langjährige Tradition ist, wurde die Basis für private nicht-marktfähige Sicherheiten deutlich verbreitert. In Frage kommen dabei Kredite mit einer Restlaufzeit von bis zu zwei Jahren, wobei allerdings Kontokorrentkredite ausgeschlossen bleiben. Um den Kreditinstituten das Handling so einfach wie möglich zu machen, besteht auch die Möglichkeit der elektronischen Einreichung von Kreditforderungen. Der Mindestbetrag bei Kreditforderungen beträgt 10.000 €. Um eine Gleichbehandlung zwischen Kreditforderungen und Handelswechseln zu gewährleisten, wurden die Bedingungen für die Refinanzierbarkeit von Wechseln neu gestaltet. Neben der Unterschrift des sich refinanzierenden Kreditinstituts genügt die Wechselunterschrift einer bonitätsmäßig einwandfreien Nichtbank. Die Höchst-Restlaufzeit beträgt sechs Monate, die Mindestlaufzeit einen Monat. Bei Wechseln wurde kein Mindestbetrag festgelegt.

Die Bewertung refinanzierungsfähiger marktfähiger Wertpapiere richtet sich nach dem Börsenkurs, nicht börsengehandelte Schuldverschreibungen werden mit dem Zeitwert bewertet. Für marktgängige festverzinsliche Wertpapiere werden gestaffelt nach der Restlaufzeit Bewertungsabschläge von bis zu 7 % vorgenommen. Bei Handelswechseln beträgt der Abschlag 2 % des Zeitwerts (Abzinsung des Nennwerts mit dem Drei-Monats-EURIBOR-Satz entsprechend der Restlaufzeit; täglich aktualisiert), bei Kreditforderungen je nach Restlaufzeit 10 % oder 20 % des Forderungsbetrags. Die Bewertungsabschläge bei den marktfähigen Sicherheiten dienen als Sicherheitenmarge für Kursschwankungen, bei den Kreditforderungen als Risikopuffer für evtl. mögliche Ausfälle, da hier nur eine wöchentliche Aktualisierung erfolgt.

Geschäftspartner des Eurosystems können refinanzierungsfähige Sicherheiten grundsätzlich auch grenzüberschreitend nutzen, d.h. sie können sich bei der Zentralbank eines Teilnehmerlands der EWU, in dem sie ihren Sitz haben, unter Verwendung der in einem anderen Teilnehmerland hinterlegten Sicherheiten refinanzieren.

Box erstellt von M. Eder, Landeszentralbank im Freistaat Bayern, München.

## 3.3 Zusammenfassung

Das geldpolitische Instrumentarium muss das Eurosystem in die Lage versetzen, den Tagesgeldsatz zu steuern. Ausgangspunkt für die geldpolitischen Aktivitäten des Eurosystems ist der Zwang in die Refinanzierung bei der Zentralbank, der vom Banknotenmonopol und von der Mindestreservepflicht ausgeht. Beide Faktoren ziehen für die Kreditinstitute eine Zwangsnachfrage nach Zentralbankgeld nach sich. Nimmt die Geldmenge M3 zu, so steigt also die (Zwangs-)Nachfrage der Kreditinstitute nach Zentralbankgeld. Die Kreditinstitute müssen Refinanzierungsgeschäfte mit der Zentralbank abschließen, um sich das benötigte Zentralbankgeld zu beschaffen. Das Eurosystem hat es als

Monopolanbieter von Zentralbankgeld in der Hand, den Preis, d.h. den Zinssatz für Zentralbankgeld, festzusetzen. Aus der Vielzahl der möglichen Offenmarktgeschäfte kommt hier den Hauptrefinanzierungsgeschäften eine Schlüsselfunktion zu. Der Zinssatz, den die Zentralbank für den Abschluss dieses Geschäftes von den Kreditinstituten verlangt, ist der entscheidende Referenzsatz für den Tagesgeldsatz unter den Banken. Die verbleibenden Offenmarktgeschäfte sowie die Ständigen Fazilitäten wirken flankierend. Eine Veränderung des Zinssatzes für die Hauptrefinanzierungsgeschäfte bewirkt eine entsprechende Anpassung beim Tagesgeldsatz und damit verbunden i.d.R der kurzfristigen Bankzinsen. Um das Eurosystem vor Ausfällen zu schützen, sind alle Operationen, die dem Bankensystem Liquidität zuführen, mit Sicherheiten, die bestimmte Anforderungen erfüllen müssen, zu unterlegen.

## Kontrollfragen

1. Welche Rolle spielt die Mindestreserve innerhalb des geldpolitischen Instrumentariums des Eurosystems?
2. Was sind Offenmarktgeschäfte aus der Sicht des Eurosystems?
3. Worin besteht der wesentliche Unterschied zwischen Offenmarktgeschäften und Ständigen Fazilitäten?
4. Welche Funktion kommt dem Zinssatz für das Hauptrefinanzierungsgeschäft zu?
5. Warum werden liquiditätszuführende Operationen des Eurosystems mit Sicherheiten unterlegt?

## Weiterführende Literatur

*Europäische Zentralbank* (2000b), Die einheitliche Geldpolitik in Stufe 3: Allgemeine Regelungen für die geldpolitischen Instrumente und Verfahren des Eurosystems, November 2000 (http://www.ecb.int). *Europäische Zentralbank* (1999b), Der Handlungsrahmen des Eurosystems: Beschreibung und erste Beurteilung, Monatsbericht Mai 1999, S. 33–48 (http://www.ecb.int).

In der Publikation der EZB aus dem Jahre 2000 werden die geldpolitischen Instrumente und deren Handhabung dargelegt. Sie enthält auch eine Reihe von Beispielen. Der Sonderaufsatz im Monatsbericht Mai 1999 beschäftigt sich mit den ersten Erfahrungen beim Einsatz des geldpolitischen Instrumentariums.

*Europäische Zentralbank* (2000c), Fragen rund um den Einsatz von elektronischem Geld, Monatsbericht November 2000, S. 55–67 (http://www.ecb.int). *Deutsche Bundesbank* (1999), Neuere Entwicklungen beim elektronischen Geld, Monatsbericht Juni 1999, 51. Jg., S. 41–58 (http://www.bundesbank.de). *Issing, O.* (2000), New Technologies in Payments – A Challenge to Monetary Policy, Lecture to be delivered at the Center for Financial Studies, Frankfurt am Main, 28. Juni 2000 (http://www.ecb.int).

Diese Sonderaufsätze in den Monatsberichten der EZB bzw. der Deutschen Bundesbank sowie die Ausarbeitung von Issing beschäftigen sich primär mit Erscheinungsformen, mikroökonomischen

Nutzen und geldpolitischen Implikationen von elektronischem Geld. Die intensive Beschäftigung des Eurosystems mit diesem Fragenkreis zeigt, dass Herausforderungen für die Geldpolitik mit dieser Innovation verbunden werden.

*Europäische Zentralbank* (2001a), Die Rahmenregelungen für Sicherheiten des Eurosystems, Monatsbericht April 2001, S. 55–70 (http://www.ecb.int).

Dieser Sonderaufsatz der EZB liefert eine Gesamtdarstellung zu den Sicherheiten mit Zahlenmaterial zur Nutzung der einzelnen Arten von Sicherheiten.

# 4 Geldmarkt als Operationsfeld

Am *Geldmarkt* werden kurzfristige Forderungen, also Laufzeiten von einem Tag (über Nacht) bis üblicherweise einem Jahr, gehandelt. Grundsätzlich dienen Geldmarktgeschäfte dem Liquiditätsmanagement der Marktteilnehmer. Zum Kreis der Marktteilnehmer zählen die Zentralbank, Geschäftsbanken, große Unternehmen, öffentliche Stellen und institutionelle Anleger. Die Geldmarktgeschäfte lassen sich unterteilen in solche, bei denen Einlagen bei der Zentralbank und in solche, bei denen Einlagen bei Kreditinstituten (*Bankengiralgeld bzw. -buchgeld*) Handelsobjekt sind. Beide Segmente zusammengenommen bilden den *Geldmarkt im weiteren Sinne*. Den Nichtbanken dienen Geschäfte mit Bankengiralgeld zur Synchronisation ihrer Zahlungsströme. Kreditinstitute benötigen Guthaben bei der Zentralbank, um die Mindestreservepflicht zu erfüllen und um sich Bargeld von der Zentralbank besorgen zu können. Kreditinstitute verwenden die Guthaben bei der Zentralbank aber auch, um den Zahlungsverkehr untereinander abzuwickeln. Mindestreservebedingte Guthaben können dabei zugleich für Zwecke des Zahlungsverkehrs (*working balance*) genutzt werden, da aufgrund der *Durchschnittsmindestreserve* bei den einzelnen Instituten ein Schwanken der Guthaben von Tag zu Tag möglich ist. Der Markt, auf dem Guthaben bei der Zentralbank (*Bankenliquidität*) gehandelt werden, wird auch als *Geldmarkt im engeren Sinne* bezeichnet.

## 4.1 Regulierungs- versus Interbankengeldmarkt

Der Geldmarkt i.e.S. ist das eigentliche Operationsfeld für die geldpolitischen Maßnahmen des Eurosystems. Er lässt sich in zwei Teilmärkte aufteilen: den Interbanken- und den Regulierungsgeldmarkt.

Auf dem *Regulierungsgeldmarkt* kontrahiert das Eurosystem mit den Kreditinstituten. Hier finden alle Transaktionen statt, die mit dem Instrumenteneinsatz des Eurosystems verbunden sind. **Nur Transaktionen zwischen dem Eurosystem, dem Monopolanbieter für Zentralbankgeld, und den Kreditinstituten können zu einer Veränderung des Bestandes an Zentralbankgeld führen.** Allerdings schließt nur ein kleiner Teil der Kreditinstitute im Euroraum Geschäfte mit dem Eurosystem ab. Von den gut 7.500 mindestreservepflichtigen Kreditinstituten beteiligten sich im 2. Halbjahr 2000 im Durchschnitt nur gut 600 an den als Zinstender ausgeschriebenen Hauptrefinanzierungsgeschäften des Eurosystems. Im ersten Halbjahr 2000, als die Geschäfte noch als Mengentender durchgeführt wurden, lag die Zahl bei durchschnittlich rund 800. An den längerfristigen Refinanzierungsgeschäften nahmen im Durchschnitt des Jahres 2000

270 Institute teil.[112] Da aber alle mindestreservepflichtigen Institute Zentralbankguthaben benötigen, müssen die Institute, die nicht direkte Geschäfte mit dem Eurosystem abschließen, auf andere Institute, d.h. den Interbankengeldmarkt zurückgreifen, falls im Rahmen des Zahlungsverkehrs nicht ausreichend Zentralbankguthaben zufließen.

*Schaubild II.4.1: Interbankengeldmarkt und Ausweis des Eurosystems*

| Konsolidierter Ausweis des Eurosystems – vereinfachte Darstellung – zum 6.4.2001 in Mrd. Euro | | |
|---|---|---|
| Aktiva | Passiva | |
| A.1: Währungsreserven | P.1: Banknotenumlauf | |
| A.2: Forderungen an Kreditinstitute im Euro-Währungsgebiet | P.2: Verbindlichkeiten in Euro gegenüber Kreditinstituten im Euro-Währungsgebiet | |
| | darunter: | |
| | – **Einlagen auf Girokonten (Bankenliquidität)** | 119 |
| A.3: Sonstiges | P.3: Sonstiges | |

Quelle: EZB, 2001a, 6* f.

Auf dem *Interbankengeldmarkt* handeln die Kreditinstitute (ohne Zentralbank) untereinander Guthaben bei der Zentralbank (P.2 – Einlagen auf Girokonten). Solche Transaktionen haben keinen Einfluss auf die Bilanzsumme und die Struktur der Zentralbankbilanz. Es kann vielmehr nur zu einer Umverteilung des (gesamtwirtschaftlich gegebenen) Bestandes an Zentralbankgeld zwischen den einzelnen Kreditinstituten kommen. Für eine schnelle (grenzüberschreitende) Verteilung des Zentralbankgeldes zwischen den Kreditinstituten bildet zahlungsverkehrstechnisch das europaweite Echtzeit-Brutto-Zahlungssystem, das sog. *TARGET-System* (Trans-European Automated Real-Time Gross Settlement Express Transfer System) des Eurosystems die Grundlage (siehe Box II.4.1). Der Interbankengeldmarkt dient den Instituten dazu, einzelwirtschaftliche Liquiditätsüberschüsse bzw. -fehlbeträge untereinander auszugleichen, wobei das zu haltende Min-

109 Vor allem „kleinere" Institute, die einem Verbund angehören, nehmen nicht direkt an den Geschäften mit dem Eurosystem teil. Dahinter dürfte die Überlegung stehen, dass es sich angesichts eher überschaubarer Größenordnungen beim Mindestreservesoll, also beim Bedarf an Zentralbankguthaben, kaum lohnt, die technischen und personellen Voraussetzungen für Geschäfte mit der Zentralbank zu schaffen. Nimmt man etwa ein Institut mit 1 Mrd. € Bilanzsumme und geht davon aus, dass Einlagen in Höhe von 500 Mio. € mindestreservepflichtig sind, so ergibt sich ein Mindestreservesoll in Höhe von 10 Mio. € (2 % aus 500 Mio.). Unterstellt man nun, dieses Institut müsste sich diese 10 Mio. am Geldmarkt besorgen und die Aufschlagsmarge bei einer Mittelaufnahme am Tagesgeldmarkt gegenüber dem Zinssatz, der für Hauptrefinanzierungsgeschäfte mit der Zentralbank zu zahlen wäre, läge bei zehn Basispunkten, so ergibt sich p.a. lediglich eine Zinsersparnis von 10.000 € (0,1 % aus 10 Mio.). Der Anreiz, unter diesen Umständen direkt Geschäfte mit der Zentralbank zu tätigen, ist also eher gering. Ähnliche Überlegungen werden im Hinblick auf die „Rationalität" von unverzinsten Überschussreserven bei Bindseil/Seitz, 2001, 31 angeführt.

destreservesoll maßgeblich die Nachfrage der Kreditinstitute nach Bankenliquidität (P.2) bestimmt.

Der Interbankengeldmarkt wiederum zerfällt in einen unbesicherten und in einen besicherten Teilmarkt. Auf dem unbesicherten Geldmarkt erfolgt eine Kreditvergabe ohne Sicherheiten lediglich auf der Basis von bilateralen Kreditlimiten. Der besicherte Geldmarkt hingegen basiert auf *Repogeschäften*, d.h. die Kreditvergabe wird mit Wertpapieren unterlegt. Während sich im Jahr 2000 der Markt für unbesicherte Einlagen („unbesicherter Geldmarkt") auf sehr kurzfristige Laufzeiten, insbesondere auf Übernachtausleihungen (Tagesgeldmarkt) konzentrierte, ging der Repomarkt in Richtung etwas längerer Laufzeiten (EZB, 2001b, 73 f.).

Ansatzpunkt für die Geldpolitik ist der Tagesgeldmarkt. Am *Tagesgeldmarkt* haben die Geschäfte entweder von vornherein eine feste Laufzeit von einem Tag („overnight", sog. *Tagesgeld*) oder zunächst eine unbestimmte Laufzeit („bis auf Weiteres"), bei der jedoch an jedem Geschäftstag vom Geldnehmer oder Geldgeber mit sofortiger Wirkung gekündigt werden kann (sog. *täglich fälliges Geld*). Während unter deutschen Banken im Handel untereinander noch täglich fälliges Geld überwiegt, sind im grenzüberschreitenden Handel reine Übernachtkredite Standard.

Geldmarktaktive Kreditinstitute beschaffen sich mehr Zentralbankgeld bei der Zentralbank als sie zur Erfüllung ihres Mindestreservesolls benötigen und verleihen dieses Geld an andere Institute weiter. Das Bietungsverhalten im Rahmen der Hauptrefinanzierungsgeschäfte wird also zum großen Teil von der Frage der Profitabilität des Weiterreichens von Zentralbankgeld am Geldmarkt bestimmt. Im ersten Halbjahr 2000, als die Hauptrefinanzierungsgeschäfte noch als Mengentender ausgeschrieben wurden, kam es zum sog. *„Overbidding"*, d.h. die Gebote überstiegen drastisch das Zuteilungsvolumen. Dies gipfelte darin, dass bei den letzten beiden Mengentendern im Juni 2000 der Zuteilungssatz unter einem Prozent lag. Da damals die Kreditinstitute ständig mit Zinssatzerhöhungen durch das Eurosystem rechneten und deshalb auch der Tagesgeldsatz spürbar über dem Festzinssatz beim Mengentender lag, war es für Kreditinstitute attraktiv, möglichst viel Zentralbankgeld „günstig" bei der Zentralbank „einzukaufen", um es teuerer am Geldmarkt weiterzuverleihen.[113] Der Anreiz wurde noch dadurch verstärkt, dass im Falle einer tatsächlichen Erhöhung der Notenbankzinsen mit weiteren Zinserhöhungen am Tagesgeldmarkt zu rechnen war, was zusätzliche „windfall-profits" nach sich gezogen hätte. Da eine einzelne Bank das auf sie entfallende Zuteilungsvolumen nur durch höhere Gebote steigern konnte, nahmen die Gebote sukzessive zu. Da sich alle geldmarktaktiven Kreditinstitute ähnlich verhielten, kam es zu einem immer stärkeren Anschwellen der Gesamtgebote, so dass der Zuteilungssatz immer geringer wurde. In die andere

113 Durch eine entsprechend „großzügige" Liquiditätsversorgung hätte das Eurosystem den Tagesgeldsatz allerdings ohne Weiteres auf dem Niveau des Zinssatzes für den Mengentender halten und somit das „Overbidding" entschärfen können (so auch Ayuso/Repullo, 2001, 13). Dies legt die Vermutung nahe, dass – vor dem Hintergrund tatsächlich beabsichtigter Zinserhöhungen – die Zinserwartungen der Kreditinstitute, die sich im Tagesgeldsatz niederschlugen, aus Sicht des Eurosystems durchaus „in die Landschaft passten".

**Box II.4.1: Das TARGET-System**

Um ein leistungsfähiges Instrument zur operativen Durchführung der Geldpolitik des Eurosystems (vor allem zur „Verteilung" von Zentralbankgeld über den Euro-Geldmarkt) bereitzustellen und grenzüberschreitende Zahlungen innerhalb der EU effizient und sicher abzuwickeln, wurde ein Trans-Europäisches Echtzeit-Bruttozahlungssystem[a] für den Euro, abgekürzt *TARGET* („Trans-European Automated Real-Time Gross Settlement Express Transfer System"), eingeführt. Es besteht aus den (15) national eigenständigen Echtzeit-Bruttozahlungssystemen der nationalen Zentralbanken des ESZB und dem Zahlungsverkehrsmechanismus der EZB, die über eine als Interlinking-System bezeichnete Verbindungskomponente verknüpft sind. Auch die Zentralbanken der nicht zur Währungsunion gehörenden EU-Länder nehmen also teil. In diesem System werden Zahlungen unabhängig von der Höhe binnen Minuten nach der Belastung des Kontos des überweisenden Teilnehmers dem Konto des begünstigten Teilnehmers gutgeschrieben.[b] Die Liquidität ist nur für die Dauer der Abwicklungszeit gebunden. Ein derartiges Verbund-Zahlungssystem ist für eine effiziente Liquiditätssteuerung und Arbitrageoperationen von Banken unerlässlich. Mit ihm werden sowohl Interbanken- als auch Kundenzahlungen abgewickelt. Betragsmäßige Unter- oder Obergrenzen gibt es nicht. Die nationalen Zentralbanken gewähren hierbei den Teilnehmern gegen Besicherung zinslose Innertageskredite. Die Zentralbanken der Nicht-Euro-EU-Länder können ihren Kreditinstituten allerdings (in begrenztem Ausmaß) Innertagesliquidität in Euro nur auf Basis einer Euro-Einlage im Eurosystem (in Höhe von 3 Mrd. € für die Bank of England und je 1 Mrd. € bei den zwei anderen EU-Zentralbanken, die nicht zum Eurosystem gehören), die zum Satz der Einlagefazilität verzinst wird, anbieten.[c]

Die Benutzung von TARGET ist den Kreditinstituten grundsätzlich freigestellt. Lediglich Zahlungen, die sich aus der Durchführung der Geld- und Währungspolitik ergeben, müssen über TARGET abgewickelt werden. Das System steht von 7.00 Uhr bis 18.00 Uhr Frankfurter Zeit zur Verfügung. Es ist möglich, fast alle Kreditinstitute in der EU und deren Kunden über TARGET zu erreichen. Jeder Teilnehmer, der Zugang zum jeweiligen inländischen Euro-Echtzeit-Bruttozahlungssystem hat, besitzt auch Zugang zu TARGET. Ein weiterer Anschluss ist nicht erforderlich. Die Gebühren für grenzüberschreitende TARGET-Transaktionen richten sich in degressiver Abstufung nach der Anzahl der geleisteten Zahlungen. Sie sind insbesondere unabhängig vom Bestimmungsort und der Betragshöhe.

Anmerkungen:

a) Beim Bruttosystem wird jeder einzelne Zahlungsauftrag bei ausreichender Deckung auf dem Konto ausgeführt, wobei die Deckung mittels eines Kontoguthabens oder durch Inanspruchnahme eines (unverzinslichen) Innertageskredits herbeigeführt werden kann. Die Zahlung ist endgültig, wenn der Betrag auf dem Konto der Empfängerbank gutgeschrieben wurde. Nettosysteme sind im Gegensatz dazu dadurch charakterisiert, dass die Mitglieder des Systems zwar während eines Tages Zahlungen untereinander austauschen, erst der Saldo am Tagesende aber zu einer Belastung oder Gutschrift führt. Nettosysteme sind mit dem Risiko verbunden, dass bei einem der Teilnehmer am Tagesende die Deckung fehlt, so dass der Saldenausgleich nicht zustande kommt.

b) Dies ist vor allem für zeitkritische Geldmarkt- und Devisenmarktgeschäfte wichtig.

c) Aus Sicht dieser nicht zum Euroraum gehörenden Zentralbanken handelt es sich dabei um eine Kreditgewährung in fremder Währung, was ein Novum für Zentralbanken darstellt.

Richtung gingen die sog. „*Bieterstreiks*“ im Februar und im April 2001.[114] Sowohl am 14.2. als auch am 11.4. haben die Kreditinstitute im Rahmen der Hauptrefinanzierungsgeschäfte deutlich weniger geboten als das Eurosystem zuteilen wollte, weil sie mit Zinssatzsenkungen noch in der Woche der Zuteilung des jeweiligen Geschäftes rechneten und deshalb nicht bereit waren, Gebote zum Mindestbietungssatz abzugeben. Auch dieses Verhalten lässt sich leicht begründen. Rechnet ein geldmarktaktives Kreditinstitut mit Zinssatzsenkungen – in diesem Falle also mit einer Verminderung des Mindestbietungssatzes – so gibt es für dieses Institut keinen Anreiz, sich beim Eurosystem Geld zum alten (hohen) Zinssatz zu besorgen. Kommt es nämlich zur Senkung der Zinsen durch die Zentralbank, sinkt auch der Tagesgeldzinssatz, so dass das (teuere) Geld für die restliche Laufzeit des Hauptrefinanzierungsgeschäftes nur unter Einstandkosten verliehen werden kann.

Aus Sicht einer einzelnen Bank erfüllen der Regulierungsgeldmarkt und der Interbankengeldmarkt die gleiche Funktion. Sie bieten ihr unter normalen Umständen den Rückhalt für einen einzelwirtschaftlichen Liquiditätsausgleich und sichern somit ihre geschäftlichen Aktivitäten und ihre Mindestreservedispositionen gegen das Risiko kurzfristiger Liquiditätsschwankungen ab.

Der Geldmarkt i.w.S. steht mit dem Geldmarkt i.e.S. durch Arbitrageaktivitäten in einem engen Zusammenhang. Durch ihre Zinsführerschaft am Geldmarkt i.e.S. und der Konkurrenz unter den Kreditinstituten schlagen sich geldpolitische Maßnahmen des Eurosystems schnell in gleichgerichteten Zinsbewegungen bei den übrigen Geldmarktgeschäften nieder (siehe hierzu II.5.1.1).

## 4.2 Tagesgeldsatz als operatives Zwischenziel

Wie von der Geldangebotstheorie bekannt, kann mit einem gegebenen Bestand an Zentralbankgeld (*Geldbasis*) ein Mehrfaches an Geld in Händen von Nichtbanken (*Geldmenge*) erzeugt werden (siehe Box II.4.2). Dies kommt in folgender Beziehung zum Ausdruck:

$$M = m \cdot B$$

Die formale Beziehung zwischen Geldbasis (B) und Geldmenge (M) enthält – wenn auch auf hohem Abstraktionsgrad – die geldpolitischen Ansatzpunkte. Das Eurosystem beeinflusst mit seinem Instrumentarium einerseits das Angebot an Zentralbankgeld und

114 Ein erster „Bieterstreik“ ereignete sich bereits am 7. April 1999. Beim Hauptrefinanzierungsgeschäft, das in Form eines Mengentenders zu 3 % ausgeschrieben wurde, lag das Bietungsvolumen mit gut 67 Mrd. € so niedrig, dass das Eurosystem 100 % zuteilen konnte. Die Zuteilung bewegte sich unterhalb des Betrages, den das Eurosystem zuteilen wollte mit der Folge, dass die Guthaben der Kreditinstitute insgesamt unter das Mindestreservesoll abrutschten. Noch in der Woche der Zuteilung kam es dann tatsächlich zu einer Zinssatzsenkung, so dass der Mengentender in folgenden Woche zu 2,5 % zugeteilt wurde.

wirkt über die Mindestreservesätze und den Tagesgeldsatz[115] auf den Multiplikator (m) ein. Weitere Einflüsse auf den Multiplikator gehen vom Verhalten der Nichtbanken, also von der Geldnachfrage, und vom Verhalten der Geschäftsbanken aus.

**Box II.4.2: Geldschöpfungsmultipikator, Geldbasiskonzept und ihre Relevanz für die Geldpolitik**

Um den Geldschöpfungsmultiplikator herzuleiten wird auf die Geldmengen M1 bzw. M2 (M) Bezug genommen. Sie setzen sich zusammen aus dem Bargeldumlauf (BG) und den mindestreservepflichtigen Einlagen der Nichtbanken ($D_N$).

(B1) $$M = BG + D_N$$

Die *Geldbasis* (B) setzt sich aus dem Bargeldumlauf (BG) und der Reservehaltung (R) zusammen.[a)]

(B2) $$B = BG + R$$

Im Rahmen des *Geldbasiskonzeptes* werden üblicherweise die Reservehaltung und der Bargeldumlauf als Größen formuliert, die in einer festen Relation zu den Einlagen ($D_N$) stehen.

(B3) $$R = a \cdot D_N$$

(B4) $$BG = c \cdot D_N,$$

wobei a den Reservehaltungskoeffizienten und c die Bargeldneigung (Bargeldhaltungskoeffizient) bezeichnen.

Vereinfacht soll hier von einer freiwilligen Reservehaltung der Geschäftsbanken abgesehen werden, so dass der Reservehaltungskoeffizient (a) dem Mindestreservesatz ($r_M$) entspricht.

Setzt man (B4) in (B1) ein, gilt:

(B5) $$\begin{aligned} M &= c \cdot D_N + D_N \\ &= D_N (1 + c) \end{aligned}$$

Berücksichtigt man (B3) und (B4) in (B2) ergibt sich

(B6) $$\begin{aligned} B &= c \cdot D_N + r_M \cdot D_N \\ &= D_N (c + r_M) \end{aligned}$$

Der (theoretische) Geldschöpfungsmultiplikator m gibt das Verhältnis von Geldmenge (M) zu Geldbasis (B) an. Er lautet

(B7) $$m = \frac{D_N(1 + c)}{D_N(c + r_M)} = \frac{1 + c}{c + r_M}$$

115 Der Tagesgeldsatz wirkt über Arbitrageprozesse auf die Verzinsung von Nichtbanken-Einlagen durch und darüber über das Opportunitätskostenkalkül auf die Geldnachfrage der Nichtbanken.

Das Geldbasiskonzept ($M = m \cdot B$) lässt zunächst Aussagen über die (theoretisch) maximale Geschöpfungsmöglichkeit des Geschäftsbankensystems zu. Bei gegebener Geldbasis sind die Geldschöpfungsmöglichkeiten umso höher, je geringer c und $r_M$ sind. Bei höherer Bargeldquote bzw. höherem Mindestreservesatz wird mehr Zentralbankgeld bei den Nichtbanken (c) bzw. der Notenbank ($r_M$) gebunden und die Geschäftsbanken verlieren zunehmend die Funktion der *multiplen Giralgeldschöpfung*. Die Analyse könnte auf weitere Geldmengenaggregate und unterschiedliche Mindestreservesätze ausgedehnt werden, ohne dass sich an den grundsätzlichen Zusammenhängen etwas ändern würde.

Soll sich die Aussagekraft des Geldbasiskonzepts aber nicht nur in einer rein logischen Zerlegung der Geldmenge erschöpfen, soll also dieses Konzept auch praktischen Nutzen für die Geldpolitik haben, so muss der für das zu steuernde Aggregat relevante Geldschöpfungsmultiplikator hinreichend prognostizierbar sein und die Zentralbank die Geldbasis auch steuern können bzw. wollen. Zumindest Letzteres ist sowohl beim FED als auch beim Eurosystem **nicht** der Fall, d.h. die Geldbasis ist eine endogene Größe.[116] Dies steht allerdings im krassen Gegensatz zur gängigen Vorgehensweise in Texten, die sich aus einer theoretischen Perspektive mit dem Geldangebotsprozess beschäftigen.[117] “In their analysis most economists have assumed that Central Banks 'exogenously' set the high-powered monetary base, so that (short-term) interest rates are 'endogenously' set in the money market. Vicky Chick is one of the few economists to emphasize that the above analysis is wrong. Central Banks set short-term interest rates according to some 'reaction function' and the monetary base is an endogenous variable.“ (Goodhart, 2001, 1)

Anmerkung:

a) Die Geldbasis ist nur zum Teil aus dem Ausweis des Eurosystems ersichtlich, da der Münzumlauf dort keinen Niederschlag findet.

Das Eurosystem betreibt allerdings keine *Geldbasissteuerung* (siehe dazu auch die Ausführungen in Box II.4.2), d.h. es setzt nicht unmittelbar an einer quantitativen Steuerung des Zentralbankgeldes (B) an. **Zentraler Ansatzpunkt ist vielmehr der Zinssatz**

116 Zu diesem Ergebnis kommt Nautz auch im Hinblick auf die Geldpolitik der Deutschen Bundesbank: „Vor dem Hintergrund des traditionellen Multiplikatoransatzes der Geldtheorie wird in empririschen Arbeiten die Frage nach der Kontrollierbarkeit der Geldmenge üblicherweise auf die Frage nach der Vorhersagbarkeit von Geldangebotsmultplikatoren reduziert. ... Im Rahmen der Kointegrationsanalyse und mit Hilfe von Granger-Kausalitätstests wird gezeigt, daß die Bundesbank keines der betrachteten Geldmengenaggregate mit Hilfe der Geldbasis steuerte. Prognosen von Geldangebotsmultiplikatoren besaßen daher für die geldpolitische Praxis der Bundesbank zurecht keine Bedeutung und werden wohl auch für die Geldmengensteuerung der Europäischen Zentralbank keine Rolle spielen.“ Nautz, 2000, 5.

117 Eine solche Vorgehensweise findet sich etwa bei Mankiw, 2000, 491: “In fact, the Fed controls the money supply indirectly by altering either the monetary base or the reserve-deposit ratio.“ Ähnlich Nissen: „Die Geldbasis (B) ist die **unabhängige** Variable, die über den Geldschöpfungsmultiplikator die **Geldmenge determiniert**.“ (Nissen, 2001, 594, Hervorhebungen durch die Verfasser). Zu einer Darstellung des Geldangebotsprozesses vor dem Hintergrund der Endogenität der Geldbasis siehe etwa Görgens/Ruckriegel, 2000, 100–110, 139–145)

**für Tagesgeld** (*Tagesgeldsatz*) am Interbankengeldmarkt. In der EWU richtet sich das Augenmerk auf den sog. EONIA („Euro Overnight Index Average"). Der *EONIA* repräsentiert einen durchschnittlichen Tagesgeldsatz im Euro-Währungsgebiet (siehe hierzu auch Box. II.4.4). Das Eurosystem strebt am Tagesgeldmarkt den Zins an, den es als zielkonform betrachtet. Es betreibt also insofern eine Zinspolitik. Allerdings kommt dem Tagesgeldsatz nicht die Funktion eines eigenständigen Zwischenziels zu. Der Zins ist vielmehr der Hebel, mit dem der Referenzwert für M3 und letztlich Preisstabilität erreicht werden sollen. Dementsprechend wird er üblicherweise als *operatives Ziel* der Geldpolitik bezeichnet.

Das Eurosystem steuert also nicht die Menge, sondern den Preis des Zentralbankgeldes. Eine Steuerung des Preises („Tagesgeldsatz") hat den Vorteil, dass erratische Zinsschwankungen am Geldmarkt und dadurch ausgelöste Irritationen an den Finanzmärkten vermieden werden können. Solche Schwankungen sind bei einer „Mengensteuerung" allein schon deshalb nicht zu vermeiden, weil in Banken- und Kreditsystemen heutigen Zuschnitts der Geldschöpfungsprozess aus dem Zusammenspiel von Geschäftsbanken und deren Kunden – also zunächst ohne Zutun der Zentralbank – angestoßen wird. Geld entsteht also endogen aus dem Wirtschaftsprozess heraus (*Endogenität des Geldes*).[118] Das Ausmaß des damit einhergehenden zusätzlichen Zentralbankgeldbedarfs wird aber nur in den seltensten Fällen mit dem von der Zentralbank vorgegebenen Zielpfad bei der Bereitstellung von Zentralbankgeld übereinstimmen. Da – falls die Zentralbank an ihrem Kurs festhält – eine über das von der Zentralbank vorgesehene Zuteilungsvolumen hinausgehende Nachfrage nach Zentralbankgeld nicht befriedigt wird, kommt es zu Zinssteigerungen. Diese sind aber im Unterschied zu den in Marktwirtschaften sonst üblichen Preiswirkungen funktionslos, da durch die Zinssteigerung kein zusätzliches Angebot an Zentralbankgeld mobilisiert werden kann. Eine solche Mengensteuerung würde somit dazu führen, dass der Tagesgeldsatz keine Rückschlüsse mehr auf die geldpolitischen Intentionen der Zentralbank zuließe. Auch das Instrument der Mindestre-

118 „Im realwirtschaftlichen Sektor werden Zahlungsmittel im Zuge der Entstehung und Verwendung des Sozialprodukts benötigt. Mit zunehmender Aktivität wächst die Geldnachfrage. Sie wird von den Kreditinstituten befriedigt. Die Geldbestände werden größer. In dieser Sicht stellt die Geldmenge eine rein endogene Größe dar. Die Notenbank, bei der sich die Kreditinstitute refinanzieren müssen, beobachtet die Entwicklung der Geldbestände mit der Frage, ob sie Hinweise auf entstehende Inflationsgefahren gibt." Hesse, 1994, 12. So schreibt auch Issing, 1994, 2, „... das geldpolitische Steuerungskonzept der Bundesbank ist darauf ausgerichtet, die Geldnachfrage indirekt über die Beeinflussung der Geldmarktbedingungen zu kontrollieren." Die Bundesbank (1995, 92) führt aus: „Die Bundesbank kann weder die Expansion der Geldmenge in beliebiger Weise unmittelbar beschränken, indem sie überschießende Nachfrage der Banken nach Zentralbankguthaben einfach unbefriedigt lässt, noch ist sie in der Lage, eine zu schwache Nachfrage nach Zentralbankgeld durch die Schaffung von Überschussguthaben der Kreditinstitute so nahtlos auszugleichen, dass die Ausweitung der Geldmenge zu keinem Zeitpunkt hinter den gesteckten Zielen zurückbleibt. Vielmehr liegt es in der Natur des komplexen Geldschöpfungsprozesses, in dem Notenbank, Kreditinstitute und Nichtbanken zusammenwirken, dass die Bundesbank nur durch entsprechende Gestaltung der Zinskonditionen und sonstigen Bedingungen, zu denen sie laufend Zentralbankguthaben bereitstellt, mittelbar darauf hinwirken kann, dass die Geldmenge sich in dem angestrebten Rahmen entwickelt." Zur Frage der Endogenität bzw. Exogenität der Geldmenge im (damaligen) geldpolitischen Konzept der Deutschen Bundesbank siehe auch Ruckriegel, 1989, 25–31.

serve würde in Frage gestellt, da die Banken gesamtwirtschaftlich ihrer Mindestreservepflicht nicht mehr nachkommen könnten, wenn die Gesamtnachfrage nach Zentralbankgeld das vorgegebene Angebot seitens der Zentralbank übersteigen würde. Auf der anderen Seite wird allerdings durch die „Preissteuerung" die Zentralbankgeldmenge (kurzfristig) zur endogenen und insoweit nicht steuerbaren Größe.

Es zeigt sich also, dass das (nominale) Geldangebot keineswegs von den währungspolitischen Instanzen vorgegeben wird. Das Geldangebot resultiert vielmehr aus dem Zusammenspiel zwischen Geschäfts- und Nichtbanken. Es ist also von der Geldnachfrage her determiniert. Dies heißt aber auch, dass vom Geldangebot keine selbständigen inflationären Impulse ausgehen können, da das Geldangebot nur Reflex der gewünschten Geldhaltung ist. Dies bedeutet freilich nicht, dass die geldpolitischen Instanzen keine Verantwortung für inflationäre Prozesse trügen. Über die Festlegung der Konditionen, zu denen sich die Geschäftsbanken bei der Notenbank refinanzieren können, vermögen sie Einfluss auf die Ausgabeentscheidungen der Nichtbanken und damit auch auf die Höhe der Geldnachfrage der Nichtbanken zu nehmen. Drohen beispielsweise die Ausgabeentscheidungen der privaten Wirtschaftssubjekte und die hierzu erforderliche Geldmenge das Wachstum des realen Produktionspotentials zu überschreiten, kann die Zentralbank diesem sich abzeichnenden inflationären Druck durch Anhebung der Geldmarktsätze entgegenwirken. Auf der anderen Seite kann die Notenbank einen monetären Nachfragesog erzeugen, indem sie einen bewusst expansiven Kurs fährt, also reichlich Zentralbankgeld zu niedrigen Zinssätzen anbietet, um die Ausgabeentscheidungen der Nichtbanken zu beflügeln.

### Box II.4.3: Instrumentarium und Geldmarktsteuerung des Federal Reserve Systems[119]

Das Federal Reserve System (FED) verfügt über drei geldpolitische Instrumente: die Mindestreserve, Offenmarktgeschäfte und die Diskontpolitik (Discount Window).

In den USA unterliegen nur Guthaben auf Transaktionskonten (scheckfähige Konten) der Mindestreserve. Die Mindestreserve ist als Durchschnittsmindestreserve zu halten, der Mindestreservesatz beträgt 10 %.[a] Das FED rechnet die Bargeldbestände der Kreditinstitute auf die Mindestreserve an, was beim Eurosystem nicht der Fall ist. Während das Eurosystem die mindestreservebedingten Guthaben verzinst, bleiben diese Guthaben in den USA unverzinst.

Die Nichtverzinsung der mindestreservebedingten Guthaben veranlasste die Geschäftsbanken in den USA zu massiven Ausweichreaktionen hin zu mindestreservefreien Anlageformen. Zu massiven Ausweichreaktionen haben seit 1994 insbesondere die sog. *„Retail Sweep Programs"* geführt. Damit sind Software-Programme gemeint, die automatisch Umbuchungen von mindestreservepflichtigen Transaktionskonten zu Sparkonten vornehmen.

119 Weiteregehende Informationen zum Instrumentarium und zur Geldmarktsteuerung des FED finden sich bei Board of Governors, 1994; Meulendyke 1998; Mishkin, 2001, Kap. 17 und 18 sowie Thornton, 2000.

Bei diesen Sparkonten handelt es sich um sog. money market deposit accounts (MMDAs), die nicht der Mindestreservepflicht unterliegen. Der Bankkunde merkt von dieser Umbuchung nichts. Aus Sicht des Bankkunden bleibt das Guthaben auf seinem Transaktionskonto unverändert. Die Umbuchung auf (gedachte) MMDAs dient also lediglich dazu, das Mindestreservesoll der Banken zu reduzieren (zu den Einzelheiten siehe Anderson/Rasche, 2001, 52–56). Ende 1999 wiesen MMDAs einen Bestand von 372 Mrd. US-$ auf, die Guthaben auf Transaktionskonten, die in der Geldmenge M1 ausgewiesen wurden – auf MMDAs umgebuchte Guthaben sind nicht in M1 enthalten –, lagen bei 599 Mrd. US-$ (Anderson/Rasche, 2001, 51). Über diese gedachte Zuordnung der Guthaben ihrer Kunden zu mindestreservepflichtigen Transaktionskonten bzw. zu nicht mindestreservepflichtigen MMDAs bestimmen die Kreditinstitute also weitgehend selbstständig die Höhe ihres Mindestreservesolls.[b)] In der Konsequenz führte dies dazu, dass bei vielen Geschäftsbanken das Mindestreservesoll niedriger ist, als die Guthaben, die sie benötigen, um den Zahlungsverkehr über ihre Konten beim FED abwickeln zu können (Anderson/Rasche, 2001, 52).

Folgerichtig ist es deshalb auch, dass das FED eine Verzinsung der Mindestreserveguthaben fordert,[120] um den Anreiz für Ausweichreaktionen zu reduzieren bzw. zu beseitigen (Meyer, 2000, 454).[121] Zudem bemüht sich das FED um eine Erlaubnis zur Verzinsung von Überschussreserven (Guthaben beim FED, die über das Mindestreservesoll hinausgehen; Meyer, 2000, 456). Überschussreserven hätten dann dieselbe Funktion, die der Einlagefazilität im Eurosystem zukommt.

Im Rahmen von Offenmarktgeschäften kauft und verkauft das FED Wertpapiere des Staates. Da es sich hierbei um einen sehr großen und liquiden Markt handelt, beeinflussen die Transaktionen des FED kaum die Kurse, d.h. die Zinssätze dieser Papiere. Dies ist auch gewollt, da das FED mit seinen Offenmarktgeschäften nur die Liquiditätsausstattung des Bankensystems verändern und darüber die *Federal Funds Rate*, d.h. den Tagesgeldzinssatz unter Banken, steuern will. Offenmarktgeschäfte können in Form von endgültigen Käufen oder Verkäufen (Outright operations) oder in Form von Geschäften mit Rückkaufsvereinbarung (Repos) abgeschlossen werden. Die Geschäfte werden nur mit ausgewählten Handelspartnern (sog. *Primary Dealer*) abgewickelt.

Im Rahmen der Diskontpolitik (Discount Window) des FED werden Kredite an Kreditinstitute gewährt. Der Zinssatz der hierfür in Rechnung gestellt wird, wird traditionell als Diskontsatz bezeichnet. Die Möglichkeit der Aufnahme von Diskontkrediten ist insbesondere für Kreditinstitute gedacht, die Liquiditätsengpässe (-schwierigkeiten) haben.[c)] Eine Inan-

120 "While the Federal Reserve has long supported the payment of interest on reserves, it does not currently have the legal authority to do so. Over the years, the main obstacle to payment of interest on reserve balances has been the budgetary impact of the potential loss of Treasury revenue." Sellon/Weiner, 1997, 23 f.

121 Bereits bisher gibt es allerdings die Möglichkeit einer indirekten Verzinsung von Guthaben beim FED etwa in Höhe der Federal Funds Rate. Die Zinsen werden allerdings nicht „bar" ausgezahlt, sondern in Form von „Gutscheinen" („*earnings credits*") vergütet, mit denen Dienstleistungen des FED „bezahlt" werden können. Earnings credits werden aber nur für Guthaben vergütet, die im Rahmen einer besonderen vertraglichen Vereinbarung beim FED gehalten werden. In dieser Vereinbarung („*clearing-balance contract*") verpflichten sich die Kreditinstitute, neben den mindestreservebedingten Guthaben einen bestimmten Betrag auf ihren Konten beim FED für Zwecke des Zahlungsverkehrs zu halten (Anderson/Rasche, 2001, 57).

spruchnahme von Diskontkrediten ist mit einer (verstärken) Bankenaufsicht seitens des FED verbunden (administrative Auflagen). Wird unter Marktteilnehmern bekannt, dass ein Institut diese Fazilität genutzt hat, so sinkt dessen Bonität. Die Aufnahme von Diskontkrediten ist deshalb auch relativ unbedeutend. Derzeit wird innerhalb des FED eine Reform und Reaktivierung der Diskontpolitik diskutiert. Dies geschieht zum einen vor dem Hintergrund eines sinkenden Angebots von staatlichen Wertpapieren infolge von Haushaltsüberschüssen. Kann über den Ankauf von staatlichen Wertpapieren mangels Masse nicht mehr hinreichend Zentralbankgeld zur Verfügung gestellt werden, so muss das FED ihr Instrumentarium in Richtung einer Kreditvergabe an die Geschäftsbanken – etwa nach Art der Hauptrefinanzierungsgeschäfte des Eurosystems – erweitern. Als weitere Alternative wird auch diskutiert, die Diskontpolitik in Richtung der Spitzenrefinanzierungsfazilität umzugestalten. Unabhängig davon, in welche Richtung die Reform und Reaktivierung des Discount Window geht, müssen aber die administrativen Auflagen beseitigt werden, die bisher eine stärkere Inanspruchnahme verhindern.[122]

*Schaubild II.4.2: Federal Funds Rate Target und Federal Funds Rate in den USA*

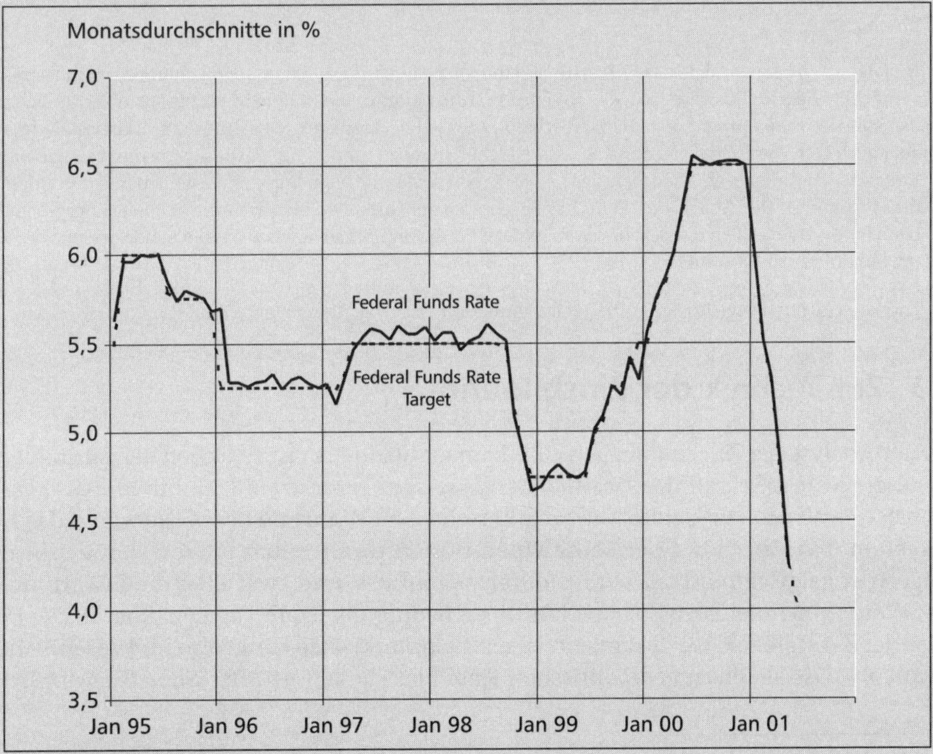


Quelle: Landeszentralbank im Freistaat Bayern.

Anmerkung: Da die Federal Funds Rate und das Federal Funds Rate Target im Jahr 2001 nahezu deckungsgleich waren, überlappen sich bei der grafischen Darstellung beide Linien vollkommen.

122 Zum Discount Window sowie den Reformansätzen im Einzelnen siehe Hakkio/Sellon, 2000.

Zur Steuerung des Tagesgeldzinssatzes (*Federal Funds Rate*) gibt das FED zunächst ein Ziel für diesen Zinssatz vor (*Federal Funds Rate Target*).[123] Traditionell lautet dabei die Argumentation, dass das FED die Federal Funds Rate über Offenmarktgeschäfte (open market operations) so steuert, dass sie mit dem Federal Funds Rate Target im Einklang steht.[124] Alternativ dazu finden sich in letzter Zeit aber auch Stimmen, die behaupten, es würde genügen, dass das FED seine Zielvorstellungen offenbart (*open mouth operations*), da sich der Markt dann automatisch anpassen würde. Beide Argumentationslinien gehen davon aus, dass das FED stets exogen den Tagesgeldzinssatz steuert. Eine Untersuchung von Thornton (2000) lässt an der Rigorosität dieser „Exogenitätsthese" jedoch Zweifel aufkommen. Vielmehr legt sie nahe, dass das FED auch gelegentlich schlicht das Federal Funds Rate Target an marktgetriebene Veränderungen der Federal Funds Rate anpasst. „The critical question is when did the Fed move the market and when did the market move the Fed?" (Thornton, 2000, 22)

Anmerkungen:

a) Bis gut 40 Mio. US-$ Mindestreservesoll (2001) gelten niedrigere Sätze. Zu den Einzelheiten siehe Anderson/Rasche, 2001, 51.

b) Im Januar 1994 genehmigte das FED erstmals eine solche Buchungspraxis zur Umgehung der Mindestreservepflicht (Anderson/Rasche, 2001, 51). Im Euro-Währungsraum sind Maßnahmen, die allein der Umgehung der Mindestreservepflicht dienen, nicht erlaubt. Durch die Verzinsung der Mindestreserve besteht hierzu aber auch kein Anreiz, da – vereinfacht – die Geschäftsbanken für ihre mindestreservebedingt zu haltenden Einlagen den Zinssatz erhalten, den sie für eine Kreditaufnahme beim Eurosystem zahlen müssen. Oder anders formuliert: Die Zinsen, die sie für das Beschaffen der Guthaben über Hauptrefinanzierungsgeschäfte beim Eurosystem zahlen müssen, bekommen sie in Form von Guthabenzinsen auf die mindestreservebedingten Einlagen zurückerstattet.

c) Hierbei wird auf die wichtigste Form des Diskontkredits, das sog. Adjustment Credit Program, abgestellt.

## 4.3 Zur Technik der Zinsbildung

Bei der Analyse der Zinsbildung am Interbanken-Geldmarkt ist zwischen der Zinsbildung am Tagesgeldmarkt und den Geldmärkten längerer Fristigkeiten (z.B. Ein-Monats-, Drei-Monats-, Zwölf-Monats-Geldmarkt) zu unterscheiden. **Während beim Tagesgeld das Eurosystem den Zinssatz über seine Operationen unmittelbar steuert**, hat es auf die längerfristigen Geldmarktsätze nur mittelbar Einfluss, und zwar über die Erwartungen der Marktteilnehmer bezüglich der künftigen Bedingungen am Tagesgeldmarkt. Der Einfluss der Zentralbank auf die längerfristgen Geldmarktsätze hängt also im Wesentlichen davon ab, dass sie ihren geldpolitischen Kurs klar signalisiert. Der *Signalisierungsstra-*

123 "In February 1994 ... the Fed adopted a new policy procedure. Instead of keeping the federal funds target secret, as it had done previously, the Fed now announced any federal funds rate target change." Mishkin, 2001, 473.

124 "In recent years, the Federal Reserve has conducted monetary policy by using open market operations to maintain a target federal funds rate." Hakkio/Sellon, 2000, 8; siehe hierzu auch Borio, 1997, 10 f.

*tegie* der Zentralbank kommt somit im Transmissionsprozess eine entscheidende Rolle zu (siehe hierzu auch Anker, 2001, 13–16). Die Signalisierungsstrategie der FED ist in diesem Zusammenhang unmissverständlich. Sie veröffentlicht sogar ein Ziel für den Tagesgeldzinssatz (Federal Funds Rate Target, siehe Box II.4.3).

### 4.3.1 Zinsführerschaft am Tagesgeldmarkt

*Leitzinsfunktion* für den Tagesgeldmarkt kommt dem Zinssatz für das Hauptrefinanzierungsgeschäft zu.[125] Seit Übergang zum Zinstender im Juni 2000 signalisiert der Mindestbietungssatz den geldpolitischen Kurs (*Signalisierungsfunktion*), eine Funktion die vorher der Festzinssatz beim Mengentender wahrgenommen hat.[126]

Das Hauptrefinanzierungsgeschäft hat zwar eine Laufzeit von 14 Tagen. Da es jedoch wöchentlich angeboten wird, stellt es ein nahes Substitut zur Tagesgeldaufnahme am Interbankengeldmarkt dar. Kann nämlich eine einzelne Bank von Woche zu Woche entscheiden, ob sie einen Kredit bei der Zentralbank aufnimmt oder sich die benötigten Mittel am Interbankengeldmarkt besorgt, so wird sie im Allgemeinen nicht bereit sein, für Interbankengeld (deutlich) mehr zu zahlen als sie bei Abschluss eines Refinanzierungsgeschäftes mit der Zentralbank aufbringen müsste. Das Hauptrefinanzierungsgeschäft stellt allerdings kein vollkommenes Substitut zur Aufnahme von Mitteln am Tagesgeldmarkt dar, da die Zentralbank nicht ständig am Markt präsent ist, d.h. nicht täglich entsprechende Geschäfte mit den Kreditinstituten tätigt. Dies hat zur Folge, dass das Eurosystem nicht zu jedem Zeitpunkt vollständig den Tagesgeldsatz determiniert. In der Zeit zwischen den einzelnen Geschäftsabschlüssen wirken aber die Möglichkeiten der *intertemporalen Arbitrage* stabilisierend.

Die intertemporale Arbitrage fußt auf der Ausgestaltung der Mindestreserve als Durchschnittsmindestreserve. Die zur Erfüllung der Mindestreservepflicht notwendigen Zentralbankguthaben brauchen nämlich nicht von Tag zu Tag in der von der Mindestreserve geforderten Höhe gehalten zu werden. Sie müssen vielmehr nur im Durchschnitt der Kalendertagesendstände einer Erfüllungsperiode dem Mindestreservesoll entsprechen. Dies heißt, dass während einer Erfüllungsperiode Mindestreserveunterschreitungen und -überschreitungen miteinander verrechnet werden können. Die Wahrnehmung dieser Verrechnungsmöglichkeit zur Erlangung eines Zinsvorteils wird oft auch als „intertemporale Arbitrage“ bezeichnet. Kurzfristig am Tagesgeldmarkt auftretende Anspannungen bzw. Verflüssigungen aufgrund von unvorhergesehenen Entwicklungen bei den *autonomen (Liquiditäts-)Faktoren*, also im Wesentlichen beim Banknotenumlauf, bei den

125 „Die Volumen der wöchentlichen Tender werden so bemessen, daß sie ... die Geldmarktzinsen wirksam steuern.“ EZB, 1999b, 42 f.; „Bei der Bemessung der Hauptrefinanzierungsgeschäfte war die EZB bestrebt, den Tagesgeldzinssatz in der Nähe des Haupttendersatzes zu führen und seine Volatilität in Grenzen zu halten.“ Deutsche Bundesbank, 2001, 35.

126 „Die marginalen Zuteilungssätze lagen meist dicht am Mindestbietungssatz, der damit seine geldpolitische Signalfunktion erfüllte und als Anker für die Zinsbildung am Geldmarkt diente.“ Deutsche Bundesbank, 2001, 34.

Einlagen öffentlicher Haushalte beim Eurosystem oder bei der Nettoposition des Eurosystems in Fremdwährung (Devisenmarktinterventionen) können durch ein vorübergehendes Unterschreiten bzw. Überschreiten des durchschnittlich zu haltenden Mindestreservesolls abgefedert werden. Nehmen etwa die Einlagen der öffentlichen Haushalte beim Eurosystem unerwartet zu, so sinken die Guthaben der Kreditinstitute auf Girokonten beim Eurosystem (im Ausweis des Eurosystems kommt es zu einer Umbuchung P.2 – Einlagen auf Girokonten sinkt, P.3 – Einlagen von öffentlichen Haushalten steigt, siehe hierzu auch Schaubild II.4.1), d.h. die Bankenliquidität sinkt, wodurch es zu Anspannungen am Tagesgeldmarkt kommt. Zinserhöhungen am Tagesgeldmarkt haben aber zur Konsequenz, dass die Differenz zwischen dem Zinssatz, mit dem die Mindestreserveguthaben verzinst werden (d.h. dem Satz für das Hauptrefinanzierungsgeschäft) und dem Tagesgeldsatz zunimmt. Es ist also für Banken lohnend, ihr Mindestreservesoll kurzfristig zu unterschreiten, um diese Mittel am Tagesgeldmarkt in der Erwartung anzulegen, sich im weiteren Verlauf der Mindestreserveerfüllungsperiode wieder bei der Zentralbank refinanzieren zu können. Diese Erwartungshaltung entspricht dem tatsächlichen Verhalten des Eurosystems, das den Kreditinstituten **insgesamt** im Verlauf einer Mindestreseveerfüllungsperiode stets die Liquidität zuteilt, die sie benötigen, um das Mindestreservesoll zu erfüllen.[127] Unterschreiten also die Guthaben der Kreditinstitute auf Girokonten beim Eurosystem im Tagesdurchschnitt der laufenden Mindestreserveerfüllungsperiode das Mindestreservesoll aufgrund von unvorhergesehenen Entwicklungen bei den autonomen (Liquiditäts-)Faktoren, so wird das Eurosystem beim folgenden Hauptrefinanzierungsgeschäft entsprechend mehr Zentralbankgeld zuteilen. Bis zu dieser „Mehrzuteilung", also bis zur Wiederauffüllung der Bankenliquidität, wirkt die Durchschnittsmindestreserve stabilisierend auf den Tagesgeldzins.

Kommt es hingegen zu einer Verflüssigung des Tagesgeldmarktes – etwa in Folge eines unerwarteten Rückflusses an Banknoten (im Ausweis des Eurosystems kommt es zu einer Umbuchung P.2 – Einlagen auf Girokonten steigt, P.1 – Banknotenumlauf sinkt, siehe hierzu auch Schaubild II.4.1) und somit zu einer Zunahme der Bankenliquidität –, d.h. unterschreitet der Tagesgeldsatz den Zinssatz für das Hauptrefinanzierungsgeschäft,

127 Dies trifft für die Liquiditätsausstattung des **Bankensystems insgesamt** zu. **Eine einzelne Bank** kann sich aber nie ganz sicher sein, ob sie im weiteren Verlauf der Erfüllungsperiode noch ausreichend Zentralbankgeld zum bisherigen Zinssatz von der Zentralbank erhält (Zuteilungsverfahren beim Zins- bzw. beim Mengentender). Banken, die ein solches Risiko nicht eingehen wollen, werden nicht bereit sein, das Reservesoll zu unterschreiten und deshalb am Tagesgeldmarkt Zentralbankgeld nachfragen, welches risiokofreudigere Banken anbieten. Gingen alle Banken davon aus, dass sie ohne Weiteres im Verlaufe der Mindestreserveerfüllungsperiode die zusätzliche Liquidität zum bisherigen Zinssatz erhalten könnten, so käme es von Haus aus zu keinem Anstieg des Tagesgeldsatzes infolge der temporären Liquiditätsverknappung, da alle Banken vorübergehend mit einem Unterschreiten des Mindestreservesolls reagieren würden. In einem solchen Fall wäre die Stabilisierungsfunktion der Mindestreserve besonders ausgeprägt.

so werden Banken eher zu einer Vorauserfüllung („*front loading*") des Mindestreservesolls tendieren, wodurch das Mittelangebot am Tagesgeldmarkt zurückgeht.[128]

Im ersten Fall wirkt dieses Verhalten der Banken also tendenziell einem (weiteren) Anziehen, im zweiten Fall einem (weiteren) Absinken des Tagesgeldsatzes entgegen. Unvorhergesehene Schwankungen im Liquiditätsbedarf können daher zunächst ohne Interventionen des Eurosystems abgefedert werden, was zu einer Verstetigung der Zinsentwicklung am Tagesgeldmarkt beiträgt.[129] Der Tagesgeldmarkt kann dann sozusagen aus sich heraus ein Gleichgewicht finden, ohne dass die Zinsführerschaft der Zentralbank gefährdet ist oder es zu einer übermäßigen Volatilität des Tagesgeldsatzes kommt. Allerdings kann naturgemäß am letzten Tag der Erfüllungsperiode die Durchschnittsmindestreserve nicht mehr stabilisierend wirken, da Reservefehlbeträge bzw. Überschüsse nicht mehr mit künftigen Gegenpositionen verrechnet werden können, was eine höhere Volatilität des Tagesgeldsatzes an diesem Tag zur Folge haben kann.

Aber auch während der Mindestreserveerfüllungsperiode kann es zu merklichen Bewegungen beim Tagesgeldsatz kommen, wenn die tagesdurchschnittlichen Guthaben der Kreditinstitute auf Girokonten beim Eurosystem (Postion c in Schaubild II.4.3) deutlich vom Mindestreservesoll abweichen (Position d in Schaubild II.4.3), so dass die Stabilisierungsfunktion der Durchschnittsmindestreserve überfordert wird.[130]

Reicht die *Stabilisierungsfunktion der Mindestreserve* nicht (mehr) aus, um den Einfluss von unerwarteten Liquiditätszu- bzw -abflüssen (schlagen sich in Position b in

128 Die bisherigen Überlegungen gingen vom „Normalfall" aus, d.h., dass am Markt nicht die Erwartung vorherrscht, die Zentralbank würde noch im Laufe der aktuellen Mindestreserveerfüllungsperiode den Zinssatz für das Hauptrefinanzierungsgeschäft erhöhen. Unterstellt man hingegen den Fall „akuter" Zinssteigerungserwartungen, so kann es auch bei einer ausgeglichen Liquiditätslage, d.h. (im Tagesdurchschnitt) entspricht die Bankenliquidität (Position c in Schaubild II.4.3) dem Mindestreservesoll (Position d in Schaubild II.4.3), zu einer Vorauserfüllung kommen. In einem solchen Fall werden Banken in Erwartung eines Zinsvorteils – Aufnahme von Mitteln zum „alten" Zinssatz, Verzinsung der Guthaben beim Eurosystem zum erwartet höheren Durchschnittszinssatz der Hauptrefinanzierungsgeschäfte während der Mindestreserveerfüllungsperiode – verstärkt Mittel am Tagesgeldmarkt nachfragen, was den Tagesgeldsatz tendenziell ansteigen lässt.

129 „Im Handlungsrahmen des Eurosystems haben solche Abweichungen aber in der Regel nur geringe Auswirkungen auf den Tagesgeldsatz, da unerwartete Liquiditätseinflüsse durch die im Mindestreservesystem vorgesehene Durchschnittserfüllung aufgefangen werden können, bevor sie im folgenden wöchentlichen Tender korrigiert werden." EZB, 1999b, 43

130 Je größer die Differenz zwischen dem Mindestreservesoll (Position d in Schaubild II.4.3) und den Guthaben der Kreditinstitute auf Girokonten beim Eurosystem („Bankenliquidität", Position c in Schaubild II.4.3), umso schwächer wird die Stabilisierungsfunktion der Mindestreserve. Je knapper die Bankenliquidität ist ($c < d$ in Schaubild II.4.3) ist, umso weniger Kreditinstitute sind nämlich bereit, ihr Mindestreservesoll (noch) weiter zu unterschreiten, so dass das Mittelangebot von risikofreudigeren Kreditinstituten am Interbankengeldmarkt mehr und mehr nachlässt, wodurch der Tagesgeldsatz in Richtung Spitzenrefinanzierungssatz ansteigt. Je reichlicher die Bankenliquidität ist ($c > d$ in Schaubild II.4.3), desto schneller sind die Möglichkeiten der Vorauserfüllung des Mindestreservesolls erschöpft. Je mehr Banken aber ihr Mindestreservesoll für die gesamte Mindestreserveerfüllungsperiode bereits erfüllt haben, um so mehr „überschüssige" Bankenliquidität wird auf dem Interbankengeldmarkt angeboten, so dass der Tagesgeldsatz in Richtung des Zinssatzes für die Einlagefazilität absinkt.

*Schaubild II.4.3: Beiträge zur Liquidität des Bankensystems (in Mrd. Euro)*

| | Liquiditäts-zuführend | Liquiditäts-abschöpfend | Nettobeitrag |
|---|---|---|---|
| (a) Geldpolitische Geschäfte des Eurosystems | 239,7 | 0,5 | + 239,2 |
| Hauptrefinanzierungsgeschäfte | 185,2 | – | + 185,2 |
| Längerfristige Refinanzierungsgeschäfte | 54,1 | – | + 54,1 |
| Ständige Fazilitäten | 0,4 | 0,5 | – 0,1 |
| Sonstige Geschäfte | 0,0 | 0,0 | 0,0 |
| (b) Sonstige die Liquidität des Bankensystems beeinflussende Faktoren | 375,6 | 493,8 | – 118,2 |
| Banknotenumlauf | – | 353,0 | – 353,0 |
| Einlagen der öffentlichen Haushalte beim Eurosystem | – | 53,0 | – 53,0 |
| Nettoposition des Eurosystems in Fremdwährung (einschließlich Gold) | 375,6 | – | + 375,6 |
| Sonstige Faktoren (netto) | – | 87,8 | – 87,8 |
| (c) Guthaben der Kreditinstitute auf Girokonten beim Eurosystem (a)+(b) | | | 121,0 |
| (d) Mindestreservesoll | | | 120,4 |

Quelle: EZB 2001a, 13.

Anmerkung:
Tagesdurchschnitt während der Mindestreserveerfüllungsperiode vom 24. Februar bis 23. März 2001.

Schaubild II.4.3 nieder) auf den Tagesgeldsatz (weitgehend) zu kompensieren,[131] kann die EZB durch Einsatz von Feinsteuerungsoperationen Zinsausschläge jederzeit vermeiden (würde unter Position a – Sonstige Geschäfte in Schaubild II.4.3 erfasst). Das Eurosystem wird zu Feinsteuerungsoperationen greifen, wenn es verhindern will, dass Bewegungen beim Tagesgeldsatz aus Sicht der Geldpolitik unerwünschte Erwartungen bei den längerfristigen Zinsen bzw. bei den Wechselkursen auslösen.[130]

131 „Aufgrund unvorhersehbarer Entwicklungen enthalten die Prognosen für die verschiedenen Liquiditätsfaktoren zwangsläufig eine Fehlerkomponente. Ex post weicht die tatsächliche Liquiditätsentwicklung – manchmal sogar erheblich – von der Prognose bei der Beschlußfassung über den wöchentlichen Tender ab." EZB, 1999b, 43.

132 „In den ersten Monaten des Jahres 1999 hielt das Eurosystem es nicht für notwendig, Feinsteuerungsmaßnahmen durchzuführen. Die Entscheidung, auf Feinsteuerungsmaßnahmen zu verzichten, ist vor dem Hintergrund einer weitgehend schwankungsfreien Entwicklung des Tagesgeldsatzes zu sehen, moderate Volatilität war lediglich gegen Ende der Erfüllungsperiode festzustellen. Letztere ist innerhalb eines geldpolitischen Handlungsrahmens wie dem des Eurosystems leicht zu erklären, da die Kreditinstitute zum Ende der Erfüllungsperiode die Erfüllung ihres Mindestreservesolls nicht weiter hinausschieben können. Eine solche Volatilität verschwindet aber tendenziell wieder zu Beginn einer neuen Erfüllungsperiode und hat somit in der Regel keinen wesentlichen Einfluß auf das längere Ende der Renditestrukturkurve." EZB, 1999b, 45 f.

## 4.3.2 Der Zinskorridor

Reicht die stabilisierende Wirkung der Mindestreserve nicht aus und ergreift das Eurosystem keine Feinsteuerungsmaßnahmen, so findet der Tagesgeldsatz beim Zinssatz für die *Spitzenrefinanzierungsfazilität* seine **Obergrenze.**[133] Die Spitzenrefinanzierungsfazilität ist mengenmäßig nicht begrenzt, soweit hinreichend Sicherheiten gestellt werden können. Die Kreditinstitute können von sich aus auf sie zugreifen. Da das Bankensystem normalerweise über ausreichende Sicherheiten verfügt, stellt der Zinssatz für die Spitzenrefinanzierungsfazilität eine wirksame Obergrenze dar. Keine Bank wird nämlich bereit sein, am Interbankengeldmarkt einen höheren Zins für eine Mittelaufnahme zu zahlen, als sie dafür bei der Zentralbank bezahlen muss. Als **Untergrenze** fungiert der Zinssatz, den das Eurosystem für Einlagen im Rahmen der *Einlagefazilität* vergütet, da eine einzelne Bank am Interbankengeldmarkt Zentralbankguthaben nicht zu einem Zins anlegen wird, der unterhalb des Satzes liegt, den die Zentralbank für eine entsprechende Anlage zu zahlen bereit ist. Somit ergibt sich ein Zinskorridor für den Tagesgeldsatz, festgelegt nach oben durch den Spitzenrefinanzierungssatz, nach unten durch den Einlagesatz.

Wie Schaubild II.4.4 zeigt, bewegte sich der Tagesgeldsatz seit Beginn der Währungsunion im Zinskorridor, wobei der Tagesgeldsatz (EONIA) i.d.R. nahe am Tendersatz (Zinssatz für das Hauptrefinanzierungsgeschäft) lag. Für den Beginn der Währungsunion setzte der EZB-Rat den Einlagesatz auf 2,0 %, den Spitzenrefinanzierungssatz auf 4,5 %, fest. Allerdings verengte er für eine Übergangszeit, und zwar vom 4.–21. Januar 1999, den Korridor auf 2,75 %–3,25 %. Der Hauptrefinanzierungssatz (Mengentender) lag bei 3,00 %. Die Wahl dieses engen Korridors sollte gewährleisten, dass sich der Tagesgeldsatz auch in der Anfangssphase der EWU nahe am Hauptrefinanzierungssatz bewegt. Von seiten des Eurosystems wurde nämlich die Gefahr gesehen, dass eine Reihe von Kreditinstituten aufgrund technischer Probleme oder unzureichender Informationen nicht in der Lage ist, Gelder aus dem Interbankenmarkt zu erhalten oder dort zu platzieren. Tatsächlich zeigte sich auch, dass während der ersten Tage der Marktausgleich nicht reibungslos funktionierte. So gab es eine Reihe von Kreditinstituten, die die Spitzenrefinanzierungsfazilität in Anspruch nahm, während andere Institute zugleich überschüssiges Geld in der Einlagefazilität platzierten.

Ausgehend von der Erwartungstheorie der Zinsstruktur (siehe hierzu auch Box II.2.6) stehen der Tagesgeldzins und die übrigen Interbankensätze über Arbitrageoperationen

133 Der Zinssatz am Tagesgeldmarkt hat sich im Februar und im April 2001 dem Spitzenrefinanzierungssatz angenähert, als es zu zwei sog. „Bieterstreiks" kam. Sowohl am 14.2. als auch am 11.4. haben die Kreditinsitute im Rahmen der Hauptrefinanzierungsgeschäfte deutlich weniger geboten, als das Eurosystem zuteilen wollte, weil sie noch mit Zinssatzsenkungen in der Woche der Zuteilung des jeweiligen Geschäftes rechneten. Die Folge war, dass in den darauf folgenden Tagen der Zinssatz am Tagesgeldmarkt deutlich anstieg, da die Kreditinstitute insgesamt deutlich weniger Guthaben beim Eurosystem hielten, als sie zur Erfüllung der Mindestreservepflicht benötigten und das Eurosystem keine Feinsteuerungsinstrumente einsetzte, um mehr Liquidität zuzuführen (siehe Schaubild II.4.4). Die benötigten Guthaben beim Eurosystem beschafften sich die Kreditinstitute über eine Inanspruchnahme der Spitzenrefinanzierungsfazilität bzw. wurden im nachfolgenden Hauptrefinanzierungsgeschäft durch eine höhere Zuteilung zur Verfügung gestellt.

*Schaubild II.4.4: Notenbankzinssätze und Tagesgeldsatz (EONIA)*

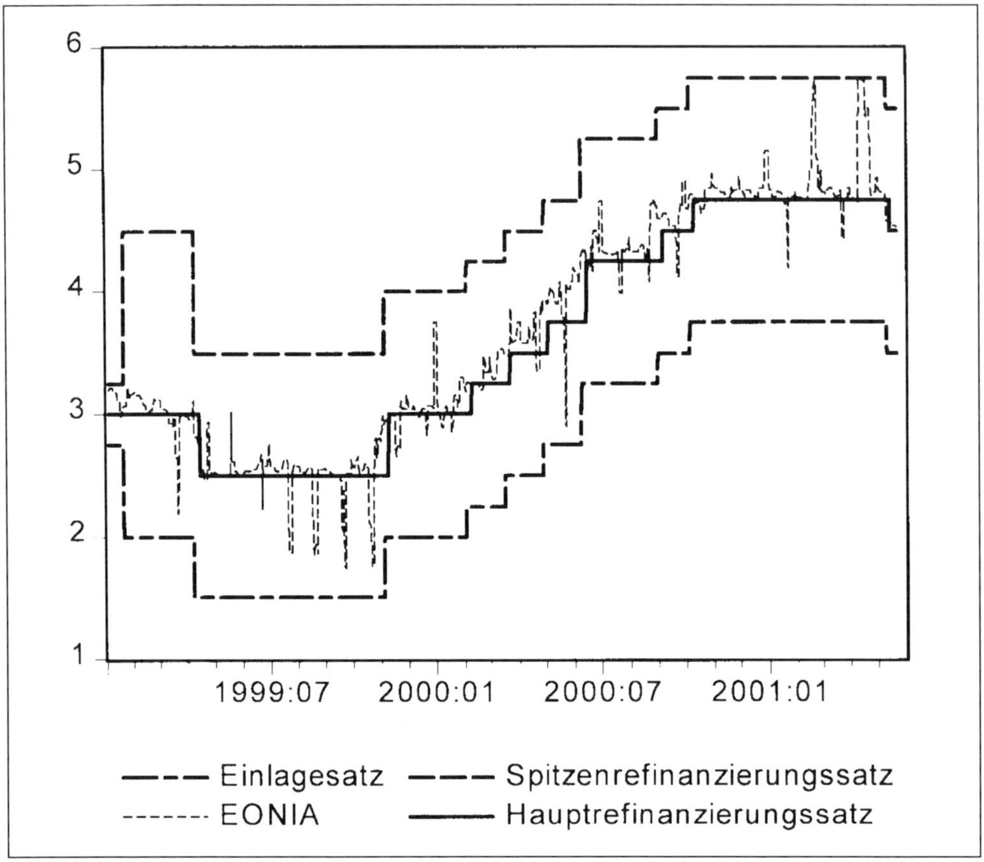


Quelle: EZB

Anmerkungen: Zinssatz für Hauptrefinanzierungsgeschäfte; einheitlicher Zuteilungsatz (Mengentender) bzw. ab 28.6.2000 marginaler Zuteilungssatz (Zinstender).

in einem engen Bezug zueinander, da eine Geldanlage für einen bestimmten Zeitraum den gleichen Ertrag erbringen muss, unabhängig davon, ob sie über mehrere Anlagen am Tagesgeldmarkt oder einmalig in einer etwas längerfristigeren Anlage (z.B. Dreimonatsgeld) erfolgt.

**Box: II.4.4: EURIBOR und EONIA – die Referenzzinssätze für den Euro**

Mit dem Start der Währungsunion im Januar 1999 löste der EURIBOR (Euro Interbank Offered Rate) die nationalen Referenzzinssätze (FIBOR, PIBOR, etc.) der an der Währungsunion teilnehmenden Länder ab. Der *EURIBOR* wurde von der European Banking Federation in Zusammenarbeit mit den im ACI – The Financial Markets Association vereinigten

Geld- und Devisenhändlern geschaffen. Zu seiner Ermittlung melden bis zu 64 geldmarktaktive Banken erster Bonität (das Panel besteht derzeit – Stand Januar 2001 – aus 49 Banken, davon 41 aus den zwölf Teilnehmerländern der EWU[a]; Deutschland ist mit elf Banken beteiligt) täglich bis spätestens 10.45 Uhr Brüsseler Zeit ihre Briefsätze für Ein- bis Zwölfmonatsgeld im Interbankenhandel auf Basis der Eurozinsmethode („aktuell/360") an den Bildschirmdienst Bridge Telerate. Dieser errechnet anhand der Meldungen die EURIBOR-Zinssätze und veröffentlicht sie täglich um 11.00 Uhr Brüsseler Zeit (außer am Wochenende und den TARGET-Feiertagen) weltweit in den Informationssystemen.

Der EURIBOR konnte sich rasch als neuer Referenzzinssatz durchsetzen – vor Beginn der Währungsunion wurde überwiegend der Londoner LIBOR als Bezugsgröße verwendet – und ist für die Finanzmärkte der Währungsunion von herausragender Bedeutung. Er dient vor allem als Bezugsgröße für Finanzprodukte mit variabler Verzinsung, aber auch als Referenzsatz bei Derivaten. Mit variabler Verzinsung ausgestattete Bundesanleihen nehmen beispielsweise Bezug auf den EURIBOR, aber auch Kredite oder Einlagen können an die EURIBOR-Zinssätze gekoppelt sein.

Neben dem EURIBOR, der das Spektrum der Termingelder von ein bis zwölf Monaten abdeckt, wird als weiterer Referenzzinssatz der *EONIA* (Euro Overnight Index Average) ermittelt. Die gleichen Banken wie beim EURIBOR melden täglich bis 18.30 Uhr ihr Volumen an unbesicherten Tagesgeld-Transaktionen (Kreditvergabe) sowie den sich daraus ergebenden individuellen Durchschnittssatz an die Europäische Zentralbank. Der EONIA-Satz wird dann als umsatzgewichteter Durchschnittszinssatz errechnet und über Bridge Telerate zwischen 18.45 Uhr und 19.00 Uhr veröffentlicht. Er dient als Referenzzinssatz für den Tagesgeldmarkt.

Die Höhe des EONIA und der EURIBOR-Sätze orientiert sich an den Zinssätzen des Eurosystems. Der EONIA bewegte sich in der Vergangenheit in der Regel sehr nahe am Tendersatz der Hauptrefinanzierungsgeschäfte des Eurosystems, die EURIBOR-Sätze lagen je nach den Zinserwartungen der Marktteilnehmer mit unterschiedlich hohen Zu- bzw. Abschlägen über bzw. unter dem Tagesgeldsatz.

Box erstellt von M. Eder, Landeszentralbank im Freistaat Bayern, München.

Anmerkung:

a) Beteiligte Banken mit Sitz außerhalb der EWU sind im Euroraum mit einer Niederlassung vertreten. Die Meldung erfolgt über die Niederlassung.

## 4.4 Leitzinsänderungen und Geldmengenentwicklung

Wie sich aus den bisherigen Ausführungen ergibt, hat es die Zentralbank jederzeit in der Hand, den Tagesgeldsatz zu verändern. Um zu beurteilen, ob eine Veränderung des Tagesgeldsatzes geldpolitisch notwendig ist, greift der EZB-Rat auf verschiedene Indikatoren zurück, wobei der Geldmengenentwicklung eine herausragende Rolle zukommt. Für M3 wird deshalb auch ein stabilitätsgerechter Referenzwert bekannt gegeben (siehe dazu ausführlich Kapitel II.2.6.4). „Das Verhältnis zwischen tatsächlichem monetären

Wachstum und dem vorab bekannt gegebenen Referenzwert wird vom EZB-Rat regelmäßig und sorgfältig analysiert; das Ergebnis dieser Analyse und seine Bedeutung für die geldpolitischen Entscheidungen werden der Öffentlichkeit erläutert." (Deutsche Bundesbank, 1998, 18). Diese Analyse setzt zunächst bei den Gründen für die Entwicklung von M3 an. Ein wichtiges Instrument ist hier die Analyse der Komponenten und Gegenposten von M3. Je nachdem, welche Ursachen dem Geldmengenwachstum zugrunde liegen, birgt eine bestimmte Entwicklung von M3, genauer der Nachfrage nach M3 durch die Nichtbanken, mehr oder minder (bzw. keine) Gefahren für die Preisstabilität.

Die Komponenten und Gegenposten von M3 können im Rahmen der *Konsolidierten Bilanz der Monetären Finanzinstitute* (*MFIs*), also der zusammengefassten Bilanz des Eurosystems, der gebietsansässigen[134] Kreditinstitute und der sonstigen gebietsansässigen Finanzinstitute, die zu den MFIs gezählt werden (siehe Box II.4.5), untersucht werden. Die Information über die Aktivitäten der Kreditinstitute und der sonstigen Finanzinstitute entstammen der *monatlichen Bilanzstatistik*, die zum Monatsultimo erhoben wird. Durch die Konsolidierung werden Beziehungen zwischen den Instituten ausgeschaltet.

### Box II.4.5: Monetäre Finanzinstitute (MFIs)

Das Konzept der Monetären Finanzinstitute (MFIs) wurde vom Europäischen Währungsinstitut (EWI) in Zusammenarbeit mit den nationalen Zentralbanken (NZBen) im Rahmen der Vorbereitungen auf die einheitliche Geldpolitik entwickelt. MFIs umfassen drei Hauptgruppen von Instituten: erstens die Zentralbanken; zweitens gebietsansässige Kreditinstitute im Sinne des Gemeinschaftsrechts. Letztere sind definiert als „ein Unternehmen, dessen Tätigkeit darin besteht, Einlagen oder andere rückzahlbare Gelder des Publikums (einschließlich der Erlöse aus dem Verkauf von Bankschuldverschreibungen an das Publikum) entgegenzunehmen und Kredite auf Rechnung zu gewähren." Die dritte Gruppe besteht aus allen sonstigen gebietsansässigen Finanzinstituten, deren wirtschaftliche Tätigkeit darin besteht, Einlagen bzw. Einlagensubstitute im engeren Sinne von anderen Wirtschaftssubjekten als MFIs entgegenzunehmen und auf eigene Rechnung (zumindest im wirtschaftlichen Sinne) Kredite zu gewähren und/oder in Wertpapieren zu investieren. Zu dieser Gruppe gehören hauptsächlich Geldmarktfonds.

Zur Identifizierung der dritten Gruppe von MFIs hat das ESZB in Bezug auf die Liquiditätsmerkmale den Begriff „Einlagensubstitute im engeren Sinne" definiert. In dieser Definition sind die Gesichtspunkte der Übertragbarkeit, Konvertibilität, Sicherheit und Marktfähigkeit berücksichtigt, wie auch gegebenenfalls die Emissionsbedingungen. Konkret wird „Einlagensubstituierbarkeit im engeren Sinne" anhand folgender Kriterien beurteilt:

- „Übertragbarkeit" – bezieht sich auf die Möglichkeit, in Finanzinstrumenten angelegte Gelder unter Nutzung von Zahlungsmöglichkeiten wie z.B. Schecks, Überweisungsaufträge, Lastschriftverkehr oder Ähnliches zu mobilisieren.
- „Konvertibilität" – bezieht sich auf die Möglichkeit und die Kosten der Umwandlung von Finanzinstrumenten in Bargeld oder übertragbare Einlagen.

134 Gebietsansässig bezieht sich auf den Euroraum.

- „Sicherheit" – bedeutet, dass der Veräußerungswert eines Finanzinstruments in der jeweiligen Währung im Voraus genau bekannt ist.
- „Marktfähigkeit" – bezieht sich auf regelmäßig auf einem organisierten Markt notierte und gehandelte Wertpapiere.

Das Eurosystem erstellt und führt für statistische Zwecke ein Verzeichnis von MFIs (abrufbar unter http://www.ecb.int). Der Kreis der MFIs bildet den Berichtskreis für die Aufstellung der Konsolidierten Bilanz des MFI-Sektors für das Euro-Währungsgebiet. Die NZBen dürfen jedoch für kleine MFIs Ausnahmeregelungen treffen, vorausgesetzt, dass die MFIs, die in die monatliche Konsolidierte Bilanz aufgenommen werden, mindestens 95 % der gesamten MFI-Bilanz des jeweiligen teilnehmenden Mitgliedstaates ausmachen.

Quelle: EZB, 1999a, 31.

*Schaubild II.4.5: M3 im Bilanzzusammenhang (Stand Ende Februar 2001, Mrd. Euro)*

| Aktiva | | Passiva | |
|---|---|---|---|
| I. Kredite an inländische Nichtbanken | 8.964 | III. Längerfristige finanzielle Verbindlichkeiten | 3.841 |
| II. Netto-Forderungen an das Nicht-Euro-Währungsgebiet | 192 | IV. Sonstige Gegenposten (einschl. Einlagen der Zentralregierungen) | 102 |
| | | V. Geldmenge M3[a)] | 5.213 |

Quelle: EZB, 2001a, 10.

Anmerkung:

a) Kurzfristige Einlagen (einschließlich marktfähiger Finanzinstrumente) von inländischen Nichtbanken bei den MFIs sowie Bargeld außerhalb des Bankensystems. Zur Abgrenzung von M3 im Einzelnen siehe Box II.2.11.

Nach Schaubild II.4.5 gilt für die Geldmenge M3 folgender Bilanzzusammenhang:

$$I + II - III - IV = V \quad \text{(Geldmenge M3)}$$

Zu den Bilanzgegenpositionen und ihrer Wirkung auf M3 im Einzelnen:

I. Kredite an inländische (im Euroraum ansässige) Nichtbanken

Gewährt eine Bank einen Kredit, so erhält der Schuldner gewissermaßen als Gegenleistung ein Guthaben eingeräumt, über das er verfügen kann. Für sich betrachtet steigt dadurch die Geldmenge M3. Bei der Kreditgewährung handelt es sich gleichsam um die internen Triebkräfte der monetären Expansion. Insbesondere, wenn die Zunahme der Geldmenge von einem entsprechenden Wachstum der Kredite begleitet wird, deutet dies auf entsprechende Veränderungen der Ausgaben in Zukunft hin.

II. Netto-Forderungen an das Nicht-Euro-Währungsgebiet

Bei den Netto-Forderungen handelt es sich um eine saldierte Größe, d.h. die Verbindlichkeiten an das Nicht-Euro-Währungsgebiet sind bereits abgezogen. Zu einer Veränderung der Netto-Forderungen kann es daher nur dann kommen, wenn Forderungen und Verbindlichkeiten sich nicht in gleichem Maße verändern. Transaktionen des MFI-Sektors mit dem Nicht-Euro-Währungsgebiet – etwa der Ankauf von Devisen gegen Einräumung von Euroguthaben – sind daher geldmengenneutral. Die Geldmenge M3 wächst ceteris paribus also nur, wenn die Forderungen bei unveränderten Verbindlichkeiten zunehmen bzw. die Verbindlichkeiten bei unveränderten Forderungen abnehmen. Der erste Fall tritt ein, wenn z.B. inländische Nichtbanken Forderungen an das Nicht-Euro-Währungsgebiet an den MFI-Sektor verkaufen. Die Forderungen können z.B. aus Exporteinnahmen, aus einer Kreditaufnahme im Ausland oder einem Abbau von Auslandsguthaben herrühren. Zum zweiten Fall kommt es, wenn das Nicht-Euro-Währungsgebiet zu Lasten seiner Guthaben beim MFI-Sektor Zahlungen an inländische Nichtbanken leistet. Anlässe solcher Transaktionen sind etwa die Begleichung von Forderungen aus Exportgeschäften sowie der Kauf von Wertpapieren durch Gebietsfremde. **Eine außenwirtschaftlich bedingte Geldschöpfung kann also auch ohne Zutun des Eurosystems, also ohne dass es eines Devisenankaufs durch die Zentralbank bedarf, erfolgen** (siehe hierzu auch Deutsche Bundesbank, 1993, 25 f.). Es gibt auch Wechselwirkungen zwischen den Positionen I. und II. Es zeigte sich etwa in Deutschland, dass zwischen Bankkrediten – und hier insbesondere von kurzfristigen Wirtschaftskrediten – und den Nettoforderungen des Bankensystems an das Ausland gegenläufige Entwicklungen auftreten können. Fließen den inländischen Unternehmen nämlich Mittel aus dem Ausland zu, nimmt tendenziell der Bedarf an kurzfristigen Wirtschaftskrediten ab und umgekehrt. Ein solcher Vorgang ist aber M3-neutral, da hier die inländischen Nichtbanken den Geldzufluss aus dem Ausland durch einen Abbau der Verschuldung beim MFI-Sektor kompensieren.

III. Längerfristige finanzielle Verbindlichkeiten

Neben den bei einer Zunahme expansiv wirkenden Positionen Kreditgewährung und Netto-Auslandsforderungen bremsen grundsätzlich die *„Längerfristigen finanziellen Verbindlichkeiten“* als passivische Bilanzposition die Geldmengenausweitung. Dabei handelt es sich um längerfristige Verbindlichkeiten des MFI-Sektors (z.B. Bankschuldverschreibungen mit einer Ursprungslaufzeit von mehr als zwei Jahren). Da wegen der längeren Bindungsdauer der Geldanlage die Verzinsung bei diesen Einlagen i.d.R. höher ist als bei den zu M3 zählenden Einlagen, werden die Nichtbanken Mittel, die sie längere Zeit nicht für Ausgabenzwecke benötigen, von M3 in längerfristige Vermögenswerte umschichten. Kurzfristig erweist sich diese Position gelegentlich jedoch als störungsanfällig. Bei ausgeprägter Zinsunsicherheit oder wenn die Anleger steigende Zinsen erwarten, halten sie sich bei der langfristigen Geldanlage vorübergehend zurück und „parken“ ihre Mittel in verzinslichen kurzfristigen Anlageformen, z.B. auf Termingeldkonten. Dies führt dann kurzfristig zu einer Aufblähung des Geldvolumens, ohne dass damit eine höhere Güternachfrage in Zukunft verbunden ist. Eine derartige Reaktion kann sich auch bei einer *inversen Zinsstruktur* einstellen.

IV. Sonstige Gegenposten

Bei den Sonstigen Einflüssen handelt es sich um einen Restposten. Sie umfassen die Einlagen der Zentralregierungen, die erfahrungsgemäß in keinem engen Zusammenhang mit dem Ausgabeverhalten der Zentralregierungen stehen, und den Saldo aus den sonstigen Forderungen und Verbindlichkeiten. In Deutschland wirkte in der Vergangenheit dieser Saldo eher bremsend auf die Geldmengenausweitung. Der passivische Saldo der sonstigen Forderungen und Verbindlichkeiten ging dabei hauptsächlich auf den sog. *„Float"* zwischen den Kreditinstituten, also auf unterschiedliche Buchungszeitpunkte im Zahlungsverkehr zurück. Da in Deutschland der Überweisungsverkehr gegenüber dem Scheck- und Lastschriftenverkehr überwiegt und hier die Belastung früher als die Gutschrift erfolgt, verminderte dies M3, da in Höhe dieses passivischen Floats quasi zu M3 gehörende Sichtguthaben „geschluckt" wurden.

V. Geldmenge M3

M3 ergibt sich also aus dem Zusammenspiel der Bilanzpositionen I–IV. Die Analyse der Gegenposten gibt näheren Aufschluss darüber, welche der verschiedenen Komponenten für die Entwicklung von M3 maßgeblich waren. Das Eurosystem analysiert aber auch die Entwicklung der einzelnen Komponenten von M3 (siehe hierzu auch Box II.2.11). Dem Geldmengenaggregat M1, das die liquidesten M3-Komponenten erfasst (Bargeldumlauf und täglich fällige Gelder) kommt dabei eine besondere Bedeutung zu. Diese enge Abgrenzung spiegelt die Funktion des Geldes als Tausch- und Zahlungsmittel wider und steht deshalb in einem engen Zusammenhang mit den gesamtwirtschaftlichen Ausgaben. Allerdings reagiert M1 sehr empfindlich auf Zinsänderungen und weist deshalb auch eine starke Volatilität auf. M3, das neben M1 auch weitere kurzfristige Einlagen und marktfähige Finanzinstrumente umfasst, fängt diese zinsbedingten Schwankungen stärker in sich auf und ist deshalb M1 als Informationsgröße für die Geldpolitik überlegen. Die Komponenten von M3 außerhalb von M1 spiegeln stärker die Funktion des Geldes als Wertaufbewahrungsmittel wider. Sie sind aber auch für Tausch- und Zahlungszwecke von Bedeutung, da ein Umtausch in Zahlungsmittel ohne hohe Kosten möglich ist. Allerdings können diese zinstragenden Komponenten bei steigenden Kurzfristzinsen eine unmittelbare Abschwächung des M3-Wachstums verhindern, weil ihre Verzinsung i.d.R. eng an die Entwicklung der Geldmarktzinsen gekoppelt ist. Insbesondere dann, wenn sich die kurzfristigen Zinsen verändern, ist daher eine sorgfälltige Analyse der M3-Entwicklung notwendig.

Je nachdem mit welchen Gegenposten also ein gegebenes Wachstum von M3 verbunden ist (z.B. Zunahme von Krediten im einen Fall, Rückgang der längerfristigen finanziellen Verbindlichkeiten des MFI-Sektors aufgrund zinsbedingter Unsicherheiten andererseits) bzw. wie sich die einzelnen Komponenten von M3 entwickelt haben, birgt eine bestimmte Entwicklung von M3 mehr oder minder (bzw. keine) Gefahren für die Preisstabilität. Erst wenn die Untersuchung der Komponenten und Gegenpositionen von M3 sowie weitere monetäre Analysen (z.B. der Geldüberhang oder Geldnachfragemodelle (siehe hierzu ausführlich Kapitel II.2.6.4)) den Schluss zulassen, dass die Geldmengenentwicklung auf ein entsprechendes realwirtschaftliches Ausgabenwachstum bei den

Nichtbanken in Zukunft hindeutet, nicht etwa nur bloßer Reflex von vorübergehenden anlagebedingten Verzerrungen bei „längerfristigen finanziellen Verbindlichkeiten“ ist,[135] wird die Zentralbank – abgesichert durch entsprechend gleichlaufende Informationen von anderen Inflationsindikatoren (2. Säule) – Veränderungen bei den Notenbankzinssätzen ins Auge fassen (zu einer Beurteilung der Zinspolitik anhand der Taylor-Rule siehe Box II.4.6).

Die Analyse der Komponenten und Gegenposten von M3 verdeutlicht, dass die Zentralbank durch Gestaltung der monetären Bedingungen auf die Geldmenge zwar Einfluss nehmen, sie jedoch keineswegs beliebig bestimmen oder gar der Wirtschaft vorgeben kann (siehe hierzu auch II.4.2).[136] Letzte Instanz bei der Entscheidung über die Höhe von M3 sind vielmehr die inländischen Nichtbanken. Sie haben es in der Hand – etwa durch eine Rückführung ihrer Verschuldung beim MFI-Sektor oder durch Umschichtung von M3-Geldern in längerfristige Anlagen –, die von ihnen gewünschte M3-Haltung auch zu realisieren.

### Box II.4.6: Die *Taylor-Regel*

Seit einigen Jahren werden verstärkte Anstrengungen unternommen, geldpolitische Reaktionsfunktionen zu schätzen (Taylor, 1999a). Motivation dahinter war, die Notenbankzinsen zu prognostizieren und den geldpolitischen Kurs der Vergangenheit nachvollziehen zu können. Besondere Popularität erlangte in diesem Zusammenhang die nach dem an der Stanford Universität in den USA lehrenden Ökonomen John Taylor benannte Taylor-Regel (Taylor, 1993).

Taylors Intention war es, eine relativ einfache Regel zu konzipieren, mit der die Zinspolitik der FED nachvollzogen werden kann. Die Regel war als normatives Konzept gedacht. Sie sollte als Hilfsfunktion und zusätzlicher Indikator für die geldpolitischen Entscheidungsträger dienen. Durch einen Vergleich des tatsächlichen kurzfristigen Zinses mit dem nach der Taylor-Regel abgeleiteten Wert sollte der Restriktions- bzw. Expansionsgrad der Geldpolitik bestimmt werden. In diesem Sinne ist der Taylor-Zins als ein Wirkungsindikator für die Geldpolitik zu interpretieren. Die Wendung hin zu einer eher positiven Interpretation durch die Möglichkeit, die Geldpolitik der Vergangenheit nachzuvollziehen und den zukünftigen zinspolitischen Kurs zu prognostizieren, ergab sich erst durch die Anwender der Taylor-Regel.

Der sog. Taylor-Zins setzt sich traditionell aus vier **Komponenten** zusammen:

1) der erwarteten Inflationsrate $\pi^{erw}$,

2) dem realen Gleichgewichtszins $r^*$,

135 Mit dem Problem einer massiven anlagebedingten Verzerrung der M3-Entwicklung sah sich auch die Deutsche Bundesbank etwa Anfang 1994 konfrontiert. Vgl. hierzu Görgens/Ruckriegel, 1995a, 844.

136 Zu den Implikationen für die Theorie der Inflationsursachen vgl. Görgens/Ruckriegel, 2000, 210–222.

3) einer „Inflationslücke", d.h. der Abweichung der erwarteten Inflation $\pi^{erw}$ vom Inflationsziel $\pi^{Ziel}$,

4) einer „Produktionslücke" bzw. einem „Output Gap" (ygap) als Abweichung der aktuellen realen Produktionstätigkeit y von ihrem Potentialwert y*.

Die ersten beiden Faktoren liefern in Anlehnung an die *Fisher-Gleichung* eine Benchmark für den Kurzfristzins, dessen Höhe kompatibel ist mit Erreichung des Inflationsziels ($\pi = \pi^{Ziel}$) bei Vollauslastung ($y = y^*$). Die Teile 3 und 4 fassen zwei anerkannte gesamtwirtschaftliche Ziele zusammen, Preisstabilität und Wirtschaftswachstum bzw. Konjunkturstabilisierung. Der dritte Faktor erfordert dabei eine Erhöhung des kurzfristigen Zinses über die Benchmark, wenn das Inflationsziel überschritten wird und umgekehrt. Über den vierten Faktor, der eine Erhöhung des Kurzfristzinses bei überausgelasteten Kapazitäten ($y > y^*$) und eine Senkung bei unterausgelasteten Kapazitäten ($y < y^*$) empfiehlt, werden sowohl konjunkturelle Aspekte als auch Preisperspektiven eingefangen. Letzteres ist darauf zurückzuführen, dass der Output Gap ein guter kurz- bis mittelfristiger Indikator der zukünftigen Inflationsentwicklung ist.

Werden die Gewichte der Inflationslücke und des Output Gap über die Parameter $\alpha$ und $\beta$ erfasst, ergibt sich für den Taylor-Zins $i^{Tay}$ in kompakter Form folgender Ausdruck

(B1) $$i^{Tay} = \pi^{erw} + r^* + \alpha \cdot (\pi^{erw} - \pi^{Ziel}) + \beta \cdot ygap$$

Durch die Verwendung der (erwarteten) Inflation auf der rechten Seite dieser Gleichung wird evident, dass als geldpolitisches Instrument zwar der nominale Kurzfristzins (EONIA) fungiert, es für die geldpolitischen Effekte aber letztlich um die Beeinflussung des Realzinses geht. Die Regel verdeutlicht im Speziellen, dass die Realzinsen über den Gleichgewichtswert steigen werden bzw. sollen, wenn das Inflationsziel überschritten und/oder die Kapazitäten überausgelastet sind. Um zu einer Taylor-Regel zu gelangen, ist es dann erforderlich, a) die in die Funktion eingehenden Variablen $\pi^{erw}$, $\pi^{Ziel}$, r*, y, y* und ygap präzise zu definieren und b) die Werte der Koeffizienten $\alpha$ und $\beta$ zu bestimmen. Taylor wählte dafür folgenden gezielt einfachen Weg:

Zunächst ersetzte er die erwartete durch die realisierte Jahresinflationsrate $\pi$ und legte den gleichgewichtigen kurzfristigen Realzins konstant auf 2 % fest. Die Inflationslücke berechnete er als Differenz zwischen aktueller Inflationsrate, gemessen am BIP-Deflator, und einem zeitunabhängigen (impliziten) Inflationsziel der FED von 2 %. Für das Produktionspotenzial unterstellte er eine jährliche Wachstumsrate von 2 %. Der Output Gap wurde dann als logarithmische Differenz zwischen dem tatsächlichen realen BIP und dem Produktionspotenzial berechnet.

Die Gewichte der Inflationslücke und des Output Gaps, die in den Koeffizienten $\alpha$ und $\beta$ zum Ausdruck kommen, wurden von Taylor nicht ökonometrisch geschätzt, sondern als konstant mit jeweils 0,5 angesetzt. Dadurch sollte zum Ausdruck kommen, dass beide Größen wichtig bei geldpolitischen Entscheidungen sind. Sie implizieren, dass bei einem um ein Prozent über das Produktionspotential hinausgehenden Wachstum des BIP die Realzinsen um 0,5 Prozentpunkte steigen und dass bei einer Überschreitung des Inflationsziels um einen Prozentpunkt der nominale kurzfristige Zins um 1,5 Prozentpunkte und damit der Realzins um 0,5 Prozentpunkte steigen (sollen). Mit der so gewählten Spezifikation konnte der Verlauf der Federal Funds Rate relativ gut nachvollzogen werden.

Taylors Vorschlag, diese Regel als Richtlinie für die Geldpolitik im Allgemeinen und für die Geldpolitik des Eurosystems im Besonderen zu verwenden, begründete er damit, dass sie sich in Simulationsstudien als robuste geldpolitische Handlungsanweisung zur Stabilisierung von Inflation und Produktion erwiesen habe. Diese Robustheit gegenüber unterschiedlichen Annahmen ist wegen der herrschenden Unsicherheiten über die „wahre" Struktur einer Volkswirtschaft nicht hoch genug einzuschätzen. Zinsglättungsmotive, unterschiedliche länderspezifische Strukturen und eine stärkere Betonung vorausschauender Elemente in der Geldpolitik fallen dabei allerdings unter den Tisch. Versucht man vielmehr, unter Berücksichtigung dieser Einwände die Eigenheiten des Euro-Währungsgebietes zu berücksichtigen, müssen die Koeffizienten $\alpha$ und $\beta$ geschätzt werden. Ein einfacher Versuch in diese Richtung hätte für die Jahre 1999 und 2000 den in folgendem Schaubild dargestellten Verlauf zur Folge. Der generelle Kurs der Geldpolitik konnte damit also recht gut nachvollzogen werden.

*Schaubild II.4.6: Taylor-Zins und EONIA*

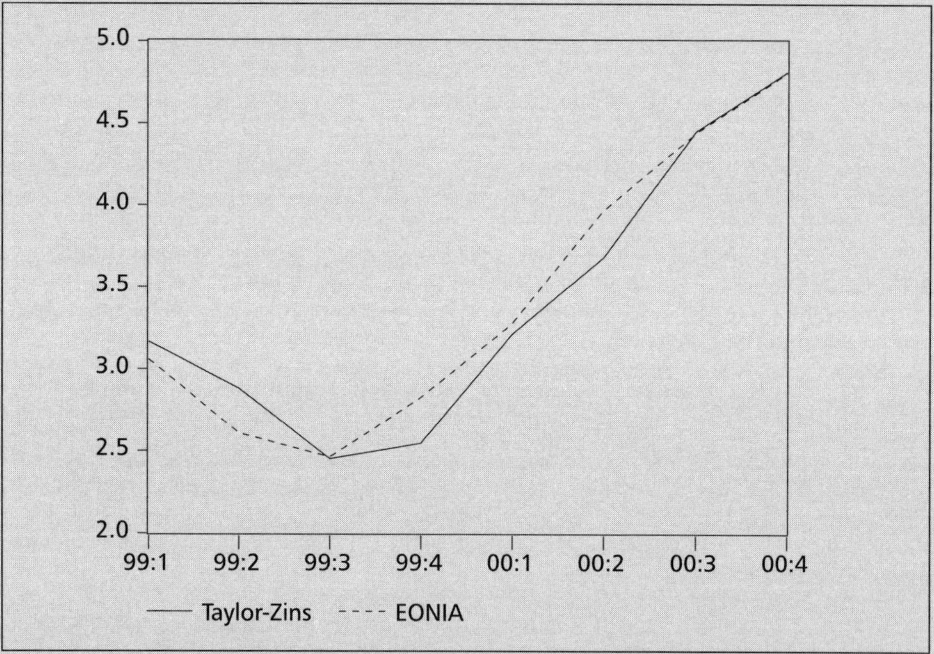


Eine empirisch festgestellte Reaktionsfunktion wie die Taylor-Regel kann zwar der Beschreibung (und unter Umständen der Prognose) des geldpolitischen Verhaltens dienen. Sie ist allerdings nicht als optimale Politikregel zu verstehen, an die sich die Zentralbank binden sollte.

## 4.5 Zusammenfassung

Der Geldmarkt i.e.S. ist das Operationsfeld für die Geldpolitik. Er lässt sich unterteilen in den Regulierungsgeldmarkt und den Interbankengeldmarkt. Während auf dem Regulierungsgeldmarkt das Eurosystem mit den Kreditinstituten Geschäfte abschließt, es somit zu einer Veränderung des Bestandes an Zentralbankgeld kommen kann, handeln auf dem Interbankengeldmarkt nur die Kreditinstitute untereinander, d.h. ohne Zentralbank. Es findet dementsprechend nur eine Umverteilung von Zentralbankgeld statt. Über ihre Geschäfte mit den Kreditinstituten setzt das Eurosystem den Referenzsatz für den Zinssatz für Tagesgeld auf dem Interbankengeldmarkt. Die Schlüsselfunktion kommt hier dem Zinssatz für das Hauptrefinanzierungsgeschäft zu. Der EZB-Rat wird diesen Referenzsatz für den Tagesgeldsatz verändern, wenn es geldpolitisch für erforderlich gehalten wird. Dies ist i.d.R. dann der Fall, wenn die Entwicklung der Geldmenge M3 sich deutlich vom Referenzwert wegbewegt und die Analyse der Komponenten und Gegenposten von M3 und die sonstigen Inflationsindikatoren (2. Säule) es nahe legen, dass die Entwicklung der Geldnachfrage der Nichtbanken auf ein entsprechendes Verhalten bei der künftigen gesamtwirtschaftlichen Nachfrage schließen lässt.

### Kontrollfragen

1. Warum kann es durch Transaktionen am Interbankengeldmarkt nicht zu einer Veränderung des Bestandes an Zentralbankgeld kommen?
2. Warum steuert das Eurosystem den Tagesgeldsatz und nicht die Zentralbankgeldmenge?
3. Wieso hat das Eurosystem die Zinsführerschaft am Tagesgeldmarkt?
4. Warum wirkt das Eurosystem nur mittelbar auf die Entwicklung der Geldmenge M3 ein?

## Weiterführende Literatur

*Deutsche Bundesbank* (2000), Die Integration des deutschen Geldmarkts in den einheitlichen Euro-Geldmarkt, Monatsbericht Januar 2000, 52. Jg., S. 15–32 (http://www.bundesbank.de). *Europäische Zentralbank* (2000a), Das Euro-Währungsgebiet ein Jahr nach Einführung des Euro: Wesentliche Merkmale und Veränderungen in der Finanzstruktur, Monatsbericht, Januar 2000 (http://www.ecb.int).

Beide Sonderaufsätze beschäftigen sich mit der Entwicklung hin zu einem europäischen Geldmarkt und zeigen aktuelle Entwicklungslinien auf.

*Europäische Zentralbank* (1999), Der Handlungsrahmen des Eurosystems: Beschreibung und erste Beurteilung, Monatsbericht Mai 1999, S. 33–48 (http://www.ecb.int). *Bindseil, U., Seitz, F.* (2001), The Supply and Demand for Eurosystem Deposits – The First 18 Months, European Central Bank, Working Paper Series, No. 44 (http://www.ecb.int).

Der Sonderaufsatz der EZB liefert einen Überblick über die Geldmarktsteuerung der EZB mit ersten Erfahrungen. Stärker ins Detail geht die Arbeit von Bindseil/Seitz, die sich ausführlich und umfassend mit dem Liquiditätsmanagement und der Geldmarktsteuerung des Eurosystems beschäftigen, wobei sie sich auf die Erfahrungen der Mengentenderperiode (1.1.1999 bis Ende Juni 2000) stützen.

*Goodhart, C.* (2001), The Endogeneity of Money, Papier, präsentiert auf der Conference on Monetary Policy in a World with Endogenous Money and Global Capital, 23.–25. März 2001, veranstaltet vom Stiftungslehrstuhl der Deutschen Bundesbank an der FU Berlin (http://www.wiwiss.fu-berlin.de).

*Nautz, D.* (2000), Die Geldmarktsteuerung der Europäischen Zentralbank und das Geldangebot der Banken, Physica-Verlag, Heidelberg.

Sowohl die Arbeit von Goodhart als auch die von Nautz setzen sich kritisch mit der gängigen These auseinander, die Zentralbanken steuerten exogen die Geldbasis. Beide kommen, Goodhart eher von der theoretischen, Nautz stärker von der empirischen Seite her, zum Schluss, dass diese These das Verhalten der Zentralbanken nicht zutreffend wiedergibt, da diese nicht die Menge (Geldbasis), sondern den Preis (Tagesgeldsatz) steuern. Dadurch wird die Geldbasis zur endogenen Größe.

*Europäische Zentralbank,* (2001c), Gestaltungsrahmen und Instrumentarium der monetären Analyse, Monatsbericht Mai 2001, S. 43–63. (http://www.ecb.int).

Dieser Sonderaufsatz beschäftigt sich u.a. mit der Analyse der Komponenten und Gegenposten von M3. Er legt auch dar, welche Schlüsse aus dieser Analyse im Einzelnen gezogen werden können.

# 5 Transmission geldpolitischer Impulse

*„Der geldpolitische Transmissionsmechanismus besteht aus verschiedenen Kanälen, über die geldpolitische Maßnahmen auf die Wirtschaft und insbesondere auf das Preisniveau wirken. Ein gutes Verständnis dieser Übertragungswege ist eine wichtige Voraussetzung für die Umsetzung einer soliden Geldpolitik, da auf diese Weise das Ausmaß und der Zeitpunkt geldpolitischer Beschlüsse so gewählt werden können, dass die Preisstabilität gewahrt wird."*

Das vorstehende Zitat aus dem Monatsbericht Juli der EZB (2000b, 45) umreißt grundlegende Informationsanforderungen der Geldpolitik und lässt zugleich Schwierigkeiten erahnen, denen sich die Geldpolitik des Eurosystems bei Unterschieden zwischen den Mitgliedsländern in den Übertragungswegen gegenübersieht. Als Voraussetzungen einer erfolgreichen Geldpolitik im gemeinsamen Währungsraum müssten eigentlich einheitliche Übertragungswege geldpolitischer Impulse ebenso vorliegen wie die Einigkeit über die übergeordnete Zielsetzung der Geldpolitik und synchrone Konjunkturverläufe in den Mitgliedsländern. Bevor jedoch die besonderen geldpolitischen Steuerungsprobleme erörtert werden, die sich aus der „Innovation EWU" ergeben, erfolgt zunächst eine theoretische Darstellung der verschiedenen Transmissionsmechanismen.

## 5.1 Monetäre Wirkungskanäle

Wenn eine Zentralbank geldpolitische Maßnahmen ergreift, geht sie davon aus, dass mit der Beeinflussung bestimmter monetärer Variablen schließlich reale Größen wie Konsum, Investition, Beschäftigung, Produktion und die Preisentwicklung ihren Zielsetzungen entsprechend „gesteuert" werden können. Wie diese Wirkungszusammenhänge, die Transmissionsmechanismen, zwischen monetären Impulsen und bestimmten realen oder nominalen Größen letztlich genau aussehen und welcher Zeitbedarf besteht, ist weder theoretisch noch empirisch endgültig geklärt. Die Identifikation des monetären Transmissionsprozesses wird einmal dadurch erschwert, dass wir es nicht allein mit einer einseitigen Wirkungsrichtung von einer geldpolitischen Maßnahme auf das (wichtigste) Endziel Preisniveaustabilität, sondern auch mit Rückwirkungen von der Entwicklung der Zielgröße auf die (Dosierung der) Instrumentvariablen zu tun haben.

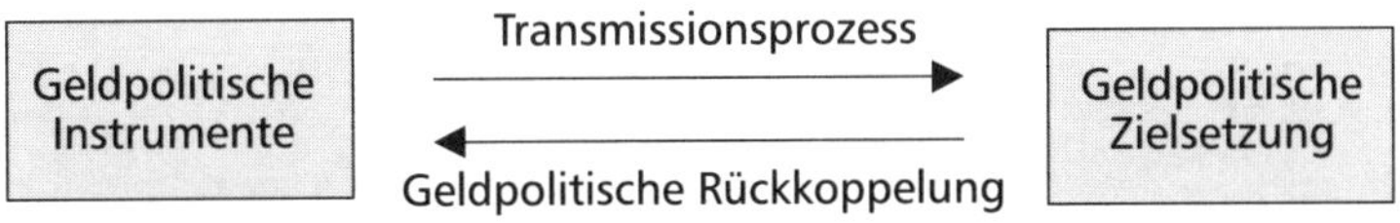


Zudem kann die Entwicklung des Preisniveaus – zumindest auf kurze Sicht – nicht ausschließlich dem Einsatz geldpolitischer Instrumente zugeschrieben werden. Lohnpolitische, fiskalpolitische und außenwirtschaftliche Einflüsse überlagern vielmehr die Rolle der Geldpolitik und können sie zuweilen sogar dominieren. Auf längere Sicht ist schließlich davon auszugehen, dass die monetären Impulse lediglich auf das Preisniveau durchschlagen, die Änderung realer Größen also vorübergehender Natur ist (sog. Geldneutralität). Angesichts vielfältiger und zeitlich wechselnder Einflüsse überrascht es deshalb nicht, dass eine Vielzahl teilweise konkurrierender, überwiegend jedoch sich ergänzender Hypothesen existiert, die einzelne Größen im *Transmissionsprozess* besonders akzentuieren. Die wesentlichen Verknüpfungen sollen im Folgenden vor dem Hintergrund der Situation im Euro-Währungsgebiet aufgezeigt werden. Die verschiedenen „Kanäle" und „Effekte" erhalten dabei noch eine besondere aktuelle Note durch mögliche spezielle Komplikationen, die beispielsweise aus der Heterogenität der Finanzmärkte und den tradierten Verhaltensweisen in den Mitgliedsländern der EWU resultieren könnten.

Um die Bedeutung der Kenntnis der Transmissionsprozesse aufzuzeigen, sei von einem geläufigen makroökonomischen Ablaufschema ausgegangen (siehe Schaubild II.5.1).

Eine expansive Geldpolitik ($LM_1 \rightarrow LM_2$) führt zu einem sinkenden Zinsniveau, dieses zu steigender gesamtwirtschaftlicher Nachfrage. Dadurch steigen Produktion und Einkommen ($Y_1 \rightarrow Y_2$). Ob es sich hierbei um reale oder lediglich um – durch Preissteigerungen bedingte – nominale Produktions- und Einkommenserhöhungen handelt, hängt von der Auslastung des Produktionspotenzials ab. Im IS/LM-Modell wird von unterausgelasteten Kapazitäten ausgegangen, so dass die nominalen zugleich reale Änderungen sind. Die Größenordnung dieser Effekte ist außer von der Stärke des auslösenden Impulses vor allem von der Zinselastizität der Güter- und Geldnachfrage abhängig. Bei niedrigerer Zinselastizität der Investitionen und des Konsums als im Schaubild angenommen (IS verliefe steiler) wäre die Wirkung geringer. Ebenso bei höherer Zinselastizität der Geldnachfrage (LM verliefe flacher), da die gleiche Zinssenkung zu einer stärkeren Kassenhaltung führen würde.

*Schaubild II.5.1: Geldpolitik und Einkommensänderungen*

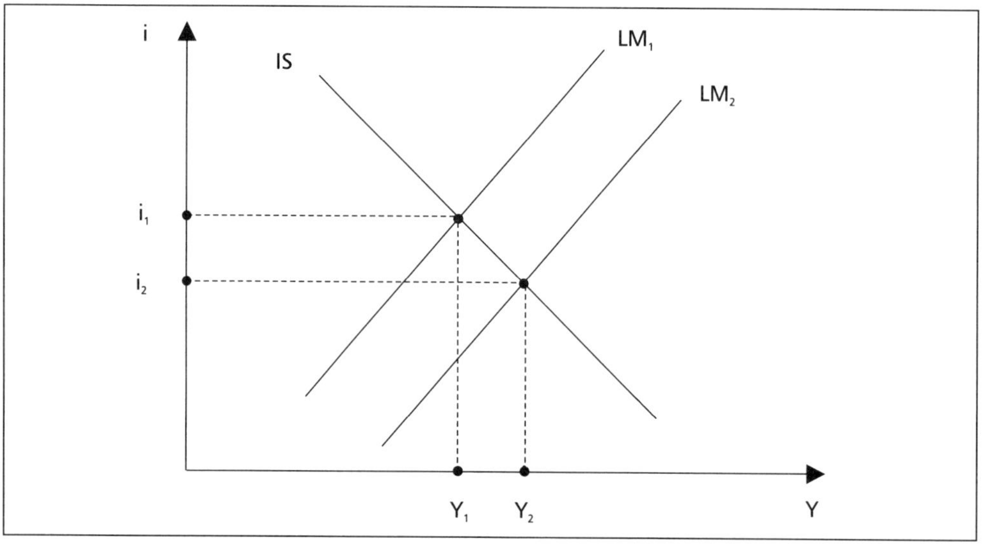

Das IS/LM-Modell bildet Zusammenhänge im kurzfristigen Rahmen unausgelasteter Kapazitäten ab und informiert nicht über längerfristige Preiseffekte der Geldpolitik.[137] Zudem werden in diesem reduzierten Modell auch die Stationen monetärer und realer Transmission nicht sichtbar gemacht. Es gibt weder Auskunft darüber, wie geldpolitische Impulse auf entscheidungsrelevante monetäre Größen wirken, noch wie diese im Einzelnen auf den realen Sektor durchschlagen könnten. Der konkrete Übertragungskanal bleibt weitgehend eine „black box". So ist beispielsweise unklar, welchen Zinssatz i repräsentieren soll. Bei Abhängigkeit privater Investitionsentscheidungen von langfristigen Zinsen müssten diese von der Zentralbank zur Beeinflussung der Investitionstätigkeit verändert werden. Mit ihrem herkömmlichen Instrumentarium ist sie dazu auf direktem Wege nicht in der Lage. Aber auch wenn man davon ausgeht, dass eine Zentralbank über die Nutzung von *Arbitrageprozessen* indirekt die langfristigen Zinsen – und weiter reichend über Umschichtungen im realen Sektor die investive und konsumtive Nachfrage – steuern kann, wird dies kaum friktionslos geschehen.

Analytisch lässt sich der Transmissionsprozess in drei Stufen zerlegen (Berk, 1998, 148 f.): (1) Die Auswirkungen geldpolitischer Maßnahmen auf die Finanzierungskosten bzw. Kosten alternativer Finanzierungsarten, (2) der Einfluss der (geänderten) Finanzierungskosten auf die Ausgabenentscheidungen und schließlich (3) die Preis- und/oder Produktionswirkungen der Ausgabenänderungen. Diese grobe Aufteilung darf jedoch nicht über die Verästelung einzelner Wirkungsketten hinwegtäuschen. Zudem ist zu bedenken, dass der Transmissionsmechanismus von Stufe (1) bis (3) zwar als Hauptwirkungsrichtung zu verstehen ist, dass aber durch zirkuläre Verknüpfungen einzelner Wirkungsketten ein interdependentes Geflecht entsteht. Einen Überblick über die Komplexität des Transmissionsprozesses vermittelt Schaubild II.5.2.

Für die monetäre Analyse stehen die Zusammenhänge der Stufen (1) und (2) im Vordergrund. Es geht also um die Frage, wie geldpolitische Impulse auf verschiedene Zinssätze und damit auf die Zinsstruktur wirken (5.1.1). Im nächsten Schritt geht es sodann um deren direkte oder – über den Umweg z.B. von Substitutions- oder Vermögenseffekten – indirekte güterwirtschaftliche Nachfragewirksamkeit (5.1.2). Auf die Bedeutung von Unvollkommenheiten auf den Finanzmärkten wird gesondert eingegangen (5.1.3).

137 Zu den im IS/LM-Modell abgebildeten Wirkungszusammenhängen wie auch zu den analytischen Grenzen siehe Görgens/Ruckriegel, 2000, 134–160.

*Schaubild II.5.2: Hauptwirkungskanäle des geldpolitischen Transmissionsprozesses*

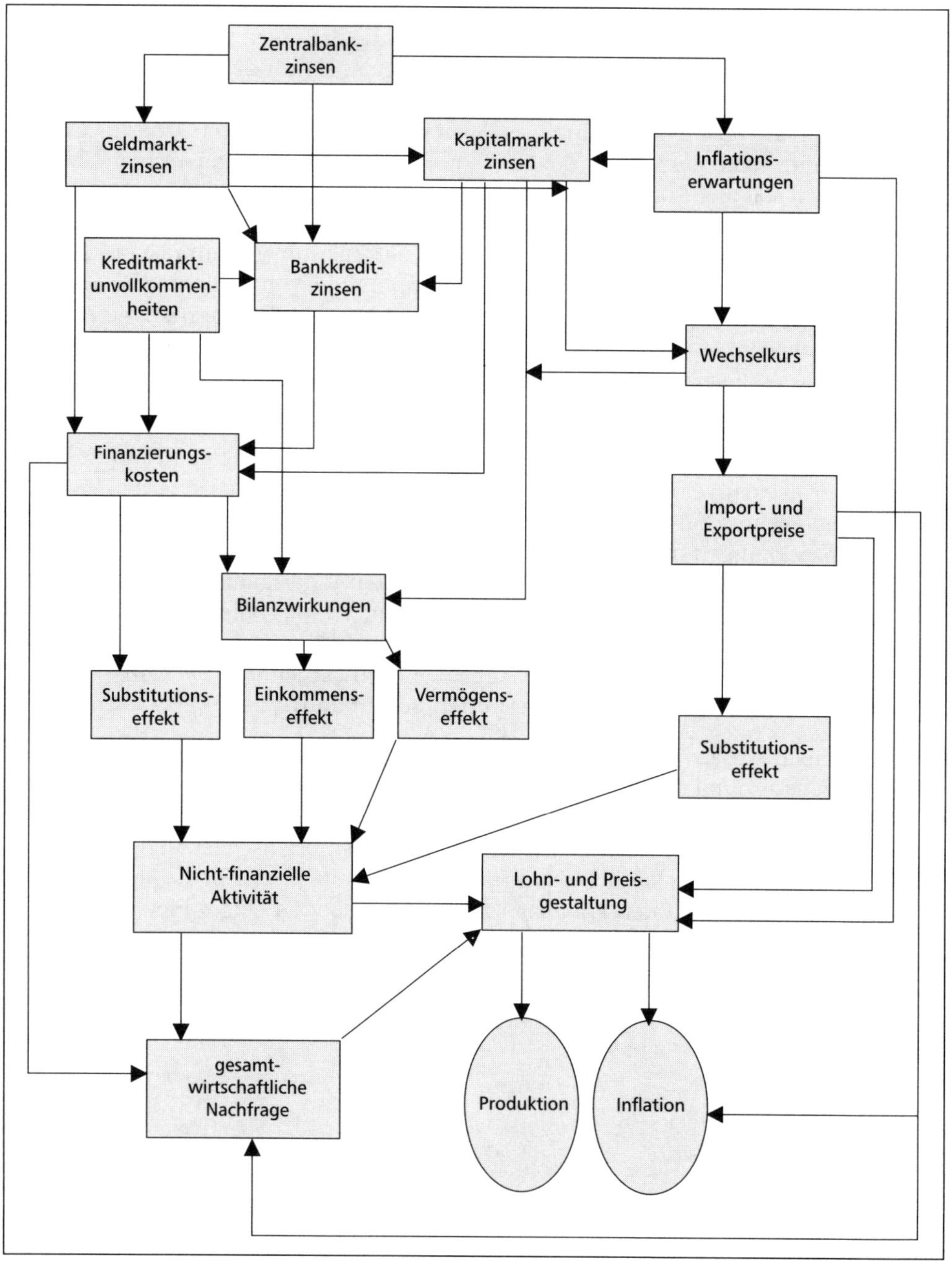


Quelle: Berk, 1998, 150.

### 5.1.1 Interdependenz der Zinssätze (Zinsstruktur)

Im geldpolitischen Instrumentarium des Eurosystems spielt das Hauptrefinanzierungsinstrument eine herausragende Rolle.[138] Mit diesem Instrument lässt sich der (Tages-) *Geldmarktzins* recht zuverlässig steuern. Verringerungen/Erhöhungen der Refinanzierungskosten der Geschäftsbanken bei der Zentralbank schlagen rasch auf den *Interbankengeldmarkt* durch, also auf die Konditionen, zu denen die Banken untereinander kurzfristige Liquidität handeln. Will die Zentralbank inflationären Tendenzen durch Dämpfung der gesamtwirtschaftlichen Nachfrage entgegenwirken, wird sie die Refinanzierungskosten der Geschäftsbanken erhöhen, wodurch der Tagesgeldmarktsatz am Interbankengeldmarkt steigt. Diese Verteuerung führt zunächst dazu, dass auch die Zinssätze für Geldmarktanlagen mit längerer Laufzeit und für kurzfristige Termingelder steigen, da für eine einzelne Bank die Einlagen von Nichtbanken ein Substitut zur Aufnahme von Geldmarktmitteln sind. Die Banken werden ihrerseits die Kostensteigerungen in höheren Kreditzinsen weitergeben. Im Einklang mit den Geldmarktsätzen entwickeln sich auch die Sätze für Spareinlagen mit marktmäßiger Verzinsung. Das Anziehen der Einstandskosten für kurzfristige Gelder löst einen Anstieg der Renditen am Rentenmarkt und bei den längerfristigen Bankpassivazinsen aus. Die Banken werden nämlich versuchen, auf die vorläufig noch günstigere Refinanzierung mit längerfristigen Mitteln auszuweichen, also über den Verkauf von festverzinslichen Wertpapieren am Rentenmarkt Mittel aufzunehmen. Steigen die Renditen für festverzinsliche Wertpapiere, werden diese als Finanzanlagen von Nichtbanken attraktiver, so dass die Nachfrage nach Aktien sinkt. Auch in diesem Segment des Finanzmarktes fallen die Kurse und steigen die Renditen. Unterstützt wird diese Kursbewegung am Aktienmarkt durch eine Verschlechterung der Konjunkturaussichten infolge gestiegener Zinsen.

**Die ursprüngliche Erhöhung des kurzfristigen Zinssatzes schlägt mithin über Arbitrageprozesse auch auf die langfristigen Zinssätze und die Aktienkurse durch.** Normalerweise ist also damit zu rechnen, dass die Zinsen durch *Arbitrageprozesse* gleiche Entwicklungstendenzen aufweisen (siehe Schaubild II.5.3).

In diesem Zusammenhang sind allerdings zwei wichtige Sachverhalte für die „normale“ zeitliche Zinsstruktur erklärungsbedürftig: Zum einen schwanken die *Geldmarktzinsen* in der Regel stärker, und zum anderen sind sie meist niedriger als die *Kapitalmarktzinsen* (siehe auch Schaubild II.5.4, in welchem bis Ende 1998 die Situation in Deutschland, anschließend in der EWU dargestellt wird).

Die größere Schwankungsbreite der Zinssätze im kurzfristigen Bereich ergibt sich aufgrund der am Geldmarkt ansetzenden zentralbankpolitischen Maßnahmen, die verzögert und damit sich abschwächend auf die Kapitalmärkte durchwirken. Wären Geldmarktanlagen und Kapitalmarktanlagen perfekte Substitute, würde ein Geldbetrag, beispielsweise für fünf Jahre angelegt, den gleichen Ertrag abwerfen wie eine jährlich wiederkehrende Anlage dieses Geldbetrages. In diesem Falle müssten über den Gesamtzeitraum die

138 Zu Einzelheiten siehe Kapitel II.3.

*Schaubild II.5.3: Zinsen in der EWU*

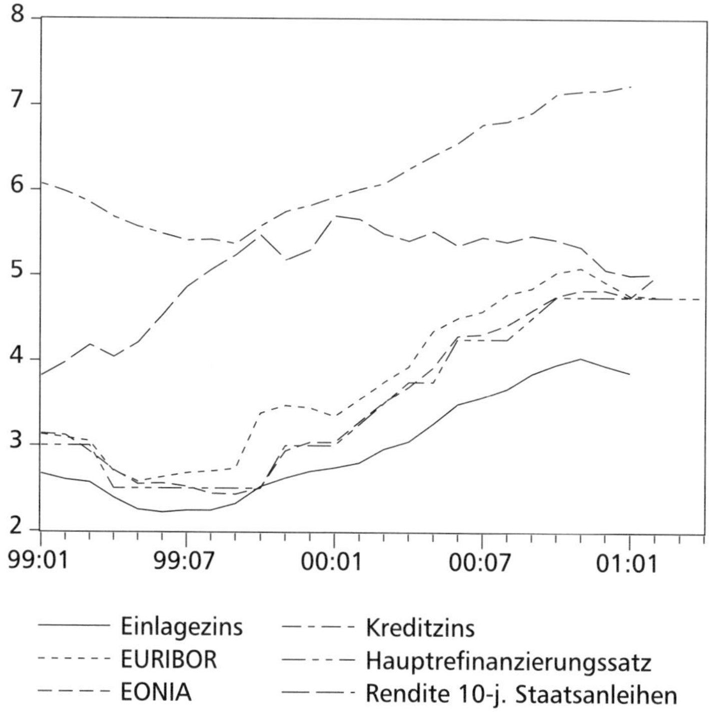


Quelle: EZB.

Anmerkungen:

Einlagezins: Zins für Einlagen mit vereinbarter Laufzeit bis zu einem Jahr; Kreditzins: Zins für Unternehmenskredite mit Laufzeit unter einem Jahr; Hauptrefinanzierungssatz: in Zinstenderperiode Mindestbietungssatz.

durchschnittlichen Zinssätze übereinstimmen. Betrüge beispielsweise im Ausgangsjahr der kurzfristige Zins 3 % und würden die Wirtschaftssubjekte in den folgenden vier Jahren einen kontinuierlichen Anstieg um jährlich 0,5 Prozentpunkte auf 5 % erwarten, müsste nach dieser so genannten *Erwartungstheorie* der Zinsstruktur der langfristige Zins 4 % betragen.[139] Bezogen auf das Ausgangsjahr bedeutet dies auch, dass bei einem erwarteten Anstieg der kurzfristigen Zinsen der langfristige Zins höher als der kurzfristige Zins (4 % gegenüber 3 %) ist. Bei der Erwartung sinkender Geldmarktzinsen liegen nach dieser Theorie die Kapitalmarktzinsen unter dem Niveau der aktuellen Geldmarktzinsen.

139 Zur genaueren formalen Herleitung siehe Box II.2.6.

Mit der Erwartungstheorie sind zwar die in der Realität beobachtbaren gleichgerichteten Entwicklungstendenzen der kurz- und langfristigen Zinsen sowie deren unterschiedliche Schwankungsbreiten, nicht aber das Phänomen vereinbar, dass die langfristigen Zinssätze **normalerweise** über den kurzfristigen liegen. Unterstellt man, dass keine institutionellen Barrieren wie Marktsegmentierungen[140] zwischen den finanziellen Teilmärkten die Arbitrageprozesse hemmen, ist für das Erklärungsdefizit der Erwartungstheorie maßgeblich die Annahme verantwortlich, Anlagen verschiedener Fristigkeit seien perfekte Substitute. Tatsächlich bestehen jedoch erhebliche Unterschiede. Kurzfristige Anlagen können vergleichsweise problemlos und ohne Kursrisiken in Liquidität umgewandelt werden. Bei langfristigen Anlagen besteht zwar auch die Möglichkeit der Liquidisierbarkeit. Jedoch wachsen mit zunehmender Fristigkeit der Anlage die Kursrisiken. Hohe Liquidität und geringe Kursrisiken kurzfristiger Anlagen werden mit niedrigen Zinsen „bestraft". Risikofreude und Liquiditätsverzicht bei langfristigen Anlagen werden mit einer Zinsprämie „belohnt" (*Liquiditätsprämientheorie*). Zur Erklärung der *„normalen" Zinsstruktur* ist die Erwartungstheorie daher um einen Risikozuschlag zu erweitern. Durch diese Modifikation entfällt freilich nicht die für die Geldpolitik wichtige Information der Erwartungstheorie, dass langfristige Zinsen wesentlich von den Erwartungen der Finanzmärkte über die zukünftigen kurzfristigen Zinsen und damit über den Kurs der Geldpolitik beeinflusst werden.[141]

Zu einem der Geldmarktzinsentwicklung entsprechenden Verlauf des Kapitalmarktzinssatzes kommt es allerdings dann nicht, wenn die Entwicklung bei den längerfristigen Zinsen durch andere Einflüsse überlagert wird. Zu denken ist hier vor allem an den Einfluss des Auslands und der *Inflationserwartungen*. So kann etwa gerade das Hochschleusen des Tagesgeldmarktsatzes als ein entschlossener Schritt einer – glaubwürdigen – Zentralbank zur langfristigen Sicherung des Geldwertes angesehen werden und so – über einen Rückgang der Inflationserwartungen – zu sinkenden Zinsen im längerfristigen Bereich führen, da bei den Anlegern die Bereitschaft steigt, Mittel längerfristig anzulegen. Während nach der oben skizzierten Erwartungstheorie die langfristigen Zinsen den kurzfristigen tendenziell folgen würden, wird in diesem Falle die Zinsentwicklung durch die von der Zentralbankpolitik ausgelöste Änderung der Inflationserwartung ins Gegenteil verkehrt.[142] Das Ergebnis ist im Extremfall eine sog. *inverse Zinsstruktur*, dass also die kurzfristigen Zinssätze über den langfristigen Zinssätzen liegen, wie dies beispielsweise in Deutschland in den Jahren 1991 bis 1993 der Fall war (siehe Schaubild II.5.4).

140 Diese werden von der so genannten *Marktsegmentationstheorie* betont. Zu denken ist etwa an schwerpunktmäßige Anlageaktivitäten institutioneller Anleger wie Banken und Lebensversicherungen im kurz- bzw. langfristigen Bereich. Bei dem breiten Spektrum der Geschäftstätigkeit von Universalbanken – wie in Deutschland – ist der Übergang zwischen den finanziellen Teilmärkten jedoch fließend.

141 Dieser Zusammenhang wird jedoch nach den empirischen Befunden von Nautz/Wolters (1999) für die USA und Deutschland dadurch gelockert, dass nicht von gleich bleibenden Risikozuschlägen auszugehen ist.

142 Erwartungstheoretisch könnte dies aber auch so interpretiert werden, dass wegen der als erfolgreich eingeschätzten Geldpolitik (wieder) mit sinkenden Geldmarktzinsen gerechnet wird.

*Schaubild II.5.4: Umlaufrendite und Drei-Monats-Satz*

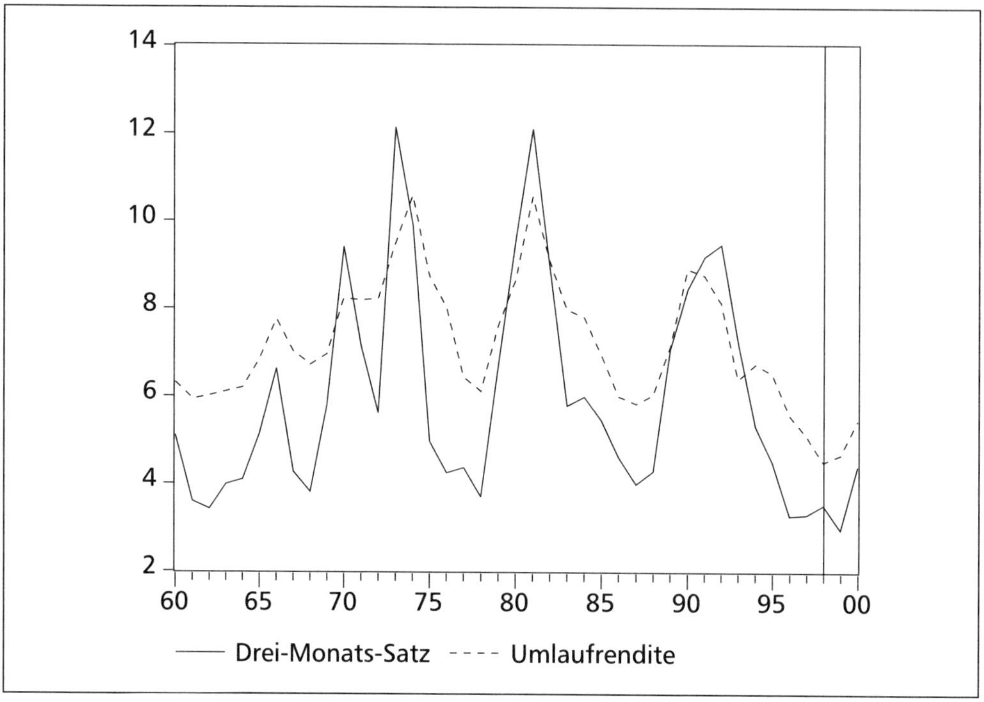


Quelle: Deutsche Bundesbank, EZB.

Anmerkungen:

Bis einschließlich 1998 Drei-Monats-Geldmarktsatz unter Banken in Deutschland und Umlaufrendite festverzinslicher Wertpapiere deutscher Emittenten. Ab 1999 Drei-Monats-EURIBOR und Rendite zehnjähriger Staatsanleihen im Euro-Währungsgebiet.

Auch *Aufwertungserwartungen*, die nicht zwangsläufig durch das Verhalten der wirtschaftspolitischen Instanzen im Inland begründet sein müssen, können internationale Anleger zu einem Engagement am Kapitalmarkt bewegen und so entgegen den „normalen" Erwartungen auf die Zinssätze am langen Ende drücken. Da die längerfristigen Bankkredite über die Refinanzierungskonditionen eng mit der Rentenmarktentwicklung verbunden sind, schlägt die Verfassung des Rentenmarktes auch auf die Zinssätze für längerfristige Bankkredite durch. (Zu den Bestimmungsgründen der langfristigen Zinssätze siehe Box II.5.1).

Werden entgegengerichtete Einflüsse am Kapitalmarkt nicht wirksam, so kommt es gleichsam zu einer „normalen" Reaktion des Kapitalmarktes. Ein Anziehen der Zinsen im längerfristigen Bereich führt dann weiterhin dazu, dass – mit einiger Verzögerung – die Nachfrage der Nichtbanken nach festverzinslichen Wertpapieren und ihre Geldkapitalbildung bei Kreditinstituten zunimmt, wodurch das Geldmengenwachstum gedämpft wird. Die Geldnachfrage der Nichtbanken geht zurück, da die *Opportunitätskosten* der

Geldhaltung gestiegen sind. Als Reaktion auf die Erhöhung ihrer Refinanzierungskosten werden die Banken ihre Sollzinsen anheben. Höhere Kreditkosten aber dämpfen nach einiger Zeit die private Kreditnachfrage, was i.d.R. ebenfalls mit einer schwächeren Zunahme der Geldmenge verbunden ist.

Die vorstehenden Ausführungen zeigen die „normalen" Wege von kurzfristigen zu langfristigen Zinssätzen. Wie stark die Impulse sind und welche Verstärker gegebenenfalls hinzukommen, lässt sich nicht generell sagen. Empirische Untersuchungen für Deutschland (Kaehler/Korn, 1995, 97; Kremer, 1999, 36) bestätigen die obigen modellhaften Überlegungen insoweit, als tatsächlich ein signifikanter positiver Effekt vom *Geldmarktzins* auf den *Kapitalmarktzins* ausgeht. Darüber hinaus scheint der US-Kapitalmarktzins eine maßgebliche Einflussgröße für den deutschen Kapitalmarktzins zu sein.[143] Den ökonometrischen Tests zufolge ist jedoch das Ausmaß der durch Geldmarktzinserhöhungen bewirkten Erhöhung der Kapitalmarktsätze im internationalen Vergleich sehr verschieden. So waren diese Effekte im Unterschied zu den USA in Deutschland vergleichsweise gering. Der „Preis" für eine anti-inflationäre Politik in Form erhöhter Kapitalmarktzinsen war danach in den USA höher als in Deutschland, was nach Kaehler und Korn (1995, 98) darauf zurückgeführt werden könnte, dass die Deutsche Bundesbank sich besonderer Glaubwürdigkeit hinsichtlich ihrer Stabilitätspolitik erfreute.

In die gleiche Richtung weisen Untersuchungsergebnisse von Buttiglione et al. (1997) für einen innereuropäischen Vergleich in der Zeit von 1985–1997. Sie finden markante Abweichungen in den Reaktionen der langfristigen Zinsen auf Erhöhungen der kurzfristigen Zinsen. Da diese Reaktionsunterschiede eng und positiv mit den zurückliegenden Inflationsraten korrelieren, kann ein relativ starkes Nachziehen der Kapitalmarktzinsen als Niederschlag – erfahrungsbedingter – hoher Inflationserwartungen interpretiert werden. In einer an Inflation gewöhnten Umwelt kann die Zinserhöhung der Zentralbank als Signal befürchteter Inflationsbeschleunigung verstanden werden, während in einer relativ preisstabilen Umwelt durch diese Maßnahme solche Ängste nicht geschürt werden. Je glaubwürdiger eine Anti-Inflationspolitik ist, desto niedriger sind deren Kosten in Form eines Anstiegs und auch des dauerhaften Niveaus der Kapitalmarktzinsen. Wie die Beispiele Großbritannien, Italien und Spanien zeigen, braucht eine Zentralbank, die *Glaubwürdigkeit* eingebüßt hat, bei einer stabilitätspolitischen Umorientierung der Geldpolitik einen langen Atem, bis ihr mithilfe gedämpfter Inflationserwartungen eine Senkung der Kapitalmarktzinsen gelingt. Diese Erfahrungen unterstreichen zugleich die Rolle der Glaubwürdigkeit von Zentralbanken für den Transmissionsprozess.

143 Nach den Befunden Kremers (1999, 76) gilt dies nur, soweit die (Änderungen der) US-Kapitalmarktzinsen geldpolitisch bedingt waren. Reine US-amerikanische Eigenschocks hätten die deutschen langfristigen Zinsen nur vorübergehend beeinflusst. Da in Deutschland und auch in den USA die nationalen kurz- und langfristigen Zinsen eng miteinander korellieren (Kremer, 1999, 36 f.), könnte die „Abhängigkeit" der deutschen Kapitalmarktzinsen von den amerikanischen (auch) eine gleichgerichtete Geldpolitik in beiden Ländern widerspiegeln, die auf weltweite Konjunktur- und Preisschocks zurückgeht.

Seit dem Start der EWU sind nur gleichgerichtete Reaktionen der nationalen Kapitalmarktzinsen auf eine veränderte geldpolitische Ausrichtung des Eurosystems und damit veränderte Geldmarktzinsen festzustellen. Unterschiedliche nationale Reaktionen könnten sich aber beispielsweise als Folge unsolider Finanzpolitiken einstellen. Dadurch gäbe es voneinander abweichende und möglicherweise zeitvariable politische Risikoprämien.

**Box II.5.1: Determinanten des langfristigen Zinssatzes**

Wie die Preisbestimmung auf allen anderen Märkten lässt sich auch die Zinsbestimmung auf Angebot und Nachfrage und deren Bestimmungsfaktoren zurückführen. Der Markt, um den es hier geht, ist der Markt für Finanzierungsmittel oder vereinfacht der Wertpapiermarkt. Da Kurse und Zinsen invers zusammenhängen, d.h. steigende Kurse bedeuten sinkende Zinsen, erklärt dieser Ansatz mit den Preisen (Kursen) der Papiere auch die Zinsen. Er wird als „Loanable-Funds-Theorie" bezeichnet. Das Angebot an Wertpapieren entspricht dabei einer Nachfrage nach Finanzierungsmitteln („demand for loanable funds"), die Nachfrage nach Wertpapieren einem Angebot an Finanzierungsmitteln („supply of loanable funds"). Im Folgenden sollen drei wichtige Determinanten der langfristigen Zinsen vorgestellt werden.

Die langfristigen Zinsen hängen zunächst eng mit der erwarteten Preisentwicklung zusammen. Wird mit einer steigenden Inflationsrate gerechnet, geht die Nachfrage nach Wertpapieren zurück, da der Realzins sinkt. Auf der anderen Seite erhöht sich das Wertapierangebot, da die realen Finanzierungskosten sinken. Insgesamt sinken somit die Wertpapierkurse und die Zinsen steigen an (siehe z.B. Schaubild II.5.5).

Als weiterer Einflussfaktor auf den langfristigen Zins fungiert die Geldpolitik. Allerdings erfolgt die Beeinflussung des langfristigen Zinses nur indirekt über Arbitrageprozesse, die von den geldpolitischen Veränderungen der kurzfristigen Zinsen angestoßen werden. Die Geldpolitik ist aber selbstverständlich auch ein entscheidender Bestimmungsfaktor der erwarteten Inflation.

Darüber hinaus übt die konjunkturelle Situation einen Einfluss auf den langfristigen Zins aus. In rezessiven Phasen ist die Rentabilität von Investitionen gering. Dementsprechend wird auch die Nachfrage nach langfristigen Finanzierungsmitteln (Angebot an Wertpapieren) niedrig sein. Auf der anderen Seite dürfte aber die Nachfrage nach Wertpapieren aufgrund der verschlechterten Einkommenssituation zurückgehen. Insgesamt ist damit der Einfluss auf den Zins nicht eindeutig, er hängt vom relativen Ausmaß der Nachfrage- und Angebotsänderungen ab. In Deutschland war in der Vergangenheit eher ein positiver Zusammenhang, d.h. ein Sinken des Kapitalmarktzinses im Verlauf der Rezession, festzustellen (siehe Schaubild II.5.6).

Wenn aufgrund irgendwelcher „exogener" Faktoren die Angebots- und Nachfragekonstellationen beeinflusst werden (z.B. durch eine zunehmende öffentliche Verschuldung oder ein Auslandsengagement auf den inländischen Finanzmärkten), sind damit ebenfalls Zinsbewegungen am langen Ende verbunden. (Zu einer vergleichenden Analyse für Großbritannien, Deutschland und die USA siehe Brooke et al., 2000).

*Schaubild II.5.5: Inflation und langfristiger Zins in 20 OECD-Ländern, 1990–2000*

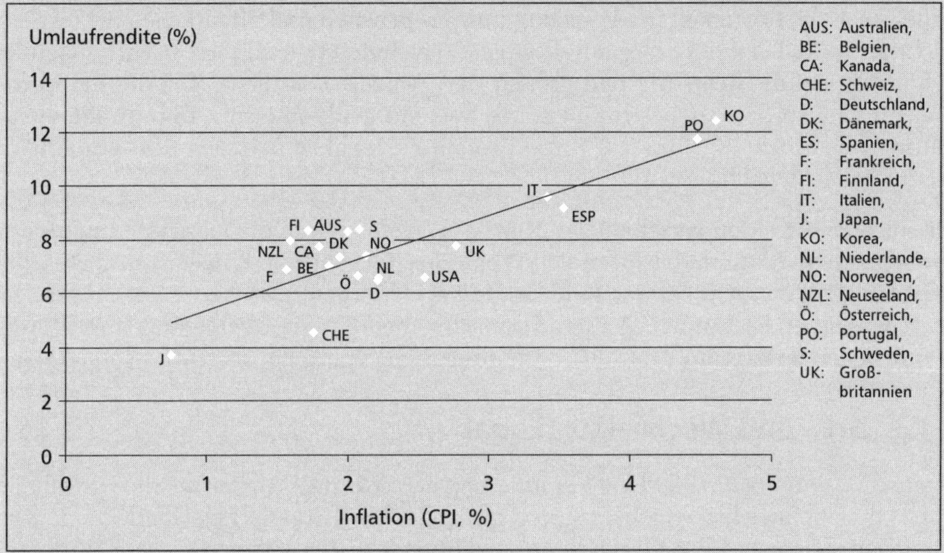


Quelle: OECD, eigene Berechnungen.

Anmerkungen: Umlaufrendite: Umlaufrendite öffentlicher Anleihen.

*Schaubild II.5.6: Langfristzins und Konjunktur in Deutschland*

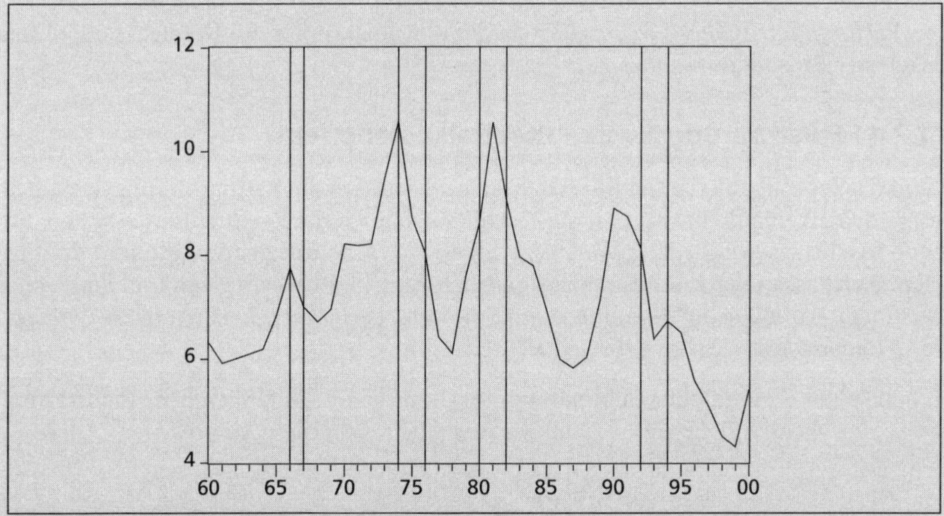


Quelle: Deutsche Bundesbank; eigene Ergänzungen.

Anmerkungen: Die schmalen Säulen geben Rezessionsphasen an. Langfristzins gemessen anhand der Umlaufrendite festverzinslicher Wertpapiere.

Der *monetäre Transmissionsprozess* bleibt aber keineswegs auf die finanzielle Sphäre beschränkt. Gleichsam als Gegenstück findet er seinen Niederschlag im realen Sektor. Dabei spielt die Fristigkeit der Verschuldung des privaten und öffentlichen Sektors eine wichtige Rolle. Bei verstärkter kurzfristiger Verschuldung sind die Auswirkungen der Geldpolitik auf die Realwirtschaft größer. Der „realwirtschaftliche" Teil des monetären Transmissionsprozesses beschreibt somit, wie ein geldpolitischer Impuls auf die gesamtwirtschaftliche Nachfrage (z.B. die Investitionstätigkeit oder den Konsum) und die Produktionsentwicklung wirkt.

Im Folgenden werden verschiedene „Kanäle" verfolgt, durch die monetäre Impulse die wirtschaftliche Aktivität beeinflussen. Wenn dies für einzelne Kanäle zunächst isoliert geschieht, soll damit nicht der Eindruck erweckt werden, dass keine Verknüpfungen zwischen diesen bestünden. Während zunächst theoretische Überlegungen im Vordergrund stehen, erfolgt im Anschluss eine Erörterung spezieller EWU-Gesichtspunkte.

### 5.1.2 Zins- und Wechselkurskanal

Wenn die Zentralbank über eine Veränderung der Geldmarktzinsen auf die wirtschaftliche Aktivität einwirken will, baut sie auf transmissionstheoretischen Überlegungen auf, bei denen sich zwei Hauptwirkungsstränge unterscheiden lassen: Der eine Wirkungsstrang betrifft die *direkten Zinswirkungen (Kapitalkosteneffekt)*, die von der geldpolitisch bewirkten Zinsänderung ausgehen. Der zweite, komplexere Wirkungsstrang umfasst die indirekten Wirkungszusammenhänge, die schlagwortartig als Substitutions-, Einkommens- und Vermögenseffekte bezeichnet werden. Neben diesen binnenwirtschaftlichen direkten und *indirekten Zinswirkungen*, die der *Zinskanal* beschreibt, zeigt der *Wechselkurskanal* die wechselkursbedingten Reaktionen im Gefolge geldpolitisch ausgelöster Zinsänderungen.

#### 5.1.2.1 Finanzierungskosten (Kapitalkosteneffekt)

Wenn die Zentralbank die Geldmarktzinsen und dadurch die Refinanzierungskosten der Geschäftsbanken anhebt, werden diese schließlich auch die Kreditzinsen erhöhen. Steigende Kreditzinsen führen zu einem geringeren Wachstum der Kredite und damit zu einem Nachlassen der kreditfinanzierten Nachfrage (bei Investitionen und langlebigen Konsumgütern sowie im Wohnungsbau).[144] Mit der geringeren Kreditvergabe wird auch das Geldmengenwachstum gebremst.

Im Falle einer Senkung der Geldmarktzinsen und damit schließlich der Finanzierungskosten der Nichtbanken sind expansive Ausgabenwirkungen zu erwarten. Allerdings

144 Empirische Untersuchungen zeigen, dass Änderungen der Geldmarktzinsen durch die Zentralbank auf kurz- und langfristige Kreditzinsen der Geschäftsbanken gleichgerichtet durchwirken, wobei allerdings die Elastizität (Verhältnis der prozentualen Änderungen von Kreditzinsen zu Geldmarktzinsen) generell kleiner als eins ist und zudem mit zunehmender Fristigkeit abnimmt. Weiterhin werden Erhöhungen von Geldmarktzinsen tendenziell stärker in den Kreditzinsen weitergegeben als Senkungen der Geldmarktzinsen. (Zu den Befunden für Mitgliedsländer der EWU siehe Mojon, 2000, 10 sowie EZB, 2001e, 22–24).

kann, auch wenn man vom Extremfall der *Liquiditätsfalle* (unendlich hohe Zinselastizität der Geldnachfrage) absieht, dennoch nicht ausgeschlossen werden, dass bei sehr niedrigen Zinssätzen expansive geldpolitische Maßnahmen verpuffen (siehe Box II.5.2). Eine Senkung der kurzfristigen Zinsen wird in diesem Fall kaum weitergehende Zins-

**Box II.5.2: Die Liquiditätsfalle**

Die lang anhaltende konjunkturelle Schwächephase in Japan schlägt sich nicht nur in den üblichen Indikatoren wie Output Gap und Arbeitslosenquote nieder, sondern weist darüber hinaus als auffällige Besonderheit Zinssätze in der Nähe von null auf. Ab etwa 1997 haben einzelne Ökonomen (als prominentester Vertreter wäre P. Krugman zu nennen) begonnen, die Situation in Japan durch den Rückgriff auf ein altes, zwischenzeitlich aber weitgehend in Vergessenheit geratenes Konzept zu erklären, die so genannte *Liquiditätsfalle*. Eine Liquiditätsfalle liegt dann vor, wenn die Zinsen so niedrig sind, dass die Anleger indifferent zwischen dem Halten von festverzinslichen Wertpapieren und dem Halten von Geld werden. Unter normalen Umständen führen ein Überangebot auf dem Geldmarkt und die korrespondierende Wertpapierübernachfrage dazu, dass der Wertpapierkurs steigt und der Zins sinkt. Diese Zinssenkungen erhöhen die zinsabhängige Güternachfrage, wie beispielsweise die Investitionsgüternachfrage. Sind die Nominalzinsen jedoch bereits gleich null, liegt also eine Liquiditätsfalle vor, sind weitere Zinssenkungen nicht mehr möglich. Damit ist einer der zentralen Anpassungsmechanismen der Ökonomie unterbrochen, und es gehen nach üblicher Sicht gleichzeitig die Fähigkeit der Ökonomie zur Selbststabilisierung und die Fähigkeit der Geldpolitik zur Stimulierung der Ökonomie verloren.

Einige wichtige Aspekte der Liquiditätsfalle lassen sich gut in einer leicht modifizierten Version des IS-LM-Modells illustrieren. Die Modifikation besteht darin, zwischen Real- und Nominalzins zu unterscheiden. Beide Zinssätze sind durch die einfache Version der Fisher-Gleichung verknüpft, d.h. der Realzins r ist gleich der Differenz aus Nominalzins i und erwarteter Inflationsrate $\pi^{erw}$. Die Geldnachfrage hängt vom Nominalzins ab, die Güternachfrage aber vom Realzins. In einem Nominalzins-Volkseinkommen-Diagramm ist die erwartete Inflationsrate ein zusätzlicher Lageparameter der IS-Kurve, der diese nach oben verschiebt. Geht man von einem Vollbeschäftigungsgleichgewicht A ohne Inflation mit dem Vollbeschäftigungseinkommen Y* aus, so gelangt man durch einen ausreichend starken Nachfragerückgang in eine Unterbeschäftigungssituation B mit sehr niedrigem Zinssatz, der hier der Einfachheit halber gleich null gesetzt wird. Ausgangssituation und Nachfragerückgang sind in Panel a) von Schaubild II.5.7 dargestellt. Befände man sich nicht in einer Liquiditätsfalle, so würde sich durch sinkende Preise, steigende reale Geldmenge, Zinssenkung und Nachfrageexpansion ein neues Vollbeschäftigungsgleichgewicht einstellen. Panel b) zeigt aber, dass die vorliegende Situation einen negativen Gleichgewichtsrealzins erfordert, der sich bei Null-Inflation nicht einstellen kann, da er das Absinken des Nominalzinses unter null erfordert. Damit kommt es nicht zur Selbststabilisierung der Ökonomie. Der verhinderte negative Gleichgewichtsrealzins macht auch die Alternativ-Bezeichnung „*Realzinsfalle*“ für eine solche Situation klar.

Auf den ersten Blick scheint expansive Geldpolitik in dieser Situation nicht hilfreich zu sein, da auch sie den Nominalzins nicht unter null senken kann. Expansive Fiskalpolitik dagegen führt zu einer Nachfragesteigerung und damit in Richtung Vollbeschäftigung. Sie tut dies allerdings nur so lange, wie tatsächlich höhere Staatsausgaben getätigt werden. Hat die Liquiditätsfalle längere Zeit Bestand, so führen die laufenden Budgetdefizite zu einer nicht durchhaltbaren Erhöhung der Staatsverschuldung, so dass auch die Fiskalpolitik keine dauerhafte Lösung bietet. Der Geldpolitik steht allerdings noch eine unkonventionelle Strategie zur Verfügung, um die Ökonomie aus der Realzinsfalle zu „befreien“: Sie kann für Inflationserwartungen sorgen, und damit Realzinsen ermöglichen, die unter dem Nominalzins liegen. Panel c) zeigt die nachfragesteigernde Wirkung einer solchen Maßnahme. Aufgrund der erwarteten Inflation liegt der Realzins so weit unter dem Nominalzins, dass ausreichend Nachfrage induziert wird, um zum Vollbeschäftigungsgleichgewicht C zu gelangen. Inflationserwartungen entstehen allerdings nur dann, wenn es glaubhaft ist, dass es zu Inflation kommen wird. Dies ist am ehesten dann der Fall, wenn sich die Zentralbank explizit auf ein Inflationsziel mit einer ausreichend hohen Untergrenze festlegt.

*Schaubild II.5.7: Liquiditätsfalle*

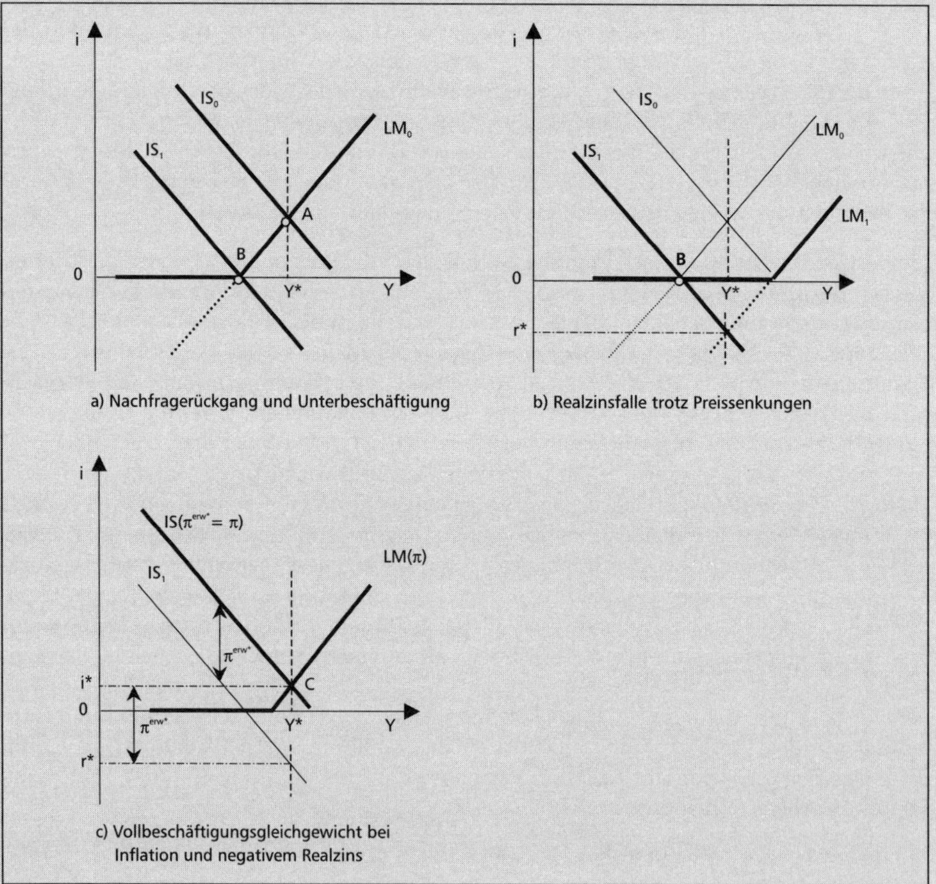

Bislang hat die Bank of Japan die Formulierung eines positiven Inflationsziels stets abgelehnt und betont, dass sie zwar deflationäre Tendenzen bekämpft, Inflation aber nicht zulassen wird. Zum gegenwärtigen Zeitpunkt ist unklar, ob ohne die derart verhinderten Inflationserwartungen ein Ausweg aus Japans Dauerkrise möglich ist.

Box erstellt von C. Knoppik, Universität Regensburg.

senkungen am Kapitalmarkt auszulösen vermögen und nur zu verstärkter Kassenhaltung führen (die LM-Kurve verliefe auf niedrigem Zinsniveau sehr flach). Je niedriger die Zinsen sind, desto eher sind Geld und alternative Anlageformen substituierbar. Aber selbst bei „normalen" Zinsreaktionen auf expansive geldpolitische Maßnahmen ist der erwünschte Nachfrageeffekt unsicher, und zwar dann, wenn – im Bereich niedriger Zinssätze – die Zinselastizität der Güternachfrage sinkt. So könnte bei einem bereits sehr niedrigen Zinsniveau eine weitere Zinssenkung von anderen Investitionsdeterminanten wie die (erwartete) Nachfrage- und Gewinnentwicklung derart dominiert werden, dass keine Investitionsbelebung eintritt. (Die IS-Kurve würde im unteren Zinsbereich vertikal abknicken.)

### 5.1.2.2 Substitutionseffekte

Bei den indirekten Wirkungsmechanismen stehen traditionell die *Substitutionseffekte* im Mittelpunkt. Sie spielen im Rahmen portfoliotheoretischer Vorstellungen eine wichtige Rolle. Entsprechend dem Rationalkalkül wird davon ausgegangen, dass Banken und Nichtbanken eine rendite-risiko-gesteuerte Zusammensetzung ihres aus Finanz- und Sachaktiva bestehenden Vermögens anstreben. Ermöglichen Umschichtungen zwischen einzelnen Aktiva keine Ertrags-Risiko-Verbesserung des Gesamtvermögens mehr, liegt ein *optimales Portefeuille* vor. Wenn z.B. im Gefolge restriktiver geldpolitischer Maßnahmen der Notenbank die kurzfristigen Zinsen steigen und damit das Verhältnis der Ertragsraten sich ändert, werden die Geschäftsbanken zur Wiederherstellung des Portfoliogleichgewichts (bei gegebenem Risiko) langfristige Wertpapiere verkaufen. Dieses verstärkte Wertpapierangebot wiederum führt über sinkende Wertpapierkurse zu steigenden Kapitalmarktzinsen. Die Nichtbanken werden als Folge der Zinssteigerung eine Umschichtung der finanziellen Mittel hin zu längerfristigen Anlagen (Geldkapital, festverzinsliche Wertpapiere) vornehmen. Diese Umschichtung wird auch das Sachkapital betreffen, das angesichts der Renditesteigerung bei langfristigen Finanzanlagen weniger attraktiv ist. Für die Haushalte hat dies letztlich eine rückläufige Nachfrage beispielsweise nach Eigentumswohnungen und nach (langlebigen) Konsumgütern wie etwa Möbel und Autos zur Folge. Für Unternehmen gewinnen Finanzanlagen bei steigenden Zinsen gegenüber Investitionen in Sachkapital relativ an Attraktivität, was die Investitionsgüternachfrage dämpft.

### 5.1.2.3 Einkommens- und Vermögenseffekte

Zu einem *Einkommenseffekt* (auch *„Cash-Flow-Effekt“* genannt) kommt es über eine Umverteilung der Zahlungsströme, da sich die Zinseinnahmen der Gläubiger und die Zinsausgaben der Schuldner verändern.[145] Auch wenn der Saldo aus Zinseinnahmen und Zinsausgaben gleich null ist, ergeben sich gesamtwirtschaftliche Nachfragewirkungen. Damit ist deshalb zu rechnen, weil bei den Schuldnern von einer höheren Ausgabenneigung auszugehen ist als bei den Gläubigern. Im Zuge von Zinserhöhungen werden daher von diesem Einkommens- bzw. „Cash-Flow-Effekt“ dämpfende Wirkungen auf die gesamtwirtschaftliche Nachfrage ausgehen. Bei Zinssenkungen ergeben sich dagegen die Nachfrage belebende Effekte.

Außer den Nachfragewirkungen steigender Kreditzinsen, zinsbedingter Vermögensumschichtungen und Einkommensumverteilungen, die schließlich auch die Nachfrage nach Konsum- und Investitionsgütern erfassen,[146] ergeben sich noch *Vermögenseffekte,* die aus der Änderung der Vermögenswerte resultieren. Geldpolitisch ausgelöste Zinssteigerungen führen über Substitutionsprozesse schließlich auch zu Kursverlusten bei finanziellen Aktiva (festverzinsliche Wertpapiere, Aktien). Wenn geldpolitisch bedingt die Zinsen am Rentenmarkt anziehen, werden die Kurse von festverzinslichen Wertpapieren, die mit niedrigeren Nominalzinsen ausgestattet waren, fallen. Bei attraktiverer Anlage in höher verzinslichen Anleihen sinkt zudem die Nachfrage nach Aktien, wodurch auch hier Kursrückgänge ausgelöst werden.[147] Es ist also mit gegenläufiger Zins- und Aktienkursentwicklung zu rechnen (siehe Schaubild II.5.8). Diese Vermögensverluste dämpfen die konsumtive und die investive Nachfrage.[148] Die nachfragesenkenden Effekte strahlen auch auf die Preise für vorhandenes und neu zu schaffendes Sachvermögen aus.

145 In Bezug auf bereits laufende Verträge gilt dies selbstverständlich nur, wenn keine Festzinsvereinbarungen getroffen wurden.

146 Die Nachfragewirkungen dieser Effekte sind allerdings daran gebunden, ob sie als transitorisch oder als permanent interpretiert werden. Im Sinne von Milton Friedmans *permanenter Einkommenshypothese* sind nur als dauerhaft angesehene Einkommens- und Vermögensänderungen entscheidungsrelevant.

147 Der Zusammenhang zwischen Zins- und Aktienkursentwicklung lässt sich auch folgendermaßen erklären: Der Aktienkurs kann als abgezinster Wert zukünftiger Dividendenzahlungen betrachtet werden. Diese Erträge werden bei steigendem Zinssatz entsprechend höher abgezinst. Der Gegenwert, also der Aktienkurs, sinkt.

148 Untersuchungen des Internationalen Währungsfonds (2001) ergaben statistisch signifikante Vermögenseffekte der Aktienkursentwicklung für Konsum und Investition. Allerdings bestehen bemerkenswerte Bedeutungsunterschiede zwischen verschiedenen Ländergruppen: Eine Erhöhung (Verringerung) des Aktienkursniveaus um einen Dollar führt für den Durchschnitt der Ländergruppe Canada, USA und Vereinigtes Königreich zu einer Erhöhung (Verringerung) des Konsums und der Investitionen um jeweils fünf Cents. Für den Durchschnitt der Ländergruppe Deutschland, Frankreich und Niederlande beträgt die Nachfragereaktion nur jeweils einen Cent (IMF, 2001, 62, 65). Bedenkt man die vergleichsweise geringe Bedeutung des Aktienvermögens etwa in Deutschland gegenüber den USA, sind diese unterschiedlichen Befunde nicht überraschend.

Eine besondere Art geldpolitisch ausgelöster Vermögenseffekte betrifft die Nachfrage nach langlebigen Konsumgütern. Da langlebige Konsumgüter (z.B. PKWs und Haushaltseinrichtungen) im Falle eines kurzfristigen Liquiditätsbedarfs nur mit (erheblichen) Verlusten in Liquidität umgewandelt werden können, wird bei der Befürchtung zunehmender Liquiditätsengpässe die Nachfrage nach langlebigen Konsumgütern sinken.[149] Die Befürchtung von Liquiditätsengpässen und dadurch möglicherweise erforderliche Notverkäufe von langlebigen Konsumgütern wird allerdings umso niedriger sein, je höher das Netto-Finanzvermögen ist. Da eine expansive Geldpolitik zu einer Erhöhung dieser Vermögenswerte (von festverzinslichen Wertpapieren, Aktien) führt, sinkt die Gefahr der Illiquidität, so dass die Nachfrage nach langlebigen Konsumgütern – und eventuell auch nach Immobilien – steigt.

Die zuletzt erörterten Transmissionsmechanismen stehen in enger Beziehung zu investitionstheoretischen Hypothesen, wie sie in *Tobins q* sowie zu konsumtheoretischen

*Schaubild II.5.8: Entwicklung von Aktienkursen und Geldmarktzinsen*

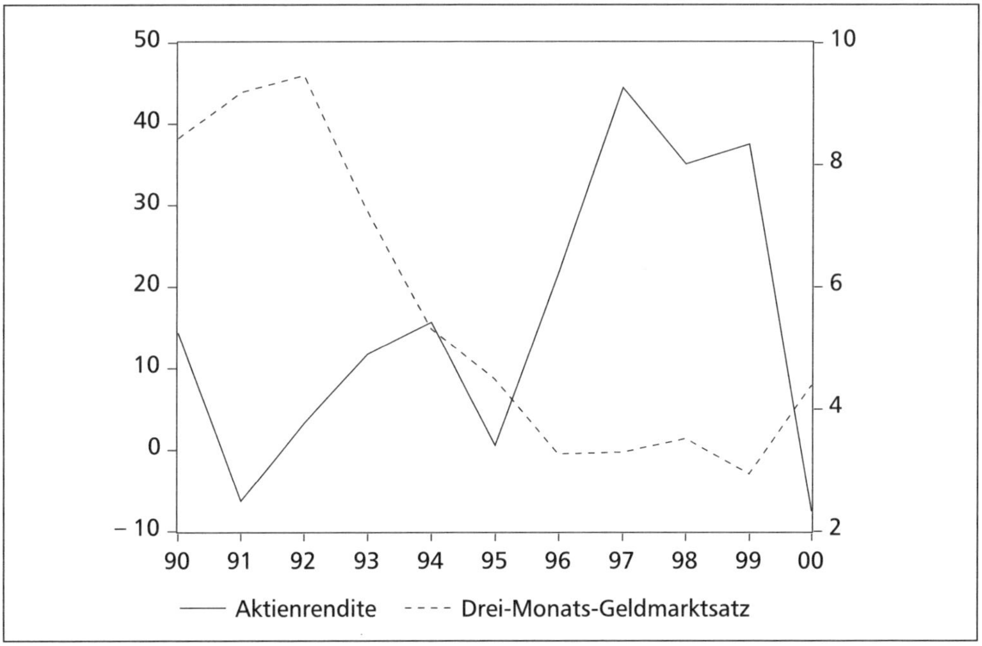


Quelle: Deutsche Bundesbank; eigene Berechnungen.

Anmerkungen:

Aktienrendite (linke Skala) berechnet als jährliche Zuwachsrate des DAX. Geldmarktsatz: rechte Skala. Der Korrelationskoeffizient zwischen beiden Zeitreihen beträgt 0,61.

149 Nach den empirischen Untersuchungen Mishkins (1978) spielten diese Zusammenhänge eine wichtige Rolle für die Schärfe der Weltwirtschaftskrise (1929–1933) in den USA.

Hypothesen, wie sie in Modiglianis *Lebenszyklus-Hypothese* zum Ausdruck kommen. Mit Tobins q (siehe Box II.5.3) lässt sich die Verknüpfung zwischen Geldpolitik und Investitionstätigkeit über die den Unternehmenswert reflektierenden Aktienkurse herstellen. Die Größe q ist der Quotient aus dem Marktwert des Unternehmens und den Wiederbeschaffungskosten der physischen Kapitalgüter dieses Unternehmens. Ein hoher Marktwert relativ zu den Wiederbeschaffungskosten bedeutet, dass der Erwerb von neuem Sachkapital relativ billig ist. Bei hohen Aktienkursen können sich nämlich die Unternehmen über Aktienemissionen relativ günstig finanzielle Mittel besorgen, um neue Investitionsgüter zu finanzieren. Bei niedrigem q, also relativ zu den Kosten neuen Sachkapitals niedrigen Aktienkursen, unterbleiben hingegen Neuinvestitionen, da der

**Box II.5.3: Tobins q**

Die Übertragung monetärer Impulse in den güterwirtschaftlichen Bereich erfolgt nach James Tobin durch die Veränderung der Relation (q) zweier Ertragsraten bzw. der zugehörigen Kapitalwerte. Die Variable q ist definiert als Verhältnis des Marktwertes eines Unternehmens (MWU) zu den Wiederbeschaffungskosten des Sachkapitals (WBK) dieses Unternehmens.

$$q = \frac{MWU}{WBK}$$

Solange der Marktwert höher ist als die Wiederbeschaffungskosten ($q > 1$), lohnt sich die Neuinvestition. Bei $q < 1$ unterbleiben Neuinvestitionen, und via Abschreibungen ist mit einer Verringerung des Kapitalstocks zu rechnen.

Mit Wiederbeschaffungskosten (Reproduktionskosten) ist der Preis gemeint, der für die Beschaffung des physischen Kapitals eines Unternehmens (Betriebsgelände, Maschinenpark, sonstige Anlagen) zu zahlen wäre. Der Marktwert entspricht dem Gegenwartswert der erwarteten Unternehmenserträge. Anstatt der beiden Vermögenswerte könnten auch Ertragsraten (bei gegebener Produktivität bedeutet ein steigender Marktwert eine sinkende Ertragsrate) gegenübergestellt werden. Die erwartete Ertragsrate wäre dann mit einem festen Zins (durchschnittliche Rendite am Kapitalmarkt) zu vergleichen, der bei einer alternativen Anlage der Mittel am Kapitalmarkt erzielt worden wäre.

Zum empirischen Test dieser Investitionshypothese wird für die Erfassung der Wiederbeschaffungskosten auf den Preisindex für Erzeugnisse des Investitionsgüter produzierenden Gewerbes (InvP-Ind) zurückgegriffen. Als Maß der Unternehmenswerte dient die Entwicklung des Aktienkursindex' (Ak-Ind).

$$q = \frac{Ak - Ind}{InvP - Ind}$$

Dem Rückgriff auf die Aktienkurse liegt die Vorstellung zugrunde, dass sich der Gegenwartswert der erwarteten Erträge in den Kursen niederschlägt und mithin eine durch Kursanstieg bewirkte Erhöhung von q steigende Investitionen erwarten lässt. Zumindest auf kurze Sicht ist hier jedoch Vorsicht geboten. Die in steigenden Kursen zum Ausdruck kommenden Ertragserwartungen der Anleger müssen sich nicht mit denen der Unternehmensleitungen decken. Letztere sind jedoch nur investitionsrelevant.

Erwerb von vorhandenem Sachkapital (also die Übernahme eines bestehenden Unternehmens) relativ günstiger ist. Eine expansive Geldpolitik führt im Zuge des monetären Transmissionsprozesses schließlich auch zu einer verstärkten Nachfrage nach Aktien. Die hierdurch veränderte Relation der Vermögenswerte von bestehendem zu neu zu schaffendem Sachkapital löst die beschriebene Belebung der Nachfrage nach Sachkapital aus.

Ähnliche Überlegungen gelten für die konsumtive Nachfrage. Nach der *Lebenszyklus-Hypothese* (Box II.5.4) ist der Konsum nicht vom aktuellen Einkommen abhängig, sondern die finanziellen Möglichkeiten über die gesamte Lebenszeit hinweg bestimmen den (relativ gleichmäßigen) Strom konsumtiver Ausgaben (*Konsumglättungsmotiv*). Da zu den finanziellen Möglichkeiten auch das Finanzvermögen und hierunter auch das Aktienvermögen zählt, hat eine expansive Geldpolitik nach dieser Theorie via Aktienkursanstieg nachfragebelebende Effekte beim Konsum.

**Box II.5.4: Lebenszyklus-Hypothese**

Die Lebenszyklus-Hypothese geht davon aus, dass rational handelnde Individuen ihren Konsum nicht einfach am aktuellen Einkommen ausrichten, sondern dass sie ihr Lebenseinkommen relativ gleichmäßig auf die gesamte Lebenszeit verteilen. Sieht man von ererbtem oder zu vererbendem Vermögen ab, bedeutet dies, dass das Lebenseinkommen (einschließlich die Zinseinkommen aus Ersparnis) dem Lebenszeitkonsum entspricht.

$$C \cdot Lj = Y \cdot Lj \quad \text{bzw.} \quad C = Y$$

Der jahresdurchschnittliche Konsum (C) multipliziert mit den Lebensjahren (Lj) ergibt den Lebenszeitkonsum, das durchschnittliche jährliche Einkommen (Y) multipliziert mit den Lebensjahren (Lj) das Lebenszeiteinkommen. Bei – angestrebtem – gleichmäßigem Konsum werden die Individuen Teile ihres während der Erwerbsphase erzielten Einkommens zur Rückzahlung von vor der Erwerbsphase aufgenommenen Krediten (z.B. Studenten-BAföG) verwenden sowie zur Vorsorge für das Rentenalter sparen, damit auch in dieser Phase der Konsumstandard aufrechterhalten werden kann. Wird das Lebenszeiteinkommen durch die Zahl der Lebensjahre dividiert, erhält man die durchschnittliche jährliche Konsumsumme. Entsprechend den Einkommensschwankungen in den einzelnen Lebensperioden ergeben sich altersspezifische Konsumquoten.

Haben die Individuen ein Anfangsvermögen, das nicht auf eigener Arbeitsleistung beruht, schlagen sie einen höheren Konsumpfad ein (Vermögenseffekt). Dieser Anstieg entspricht dem auf die (verbleibende) Lebenszeit verteilten Vermögen zuzüglich der aus diesen Vermögensanlagen fließenden Zinserträge.

Hinsichtlich der realen Wirkungen ist allerdings insoweit Vorsicht am Platze, als die positiven Produktionswirkungen einer expansiven Geldpolitik zwar kurzfristig gelten mögen, langfristig jedoch, d.h. nach Ablauf von Anpassungsprozessen, davon auszugehen ist, dass über die Geldpolitik nicht die Produktion, sondern nur die Preisentwicklung bestimmt wird. Das Produktionspotenzial wird von der Quantität und Qualität der

Produktionsfaktoren bestimmt. Durch „Geld“ und mithin durch Geldpolitik können die monetären Voraussetzungen geschaffen werden, dass die Ausschöpfung der Produktionsmöglichkeiten nicht an finanziellen Engpässen scheitert. Die realwirtschaftlichen („natürlichen“) Bedingungen selbst vermag die Geldpolitik nicht zu gestalten (*Geldneutralität*).

### 5.1.2.4 Wechselkurseffekte

Die Interdependenz geldpolitisch ausgelöster Transmissionsprozesse wird sehr deutlich bei den Wechselkurswirkungen (*Wechselkurskanal*). Zinserhöhungen führen nämlich über induzierte Kapitalbewegungen tendenziell zu einer Aufwertung, Zinssenkungen zu einer Abwertung der heimischen Währung.[150] Durch solche Wechselkursbewegungen, die schon durch erwartete geldpolitische Änderungen ausgelöst werden können, verändern sich die Preise handelbarer Güter: Bei einer Aufwertung werden Exporte teurer und Importe billiger. Die im Inland wirksam werdende Nachfrage schwächt sich ab, was letztlich zu Lasten der heimischen Produktion geht. Ein Nachlassen der inlandswirksamen gesamtwirtschaftlichen Nachfrage bzw. die vermehrte Inanspruchnahme von ausländischen Produktionskapazitäten über steigende Importe wirkt so eventuell nachfragebedingten inflationären Anstößen entgegen. Nicht zu vernachlässigen ist auch, dass eine Aufwertung der heimischen Währung über sinkende Importpreise die inländische Preisentwicklung dämpft. Schließlich kann es auch zu wechselkursbedingten *Einkommens-* und *Vermögenseffekten* kommen. Nachfragedämpfende Wirkungen erwachsen im Falle einer Aufwertung der heimischen Währung und bei Vorliegen einer Netto-Gläubigerposition gegenüber dem Ausland einmal daraus, dass aus ausländischen Vermögensanlagen fließende Einkommensströme (z.B. Zinszahlungen, Dividenden) sich in inländischer Währung vermindern. Zum anderen sinken – in inländischer Währung gerechnet – die Vermögenswerte der in ausländischer Währung gehaltenen Aktiva. Die eine restriktive Geldpolitik unterstützenden Wechselkurseffekte gelten analog für eine expansive Geldpolitik.

An dieser Stelle sei nachdrücklich darauf hingewiesen, dass die vorstehenden Wirkungszusammenhänge auf ceteris-paribus-Überlegungen basieren. Sowohl die Zinswirkungen der Notenbankpolitik wie auch die Wechselkurswirkungen können durch gegenläufige Zins- und Wechselkurserwartungen überlagert werden, die die Notenbankpolitik konterkarierende Kapitalbewegungen auslösen. Hierbei spielen nicht nur gegenläufige, die ursprünglichen Zinssenkungen reduzierende Einkommenswirkungen eine Rolle, die im Falle einer expansiven Geldpolitik die Nachfragebelebung beschneiden.[151] Die verbleibende Nachfragebelebung kann zudem zu Preissteigerungen führen, die in zinstreiben-

150 Sicher sind solche Effekte freilich nicht. Sollte von einer Zinssenkung eine günstige Wachstumswirkung erwartet werden, so könnte dies zu wachstumsinduzierten Kapitalbewegungen führen. Die Zinssenkung ginge dann mit einer Aufwertung einher.

151 Die Nachfrageexpansion erzeugt einen höheren transaktionsbedingten Geldbedarf, der seinerseits der vorangegangenen Zinssenkung entgegenwirkt.

de Inflationserwartungen einmünden. Der geldpolitisch beabsichtigten Zinssenkung steht am langen Ende möglicherweise sogar eine Zinserhöhung gegenüber. Vorsicht gegenüber „sicheren" Zusammenhängen ist auch aus internationaler Perspektive angebracht. Gerade Erfahrungen mit internationalen Finanztransaktionen in den letzten Jahren lehren, dass es zu spekulativen, realwirtschaftlich nicht begründbaren Übertreibungen an den internationalen Finanzmärkten kommen kann.

Außer solchen internationalen Einflüssen, die bereits die geldpolitische Steuerung erschweren, ist auch der Weg von den monetären zu den realen Größen mit Unsicherheiten behaftet. Empirisch können einzelne Effekte oder Teilschritte des Transmissionsweges vielfach nicht nachgezeichnet oder wegen des geringen Gewichts und interdependenter Zusammenhänge nicht identifiziert werden. Man ist deshalb auf die Kontrolle des Zusammenhangs zwischen nahe bei den Impulsgrößen (Zentralbankgeld, Tagesgeldsatz) angesiedelten Variablen einerseits und den Endgrößen andererseits angewiesen. Immerhin scheint für Deutschland die Wirkung langfristiger Zinssätze, die ihrerseits wiederum in statistisch zuverlässiger Beziehung zu kurzfristigen Sätzen stehen, auf die Investitionsaktivitäten als signifikant eingestuft werden zu können.[152] Für den privaten Konsum (in Deutschland) spielen dagegen Zinsen nur eine sehr untergeordnete Rolle (Hansen, 1996). Ähnlich geringe Konsumbedeutung in Deutschland ist folglich auch von Vermögenseffekten zu erwarten.[153]

Dass geldpolitisch bewirkte Erhöhungen der kurzfristigen Zinsen relativ schwache gleichgerichtete Änderungen bei den Kapitalmarktzinsen auslösen, braucht nicht im Sinne geringer Wirkung interpretiert zu werden, sondern kann Niederschlag hohen Vertrauens in die Stabilitätspolitik der Zentralbank sein, so dass ein Zinsaufschlag für Inflationserwartungen unterbleibt. Auch sind bei hoher Glaubwürdigkeit (und Transparenz) der Zentralbank für das Erreichen bestimmter Wirkungen nur mehr geringere Zinsschritte erforderlich. Diese Zusammenhänge verdeutlichen unvermeidliche Schwierigkeiten, die die Geldpolitik des Eurosystems in der Phase zu überwinden hat, in der sie sich Glaubwürdigkeit und Reputation erst verschaffen muss.

### 5.1.3 Kreditkanal

Neben den bislang erörterten traditionellen monetären Übertragungswegen gibt es als relativ neuen Ansatz den *Kreditkanal* (*credit channel*), der die besondere Rolle der Kreditvergabe der Geschäftsbanken im Transmissionsprozess herausstellt.[154] Er bezieht sich

152 So jedenfalls die empirischen Befunde von Kaehler/Korn (1995, 114, 131). Nach dieser Untersuchung spielen für Deutschland noch Akzeleratoreffekte und die Kapazitätsauslastung eine signifikante Rolle. Einflüsse im Sinne von Tobins q finden die Autoren auf der Makroebene hingegen nicht.

153 Siehe hierzu auch die oben erwähnte Untersuchung des IMF (2001, 62).

154 Nach Bernanke/Gertler (1995, 28) ist der **Kreditkanal kein eigenständiger Wirkungsmechanismus**, der parallel zu oder unabhängig von den traditionellen monetären Transmissionsmechanismen auftritt. Letztere würden vielmehr verstärkt. Zur komplementären Bedeutung siehe auch Schmidt (1999, 3).

vor allem auf restriktive geldpolitische Maßnahmen. Ausgangspunkt bildet die Beobachtung, dass im Gefolge restriktiver Geldpolitik die realen Wirkungen (z.B. Rückgang der Investitionen) häufig stärker ausfallen als aufgrund einer nur mäßigen Veränderung der Notenbank- und Marktzinsen zu erwarten wäre. Als allgemeine Ursache für diesen „**finanziellen Akzelerator**" (Bernanke et al., 1994) lassen sich informationsbedingte Kreditangebotsbeschränkungen ausmachen, die in eine *Kreditselektion* zu Lasten bestimmter Kreditnehmer oder sogar *Kreditrationierung* einmünden. Bei der Analyse der Kreditverfügbarkeit wurden zwei sich in ihren Wirkungsmechanismen unterscheidende, im Ergebnis aber sehr ähnliche Teilkonzepte entwickelt: *Bankenkanal* und *Bilanzkanal.*

### 5.1.3.1 Bankenkanal (Bank Lending Channel)

Der *Bank Lending Channel* betont, dass viele potenzielle Schuldner (Unternehmen wie auch Haushalte) auf Banken als Kreditgeber angewiesen sind. Geht das Kreditangebot der Banken im Zuge einer Zinserhöhung durch die Zentralbank zurück (Verschiebung der Kreditangebotsfunktion nach oben: $K_1^S \rightarrow K_2^S$ schlägt sich dies mangels anderweitiger Verschuldungsmöglichkeiten in sinkenden Konsum- und Investitionsausgaben nieder. Außer privaten Haushalten auf der einen Seite sind auf der Unternehmensseite vor allem kleine und mittlere Unternehmen betroffen, da ihnen Aktien- und Wertpapieremissionen als alternative Finanzierungsquellen zur Kreditfinanzierung (bisher) weithin verschlossen sind. Das Kreditangebotsverhalten der Geschäftsbanken als Reaktion auf veränderte Notenbankzinsen wird weiterhin noch dadurch geprägt, dass erfahrungsgemäß bei Zinserhöhungen der Anteil stärker risikobehafteter Kredite am gesamten Kreditvolumen steigt. Für die Geschäftsbanken kann es daher günstig sein, auf mögliche Zinserhöhungen in gewissem Umfang zu verzichten.[155]

Anhand der Abbildung II.5.9 sollen die Zusammenhänge vereinfacht dargestellt werden.

Ausgehend von einer Gleichgewichtssituation am Kreditmarkt ($K_1$, $i_1$) möge eine restriktive Geldpolitik schließlich zu einer Verteuerung des Kreditangebots der Banken führen ($K_1^S \rightarrow K_2^S$). Bei vollkommenem Kreditmarkt wäre die neue Gleichgewichtssituation ($K_2$, $i_2$). Stattdessen rationieren die Geschäftsbanken ihr Kreditangebot (beispielsweise) auf $K_2'$ zum Zinssatz $i_2'$, wovon vornehmlich der Konsum der Haushalte und die Investitionen kleiner und mittlerer Firmen betroffen sind, da Großunternehmen eher auf den Kapitalmarkt ausweichen können. Dieses Bankenverhalten kann damit erklärt werden, dass sie bei höheren Kreditzinsen und – im Vergleich zu $K_2'$-höherem Kreditvolumen ($i_2$, $K_2$) zunehmende Risiken befürchten und deshalb die Kreditausfallkosten größer werden könnten als die höheren Erträge aus dem sich ausweitenden Kreditgeschäft. Die Befürchtung zunehmender Risiken kann im *moral hazard* (siehe Box II.5.5) wie auch in *adverser Selektion* (siehe Box II.5.6) begründet sein.

155 Eine Variante des Bankenkanals, den sog. *Bankenkapitalkanal,* diskutiert van den Heuvel (2001). Er wirkt über die Existenz von Eigenkapitalrichtlinien und sonstigen Regulierungen, die zu einer vorsichtigen Geschäftspolitik Anlass geben.

*Schaubild II.5.9: Kreditangebot und Kreditnachfrage*

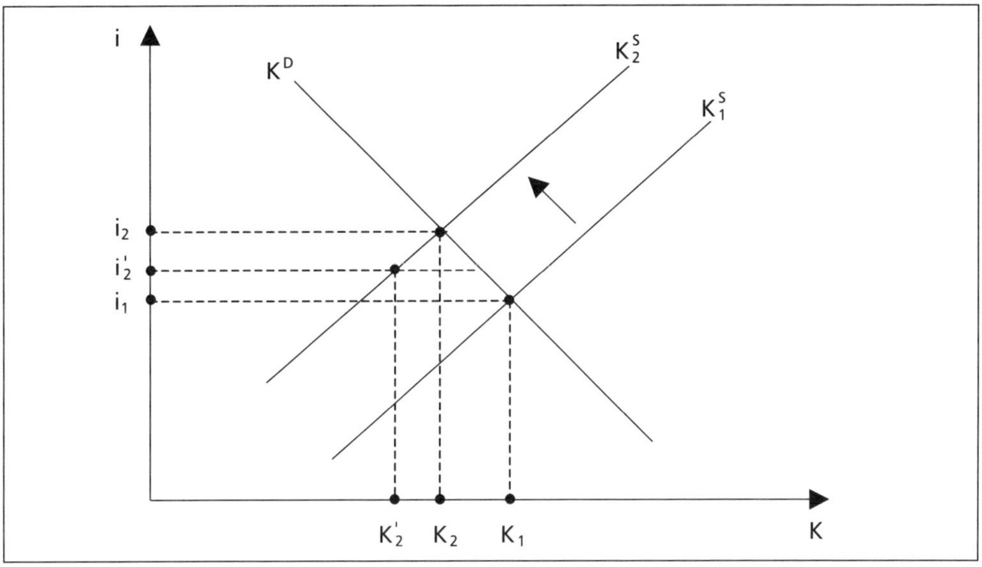


Moral Hazard könnte sich ergeben, weil für Kreditnehmer bei höheren Kreditzinsen ein Anreiz besteht, riskante Projekte in Angriff zu nehmen und dies gegenüber dem Kreditgeber zu verschleiern. Grundsätzlich sind die Kreditnehmer besser über die Risiken ihrer Investitionsprojekte und über ihre eigenen Charakteristika informiert als die Kreditgeber. Diese *asymmetrische Information* können die Banken nur mittels hoher Informationskosten beseitigen. Da mit steigendem Kreditzins das „waghalsige" Verhalten zunimmt, erhöhen sich zwar möglicherweise die Gewinnaussichten, zugleich aber auch die Risiken und damit die Kreditausfallrisiken der Banken. Die Banken werden auf solche Kreditgeschäfte daher eher verzichten.

**Box II.5.5: Moral Hazard**

Grundsätzlich führt das wettbewerbsgesteuerte Preissystem auch bei Risiken und Unsicherheit (durch Einschaltung von Versicherungsmärkten) zu einer optimalen Faktorallokation. Neben den versicherbaren echten Risiken, die auf unkontrollierbare äußere Einflüsse zurückgehen, gibt es aber noch das „moralische Wagnis" (*moral hazard*). Dieses Wagnis entsteht, weil die Versicherungsnehmer die Anspruchsvoraussetzungen bewusst herbeiführen oder ungenügende bis keine Anstrengungen zur Schadensbegrenzung vornehmen. Da die Versicherung aus Gründen mangelnder Information die beiden Schadensursachen (echte und moralische) nicht voneinander trennen kann, besteht für die Versicherungsnehmer kein Risiko, den Versicherungsanspruch zu verlieren. Die Existenz der Versicherung kann daher einen Anreiz zu unvorsichtigem Handeln auslösen, was zu entsprechend höheren Versicherungsprämien führt, wodurch wiederum der Anreiz zur Inanspruchnahme erhöht wird etc.

Das Problem des moral hazard lässt sich verallgemeinern für Situationen, in denen mangels Informationen und Kontrollmöglichkeiten Risiken auf andere mehr oder weniger große Kollektive abgewälzt werden. So ermuntert eine Krankenpflichtversicherung schon durch ihre Existenz zur Inanspruchnahme. Hierbei wird die Mentalität des „Wiederhereinholens" von Beitragsleistungen umso stärker ausgeprägt sein, je höher die Beiträge sind.

Auch für die Kreditvergabe von Banken gilt, dass das „moralische Wagnis" umso größer ist, je geringer die Wahrscheinlichkeit der Kontrolle ist, mit der das Fehlverhalten von Kreditnehmern entdeckt wird. Da die Installation eines perfekten Kontrollsystems an prohibitiv hohen Kosten scheitert, entstehen Verhaltensspielräume, die im Sinne des moral hazard kostentreibend genutzt werden. Wegen der begrenzten Überwachungsmöglichkeiten der Kreditverwendung eines Kreditnehmers können bei geldpolitisch bedingten Zinssteigerungen den Banken zusätzliche Kosten durch verstärkten moral hazard erwachsen. Mit steigenden Kreditzinsen nehmen Finanzierungsanträge für waghalsige Projekte zu. Diese Projekte könnten zwar hohe Gewinne abwerfen – die Kreditfinanzierung wäre dann kein Problem –, sie bergen aber zugleich hohe Risiken des Scheiterns in sich. Wegen der hohen Kreditausfallrisiken kann es für die Banken deshalb profitabler sein, das Kreditvolumen unter das am Markt Mögliche zu begrenzen.

Während „moral hazard" die Kreditverwendung betrifft, spielt sich das Problem der „adverse selection" gewissermaßen im Vorfeld bei der Zusammensetzung der Kreditnehmer ab. Kreditnachfrager mit leichtfertigen Projekten werden versuchen, Kredite „um jeden Preis" zu bekommen, wohl wissend und kalkulierend, dass sie im Extremfall den Kredit nicht zurückzahlen können. Auf der anderen Seite werden Kreditnehmer mit vergleichsweise ertragsschwachen, aber wenig risikobehafteten Projekten nicht bereit sein, den höheren Zins zu zahlen und deshalb als Nachfrager ausscheiden. Es käme also eine negative Auswahl in zweierlei Hinsicht zustande: Die „schlechten" Risiken nähmen zu, die „guten" Risiken gingen zurück. Um diese unerwünschten Konsequenzen zu vermeiden, können die Banken auf die am Markt möglichen Zinserhöhungen verzichten und stattdessen eine Krediteinschränkung vornehmen. Es sind also letztlich – von der Geldpolitik unabhängige – Marktunvollkommenheiten (hier eine asymmetrische Informationsverteilung zwischen Banken und Kreditnehmern), die dazu führen, dass die Höhe der Zinsen nicht das einzige Selektionskriterium bildet.

**Box II.5.6: Adverse Selektion**

*Adverse Selektion* (Negativauslese) tritt bei asymmetrisch verteilter Information auf. Das generelle Problem lässt sich am anschaulichsten für den Versicherungsmarkt darstellen. Oft kennen die Versicherungsnehmer die möglichen Risiken besser als die Versicherer. Wenn eine Versicherung (z.B. eine Krankenversicherung) eine allgemeine Vollversicherung mit versicherungsmathematisch korrekt kalkulierten Prämien anbietet, wird sie ein schlechtes Geschäft machen. Diese Versicherung wird überproportional von Personen mit hohem Risiko erworben, während die „guten" Risiken nur unterproportional als Nachfrager auftreten. Da die Versicherung bei Vertragsabschluss die unterschiedlichen Risiken nur unzureichend abschätzen kann, wird sie in ihrem Versicherungsbestand überproportional häufig „schlechte" Risiken haben. Erhöht sie deshalb die Prämien, scheiden noch mehr „gute" Risiken als Nachfrager aus. Die unzureichende Kenntnis von Risiken und ihrer Verteilung führt zu einer negativen Auslese mit der Folge, dass es Personen gibt, die sich auf dem Versicherungsmarkt versichern möchten, es aber – zu marktgerechten Preisen – nicht können (suboptimale Allokation).

Solche Fehlallokationen aufgrund von Informationsmängeln gibt es auch auf anderen Märkten. Bei steigenden Zinsen ziehen sich „gute Risiken" als Kreditnachfrager zurück. Die negative Selektion kann noch dadurch verschärft werden, dass der Zinsanstieg den kostentreibenden „moral hazard" (siehe Box II.5.5) verstärkt. Durch den höheren Anteil „schlechter Risiken" kann der bei größerem Kreditvolumen höhere Ertrag durch die Kreditausfallkosten überkompensiert werden. Auch auf dem Arbeitsmarkt spielen Informationsasymmetrien eine wichtige Rolle. Da Arbeitgeber jenseits der formalen Qualifikation die Fähigkeiten von Bewerbern nur unzureichend kennen, können Lohnforderungen als Produktivitätsmaßstab dienen. Sucht ein Arbeitgeber Arbeitskräfte mit einer bestimmten Produktivität, der er eine nach seiner Meinung adäquate Lohnhöhe zuordnet, so nützt einem Bewerber eine Lohnunterbietung dann nichts, wenn der niedrige Anspruchslohn als Indiz geringer Produktivität gilt. Auf der anderen Seite werden Arbeitgeber in einer Absatzflaute mit Lohnsenkungen zurückhaltend sein, weil die besten Arbeitskräfte, die relativ leicht einen anderen Arbeitsplatz finden, zuerst ausscheiden werden. Aufgrund dieser negativen Selektion können sinkende Löhne zu steigenden Lohnkosten und sinkenden Gewinnen führen.

Entscheidend für das restriktive Kreditangebotsverhalten der Banken im Sinne des Bankenkanals sind Informationsasymmetrien. Diese Asymmetrien wachsen mit der Höhe der Informationskosten für die Evaluierung der Investitionsprojekte und Überwachung des Verhaltens der Kreditnehmer. Informationskostenintensive Firmen werden am ehesten von der Kreditvergabe ausgeschlossen. Informationskostenintensiv sind vor allem (kleine und mittlere) Firmen, die nur über geringe Eigenmittel verfügen und/oder sich noch nicht erfolgreich am Markt etabliert haben und für die kein externes Rating vorliegt. Vergleichsweise wenig informationskostenintensiv sind (große) Firmen mit solider Eigenkapitalbasis und anhaltenden Markterfolgen.

#### 5.1.3.2 Bilanzkanal (Balance Sheet Channel)

Der *Balance Sheet Channel* hebt die Beeinflussung des Unternehmenswertes und anderer Kreditsicherheiten durch die Zinserhöhungen der Notenbanken hervor. Wenn eine restriktive Geldpolitik zu steigenden Zinsen und in deren Gefolge zu sinkenden Kursen von Rentenpapieren und Aktien sowie infolge erhöhter Zinszahlungen zu einem sinkenden *Cash flow* führt, vermindert sich die Basis für die Besicherung von Krediten bei – wegen des gesunkenen Cash flow – zugleich erhöhtem Kreditbedarf. Im Falle einer scharfen Restriktionspolitik, die sogar ein sinkendes Preisniveau zur Folge hätte, käme es zu einem Anstieg der realen Schuldenlast und einem Sinken von Sachvermögenswerten zugleich. Da die Banken sich mit dem gesunkenen realen Reinvermögen einem geringeren Wert ihrer Sicherheiten und außerdem zu deren Ermittlung zunehmenden Informations- und Kontrollkosten gegenübersehen, werden sie eine Fremdfinanzierungsprä-

*Schaubild II.5.10: Kreditrationierung und Kreditnachfrage*

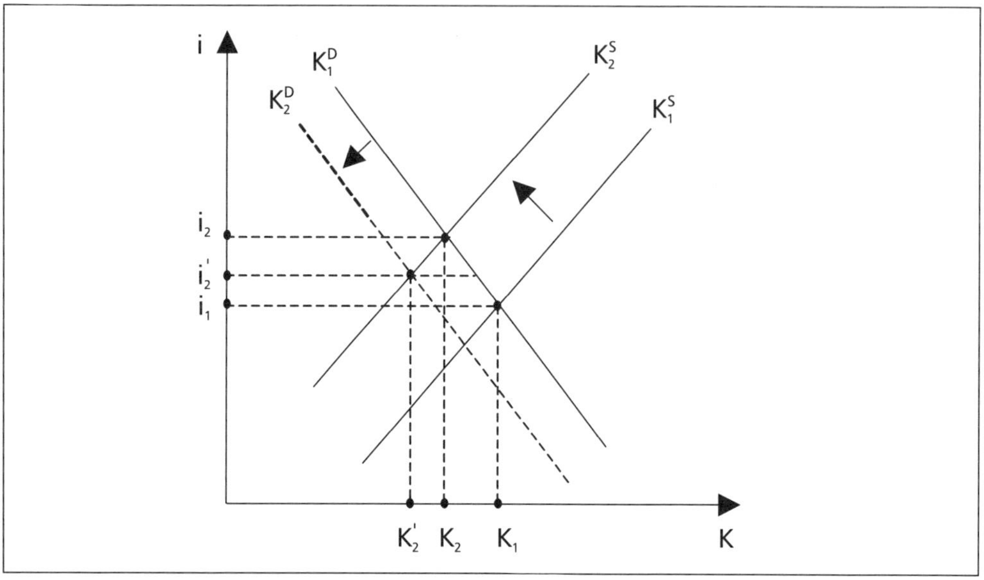


mie in Form eines Zuschlags bei den Zinsen verlangen oder die Kreditvergabe rationieren. Auch für den Bilanzkanal wird vermutet, dass kleine und mittlere Firmen und private Haushalte vorzugsweise betroffen sind. Da ihre Finanzausstattung ohnedies häufig ungünstiger ist als die von Großunternehmen, würden die Verschlechterungen der Bonität diese in der Form höherer Kreditzinsen oder Kreditrationierung besonders treffen.

Die restriktive Geldpolitik würde zu einer Verringerung des Kreditangebots ($K_1^S \rightarrow K_2^S$) und des Kreditvolumens ($K_1 \rightarrow K_2$) bei $i_2$ führen. Mit der Fixierung des niedrigeren Zinssatzes $i_2'$ durch die Banken wird eine Kreditrationierung bewirkt, die dazu führt, dass Käufe langlebiger Konsumgüter teilweise unterbleiben und eigentlich rentable Investitionen nicht durchgeführt werden. Mithin würde sich die Kreditnachfrage (gezwungenermaßen) an das niedrigere Kreditangebot anpassen ($K_1^D \rightarrow K_2^D$), so dass der ursprünglich durch Rationierung bedingte Nachfrageüberhang bei $i_2', K_2^D$ verschwindet und ein Rationierungsgleichgewicht entsteht ($K_2^D, K_2^S, i_2'$ in Schaubild II.5.10).

Im IS/LM-Modell wäre die restriktive Geldpolitik ($LM_0 \rightarrow LM_1$) schließlich von einer Verlagerung der IS-Kurve ($IS_0 \rightarrow IS_1$) begleitet, da die Güternachfrage von der Kreditverfügbarkeit abhängt (Schaubild II.5.11).[156] Die Zinswirkungen fallen schwächer, die Einkommenswirkungen stärker aus.

156 Schaubild II.5.11 gilt gleichermaßen für Bilanz- und Bankenkanal.

*Schaubild II.5.11: Geldpolitik und Kreditkanal*

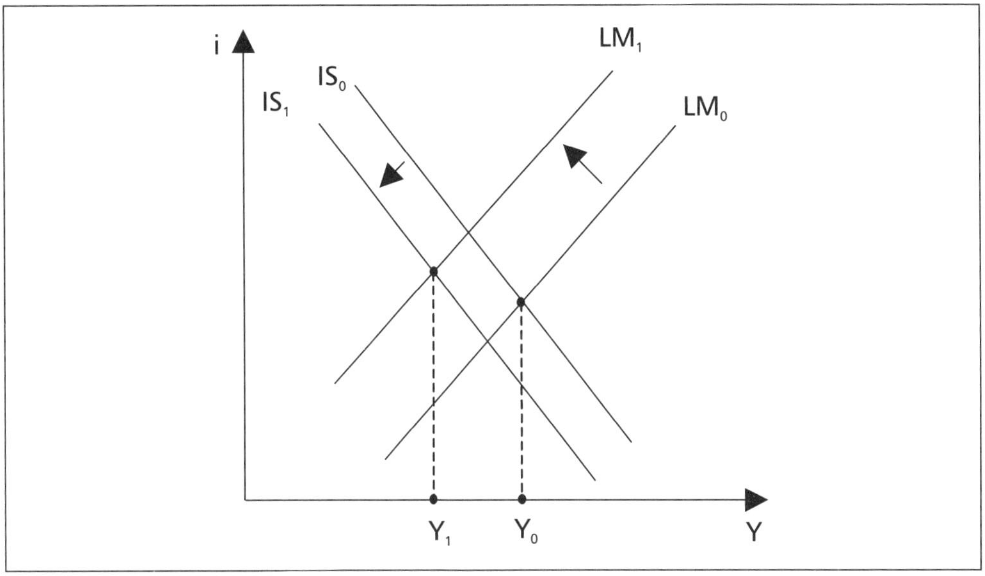


## 5.1.3.3 Reichweite des Kreditkanals

Es gibt eine Reihe von Studien, die die Existenz von Wirkungsmechanismen im Sinne des Kreditkanals zu bestätigen scheinen. Insgesamt sind die Befunde jedoch uneinheitlich.[157] Eine Liquiditätsbeschränkung des gesamtwirtschaftlichen Konsums im Sinne des Kreditkanals findet de Bondt (2000, 127) für Deutschland, Italien und die Niederlande bestätigt. Für Frankreich, Großbritannien und Belgien hingegen gibt es nach dieser Untersuchung keine diesbezüglichen Anhaltspunkte. Nach Bankenkanal und Bilanzkanal differenzierende Untersuchungen (de Bondt, 2000, 66, 77 f.) kommen zu dem Resultat, dass beide in Deutschland eine wichtige Rolle im monetären Transmissionsprozess, in Großbritannien hingegen keine Rolle zu spielen scheinen. In Belgien und den Niederlanden kommt dem Bankenkanal, in Italien dem Bilanzkanal Bedeutung zu. Bei einer Differenzierung nach Unternehmensgrößen ergibt sich, dass in Deutschland, Italien und Österreich kleine Unternehmen sich (bei restriktiver Geldpolitik) eher Kreditbeschränkungen gegenübersehen, während dies für Großbritannien, die Niederlande und Belgien – größenunabhängig – für Unternehmen mit geringer Gewinnausschüttung gilt (de Bondt, 2000, 40 ff.; Ehrmann, 2000b, 4; Wesche, 2000, 5).

Für jeweils etwa 30 Unternehmen der vier größten Euroländer, Deutschland, Frankreich, Italien und Spanien, hat Vermeulen (1999) den Bilanzkanal als möglichen finanziellen

157 Während auf disaggregierten Daten basierende Untersuchungen eher in der Lage sind, Marktunvollkommenheiten als Ursachen des Kreditkanals zu verdeutlichen, ist dies bei aggregierten Daten – und damit auch der Nachweis der Existenz des Kreditkanals – weitaus schwieriger. Siehe hierzu Kakes (2000, 27–30).

Akzelerator untersucht. Im Zeitraum von 1983–1997 hatte danach die (relative) „Bilanzschwäche"[158] eine die Investitionstätigkeit der Unternehmen deutlich verstärkende Wirkung. Diese Wirkung war jedoch in Abhängigkeit der Unternehmensgröße[159] signifikant unterschiedlich und zudem im Konjunkturverlauf asymmetrisch. Während Investitionsausgaben kleiner Unternehmen generell stark von „schwachen" Bilanzen abhingen, waren große Unternehmen diesbezüglich deutlich robuster. Wie kleine Unternehmen wurden in Rezessionsphasen auch Firmen mittlerer Größe mit „schwachen" Bilanzen „Opfer" des finanziellen Akzelerators. Der Einfluss des Bilanzkanals ist bei den mittleren Unternehmen nach dieser Studie jedoch auf die Rezessionsphase beschränkt.

Die empirischen Untersuchungen zum Kreditkanal legen mithin unterschiedliche Wirkungen geldpolitischer Impulse in einzelnen Ländern, vor allem aber in Bezug auf die Unternehmensgröße nahe. Die selektiven Folgen restriktiver Geldpolitik könnten beispielsweise dazu führen, dass entweder für kleine und mittlere Firmen Zinssubventionen eingefordert werden oder Druck auf die Zentralbank entsteht, eine weniger restriktive Politik zu betreiben.

Besondere Probleme für das Eurosystem könnten sich daraus ergeben, dass die Bedeutung eines Kreditkanals von institutionellen Faktoren abhängt, die in den Mitgliedsländern der EU unterschiedlich sein dürften. Die mehr oder weniger enge Verbindung zwischen Bank und Bankkunde könnte ein derartiger Faktor sein. Dessen Ausprägung ist von maßgeblicher Bedeutung für das Ausmaß von „moral hazard" und „adverser Selektion". So wird – im Unterschied z.B. zu de Bondt (2000) – von Stöß (1996, 15–17, 51–53) ein besonderes Bonitäts- und Kreditproblem kleiner und mittlerer Unternehmen für Deutschland in Frage gestellt. Wegen des hier vorherrschenden *Hausbankprinzips* und aufgrund langjähriger Verbindungen bestehen für die Geschäftsbanken keine gravierenden Informationsprobleme.[160] Zudem sind in Deutschland im internationalen Vergleich die Besicherungsmöglichkeiten von Banken sehr hoch, die Risiken bei der Kreditvergabe also vergleichsweise gering.[161] Langjährige Geschäftsverbindungen und hohe Besicherungsmöglichkeiten gelten allerdings im Allgemeinen nicht für Existenzgründer, was die in der Öffentlichkeit häufig beklagte „Zurückhaltung" der Geschäftsbanken bei der Kreditvergabe zu erklären vermag. Ein indirekter Beleg für diesen Zusammen-

158 Als Maß für eine schwache Bilanz dienen ein hoher Anteil der Gesamtschulden am Gesamtvermögen, ein hoher Anteil kurzfristiger Schulden am Umlaufvermögen, ein hoher Anteil kurzfristiger Schulden an den Gesamtschulden sowie eine niedrige Relation von Cash Flow zu Zinszahlungen (Vermeulen, 1999, 9).

159 Kleine Unternehmen: unter 7 Mio. ECU Umsatz; mittlere Unternehmen: 7 bis 40 Mio. ECU Umsatz; große Unternehmen über 40 Mio. ECU Umsatz.

160 Die verbreiteten Hausbankbeziehungen sehen Guender/Moersch (1997, 183) als Grund dafür an, dass die Wirksamkeit eines Kreditkanals in Deutschland generell nicht feststellbar sei. Eine Differenzierung etwa nach Firmengröße nehmen sie nicht vor.

161 Es ist nahe liegend, dass diese Punkte nicht unabhängig voneinander sind. Der Anreiz zu engen Beziehungen zwischen Banken und Kreditnehmern wird durch „gute" Besicherungsmöglichkeiten nicht unerheblich verstärkt.

hang kann auch in den vielfältigen staatlichen Förderprogrammen für Existenzgründer gesehen werden.

Eine auch in Bezug auf die europäische Ebene wichtige institutionelle Relativierung des Hausbankprinzips hebt auf verschiedene Bankengruppen (in Deutschland) ab. Deutliche theoretische und empirische Anhaltspunkte sprechen dafür, dass das Hausbankprinzip und das damit einhergehende, restriktive geldpolitische Maßnahmen abpuffernde Kreditvergabeverhalten nicht für Großbanken, sondern (nur) für Sparkassen und Kreditgenossenschaften gilt (Küppers, 2000). Diese regional dezentralisierten kleinen Banken haben einerseits relativ zuverlässige Informationen über ihre meist aus kleineren und mittleren Unternehmen sowie unselbständigen Privatpersonen bestehenden Kreditnehmer.[162] Andererseits bestehen traditionell feste Bindungen zu vor allem risikoaversen Haushalten mit kleinen und mittleren Einkommen. Sie bilden als „stabile" Einleger eine wichtige Refinanzierungsstütze dieser Banken. Hinzu kommt, dass die einzelnen Sparkassen und Genossenschaftsbanken zur Aufrechterhaltung der Kreditvergabe auf ihre Zentralinstitute zurückgreifen, so dass das Durchschlagen restriktiver Geldpolitik in diesem und durch dieses Bankensegment abgeschwächt wird (Ehrmann/Worms, 2001). Unterschiedliche bankenstrukturelle Bedingungen in Deutschland scheinen mithin dafür verantwortlich zu sein, dass die Ergebnisse US-amerikanischer Transmissions-Studien, die bei restriktiver Geldpolitik eine substantielle Verknappung des Kreditangebots an kleine Unternehmen aufzeigen, mit den Ergebnissen für Deutschland kontrastieren (Küppers, 2000, 199).

Auch wenn von einer zuverlässigen empirischen Fundierung des Kreditkanals bzw. des Banken- und/oder Bilanzkanals nicht gesprochen werden kann, so bleibt doch der Grundgedanke wichtig, dass institutionell bedingte Informationsasymmetrien den Transmissionsprozess geldpolitischer Impulse beeinflussen. Soweit in den EU-Ländern abweichende institutionelle Bedingungen im finanziellen Sektor vorliegen und deshalb dem Kreditkanal unterschiedliches Gewicht zukommt, werden divergierende selektive Wirkungen der Geldpolitik auftreten. Die Geldpolitik des Eurosystems zeitigt dann **regionalstrukturelle** Wirkungen – mit entsprechenden politischen Rückwirkungen auf das Eurosystem oder die nationalen Regierungen.

Untersuchungen der EZB zeigen für das Euro-Währungsgebiet eine deutliche Anteilszunahme der Finanzierung nichtfinanzieller Kapitalgesellschaften über Wertpapiere (Schuldverschreibungen oder börsennotierte Aktien) und eine deutliche Anteilsabnahme der Kreditfinanzierung. Für den geldpolitischen Transmissionsmechanismus bedeutet diese Veränderung der Finanzierungsstruktur eine stärkere Abhängigkeit der Unternehmen von der Volatilität der Finanzmärkte, ein intensiverer Wettbewerb bei den Kreditkonditionen und schließlich ein größerer Einfluss von Vermögenseffekten (EZB, 2001d, 55).[163]

162 Dieser Informationsvorsprung kann zugleich als theoretische Erklärung für die flächendeckende Verbreitung dieser Bankengruppen angesehen werden (siehe hierzu etwa Vollmer, 2000).

163 Auf Unterschiede in den Finanzstrukturen zwischen EWU-Mitgliedsländern geht der EZB-Bericht nicht ein.

### 5.1.4 Die Bedeutung von Erwartungen

Wie bereits im Zusammenhang mit der Reaktion des Kapitalmarktzinses auf geldpolitische Maßnahmen erwähnt, ist der Einfluss der Geldpolitik auf die Erwartungsbildung der Wirtschaftssubjekte und der Einfluss der *Erwartungen* wiederum auf die Wirksamkeit wirtschaftspolitischer Maßnahmen von erheblicher Bedeutung:

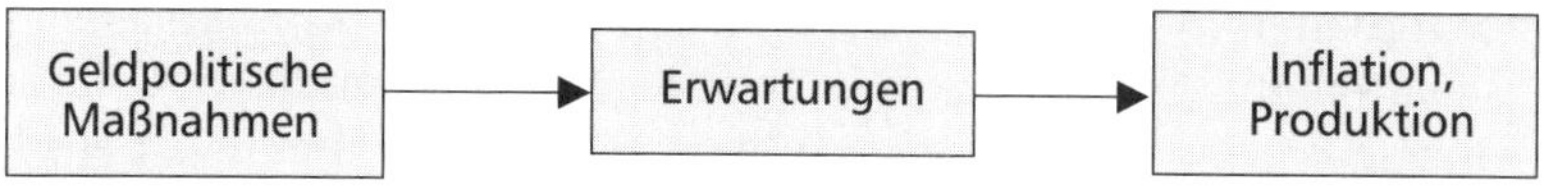


Wirtschaftspolitische Erfahrungen mit (geänderten) Reaktionsweisen der Wirtschaftssubjekte auf monetäre Impulse haben zu neuen Einsichten über die geldpolitische Steuerung geführt. So glaubte man geraume Zeit, mittels expansiver, inflationär wirkender Geldpolitik die Beschäftigung erhöhen zu können, was in der bekannten (modifizierten bzw. um Erwartungen erweiterten) *Phillips-Kurve* (siehe Box II.5.7) zum Ausdruck kommt. Diese Strategie gelang jedoch nicht, weil die implizite Annahme falsch war, die inflationsbedingte Reallohnsenkung werde akzeptiert oder nicht bemerkt (*Geldillusion*). Sobald die Reallohnsenkung erkannt wird, wird sie mittels gewerkschaftlichem Druck rückgängig gemacht, so dass der zeitweilige lohnkostenbedingte Beschäftigungsgewinn wieder verloren geht.

Den zeitweiligen Produktions- und Beschäftigungswirkungen liegen extrapolative oder adaptive Erwartungen zugrunde – die sich im Nachhinein als falsch herausstellen. Von

**Box II.5.7: Die Phillips-Kurve**

In der ursprünglichen, auf Alban W. Phillips (1958) zurückgehenden Version beschreibt die Phillips-Kurve (PK) eine inverse Beziehung zwischen der Nominallohnzuwachsrate ($\hat{w}$) und der Arbeitslosenquote (u). Diese Beziehung lässt sich kausal derart interpretieren, dass bei einer niedrigen Arbeitslosenquote höhere Nominallohnsteigerungen durchgesetzt werden können als bei einer hohen Arbeitslosenquote (oder dass höhere Nominallöhne zu Arbeitslosigkeit führen).

In der modifizierten PK wird der Arbeitslosenquote anstatt der Nominallohnentwicklung die Inflationsrate gegenübergestellt. Dieser Modifikation liegt folgender Sachverhalt zugrunde: In dem Maße, wie Nominallohnerhöhungen den Arbeitsproduktivitätsfortschritt überschreiten, steigen die Lohnstückkosten. Geht man von einer *Aufschlagskalkulation* (*„mark up pricing"*) aus, kann das Preisniveau durch die Lohnstückkosten zuzüglich eines Aufschlags für Nicht-Lohnkosten und Gewinn bestimmt werden. Bei gleich bleibendem Aufschlagsatz lässt sich dann die Preisentwicklung bzw. die Inflationsrate $\pi$ als Differenz zwischen den Zuwachsraten von Nominallöhnen $\hat{w}$ und Arbeitsproduktivität ($\hat{\lambda}$) ermitteln.

Die vermeintliche Wahlmöglichkeit („trade off") zwischen mehr oder weniger Arbeitslosigkeit und weniger oder mehr Inflation erwies sich jedoch als trügerisch. Eine inflatorisch

*Schaubild II.5.12: Phillips-Kurve*

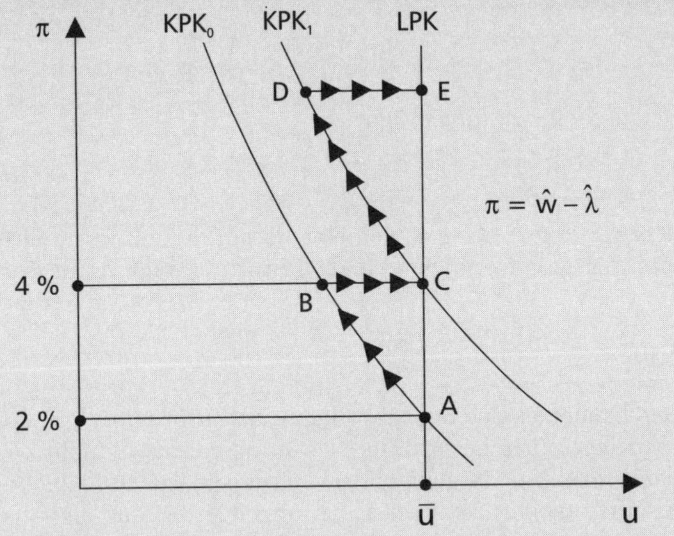


wirkende expansive Geldpolitik hat allenfalls kurzfristig positive Beschäftigungseffekte. Auf längere Sicht zeigt sich die Arbeitslosigkeit (u) als inflationsresistent (A → B → C). Die langfristige PK verläuft vertikal.

Erklären lässt sich dieses Phänomen mit unterschiedlichen *Inflationserwartungen*. In der Ausgangssituation mögen die Inflationsrate und die Nominallohnzuwachsrate einheitlich 2 % betragen, bei einer Arbeitslosenquote ū. Von Produktivitätsänderungen sei zur Vereinfachung abgesehen. Werden nun infolge expansiver Geldpolitik Nominallohnsteigerungen von 3 % vereinbart und erhöhen die Unternehmen angesichts der guten Absatzlage den Aufschlagsatz, steigt die Inflationsrate beispielsweise auf 4 % und der Reallohn sinkt. Die Nachfrage nach Arbeit steigt. Haben die Arbeitnehmer vergangenheitsorientierte Erwartungen ($\pi^{erw} = 2$ %), sind aus ihrer Sicht die Reallöhne gestiegen, so dass auch das Arbeitsangebot steigt. Die Arbeitslosigkeit sinkt (A → B). Die kurzfristige Phillips-Kurve (KPK) ist negativ geneigt. Wird im Nachhinein die faktische Reallohnsenkung bemerkt, werden die Arbeitnehmer (mindestens) einen Inflationsausgleich fordern. Es stellt sich wieder das alte Reallohn- und Beschäftigungsniveau ein – bei allerdings höherer Inflationsrate (C). Die langfristige Phillips-Kurve (LPK) ist vertikal.

Wird die beschäftigungsorientierte Geldpolitik aufs Neue betrieben, kann sich der gleiche Prozess wiederholen ($KPK_1$). Die Arbeitslosigkeit wird wiederum nicht dauerhaft abgebaut. Als längerfristiges Resultat bleibt eine stabile Arbeitslosenquote („*natürliche Arbeitslosigkeit*“) bei akzelerierender Inflation. Bei häufiger Wiederholung der expansiven Strategie werden durch Lernprozesse Erwartungsänderungen eintreten (*rationale Erwartungen*), die die Prozessergebnisse antizipieren. Es gibt dann auch keinen kurzfristigen Phillips-Kurven-Zusammenhang mehr.

*extrapolativer Erwartungsbildung* wird gesprochen, wenn die Inflationsentwicklung der jüngsten Vergangenheit ($\pi_{t-1}$) die Inflationserwartungen $\pi_t^{erw}$ bestimmt. Im Falle extrapolativer Erwartungen gilt:

$$\pi_t^{erw} = \pi_{t-1} + \alpha(\pi_{t-1} - \pi_{t-2})$$

Wenn $\alpha = 0$ (statische Erwartungen) gilt:

$$\pi_t^{erw} = \pi_{t-1}$$

Mit *adaptiver Erwartungsbildung* ist gemeint, dass frühere Erwartungsfehler über den Faktor $\beta$ (Anpassungsgeschwindigkeit) in die Erwartungsbildung als Korrekturfaktoren eingehen.

$$\pi_t^{erw} = \pi_{t-1} + \beta(\pi_{t-1} - \pi_{t-1}^{erw}), \text{ mit } 0 < \beta < 1$$

In beiden Fällen handelt es sich um eine *vergangenheitsorientierte Erwartungsbildung*, die von der aktuellen Wirtschaftspolitik beziehungsweise Geldpolitik unabhängig ist. Wird die vorstehend skizzierte geldpolitische Strategie jedoch häufig wiederholt, werden die Wirtschaftssubjekte aus diesen Erfahrungen lernen und die inflatorischen Wirkungen der expansiven Geldpolitik zu antizipieren versuchen und auf eine *zukunftsgerichtete Erwartungsbildung* übergehen. Gelingt ihnen dies, hat die Geldpolitik nicht einmal temporär reale Wirkungen. Auch wenn man diesen Ergebnissen der *Theorie rationaler Erwartungen* angesichts institutioneller Hemmnisse (z.B. längerfristige Verträge, Informationsdefizite und Informationskosten) oder theoretischen Dissens über Ursache-Wirkungs-Zusammenhänge mit einiger Skepsis begegnen muss, bleibt der Kern zutreffend: **Eine expansive Geldpolitik wird in dem Maß real wirkungslos wie sie Inflationserwartungen erzeugt** (Görgens/Ruckriegel, 2000, 225).

Geldpolitisch bewirkte *Inflationserwartungen* haben aber nicht nur eine binnenwirtschaftliche Dimension. Insbesondere institutionelle Anleger reagieren rasch mit Kapitalabzügen aus inflationsgefährdeten Ländern. Zinssteigerungen und Abwertungen der heimischen Währung sind die Folge. Um den abwertungsbedingten Einkommens- und Vermögensverlusten bei Auslandsanlagen zu entgehen, kann es leicht zu spekulativen Übersteigerungen („*speculative bubbles*") kommen.[164] Umso wichtiger ist, dass eine Zentralbank einen **glaubwürdigen** Stabilitätskurs betreibt. Wenn die Notenbank auch nicht alle destabilisierenden Einflüsse auf die heimische Währung, insbesondere von seiten des Auslands, vollends abschirmen kann – keine Währung ist definitiv gegen spekulative Kapitaltransaktionen gefeit (siehe hierzu Kap. III.3.2) –, so muss sie doch stets darauf bedacht sein, das Vertrauen der inländischen wie ausländischen Wirtschaftssubjek-

164 Eine ausführliche Erörterung spekulativer Blasen findet sich bei Aschinger (1995, 117–132). Im Zuge solcher spekulativer Entwicklungen kann es zu einer „asset inflation" kommen, d. h. zu starken Preis-(Kurs-)Steigerungen bei Finanzaktiva. Im Falle spekulativer Übersteigerungen sind dann später gravierende Kurseinbrüche und Vermögensverluste zu erwarten, die in eine schwere Rezession einmünden können. Zu den diagnostischen und geldpolitischen Problemen einer „asset inflation" siehe Hesse/Braasch, 1999 und 2000.

te in ihre Geldpolitik zu bewahren. Die mit den geldpolitischen Maßnahmen (Geldmarktsteuerung, Strategiewahl, Instrumentarium etc.) verbundenen Wirkungen auf die Erwartungsbildung der Wirtschaftssubjekte stellen so einen zusätzlichen Transmissionsweg der Geldpolitik dar. Sieht man von institutionellen Beschränkungen wie langfristigen Verträgen ab, hat dieser Wirkungskanal im Gegensatz zu den traditionellen Transmissionskanälen der Geldpolitik allerdings kaum eine Zeitverzögerung, da Erwartungsänderungen ziemlich rasch umgesetzt werden.

Hat sich eine Zentralbank über lange Zeit *Reputation* und *Glaubwürdigkeit* erworben, werden sich destabilisierende Finanztransaktionen im Gefolge geldpolitischer Maßnahmen in engen Grenzen halten. Eine Zinssenkung beispielsweise wird dann nicht zu steigenden Inflationserwartungen führen, die ihrerseits eine höhere Inflationsprämie im nominalen Kapitalmarktzins bewirken würden. Ein solches Glaubwürdigkeitspolster hatte sich die Deutsche Bundesbank wegen ihrer im internationalen Vergleich recht erfolgreichen Stabilitätspolitik über einen langen Zeitraum hinweg erworben. Aktuelle geldpolitische Maßnahmen werden unter solchen Bedingungen von den Wirtschaftssubjekten so lange im Lichte der Erfahrungen der Vergangenheit interpretiert, bis durch eine nicht mehr stabilitätsorientierte Geldpolitik Glaubwürdigkeitsverluste entstehen (sog. *Reputationsgleichgewicht*). Behält die Zentralbank den Stabilitätskurs bei, ist eine vergangenheitsorientierte Erwartungsbildung der Wirtschaftssubjekte durchaus rational. Durch die Erwartungsbildung wird die stabilitätsorientierte Geldpolitik unterstützt. Die Stabilitätserwartungen sorgen gewissermaßen für Stabilität.

Schwieriger wird die geldpolitische Steuerung aber bereits in dem Fall, wenn eine Zentralbank zwar in der Vergangenheit durch konsequente Stabilitätspolitik Reputation erworben hat, aber aktuelle Schocks (z.B. die Wiedervereinigung in Deutschland, Ölpreiskrisen) für einen Inflationsschub gesorgt haben. Will die Zentralbank ihre Glaubwürdigkeit aufrechterhalten, muss sie (auch) durch ihr Handeln deutlich machen, dass sie die gestiegene Inflationsrate nicht toleriert. Eine restriktive Geldpolitik sorgt dann dafür, dass aufkeimende Inflationserwartungen erstickt werden, allerdings verbunden mit dem Risiko einer rezessiven Entwicklung. Das Risiko einer Stabilisierungskrise ist jedoch umso kleiner, je rascher und entschlossener die Zentralbank handelt und umso mehr die Lohn- und Fiskalpolitik auf einen stabilitätsorientierten Pfad einlenken. Hat sie (zunehmende) Inflationserwartungen einmal zugelassen, muss der später unvermeidliche Restriktionskurs umso schärfer sein.

Am schwierigsten ist die Situation zweifelsohne, wenn durch hohe Inflationsraten in der Vergangenheit entsprechende Inflationserwartungen aufgebaut wurden und nun die Inflation gebremst werden soll. Eine restriktive Geldpolitik bei hoher Inflationserwartung läuft Gefahr, dass das gebremste Geldmengenwachstum durch eine steigende Umlaufgeschwindigkeit konterkariert wird, wodurch eine schärfere Restriktionspolitik erforderlich werden kann. Die Inflationserwartungen können dann auch den Informationswert monetärer Größen, wie etwa den über die Ausgabenrelevanz bestimmter Geldmengenaggregate, derart senken, dass nicht zuletzt im Dienste der Glaubwürdigkeit eine neue Zielvorgabe angezeigt sein kann.[165]

Die vorstehenden Überlegungen zum Störpotenzial der Inflationserwartungen verdeutlichen einerseits ihre – auch von der EZB (2000b, 49) herausgestellte – Schlüsselrolle für den Transmissionsmechanismus und andererseits die Schwierigkeiten, die das Eurosystem haben kann, solange es sich Ansehen und *Glaubwürdigkeit* auf den Märkten erst noch erwerben muss.

Ohne Berücksichtigung der eingangs aufgezeigten Querverbindungen (Schaubild II.5.2) sind zur Erleichterung des Überblicks die wesentlichen Transmissionsmechanismen geldpolitischer Impulse im Folgenden nochmals zusammengestellt (Schaubild II.5.13):

## 5.2 Transmissionsprobleme in der Europäischen Währungsunion

Zu den bisher erörterten Übertragungsproblemen der Geldpolitik treten in der EWU noch die Schwierigkeiten hinzu, die aus den trotz erheblicher Integrationsfortschritte noch immer bestehenden Heterogenitäten zwischen den Mitgliedsländern resultieren. Über das Gewicht der nationalen Besonderheiten für Wirkungsrichtung, Stärke und Zeitbedarf der einheitlichen Geldpolitik können freilich angesichts der vielfältigen Wirkungskanäle vorläufig nur begründete Vermutungen angestellt werden.[166]

Im Vordergrund stehen unterschiedliche *Finanzierungsstrukturen* in den Mitgliedsländern, wie z.B. die Entwicklung der Kreditmärkte, das Vorherrschen kurzer oder langer Zinsbindungsfristen, Zahlungsverkehrsgewohnheiten, Vermögensanlageformen oder etwa die Verschuldung privater Unternehmen und des Staates.[167] Zu berücksichtigen sind aber auch unterschiedliche Positionen des Geschäftsbankensystems im monetären Geflecht. Als Stichwort sei die sog. *Disintermediation* erwähnt, d.h. Unternehmen und Haushalte klammern bei Finanz- und Anlageentscheidungen Geschäftsbanken als Fi-

165 Der Übergang zu „Inflationszielen" beispielsweise in Großbritannien sowie – bis zum Beitritt zur EWU – in Spanien und Portugal hat in den hohen Inflationsraten der Vergangenheit eine wesentliche Ursache. Er kann als Versuch verstanden werden, die Oberhand der Geldpolitik über die Inflationserwartungen zu gewinnen und damit wesentliche Wirkungsbeeinträchtigungen der übrigen Transmissionskanäle zu beseitigen.

166 Zu einem Literaturüberblick über unterschiedliche Preis- und Produktionswirkungen einer einheitlichen Geldpolitik in den Mitgliedsländern der EWU, den Grenzen derartiger Simulationsrechnungen wie auch über interregionale Heterogenitäten in den Finanzmarkt- und realwirtschaftlichen Strukturen vgl. Baumgarnter/Url, 1999, 75–88. Siehe auch Sachverständigenrat, 1998, 165–175. Zu einer theoretischen Analyse geldpolitischer Wirkungen bei asymmetrischen Schocks und Transmissionsprozessen auf Produktion und Beschäftigung siehe DeGrauwe, 2000.

167 Zu einer eingehenden Darstellung der Finanzsysteme in Großbritannien, Frankreich und Italien siehe Gruber, 2000.

*Schaubild II.5.13: Wirkungskanäle der Geldpolitik*

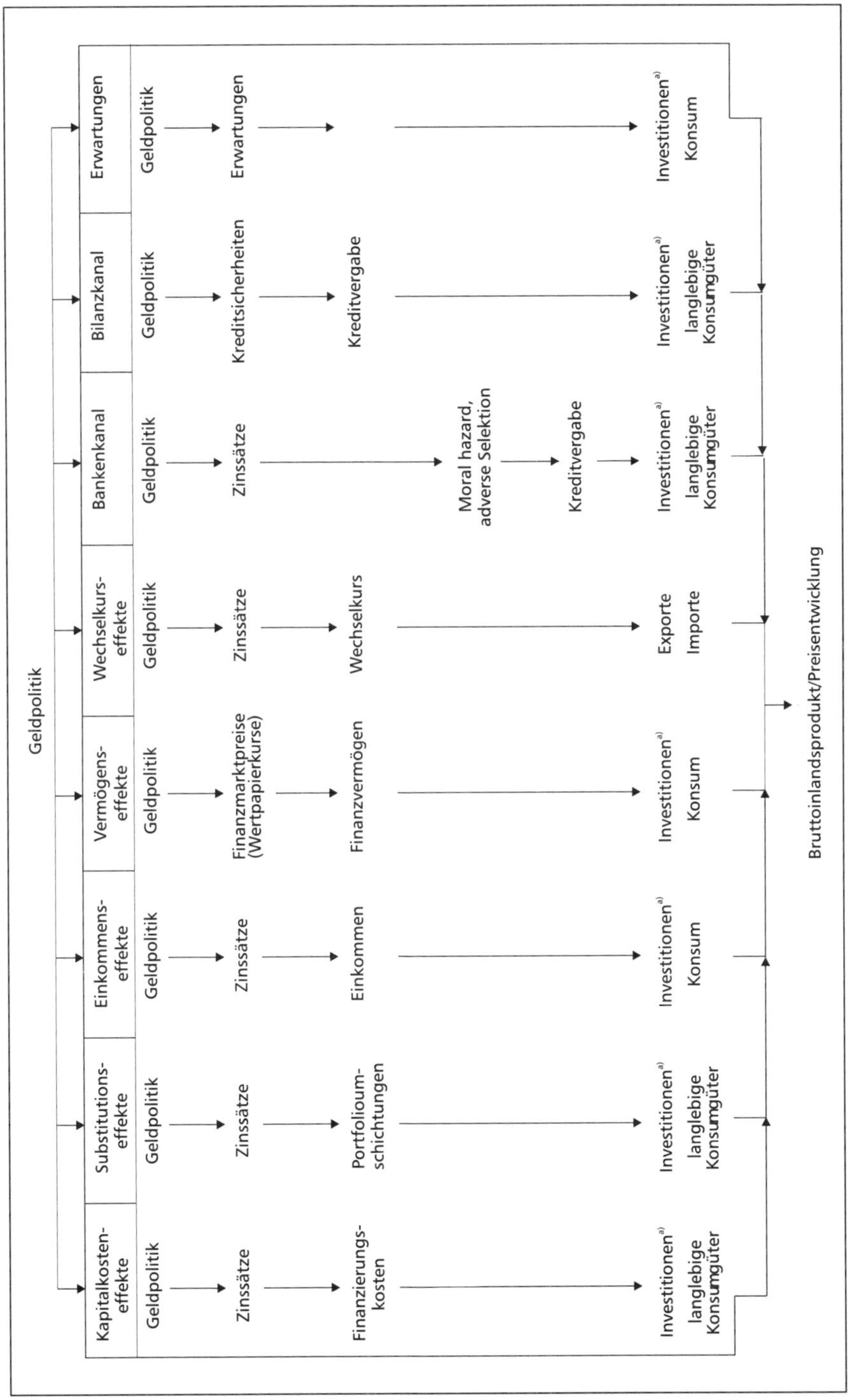


Quelle: In Anlehnung an Mishkin (2001, 651).

Anmerkung: a) Einschließlich Wohnungsbau

nanzintermediäre zunehmend aus.[168] Insgesamt ist durch die EWU mit einer Wettbewerbsintensivierung im finanziellen Sektor zu rechnen (OECD, 1999, 30, 75 f.), der auf nationaler Ebene und vor allem grenzüberschreitend die Verbreitung von Innovationen (z.B. electronic money, neue derivate Finanzprodukte) und attraktiven Konditionen ebenso verstärken wird wie den Abbau von Regulierungen (Smith, 1998). Trotz noch bestehender fiskalischer, rechtlicher und kultureller Unterschiede im Bankensektor des Euroraums wird die gemeinsame Währung als Katalysator des strukturellen Wandels in Richtung einer integrierten Finanzwirtschaft im Euroraum wirken. Als Belege für solche Anpassungsvorgänge in der jüngeren Zeit verweist die EZB (1999b, 47–60) auf organisatorische Veränderungen, neue Produkte und Dienstleistungen, Fusionen, Kooperationsvereinbarungen und strategische Allianzen. Diese tragen nach ihrer Ansicht zur Stabilität des Bankensystems und so zur Verbesserung des geldpolitischen Transmissionsmechanismus bei. Auch auf den Aktienmärkten lässt sich ein Integrationseffekt der EWU feststellen (Fratzscher, 2001). Nicht zuletzt ist als neue Ausgangsbedingung zu berücksichtigen, dass innerhalb des Euro-Währungsgebietes der Wechselkurskanal entfällt. Betroffen von diesen Änderungen sind sowohl die Transmission innerhalb des monetären Sektors als auch die vom monetären in den realen Sektor.

### 5.2.1 Unterschiedliche Finanzierungsstrukturen

Schematisch können geldpolitisch bedeutsame Unterschiede in den Finanzierungsstrukturen einmal der Einflussstärke von Finanzunternehmen (Geschäftsbanken vs. sonstige Finanzintermediäre) zugeordnet werden. Zum anderen spielt die Stellung der beiden Finanzmarktsegmente (Geldmarkt vs. Kapitalmarkt) eine wichtige Rolle.

In den Mitgliedsländern der EWU (aber auch in Großbritannien, Dänemark und Schweden als potenzielle Mitglieder)[169] bilden Geldmarktsätze zwar den gemeinsamen geldpolitischen Ansatzpunkt. Für den Transmissionsprozess ist jedoch wesentlich, wie rasch (kurz- und langfristige) Zinsen für Kredite und Anlageformen für Nichtbanken darauf reagieren und welche Ausgabenrelevanz die Zinssätze haben. Frühere empirische Untersuchungen der Bank für Internationalen Zahlungsausgleich (Bockelmann, 1996, 22–25; Borio/Fritz, 1995) wie auch andere Studien (z.B. Britton/Whitley, 1997; de Bondt, 2000) liefern Indizien für eine rasche Reaktion der langfristigen Kapitalmarkt- und Kreditzinsen etwa in den Niederlanden und Großbritannien, während in Deutschland, Frankreich, Italien und Spanien die Reaktion langsamer vor sich geht. Zinsdifferenzen zwischen Geldmarktzinsen und langfristigen Kapitalmarkt- und Kreditzinsen (relativ gering in Großbritannien, relativ groß in Deutschland, Belgien, Spanien) könnten Niederschlag

168 So lässt sich für Deutschland feststellen, dass der Anteil der Bankeinlagen an der Geldvermögensbildung seit Mitte der 70er Jahre rückläufig ist. Betrug der Anteil 1975 noch 52 %, verringerte er sich bis 1999 auf 27 % (Deutsche Bundesbank, 1998a, 35; eigene Berechnungen). Zur rückläufigen Bedeutung von Geschäftsbanken bei der Unternehmensfinanzierung, speziell von Großunternehmen, in den USA siehe Saidenberg/Strahan, 1999.

169 Diese Länder werden deshalb in den folgenden Ausführungen „vorsorglich" einbezogen.

*Schaubild II.5.14: Dimensionen unterschiedlicher Finanzierungsstrukturen*

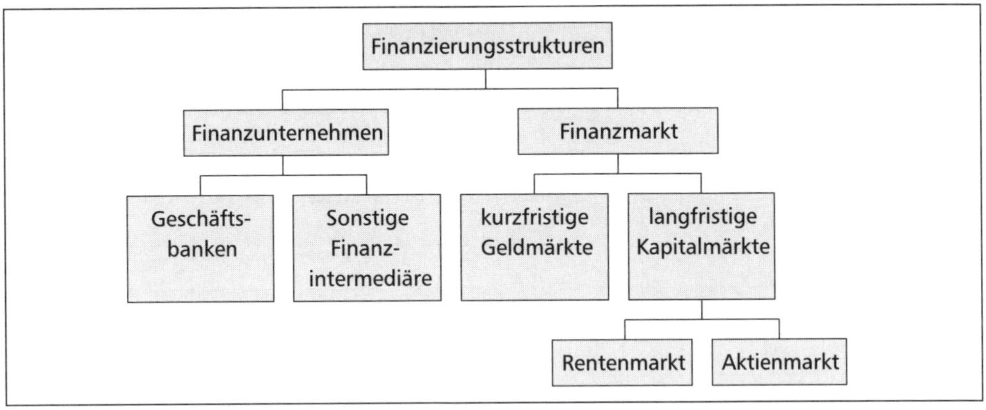


Quelle: In Anlehnung an Gruber (2000, 50).

dieser abweichenden Reaktionsgeschwindigkeiten gewesen sein. Als Gründe für diese Unterschiede kommen durch Marktmacht bedingte Zinsstarrheiten ebenso in Frage wie Kalkulationsverfahren (bestimmte prozentuale Aufschläge auf die Refinanzierungskosten), die Dauerhaftigkeit von Bank-Kunden-Verbindungen und mehr oder weniger stark ausgeprägte Aversionen der Kunden gegenüber variablen Zinszahlungen. Betrachtet man hingegen die Entwicklung der Kapitalmarktzinsen in den EWU-Ländern in jüngerer Zeit, so zeigen sich nicht nur sehr einheitliche Tendenzen, sondern auch starke Angleichungen in den Zinsniveaus (Schaubild II.5.15). Wichtige Ursachen für diese Homogenisierung sind der einheitlichen Geldpolitik des Eurosystems, fehlenden nationalen Wechselkursrisikoprämien und der Wettbewerbsintensivierung im finanziellen Sektor des Euroraums zuzuschreiben (Mojon, 2000, 22).

Die Einflussstärke der Zentralbank ist weiterhin abhängig vom Gewicht längerfristiger gegenüber kurzfristigen Finanzierungs- und Anlageformen. In Deutschland, Frankreich und den Niederlanden herrschen längerfristige Formen vor. Da die Bestände nicht von Zinsänderungen betroffen sind,[170] ist der Transmissionsweg länger, und die monetären Impulse wirken gedämpfter als in Italien, Spanien, Großbritannien und Schweden, wo kurzfristige Kredite gewichtiger, in Italien sogar dominierend sind (Tabelle II.5.1). Im Falle Italiens etwa kommen kurze Zinsbindungsfristen noch verstärkend hinzu. Da kurzfristige Zinssätze stärker als langfristige dem Einfluss der Zentralbank unterliegen, ergibt sich zum einen eine direktere Beeinflussung des güterwirtschaftlichen Bereichs; zum anderen würde eine vergleichsweise schwächere Dosierung des geldpolitischen Impulses genügen. Diese Unterschiede können verstärkt oder auch verringert werden, je nachdem wie hoch der Anteil der Innen- beziehungsweise der Außenfinanzierung an der Gesamtfinanzierung ist. Bei hoher externer Finanzierung wie in Schweden und Ita-

170 Die vergleichsweise dämpfenden Wirkungen langfristiger Finanzierungsformen entfallen dann, wenn die Finanzierungsverträge an kurzfristige Zinsen gebunden sind.

*Schaubild II.5.15: Kapitalmarktzinsen in den EWU-Ländern*

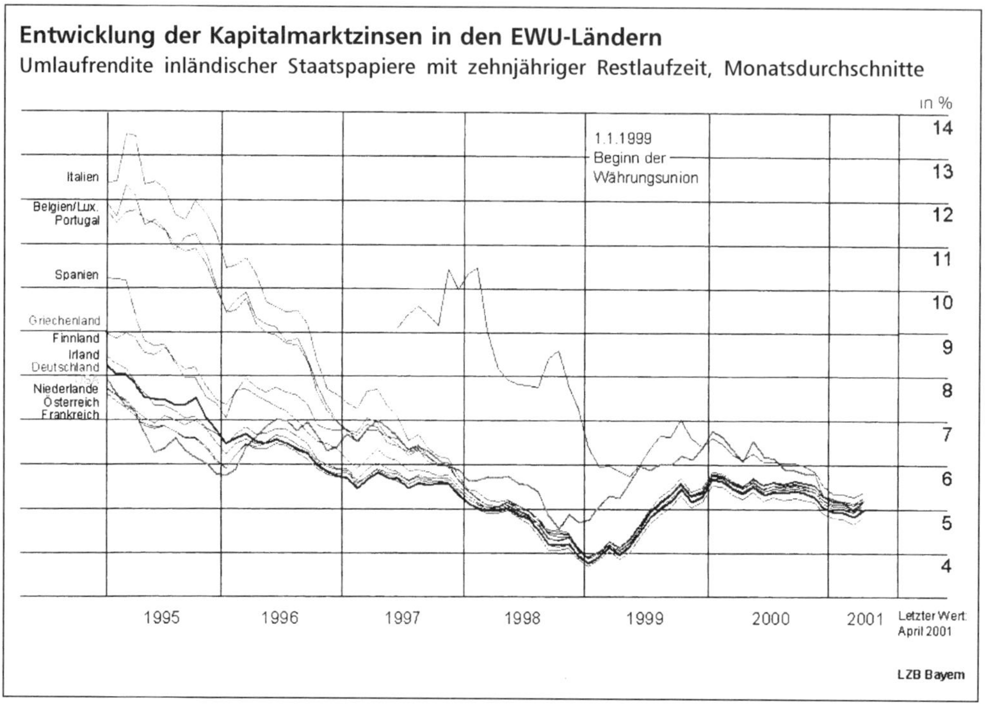


lien ist die „Anfälligkeit" gegenüber monetären Impulsen entsprechend größer als etwa in Belgien und Spanien, die eine relativ niedrige Außenfinanzierung aufweisen.[171] Gegenüber möglichen national asymmetrischen Effekten der einheitlichen Geldpolitik in der EWU ist jedoch auch hier die Frage des Fortbestandes der Unterschiede in den finanziellen Strukturen zu klären. So hat in der jüngsten Zeit speziell in Italien mit der Eindämmung der Inflation ein deutlicher Strukturwandel hin zu längerfristigen Anlagen und Zinsbindungsfristen stattgefunden (Mojon, 2000, 18 f.). Mit zunehmender Angleichung der finanziellen Strukturen werden national asymmetrische Wirkungen der einheitlichen Geldpolitik auf kurz- und langfristige Zinssätze verringert.

Eine andere strukturelle Differenzierung hebt auf das relative Gewicht kleiner und mittlerer Unternehmen in der Gesamtwirtschaft und ihre spezielle Finanzierungsstruktur ab. Größl et al. (1999, 32 f.) konstatieren für diese Unternehmensgruppe in Deutschland eine Entwicklung der Finanzierungsstruktur in Richtung kürzerer Zinsbindungsfristen und leiten aus der höheren Zinsempfindlichkeit eine Beschränkung des geldpolitischen Handlungsspielraums ab. So verursachte Handlungsbeschränkungen für die (frühere) nationale Geldpolitik können sich selbstverständlich auch für das Eurosystem ergeben.

171 Unterstellt wird bei dieser Argumentation freilich, dass die geldpolitisch ausgelösten Zinsänderungen im Falle der Selbstfinanzierung nicht voll in die Opportunitätskostenkalkulation eingehen.

*Tabelle II.5.1: Unterschiede in nationalen Finanzstrukturen des privaten Sektors*

| | Laufzeit der Kredite (Anteile am gesamten Kreditvolumen) | | | Kredite mit Zinsbindung (> 1 Jahr) | | Finanzierungsquellen (Anteil in %) | | | | | | | |
|---|---|---|---|---|---|---|---|---|---|---|---|---|---|
| | kurzfristig | R[g] | mittel/langfristig | | R[g] | Banken | R[g] | Andere FI[d] | Wertpapiere | Bankenkonzentration[e] | R[g] | Zweigstellennetz[f] | R[g] |
| Belgien | 23 | (6) | 77 | 56 | (5) | 84 | (6,5) | 10 | 6 | 57 | (7) | 0,72 | (8) |
| Deutschland | 16 | (9) | 84 | 62 | (7) | 84 | (6,5) | 10 | 6 | 17 | (1) | 0,57 | (6) |
| Frankreich[a] | 17 | (7,5) | 83 | 57 | (6) | 63/72 | (3) | 22/13 | 15 | 40 | (4) | 0,44 | (4) |
| Großbritannien[a] | 31 | (3) | 69 | 27 | (3) | 45/75 | (2) | 36/6 | 19 | 28 | (3) | 0,32 | (2) |
| Italien | 51 | (1) | 49 | 26 | (1,5) | 85 | (8) | 10 | 5 | 25 | (2) | 0,44 | (4) |
| Niederlande | 17 | (7,5) | 83 | 75 | (9) | 71 | (4) | 26 | 3 | 79 | (8) | 0,44 | (4) |
| Österreich | 27 | (5) | 73 | 26 | (1,5) | 96 | (9) | 1 | 3 | 48 | (6) | 0,58 | (7) |
| Schweden[b] | 29 | (4) | 71 | 65 | (8) | 37 | (1) | 58 | 5 | 90 | (9) | 0,29 | (1) |
| Spanien[c] | 40 | (2) | 60 | 36 | (4) | 82 | (5) | 8 | 10 | 44 | (5) | 0,97 | (9) |
| Japan | 30 | | 70 | 65 | | 49 | | 42 | 9 | – | | – | |
| Kanada | 19 | | 81 | 41 | | 50 | | 33 | 17 | – | | – | |
| USA | 15 | | 85 | 66 | | 40 | | 40 | 20 | – | | – | |

Quelle: Bockelmann, 1996; ECB, 1999.

Anmerkungen:

a) Bei den Finanzierungsquellen Spezialkreditinstitute alternativ als Bank bzw. als Andere FI klassifiziert.
b) Daten beziehen sich auf 1992.
c) Ohne Fremdwährungskredite.
d) FI = Finanzintermediäre.
e) Anteil der Aktiva der fünf größten Kreditinstitute an den gesamten Aktiva der Kreditinstitute im Jahre 1997.
f) Zahl der Zweigstellen pro 1000 Einwohner im Jahre 1997.
g) Die Zahlen in Klammern geben die Rangordnung innerhalb der EU-Länder wieder.

Quantitative Größenordnungen sowie unterschiedliche Laufzeiten der Finanzierungs- und Anlageformen bzw. der Zinsbindungsfristen sind auch von Bedeutung für die Stärke von Einkommens- und Vermögenseffekten. Bei kurzen Fristen sind die *Einkommenseffekte* wegen der stärkeren und direkteren Wirkung geldpolitischer Maßnahmen auf die kurzfristigen Zinssätze größer als bei längeren Fristen. Da für Schuldner üblicherweise eine höhere Ausgabenneigung unterstellt werden kann als für Gläubiger, verstärken diese Einkommenseffekte die Wirkung der Geldpolitik. Ob hieraus auf eine länderspezifisch unterschiedliche Durchschlagskraft der (einheitlichen) Geldpolitik des Eurosystems geschlossen werden kann, hängt allerdings zusätzlich vom Verschuldungsgrad ab. So kann ein niedriger Verschuldungsgrad des privaten Sektors dem impulsverstärkenden Einkommenseffekt entgegenwirken. Anfälliger sind Länder mit hohem Verschuldungsgrad und vorherrschend variablen Zinskonditionen. Letztere waren früher in Großbritannien für Hypothekarkredite typisch. Bei längerfristigen Festzinskonditionen für Hypothekarkredite, die seit Mitte der neunziger Jahre auch in Großbritannien dominieren, werden die Einkommenseffekte hingegen stark abgefedert.

Unterschiedliche *Vermögenseffekte* innerhalb der EWU sind als geldpolitischer Transmissionskanal nicht zuletzt eine Frage der Vermögensstruktur. Soweit – wie in den meisten Mitgliedsländern der Währungsunion – die Anlagen der privaten Wirtschaftssubjekte in öffentlichen Anleihen vorherrschen, halten sich die zinsbedingten Schwankungen der Vermögenswerte in Grenzen. Anders ist dies hingegen in Ländern, wo Anlagen in Aktien einen relativ hohen Anteil an den Vermögensanlagen ausmachen. Diese Anlagen unterliegen erfahrungsgemäß stärkeren Kursschwankungen, die auch auf geldpolitisch bedingte Zinsänderungen zurückgehen können. Insgesamt gelangt Mojon (2000, 19–21) für die großen Euroländer (Deutschland, Frankreich, Italien, Spanien) zu der Schlussfolgerung, dass angesichts der in den letzten Jahren beobachtbaren Angleichungstendenzen in den Fristigkeits- und Vermögensstrukturen die Wahrscheinlichkeit national asymmetrischer Einkommens- und Vermögenseffekte der einheitlichen Geldpolitik recht gering ist.

Ein andersartiger Strukturaspekt betrifft die Stärke der Stellung von Banken im Finanzsystem (Davis, 1995; BHF-Bank, 1998; Borchert, 1999). In so genannten bankorientierten Systemen, die durch eine starke Stellung der Banken charakterisiert sind, üben diese (gegenüber ihren Stammkunden) eine gewisse Pufferrolle aus, indem sie geldpolitisch ausgelöste Zinsänderungen nicht sofort weitergeben. Der Transmissionsprozess könnte mithin verzögert werden. Die relative Preisinflexibilität von Banken ist maßgeblich vom Interbankenwettbewerb und von der Wettbewerbsintensität gegenüber anderen Finanzintermediären abhängig. Je leichter die Kreditnachfrager etwa auf andere Finanzierungsinstitutionen als Banken ausweichen können, desto größer ist auch die Preisreagibilität der Banken auf geldpolitische Impulse.[172] Als „bankorientiert“ gelten beispielsweise Deutschland und Frankreich, während etwa in Ländern wie Großbritannien und Schweden (Tabelle II.5.1), die als „marktorientiert“ bezeichnet werden, eine raschere Übertragung erfolgt. Dieser Befund ist mit der eingangs erwähnten unterschiedlichen Reagibilität der langfristigen Kreditzinsen auf Geldmarktzinsänderungen kompatibel. Wenn das Durchschlagen von Geldmarktzinsänderungen auf die Höhe der Kreditzinsen von den Geschäftsbanken abgefedert wird, muss der Transmissionsprozess jedoch dann nicht unbedingt beeinträchtigt werden, wenn – wie dies für Deutschland zugetroffen zu haben scheint – wegen der hohen Glaubwürdigkeit der Zentralbank keine starke Änderung der langfristigen Zinsen „erforderlich“ ist.

Es liegt nahe, von diesen institutionellen Unterschieden auf eine differenzierte Wirkung der Geldpolitik über den *Kreditkanal* zu schließen. Es könnte sein, dass die geringere Durchschlagskraft von Zinsänderungen durch eine Mengenrationierung „kompensiert“ wird, die Wirksamkeit der Geldpolitik also über den Kreditkanal erhöht wird. Restriktive geldpolitische Maßnahmen müssten dann in bankorientierten Finanzsystemen die Kreditverfügbarkeit kleiner und mittlerer Unternehmen sowie von privaten Haushalten besonders beeinträchtigen und dort mangels Finanzierungsalternativen zu entsprechend starken Ausgabeneinschränkungen führen. Gegenüber dieser strukturellen Relativierung der Wirksamkeit des Kreditkanals ist jedoch Vorsicht geboten, da dessen Bedeutung gerade in Deutschland, das als Paradebeispiel eines bankorientierten Finanzsystems gilt, wegen des Hausbankprinzips und günstiger Besicherungsmöglichkeiten in Frage zu stellen ist. Auch im „bankorientierten“ Frankreich ließ sich die Wirksamkeit des Kreditkanals nicht bestätigen, während andererseits Studien für Italien, wo kurzfristige Kreditzinsen steuerungspolitisch gewichtiger sind, die geldpolitische Bedeutung des Kreditkanals unterstreichen. Zudem könnte Restriktionen im Sinne des Kreditkanals durch ein umfangreiches Zweigstellennetz, das als Indiz für relativ enge Kunden-Bank-Beziehungen gelten kann, entgegengewirkt werden. Insgesamt dürfte die durch die EWU bedingte Wettbewerbsintensivierung im finanziellen Sektor (zwischen den Banken sowie zwischen den Banken und anderen Finanzintermediären) die Bedeutung von Zinssätzen stärken und die der Kreditverfügbarkeit schwächen (OECD, 1999, 76; EZB, 2000b, 54). Die Wirksamkeit des Kreditkanals könnte also auch zugunsten des Zinskanals abnehmen.

Welche Bedeutung Strukturunterschiede im finanziellen Sektor für die Transmission geldpolitischer Impulse – sei es via Zinskanal oder via Kreditkanal – letztendlich haben werden, ist in der Literatur bislang umstritten. Einerseits wird auf „dramatische“ Unterschiede in den Finanzsektoren der EU-Länder in Bezug auf Größe, Konzentration, Finan-

172 Auf eine mögliche Ambivalenz der durch Innovationen und Liberalisierung erweiterten Finanzierungsmöglichkeiten macht Davis (1998, 62) aufmerksam. Er vermutet negative Strukturwirkungen zuungunsten kleinerer Firmen, da diese weiterhin auf die Banken als Kreditgeber angewiesen blieben. Bei restriktiver Geldpolitik würden sie überproportionale Kreditkostenerhöhungen hinnehmen müssen, was bei großem gesamtwirtschaftlichen Gewicht dieser Unternehmen entsprechende negative Produktions- und Beschäftigungseffekte hätte.

zierungsalternativen und Ertragslage verwiesen und davon entsprechend asymmetrische Preis- und Produktionswirkungen geldpolitischer Maßnahmen erwartet (Cecchetti, 2001, 173, 188).[173] Da diese strukturellen Unterschiede im finanziellen Sektor auf abweichenden gesetzlichen Strukturen basieren, könnten die Asymmetrien nur durch gesetzliche Harmonisierung beseitigt werden. Andererseits wird die Hypothese vertreten, dass sich Unterschiede in den finanziellen Strukturen in ihrer Transmissionsbedeutung kompensieren könnten (Schmidt, 2001, 225). So würde der finanzielle Sektor in Deutschland, der von den Geschäftsbanken dominiert wird, auf einen bestimmten (restriktiven) notenbankpolitischen Impuls stärker reagieren als der finanzielle Sektor in Großbritannien, wo die Bedeutung der Geschäftsbanken geringer und damit das Band zwischen Zentralbank und finanziellem Sektor schwächer ist. Allerdings würden die Geschäftsbanken in Deutschland den notenbankpolitischen Impuls wegen ihrer engeren Beziehung zu den Kunden (Unternehmen und Haushalte) in geringerem Umfang weitergeben als dies in Großbritannien der Fall ist, wo Bindungen im Sinne des *Hausbankprinzips* und entsprechende „Rücksichtnahmen" nicht bestehen. Insgesamt würde deshalb in Deutschland im Vergleich zu Großbritannien die Impulsstärke der Notenbank auf den finanziellen Sektor höher, der des finanziellen Sektors auf Unternehmen und Haushalte niedriger sein. Bei Betrachtung des gesamten Transmissionsprozesses sei daher die Bedeutung unterschiedlicher Finanzierungsstrukturen für ungleiche Wirkungen der einheitlichen Geldpolitik des Eurosystems nicht sonderlich groß.[174]

Gegenläufige Effekte könnten auch aus der Ausprägung anderer Strukturmerkmale resultieren. So etwa, wenn – wie in Deutschland – einer stärkeren Durchschlagskraft geldpolitischer Impulse infolge geringer Bankenkonzentration (als Näherungsgröße für die Intensität des Interbankenwettbewerbs) eine schwächere infolge der Dominanz der Banken gegenüber anderen Finanzintermediären gegenübersteht. Umgekehrt verhält es sich in Schweden (Tabelle II.5.1).

Ein gewisser Anhaltspunkt zur Beantwortung der Frage, ob die strukturellen Ausprägungen der verschiedenen Merkmale eine höhere oder geringere Wirksamkeit der Geldpolitik in den einzelnen Ländern erwarten lassen, kann dadurch gewonnen werden, dass man die Konkordanz zwischen den länderweisen Rangordnungen (Tabelle II.5.1) ermittelt. Der *Konkordanzkoeffizient* misst den Grad der Übereinstimmung in den Merkmalsausprägungen. Die Rangordnung wurde danach gebildet, ob das jeweilige Merkmal eine hohe (Rang 1) oder eine vergleichweise schwache (Rang 9) Wirkung der Geldpolitik begünstigt. Ein sehr dichtes Zweigstellennetz beispielsweise würde den „finanziellen Akzelerator" im Sinne des Kreditkanals abschwächen (Rang 9).

Ein hoher Wert für den Konkordanzkoeffizienten würde besagen, dass Länder mit kurzfristiger Finanzierung zugleich auch kurze Zinsbindungsfristen, geringes Gewicht der

173 Siehe aber die anschließenden kritischen Diskussionsbeiträge von Neumann (2001, 195–200) und Angeloni (2001, 201–207).

174 Anhand von Simulationsrechnungen konstatiert auch Lüdke (2000) letztlich nur geringe Unterschiede in der Transmission monetärer Impulse in den beiden Ländern.

Banken gegenüber anderen Finanzintermediären, geringe Konzentration und ein dünnes Zweigstellennetz haben – und umgekehrt. Die Berechnungen ergeben allerdings einen weit unter den üblichen Signifikanzschwellen liegenden Koeffizienten von lediglich 0,24. Es könnte daher sein, dass die unterschiedlichen finanziellen Strukturen sich in ihrer Bedeutung für die Wirksamkeit der Geldpolitik in den einzelnen Ländern neutralisieren. Einschränkend ist jedoch zu berücksichtigen, dass bei dieser Berechnung unterstellt wird, dass den fünf einbezogenen Merkmalen gleiche geldpolitische Bedeutung zukommt – was abzuwarten bleibt.

Die Herausbildung einheitlicher Bedingungen auf den Finanzmärkten in der EWU erfordert naturgemäß Zeit. Nach Beobachtungen der EZB (2000b, 47 f.) ist die Entwicklung in einzelnen Marktsegmenten bislang unterschiedlich verlaufen. So hat sich für den kurzfristigen Liquiditätsausgleich zwischen den Banken mittlerweile ein einziger EWU-Geldmarkt mit nivellierten Tagesgeldsätzen herausgebildet. Bei kurzfristigen Wertpapieren und bei Anleihen spielen hingegen nationale Regulierungen noch immer eine wichtige Rolle, so dass in diesen Segmenten die Integration der Finanzmärkte noch gering ist.

## 5.2.2 Realwirtschaftliche Strukturunterschiede

Unterstellt man, dass eine geldpolitische Maßnahme des Eurosystems in allen Mitgliedsländern der EWU eine zeitlich und in der Höhe übereinstimmende Änderung bei den langfristigen Kapitalmarkt- und Kreditzinsen bewirkt, so können sich die *realwirtschaftlichen Transmissionsprozesse* dennoch in Abhängigkeit bestimmter Strukturunterschiede im realen Sektor unterscheiden. Dies gilt einmal hinsichtlich der Branchenstrukturen, da die Zinsempfindlichkeit der Investitionen etwa nach Kapitalintensitäten und Ausreifungszeiten der Investitionen differiert. Belke und Gros (1998, 280) messen den realen Strukturunterschieden größere Bedeutung für unterschiedliche Wirkungen der einheitlichen Geldpolitik im Euroraum zu als den differierenden finanziellen Strukturen. Begründet wird die Bedeutung realer Strukturen mit der durch die europäische Integration (einschließlich Währungsunion) erhöhten Kapitalmobilität. Diese hat entsprechend den jeweiligen Faktorausstattungen zu regionalen Agglomerationen spezialisierter Industriezweige geführt (Belke/Gros, 1998, 281; Rübel, 2000, 174). Die hierdurch entstandenen regionalen Heterogenitäten wiederum könnten für national/regional abweichende Reaktionsmuster auf einheitliche geldpolitische Impulse verantwortlich sein. Untersuchungen der Preis- und Produktionswirkungen der Geldpolitik in der Verarbeitenden Industrie und im Bergbau Deutschlands deuten tatsächlich auf nicht unerhebliche interindustrielle Unterschiede in Ausmaß und zeitlichem Verlauf hin (Hayo/Uhlenbrock, 2000, 138 und 140). Untersuchungen für Wirtschaftszweige innerhalb der Verarbeitenden Industrie in OECD-Ländern weisen ebenfalls auf signifikant unterschiedliche Wirkungen der Geldpolitik hin (Dedola/Lippi, 2000). Unterschiede in den Branchenstrukturen wie auch in den Anteilen von Konsumgüter- und Investitionsgüterindustrien in den Mitgliedsländern könnten deshalb für abweichende gesamtwirtschaftliche Zinselastizitäten verantwortlich sein.

Strukturelle Differenzierungen der Wirkungen monetärer Impulse ergeben sich auch durch unterschiedliche Konsumquoten und – allerdings in jüngerer Zeit nach oben konvergierender – Staatsquoten.[175] Da Ausgaben für Konsumgüter und die Ausgaben des Staates relativ zinsrobust sind, ergeben sich bei hohen Anteilen geringere gesamtwirtschaftliche Ausgabenänderungen als Folge zinspolitischer Maßnahmen.

Außer solchen quantitativen Strukturen spielen noch spezifische Bedingungen in Teilbereichen der Wirtschaft eine wichtige Rolle. Dies gilt vor allem für die Arbeitsmärkte, die in den derzeitigen Mitgliedsländern der EWU – wenn auch unterschiedlich – stark reguliert sind.[176] Geldpolitisch bedeutsam sind diese Regulierungen, weil das Durchwirken monetärer Impulse im realen Sektor, also die Veränderung von Produktion und Beschäftigung behindert wird. Allerdings könnte ein länderspezifisches Transmissionsproblem in Zukunft entfallen, wenn der institutionelle Konvergenzprozess in Richtung einheitlicher Rigiditäten und Inflexibilitäten verläuft.

Schließlich können sich aus dem Zusammenspiel von Außenwirtschaftsstruktur und Wechselkurskanal Änderungen im Transmissionsprozess ergeben. Wie bereits dargestellt, wird der *Zinskanal* normalerweise durch den *Wechselkurskanal* verstärkt. Da mit der gemeinsamen Währung der Wechselkurskanal innerhalb der EWU entfällt, fehlt auch dieser Verstärkungseffekt. Es bleibt selbstverständlich der Wechselkurskanal für die Beziehungen außerhalb des gemeinsamen Währungsraumes (zu EU-Ländern, die nicht dem Eurosystem angehören und zu Nicht-EU-Ländern). Da die Außenhandelsverbundenheit der Mitgliedsstaaten der EWU mit Drittstaaten stark differiert, könnte aus diesem Grunde auch die Transmission monetärer Impulse über den verbleibenden Wechselkurskanal unterschiedlich ausfallen. Hierbei ist freilich einzuschränken, dass der Löwenanteil der außenwirtschaftlichen Beziehungen auf Transaktionen innerhalb der EWU entfällt.[177] Durch die einheitliche Währung könnte diese Konzentration auf den innereuropäischen Handel noch verstärkt werden, möglicherweise zusätzlich unterstützt von protektionistischen Maßnahmen gegenüber Drittländern. Die Bedeutung des Wechselkurskanals würde hierdurch weiter abnehmen. Die Wechselkursschwankungen können allerdings sowohl zu- als auch abnehmen. Die Bestimmungsgründe von Wechselkursen sind allerdings sehr komplex und können nicht auf Güterex- und -importe beschränkt werden (siehe Box III.3.1).

175 In den EU-Ländern (ohne Luxemburg) betrug die durchschnittliche Staatsquote (Gesamtausgaben des Staates in Prozent des BIP) im Jahre 1980 45,1 %, im Jahre 1999 47,7 %. Die Streuung (Standardabweichung) ging stark zurück, und zwar von 11,0 auf 6,7 (Sachverständigenrat 1999, 25).

176 Zu denken ist an Flächentarife, Allgemeinverbindlichkeit von Tarifverträgen, Kündigungsschutz- und Sozialplanvorschriften, Mitbestimmung, Befähigungsnachweise u.a.m.

177 Die Ausfuhranteile (in % des BIP) der Mitgliedsländer der EWU (einschließlich des Handels innerhalb der EWU) bewegten sich im Jahre 1997 zwischen 19 % und 62 % bei einer durchschnittlichen Exportquote der EWU von 35 %. Ohne Handel innerhalb der EWU beträgt der Durchschnittsanteil 13,6 %. Dieser Durchschnittsanteil sank 1999 auf 13 %, übertrifft aber gleichwohl die entsprechenden Quoten der USA (7,4 %) und Japans (9,3 %) beträchtlich. Gleiches gilt für die Unterschiede in den Weltmarktanteilen (siehe EZB, 1999a, 11 f.; 2001, 43).

Anhaltspunkte für die mögliche geldpolitische Relevanz realwirtschaftlicher Strukturunterschiede zwischen den einzelnen EU-Ländern bietet Tabelle II.5.2.

*Tabelle II.5.2: Ausgewählte Charakteristika für europäische Länder*

| Variable | Verein. König-reich | Deutsch-land | Italien | Frankreich | Spanien | Nieder-lande | Belgien |
|---|---|---|---|---|---|---|---|
| Grad der Beschäftigungsprotektion[a)] | 2 | 20 | 23 | 21 | 22 | 13 | 16 |
| Kapitalkoeffizient[b)] | 1,99 | 4,0 | 3,2 | 3,0 | n.v. | n.v. | 3,0 |
| Auf Nicht-EU-Länder entfallender Exportanteil | 0,47 | 0,44 | 0,45 | 0,38 | 0,29 | 0,25 | 0,29 |
| Unternehmensgröße[c)] | 1,128 | 406 | 251 | 357 | 267 | 205 | 363 |
| Verschuldungsgrad privater Haushalte[d)] | 1,020 | 0,779 | 0,314 | 0,500 | 0,580 | 0,649 | 0,415 |

Quelle: Guiso/Kashyap/Panetta/Terlizzese, 2000, 22.

Anmerkungen:

a) Von der OECD (1999) gebildete Rangordnung für den Protektionsgrad von Arbeitsmarktgesetzen innerhalb der 26 wichtigsten OECD-Länder.

b) Kapitalstock zu Wertschöpfung in lfd. Preisen des Jahres 1996.

c) Median der Beschäftigten je Unternehmen.

d) Anteil der gesamten Verbindlichkeiten privater Haushalte am verfügbaren Einkommen im Jahre 1994.

Die Arbeitsmarktinstitutionen sind in Großbritannien wesentlich flexibler als in den übrigen europäischen Ländern, wo lediglich die Niederlande eine gewisse Ausnahme von der Inflexibilität bilden. Von den Arbeitsmarktbedingungen her sind für die erfassten kontinentaleuropäischen Länder deshalb kaum länderspezifische Transmissionsunterschiede zu erwarten. Gemessen am Kapitalkoeffizienten könnten unterschiedliche Produktionswirkungen von Zinsänderungen eintreten. Dies gilt insbesondere für den Vergleich zwischen Großbritannien und Deutschland. Bei Konstanz der jeweiligen Kapitalkoeffizienten würde eine bestimmte zinsbedingte Änderung des Kapitalstocks in Deutschland nur die Hälfte der in Großbritannien zu erwartendenden Produktionswirkungen auslösen. Geldpolitisch bewirkte Wechselkursänderungen würden in den vier großen EU-Ländern stärkere Rückwirkungen auf außenwirtschaftliche Transaktionen haben als in den kleineren Ländern. Die Geldpolitik würde also in den großen Ländern insoweit ein stärkeres Gewicht entfalten. Die Firmengröße könnte einen Anhaltspunkt bieten für unterschiedliche Kreditverfügbarkeiten. Während in Großbritannien danach dem Kreditkanal relativ geringes Gewicht beizumessen wäre, lässt dieses Kriterium für die übrigen Länder keine gravierenden Unterschiede in diesem Transmissionsmechanismus erwarten. Die unterschiedlichen Verschuldungsgrade privater Haushalte schließlich könnten abweichende Reaktionen des Konsums auf geldpolitische Maßnahmen nach sich ziehen. Je niedriger der Verschuldungsgrad ist, desto geringer dürfte die Bedeutung mangelnder Kreditverfügbarkeit als mögliche Folge restriktiver Geldpolitik sein.

Bei den vorangegangenen Ausführungen zu möglichen länderspezifischen Wirkungen der Geldpolitik ist jedoch einschränkend zu beachten, dass jeweils nur ein Kriterium isoliert in seiner Bedeutung für Transmissionsunterschiede erörtert wurde. In der Realität wirken die Länderspezifika jedoch gemeinsam auf den Transmissionsprozess ein. Der Konkordanztest, bei dem die Merkmale zugleich erfasst werden, führt nicht zu schlüssigen Ergebnissen. Bei einer Skalierung entsprechend der oben skizzierten mutmaßlichen geldpolitischen Bedeutung ergibt sich für alle sieben Länder (ohne das Merkmal „Kapitalkoeffizient") ein statistisch nicht signifikanter Konkordanzkoeffizient. Bei Berücksichtigung aller fünf Merkmale, jedoch ohne Spanien und Niederlande, besteht ein signifikanter Zusammenhang, so dass hier hinsichtlich der realen Strukturen länderspezifische Wirkungen der einheitlichen Geldpolitik nicht ausgeschlossen werden können.

Wie groß die Unterschiede in den Finanzierungsstrukturen und den realen Strukturen zwischen Mitgliedsländern im Einzelnen auch sein mögen, als allgemeines Politikerfordernis gilt: Je stärker diese Unterschiede ausgeprägt sind und je eher deshalb in den EWU-Ländern mit unterschiedlichen Auswirkungen der einheitlichen Geldpolitik zu rechnen ist, desto bedeutsamer werden auf makroökonomische Stabilität ausgerichtete nationale Finanz- und Lohnpolitiken (Kapitel III). Dies wird besonders augenfällig angesichts der sehr unterschiedlichen konjunkturellen Entwicklung beispielsweise in Deutschland und Italien einerseits und Irland und den Niederlanden andererseits. Für den Durchschnitt der Jahre 1999 und 2000 betrug die jährliche Zuwachsrate des realen BIP in Deutschland und Italien 2,3 % und 2,0 %; in den Niederlanden und Irland 3,7 % und 9,4 %. Die Arbeitslosenquoten beliefen sich (in gleicher Reihenfolge) auf 8,6 % und 11,0 % bzw. auf 3,0 % und 5,1 %. Die Inflationsraten betrugen 1,3 % und 2,2 % bzw. 2,2 % und 3,9 % (HWWA, 2001, 4).

### 5.2.3 Glaubwürdigkeit des Eurosystems und geldpolitische Effizienz

Die Bedeutung der „Geschichtslosigkeit" des Eurosystems für den Transmissionsprozess wurde bereits angesprochen. Notwendigerweise muss sich eine neue Institution *Glaubwürdigkeit* erst durch eine konsequente Stabilitätspolitik erwerben. Institutionelle, konzeptionelle und personelle Entscheidungen sowie die weltweit niedrigen Inflationsraten haben dazu beitragen, dass der geldpolitische Start nicht durch hohe und instabile *Inflationserwartungen* belastet war (Issing, 1998b, 184–190). In institutioneller Hinsicht gehört hierzu die *Unabhängigkeit der Zentralbank* bei Wahrnehmung ihrer Aufgaben und ihre vorrangige Verpflichtung auf das Ziel der Preisstabilität.[178] Ein institutionell bedingter Stabilisierungsbeitrag kann auch von der Weiterexistenz der nationalen Zentralbanken – wenn auch in anderer Funktion – im Eurosystem ausgehen.

Konzeptionell ist für die Glaubwürdigkeit *Transparenz* im geldpolitischen Handeln maßgeblich. Ohnedies unvermeidliche Informationsunvollkommenheiten würden noch dadurch gesteigert, wenn das Eurosystem statt einer grundsätzlich an Regeln orientierten Geldpolitik einen **rein** diskretionären Kurs verfolgen würde. Die Unstetigkeit verursacht Misstrauen des privaten Sektors und kann deshalb den „normalen" Transmissionsprozess monetärer Impulse verzerren. Wenn das Eurosystem hingegen, wie Bofinger (1998, 339 f.) vermutet, auf kurzfristige Geldmengenänderungen, die aus (verbreiteten) kurzfristigen Schwankungen der Geldnachfrage[179] resultieren, zinspolitisch gegensteuernd reagiert, so wäre dies der Transparenz nicht nur nicht dienlich, sondern könnte selbst Instabilitäten erzeugen, die zur Verfehlung der Preisstabilität führen. Ein Beitrag zur Transparenz der Geldpolitik des Eurosystems und darüber zu seiner Glaubwürdigkeit kann in der quantitativen Definition von Preisstabilität, der Ankündigung eines Referenzwertes für das Geldmengenwachstum (derzeit 4½ % für M3) und der gleichzeitigen Zusage gesehen werden, die Ursachen möglicher Abweichungen der tatsächlichen Entwicklung in monatlichen Bulletins und Pressekonferenzen zu begründen.[180] Bei den personellen Entscheidungen schließlich vermag die persönliche Unabhängigkeit der Mitglieder des EZB-Rats bereits ein Stück Glaubwürdigkeit ex ante zu begründen. Nicht zu vernachlässigen ist auch eine Kontinuität sichernde Gestaltung der Amtszeit der Mitglieder des EZB-Rats.

Mit diesen institutionellen, konzeptionellen und personellen Entscheidungen scheinen also wesentliche Vorbedingungen für ein hohes Maß an Glaubwürdigkeit des Eurosystems und insoweit auch für eine erfolgreiche stabilitätsorientierte Geldpolitik erfüllt zu sein. Gleichwohl zählt zu den wichtigsten Kritikpunkten an der bisherigen Tätigkeit der EZB der der unzureichenden Transparenz in informationeller und konzeptioneller Hinsicht, aber auch hinsichtlich des Entscheidungsprozesses.[181] Eine prominente Rolle spielen in diesem Zusammenhang die „ECB Watcher" (Box II. 5.8). Bemängelt werden weiterhin Defizite in einer anderen Hinsicht, die mit der Transparenz eng zusammenhängt: der *Rechenschaftspflicht* und *Verantwortlichkeit.*

178 Den Stabilitätsbeitrag institutioneller Änderungen verdeutlicht Spiegel (1998). Nach seinen empirischen Analysen hat die im Mai 1997 verkündete Unabhängigkeit der Bank von England eine merkliche Senkung der Inflationserwartungen bewirkt, die sich bei langfristigen Wertpapieren in einer sofortigen Ermäßigung der Zinssätze um 34 Basispunkte und innerhalb einer Zwei-Wochen-Frist um 60 Basispunkte niedergeschlagen habe.

179 Zu denken ist etwa an zins- und/oder erwartungsinduzierte Portfolioumschichtungen.

180 Zu den Einzelheiten der diesbezüglichen Einigung im EZB-Rat vgl. Kapitel II.2.6 und EZB, 1999a, 46 f.

181 Zu der teilweise sehr vehementen Auseinandersetzung siehe etwa die Kritik von Buiter (1999) und die Antikritik von Issing (1999). Zu einem sehr guten Überblick über die Diskussion siehe Deutsche Bundesbank, 2000, 15–30.

**Box II.5.8: Eine neue Berufsgruppe: Die „ECB Watcher"**

Die Gründung der EZB hat auch zur Entstehung einer neuen Zunft von Ökonomen geführt: die ECB Watcher. Die *ECB Watcher* beobachten und kommentieren die europäische Geldpolitik. Im Wesentlichen sind dabei drei Berufsgruppen zu erkennen.

Die erste Gruppe besteht aus Ökonomen, die bei Finanzinstituten beschäftigt sind. Sie versuchen, die Konsequenzen von geldpolitischen Entscheidungen auf ihre Arbeitgeber zu ermitteln. Außerdem besteht ihre Aufgabe darin, die Unternehmensstrategien durch eine möglichst genaue Vorhersage der zukünftigen Geldpolitik zu optimieren (siehe z.B. den Euroland Inflation Report von Deutsche Bank Research).

Die zweite Gruppe arbeitet bei internationalen Organisationen, zum Beispiel beim Internationalen Währungsfonds. Hier steht die Aufarbeitung der Konsequenzen der europäischen Geldpolitik für Drittländer und das internationale monetäre System im Vordergrund. Außerdem verwenden solche Organisationen makroökonometrische Modelle zur Vorhersage und Politikanalyse. Dafür ist die europäische Geldpolitik ein wichtiger Einflussfaktor, der adäquat modelliert werden muss.

Die dritte Gruppe von Ökonomen sieht sich als externe Beobachter und Kommentatoren, die die Geldpolitik des Eurosystems analysieren und interpretieren, mit dem Ziel, eine fundierte Debatte in der Öffentlichkeit zu ermöglichen. Drei unabhängige „ECB Watcher" haben sich in den vergangenen Jahren herausgebildet.

Der „EMU Monitor" ist als Erstes an die Öffentlichkeit getreten. Er besteht aus einer festen Gruppe von Ökonomen aus mehreren europäischen Ländern, und veranstaltet zwei Mal im Jahr eine Pressekonferenz. Die Organisation liegt beim Zentrum für Europäische Integrationsforschung (ZEI) an der Universität Bonn. Detailliertere Informationen, sowie Pressestatements und Hintergrundpapiere sind unter www.zei.de erhältlich.

Das Centre for Economic and Policy Research (CEPR) in London verfolgt mit seinem Programm „Monitoring the European Central Bank" eine andere Strategie. Anstelle von relativ kurzen und aktuellen Pressestatements werden ausführlichere jährliche Berichte in Buchform veröffentlicht (mit halbjährlichem Update). Diese können über das CEPR bezogen werden (http://www.cepr.org/pubs/books/mecb/mecb.asp). Außerdem wechselt die personelle Zusammensetzung der Gruppe je nach Schwerpunkt des Berichts.

Die dritte Gruppe wird am Centre for European Policy Studies (CEPS) in Brüssel organisiert. Die CEPS Macroeconomic Policy Group veröffentlicht ebenfalls längere Berichte in einem Abstand von ungefähr einem Jahr. Nähere Informationen sind unter http://www.ceps.be/Research/MPG/index.htm erhältlich.

Die Empfehlungen und Beobachtungen der unabhängigen ECB Watcher ergänzen sich in vieler Hinsicht. Aber die Gruppen konkurrieren auch mit ihren Empfehlungen untereinander. So hat beispielsweise der EMU Monitor die Festlegung der EZB auf einen Referenzwert für das Geldmengenwachstum begrüßt, während die CEPR Gruppe lieber eine Strategie der direkten Inflationsziele gesehen hätte. Diese Kontroversen sind aber durchaus wünschenswert, da sie zu einer informierten öffentlichen Diskussion beitragen und helfen, die spezifischen Probleme der EZB besser zu verstehen.

Box erstellt von B. Hayo, ZEI Bonn.

### 5.2.3.1 Transparenz der Geldpolitik und Umfeld der Unsicherheit

Die Überzeugung ist vorherrschend, dass Offenheit und Nachvollziehbarkeit geldpolitischer Entscheidungen im Interesse der Beteiligten liegen. Elementare Bestandteile einer transparenten Geldpolitik sind neben der eindeutigen Definition des Endziels Klarheit über die geldpolitische Konzeption bzw. Strategie, Veröffentlichung von entscheidungsrelevanten Informationen und die schlüssige Begründung der Entscheidung (Deutsche Bundesbank, 2000, 15). Transparenz über die Zielgröße besteht insoweit, als dem Eurosystem die Sicherung der Preisstabilität zweifelsfrei als Primärziel vorgegeben ist. Unklarheiten wegen einer fehlenden Rangordnung von Preisstabilitäts-, Beschäftigungs- und Zinszielen wie in den USA gibt es nicht. Weniger Klarheit besteht hingegen über die Strategie. Dies gilt jedenfalls dann, wenn mit Transparenz die Vorstellung verbunden wird, dass von beobachtbaren Fakten auf die Absichten der Zentralbank geschlossen und damit ihre Politik verstanden werden kann (Faust/Svensson, 1998). So wird bemängelt, dass an Stelle eines Geldmengenziels ein weniger bindender Referenzwert bekannt gegeben wird. Durch die *Zwei-Säulen-Strategie* wurde die Geldmengeorientierung zudem relativiert, indem diese durch eine zweite Säule ergänzt wurde (siehe Kapitel II.2.6). Diese beruht auf einer Beurteilung der Inflationsaussichten anhand mehrer Indikatoren. Intransparenz kann daraus erwachsen, dass Geldmengenentwicklung einerseits und Inflationsaussichten andererseits widersprüchliche Signale in sich bergen können. Dass ein Überschreiten des Referenzwertes der Geldmengenentwicklung in einem Falle restriktive geldpolitische Maßnahmen auslöst, in einem anderen Falle aber nicht, ist für die Öffentlichkeit in der Tat schwer nachvollziehbar. Zudem sind für die Öffentlichkeit die Inflationsprojektionen, die dem EZB-Rat mit als Informationsgrundlage dienen, kaum transparent. Diese Projektionen werden von Experten des Eurosystems erstellt und kombinieren ökonometrische Modelle mit nicht modellgestützten Expertenurteilen. Mit der Berücksichtigung einer Vielzahl ökonometrischer Modelle, institutioneller Faktoren sowie spezifischer sektoraler oder regionaler Informationen ergibt sich jedoch eine, wenn auch schwerlich vermeidbare, wenig durchschaubare Komplexität. Hinzu kommt die unbestimmte geldpolitische Rolle der Projektionen. Sie sollen „nur" Expertenschätzungen des Eurosystems, nicht aber eine Inflationsprognose des geldpolitisch verantwortlichen Gremiums, also des EZB-Rats sein. Den Expertenurteilen liegen unveränderte Zinssätze und Wechselkurse zugrunde. Es handelt sich also um bedingte Prognosen. Die tatsächliche Preisentwicklung, die Gegenstand einer Inflationsprognose wäre, kann aber durch geldpolitische Maßnahmen, die Zinssätze und Wechselkurse direkt oder indirekt verändern, einen anderen Verlauf nehmen.[182] Da die Projektionen in der Verantwortlichkeit der Experten von EZB und nationalen Zentralbanken stehen, können sie auch deshalb nicht im Sinne eines geldpolitischen Inflationsziels wie im Rahmen der Strategie des „inflation targeting" interpretiert werden. Inwieweit die Projektionen über

182 Trotz des methodischen und informationellen Aufwands ist zudem nie auszuschließen, dass die Inflationsprojektion, die möglicherweise als geldpolitische Referenzgröße dient, sich aus anderen als geldpolitischen Gründen (z.B. Lohnabschlüsse, Ölpreisschocks) als falsch herausstellt. Ob sich richtige Schätzungen im Wettbewerb zwischen den Experten des Eurosystems und anderen Institutionen herauskristallisieren werden, ist zumindest ungewiss. Zu einer sehr skeptischen Einschätzung siehe Cecchetti et al., 2000 und Kap. II. 2.6.

die Bedeutung einer – neben vielen anderen – Informationsquelle für die geldpolitische Entscheidungsfindung hinausgehen, bleibt unklar.

Nach dem Konzept der EZB sollen für sich genommen weder die Geldmengenentwicklung im Sinne eines Zwischenziels noch die Beurteilung der Inflationsaussichten anhand der Projektionen die Geldpolitik bestimmen (EZB, 2000c, 45, 51). Die Geldpolitik soll vielmehr auf der Gesamtschau beider Säulen beruhen. Auch wenn die EZB die Eigenständigkeit und Adäquanz der Zwei-Säulen-Strategie hervorhebt, ergeben sich aus der Kombination von Geldmengen- und Inflationsprognoseelementen naturgemäß Intransparenzen. Befürworter einer an Geldmengenzielen ausgerichteten Geldpolitik werden die Hinnahme von Abweichungen vom Referenzwert bei der Zwei-Säulen-Strategie für intransparent halten. Entsprechendes gilt für Anhänger von Inflationszielen, denen deren „inkonsequente“ Verfolgung bei der Zwei-Säulen-Strategie als intransparente Geldpolitik erscheint. In Abhängigkeit der jeweils favorisierten Strategie und der dafür als besonders wichtig erachteten Informationen werden die Informationen über die Zwei-Säulen-Strategie einerseits als unzureichend und andererseits als zu komplex kritisiert (Winkler, 2000, 8). Die Klage über Intransparenz ist hier letztlich Folge eines Dissens auf der theoretischen Ebene.

Gegenüber der Kritik mangelnder Transparenz weist die EZB (2001a, 47–61) darauf hin, dass die geldpolitischen Entscheidungen in einem Umfeld erheblicher *Unsicherheit* über die aktuelle und zukünftige Wirtschaftslage und ihrer Wirkungsweise zu treffen sind. Diese Unsicherheiten betreffen

(1) Qualität und Verfügbarkeit von Informationen über die wirtschaftliche Entwicklung (Datenunsicherheit);

(2) die für Transmissionsmechanismen der Geldpolitik relevanten strukturellen Beziehungen (Modellunsicherheit);

(3) die aus den wechselseitigen Beziehungen zwischen Zentralbanken und privaten Akteuren resultierenden Erwartungen und Verhaltensweisen (Parameterunsicherheit).

Angesichts solcher Daten-, Parameter- und Modellunsicherheiten ist festzuhalten, dass die der Intransparenz geziehenen geldpolitischen Handlungsträger offenbar selbst einem Transparenzproblem gegenüberstehen. Das Eurosystem müsste mithin Transparenz für etwas schaffen, was es selbst nur unzureichend kennt. Wenn fraglich ist, ob die Forderung nach Transparenz im Sinne präziser Informationen überhaupt eingelöst werden kann, erscheinen Bemühungen um Transparenz möglicherweise in einem anderen Licht.

Transparenz bei der Durchführung der Geldpolitik mittels Publikation von mehr Informationen durch die Zentralbank kann durchaus ein zweischneidiges Schwert sein. Morris und Shin (2000) unterscheiden zwei Fälle: Möchte die Zentralbank bestimmte Verhaltensweisen induzieren und ist sie alleinige Quelle der Informationen, wird deren Publikation für die privaten Akteure handlungsleitend sein. Je präziser diese Informationen, desto wirksamer die Geldpolitik. Bestehen jedoch – wie in der realen Welt – mit

Finanzmarktanalysten und Wirtschaftskommentatoren auch private Informationsquellen, konkurrieren diese mit den „amtlichen" (der Zentralbank). Möglicherweise werden Letztere durch – genauere – private sogar verdrängt. Je besser der private Sektor bereits aus privaten Quellen informiert ist, desto höher sind die Genauigkeitsanforderungen an weitergehende „amtliche" Informationen. Besteht kein Verlass auf höhere Genauigkeit, können weitergehende Informationen durch die Zentralbank kontraproduktiv sein.

Auch Jensen (2001) bezweifelt, dass erhöhte Transparenz schlechthin die Interpretation der Geldpolitik verbessert. Mit Transparenz verbindet er jedoch nicht einfach mehr und präzisere Informationen. Vielmehr versteht er darunter alle institutionellen Merkmale, die die Erwartungsbildung des privaten Sektors über die zukünftige Geldpolitik und damit über die zukünftige wirtschaftliche Entwicklung erleichtert. Je höher die Transparenz in diesem Sinne, desto empfindlicher reagieren erwartungsabhängige Variablen wie beispielsweise Wechselkurse, Aktienkurse, Inflationsraten und Wertpapierzinsen auf Änderungen der Geldpolitik. Bei geringer Glaubwürdigkeit einer Zentralbank hinsichtlich konsequenter Verfolgung der Preisstabilität ist Transparenz vorteilhaft. Sie wirkt beispielsweise gegenüber überzogenen expansiven geldpolitischen Maßnahmen über steigende Inflationserwartungen – und damit beschleunigter Inflation – quasi im Rückkoppelungsprozess disziplinierend. Bei hoher Glaubwürdigkeit hingegen bedarf es dieser Disziplinierung nicht. Im Falle makroökonomischer Schocks kann Transparenz dergestalt zur Zwangsjacke werden, dass eine angemessene geldpolitische Reaktion zugunsten einer „exzessiven Inflationsabneigung" unterbleibt. Der optimale Grad der Transparenz impliziert deshalb nach Jensen (2001, 5) für die Geldpolitik einen trade off zwischen Glaubwürdigkeitsgewinn und Flexibilitätsverlust.

Einerseits steigert höhere Transparenz nach den vorstehenden theoretischen Überlegungen nicht notwendigerweise die Effizienz der Geldpolitik. Andererseits ist das Transparenzverständnis sehr heterogen. Perfekte Informationen sind nicht möglich und diesbezügliche Transparenzforderungen deshalb nicht einlösbar. Zudem ist zu beachten, dass mehr Information nicht notwendigerweise mehr Transparenz bedeutet. Informationen sind immer zu interpretieren im Lichte bestimmter Theorien. Solange kein Konsens über die „richtige" ökonomische Theorie besteht, sind Informationen immer mehr oder weniger transparent. Mehr Informationen und höherer Präzisierungsgrad garantieren angesichts unterschiedlichen theoretischen Vorverständnisses und unterschiedlicher nationaler Erfahrungen keineswegs ein allgemein besseres Verstehen des Kurses der für die Mitgliedsländer der EWU einheitlichen Geldpolitik. Bei diesen Heterogenitäten erscheint es sinnvoll, dass die Zentralbank Transparenz in dem Sinne schafft, dass sie das Publikum von der Angemessenheit ihrer Entscheidungen zu überzeugen versucht (siehe hierzu Winkler, 2000).

Transparenz bezieht sich hier „nur" auf die wirksame Kommunikation über den geldpolitischen Entscheidungsprozess. Ebenso wenig wie sich im Detail die Komplexität der Entscheidungsgrundlagen (schriftlich) vermitteln lässt, kann auch keine vollständige Transparenz über den geldpolitischen Entscheidungsprozess geschaffen werden. Angesichts der Vielfalt von Daten, Beurteilungen, Präferenzen und Entscheidungsverfahren ist ein Rest von „black box" oder „grey box" unvermeidbar. Dies gilt für das Verstehen durch das Publikum gleichermaßen wie für das Entscheiden durch die Zentralbank. Transparenz kann hier als Ergebnis eines Kommunikationsprozesses angesehen werden und meint letztlich gemeinsames Verstehen, „eine gemeinsame Sprache", von Publikum und Zentralbank. Klarheit und Ehrlichkeit[183] in der Präsentation und Interpretation von Informationen sind hierzu unerlässlich. Nach eigenem Selbstverständnis hat die EZB (2000c, 51) „die Forderung nach Klarheit und Einfachheit einerseits und nach Offenheit und Ehrlichkeit andererseits in Einklang gebracht". Bei dem sehr unterschiedlichen Verständnis von Transparenz wird dieser Anspruch aber schwerlich allgemeine Zustimmung finden.

Wenn Zentralbanken generell und das Eurosystem angesichts der spezifischen Ausgangsbedingungen im Besonderen in einem Umfeld der Unsicherheit handeln (müssen), stellt sich die Frage nach der unter solchen Bedingungen optimalen Geldpolitik. Empirische Beobachtungen zeigen, dass Zentralbanken bei Zinsänderungen weithin zu vorsichtigem Vorgehen in kleinen Schritten neigen (Goodhart, 1999, 108). Bei Unsicherheit mag ein derartiges Verhalten zwar intuitiv plausibel erscheinen. Theoretische Analysen verdeutlichen jedoch, dass aggressivere anstatt vorsichtig-graduelle Reaktionen der Geldpolitik auf beispielsweise Nachfrageschocks dem Optimalitätsanspruch eher gerecht werden können (siehe etwa Söderström, 2000). Wenn die Zentralbanken gleichwohl den (theoretisch) „suboptimalen" Weg beschreiten, kann hierfür verantwortlich sein, dass zu den Daten-, Modell- und Parameterunsicherheiten noch eine weitere Unsicherheit tritt: die durch die Geldpolitik selbst erzeugte Unsicherheit (Fröyland/Lönning, 2000). Auch wenn nicht auszuschließen ist, dass entschlossenere Zinsschritte in bestimmten Situationen (etwa im Falle andauernder Inflationserfahrungen) Unsicherheit über Kurs und Folgen der Geldpolitik besser abzubauen vermögen als vorsichtig-graduelle Zinsänderungen, aus der Sicht der Zentralbanken erscheint die Befürchtung nicht unbegründet, dass aggressiveres Vorgehen mehr zur Verunsicherung beiträgt. Hinzu kommt ein möglicher Glaubwürdigkeitsverlust. Vorsichtig-graduelles Vorgehen kann sich als „zu spät und zu wenig", aggressives Vorgehen als überzogen erweisen. Im ersten Falle müsste in kleinen Schritten „nachgebessert", im zweiten Falle eine Richtungsänderung eingeschlagen werden. (Häufige) Richtungswechsel können von den Marktteilnehmern jedoch als Zeichen verstanden werden, die Zentralbank habe die Geldpolitik nicht unter Kontrolle, was der Glaubwürdigkeit abträglich ist. Auch an dieser Stelle wird deutlich, wie wichtig die Kommunikation mit der Öffentlichkeit über die Angemessenheit des geldpolitischen Kurses ist.

Zu den angemahnten Defiziten im Kommunikationsprozess gehört auch die (unerfüllte) Forderung nach Veröffentlichung der Protokolle der Ratssitzungen der EZB. Diese Forderung, die auch eine Folge der Unabhängigkeit ist, die vielen Notenbanken in den letzten Jahren zugestanden wurde, wird von einzelnen Notenbanken durchaus erfüllt (siehe Box II.5.9). Der EZB-Rat hat hingegen auf die Besonderheiten des Eurosystems als

183 „Eine Zentralbank sollte sagen, was sie tut, und tun, was sie sagt". (EZB, 2001b, 67).

supranationale Institution verweisend dagegen entschieden. Es wird befürchtet, dass mit der Veröffentlichung des Abstimmungsverhaltens einzelner Mitglieder Interessen einer Renationalisierung der Geldpolitik Vorschub geleistet werden könnte. Die nationalen Regierungen könnten im Sinne nationaler Interessen Druck auf „ihre" EZB-Ratsmitglieder auszuüben versuchen. Ob die Effizienz der Geldpolitik durch die Veröffentlichung der Einzelvoten anstatt des Mehrheitsvotums steigt, ist umstritten. Einerseits wird die individuelle Zurechenbarkeit als vorteilhaft herausgestellt (Buiter, 1999), weil in diesem Falle die individuelle geldpolitische Kompetenz deutlich würde. Dies könnte zugleich als Ansporn wirken, da die beruflichen Aussichten nach Ablauf der Amtszeit hierdurch maßgeblich beeinflusst werden. Wettbewerbsdruck durch Veröffentlichung des Abstimmungsverhaltens kann die Kompetenz des Zentralbankrats insgesamt erhöhen. Andererseits wird die Möglichkeit betont, dass weniger sachkundige Zentralbanker, um nicht als solche erkannt zu werden, geldpolitische Vorschläge machen, die sie von besonders sachkundigen Zentralbankern erwarten. Da – wegen ihrer Unkenntnis – die Irrtumswahrscheinlichkeit 50 Prozent beträgt, steigt die Wahrscheinlichkeit schlechter geldpolitischer Entscheidungen im Vergleich zur kollektiven Verantwortlichkeit, wo die weniger fähigen Mitglieder des Zentralbankrats von der Abstimmung fern bleiben könnten (Gersbach/Hahn, 2001, 3).

Mit der Diskussion der Zweckmäßigkeit oder Notwendigkeit der Veröffentlichung von individuellem anstatt kollektivem Abstimmungsverhalten wird nicht nur die Frage geldpolitischer Effizienz angesprochen, sondern auch die nach der Reichweite von *Rechenschaftspflicht* (accountability) und *Verantwortlichkeit* (responsibility).

### 5.2.3.2 Transparenz, Rechenschaftspflicht und Verantwortlichkeit

Beim bislang erörterten Ast der Transparenzdiskussion stand die Effizienz der Geldpolitik im Vordergrund. Ein anderer Strang der Diskussion betrifft die demokratische Rechenschaftslegung, deren Reichweite und die Frage nach der endgültigen Verantwortung für die Geldpolitik. Die Ausprägung der institutionellen Arrangements ist allerdings nicht nur eine Frage des demokratischen Selbstverständnisses, sondern hat ihrerseits wiederum Folgen für die Effizienz der Geldpolitik im Sinne der Erreichung des Primärziels der Preisstabilität in der EWU.[184]

Mit der Unabhängigkeit der Europäischen Zentralbank und der nationalen Zentralbanken von Weisungen Dritter[185] sehen nicht wenige Kritiker demokratische Prinzipien verletzt. Eijffinger und Hoeberichts (2000, 1) weisen gegen die pauschale Kritik jedoch darauf hin, dass die Unvereinbarkeit von Unabhängigkeit und Demokratieprinzip nur dann zuträfe, wenn die Zielbestimmung ins Ermessen des Eurosystems fiele. Mit der politischen Vorgabe des Primärziels der Preisstabilität trifft dies offenkundig nicht zu. Die EZB besitzt Instrumentenunabhängigkeit, nicht Zielunabhängigkeit. Eine demokratische

184 Siehe hierzu auch Schich/Seitz, 2000.

185 Zur inhaltlichen Präzisierung der Unabhängigkeit siehe Kap. II. 1.

## Box II.5.9: Transparenz in der Geldpolitik

| | U.S. Federal Reserve | Bank of Japan | Eurosystem | Bank of England | nachrichtlich: Bundesbank |
|---|---|---|---|---|---|
| **Ziele** | | | | | |
| Festlegung eines vorrangigen Endziels | Nein | Preisstabilität | Preisstabilität | Preisstabilität | Preisstabilität |
| Quantifizierung des Endziels | Nein | Nein | Quantitative Definition durch EZB-Rat | Inflationsziel der Regierung | Mittelfristige Preisannahme[a)] |
| **Strategie** | | | | | |
| Bekanntgabe und Begründung der geldpolitischen Strategie | Nein | Nein | Zwei-Säulen-Strategie | Inflation Targeting | Geldmengensteuerung |
| Bekanntgabe eines Zwischenziels | Nein | Nein | Nein | Inflationsprognose als Zwischenziel-ersatz | Geldmengenziel |
| Bekanntgabe herausgehobener Indikatoren | Zielbereiche für Geldmengen und Kreditwachstum[b)] | Keine spezifischen | Referenzwert für M3-Wachstum | Keine spezifischen | – |
| **Daten und Prognosen** | | | | | |
| Veröffentlichung von Daten über Zwischenziele/Indikatoren und Erläuterungen möglicher Abweichungen | Ja[b)] | Nein | Ja | Ja | Ja |
| Veröffentlichung einer Inflationsprognose und Erläuterung von Zielabweichungen | Zweimal im Jahr[c)] | Nein | Von Experten des Eurosystems erstellte Projektionen | Vierteljährlich | Nein |
| **Entscheidungen** | | | | | |
| Bekanntgabe der geldpolitischen Beschlüsse | Ja | Ja | Ja | Ja | Ja |
| Richtungsaussagen zur künftigen Zinspolitik | Risikobewertung | Nein | Gelegentlich | Nein | Nein |
| **Kommunikationsmittel** | | | | | |
| Parlamentarische Anhörung | Mindestens 2x im Jahr | Mindestens 2x im Jahr | Mindestens 4x im Jahr | Regelmäßig[d)] | Nein |
| Berichte zur Wirtschaftslage und zur Geldpolitik[e)] | Halbjahresbericht (Monatsbericht) | Monatsbericht | Monatsbericht | Vierteljährlicher Inflationsbericht | Monatsbericht |
| Pressekonferenzen zur Wirtschaftslage und zur Geldpolitik | Nein | Monatlich[f)] | Monatlich[g)] | Vierteljährlich zum Inflationsbericht | Zu bestimmten Anlässen[h)] |
| Publikation der Sitzungsprotokolle | Nach sechs bis acht Wochen | Nach ca. einem Monat | Nein | Nach zwei Wochen | Nein |
| Publikation des Abstimmungsverhaltens der einzelnen Mitglieder | Nach sechs bis acht Wochen | Nach ca. einem Monat | Nein | Nach zwei Wochen | Nein |

Quelle: Deutsche Bundesbank, 2000; eigene Ergänzungen.

Anmerkungen:

a) Im Rahmen der Ableitung des Geldmengenziels.

b) Per Gesetz vorgeschrieben, in der praktischen Geldpolitik jedoch heute von untergeordneter Bedeutung.

c) Im Rahmen der Berichte, die der Präsident des Federal Reserve Board nach dem Humphrey-Hawkins-Act vor dem Kongress abzugeben hat.

d) Außerdem Rechenschaftspflicht des Zentralbankgouverneurs gegenüber der Regierung, wenn die Inflation das Zielband verlässt.

e) Alle hier aufgeführten Notenbanken veröffentlichen zudem einen Jahresbericht.

f) Am zweiten Werktag nach der monatsersten Sitzung des Policy Board.

g) Unmittelbar im Anschluss an die erste EZB-Ratssitzung des Monats.

h) Zur Bekanntgabe und Überprüfung des Geldmengenziels sowie nach wichtigen geldpolitischen Beschlüssen.

Rechenschaftspflicht hat sich deshalb auf die betriebene und zukünftig zu verfolgende Geldpolitik zu beziehen. Nach der Satzung des Europäischen Systems der Zentralbanken und der Europäischen Zentralbank sind der EZB Informationspflichten auferlegt. Mindestens vierteljährlich hat die EZB Tätigkeitsberichte über ihre Aktivitäten vorzulegen. Hinzu kommt ein Jahresbericht über die Geld- und Währungspolitik und andere Tätigkeiten. Nähere inhaltliche Festlegungen bestehen nicht.

Allerdings hat die EZB von Anfang an im Interesse größerer Transparenz ihre externe Kommunikation über das rechtlich notwendige Maß ausgedehnt. Sie publiziert anstatt eines Quartalsberichts einen Monatsbericht und gibt zudem regelmäßig Pressekonferenzen. Die Pressekonferenzen finden normalerweise unmittelbar im Anschluss an die erste EZB-Ratssitzung im Monat statt und dienten neben der Erläuterung der Ratsentscheidungen der direkten Kommunikation mit Medienvertretern.[186]

Wöchentlich oder alle zwei Wochen publizierte Pressemitteilungen über die geldpolitischen Beschlüsse und über die monetäre Entwicklung ergänzen die Kommunikationspolitik des Eurosystems, deren allgemeine Ziele die EZB (2001b, 68) darin sieht

(1) „einen Beitrag zu einer wirksamen und erfolgreichen Geldpolitik zu leisten und

(2) das Vertrauen der Öffentlichkeit in das Eurosystem und seine Maßnahmen in den Teilnehmerländern und darüber hinaus zu stärken".

Zur Stärkung der Glaubwürdigkeit wird es als wünschenswert erachtet, dass über die Geldpolitik im Euroraum „mit einer Stimme" gesprochen wird. Wenn Entscheidungen des EZB-Rats tatsächlich im Konsens getroffen werden, wäre die Veröffentlichung des individuellen Abstimmungsverhaltens natürlich überflüssig. Aber auch einem Konsens gehen in der Regel umfangreiche und teilweise kontroverse Diskussionen voraus. Hier-

186 Die Inhalte der Pressekonferenzen werden sofort ins Internet gestellt und sind damit allgemein zugänglich.

über würde die Publikation der Sitzungsprotokolle Aufschluss geben. Das Eurosystem lehnt dies – im Unterschied zu einigen anderen Zentralbanken (siehe Box II.5.9) – jedoch ab. Das bereits oben erwähnte Argument der Gefahr einer Renationalisierung der Geldpolitik ist allerdings nicht von der Hand zu weisen.

Als Komplement demokratischer Rechenschaftspflicht der Zentralbank kann schließlich die letzte Verantwortlichkeit für die Geldpolitik angesehen werden. Hierzu zählen die Beziehungen zum Parlament, Möglichkeiten des Umstoßens geldpolitischer Entscheidungen durch politische Instanzen und die Entlassungsmodalitäten des Zentralbank-Präsidenten. (Eijffinger/Hoeberichts, 2000, 4).

Wenn auch keineswegs allgemein praktiziert, so kann gleichwohl eine Rechenschaftspflicht (Erläuterung und Rechtfertigung der betriebenen Geldpolitik) der Zentralbank gegenüber dem Parlament als Ausdruck demokratischen Selbstverständnisses angesehen werden. Anders als früher die Deutsche Bundesbank hat die EZB gegenüber dem Parlament Informationspflichten, und zwar in der Form der obligatorischen Vorlage des Jahreswirtschaftsberichts. Darüber hinaus kann das Europäische Parlament Mitglieder des Direktoriums einbestellen. Zur Berichterstattungspflicht gehört auch, dass der Präsident der EZB einmal im Vierteljahr dem Ausschuss für Wirtschaft und Währung des Europäischen Parlaments Rede und Antwort steht.

In demokratisch verfassten Staaten rührt die letzte geldpolitische Verantwortung des Parlaments daher, dass es für die gesetzliche Basis der Zentralbank zuständig ist. Dass demokratisch gewählte Politiker in diesem Sinne die Geldpolitik kontrollieren, gilt allerdings nicht für das Europäische Parlament. Diese Kompetenz liegt auch nicht bei einzelnen nationalen Parlamenten. Auf europäischer Ebene wäre eine Änderung des Gemeinschaftsrechts erforderlich, der alle nationalen Parlamente zustimmen müssten. Wegen der (bislang) begrenzten Kompetenz des Europäischen Parlaments besteht auch keine Möglichkeit politischer Intervention gegenüber erfolgloser Geldpolitik (= mangelnde Zielerreichung). Auch eine vorzeitige Entlassung des EZB-Präsidenten wegen geldpolitischer Erfolglosigkeit[187] ist nicht vorgesehen.

Geht man vom Eigenwert demokratischer Prinzipien aus und zählt man zu diesen Prinzipien Informations- und Rechenschaftspflichten einer Zentralbank gegenüber dem Parlament und der allgemeinen Öffentlichkeit, so sind deutliche Defizite des Eurosystems im Vergleich zu anderen Zentralbanken (z.B. der englischen und kanadischen) vorhanden. Diese Unterschiede werden jedoch minimal, wenn man die freiwilligen Informations- und Rechenschaftsaktivitäten der EZB einbezieht.[188] Ein großer Unterschied

187 Diese Möglichkeit besteht in Neuseeland, wo der Zentralbank-Gouverneur unter vorab festgelegten Bedingungen wegen unzureichender Zielrealisierung vorzeitig entlassen werden kann.

188 Vgl. hierzu die tabellarische Übersicht bei Eijffinger/Hoeberichts, 2000, 8; Schich/Seitz, 2000 sowie Box II.5.9. Nach einer Zusammenstellung verschiedener Transparenzindikatoren gelangen Gros et al. (2001, 68) zu dem Ergebnis, dass das Eurosystem hinsichtlich der (formalen) Transparenz knapp hinter der Bank of England, aber deutlich vor den Zentralbanken Canadas, der USA, Deutschlands und Japans rangiert.

bleibt jedoch insoweit, als die Möglichkeit der Einflussnahme von demokratisch legitimierten Instanzen durch Anweisungen oder Gesetzesänderungen auf das Eurosystem vergleichsweise sehr gering ist. Dies ist teilweise Folge der noch schwachen politischen Integration in Europa, teilweise aber auch Folge konfligierender Zielsetzungen zwischen Demokratieprinzip einerseits und Unabhängigkeit der Zentralbank andererseits. Hinter der Entscheidung im Maastricht-Vertrag und den ESZB-Statuten zugunsten der Unabhängigkeit stehen jedoch empirisch begründete Erfahrungen eines positiven Zusammenhangs zwischen Unabhängigkeit von Zentralbanken und stabilitätsorientierter Geldpolitik (siehe auch Schaubild II.1.2). Geht man von diesem empirischen Sachverhalt aus, wären steigende Inflationserwartungen der Preis für stärkere demokratische Einflussnahme. Dies aber würde die Glaubwürdigkeit des Eurosystems möglicherweise mehr beschneiden als der Glaubwürdigkeitsgewinn beträgt, den die EZB durch – teilweise freiwillige – Informations- und Rechenschaftsbemühungen zu erzielen trachtet.

Eine spezielle Facette der Transparenz- und Erwartungsproblematik kann sich daraus ergeben, dass selbst bei Glaubwürdigkeit des Eurosystems in Bezug auf Verfolgung und Erreichung des Preisstabilitätsziels neue Unsicherheiten für die Wirtschaftssubjekte entstehen. Die EWU stellt für sich eine Innovation dar, deren Funktionsweise und Bedeutung für das Bankensystem (einschließlich Eurosystem) und für viele Konsumenten und Investoren nicht hinreichend klar ist.[189] So können Irritationen dadurch entstehen, dass die Wirtschaftssubjekte gewohnheitsmäßig in nationalen Kategorien denken, das Eurosystem aber in europäischen Kategorien handelt. Unterschiedliche Beeinträchtigungen der Übertragung geldpolitischer Impulse infolge abweichender Einschätzungen und Bewertungen des Neuen können daher in den Anfangsjahren nicht ausgeschlossen werden. Wie wahrscheinlich ist es etwa, dass die Öffentlichkeit in Ländern, die in der Vergangenheit relativ hohe Inflationsraten hatten (z.B. Italien, Spanien, Portugal), von einer vergangenheitsorientierten, eher hohe Inflationsraten implizierende, auf eine zukunftsgerichtete, an Preisstabilität bzw. niedrigen Inflationsraten orientierte Erwartungsbildung übergehen? Reichen die Inflationssenkungen der letzten Jahre zur Korrektur der Inflationserwartungen bereits aus? Das Eurosystem kann solche Unsicherheiten nur begrenzt abbauen, da es selbst mit Informationsproblemen konfrontiert ist. Hinzu kommt schließlich noch die Unsicherheit über die Aufnahme neuer Mitgliedsländer in die EWU und deren Auswirkungen.

### 5.2.4 Einige empirische Anhaltspunkte

In der Literatur auffindbare Ableitungen mehr oder weniger unterschiedlicher Transmissionsprozesse bei einheitlichen monetären Impulsen beruhen häufig auf Simulationsrechnungen, die für einzelne Länder und für die Zeit vor Einführung der Währungsunion modelliert wurden und deren andauernde Gültigkeit beziehungsweise Angemessen-

189 Die EZB (2001a, 52) spricht in diesem Zusammenhang von „strategischer Unsicherheit".

heit für andere Länder oder die neue Ländergruppe offen ist.[190] So rechnen manche Autoren (Hallet/Warmedinger, 1998; Hallet/Piscitelli, 1999; Ehrmann, 2000a) mit verstärkt asymmetrischen Entwicklungen bei Produktion, Beschäftigung und Inflation zwischen den Mitgliedsländern. Die divergierenden Prozesse resultieren beispielsweise daraus, dass in den Wirkungskanälen monetärer Impulse (kurzfristige) Zinssätze und Wechselkurse als nationale Anpassungsvariablen entfallen. Die für alle Mitgliedsländer gleichen Geldmarktsätze beziehungsweise deren Veränderung durch das Eurosystem führen – wenn die „alten Elastizitäten" weiterhin gelten(!)[191] – zu unterschiedlichen Inflationsraten (und damit unterschiedlichen Realzinsen) sowie zu zeitlich und in der Höhe abweichenden Produktions- und Beschäftigungsentwicklungen. So wird beispielsweise für die Zeit bis zum Jahre 2002 bei niedrigeren Geldmarktsätzen in der EWU als bislang im Durchschnitt der Mitgliedsländer mit verstärktem Inflationsdruck in Italien und – allerdings deutlich schwächer – auch in Österreich, Dänemark, Großbritannien und Spanien gerechnet, während in den übrigen Ländern sich keine nennenswerten Änderungen ergeben. Insbesondere Italien, in geringerem Umfang aber auch Großbritannien, Frankreich, Österreich und Spanien werden nach dieser Simulationsrechnung zu den Gewinnern bei Produktion und Beschäftigung gerechnet. Bei den übrigen Ländern sind die Veränderungen minimal. Sollten diese Schätzungen zutreffen, ergäbe sich für die EWU statt erhöhter Konvergenz vermehrte Divergenz mit der Folge national notwendigerweise unterschiedlicher fiskal- und lohnpolitischer Reaktionsmuster oder (wirtschafts-)politischer Pressionen auf das Eurosystem. Skepsis erscheint gegenüber rascher Konvergenz jedenfalls angebracht. Eine empirische Studie für Belgien, Deutschland, Frankreich, Italien, Niederlande und Spanien findet für den Zeitraum von 1980–2000 keine Anhaltspunkte für Konvergenz im monetären Transmissionsprozess (Toolsema et al., 2001).

Dass auch mit der EWU Inflationsunterschiede fortbestehen können, zeigen theoretische Überlegungen (*Balassa-Samuelson-Argument*) wie auch empirische Erfahrungen. Die unterschiedlichen Inflationsraten ergeben sich aufgrund von Produktivitätsunterschieden in den Sektoren *handelbarer* und nicht-*handelbarer Güter* (siehe Box I.4.1). Während bei den handelbaren Gütern sich die Inflationsraten innerhalb der EWU angleichen, können bei der anderen Gütergruppe Inflationsdifferenzen bestehen bleiben oder zeitweilig sogar zunehmen. Weitere Ursachen für unterschiedliche Inflationsraten sind in abweichenden Konjunkturverläufen zu sehen, die insbesondere über die nachfragebedingten Preisentwicklungen nicht-gehandelter Güter zu Inflationsdifferenzen führen. Schließlich ist auch der Sachverhalt zu bedenken, dass zwischen den Ländern des Euroraums noch teilweise erhebliche absolute Preisunterschiede bei einzelnen Gü-

190 Dies soll nicht heißen, dass diese Befunde gänzlich irrelevant sind, denn Verhaltensweisen verändern sich erfahrungsgemäß nur allmählich. Aber die Währungsunion der 12 Mitgliedsländer ist nicht die Summe der zwölf Länder vor der Währungsunion.

191 Wenn also die Anpassungsmechanismen weiterhin Bestand haben, die auf Verhaltensweisen und Erwartungen aus der Zeit basieren, in der eine autonome Geldpolitik und Wechselkurskorrekturen noch möglich waren.

tergruppen bestehen bzw. bestanden, die mit ihrem allmählichen Verschwinden im Konvergenzprozess temporär Inflationsunterschiede bewirken.

Alberola-Ila/Tyrväinen (1998, 46) schätzten eine Schwankungsbreite von etwa ± 1 % bei einem angenommenen Mittelwert (Inflationsrate der EWU) von 2 %. Am unteren Rand der Inflationsskala ist Deutschland (1,3 %), am oberen Spanien (3,6 %) platziert.[190] Auch bei dieser Simulationsrechnung ist zu berücksichtigen, dass den Resultaten Fortschreibungen früherer Verhaltensweisen zugrunde liegen, die Verhaltensweisen etwa der Tarifparteien sich aber angesichts des weggefallenen Wechselkursinstruments ändern könnten (Alberola-Ila/Tyrväinen, 1998, 49; OECD, 1999, 76). Zudem ist außer der Höhe der Inflationsdifferenzen auch deren Dauerhaftigkeit für mögliche geldpolitische Steuerungsprobleme relevant. Geringfügig unterschiedliche Inflationsraten in einem gemeinsamen Währungsraum wie etwa innerhalb Deutschlands sind an sich keine Besonderheit.

Eine nähere Auseinandersetzung mit vergangenen Einschätzungen soll hier ebenso wenig wie der Versuch unternommen werden, abweichende Entwicklungen bestimmten Erklärungensansätzen (wie etwa den „Notwendigkeiten“ zur Erfüllung der Konvergenzkriterien oder dem Balassa-Samuelson-Effekt) zuzurechnen. Als vorläufiger Befund sei nur festgehalten, dass einzelne auf vergangene Entwicklungen gestützte Hypothesen als empirisch nicht bestätigt anzusehen sind. Darüber hinaus kann (bislang) nicht von einheitlich konvergierenden oder divergierenden Prozessen bei wichtigen makroökonomischen Kennziffern gesprochen werden (siehe Tabelle II.5.3). Während im paarweisen Vergleich der Jahre 1997/1998 und 1999/2000 sich die Standardabweichung bei den Wachstumsraten des BIP geringfügig von 2,45 auf 2,3 verringerte, sank die Standardabweichung für die Arbeitslosenquote spürbar von 4,9 auf 4,1. (Die Beschäftigungserfolge Irlands und Spaniens schlagen hier besonders zu Buche). Beinahe verdoppelt hat sich hingegen die Streuung bei den Inflationsraten (von 0,45 auf 0,85). Betrug die maximale Inflationsdifferenz zwischen den elf (späteren) EWU-Ländern im Durchschnitt der Jahre 1997/1998 geringfügig mehr einen Prozentpunkt, belief sie sich für den Durchschnitt der Jahre 1999/2000 auf 2,7 Prozentpunkte.

## 5.3 Zusammenfassung

Im Instrumentarium des Eurosystems spielen die Hauptrefinanzierungsgeschäfte eine herausragende Rolle. Es steuert hiermit unmittelbar die kurzfristigen Geldmarktsätze. Wie solche bei den Refinanzierungskosten der Geschäftsbanken ansetzenden monetären Impulse schließlich auf längerfristige Zinsen und Wertpapierrenditen und darüber hinaus auf Produktion und Preisentwicklung wirken, ist Gegenstand vielfältiger theoretischer Erklärungsansätze, die unter Transmissionsmechanismen der Geldpolitik zusam-

192 In der Untersuchung erfasst wurden Deutschland, Frankreich, Italien, Spanien, Niederlande, Belgien, Österreich und Finnland.

*Tabelle II.5.3: Reales Bruttoinlandsprodukt, Verbraucherpreise und Arbeitslosenquoten in den EWU-Ländern*

| | Bruttoinlandsprodukt | | | | Verbraucherpreise[a] | | | | Arbeitslosenquote in %[b] | | | |
|---|---|---|---|---|---|---|---|---|---|---|---|---|
| | Veränderungen gegenüber dem Vorjahr in % | | | | | | | | | | | |
| | 1997 | 1998 | 1999 | 2000 | 1997 | 1998 | 1999 | 2000 | 1997 | 1998 | 1999 | 2000 |
| Belgien | 3,4 | 2,7 | 2,7 | 3,7 | 1,5 | 0,9 | 1,1 | 3,0 | 9,4 | 9,5 | 9,1 | 8,5 |
| Deutschland | 1,4 | 2,1 | 1,6 | 3,1 | 1,5 | 0,6 | 0,6 | 1,9 | 9,9 | 9,4 | 8,8 | 8,3 |
| Finnland | 6,3 | 5,5 | 3,5 | 5,7 | 1,2 | 1,4 | 1,3 | 3,0 | 12,7 | 11,4 | 10,2 | 9,8 |
| Frankreich | 1,9 | 3,1 | 2,9 | 3,1 | 1,3 | 0,7 | 0,6 | 1,8 | 12,3 | 11,8 | 11,3 | 9,8 |
| Irland | 10,7 | 8,6 | 9,8 | 9,0 | 1,2 | 2,1 | 2,5 | 5,3 | 9,9 | 7,6 | 5,7 | 4,6 |
| Italien | 1,8 | 1,5 | 1,4 | 2,6 | 1,9 | 2,0 | 1,7 | 2,6 | 11,7 | 11,8 | 11,3 | 10,6 |
| Luxemburg | 7,3 | 5,0 | 7,5 | 7,0 | 1,4 | 1,0 | 1,0 | 3,7 | 2,7 | 2,7 | 2,3 | 2,2 |
| Niederlande | 3,8 | 4,1 | 3,6 | 3,9 | 1,9 | 1,8 | 2,0 | 2,5 | 5,2 | 4,0 | 3,3 | 2,8 |
| Österreich | 1,3 | 3,3 | 2,3 | 3,4 | 1,2 | 0,8 | 0,5 | 1,9 | 4,4 | 4,5 | 3,8 | 3,3 |
| Portugal | 3,7 | 3,6 | 2,9 | 3,1 | 1,9 | 2,2 | 2,1 | 2,7 | 6,8 | 5,2 | 4,5 | 4,2 |
| Spanien | 3,9 | 4,3 | 4,0 | 4,1 | 1,9 | 1,8 | 2,2 | 3,5 | 20,8 | 18,8 | 15,9 | 14,2 |
| EWU | 2,3 | 2,7 | 2,4 | 3,3 | 1,6 | 1,1 | 1,1 | 2,3 | 11,5 | 10,9 | 10,0 | 9,1 |
| Griechenland | 3,5 | 3,1 | 3,4 | 3,8 | 5,4 | 4,5 | 2,2 | 2,8 | 9,8 | 10,9 | 11,7 | 11,2 |
| Standardabweichung (für elf EWU-Länder) | 2,9 | 1,9 | 2,6 | 2,0 | 0,3 | 0,6 | 0,7 | 1,0 | 5,0 | 4,7 | 4,3 | 3,9 |

Quelle: Sachverständigenrat, 2000; HWWA, 2001.

Anmerkungen:

a) Harmonisierte Verbraucherpreisindizes.

b) Arbeitslose in % der Erwerbspersonen, standardisiert.

mengefasst werden. Es lassen sich verschiedene, meist komplementäre Wirkungskanäle unterscheiden:

- Im Mittelpunkt der transmissionstheoretischen Überlegungen stehen die durch Änderungen der Geldmarktsätze ausgelösten Arbitrageprozesse im finanziellen Sektor, die gleichgerichtete Entwicklungen bei den langfristigen Zinssätzen bewirken. Diese „normale" Zinsstruktur kann allerdings durch Erwartungsänderungen und eine glaubwürdige Restriktionspolitik umgekehrt werden (inverse Zinsstruktur).

- Neben den direkten Wirkungen, die von den zinsbedingten Änderungen auf die Finanzierungskosten und Ausgabenentscheidungen ausgehen, tragen Substitutions-, Einkommens-, Vermögens- und Wechselkurseffekte ebenfalls diese geldpolitischen Anstöße weiter und lösen schließlich Nachfrageveränderungen bei Investition und Konsum sowie Nettoexporten aus.

- Zu den traditionellen Transmissionsmechanismen tritt noch der Kreditkanal hinzu, in dem sich mengenmäßige Verstärkungseffekte monetärer Impulse manifestieren. Risiken im Sinne adverser Selektion und moral hazard können die Geschäftsbanken veranlassen, restriktive monetäre Impulse der Zentralbank nur begrenzt in ihren Kreditkonditionen weiterzugeben. Die Folgen sind Kreditrationierung und/oder Kreditselektion, die besonders zu Lasten kleiner und mittlerer Unternehmen sowie privater Haushalte gehen könnten.

- Die „normalen" Transmissionsprozesse können auch durch Erwartungen erheblich modifiziert oder sogar ins Gegenteil verkehrt werden. Wenn von einer expansiven Geldpolitik ein beschleunigter Preisauftrieb erwartet und dieser ex ante in den Güter- und Faktorpreisen einkalkuliert wird, bleiben die geldpolitisch intendierten Produktions- und Beschäftigungseffekte aus. Ebenso kann eine entschlossene Restriktionspolitik der Zentralbank die Inflationserwartungen derart senken, dass die steigenden Geldmarktzinsen mit sinkenden Kapitalmarktzinsen einhergehen.

Besondere Transmissionsprobleme könnten sich in der EWU infolge der in den Mitgliedsländern unterschiedlichen Finanzierungs- und realen Strukturen ergeben. Schwer abschätzbar sind mögliche Wirkungsbeeinträchtigungen, die mit dem innovativen Charakter des Eurosystems zusammenhängen. Informationsdefizite der monetären Institutionen ebenso wie die der geldpolitischen Adressaten könnten sich als Störfaktoren für die Geldpolitik erweisen. Dem Eurosystem wird in diesem Zusammenhang nicht selten mangelnde informationelle und konzeptionelle Transparenz und Undurchsichtigkeit des geldpolitischen Entscheidungsprozesses vorgehalten. Hierunter leide die Glaubwürdigkeit und damit letztlich auch die Wirksamkeit der Geldpolitik. Absolute Transparenz im Sinne vollkommener Information über die wirtschaftliche Situation und die Grundlage und Abläufe der geldpolitischen Entscheidungen kann es allerdings nicht geben. Um Glaubwürdigkeit zu gewinnen, muss daher das Eurosystem versuchen, die Öffentlichkeit von der Angemessenheit der Geldpolitik zu überzeugen. Dies ist zugleich auch ein geeignetes Verfahren, um Unsicherheit der Marktteilnehmer zu verringern.

Wie gewichtig unterschiedliche Strukturen und Informationsdefizite für möglicherweise abweichende monetäre Transmissionsmechanismen in den Mitgliedsländern der EWU tatsächlich sind, ist umstritten. Die Ergebnisse ökonometrischer Schätzungen sind mit erheblichen Unsicherheiten behaftet: Sie basieren größtenteils auf „historischen" Verläufen. Die Ergebnisse variieren in Abhängigkeit des zugrunde gelegten Modells und sind in diesem Sinne widersprüchlich. Beobachtbare Zinsänderungen im längerfristigen Bereich beispielsweise könnten auf geldpolitische Impulse zurückgehen, sie können aber auch aus geänderten Inflationserwartungen resultieren. Zudem sind die ermittelten Transmissionsunterschiede zuweilen derart gering, dass sie im statistischen Unsicherheitsbereich liegen. Manche Probleme mögen zudem zur Kategorie „Startprobleme" gehören und werden durch Lernprozesse mit der einheitlichen Geldpolitik überwunden. In einigen Fällen können sich Effekte tendenziell ausgleichen wie etwa, wenn hohe Zinsreagibilität mit niedriger Verschuldung einhergeht. Wieder andere Probleme gehören vielleicht bald der Vergangenheit an: Hierzu könnten die kurzfristigen Finanzierungsformen in Italien und Großbritannien zählen, die eine wesentliche Ursache in den hohen Inflationsraten früherer Jahre haben. Zudem dürfte auch der zunehmende europäische Wettbewerb im Finanzsektor eine Angleichung in den Finanzierungsstrukturen bewirken. Auf kürzere Sicht wird sich das Eurosystem jedoch auf Störfaktoren durch noch bestehende Heterogenitäten zwischen den Mitgliedsländern der EWU einstellen müssen.

## Kontrollfragen

1. Wie lässt sich die „normale" zeitliche Zinsstruktur erklären? Was ist eine inverse Zinsstruktur?
2. Wie kommt mittels Kapitalkosten-, Substitutions- und Einkommenseffekten die realwirtschaftliche Transmission geldpolitischer Impulse zustande?
3. Auf welche Weise unterstützt der Wechselkurskanal den Stabilitätskurs der Zentralbank?
4. Der Kreditkanal wird auch als „finanzieller Akzelerator" bezeichnet. Wodurch werden die Verstärkungen bewirkt?
5. Inwieweit können unterschiedliche Finanzierungsstrukturen in den Mitgliedsländern der EWU die Transmission monetärer Impulse beeinträchtigen?
6. Welche Faktoren begünstigen, welche beeinträchtigen die Glaubwürdigkeit des Eurosystems?

## Weiterführende Literatur

Gute Übersichten vor allem über die „traditionellen" monetären Transmissionsmechanismen finden sich in den Lehrbüchern von:

*Issing, O.* (1998), Einführung in die Geldtheorie, 11. A., Vahlen, München.

*Jarchow, H. J.* (1998), Theorie und Politik des Geldes I, 10. A., Vandenhoeck & Ruprecht, Göttingen.

*Mishkin, F. S.* (2001), The Economics of Money, Banking and Financial Markets, 6th ed., Addison-Wesley, Reading etc. (http://www.hepg.awl.com/mishkin/money&banking/index.htm).

Als kurzer Überblicksartikel sei empfohlen:

*Berk, J. M.* (1998), Monetary Transmission: What do we know and how can we use it? Quarterly Review, Banca Nazionale de Lavoro, Nr. 205, S. 145–170.

Zur theoretischen und empirischen Fundierung des Kreditkanals sei beispielhaft verwiesen auf:

*Bernanke, B. S., Gertler, M.* (1995), Inside the Black Box: The Credit Channel of Monetary Policy Transmission, The Journal of Economic Perspectives, Vol. 9, S. 27–48.

*Küppers, M.* (2000), Banken in der geldpolitischen Transmission, Mohr Siebeck, Tübingen.

*Stöß, E.* (1996), Die Finanzierungsstruktur der Unternehmen und deren Reaktion auf monetäre Impulse, Diskussionspapier 9/96, Volkswirtschaftliche Forschungsgruppe der Deutschen Bundesbank (http://www.bundesbank.de).

Speziellen Bezug zu Transmissionsproblemen in der EWU haben die Beiträge (einschließlich der Kommentare) anlässlich eines von der Deutschen Bundesbank veranstalteten Symposiums:

*Deutsche Bundesbank* (Hg.), The Monetary Transmission Process. Recent Developments and Lessons für Europe, Palgrave, Chippenham 2001.

Ferner seien zu diesem Problemkomplex empfohlen:

*de Bondt, G. J.* (2000), Financial Structure and Monetary Transmission in Europe, Edward Elgar, Cheltenham.

*Ehrmann, M.* (2000), Comparing Monetary Policy Transmission Across European Countries, Weltwirtschaftliches Archiv, Bd. 136, S. 58–83.

*Gruber, T.* (2000), Unterschiedliche geldpolitische Transmissionsmechanismen und Stabilitätskulturen als mögliche Ursache geldpolitischer Spannungen in der Europäischen Währungsunion, Hohenheimer Volkswirtschaftliche Schriften, Bd. 36, Peter Lang, Frankfurt a. M.

Zur umfangreichen Diskussion über die geldpolitische Strategie des Eurosystems, Fragen der Transparenz und Glaubwürdigkeit seien (aus Sicht der EZB) die Beiträge in den Monatsberichten hervorgehoben:

*Europäische Zentralbank* (2000), Die zwei Säulen der geldpolitischen Strategie der EZB, Monatsbericht November 2000, S. 41–53 (http://www.ecb.int).

*Europäische Zentralbank* (2001), Geldpolitik bei Unsicherheit, Monatsbericht Janaur 2001, S. 47–61. (http://www.ecb.int).

*Europäische Zentralbank* (2001), Die externe Kommunikation der Europäischen Zentralbank, Monatsbericht Februar 2001, S. 67–74 (http://www.ecb.int).

Zur kritischen Auseinandersetzung siehe etwa:

*Buiter, W. H.* (1999), „Alice in Euroland", Journal of Common Market Studies, Vol. 37, S. 181–209.

Eine wohl abgewogene Erörterung der Transparenzdiskussion findet sich bei:

*Winkler, B.* (2000), Which Kind of Transparency? On the Need for Clarity in Monetary Policy-Making, European Central Bank Working Paper Series, Working Paper No. 26 (http://www.ecb.int).

Verschiedene Aspekte der Unsicherheit und deren Rückwirkungen auf die Geldpolitik werden behandelt in:

*Angeloni, I., Smets, F. Weber, A. A.* (2000), Monetary Policy Making under Uncertainty, EZB und Center for Financial Studies, Frankfurt.

# Kapitel III: Mögliche Störpotenziale für die Geldpolitik

*„Die Frage, ob eine WWU errichtet werden soll, ist politisch zu entscheiden. Diese Entscheidung liegt in der Kompetenz und Verantwortung von Regierung und Parlament. Im Rahmen ihrer Beratungsaufgabe hat die Bundesbank schon frühzeitig darauf hingewiesen, dass die in einer Währungsunion auf Gemeinschaftsebene betriebene Geld- und Währungspolitik in ihren Wirkungen – insbesondere für den Geldwert – wesentlich von der Wirtschafts- und Finanzpolitik sowie dem Verhalten der Tarifpartner in allen beteiligten Ländern beeinflusst wird."*

Stellungnahme des Zentralbankrates der Deutschen Bundesbank vom 23. Januar 1992[193]

*„Da es gegenwärtig höchst unwahrscheinlich ist, dass in absehbarer Zeit ein förmliches internationales Wechselkurssystem ... unter Einbeziehung des Euro errichtet wird, hat der ER (der Europäische Rat, Anmerk. der Verf.) in Luxemburg vor allem auch die Frage erörtert, unter welchen Bedingungen allgemeine wechselkurspolitische Orientierungen angebracht sein könnten. Solche Orientierungen könnten sich insofern als problematisch erweisen, als die Wechselkurse in erheblichem Ausmaß von der Geldpolitik und der allgemeinen Wirtschaftspolitik beeinflusst sind und somit nicht als eine gesondert steuerbare Variable zur Verfügung stehen. Mithin dürften quantifizierte Wechselkursziele rasch in Widerspruch zu einer stabilitätsorientierten Zinspolitik geraten; ..."*

Deutsche Bundesbank (1998)[194]

Eine erfolgreiche Geldpolitik bedarf einer adäquaten Strategie und effizienter Instrumente. Zusätzlich ist eine institutionelle Absicherung der Unabhängigkeit und des Endziels der Preisstabilität sowie die Unterstützung durch die Bevölkerung nötig. Darüber hinaus erfordert der geldpolitische Erfolg aber auch eine Abstimmung mit anderen Politikbereichen. Im Hinblick auf die Währungsunion sind hier vor allem die weiterhin in nationalen Händen verbleibenden Fiskal- und Lohnpolitiken sowie das vom EU-Ministerrat nach Art. 109 EG-Vertrag[195] unter Umständen festzulegende Wechselkurssystem für den Euro relevant. Auf diese Bereiche soll im Folgenden näher eingegangen werden.

193 Deutsche Bundesbank, Informationsbriefe zur Europäischen Wirtschafts- und Währungsunion Nr. 11 (Stellungnahmen der Deutschen Bundesbank zur Europäischen Währungsunion), April 1998, 11.

194 Deutsche Bundesbank, Informationsbrief zur Europäischen Wirtschafts- und Währungsunion. Nr. 10 (Wechselkurspolitische Koordinierung, Wechselkurspolitik), Februar 1998, 16.

195 Im Folgenden beziehen sich alle Verweise auf Artikel des EG-Vertrages auf seine durch den Vertrag von Amsterdam angepasste Fassung, die am 1. Mai 1999 in Kraft trat.

# 1 Finanzpolitik

*„Eine von der Finanzpolitik unabhängige Geldpolitik ist möglich, solange die Staatsausgaben nur einen verhältnismäßig kleinen Teil aller Ausgaben bilden und die Staatsschulden (und insbesondere die kurzfristigen Verschuldungen) nur einen kleinen Teil aller Kreditmittel ausmachen. Heute ist diese Bedingung nicht mehr gegeben. Infolgedessen kann eine wirksame Geldpolitik nur in Koordination mit der Finanzpolitik der Regierung durchgeführt werden. Koordination bedeutet aber hier unvermeidlich, dass, sofern nominell unabhängige Währungsbehörden noch bestehen, sie ihre Politik tatsächlich der Politik der Regierung anpassen müssen."*

(Hayek, 1991, 412 f.)

Wie obiges Zitat zeigt, bestehen über die staatliche Haushaltspolitik Interdependenzen zwischen der Fiskal- und der Geldpolitik. Innerhalb des Euroraumes geht es dabei sowohl um die nationalen Fiskalpolitiken als auch um die auf EU-Ebene durchgeführten (supranationalen) Maßnahmen. Die theoretischen Zusammenhänge zwischen Geld- und Fiskalpolitik vor dem Hintergrund der in der Währungsunion geltenden Regelungen bilden die Grundlage für die Herausarbeitung möglicher Konfliktfelder. In einem zweiten Schritt wird dann auf den sog. Stabilitäts- und Wachstumspakt eingegangen, durch den die nationalen Haushaltspolitiken diszipliniert und die Konflikte reduziert werden sollen. In diesem Zusammenhang wird auch nochmals auf die finanzpolitischen Konvergenzkriterien bzgl. Schulden- und Defizitquote (siehe auch Kap. I) eingegangen.

## 1.1 Grundlegende Zusammenhänge zwischen Geld- und Fiskalpolitik

### 1.1.1 Staatsverschuldung und Inflation

Die Spannungen zwischen Geldpolitik und öffentlicher Haushaltspolitik lassen sich in Kurzform folgendermaßen beschreiben: Mit einem steigenden Anteil des Schuldendienstes (Zins- und Tilgungszahlungen) am gesamten Staatshaushalt wird der Handlungsspielraum der staatlichen Entscheidungsträger immer mehr eingeschränkt. Allein durch die Zinszahlungen entsteht eine Ausgabendynamik, die eine Rückführung der Schuldenquote erschwert. Da die Staatsverschuldung in der Regel nominal fixiert ist, entsteht für die Regierung ein Anreiz, sich durch inflationäre Politik dieser zunehmenden Belastung zu entledigen. Dies ließe sich durch eine übermäßig expansiv ausgerichtete Geldpolitik erreichen. Im Detail kommen dafür folgende Überlegungen zum Tragen.

Den Ausgangspunkt bildet die *staatliche Budgetrestriktion* (in realer Form). Das (reale) staatliche *Defizit* in Periode t ($D_t$) entspricht der Differenz des (realen) Schuldenstandes B zwischen den Perioden t und t-1.

(1) $$D_t = B_t - B_{t-1} = \Delta B_t \quad \text{bzw.} \quad B_t = B_{t-1} + D_t$$

Ein Defizit in Periode t erhöht den staatlichen Schuldenstand $B_t$. Der Staat muss folglich bei seiner Haushaltsrechnung beachten, dass er zusätzliche Staatsschuldpapiere $\Delta B_t$ ($= B_t - B_{t-1}$) ausgeben muss, wenn das *Primärdefizit* (die laufenden Staatsausgaben G abzüglich der Staatseinnahmen T) plus die Zinszahlungen auf den Schuldenstand aus der Vergangenheit positiv ist.[196] Über eine direkte Kreditvergabe der Zentralbank an den Staat können sich die staatlichen Wertpapiere B auch in Händen der Zentralbank befinden.

Für die *Tragfähigkeit* („sustainability") der Staatsverschuldung ist die reale Belastung entscheidend. Deshalb ist (1) auch in realen Einheiten formuliert. Ökonomisch richtig wird die Vermögens- oder Schuldensituation in Güter-, nicht in Geldeinheiten gemessen. Es kommt letztlich auf die Kaufkraftwirksamkeit eines gegebenen nominalen Betrages an. Je nach Preisentwicklung muss also eine gegebene nominale Staatsschuld unterschiedlich beurteilt werden: Bei einer positiven Inflationsrate sinkt der Realwert der staatlichen Schulden in Abhängigkeit von der Höhe der Inflation und des anfänglichen Schuldenstandes. Dementsprechend wird die Zinsbelastung durch den *(ex-post-) Realzins* $(i - \pi)$ bestimmt. Dabei stellt $\pi$ die Inflationsrate und i den Nominalzins dar. Die reale Zinsbelastung aus dem in der Vergangenheit angehäuften Schuldenstand beträgt somit $(i - \pi) \cdot B_{t-1}$.[197] Dementsprechend handelt es sich bei B und D in (1) konsequenterweise auch um reale Variablen (siehe auch Box III.1.1).

Zusätzlich erzielt der Staat noch Einnahmen aus der Geldschöpfung, indem der Notenbankgewinn an den Staatshaushalt geht.[198] Ökonomisch geht es dabei nicht um den bilanziellen Gewinn, sondern um die tatsächlich entstandenen jährlichen Gesamteinnahmen, unabhängig davon, ob sie dem Staat in der entsprechenden Periode auch zufließen. Diese werden üblicherweise durch die sog. *Seigniorage* S erfasst (siehe dazu auch Kapitel II.1). Somit ergibt sich insgesamt für das Defizit in t

(2) $$B_t - B_{t-1} = (G_t - T_t) + (i - \pi) \cdot B_{t-1} - S_t$$

bzw. für den Schuldenstand $B_t$

(2') $$B_t = (G_t - T_t) + (1 + i - \pi) \cdot B_{t-1} - S_t$$

Unter der Seigniorage $S_t$ versteht man die Einnahmen, die der Zentralbank durch das Monopol der Zentralbankgeldschöpfung entstehen. Diese werden letztlich an den Staat

196 Zur Vereinfachung soll die Vergangenheit der Periode t-1 entsprechen.

197 Die offiziellen Defizitmaße beinhalten dagegen die nominale Zinsbelastung und geben so die Veränderung des nominalen Schuldenstandes an. Sie weisen damit das ökonomisch korrekte (reale) Defizit um den Faktor $\pi \cdot B_{t-1}$ zu hoch aus (siehe Box III.1.1).

198 Die Abführung des Gewinns des Eurosystems an die nationalen Staatshaushalte hat ähnliche Wirkungen wie eine direkte Kreditvergabe an die Regierungen. Die Bankenliquidität erhöht sich und das Eurosystem muss diesen Effekt bei ihren regelmäßigen Refinanzierungsgeschäften mit berücksichtigen.

### Box III.1.1: Unterschiedliche Defizitmaße

Die **offiziell** ausgewiesenen Defizitmaße ($Def^o$) zählen zu den Staatsausgaben G die Zinszahlungen auf die bestehende Staatsschuld iB hinzu und ziehen davon die Steuern (abzüglich Transferzahlungen) T ab.

(B1) $$Def^o = (G - T) + iB$$

Dieses Maß ist angemessen, wenn man sich für die Veränderung des **nominalen** Schuldenstandes interessiert. Es ist allerdings kein adäquates Maß für die Veränderung des **realen** Schuldenstandes. Wenn z.B. das offizielle Defizit null wäre und die Inflation 5 % beträgt, ist am Ende des Jahres der Realwert der Schulden um 5 % gesunken. Mit anderen Worten: Eine **korrekte** Defizitberechnung würde einen öffentlichen Budgetüberschuss von 5 %, bezogen auf den anfänglichen Schuldenstand, ausweisen. Das richtige Defizitmaß ($Def^k$) sollte dementsprechend das offizielle Maß um den Faktor $\pi \cdot B$ korrigieren.

(B2) $$\begin{aligned} Def^k &= (G - T) + iB - \pi B \\ &= (G - T) + (i - \pi)B \\ &= (G - T) + rB \\ &= Def^o - \pi B \end{aligned}$$

Dabei stellt $r = i - \pi$ den (ex-post-)Realzins dar.

abgeführt.[199] Es geht hier um die Möglichkeit einer Zentralbank, kaufkraftwirksames Zentralbankgeld (Banknoten und Zentralbankeinlagen) von sich aus zu schaffen. Prinzipiell gibt es zwei Arten, wie dem Staat Seigniorage-Einnahmen zufließen können.

Die erste Möglichkeit besteht darin, dass es zu einer Monetisierung der Staatsschuld, d.h. zu einer unmittelbaren Verschuldung des Staates bei der Notenbank kommt. Im Gegenzug dazu erhält der Staat Zentralbankguthaben, die er i.d.R. verausgabt.[200] Bilanzmäßig weist die Notenbank in diesem Fall auf der Aktivseite eine Forderung gegen den Staat aus, auf der Passivseite hat sie – nach der Verausgabung der Mittel durch den Staat – Verbindlichkeiten gegenüber Kreditinstituten. Zusätzliches Zentralbankgeld wird somit durch eine direkte Verschuldung des Staates bei der Notenbank geschaffen. Diese Möglichkeit schließt der Vertrag von Maastricht allerdings definitiv aus. Zu einer Monetisierung der Staatsschuld kommt es (eingeschränkt) nur noch beim Münzregal.

Es verbleibt allerdings noch eine zweite Möglichkeit. Diese besteht darin, dass Zentralbankgeld auch geschaffen werden kann, wenn die Geschäftsbanken sich bei der Zentral-

199 Beim Bargeld bezieht sich diese Aussage nur auf Banknoten. Zusätzlich erzielt der Staat Einnahmen aus dem *Münzregal*, indem er Münzen an die Zentralbank zum Nominalwert, der über den Prägekosten liegt, verkauft. Allerdings ist im Eurosystem, wie in Deutschland in der Vergangenheit, die Münzhaltung der Notenbanken auf 10 % des gesamten Münzumlaufs beschränkt.

200 Letztlich fließen sie wieder den Geschäftsbanken zu.

bank verschulden bzw. Devisen an sie verkaufen. Auf der Aktivseite der Notenbankbilanz stehen also Forderungen aus der Kreditvergabe bzw. Forderungen aus Devisenanlagen. Die Seigniorage-Einnahmen des Staates entstehen hierbei aus den daraus resultierenden Zinseinnahmen, die dem Staat über die Gewinnausschüttung der Notenbank zufließen.[201]

Theoretisch stellt die erste Variante der Seigniorage-Einnahmen (einmaliger Zufluss) nichts anderes dar als die auf die Gegenwart abgezinsten Zinseinnahmen auf den Bestand an Zentralbankgeld (Mo) nach der zweiten Variante. Im ersten Fall bekommt der Staat diese Einnahmen über Verschuldung bei der Zentralbank in Höhe von $\Delta Mo_t$ sofort. Im zweiten Fall fließen sie ihm über zukünftige Zinseinnahmen zu, deren Gegenwartswert wiederum gleich $\Delta Mo_t$ (= $i \cdot \Delta Mo_t / i$) ist.

Konkret besteht die pro Periode t entstehende Seigniorage somit aus den Zinseinnahmen auf den Anfangsbestand an Zentralbankgeld ($Mo_{t-1}$) und der Veränderung des Bestandes an Zentralbankgeld in t ($\Delta Mo_t \equiv Mo_t - Mo_{t-1}$). Diese Einnahmen fließen letztlich dem Staat aus der Emission von Zentralbankgeld durch die Notenbank zu. Sie sind darauf zurückzuführen, dass die Zentralbank verzinste „Assets" in Form von Krediten und/oder ausländischen Wertpapieren hält, das von den Privaten gehaltene *Zentralbankgeld* (die *Geldbasis*) dagegen unverzinst (oder niedrig verzinst) ist. Oder anders ausgedrückt: Zentralbankgeld stellt eine Verbindlichkeit der Zentralbank (und letztlich des Staates) dar, der als Aktivposten zinstragende Positionen in gleicher Höhe gegenüberstehen. Die reale Rendite dieser Papiere beträgt $(i - \pi)$. Ob es sich bei diesen Anlageformen um private oder öffentliche, inländische oder ausländische handelt, spielt keine Rolle. Wichtig ist nur, dass es sich um zinstragende Titel handelt. Somit resultieren als reale Seigniorage-Einnahmen pro Periode t

(3)
$$\begin{aligned} S_t &= (i-\pi)\cdot\frac{Mo_{t-1}}{P_t}+\frac{\Delta Mo_t}{P_t} \\ &= (i-\pi)\cdot\frac{Mo_{t-1}}{P_t}+\frac{\Delta Mo_t}{Mo_{t-1}}\cdot\frac{Mo_{t-1}}{P_t} \\ &= (i-\pi)\cdot\frac{Mo_{t-1}}{P_t}+\mu\cdot\frac{Mo_{t-1}}{P_t} \\ &= (\mu+i-\pi)\cdot\frac{Mo_{t-1}}{P_t} \\ &= (\mu+r)\cdot\frac{Mo_{t-1}}{P_t} \end{aligned}$$

201 Da im Eurosystem die Mindestreserve zum Satz für die Hauptrefinanzierungsgeschäfte verzinst werden, müssten exakterweise diese Zinsaufwendungen von den Einnahmen abgezogen werden, um die Seigniorage zu ermitteln. Abgezogen werden müssten auch die Aufwendungen, die dem Eurosystem im Zuge seiner Aufgabenerfüllung entstehen (z.B. Personalaufwand). Die Gewinnschmälerung, die aufgrund der Verzinsung der Mindestreserve eintritt, ist nicht ganz unbedeutend wie die mindestreservebedingten Einlagen von über 100 Mrd. € zeigen. Aus Vereinfachungsgründen soll davon im Folgenden abgesehen werden.

Die Seigniorage entspricht also dem Produkt aus Wachstumsrate der nominalen Geldbasis $\mu$ ergänzt um den ex-post-Realzins $(r = i - \pi)$. „Bemessungsgrundlage“ der Seigniorage ist die reale Basisgeldhaltung Mo / P. Sie hängt – wie aus der Geldnachfragetheorie bekannt ist – positiv von einer Transaktionsgröße und aus Opportunitätskostenüberlegungen negativ vom Nominalzins i ab. Ein höheres nominales Geldmengenwachstum hat somit zwei gegenläufige Effekte auf $S_t$: Einerseits erhöht sich $S_t$ direkt, weil sozusagen die Bemessungsgrundlage der Seigniorage steigt. Wenn jedoch das Geldmengenwachstum inflationär wirkt, steigt i, und die reale Geldnachfrage Mo / P geht zurück. Dadurch entsteht ein kompensierender Effekt auf $S_t$. In diesem Sinne gibt es auch eine optimale Seigniorage, die $S_t$ maximiert (vergleichbar der *Laffer-Kurve* für optimale Steuereinnahmen in Abhängigkeit vom Steuersatz). Die Seigniorage-Einnahmen waren in der jüngeren Vergangenheit in der EU nicht sehr hoch und differierten auch nicht zu stark (siehe z.B. Tabelle III.1.1 für das Jahr 1995).[202]

*Tabelle III.1.1: Seigniorage in der EU, 1995*

| Länder | Seigniorage (Mrd. ECU) | Seigniorage (Anteil am BIP) |
|---|---|---|
| Belgien | 0,58 | 0,28 % |
| Dänemark | 0,30 | 0,22 % |
| Deutschland | 5,83 | 0,32 % |
| Finnland | 0,24 | 0,25 % |
| Frankreich | 2,01 | 0,17 % |
| Griechenland | 0,13 | 0,15 % |
| Großbritannien | 1,54 | 0,18 % |
| Irland | 0,09 | 0,19 % |
| Italien | 3,59 | 0,43 % |
| Niederlande | 0,61 | 0,20 % |
| Österreich | 0,45 | 0,25 % |
| Portugal | 0,39 | 0,49 % |
| Schweden | 0,24 | 0,13 % |
| Spanien | 4,16 | 0,97 % |

Quelle: Hebbink, 1997.

Anmerkungen: Seigniorage bezogen auf den Banknotenumlauf. Unter Berücksichtigung des *Münzgewinns* würde die entsprechend modifizierte Seigniorage geringfügig höher ausfallen.

202 In einer detaillierten Analyse müsste auch noch der Einfluss des Mindestreservesatzes auf $S_t$ untersucht werden. Es konnte allerdings gezeigt werden, dass Länder mit hohen Reservesätzen zugleich hohe Wachstumsraten der Geldbasis aufweisen (Haslag, 1998).

Wenn inländisches Bargeld nicht nur im Inland, sondern auch im Ausland für Transaktions- und Wertaufbewahrungszwecke gehalten wird, fallen die Seigniorage-Einnahmen entsprechend höher aus. Bei den EU-Währungen traf dies vor allem auf die DM zu (Seitz, 1995). In Zukunft ist eine entsprechende Entwicklung auch beim Euro vorstellbar (Rogoff, 1998).

Die Seigniorage würde nach diesem Konzept also aus den Zinseinnahmen bestehen, die dem Staat aus der Emission von Zentralbankgeld zufließen.[203] Wann der Zufluss stattfindet, ist – wie oben begründet wurde – ökonomisch irrelevant. Wenn die Wachstumsrate von Mo ($\mu$) gleich der Inflationsrate ($\pi$) ist, entspricht $S_t$ nach (3) den nominalen Zinseinnahmen auf den realen Bestand an Zentralbankgeld.[204]

(4) $$S_t = i \cdot \frac{Mo_{t-1}}{P_t}$$

Bei Berücksichtigung der konsolidierten Vermögensbilanz des Staates (einschließlich Zentralbank) stellt man also fest, dass die Staatsverschuldung umso geringer ausfällt, je höher die Seigniorage ist. Dieses Ergebnis ist an Gleichung (2) ablesbar. Mit einigen weiteren Modifikationen lassen sich noch weitere Erkenntnisse erzielen.

So setzt sich der Nominalzins i zusammen aus dem Realzins r und der erwarteten Inflationsrate $\pi^{erw}$ (siehe dazu die Ausführungen zur Fisher-Gleichung in Box II.2.5). Nominelle Zinszahlungen sind für Schuldner und Gläubiger also irrelevant, solange die Inflation korrekt antizipiert wurde. Aus Gleichung (2') wird dann

(5) $$B_t = (G_t - T_t) + (1 + r + \pi^{erw} - \pi) \cdot B_{t-1} - S_t$$

In einer wachsenden Volkswirtschaft und für einen Vergleich unterschiedlicher Länder bietet es sich an, nicht mit absoluten Größen zu arbeiten, sondern den Schuldenstand bzw. das Defizit auf das (reale) BIP (Y) zu beziehen. Als sog. *Schuldenquote* $B_t / Y_t$ resultiert

(6) $$\frac{B_t}{Y_t} = \frac{(G_t - T_t)}{Y_t} + (1 + r + \pi^{erw} - \pi) \cdot \frac{B_{t-1}}{Y_t} - \frac{S_t}{Y_t}$$

Wird auf der rechten Seite von (6) der zweite Term mit $(Y_{t-1} / Y_{t-1})$ erweitert, ergibt sich

(6') $$\frac{B_t}{Y_t} = \frac{(G_t - T_t)}{Y_t} + (1 + r + \pi^{erw} - \pi) \cdot \left(\frac{Y_{t-1}}{Y_t}\right) \cdot \frac{B_{t-1}}{Y_{t-1}} - \frac{S_t}{Y_t}$$

203 Das Konzept der Seigniorage wird in der Literatur nicht einheitlich definiert. Das hier gewählte Konzept dürfte jedoch das allgemeinste sein, siehe dazu Baltensperger/Jordan, 1997 und Illing, 1997, 58–60.

204 Auch dabei wurde die mögliche Verzinsung der Mindestreserven außer Acht gelassen. Bei Verzinsung wäre die Seigniorage niedriger als bei einer unverzinslichen Mindestreserve.

Wird nun berücksichtigt, dass die Wachstumsrate des BIP (g) definiert ist als $(Y_t - Y_{t-1}) / Y_{t-1} = (Y_t / Y_{t-1}) - 1$, folgt: $(Y_{t-1} / Y_t) = 1 / (1 + g)$. Dann wird (6') zu

(6'') $$\frac{B_t}{Y_t} = \frac{(G_t - T_t)}{Y_t} + \frac{(1 + r + \pi^{erw} - \pi)}{(1+g)} \cdot \frac{B_{t-1}}{Y_{t-1}} - \frac{S_t}{Y_t}$$

Für kleine Werte von r und g und keinen zu großen Unterschieden zwischen diesen beiden Größen kann man dafür folgenden approximativ gültigen Ausdruck verwenden (siehe dazu Box III.1.2)

(7) $$\frac{B_t}{Y_t} \approx \frac{(G_t - T_t)}{Y_t} + (1 + r + \pi^{erw} - \pi - g) \cdot \frac{B_{t-1}}{Y_{t-1}} - \frac{S_t}{Y_t}$$

Somit ergibt sich für die *Defizitquote* $d_t$ (= $D_t / Y_t$), d.h. die Differenz zweier aufeinander folgender Schuldenquoten

(8) $$\begin{aligned} d_t &\equiv \frac{B_t}{Y_t} - \frac{B_{t-1}}{Y_{t-1}} \\ &= \frac{(G_t - T_t)}{Y_t} + (r + \pi^{erw} - \pi - g) \cdot \frac{B_{t-1}}{Y_{t-1}} - \frac{S_t}{Y_t} \\ &= \frac{(G_t - T_t)}{Y_t} + (r + \pi^{erw} - \pi - g) \cdot \frac{B_{t-1}}{Y_{t-1}} - \frac{(\mu + r) \cdot (Mo_{t-1} / P_t)}{Y_t} \end{aligned}$$

**Box III.1.2: Der Übergang von (6'') auf (7)**

Zu beweisen ist folgende Beziehung:

(B1) $$\frac{(1 + r + \pi^{erw} - \pi)}{(1+g)} \approx 1 + r + \pi^{erw} - \pi - g$$

Berücksichtigen wir dafür zunächst, dass sich für das Produkt $(1 + r + \pi^{erw} - \pi - g) \cdot (1 + g)$ ergibt

(B2) $$(1 + r + \pi^{erw} - \pi - g) \cdot (1 + g) = (1 + r + \pi^{erw} - \pi) + (r + \pi^{erw} - \pi) \cdot g - g^2$$

Wenn $(r + \pi^{erw} - \pi)$ und g klein sind, sind die Produkte $(r + \pi^{erw} - \pi) \cdot g$ und $g^2$ sehr klein, so dass approximativ gilt

(B3) $$(1 + r + \pi^{erw} - \pi - g) \cdot (1 + g) \approx (1 + r + \pi^{erw} - \pi)$$

Division beider Seiten von (B3) durch (1 + g) liefert dann den Beweis für (B1).

Die Schuldenquote wächst also, wenn die Summe aus Primärdefizitquote und realer Zinsbelastung (unter Berücksichtigung von g) die *Geldschöpfungseinnahmen* übersteigt. Bei der realen Zinsbelastung durch die Schuldenakkumulation aus der Vergangenheit sind Wachstums- und Inflationseffekte zu berücksichtigen. Durch Inflation erleiden die Halter der staatlichen Papiere einen Wertverlust. Folglich sinkt die reale Belastung des Staatshaushalts mit steigender Inflationsrate. Sofern die Inflation jedoch korrekt antizipiert wird, d.h., $\pi^{erw} = \pi$, erhöht sich der Nominalzins entsprechend, und die Anleger werden für diesen Wertverlust gerade kompensiert. Wenn die Wirtschaft wächst ($g > 0$), erhöht sich der staatliche Verschuldungsspielraum, da dadurch die Schuldenquote (ceteris paribus) zurückgeht. Allgemein impliziert der in Gleichung (7) dargestellte Zusammenhang bei *rationalen Erwartungen* (im Durchschnitt gilt $\pi^{erw} = \pi$) eine zunehmende Schuldenquote bei steigendem Realzins, sinkendem Wirtschaftswachstum, höherem Primärdefizit relativ zum BIP und größerer anfänglicher Schuldenquote.

Tabelle III.1.2 zeigt den Beitrag des Primärsaldos (G – T) und der *Zins-Wachstums-Differenz* zur Veränderung der Schuldenquote in den Jahren 1999 bis 2003 für die EU insgesamt und das Euro-Währungsgebiet. Grundlage für die Zahlen sind die *Stabilitäts- und Konvergenzprogramme* der EU-Länder (siehe die Ausführungen unter III.1.2.2). Trotz zum Teil beträchtlicher Primärüberschüsse nimmt die gesamte Schuldenquote aufgrund der ungünstigen Zins-Wachstums-Differenz (siehe auch Schaubild III.1.2) um deutlich weniger ab.

Die traditionellen Konfliktpotenziale zwischen Geld- und Fiskalpolitik sind unmittelbar aus den Gleichungen (6) bis (8) ersichtlich. So reduziert eine *Überraschungsinflation* ($\pi > \pi^{erw}$) den Realwert der staatlichen Nominalverschuldung zu Lasten der Gläubiger. Der Staat profitiert davon, da die staatlichen Wertpapiere in Nominaleinheiten und einheimischer Währung ausgedrückt sind.[205] Eine vermehrte Geldschöpfung der Zentralbank führt zu zusätzlichen Staatseinnahmen, sofern die Privaten bereit sind, das zusätzliche Geld auch zu halten. Wenn allerdings die Geldnachfrage aufgrund der durch die vermehrte Geldschöpfung letztlich steigenden Inflation zurückgeht (also sozusagen die Bemessungsgrundlage der *„Inflationssteuer"* wegbricht), darf man sich davon keine größeren Effekte zur Stabilisierung der Staatsfinanzen versprechen.

Eine Stabilisierung der Schuldenquote ist gleichbedeutend mit

$$(9) \qquad \frac{B_t}{Y_t} - \frac{B_{t-1}}{Y_{t-1}} = 0 \Leftrightarrow \frac{(T_t - G_t)}{Y_t} = (r + \pi^{erw} - \pi - g) \cdot \frac{B_{t-1}}{Y_{t-1}} - \frac{S_t}{Y_t}$$

Ist der Ausdruck auf der rechten Seite der Gleichung positiv, ist zur Stabilisierung der Schuldenquote ein Primärüberschuss nötig. Soll eine Senkung der Schuldenquote erreicht werden (wie durch die Konvergenzkriterien des Maastricht-Vertrages für die Län-

205 An einen Preisindex *indexierte Staatsanleihen* gibt es in Deutschland bisher nicht, sind aber z.B. in Großbritannien schon längere Zeit gängige Praxis und wurden im Fiskaljahr 1993/94 auch von Schweden und 1997 von den USA erstmalig begeben. Die erste inflationsindexierte Anleihe im Eurogebiet wurde vom französischen Schatzamt im September 1998 emittiert (die sog. OATi-Anleihe).

*Tabelle III.1.2: Beitrag des Primärsaldos und der Zins-Wachstums-Relation zur Veränderung der Schuldenquote in der EU (jeweils in % des BIP)*

| Währungsgebiet | 1999 | 2000 | 2001 | 2002 | 2003 | 2000–2003 |
|---|---|---|---|---|---|---|
| **EWU** | | | | | | |
| Schuldenquote | 72,4 | 71,1 | 69,7 | 67,9 | 66,0 | |
| Veränderung der Schuldenquote | – 1,0 | – 1,3 | – 1,4 | – 1,8 | – 1,9 | – 6,4 |
| Primärsaldo (G – T) | – 3,0 | – 3,1 | – 3,1 | – 3,4 | – 3,6 | – 13,2 |
| Zins-Wachstums-Differenz[a)] | 1,8 | 1,0 | 1,1 | 1,1 | 0,9 | 4,1 |
| **EU** | | | | | | |
| Schuldenquote | 67,8 | 65,9 | 64,2 | 62,4 | 60,7 | |
| Veränderung der Schuldenquote | – 1,7 | – 1,9 | – 1,7 | – 1,8 | – 1,7 | – 7,1 |
| Primärsaldo (G – T) | – 3,5 | – 3,4 | – 3,3 | – 3,5 | – 3,5 | – 13,7 |
| Zins-Wachstums-Differenz[a)] | 1,5 | 1,0 | 1,1 | 1,2 | 1,0 | 4,3 |

Quelle: European Commission, 2000.

Anmerkungen: Die Summe aus Primärsaldo und Zins-Wachstums-Differenz ergibt wegen Strom-Bestands-Anpassungen nicht exakt die Veränderung der Schuldenquote.

a) bezogen auf das nominelle Wirtschaftswachstum, d.h. berechnet anhand des Terms $i - (g + \pi) = (i - \pi) - g$.

der vorgesehen ist, die Schuldenquoten über 60 % aufweisen), ist ein höherer Primärüberschuss erforderlich. Allerdings reduziert der *Geldschöpfungsgewinn* den notwendigen Überschuss. Unter Umständen ist deshalb eine Stabilisierung sogar mit einem Primärdefizit vereinbar. In Tabelle III.1.2 ist bei der Zins-Wachstums-Differenz der Inflationseffekt auf die Staatsverschuldung bereits enthalten, da mit dem nominalen BIP-Wachstum gearbeitet wird.

Gleichung (8) kann auch folgendermaßen interpretiert werden: Je mehr die Inflationserwartungen $\pi^{erw}$ über die tatsächliche Inflation $\pi$ hinausgehen und je höher die öffentliche Verschuldung bereits ist, desto schwieriger ist eine Stabilisierung der Schuldenquote. Ein monetärer *Regimewechsel* in Richtung auf mehr Preisstabilität, wie er seit den 90er Jahren weltweit feststellbar ist, stellt somit eine wichtige Änderung für die Finanzpolitik dar. Zusätzlich zur *Ausgangsverschuldung* und der Differenz zwischen $\pi^{erw}$ und $\pi$ spielt dabei im Zeitablauf auch die Geschwindigkeit bzw. Trägheit, mit der sich die *Inflationserwartungen* nach unten anpassen, eine bedeutende Rolle. Im Falle mangelnder *Glaubwürdigkeit* der Geldpolitik dürften die Inflationserwartungen nur recht langsam nach unten korrigiert werden.

Insgesamt entsteht durch eine *Disinflation* (einem Rückgang der Inflationsraten)[206] eine temporäre Zusatzlast für die Finanzpolitik hoch verschuldeter Länder. Dieser potenzielle Konflikt zwischen Geld- und Finanzpolitik vernachlässigt allerdings die Vorgeschichte der Disinflation. Die Inflationsperiode wird ungerechtfertigterweise nur auf die Zeit der Inflationsbekämpfung reduziert. In der Phase hoher Inflationsraten der Vergangenheit wurde jedoch der finanzpolitische Spielraum durch den Inflationseffekt auch vergrößert. Die Disinflationsphase ist letztlich nichts anderes als eine Rückzahlung der vorher eingenommenen *„Inflationssteuer"*. Nichtsdestotrotz könnte die angestrebte Inflationsrate des Eurosystems, d.h. ein Anstieg des *Harmonisierten Verbraucherpreisindex* für die EWU insgesamt von unter 2 %, für Länder mit einer erst kurzen Erfahrung mit niedrigen Inflationsraten – Raten unter 3 % wurden von einigen Ländern erst in den letzten Jahren erreicht – gewisse Probleme mit der Finanzpolitik und dem Defizit- und Schuldenkriterium erbringen. Dies gilt vor allem vor dem Hintergrund noch deutlich auseinander fallender nationaler Preissteigerungsraten (siehe dazu auch Box II.2.10). Dabei ist auch die Situation der EZB als relativ junge Institution zu beachten, die sich Glaubwürdigkeit und Reputation auf den Märkten erst noch erwerben muss. Insgesamt könnte sich durch diese Gesichtspunkte eine gewisse Persistenz von $\pi^{erw}$ (in einigen Ländern), auf höherem Niveau als vom Eurosystem angestrebt, ergeben.

Wie sind die bisher geschilderten Zusammenhänge nun vor dem Hintergrund der institutionellen Vorkehrungen des EG-Vertrages zu beurteilen? Den Vertragsparteien des Maastricht-Vertrages waren die potenziellen Gefahren einer unsoliden Haushaltspolitik für die gemeinsame Geldpolitik größtenteils bekannt. Deshalb lassen sich einige der dort getroffenen Festlegungen auch durch die bisher dargestellten Überlegungen begründen.

So gewährt die Satzung des ESZB und der EZB in Art. 7 sowohl der EZB als auch den nationalen Zentralbanken *Unabhängigkeit* von den Weisungen von Organen oder Einrichtungen der EU und Regierungen der Mitgliedstaaten. Dadurch kann sich das Eurosystem ohne staatliche Einmischung auf sein primäres Ziel der Gewährleistung von Preisstabilität konzentrieren. Wie bereits erwähnt besteht nach Art. 101 des EG-Vertrags ein Verbot der monetären Finanzierung von Haushaltsdefiziten (keine Kreditfazilitäten) und des unmittelbaren Erwerbs von Staatsschuldtiteln durch das Eurosystem. Dieses Verbot gilt somit für die nationalen Zentralbanken und die EZB. Auch darf öffentlichen Haushalten kein bevorrechtigter Zugang zum Kapitalmarkt verschafft werden. Da die Mindestreserve verzinst wird, entfällt auch die Möglichkeit, sich mithilfe dieses Instruments Seigniorage-Einnahmen zu verschaffen.

Die einzelnen Staaten sehen sich somit „härteren Budgetbeschränkungen" gegenüber als vor der Währungsunion. In diesem Zusammenhang ist auch zu berücksichtigen, dass der Maastricht-Vertrag den Status eines völkerrechtlichen Vertrages besitzt, der nur mehr einstimmig von allen EU-Mitgliedsländern geändert werden kann. Zudem haftet nach Art. 103 EG-Vertrag kein Land für die Verbindlichkeiten eines anderen Landes (die sog.

206 Eine *Deflation* dagegen bezeichnet eine Situation sinkenden Preisniveaus.

*„no-bail-out-Klausel“*).[207] Zwar kann von politischer Seite Druck auf eine expansivere Ausrichtung der Geldpolitik ausgeübt werden. Auch besteht für die nationalen Regierungen die Möglichkeit, über die Besetzung der Zentralbankpräsidenten und der Direktoriumsmitglieder der EZB indirekt Einfluss auf die Geldpolitik zu nehmen. Und schließlich könnte unter Umständen die Glaubwürdigkeit der Regelungen von den Märkten bezweifelt werden. Aber durch die institutionellen Vorkehrungen ist das Eurosystem dagegen relativ gut abgesichert.[208]

Deshalb soll im Folgenden auf einige weitere Punkte eingegangen werden, die zu Spannungen zwischen der Geld- und Fiskalpolitik führen bzw. obige Argumentation indirekt zum Tragen bringen können.

### 1.1.2 Fristigkeit der Verschuldung

Zunächst ist dabei auf das Problem der *kurzfristigen Verschuldung* des öffentlichen Sektors hinzuweisen. Dadurch gerät der öffentliche Sektor verstärkt ins Fahrwasser der Geldpolitik, da sein Schuldendienst zunehmend von den direkt von der Geldpolitik abhängenden (kurzfristigen) Geldmarktzinsen beeinflusst wird. Deren Auswirkungen schlagen sich in den Gleichungen (6) und (7) im Zins $i = r + \pi^{erw}$ nieder. Insbesondere in konjunkturell angespannten Zeiten kann es deshalb zu einem politischen Druck auf die EZB kommen, die Zinsen zu senken, um die Ausgaben für den Schuldendienst zu verringern. Ein Abbau der kurzfristigen Staatsschulden könnte dieses Konfliktpotential jedoch entschärfen.

Anhand Tabelle III.1.3 ist erkenntlich, dass der Anteil der kurzfristigen öffentlichen Verschuldung am BIP (*Ursprungslaufzeit* ≤ 1 Jahr) im Euro-Währungsgebiet seit Anfang der 90er Jahre einen rückläufigen Trend aufweist. 1999 machte sie 7 % des EWU-BIP aus. Dementsprechend würde eine restriktive Geldpolitik durch die EZB, die die kurzfristigen Zinsen um einen Prozentpunkt erhöht, die Schuldendienstbelastung in der Währungsunion insgesamt nur um ca. 0,07 Prozentpunkte des BIP ansteigen lassen. Dagegen stieg die längerfristig angelegte öffentliche Verschuldung seit 1991 um ca. 20 Prozentpunkte auf 65 % des BIP im Jahr 1999 an. Bei dieser Entwicklung spielte die generelle Konsolidierung der öffentlichen Finanzen und der Verlauf der Zinsstrukturkurve eine wichtige Rolle. So stellte man z.B. in Deutschland Mitte der 90er Jahre durch die Normalisierung und die zunächst eintretende zunehmende Steilheit der *Zinsstruk-*

207 Allerdings verbleibt der Effekt einer übermäßigen öffentlichen Verschuldung eines Staates auf das generelle Zinsniveau in der Währungsunion. Durch den verstärkten Gang eines Landes auf die Kapitalmärkte wird ein Druck auf die Kapitalmarktzinsen nach oben ausgelöst. Dieser Effekt dürfte vor allem dann zum Tragen kommen, wenn die Finanzmärkte nicht ernsthaft an die no-bail-out-Klausel glauben.

208 Gesetzliche Vorschriften müssen sich allerdings nicht mit dem tatsächlichen Verhalten von Zentralbanken decken.

*Tabelle III.1.3: Laufzeitstruktur der öffentlichen Gesamtverschuldung im Euro-Währungsgebiet*

| | 1991 | 1992 | 1993 | 1994 | 1995 | 1996 | 1997 | 1998 | 1999 |
|---|---|---|---|---|---|---|---|---|---|
| **Ursprungslaufzeit** | | | | | | | | | |
| ≤ 1 Jahr | 11,7 | 12,2 | 12,0 | 11,2 | 10,6 | 10,2 | 8,8 | 7,7 | 6,9 |
| > 1 Jahr | 45,7 | 48,8 | 55,3 | 58,7 | 63,4 | 65,1 | 65,9 | 65,4 | 65,2 |
| darunter: mit variablem Zins | 4,4 | 6,0 | 6,4 | 7,1 | 6,5 | 6,0 | 5,6 | 5,2 | 4,7 |
| **Restlaufzeit (R)** | | | | | | | | | |
| ≤ 1 Jahr | 17,6 | 17,8 | 18,6 | 16,6 | 17,6 | 19,2 | 18,6 | 16,3 | 14,4 |
| 1 < R ≤ 5 Jahre | 18,5 | 21,0 | 24,3 | 26,5 | 26,1 | 25,2 | 25,0 | 25,7 | 26,6 |
| > 5 Jahre | 21,4 | 22,1 | 24,4 | 26,9 | 30,3 | 30,9 | 30,9 | 30,8 | 30,9 |

Quelle: EZB-Monatsbericht, Tabelle 7.2.

Anmerkung: in % des BIP.

*turkurve* eine wachsende Neigung zur kürzerfristigen öffentlichen Verschuldung fest.[209] Eine flache (oder sogar inverse) Zinsstruktur, wie tendenziell um die Jahreswende 2000/2001 im Euro-Währungsgebiet auszumachen (siehe Schaubild III.1.1), lässt dagegen Portfoliomanager eher längerfristige Finanzierungsformen bevorzugen.[210]

Der untere Teil von Tabelle III.1.3 zeigt darüber hinaus, dass die durchschnittliche Fälligkeit der Staatsschulden in der EWU insgesamt (gemessen anhand der *Restlaufzeit*) in den letzten Jahren angestiegen ist. Allerdings stehen dahinter unterschiedliche nationale Entwicklungen. So ist in einigen Ländern auch (wieder) eine sinkende Tendenz festzustellen. Zudem ist bei dieser Betrachtung der hohe Schuldenstand in einigen Ländern, vor allem in Belgien, Griechenland und Italien, zu beachten. Die nationalen öffentlichen Finanzierungssalden können dann doch empfindlich auf Zinsänderungen reagieren. Anhand der Zahlen für 1997 wurde z.B. berechnet, dass für Italien ein Anstieg der unmittelbar von der Geldpolitik beeinflussten Geldmarktzinsen um einen Prozentpunkt die Defizitquote um 1,2 Prozent ansteigen lässt.

209 Man spricht von einer normalen (inversen) Zinsstruktur, wenn die langfristigen Zinsen über (unter) den kurzfristigen liegen.
1996 wurden in Deutschland erstmals unterjährige Staatsschuldtitel, sog. *„Bubills“*, emittiert. Zudem werden bei den Schuldscheindarlehen kurzfristige Laufzeiten, bei Bundesanleihen eine variable Verzinsung („zinsvariable Bundesanleihen“) und die Einräumung eines Kündigungsrechts für den Gläubiger stärker bevorzugt. Die Konditionen variabel verzinslicher Anleihen sind dabei ebenso wie diejenigen privater kurz laufender Schuldverschreibungen (z.B. Commercial Paper) i.d.R. an einen repräsentativen Interbankenzins gekoppelt. Hierfür bietet sich in der Währungsunion der EURIBOR („Euro Interbank Offered Rate“) an.

210 Eine Analyse der opt. Laufzeitgestaltung der öffentlichen Verschuldung unter besonderer Berücksichtigung der Lage in der EWU findet sich in Giordano (2001).

*Schaubild III.1.1: Zinsstruktur im Euro-Währungsgebiet*

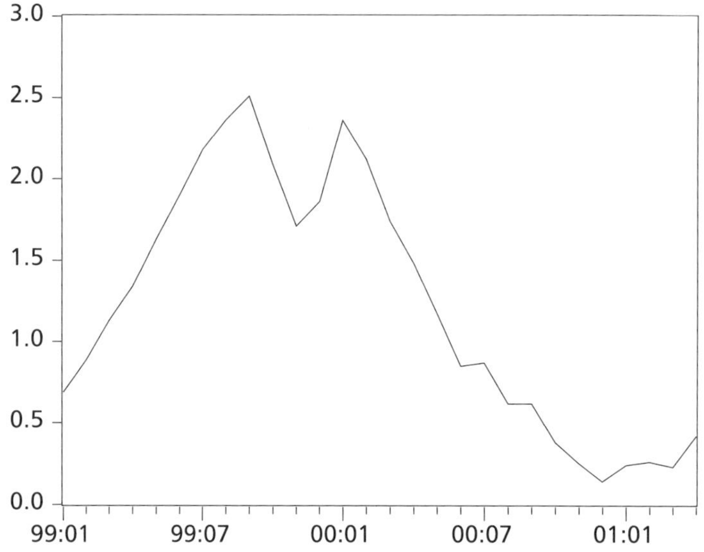


Quelle: EZB.

Anmerkung: Differenz zwischen der Rendite von Staatsanleihen mit zehnjähriger Laufzeit und dem Drei-Monats-Euribor.

Bei der geldpolitischen Beurteilung der Konsequenzen zunehmender kürzerfristiger öffentlicher Verschuldungsformen ist darüber hinaus die Reaktion der Finanzmärkte zu berücksichtigen. So könnte diese Entwicklung vor dem Hintergrund der historischen Erfahrungen, wonach für Länder mit einer laxeren Finanzpolitik die Möglichkeiten einer langfristigen Verschuldung eingeschränkt sind, als Anzeichen einer schwindenden Solidität gedeutet werden. Steigende *Risikoprämien* für die Zinsen in allen Laufzeitsegmenten wären dann die Folge. Aber auch die Planungssicherheit des Staatshaushalts wird beeinträchtigt, da die Staatsausgaben zunehmend von Zinsschwankungen abhängig sind. Diese Überlegungen zeigen, dass es bei einer von den kurzfristigen Zinsen abhängigen Zinslast des Staates entscheidend ist, dass die Unabhängigkeit der Notenbank unangetastet bleibt.

Die von Nichtbanken erworbenen kurzfristigen staatlichen Wertpapiere fungieren für diese als Substitute zur Geldhaltung. Sie besitzen z.B. eine ähnliche potenzielle Kaufkraftwirksamkeit wie kürzerfristige Termineinlagen. Eine Verkürzung der durchschnittlichen Laufzeit der staatlichen Verschuldung erhöht dementsprechend die gesamtwirtschaftliche *Liquidität*, wenn die kurzfristigen Staatspapiere nicht vollkommene Substitute für andere kurzfristige Anlageformen sind. Dies hat dann ebenfalls Auswirkungen auf die Geldpolitik. Unter „Geld" versteht man in der geldpolitischen Praxis stets kürzerfristige Anlageformen (siehe auch die Geldmengendefinitionen in Kapitel II.2.6.4). Die Entwicklung der Geldmenge wird somit schwieriger zu interpretieren, wenn viele kurzfristige Staatspapiere umlaufen. Solange das Ausgabeverhalten der Nichtbanken von der Zinsstruktur und vom Liquiditätsgrad ihrer „Assets“ mit abhängt, werden (im Regelfall einer normalen Zinsstruktur) positive Nachfrageeffekte und damit auch Preiseffekte ausgelöst. Dies hat eine stabilitätsorientierte Geldpolitik in ihren Analysen mit aufzunehmen.[211]

Auf der anderen Seite sind mit einem breiteren und liquideren Markt für Geldmarktpapiere, speziell z.B. durch staatliche Schatzwechsel, auch Vorteile verbunden. Dadurch wird nämlich die laufende *Geldmarktsteuerung*, die über den Geldmarkt Wirkungen erzielen will, positiv beeinflusst, da diese Papiere in die Offenmarktpolitik (für definiti-

*Schaubild III.1.2: Grad langfristiger Zinsbindung und Inflationsunsicherheit*

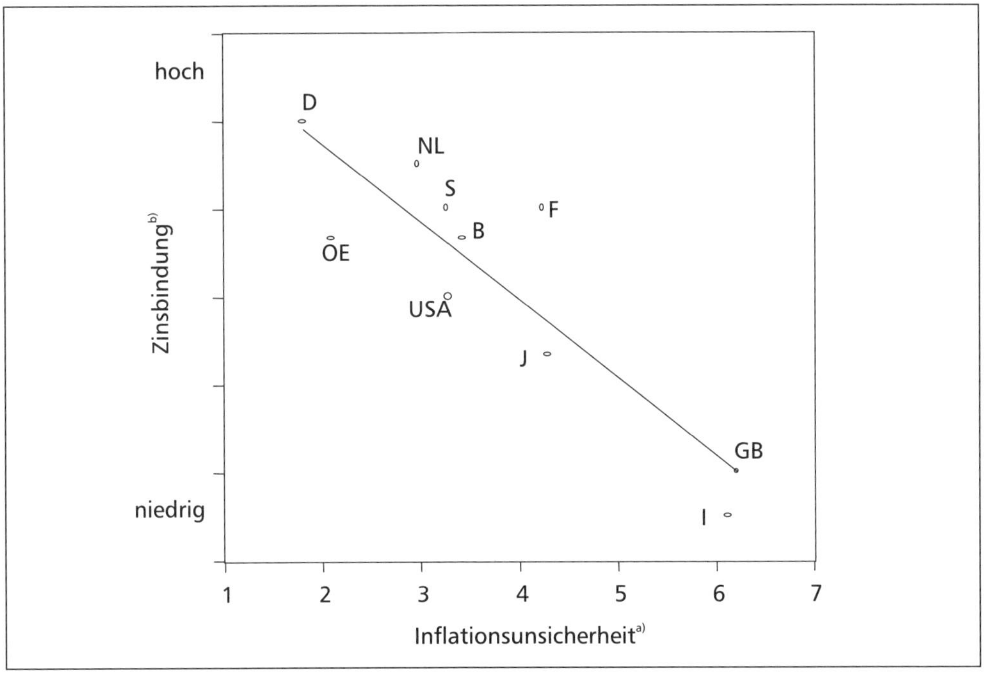


Quelle: BIZ; IWF.

Anmerkungen: Untersuchungszeitraum 1974 bis 1994; B: Belgien, D: Deutschland, F: Frankreich, GB: Großbritannien, I: Italien, J: Japan, NL: Niederlande, OE: Österreich, S: Schweden;

a) Standardabweichung der Inflationsrate gemessen an den Konsumentenpreisen;

b) Anteile langfristiger Zinsbindung nach BIZ-Klassifizierung.

211 Eine antizyklische staatliche Schuldenstrukturpolitik müsste folglich in Rezessionen die Laufzeit verkürzen, in Boomphasen die Laufzeit erhöhen, um entsprechende Nachfrageeffekte auszulösen.

ve Käufe) einbezogen werden können. Der Notenbank stehen dann zusätzliche Möglichkeiten offen, die Bankenliquidität zu beeinflussen. Allerdings dürften auch ohne diese kurzfristigen Papiere die Möglichkeiten des Eurosystems ausreichen, die Bankenliquidität und den Tagesgeldmarktsatz adäquat zu steuern.

Die beschriebenen Vorgänge im öffentlichen Sektor sind auch im Kontext der generell zunehmenden *Kurzfristorientierung* im Finanzsektor zu sehen. Diese lässt sich unterteilen in eine kurzfristige Kapitalbindung (Verwendung von Finanzkontrakten mit kurzer Laufzeit), eine kurzfristige Zinsbindung (am Geldmarkt orientierte Verzinsung mit regelmäßiger Zinsanpassung) und eine „Kurzatmigkeit" (kurzfristig orientiertes Handeln der Finanzmarktakteure). Dadurch wirken sich geldpolitische Maßnahmen verstärkt und

*Schaubild III.1.3: Inflation und Inflationsunsicherheit*

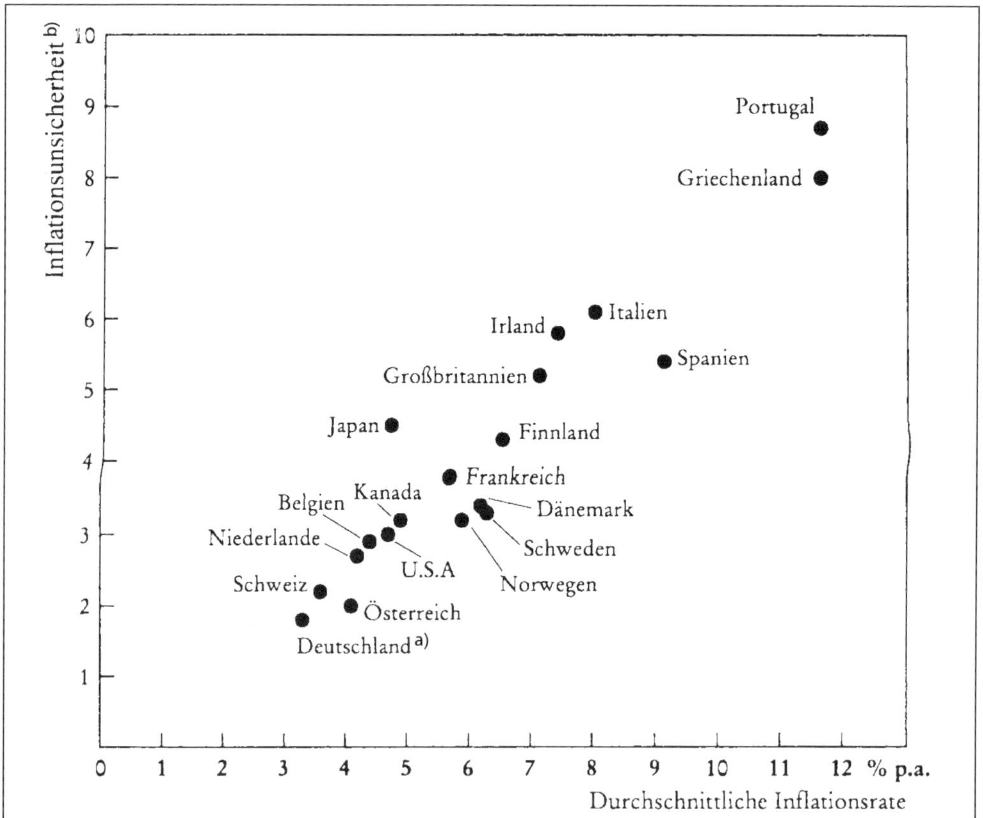


Quelle: Issing, 1998, 241.

Anmerkungen: Untersuchungszeitraum 1961 bis 1997;

a) bis einschl. 1991 Westdeutschland, ab 1992 Deutschland;

b) gemessen an der Standardabweichung der Inflationsraten.

auf direkte Weise aus, da sie auch bestehende Finanzierungsbeziehungen und nicht nur neu abgeschlossene Verträge treffen. Insgesamt erhöht sich damit die Durchschlagskraft der Geldpolitik auf die reale Wirtschaft. Sie muss ihre Maßnahmen entsprechend vorsichtiger dosieren. Für eine Notenbank mit hoher Reputation und Glaubwürdigkeit dürfte dies keine größeren Probleme aufwerfen, da sich die Erwartungen der Märkte dann auch schnell auf die neue Situation einstellen werden. Fehlt dieses „Standing“ jedoch, ist diese Situation eher von Nachteil, da die Zentralbank dann von einer verstärkten und unmittelbaren realen Wirkung auch „kleiner Zinsschritte“ ausgehen muss. Tendenziell wollen Zentralbanken aber eher über Erwartungen und weniger über realwirtschaftliche Wirkungen Preiseffekte auslösen. Auch die Aussagekraft von Geldmengenaggregaten wird bei einer zunehmenden Verbreitung kurzfristiger Anlageformen, die nicht in den Geldmengenbegriffen enthalten sind, eingeschränkt.

In diesem Zusammenhang ist auch zu berücksichtigen, dass *Inflationsunsicherheit* generell die Bereitschaft, langfristige Zinsbindungen einzugehen, schmälert (siehe Schaubild III.1.2) und höhere Inflationsraten in der Regel mit stärker schwankenden Inflationsraten einhergehen (siehe Schaubild III.1.3). Dieser Argumentation folgend kann die Kurzfristorientierung auch die Folge einer unsteten und wenig stabilitätsorientierten Geldpolitik sein.

## 1.1.3 Währungsstruktur der öffentlichen Verschuldung

Ein Teil der Staatsschulden ist regelmäßig auch in ausländischer Währung denominiert. Dieser Teil ist folglich von Wechselkursveränderungen betroffen. Bei einer Aufwertung ausländischer Währungen steigt z.B. der Schuldenstand in inländischer Währung. Besteht diese Tendenz, könnte dies wiederum einen Druck in Richtung lockerer Geldpolitik und Zinssenkungen auslösen, um eine reale Schuldenreduktion zu erreichen. Allerdings würde dies die inländische Währung tendenziell noch weiter abwerten und von dieser Seite dem intendierten Effekt entgegen wirken.

Tabelle III.1.4 stellt den Fremdwährungsanteil in der EWU dem Anteil in Inlandswährung bzw. Euro von 1991 bis einschließlich 1999 gegenüber. Als Anteil am EWU-BIP gemessen hat die öffentliche *Fremdwährungsverschuldung* in den 90er Jahren zwar tendenziell zugenommen. Jedoch macht sie am Ende des Beobachtungszeitraums nur 1,8 %

*Tabelle III.1.4: Währungsstruktur der öffentlichen Verschuldung im Euro-Währungsgebiet*

| | 1991 | 1992 | 1993 | 1994 | 1995 | 1996 | 1997 | 1998 | 1999 |
|---|---|---|---|---|---|---|---|---|---|
| Euro oder nationale Währung eines Mitgliedstaates | 56,3 | 59,7 | 65,6 | 68,0 | 72,1 | 73,3 | 72,6 | 71,3 | 70,3 |
| Sonstige Währung | 1,1 | 1,3 | 1,7 | 1,9 | 2,0 | 2,0 | 2,1 | 1,8 | 1,8 |

Quelle: EZB-Monatsbericht, Tabelle 7.2.

Anmerkungen: in % des BIP.

des BIP gegenüber einer Verschuldung in EWU-Währungen von über 70 % des BIP aus. In Deutschland und den Niederlanden sind die Staatsschulden sogar ausschließlich in Inlandswährung fakturiert. Dementsprechend reagiert der gesamte Schuldenstand kaum auf Wechselkursveränderungen. Von dieser Seite sind also wenig Konflikte zwischen der gemeinsamen Geldpolitik und den nationalen Finanzpolitiken zu erwarten

## 1.1.4 Koordinationsprobleme zwischen Geld- und Finanzpolitik

Neben den in den bisherigen Abschnitten beschriebenen traditionellen Konfliktpotenzialen besteht ein weiteres Spannungsfeld in der generell unzureichenden bzw. fehlenden *Koordination* zwischen Geld- und Fiskalpolitik. In der EWU sollen diese Fälle durch die Vorschriften des Stabilitäts- und Wachstumspaktes geregelt werden. Über diese institutionellen Regelungen hinaus, die in Abschnitt III.1.2 beschrieben werden, sind dabei folgende Zusammenhänge von Interesse (Sargent/Wallace, 1981 und Box III.1.3).

Wenn wir Gleichung (8) nach den Geldschöpfungseinnahmen auflösen, resultiert bei rationalen Erwartungen ($\pi^{erw} = \pi$)

$$\text{(10)} \qquad \frac{S_t}{Y_t} = \frac{(G_t - T_t)}{Y_t} + (r - g) \cdot \frac{B_{t-1}}{Y_{t-1}} - d_t$$

Nehmen wir nun zusätzlich an, das Primärdefizit sei im politischen Prozess vorherbestimmt und positiv. Des Weiteren soll der Realzins r größer sein als die Wachstumsrate der Volkswirtschaft g. Diese Annahme ist seit den 80er Jahren in vielen Ländern erfüllt (siehe für den Fall Deutschlands Schaubild III.1.4).[212] In diesem Fall steigt die Staatsverschuldung im Verhältnis zum BIP selbst bei ausgeglichenem Primärsaldo ständig an. Man bezeichnet diese Situation als *staatliche Schuldenfalle*. Die Schuldenquote kann aber nicht unbegrenzt anwachsen. Irgendwann ist die öffentliche Verschuldung nicht mehr tragfähig. So ergibt sich z.B. eine natürliche Grenze in den weltweit zur Verfügung stehenden Ersparnissen. Sobald diese obere Grenze in einer Periode $\tau$ erreicht wird, weil der Staat nicht durch Schaffung von Primärüberschüssen seine Schuldenlast reduziert hat, kann die Schuldenquote nicht weiter zunehmen. Dann muss für die Defizitquote $d_\tau = 0$ gelten. Dadurch wird Gleichung (10) zu

$$\text{(11)} \qquad \frac{S_\tau}{Y_\tau} = \frac{(G_\tau - T_\tau)}{Y_\tau} + (r - g) \cdot \frac{B_{\tau-1}}{Y_{\tau-1}} > 0$$

Das Primärdefizit und der Teil des Schuldendienstes, der das Wachstum der Volkswirtschaft übersteigt (jeweils auf Quoten bezogen), müssen folglich monetisiert werden. Oder anders ausgedrückt: Irgendwann führt eine übermäßige Staatsverschuldung zu zusätzlicher Geldschöpfung und damit auch zu höherer Inflation, will man den Staat nicht Bankrott gehen lassen. Letzteres wird der Staat zu verhindern wissen, da ihm letzt-

212 Zu unterschiedlichen Realzinsberechnungen und einer Analyse der historischen Entwicklung der Realzinsen im Euro-Währungsgebiet im Vergleich zu derjenigen in den USA siehe EZB (1999a), 17–19.

lich die Zentralbank untersteht. So kann er z.B. entsprechende Gesetzesänderungen vornehmen.[213]

In den Perioden davor (t < τ) kann dagegen das Wachstum der *Geldbasis* durch die staatliche Verschuldung niedrig gehalten werden. Der Staat ist in dieser Phase sozusagen nicht auf die Seigniorage-Einnahmen angewiesen, da er sich problemlos anderweitig finanzieren kann. Was passiert nun, wenn die Zentralbank in diesen Perioden eine restriktive Geldpolitik durchführt, um Preisstabilität zu erreichen. Entweder wird dann die Obergrenze für die Staatsverschuldung eher erreicht, oder der tatsächliche Schuldenstand in τ wird höher ausfallen. Letztlich sind die Effekte die gleichen. Ursächlich dafür ist, dass die reale Staatsschuld durch die höheren Zinsen und die geringere Inflation zunimmt. Nach τ werden jedoch das Geldmengenwachstum und somit auch die Inflation ansteigen. Im ersten Fall erfolgt dies früher, im zweiten Fall wird der Anstieg der Inflationsrate höher ausfallen.[214]

*Schaubild III.1.4: Wachstumsrate des realen BIP und Realzins in Deutschland (in %)*

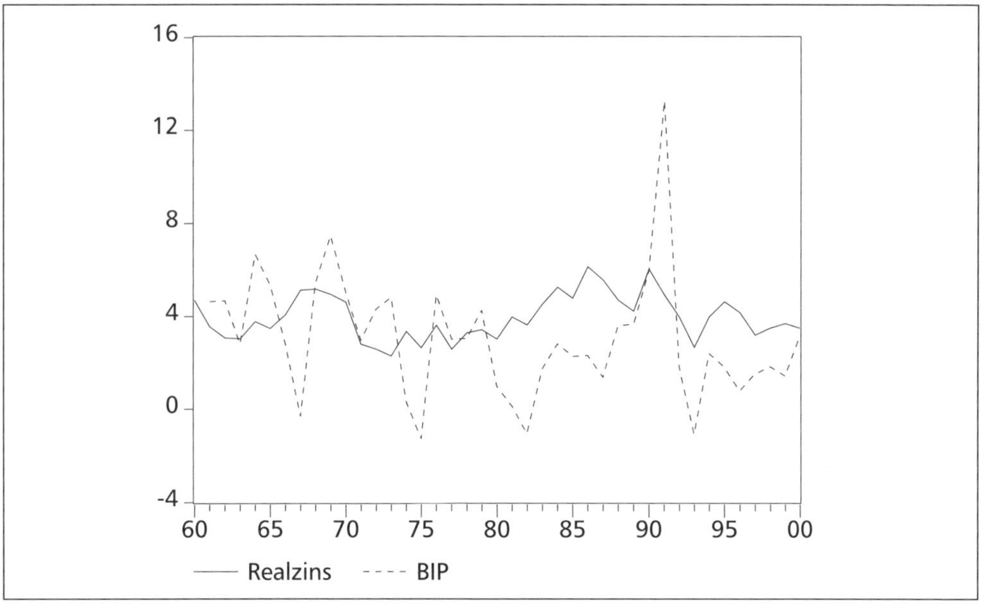


Quelle: Deutsche Bundesbank.

Anmerkung: Realzins: Umlaufrendite minus aktuelle Inflationsrate.

---

213 Im Eurosystem wird dies einerseits schwieriger, da der Maastricht-Vertrag nur einstimmig geändert werden kann. Auf der anderen Seite besteht aber die Möglichkeit des einseitigen Austritts eines Landes aus der Währungsunion in extremen Konfliktfällen.

214 Unter Umständen steigt auch bereits die heutige Inflationsrate, da die Inflationserwartungen ebenfalls reagieren werden.

Die beschriebene Wirkungskette dieses Szenarios stellt sicherlich eine Extremsituation dar. Sie ist dadurch gekennzeichnet, dass sich eine Regierung bereits in einer Situation sich selbst verstärkender Schuldendynamik befindet. In der EWU stellen solche Entwicklungen zurzeit keine unmittelbare Bedrohung dar. Auch Ländern mit extrem hohen Schuldenständen (Italien, Belgien, Griechenland) ist es in den vergangenen Jahren gelungen, ein explosionsartiges Wachstum der Staatsschulden zu vermeiden. Auch sind die Budgetdefizite in der EU nicht in dem strikten Sinne vorherbestimmt, wie dies oben unterstellt wurde. Gleichwohl verweist diese Analyse auf die potenziell schädlichen Konsequenzen **unkoordinierter Wirtschaftspolitiken bei *rationalen Erwartungen*.** Wenn eine monetäre Finanzierung von öffentlichen Haushaltsdefiziten aus irgendwelchen Gründen (z.B. vertraglich) ausgeschlossen ist, ergibt sich aus dem Modellrahmen eindeutig, dass die Defizite untragbar („unsustainable") werden können.[215] Es besteht also ein trade-off zwischen Fiskalpolitiken in unterschiedlichen Perioden: Je höher die Verschuldung in der Gegenwart ausfällt, desto weniger Spielraum besteht in der Zukunft, mit den entsprechenden (potenziellen) Konsequenzen für die Geldpolitik. Entweder muss dann die Geldpolitik expansiver ausfallen (also inflationierend wirken), es müssen Primärüberschüsse erwirtschaftet werden (wie die Ausführungen zu Gleichung (11) zeigen) oder man lässt einen Staatsbankrott zu.

Aus den obigen Überlegungen kann auch ein Zusammenhang zwischen einer mangelnden *Koordination* der nationalen Fiskalpolitiken und der Inflationsentwicklung hergestellt werden (Woodford, 1998). So ist es bei dem beschriebenen Szenario für die privaten Marktteilnehmer im Endeffekt rational, bei vorausschauendem Verhalten eine zukünftige Monetarisierung der Staatsschuld und damit ein Inflationsanstieg zu erwarten.[216] Um diese Argumentation nachvollziehen zu können, betrachten wir die privaten und staatlichen intertemporalen Budgetbeschränkungen näher.

Im Privatsektor gilt, dass der Gegenwartswert des Nettoeinkommens (Y – T) dem Gegenwartswert der Konsumausgaben C entsprechen muss. Wird also in der Gegenwart mehr konsumiert als eingenommen, müssen später die Konsummöglichkeiten durch die Begleichung des Schuldendienstes eingeschränkt werden. Formal ergibt sich bei Beschränkung auf zwei Perioden (Gegenwart $t_1$ und Zukunft $t_2$)

(12) $$C_1 + \frac{C_2}{1+r} = (Y_1 - T_1) + \frac{Y_2 - T_2}{1+r}$$

215 Allgemein bezieht sich Tragfähigkeit auf die strukturelle (langfristige) Schuldenquote. Sie erfordert, dass die effektive reale Zinsbelastung (d.h. unter Berücksichtigung von r – g) durch einen Primärüberschuss und die Seigniorage-Einnahmen gedeckt sein muss.

216 Es kann zwar argumentiert werden, aufgrund der schädlichen ökonomischen und sozialen Wirkungen von Inflation kann der Staat nicht darauf vertrauen, durch wiederholte und beschleunigte Preissteigerungen einen dauerhaften finanziellen Vorteil zu erzielen. Politiker haben jedoch in der Regel aufgrund ihres Interesses an Wiederwahl einen eher kurzfristigen Planungshorizont.

Wenn diese Überlegungen auf staatlicher Seite in dem Sinne nicht greifen, dass Primärdefizite in der Gegenwart nicht (vollkommen) durch Primärüberschüsse in der Zukunft ausgeglichen werden, gilt

(13) $$G_1 + \frac{G_2}{1+r} > T_1 + \frac{T_2}{1+r} \quad \text{bzw.} \quad (G_1 - T_1) > \frac{(G_2 - T_2)}{1+r}$$

Insgesamt resultiert dann ein Nachfrageüberschuss auf dem Gütermarkt, wie die Zusammenfassung der privaten und staatlichen Budgetbeschränkungen zeigt (siehe Gleichung (14). Die Steuern T fallen hierbei weg, da die Steuerzahlungen der Privaten gleich den Steuereinnahmen des Staates entsprechen.

(14) $$(C_1 + G_1) + \frac{(C_2 + G_2)}{1+r} > Y_1 + \frac{Y_2}{1+r}$$

Da das „natürliche" (langfristige) Outputniveau Y (das *Produktionspotenzial*) durch die verfügbare Technologie und die Präferenzen (die sog. realen Fundamentalfaktoren) determiniert ist, bedarf es zur Herstellung eines neuen intertemporalen Gleichgewichts auf dem Gütermarkt und zur Einhaltung der intertemporalen staatlichen Budgetbeschränkung einer Anpassung der Preise und/oder der Realzinsen. Anhand der Beziehung (7) für die Schuldenquote, die hier nochmals aufgeführt wird, lässt sich dies nachvollziehen.

(7) $$\frac{B_t}{Y_t} \approx \frac{(G_t - T_t)}{Y_t} + (1 + r + \pi^{erw} - \pi - g) \cdot \frac{B_{t-1}}{Y_{t-1}} - \frac{S_t}{Y_t}$$

Die durch den fiskalpolitischen Schock (das Primärdefizit) ausgelösten unerwarteten Preiserhöhungen verringern die reale staatliche Schuldenlast, da $(\pi^{erw} - \pi) < 0$. Auch eine Senkung des Realzinses r ermöglicht es, dass der staatliche Schuldendienst durch geringere Primärüberschüsse in der Zukunft abgedeckt werden muss. Ist eine Senkung des Realzinses wegen der übermäßigen Beanspruchung des Kapitalmarktes durch den Staat nicht hinreichend möglich, verbleibt nur eine Preisanpassung nach oben, d.h. Inflation. Eine an Preisstabilität orientierte Geldpolitik wäre somit im Endeffekt bei fehlender (expliziter oder impliziter) Koordination zwischen Geld- und Finanzpolitik generell inkonsistent mit vorgegebenen (exogenen) Fluktuationen des Gegenwartswertes der öffentlichen Haushaltsdefizite. **Preisstabilität kann in diesem Rahmen letztlich nur erreicht werden, wenn die Regierungen dazu verpflichtet werden, jegliche Erhöhung des Budgetdefizits in einem bestimmten Jahr durch entsprechende Verringerungen zukünftiger Primärdefizite zu kompensieren.** Um Otmar Issing (1999, 13), den Chefvolkswirt der EZB, zu zitieren: „Je höher die Staatsschuld, desto größer das Gefährdungspotenzial, das auf der Stabilität des Landes wie der Geldpolitik lastet. Der Verdacht, zumindest die stille Befürchtung, am Ende könnte doch die Versuchung für die Politik zu groß werden, sich der Schuld ‚schmerzlos' durch Inflation zu entledigen, wächst quasi proportional zum (relativen) Schuldenstand. Die Unabhängigkeit der Notenbank ist kein ein für alle Mal wirksames Bollwerk gegen diesen Zusammenhang."

## Box III.1.3: Die fiskalische Theorie der Preise

Traditionellerweise geht man in der ökonomischen Theorie davon aus, dass eine unabhängige Zentralbank, die sich auf das Ziel der Gewährleistung von Preisstabilität konzentriert, hinreichend für die Erreichung von Preisstabilität ist. Eine alternative Sichtweise, die sog. *fiskalische Theorie der Preise (FT)*, behauptet allerdings, dass dafür auch eine adäquate fiskalpolitische Ausrichtung notwendig ist. Diese ist die Grundlage für die Argumentation in Kapitel III.1.1.4.

Ausgangspunkt der Argumentation der FT ist die reale staatliche Budgetbeschränkung (siehe z.B. Gleichung (2) im Haupttext). Nach dieser müssen vergangene und laufende Defizite durch zukünftige Überschüsse gedeckt sein. Diese Überschüsse können entweder über Primärüberschüsse oder über Geldschöpfungseinnahmen (Seigniorage) erzielt werden. Durch die Geldschöpfung reduziert sich die staatliche Schuldenlast über zwei Effekte: einerseits steigen über den Notenbankgewinn die Staatseinnahmen direkt an, andererseits nehmen die realen Schulden durch die steigenden Preise ab. Langfristig werden somit die Geld- und Fiskalpolitik gemeinsam durch die staatliche Budgetbeschränkung bestimmt.

Eine erste Version der FT unterstellt die sog. *fiskalische Dominanz*. Diese besagt, dass sich der Staat auf eine gewisse Budgetposition festlegt, während die Geldpolitik über die Seigniorage (erhöhtes Geldmengenwachstum und damit höhere Inflation) für die Zahlungsfähigkeit des öffentlichen Sektors zu sorgen hat. *Inflation* ist nach dieser Variante zwar ein monetäres Phänomen. Die Geldpolitik ist aber letztendlich bestimmt durch die Fiskalpolitik und kann darauf nur reagieren. In der EWU ist es allerdings vertraglich intendiert, dass die Geldpolitik dominant ist, indem sie sich auf die Gewährleistung von Preisstabilität konzentriert und die einzelnen Länder sich mit ihrer Budgetposition daran anpassen.

Die zweite Version der FT geht davon aus, dass die Geldpolitik nicht auf Entwicklungen im Staatshaushalt reagiert. Es herrscht also keine fiskalische Dominanz. Vielmehr konzentriert sich die Zentralbank auf die ihr übertragenen Aufgaben und lässt die geldpolitische Ausrichtung unverändert. Selbst dann wird jedoch die Fiskalpolitik die Preisentwicklung beeinflussen. Realisiert der Staat öffentliche Defizite muss das Preisniveau ansteigen, damit die staatliche Budgetbeschränkung bei unveränderten Seigniorage-Einnahmen eingehalten wird. Wie ein Aktienkurs die erwarteten zukünftigen Gewinne des Unternehmens widerspiegelt, passt sich das allgemeine Preisniveau so an, dass die realen öffentlichen Schulden gleich den erwarteten zukünftigen Überschüssen sind, die die aktuelle fiskalpolitische Ausrichtung erfordert. Inflation wäre nach dieser Argumentation nicht notwendigerweise ein monetäres Phänomen.

Dazu ein kleines Beispiel: Nehmen wir an, der Gegenwartswert der zukünftigen realen Überschüsse betrage 100 Mio. PCs und die aktuelle nominale Staatschuld sei 10 Mrd. €. Gemäß der zweiten Version der FT muss das Preisniveau heute 100 € betragen, so dass der reale Wert der laufenden Staatsschuld 100 Mio. PCs beträgt (10 Mrd. / 100). Wenn das Preisniveau nur 50 € wäre, würde dieser Wert auf 200 Mio. PCs (10 Mrd. / 50) ansteigen. Der Staat erzeugt aber nur Überschüsse in Höhe von 100 Mio. PCs. Wenn die Halter der Staatspapiere diese heute verkaufen, bekommen sie 200 Mio. PCs. Halten sie die Papiere dagegen und warten, um von den staatlichen Überschüssen zu profitieren, bekommen sie nur 100 Mio. PCs. Folglich wählen sie die erste Möglichkeit. Durch diese Nachfrageerhöhung werden dann die Preise der PCs ansteigen.

Die FT verweist somit letztlich darauf, dass politische und legale Unabhängigkeit nicht hinreichend für eine funktionelle *Unabhängigkeit* einer Zentralbank sind. Dafür muss die Finanzpolitik auf eine dauerhafte Tragfähigkeit der Haushaltslage im Sinne einer Verhinderung einer übermäßigen Verschuldung, die zu Zahlungsunfähigkeit führt, ausgerichtet sein.

Die bisherige Analyse bezog sich nur auf ein Land. Für die Situation der Währungsunion mit 12 Ländern, einer gemeinsamen Geldpolitik und 12 nationalen Fiskalpolitiken bedeutet dies, dass zunehmende Budgetdefizite eines Landes die Inflationsrate im gesamten Eurogebiet erhöhen können.[217] Sollte sich dieses Land weigern, diesen Effekt durch zukünftige Budgetkonsolidierungsmaßnahmen zu kompensieren, müssen entweder andere Länder ihre Budgetdefizite entsprechend nach unten fahren oder durchsetzbare Regelungen zur Defizitbegrenzung jedes einzelnen Landes eingeführt werden. Es geht in der Währungsunion letztlich um die fiskalpolitische Position aller teilnehmenden Länder zusammen. Entstünde also bei einigen Ländern eine Tendenz, sich auf die finanzpolitischen Stabilisierungsanstrengungen anderer zu verlassen (sog. *„free-rider-Verhalten“*), könnte die Funktionsfähigkeit der EWU auf dem Prüfstand stehen. Es gibt somit auch ernst zu nehmende theoretische Gründe, warum sich Länder mit solider Haushaltsführung über unsolide Mitgliedsländer in der Währungsunion Gedanken machen sollten.

Dies gilt umso mehr, als durch die Währungsunion Anreize zu einer Ausweitung der Haushaltsdefizite entstehen. So gibt es die früher aufgrund unterschiedlicher Inflations- und Abwertungsperspektiven bestehenden Zinsgefälle zwischen den Ländern nicht mehr. Damit entfällt ein Indikator für Anleger für eine unsolide Haushaltspolitik. Zudem können die öffentlichen Emittenten durch die verstärkte Integration der Finanzmärkte auf einen größeren und liquideren Kapitalmarkt zurückgreifen. Damit kann die Verschuldungsoption für einige Staaten wegen geringerer Risiko- und Liquiditätsprämien eine attraktive Möglichkeit zur Finanzierung staatlicher Ausgaben sein. Wenn sich aber ein Land finanzpolitisch unsolide verhält, hat dies über einen *negativen externen Effekt* auch Auswirkungen auf die anderen Länder der Währungsunion. So könnte es zu einem Rückgang der unionsweiten privaten Spartätigkeit kommen, der die langfristigen Zinssätze und damit die Finanzierungskosten erhöht.

Die positiven Auswirkungen staatlicher *Konsolidierungspolitik* nehmen in einer Währungsunion den Charakter eines *öffentlichen Gutes* an. Vom Nutzen dieses Gutes kann kein Mitgliedsland ausgeschlossen werden, auch wenn es keinen Beitrag dazu leistet.

217 Zugleich ist zu berücksichtigen, dass sich die Seigniorage-Einnahmen eines Landes nach seinem Kapitalanteil an der EZB bemessen. Es existiert jedoch unabhängig von der Höhe der einem Land zufallenden Seigniorage ein Anreiz, durch Inflation die reale Schuldenlast zu reduzieren. Dieser Anreiz ist um so stärker ausgeprägt, je höher die Schulden sind.

Auf die „Disziplinierungsfunktion“ einzelner Staaten durch die Finanzmärkte sollte man hier nicht unbedingt vertrauen, da diese den Einfluss nationaler Budgetdefizite auf die finanzielle Stabilität vornehmlich vor dem Hintergrund der Entwicklung im gesamten Währungsgebiet beurteilen. Dementsprechend werden durch die unsolide Haushaltspolitik eines Landes die Kapitalmarktzinsen unionsweit ansteigen. Die Kapitalmärkte arbeiten dann nicht in dem Sinne effizient, dass sie jedem öffentlichen Schuldner Zinsen gemäß dem Risiko der Staatspapiere zuordnen. Dies gilt umso mehr als die Wirksamkeit der no-bail-out-Klausel als zunehmend unwahrscheinlich eingestuft wird.[218] Dann entsteht für die Währungsunion ein *moral-hazard*-Problem. Demzufolge sind die Vorschriften des EG-Vertrages und des Stabilitäts- und Wachstumspaktes notwendig zum Schutz vor Fehlentwicklungen in den öffentlichen Haushalten.

Um die nationalen Finanzpolitiken aufeinander abzustimmen, wurde die sog. *Euro-Gruppe* als informelles Gremium neben dem *ECOFIN-Rat* geschaffen. Wie die vorstehende Analyse zeigte, ist dies ein Weg in die richtige Richtung, da für die Funktionsweise der Währungsunion der adäquate policy-mix mit entscheidend ist. Dieser wird auch durch Art. 113 EG-Vertrag unterstützt, der gewisse Beratungen und Abstimmungen zwischen Eurosystem und den dezentralisierten Fiskal-, Lohn- und Strukturpolitiken erlaubt. Auf den EU-Haushalt kann man in dieser Hinsicht wegen seines Umfangs und der speziellen Verwendungszwecke der Gelder nicht setzen. Es wird allerdings sicherlich Druck in Richtung EU-Budget entstehen, da der Spielraum der nationalen Finanzpolitiken durch den Maastricht-Vertrag und den Stabilitäts- und Wachstumspakt eingeengt ist.

Damit wären wir bei den Vorschriften des Stabilitäts- und Wachstumspaktes angelangt. Dieser hat unter anderem die Kontrolle der Haushaltsdefizite zum Ziel, um von dieser Seite keine Gefährdungen für das primäre Ziel des Eurosystems, der Gewährung von Preisstabilität, aufkommen zu lassen.

Man könnte die Vorschriften des EG-Vertrages und des Stabilitäts- und Wachstumspaktes geradezu dahingehend interpretieren, dass versucht wird, die obige Kausalität von einer untragbaren Staatsverschuldung zu einer inflationär wirkenden Geldpolitik umzudrehen (siehe auch Box III.1.3). Nach diesen Vorschriften ist nämlich eine an Preisstabilität orientierte, unabhängige Geldpolitik als (exogenes) Datum vorgegeben. Und die Regierungen haben sich mit ihrer Ausgaben- und Einnahmenpolitik über die vorgeschriebenen fiskalpolitischen Regeln daran anzupassen.

---

218 So könnte z. B. argumentiert werden, dass es nach Art. 105(2) des Maastricht-Vertrages eine der grundlegenden Aufgaben des Eurosystems ist, das reibungslose Funktionieren der Zahlungssysteme zu fördern. Da sich ein Großteil der staatlichen Wertpapiere in Händen von Banken befindet, muss ein bail-out als Schutz vor dem Zusammenbruch des europäischen Bankensystems betrachtet werden (von Hagen, 1998, 279).

## 1.2 Der Stabilitäts- und Wachstumspakt

### 1.2.1 Die Ausgangslage

Da die nationalen Haushaltspolitiken in der Währungsunion nicht vergemeinschaftet sind, gilt ihnen das Hauptaugenmerk der wirtschaftspolitischen Koordinierungs- und Überwachungstätigkeit des EU-Rates. Von besonderer Bedeutung sind dabei das Verbot der monetären Finanzierung von Haushaltsdefiziten, der Haftungsausschluss der Gemeinschaft und der Mitgliedsstaaten für die öffentlich rechtlichen Verbindlichkeiten anderer Euro-Länder (sog. no-bail-out-Klausel) sowie die Verpflichtung, übermäßige staatliche Defizite zu vermeiden. Um letztere Vorschrift zu operationalisieren, wurde zwischen den EWU-Ländern auf den EU-Gipfeln in Dublin und Amsterdam 1996/97 ein *Stabilitäts- und Wachstumspakt* beschlossen.

Der Hintergrund und die zugrunde liegende Problematik lassen sich folgendermaßen beschreiben:

Nach Art. 104 EG-Vertrag müssen die Mitgliedsstaaten übermäßige öffentliche Defizite vermeiden. Als Referenzwerte gelten dabei 60 % für die Schuldenquote und 3 % für die Defizitquote.[219] Faktisch verbleibt nur noch die Verfehlung des Defizitkriteriums, da bei den Konvergenzprüfungen das Schuldenkriterium für die an der EWU teilnehmenden Länder als erfüllt betrachtet wurde. Gemäß dem „Protokoll über das Verfahren bei einem übermäßigen Defizit" bedeutet dies, das Verhältnis zwischen dem geplanten oder tatsächlichen öffentlichen Defizit und dem BIP zu Marktpreisen soll 3 % nicht überschreiten. Es muss also gelten[220]

$$\frac{G_t - T_t}{P_t \cdot Y_t} + i_t \cdot \left( \frac{B_t}{P_t \cdot Y_t} \right) \leq 0{,}03 \qquad (15)$$

Der Summe aus Primärdefizit- und Schuldendienstquote (jeweils bezogen auf das nominale BIP) sind also Restriktionen auferlegt. Die Beziehung (15) kann auch als *fiskalische Reaktionsfunktion* bezogen auf die Primärdefizitquote interpretiert werden.

Durch diese Vorschrift sollen stabilitätspolitische Konflikte nach Möglichkeit vermieden werden. Vor dem Hintergrund der an (kurzfristig aufeinander folgenden und innerhalb der EU nicht synchronisierten) Wahlterminen orientierten Entscheidungen von Politikern, machen derartige Obergrenzen auch theoretisch und polit-ökonomisch Sinn. Dann reicht es nämlich in der Regel nicht mehr allein aus, eine unabhängige Zentralbank, die sich auf die Erreichung von Preisstabilität konzentriert, zu etablieren. In einer Währungsunion mit vielen „kurzsichtigen" Regierungen tritt dieses Problem verstärkt zutage.

219 Auf die Ausnahmeregelungen des Art. 104 (2) wird an dieser Stelle nicht eingegangen.

220 Im Schuldenstand $B_t$ sollen die Seigniorage-Einnahmen enthalten sein.

Erfüllt ein Mitgliedsstaat das Defizitkriterium nicht, so erstellt die EU-Kommission einen Bericht. Darin wird berücksichtigt, ob das öffentliche Defizit die öffentlichen Ausgaben für Investitionen übertrifft. Auch auf die *mittelfristige Wirtschafts- und Haushaltslage* wird Bezug genommen. Auf Empfehlung der Kommission und unter Berücksichtigung der Bemerkungen, die das betreffende Land abzugeben wünscht, entscheidet der Rat nach Prüfung der Gesamtlage mit qualifizierter Mehrheit, ob ein *übermäßiges Defizit* vorliegt. Wird dies bejaht, richtet der Rat Empfehlungen an das jeweilige Land mit dem Ziel, dieser Situation innerhalb einer bestimmten Frist abzuhelfen.

Wenn von dem betreffenden Land keine entsprechenden Maßnahmen ergriffen werden, können diese Empfehlungen veröffentlicht werden. Wird daraufhin den Empfehlungen immer noch nicht Folge geleistet, kann dem Land eine Frist gesetzt werden, innerhalb derer die zu einer Sanierung erforderlichen Maßnahmen für einen Defizitabbau getroffen werden müssen. Falls dies nicht befolgt wird, kann man

- verlangen, dass der Mitgliedstaat vor der Emission von Wertpapieren vom EU-Rat näher zu bezeichnende zusätzliche Angaben veröffentlicht,
- die *Europäische Investitionsbank* ersuchen, die Darlehenspolitik gegenüber dem Mitgliedsland zu überprüfen,
- verlangen, dass das Land eine unverzinsliche Einlage in angemessener Höhe hinterlegt bis das übermäßige Defizit korrigiert ist,
- eine Geldbuße in angemessener Höhe verhängen.

Alle Maßnahmen werden dabei mit einer Zweidrittelmehrheit der gewichteten Stimmen der EU-Mitgliedsstaaten mit Ausnahme der Stimmen des betroffenen Mitgliedslandes beschlossen.

Als problematisch wurde bei diesem Verfahren zunächst der zu große Ermessensspielraum des EU-Rates und das Risiko einer politischen Einflussnahme bzw. politisch motivierter Entscheidungen betrachtet. Eine Sanktionsautomatik ist damit praktisch ausgeschlossen. Zugleich würde der Sanktionsprozess zu lange dauern. Insgesamt wäre mit einer Zeitspanne von drei bis vier Jahren zu rechnen.

Um diesen Kritikpunkten zu begegnen, wurde vom damaligen deutschen Finanzminister Theo Waigel Ende 1995 ein sog. Stabilitätspakt vorgeschlagen, der unter dem Namen „Stabilitäts- und Wachstumspakt“ auf dem Gipfeltreffen in Dublin Ende 1996 beschlossen und schließlich auf dem EU-Gipfel in Amsterdam Mitte 1997 verabschiedet wurde. Im Speziellen ging es darum, das Verfahren bei einem übermäßigen Haushaltsdefizit zu beschleunigen und zu präzisieren sowie eine dauerhafte und nachhaltige Haushaltsdisziplin zu institutionalisieren. In diesem Pakt verpflichten sich die Mitgliedstaaten, **mittelfristig** zumindest einen ausgeglichenen Haushalt anzustreben.[221] Die Ein-

221 „Mittelfristig“ bedeutet dabei über einen Konjunkturzyklus hinweg.

führung von nicht mehr durch Ratsentscheidungen abhängigen automatischen Sanktionen stieß allerdings an juristische Grenzen des EG-Vertrags.

Auf die Elemente dieses Stabilitäts- und Wachstumspaktes soll nun näher eingegangen werden.

### 1.2.2 Die Regelungen des Stabilitäts- und Wachstumspaktes

Ziel des Stabilitäts- und Wachstumspaktes ist die dauerhafte Übereinstimmung der Finanzpolitik mit den Anforderungen eines soliden öffentlichen Haushalts und die Überwachung der finanzpolitischen Entwicklungen, um frühzeitig Warnsignale bei Fehlverhalten zu bekommen. Der Stabilitäts- und Wachstumspakt stützt sich auf drei Säulen.[222] Diese sind

- eine „Entschließung des Europäischen Rates über den Stabilitäts- und Wachstumspakt“,
- eine „Verordnung über den Ausbau der haushaltspolitischen Überwachung und der Überwachung und Koordinierung der Wirtschaftspolitiken“,
- eine „Verordnung über die Beschleunigung und Klärung des Verfahrens bei einem übermäßigen Defizit“.

Durch die Regelungen des Stabilitäts- und Wachstumspaktes erstellt die Kommission einen Bericht, wann immer das geplante oder tatsächliche öffentliche Defizit den Referenzwert von 3 % überschreitet. Grundlage dafür sind die jährlich von den am Euro-Währungsgebiet teilnehmenden Ländern vorzulegenden *Stabilitätsprogramme* (siehe auch Tabelle III.1.8).[223] Diese haben die Funktion eines Frühwarnsystems. Der *Wirtschafts- und Finanzausschuss* (siehe Box III.1.4) gibt dann binnen zwei Wochen eine Stellungnahme zu dem Bericht der Kommission ab. Wenn das Defizit nicht als übermäßig eingestuft wird, weil es sich nur um eine vorübergehende Überschreitung handelt oder diese auf außergewöhnliche Umstände zurückzuführen ist, muss dies von der Kommission schriftlich begründet werden. Wird dagegen auf Empfehlung der Kommission vom Rat ein *übermäßiges Defizit* festgestellt, werden Empfehlungen an den Mitgliedstaat gerichtet, in denen eindeutige Fristen für das Ergreifen wirksamer Maßnahmen (innerhalb von vier Monaten) und für die Korrektur des übermäßigen Defizits festgesetzt werden. Diese Korrektur muss in dem Jahr, das auf die Feststellung des Defizits folgt, vorgenommen werden, sofern nicht besondere Umstände vorliegen.

---

222 Die hier zu beschreibende „Stabilitätsseite“ wurde auf Drängen Frankreichs auf dem EU-Gipfel von Amsterdam um eine „Beschäftigungsseite“ ergänzt. Dabei ging es im Wesentlichen um politische Aufforderungen an die Mitgliedstaaten und die Organe der Gemeinschaft, die Wirtschafts- und Haushaltspolitik stärker am Ziel der Förderung der Beschäftigung auszurichten.

223 Die nicht an der EWU teilnehmenden EU-Länder müssen so genannte *Konvergenzprogramme* vorlegen, die allerdings kein derartiges Verfahren auslösen.

### Box III.1.4: Der Wirtschafts- und Finanzausschuss

Der Wirtschafts- und Finanzausschuss existiert seit Beginn der 3. Stufe der EWWU. Seine Aufgaben sind in Art. 114 (2) EG-Vertrag geregelt. Über die Zusammensetzung des Ausschusses beschließt der Ministerrat mit qualifizierter Mehrheit. Jedes EU-Land, die Kommission und die EZB ernennen jeweils höchstens zwei Mitglieder des Ausschusses.

Der Wirtschafts- und Finanzausschuss gibt Stellungnahmen an die Kommission und den Ministerrat ab. Er beobachtet die Wirtschafts- und Finanzlage der EU-Länder und der Gemeinschaft und erstattet dem Ministerrat und der Kommission darüber Bericht. Insbesondere wird darin auf die finanziellen Beziehungen zu Drittländern und internationalen Organisationen eingegangen. Zusätzlich unterstützt er den Ministerrat insbesondere in Fragen der Einführung von Kapitalverkehrskontrollen, der Verhängung von Wirtschaftssanktionen gegenüber Drittländern, der Koordinierung der Wirtschaftspolitik in der EU, der Leistung finanziellen Beistandes für einzelne Länder, der Überwachung des bevorrechtigten Zugangs von Regierungen zu Finanzinstituten, des Haftungsausschlusses der Gemeinschaft und einzelner Länder für die Verbindlichkeiten von EU-Mitgliedstaaten und der Haushaltslage der EU-Länder, der Übertragung bankaufsichtsrechtlicher Aufgaben an die EZB, der Festlegung eines Wechselkurssystems oder allgemeiner Orientierungen für die Wechselkurspolitik gegenüber Drittwährungen, der Unterstützung von EU-Ländern bei Zahlungsbilanzschwierigkeiten und der Bestimmung der EU-Länder, die nicht an der Währungsunion teilnehmen. Und schließlich prüft der Wirtschafts- und Finanzausschuss mindestens einmal jährlich die Lage hinsichtlich des Kapitalverkehrs und der Freiheit des Zahlungsverkehrs innerhalb der EU.

Befolgt das Mitgliedsland die Beschlüsse des Rates nicht, so beschließt der Rat Sanktionen, zu denen immer auch eine *unverzinsliche Einlage* gehört. Diese Sanktionen sind innerhalb von zehn Monaten, nachdem die Stabilitätsprogramme vorgelegt worden sind, zu verhängen. Die unverzinsliche Einlage wird nach zwei Jahren in eine Geldbuße umgewandelt, wenn das Haushaltsdefizit weiterhin übermäßig bleibt.[224] Einlage und Geldbuße setzen sich bei der erstmaligen Festsetzung aus einer festen Komponente (0,2 % des BIP) und einer variablen Komponente (10 % des Betrages, um den das Defizit den Referenzwert von 3 % des BIP überschreitet) zusammen. In den Folgejahren fällt nur noch der variable Teil an. Für beide Komponenten zusammen gilt eine jährliche Höchstgrenze von 0,5 % des BIP.[225] Die Einlage wird zurückbezahlt, sobald das Land kein übermäßiges Defizit mehr aufweist. Im Gegensatz dazu werden Geldbußen nicht zurückbezahlt. Die Sanktionserlöse kommen den Mitgliedstaaten ohne übermäßiges Defizit zugute.

224 Offiziell lautet die Formulierung, der Rat wird „**ersucht**", im Falle des Art. 104 (11) EG-Vertrag Sanktionen zu verhängen, und „**aufgefordert**", in diesem Falle stets die Hinterlegung einer unverzinslichen Einlage anzuordnen, die nach zwei Jahren in eine Geldbuße umzuwandeln ist. Es kann also keine rechtliche Verbindlichkeit abgeleitet werden.

225 Dadurch zieht eine Überschreitung der Defizitquote über 6 % hinaus keine weiteren Sanktionen nach sich.

Das Verfahren bei einem übermäßigen Defizit wird ausgesetzt, falls die Regierung des betreffenden Landes geeignete Abhilfemaßnahmen verabschiedet. Die Kommission und der Rat überwachen dabei so lange die Fortschritte bei der Umsetzung der Maßnahmen, bis der Rat entscheidet, dass das übermäßige Defizit korrigiert ist. Sollten die Maßnahmen nicht durchgeführt werden oder sich als unzureichend erweisen, oder die Daten über die tatsächliche Entwicklung zeigen, dass ein übermäßiges Defizit nicht innerhalb der vorgegebenen Frist korrigiert worden ist, wird das Verfahren unverzüglich an der Stelle wieder aufgenommen, an der es zuvor angehalten wurde.

Das Verfahren konnte somit gestrafft und die Fristen deutlich verkürzt werden. Die Beschlüsse über Fristen und Sanktionen werden mit qualifizierter Mehrheit der an der Währungsunion beteiligten Länder (siehe Art. 205 (2) EG-Vertrag), jedoch ohne die Stimme des betreffenden Mitgliedslandes getroffen.

Tabelle III.1.5 fasst das Ablaufschema anhand des Budgetdefizits für das Jahr 2000 zusammen. Daraus ist auch ersichtlich, dass durch die im Folgenden zu beschreibenden Ausnahmetatbestände Sanktionen vermieden werden können, wenn das Defizit alle drei Jahre die 3 %-Marke unterschreitet. Also werden Geldbußen letztlich erst bei einer fünfjährigen Dauer des exzessiven Defizits verhängt.

Die Regelungen beinhalten, dass der *Referenzwert* von 3 % normalerweise nicht überschritten werden darf. Eine Überschreitung kann allerdings hingenommen werden, sofern diese nur ausnahmsweise und vorübergehend ist. Dies ist bei außergewöhnlichen Ereignissen der Fall, die sich der Kontrolle des Landes entziehen und die gesamtstaatliche Finanzlage schwer wiegend beeinträchtigt haben, wie z.B. Naturkatastrophen, die Folgen von Streiks, die Zinsbelastung durch einen hohen Schuldenstand oder die deutsche Wiedervereinigung. Aber auch eine *schwere Rezession* gilt als ein derartiger Ausnahmetatbestand.

Dabei musste man sich auf eine Definition eines derartigen schweren Wirtschaftsabschwunges einigen. So wurde festgelegt, dass bei einem Rückgang des realen BIP von über 2 % („außergewöhnlich schwere" Rezession) in einem Jahr keine Strafen verhängt werden.[226] Liegt der Einbruch zwischen 0,75 % und 2 %, kann der EU-Ministerrat die Sanktionen auf Antrag aussetzen. Dabei soll vor allem die Plötzlichkeit des Rückgangs oder der kumulierten Produktionseinbußen im Vergleich zu früheren Trends berücksichtigt werden. Wenn sich die Wirtschaftstätigkeit um weniger als 0,75 % verringert hat, sichern die Mitgliedstaaten zu, sich nicht auf den Ausnahmezustand zu berufen. Es gibt jedoch keine formelle Garantie, dass im Fall eines übermäßigen Defizits bei kleineren Wachstumseinbrüchen automatisch Sanktionen folgen. Die Mitgliedstaaten verpflichteten sich in der politischen Erklärung lediglich, „in der Regel" die straffreie Ausnahme nur bei einem Konjunkturrückgang von mehr als 0,75 % geltend zu machen. Tabelle III.1.6 charakterisiert die 15 EU-Länder nach der Schwere der Abschwungpha-

226 Deutschland hätte nach dieser Definition noch keine schwere Rezession gehabt. Seit 1960 hätte es danach in der EU nur 13 „schwere Rezessionen" gegeben.

*Tabelle III.1.5: Ablaufschema des Stabilitäts- und Wachstumspaktes*

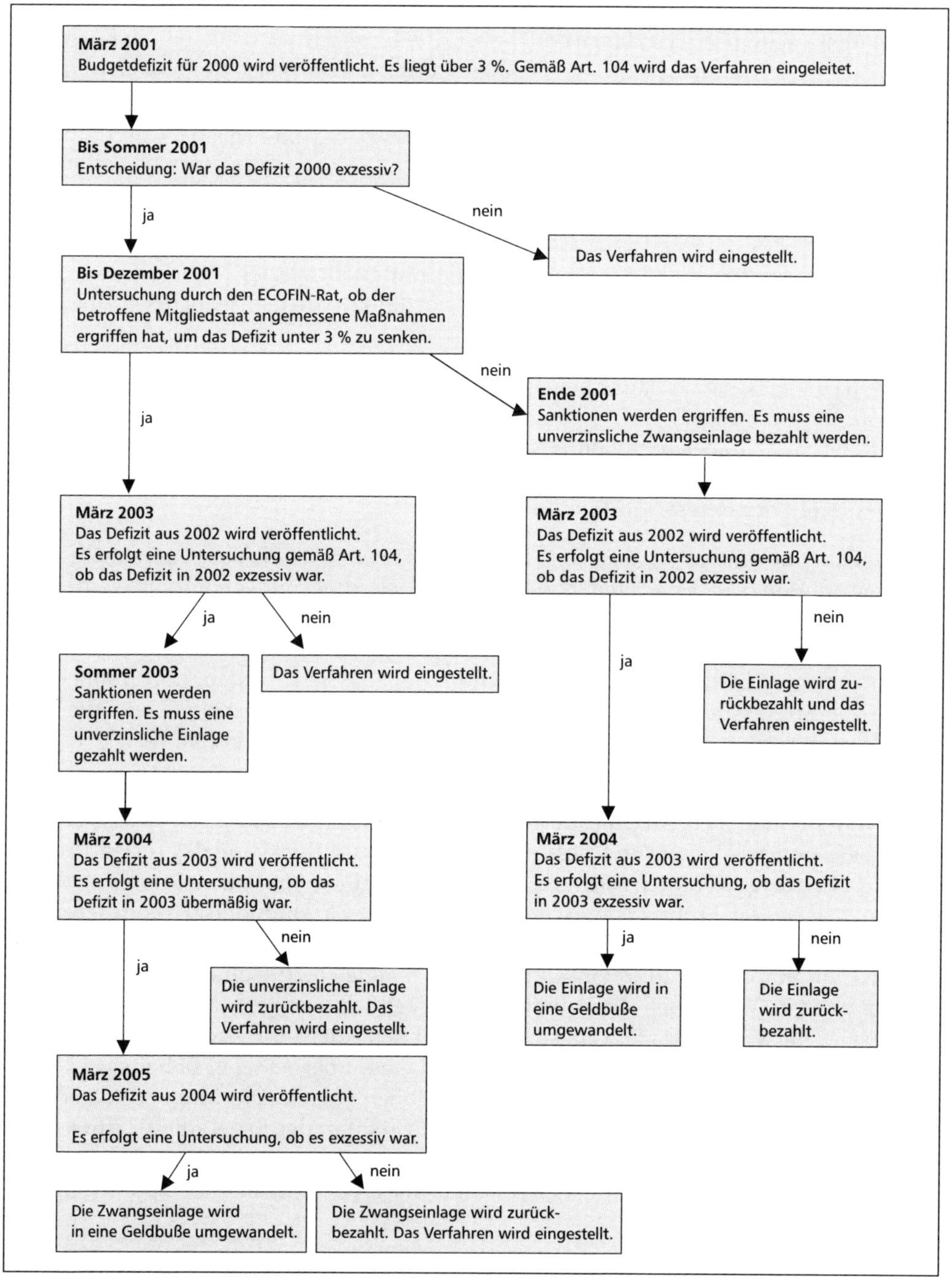


Quelle: Sell, 1998, 236; eigene Ergänzungen.

sen im Zeitraum 1961 bis 2000. Daran ist erkenntlich, dass es insgesamt 45 Fälle mit negativen Wachstumsraten gab. Die meisten fanden in den Rezessionsphasen 1974/75, 1980–1982 und 1991–1993 statt. Von dieser Gesamtzahl entfielen 30 Fälle auf negative Wachstumsraten unter –0,75 %. Irland und Österreich hatten nach dieser Definition keine schwere Rezession hinzunehmen. In nur sieben Fällen ging das BIP um mehr als 2 % zurück.

Interessant ist nun, wie sich die Budgetsituation in konjunkturellen Abschwungphasen verändert. Dafür werden von der EU-Kommission die Reaktionen des Budgetdefizits auf eine Veränderung des Output Gaps um einen Prozentpunkt berechnet. Der *Output Gap* misst dabei die Abweichung des aktuellen BIP von der Trendentwicklung, also den Einfluss der konjunkturellen Entwicklung. Wie Tabelle III.1.7 zeigt, verschlechtert sich die Budgetsituation für die EU und EWU insgesamt in einer derartigen Situation um 0,5 Prozentpunkte. Das bedeutet, dass eine Erhöhung eines negativen Output Gaps um einen weiteren Prozentpunkt unter den Trendwert des realen BIP das öffentliche Budgetdefizit im Durchschnitt der EWU um 0,5 Prozentpunkte erhöht. Es ist sowohl ein konjunktureller Einfluss auf die Staatseinnahmen (z.B. über die Steuereinnahmen) als auch auf die Staatsausgaben (z.B. durch arbeitsmarktbezogene Zahlungen) festzustellen. Besonders ausgeprägt ist die zyklische Sensitivität in den skandinavischen Ländern. Am geringsten fällt sie in Österreich, Portugal und Griechenland aus. Der Stabilitäts- und Wachstumspakt dürfte folglich aufgrund der mit ihm verbundenen Sanktionen Anreize hin zu einer dauerhaft soliden Haushaltsführung auslösen. Die Ergebnisse der Tabelle III.1.7 deuten dabei vor allem auf die Notwendigkeit der Anpassung vor Rezessionsperioden hin. Solange nämlich die Budgetpolitik nicht zentralisiert auf EU-Ebene statt-

*Tabelle III.1.6: Abschwungsphasen und betroffene EU-Länder zwischen 1961 und 2000*

| Negative Wachstumsraten | | Wachstumsraten ≤ – 0,75% | | Wachstumsraten ≤ – 2% | |
|---|---|---|---|---|---|
| Länder | Jahre | Länder | Jahre | Länder | Jahre |
| GB | 6 | S,GB | 4 | FI | 2 |
| DK,D,P,FI,S | 4 | B,D,P,FI | 3 | G,I,L,P,S | 1 |
| B,G | 3 | DK,G,I | 2 | | |
| ES,F,I,L,NL,Ö | 2 | SP,F,L,NL | 1 | | |
| IR | 1 | | | | |
| **Gesamt** | **45** | | **30** | | **7** |

Quelle: European Commission, 1997, 6; eigene Ergänzungen.

Anmerkungen: B: Belgien, D: Deutschland, DK: Dänemark, F: Frankreich, FI: Finnland, G: Griechenland, GB: Großbritannien, I: Italien, IR: Irland, L: Luxemburg, NL: Niederlande, Ö: Österreich, P: Portugal, S: Schweden, SP: Spanien.

findet,[227] führt ein negativer Nachfrageschock in einem Land zu einer automatischen Verschlechterung der Budgetsituation.

Unter Berücksichtigung der Ausnahmetatbestände und der unterschiedlichen Abschwungphasen (außergewöhnlich schwerer, schwerer, leichter Abschwung) lassen sich fünf stilisierte Defizitszenarien unterscheiden (siehe Schaubild III.1.5). Dabei entspricht (t-1) dem Jahr vor dem Abschwung, in welchem kein übermäßiges Defizit vorlag, t der Abschwungperiode und (t+1) dem ersten Jahr nach dem Abschwung. In der problemlosen Situation (1) bleibt trotz des Abschwungs das Defizit unter 3 %. Im Fall (2) übersteigt das Defizit zwar die Dreiprozentmarke, bleibt aber in der Nähe des Referenzwertes

*Tabelle III.1.7: Reaktion des staatlichen Budgets auf zyklische Schwankungen*

| Land | Reaktion der Staatseinnahmen (1) | Reaktion der Staatsausgaben (2) | Gesamtreaktion (1)+(2) |
|---|---|---|---|
| Belgien | 0,5 | 0,2 | 0,7 |
| Dänemark | 0,5 | 0,3 | 0,9 |
| Deutschland | 0,4 | 0,0 | 0,5 |
| Finnland | 0,5 | 0,2 | 0,7 |
| Frankreich | 0,3 | 0,1 | 0,4 |
| Griechenland | 0,3 | 0,0 | 0,3 |
| Großbritannien | 0,4 | 0,1 | 0,5 |
| Irland | 0,3 | 0,1 | 0,4 |
| Italien | 0,4 | 0,0 | 0,4 |
| Luxemburg | 0,4 | 0,2 | 0,6 |
| Niederlande | 0,4 | 0,4 | 0,8 |
| Österreich | 0,3 | 0,0 | 0,3 |
| Portugal | 0,3 | 0,1 | 0,3 |
| Schweden | 0,5 | 0,3 | 0,8 |
| Spanien | 0,3 | 0,0 | 0,4 |
| EWU11 | 0,4 | 0,1 | 0,5 |
| EU | 0,4 | 0,1 | 0,5 |

Quelle: European Commission, 2000, 138.

Anmerkungen: Die Ergebnisse der letzten Spalte weichen durch Rundungen von der Summe aus (1) und (2) ab.

227 Eine weitgehend zentralisierte Budgetpolitik ist z. B. in den USA der Fall.

und unterschreitet diesen nach Beendigung des Abschwungs. Damit sind die Bedingungen des Art. 104 (2a) erfüllt, wonach eine Defizitüberschreitung dann unproblematisch ist, wenn der Referenzwert nur ausnahmsweise und vorübergehend überschritten wird und in der Nähe des Referenzwertes bleibt. Beim Verlauf (3) ist diese „Nähe" zwar nicht mehr gegeben, so dass ein übermäßiges Defizit resultiert. Es werden jedoch keine Sanktionen ausgelöst, da die Überschreitung nur vorübergehend ist. In Fall (4) fällt dagegen die temporäre Natur der Überschreitung der Dreiprozentmarke weg. Falls defizitsenkende Maßnahmen unterbleiben, kommt es hier zur Verhängung von Sanktionen. In Situation (5) bleibt man längerfristig und deutlich über dem Dreiprozentwert. Auch hier können Sanktionen ausgelöst werden.

Insgesamt ist nicht klar, wie strikt der EU-Rat die Vorschriften des Stabilitäts- und Wachstumspaktes in der Praxis interpretiert. Zudem können kooperatives Verhalten der Länder bzw. die Bildung von Koalitionen zwecks Vermeidung der Sanktionen nicht ausgeschlossen werden. Dabei ist jedoch auch zu berücksichtigen, dass die Veröffentlichung der Daten und die dadurch erreichte öffentliche Aufmerksamkeit unter Umständen eine wirksamere Sanktion als eine Geldbuße darstellt. In diesem Zusammenhang ist auch auf die Sanktionsfähigkeit der Finanzmärkte zu verweisen. Bei einer öffentlich bekannt gewordenen übermäßigen Verschuldung ist eine weitere Kapitalbeschaffung nur noch zu hohen Kosten möglich, da von Kapitalgebern ein Risikoaufschlag verlangt wird. Voraussetzung dafür ist allerdings, dass die no-bail-out-Klausel hinreichend glaub-

*Schaubild III.1.5: Wirtschaftsabschwung und stilisierte Defizitverläufe*

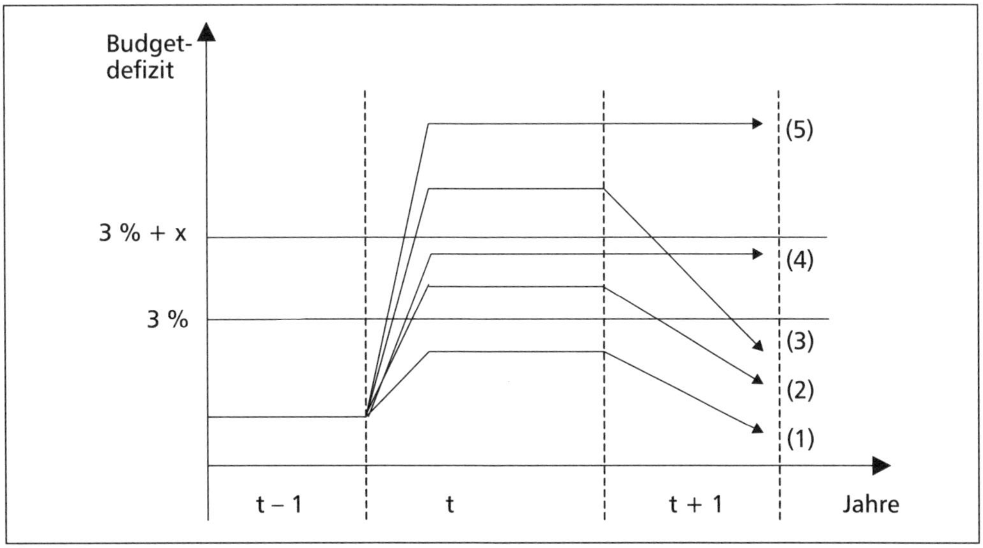


Quelle: European Commission, 1997, 4.

Anmerkungen: x: erlaubtes Defizit über 3 % nach Art. 104 (2a) EG-Vertrag, hier 0,5 Prozentpunkte; (1), (2): kein übermäßiges Defizit; (3): temporäres übermäßiges Defizit; (4), (5): übermäßiges Defizit.

würdig ist und ernst genommen wird. Auf der anderen Seite könnte jedoch die EZB dann unter politischen Druck kommen, wenn die relevante nominale Defizitquote in der Nähe des Schwellenwertes von 3 % liegt.[228]

Die zentrale Logik der Vorschriften des Stabilitäts- und Wachstumspaktes zielt einerseits darauf ab, die Glaubwürdigkeit des Eurosystems im Sinne der Verwirklichung seines vertraglichen Auftrags zu sichern. Durch die Beschränkungen des fiskalpolitischen Handlungsspielraums soll von der EZB ein möglicher politischer Druck, die Zinsen zu senken, genommen werden („Glaubwürdigkeitsseite", Regelbindung). Durch glaubwürdige Regelungen kann die funktionelle Unabhängigkeit des Eurosystems gesichert werden. Eine Situation, wie durch die fiskalische Theorie der Preisbestimmung beschrieben (siehe Box III.1.3), wird somit von vornherein ausgeschaltet.

Auf der anderen Seite sollen die öffentlichen Haushalte dauerhaft in einem Zustand gehalten werden, der auch in konjunkturellen Schwächephasen jederzeit *tragfähig* ist und genügend Spielraum für *antizyklisches Verhalten* lässt („Flexibilitätsseite").[229] Um die Defizitquote von 3 % dauerhaft einzuhalten, dürfte dies allerdings nur der Fall sein, wenn die *strukturellen* (d.h. *zyklisch bereinigten*) *Staatshaushalte* ausgeglichen sind oder sogar Überschüsse aufweisen (siehe Box III.1.5). Es ist ausdrücklich nicht das Ziel, ein Schwanken des Haushaltssaldos im Konjunkturzyklus zu verhindern. Die nationale staatliche Aktivität soll ja gerade in der Währungsunion eine nützliche nachfragestabilisierende Aufgabe durch diskretionäre und automatische Anpassungen erfüllen. Vor allem auf die Auswirkungen automatischer Reaktionen fiskalpolitischer Größen auf zyklische Schwankungen (sog. *„automatische Stabilisatoren"*) wird dabei vertraut. Auf der Einnahmeseite ist hier das progressiv ausgestaltete Einkommensteuersystem zu nennen.[230] Dadurch gehen bei langsamer wachsendem BIP die Steuereinnahmen nicht nur absolut, sondern auch als Anteil am BIP zurück. Auf der Ausgabenseite kommt es in einer derartigen Situation zu einem Anstieg staatlicher Transfers (z.B. Arbeitslosengeld). Insgesamt steigt damit konjunkturbedingt die Defizitquote an. Damit diese *automatischen Stabilisatoren* allerdings wirken können, muss erstens genügend Spielraum vorhanden sein, um über einen längeren Zeitraum Schwankungen des Defizits um einen Durchschnittswert zu ermöglichen. Befindet sich der Staat in der „Schuldenfalle", wird ein Ansteigen des Defizits in der Rezession zu einem weiteren Anstieg in der Zu-

228 Um die Unsicherheit über die Anwendung der Sanktionen zu reduzieren und zugleich die spezifische Ländersituation sowie eine Belohnung für eine solide öffentliche Haushaltsführung zu berücksichtigen, schlägt Casella (1999) einen Handel von Defizitrechten vor (in Analogie zum umweltökonomischen Vorschlag der Handelbarkeit von Umweltzertifikaten). Voraussetzung für dessen Funktionsfähigkeit ist die Festlegung des zulässigen Gesamtdefizits und der Anfangsverteilung der Rechte.

229 Gerade vor dem Hintergrund geringer Arbeitskräftemobilität und langsamer relativer Preisanpassungen in der EU sowie der aufgrund der Größe des EU-Budgets nur minimalen interregionalen monetären Transfers ist die Flexibilität der nationalen Fiskalpolitiken notwendig.

230 Bei Progression steigt der Durchschnittssteuersatz mit der Bemessungsgrundlage an, d.h. der Grenzsteuersatz liegt über dem Durchschnittssteuersatz

## Box III.1.5: Strukturelle Defizite

Durch die Vorschriften des Stabilitäts- und Wachstumspaktes ist es erforderlich, zwischen dem gesamten Defizit und der strukturellen Komponente zu unterscheiden. Das *strukturelle Defizit* ist konjunkturunabhängig. Es ist jedoch nicht direkt beobachtbar. Folgende Überlegungen erlauben es, die strukturelle Defizitquote auf relativ einfache Weise zu berechnen.

Ausgangspunkt ist die Definition eines *Output Gaps*, wie sie z.B. die EU-Kommission verwendet. Danach entspricht der Output Gap (og) der relativen Abweichung des aktuellen vom potenziellen Output ($Y^P$). Unter Letzterem versteht man die gesamtwirtschaftliche Produktion, die sich unter Berücksichtigung des technischen Fortschritts mit den verfügbaren Produktionsfaktoren Arbeit und Sachkapital bei normaler Auslastung erstellen lässt.

(B1) $$og = \frac{Y - Y^P}{Y^P} = \frac{Y}{Y^P} - 1$$

Die strukturelle Defizitquote bezieht das staatliche Defizit D auf das Produktionspotenzial $Y^P$. Es ergibt sich also

(B2) $$\frac{D}{Y^P} = \frac{D}{Y} \cdot \frac{Y}{Y^P}$$

Aus (B1) und (B2) resultiert dann ein Ausdruck für das strukturelle (bzw. zyklisch bereinigte) Defizit als Funktion des aktuellen Defizits und des Output Gaps.

(B3) $$\frac{D}{Y^P} = \frac{D}{Y}(1 + og)$$

Dabei ist zu berücksichtigen, dass ein Maß für den Output Gap oftmals leichter verfügbar ist als ein solches für den Potenzialoutput.

kunft führen. Zweitens müssen die privaten Marktteilnehmer auf eine staatliche Defiziterhöhung (d.h. staatliches Entsparen) mit verstärkter Nachfrage (privatem Entsparen) reagieren. Wird dagegen die gegenwärtige Haushaltspolitik als dauerhaft nicht *tragfähig* betrachtet, dürfte keine zusätzliche private Nachfrage entstehen. Vielmehr entsteht ein Anreiz, mehr zu sparen, um auf die zukünftig zu erwartenden Steuererhöhungen und/oder staatlichen Ausgabenkürzungen vorbereitet zu sein.

In Tabelle III.1.8 sind die Stabilitätsprogramme der EWU-Länder zusammen mit den Konvergenzprogrammen der nicht an der EWU teilnehmenden EU-Länder dargestellt. Anhand der Stabilitätsprogramme wird das Vorliegen eines übermäßigen Defizits überprüft. Dabei wird auch darauf eingegangen, inwiefern die dem Programm zugrunde liegenden gesamtwirtschaftlichen Annahmen (z.B. über das Wirtschaftswachstum) realistisch sind. Man erkennt, dass bis zum Endjahr dieser Programme jedes Land zumindest einen ausgeglichenen Staatshaushalt anstrebt. Portugals Stabilitätsprogramm wurde vom EU-Rat im März 2001 offiziell kritisiert, da die Haushaltsposition erst nach 2002 mit den Anforderungen des Stabilitäts- und Wachstumspaktes übereinstimme. Deshalb

*Tabelle III.1.8: Stabilitäts- und Konvergenzprogramme der EU-Länder*

| | | **Defizitquote** (%) | | | **Schuldenquote** (%) | | |
|---|---|---|---|---|---|---|---|
| Programm/ Land | Reichweite der Programme | 2000 | 2001 | Endjahr des Programms | 2000 | 2001 | Endjahr des Programms |
| **Stabilitätsprogramme** | | | | | | | |
| Belgien | 2005 | – 0,1 | 0,2 | 0,7 | 110,6 | 105,8 | 88,7 |
| Deutschland | 2004 | – 1,0 | – 1,5 | 0,0 | 60,0 | 58,0 | 54,5 |
| Finnland | 2004 | 4,5 | 4,7 | 4,9 | 42,4 | 39,2 | 32,2 |
| Frankreich | 2004 | – 1,4 | – 1,0 | 0,2 | 58,4 | 56,9 | 52,3 |
| Griechenland | 2004 | – 0,8 | 0,5 | 2,0 | 103,9 | 98,9 | 84,0 |
| Irland | 2003 | 4,7 | 4,3 | 4,6 | 39 | 33 | 24 |
| Italien | 2004 | – 1,3 | – 0,8 | 0,3 | 112,1 | 106,6 | 94,9 |
| Luxemburg | 2003 | 3,0 | 2,6 | 2,5 | 5,5[a)] | 5,3[a)] | 5,1[a)] |
| Niederlande | 2004 | 1,0 | 0,7 | 0,6 | 56,6 | 52,3 | 44,8 |
| Österreich | 2004 | – 1,4 | – 0,8 | 0,0 | 63,1 | 61,4 | 55,3 |
| Portugal | 2004 | – 1,5 | – 1,1 | 0,0 | 55,6 | 53,4 | 48,1 |
| Spanien | 2004 | – 0,3 | 0,0 | 0,3 | 61,1 | 58,9 | 49,6 |
| **Konvergenzprogramme** | | | | | | | |
| Dänemark | 2005 | 2,7 | 2,8 | 2,9 | 48,3 | 44,7 | 33,7 |
| Großbritannien | 2004/5[b)] | 1,1 | 0,6 | – 1,1 | 40,1 | 37,7 | 35,4 |
| Schweden | 2001 | 3,4 | 3,5 | 2,0 | 58,9 | 53,2 | 48,2 |

Quelle: Nationale Stabilitäts- und Konvergenzprogramme.

Anmerkungen: Grundlage sind die aktualisierten Programme von Ende 2000 bzw. Anfang 2001.

a) Angaben zum Bruttoschuldenstand entsprechend der Prognose der EU-Kommission vom Herbst 2000;

b) Fiskaljahre jeweils beginnend am 1. April.

sei es erforderlich, eine raschere Reduzierung der Defizitquote anzustreben, damit im Falle eines Konjunkturabschwungs die automatischen Stabilisatoren wirken können. Hauptsächlich wurde beanstandet, dass die Überschreitung bei den laufenden Primärausgaben und unerwartet niedrige Steuereinnahmen nur zum Teil auf ungünstigeren als projizierten Entwicklungen basieren. Allein die Veräußerung der UMTS-Lizenzen trug zur Erreichung des angestrebten Defizits im Jahr 2000 bei. Zudem lege die zu hohe Verbraucherpreisinflation, falls sie anhält, die Durchführung einer rigoroseren Finanzpolitik nahe als im Stabilitätsprogramm vorgesehen.

Bei der Beurteilung der Budgetsituation ist auch zu berücksichtigen, dass aufgrund zurückgehender Geburtenraten und einer gestiegenen Lebenserwartung auf den Staat in Form von Rentenzahlungen und Gesundheitsfürsorge steigende Belastungen zukommen können. Diese Tatsache würde eigentlich eher einen mittelfristig Überschüsse aufweisenden Staatshaushalt erfordern. Die Stabilitätsprogramme der vier großen EWU-Länder Deutschland, Frankreich, Italien und Spanien sehen allerdings mittelfristig nur eine Defizitquote von etwa null vor (siehe Tabelle III.1.8). Dementsprechend ist die gegenwärtige Finanzpolitik in der EWU unter Berücksichtigung der *„impliziten Staatsschulden"* aus den Ansprüchen künftiger Rentengenerationen als nicht tragfähig einzustufen. Wie diese generell die Haushaltslage beeinflussen zeigt Schaubild III.1.6.

Da der Stabilitäts- und Wachstumspakt einerseits einen mittelfristig ausgeglichenen Staatshaushalt anstrebt, andererseits aber eine Überschreitung der Dreiprozentmarke in bestimmten Fällen zulässt, ist in den Regelungen also implizit die Notwendigkeit der Unterscheidung zwischen *strukturellen* (mittel- bis langfristigen) und *zyklischen Budgetdefiziten* angelegt (siehe Box III.1.5). Das mittelfristige Ziel kann sich nur auf die strukturelle Komponente beziehen. Trotz Konvergenz im Zeitablauf dürfte diese deutlich von länderspezifischen Entwicklungen abhängig sein. Der kurzfristige fiskalpolitische Impuls muss dann vor dem Hintergrund dieses strukturellen Defizits beurteilt werden. Falls es gelingt, zumindest eine ausgeglichene strukturelle Position zu erreichen, sollte im Normalfall der Dreiprozentreferenzwert eingehalten werden. Dann besteht auch in Abschwungphasen trotz der Vorschriften des Stabilitäts- und Wachstumspak-

*Schaubild III.1.6: Wirtschaftliche und finanzpolitische Folgen einer alternden Bevölkerung*

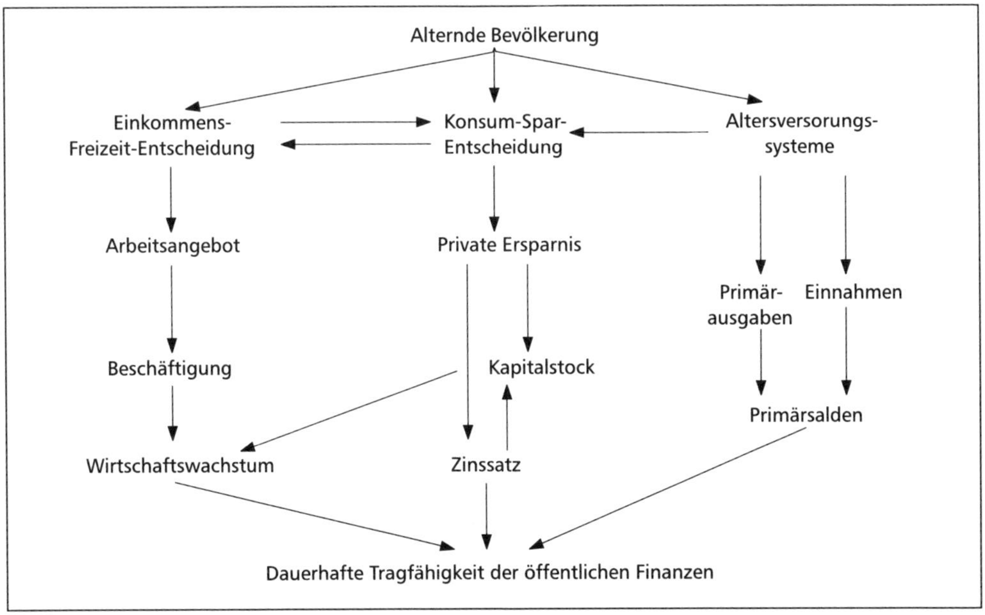


Quelle: EZB, 2000, 69.

tes genügend Spielraum für eine expansive fiskalpolitische Ausrichtung. Bei höherem strukturellen Defizit muss die aktuelle Finanzpolitik dagegen restriktiver ausfallen. Schaubild III.1.7 zeigt, dass sich dieses strukturelle bzw. *konjunkturbereinigte Defizit* in den 90er Jahren im Trend verbesserte. 1999 und 2000 war allerdings eine Verschlechterung festzustellen, obwohl die Umfeldbedingungen (z.B. die Konjunkturlage) günstig für eine weitere Defizitreduktion waren.

Inwiefern der Stabilitäts- und Wachstumspakt in Zukunft greift, muss die weitere Entwicklung erst zeigen. Die bisherige empirische Evidenz deutet allerdings darauf hin, dass die EWU-Teilnehmerländer die Defizitobergrenze von 3 % zu vermeiden versuchen. In diesem Sinne ist auch die Vorgehensweise im Falle Portugals als ein Hinweis darauf zu verstehen, dass es dem EU-Rat mit der Einhaltung der Vorschriften ernst ist. Seit Beginn der Währungsunion wies kein Land eine Defizitquote von über 3 % auf. Auf die Vorschriften bei Vorliegen eines übermäßigen Defizits musste also nicht zurückgegriffen werden. Da es sich dabei jedoch nur um eine Absichtserklärung handelt, nicht um eine Sanktionen unterworfene Vereinbarung, lässt sich noch nicht beurteilen, ob die Euroländer sich die Regelungen zur dauerhaften Richtschnur ihrer Fiskalpolitiken machen. Eine laxe Handhabung können sich EU-Kommission und EU-Rat aufgrund der öffentlichen Diskussion und der Reaktionen der Finanzmärkte aber kaum erlauben.[231]

*Schaubild III.1.7: Konjunkturbereinigter Haushaltssaldo im Euro-Währungsgebiet*

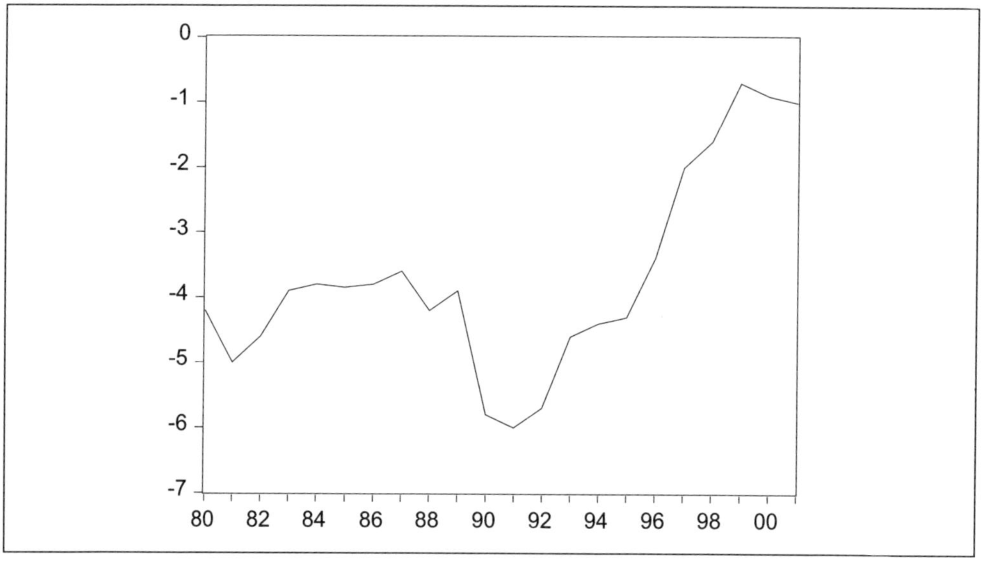


Quelle: EU-Kommision.

Anmerkungen: Bezogen auf die ursprünglichen elf EWU-Länder; (-) entspricht Defizit.

231 Die Entscheidung des ECOFIN-Rates, Italien eine Überschreitung der im damaligen Stabilitätsprogramm angestrebten Defizitquote für 1999 von 2,0 % auf 2,4 % zuzubilligen, relativiert jedoch diese Aussage.

Auf eine strikte Auslegung wird auch die EZB drängen. So kritisiert die EZB stets nachlassende Konsolidierungsbemühungen der Teilnehmerländer.

Insgesamt muss dieser Pakt trotz der nicht optimalen Ausgestaltung (vor allem was den Sanktionsautomatismus oder die Möglichkeit von Koalitionen von „Defizitsündern“ betrifft, die das Zustandekommen der erforderlichen Mehrheiten im Rat verhindern) als weltweit umfassendste Regelung der Sanktionierung unsolider Haushaltsführung betrachtet werden. Auch wenn er nur einen unvollständigen Ersatz für eine explizite Koordination zwischen Geld- und Fiskalpolitik darstellt, kann auf ihn wohl nicht verzichtet werden. Gerade die externe Setzung der Obergrenzen von der EU dürfte dabei im Sinne einer glaubhaften Regelung von Vorteil sein. Die Glaubwürdigkeit setzt allerdings auch eine Durchsetzbarkeit voraus.

### 1.2.3 Das finanzpolitische Doppelkriterium und die Geldpolitik des Eurosystems

An dem Schulden- und Defizitkriterium wurde vielfältige Kritik geübt, die hier nicht erneut aufgerollt werden soll. Einig ist sich allerdings die Mehrzahl von Politikern und Ökonomen, dass übermäßige staatliche Defizite die Funktionsfähigkeit einer Währungsunion gefährden. Deshalb soll hier nochmals auf das oben angesprochene Koordinationsproblem zwischen Geld- und Fiskalpolitik (siehe die Gleichungen (10) und (11) in Abschnitt 1.1.4) unter spezieller Berücksichtigung des *finanzpolitischen Doppelkriteriums,* wie es nach dem Maastricht-Vertrag und dem Stabilitäts- und Wachstumspakt auch in Zukunft weiter gelten soll, eingegangen werden. Darunter versteht man die Vorschrift, dass sowohl eine Schuldenquote von 60 % als auch eine Defizitquote von 3 % eingehalten (erreicht) werden sollen.

Wichtig für unsere Überlegungen ist hierbei zunächst, dass sowohl das Defizit- als auch das Schuldenkriterium **nominal** fixiert sind. Sie sind nicht, wie es ökonomisch sinnvoll wäre und in der Analyse des Abschnitts III.1.1 auch unterstellt wurde, in realen Einheiten spezifiziert. Für die so modifizierte Schuldenquote b gilt also

(16) $$b = \frac{B^n}{Y^n} = \frac{B^n}{P \cdot Y}.$$

Dabei stellt $B^n$ den nominalen öffentlichen Schuldenstand, $Y^n$ das nominale und Y das reale BIP dar. Nach (16) sinkt b bei zunehmendem realen Wachstum g und steigender Inflationsrate $\pi$. Der exakte Zusammenhang zwischen der Veränderung der Schuldenquote $\Delta b$ und der nominalen Defizitquote $d^n$ ergibt sich nach totaler Differenzierung von (16) (bzw. Anwendung der Quotientenregel):

(17) $$\begin{aligned}\Delta b_t &= \frac{\Delta B^n}{P \cdot Y} - \frac{B^n}{P \cdot Y} \cdot \frac{\Delta P}{P} - \frac{B^n}{P \cdot Y} \cdot \frac{\Delta Y}{Y} \\ &= d_t^n - (g + \pi) \cdot b_{t-1}\end{aligned}$$

In (17) wurde berücksichtigt, dass das Verhältnis zwischen der Veränderung des Schuldenstandes und dem nominalen BIP der Defizitquote $d^n$ entspricht und die Wachstumsraten des Preisniveaus P bzw. des realen BIP Y gleich $\Delta P / P$ (= $\pi$) bzw. $\Delta Y / Y$ (= g) sind. Je höher also g und $\pi$, desto schneller erfolgt ein Abbau der bestehenden Staatsschuldquote. Oder mit anderen Worten: Eine stabile Schuldenquote ($\Delta b = 0$) ist dann mit einem größeren laufenden Defizit ($d^n$) vereinbar, wenn das nominale Wachstum ($g + \pi$) entsprechend höher ausfällt.

Das finanzpolitische Doppelkriterium bez. Defizit- und Schuldenquote erfordert damit für jedes an der Währungsunion teilnehmende Land im Sinne von *Dauerhaftigkeit* und *Nachhaltigkeit*, dass folgende Bedingung (18) eingehalten wird (die „*"-Größen beziehen sich auf die Referenzwerte des Maastricht-Vertrages von 3 % respektive 60 %).

$$(18) \qquad d_t^n \leq \begin{cases} d^* = 0{,}03 & \textit{für } b_{t-1} \leq b^* = 0{,}60 \\ \min[d^* = 0{,}03;\ (g + \pi) \cdot b_{t-1}] & \textit{für } b_{t-1} > b^* = 0{,}60 \end{cases}$$

Länder, die folglich das Schuldenkriterium erfüllen ($b_{t-1} \leq 0{,}6$), müssen nur das Defizitkriterium ($d_t^n = 0{,}03$) einhalten. Länder, die das Schuldenkriterium dagegen verfehlen ($b_{t-1} > 0{,}6$), müssen eine Defizitquote realisieren, die vom nominalen Wirtschaftswachstum $g^n$ (= $g + \pi$) abhängt.[232] Ziel ist nämlich letztlich, die Schuldenquote auf 60 % zu reduzieren. Damit sich ein Land der 60-Prozentmarke annähert, darf das jährliche Haushaltsdefizit nicht über $(g + \pi) \cdot b_{t-1}$ hinausgehen. Ab einem nominalen Wirtschaftswachstum $g^n$ von unter 5 % kann der zweite Teil der Minimumbedingung zum Tragen kommen, da dann (je nachdem, wie weit die Ausgangsschuldenstandsquote $b_{t-1}$ über 60 % hinausgeht) $g^n \cdot b_{t-1} < 0{,}03$ im Bereich des Möglichen liegt. Dies dürfte der relevante Fall für die Zukunft sein, wenn man von realen Wachstumsraten unter 2,5 % und Inflationsraten von etwa 2 % ausgeht. Für hochverschuldete Länder wie Belgien, Griechenland und Italien bedeutet dies, sie müssen ihre Defizitquoten deutlich unter der Dreiprozentmarke halten. Bei einem realen Wirtschaftswachstum und einer Inflationsrate von jeweils 1,5 % ist z.B. einem Land mit einer Schuldenquote von knapp über 60 % nur eine Defizitquote von 1,8 % erlaubt. Dann gilt $(g + \pi) = 0{,}03$ und somit $g^n \cdot b_{t-1} \approx 0{,}018$.

In Rezessionsphasen gerät damit die Einhaltung des finanzpolitischen Doppelkriteriums von zwei Seiten unter Druck: Die zyklische (konjunkturbedingte) Komponente des Defizits steigt an, während die zulässige Defizitobergrenze sinkt. Diesen Effekten wirkt eine steigende Inflationsrate entgegen, da sie genau die gegenteiligen Wirkungen hervorruft: Das Defizit sinkt und die Defizitobergrenze steigt tendenziell. Die Berücksichtigung der beiden Einflussfaktoren ($\pi$ und g) spiegelt die Tatsache wider, dass es das nominale Wirtschaftswachstum ist, welches das Doppelkriterium bestimmt. In wirtschaftlich schwierigen Zeiten kann durch diese Zusammenhänge politischer Druck in Richtung weniger Stabilitätsorientierung der Geldpolitik ausgelöst werden.

232 Die Ausnahmeregelungen des Art. 104 (2) bleiben hier außer Betracht. Die grundlegenden Zusammenhänge sind davon unberührt.

Als weitere wichtige Implikation obiger Zusammenhänge ergibt sich, dass der finanzielle Spielraum des Staates bei bestimmten Schulden-Wachstums-Relationen (paradoxerweise) größer wird, wenn die Schuldenquote höher ist (und umgekehrt): Bei einem nominalen Wachstum von 3 % könnte z.B. bei einer Schuldenquote von 100 % eine Defizitquote von 3 % realisiert werden (0,03 · 1). Bei einer Schuldenquote von 70 % dagegen nur eine Defizitquote von 2,1 % (0,03 · 0,7). Schaubild III.1.8 veranschaulicht diese Zusammenhänge in ihrer Gesamtheit nochmals grafisch für diese Wachstumsannahme.

*Schaubild III.1.8: Das finanzpolitische Doppelkriterium bei einem nominalen Wachstum von 3 %*

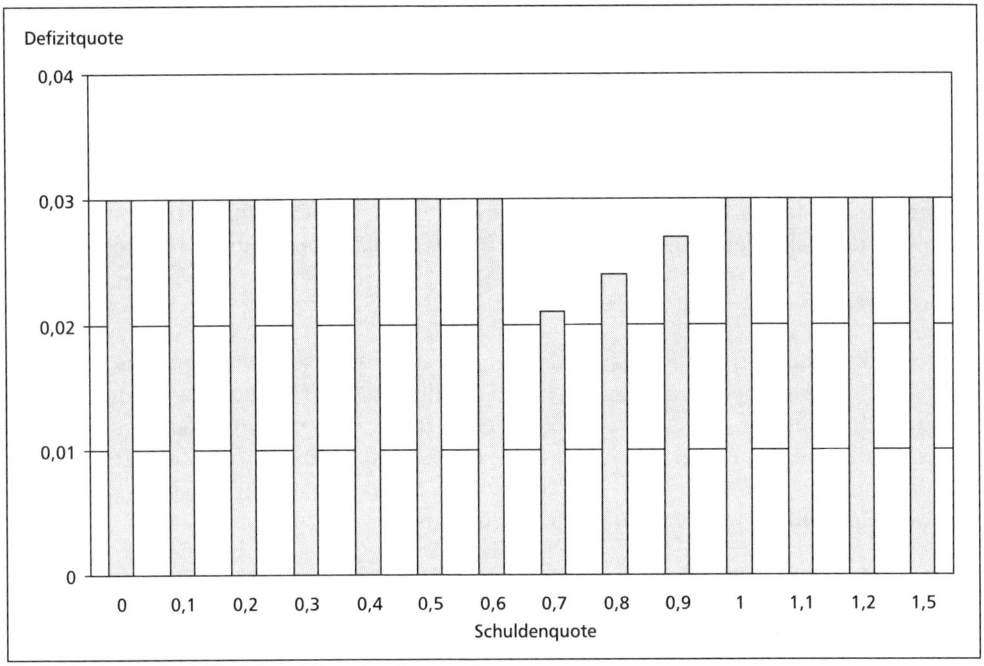


Für „übermäßig" verschuldete Länder hat das Doppelkriterium also folgende problematische Eigenschaften:

(1) Bei höheren Inflationsraten entfaltet es schwächere disziplinierende Effekte,

(2) seine Wirkung ist umso strenger, je geringer das reale Wirtschaftswachstum ausfällt,

(3) es greift (ceteris paribus) umso schwächer, je höher die Schuldenquote ist.

Weitere Einsichten erbringt die Zerlegung des Gesamtdefizits in Primärdefizit und nominale Zinszahlungen auf die bestehende Staatsschuld $i \cdot B_{t-1}$. Das nominale Primärdefizit entspricht der Differenz zwischen den nominalen Staatsausgaben $G^n$ und den nominalen Steuereinnahmen $T^n$. Für die unter 60 % verschuldeten Länder impliziert das Defizitkriterium $d^* \leq 0{,}03$ folgende Obergrenze für die Primärdefizitquote pd

(19) $$pd_t \leq d^* - i_t \cdot b_{t-1}$$

Der finanzielle Spielraum der öffentlichen Hand ist also umso größer, je geringer das nominale Zinsniveau i ist und je niedriger die anfängliche Schuldenquote $b_{t-1}$ ist. Bei einem Zinsniveau von 4 % und einer Schuldenquote von 50 % wäre nur ein Primärdefizit von höchstens 1 % des BIP zulässig (0,03 – 0,5 · 0,04). Zinsen in Höhe von 6 % würden bereits einen ausgeglichenen Primärsaldo erfordern (0,03 – 0,5 · 0,06). Auch bei dieser Betrachtungsweise wird der mögliche politische Widerstand gegen eine zu strikte Stabilitätsorientierung des Eurosystems deutlich.

Für die über 60 % verschuldeten Länder ist wiederum eine Fallunterscheidung notwendig. Liegt das nominale Wachstum über 5 %, ist das Defizitkriterium bindend, da $g^n \cdot b_{t-1}$ größer als 3 % ist. Demzufolge ergeben sich die gleichen Schlussfolgerungen wie bei den unter 60 % verschuldeten Ländern. Die Dreiprozentgrenze wird relevant und für das Primärdefizit gilt Beziehung (19).

Wie aber bereits betont wurde, ist von diesen Wachstumsraten in Zukunft realistischerweise nicht auszugehen. Somit muss das Gesamtdefizit und damit auch das Primärdefizit geringer ausfallen. Relevant wird jetzt die Höhe des nominalen Wirtschaftswachstums und der Schuldenquote (siehe (18)). Für die Primärdefizitquote bedeutet dies

$$pd_t \leq (g_t + \pi_t - i_t) \cdot b_{t-1} \qquad (20)$$

Auch bei Betrachtung des Primärdefizits ergibt sich in dieser Situation eine prozyklische Abhängigkeit des finanzpolitischen Spielraums vom realen Wachstum g. Eine höhere Inflationsrate $\pi$ dagegen erhöht diesen Spielraum nur insoweit, als sie nicht bereits im Zinsniveau über die Inflationserwartungen enthalten ist. Zerlegt man den Nominalzins i in den Realzins r, eine „Prämie" $\rho$ für das politische sowie das Konkursrisiko und die Inflationserwartungen $\pi^{erw}$ wird aus (20)

$$pd_t \leq \left[(\pi_t - \pi_t^{erw}) + (g_t - r_t - \rho_t)\right] \cdot b_{t-1} \qquad (20')$$

Eine *Überraschungsinflation* ($\pi > \pi^{erw}$) erhöht also das erlaubte primäre Defizit. Dieser Effekt fällt umso größer aus, je höher der Schuldenstand $b_{t-1}$ ist. Somit ergeben sich prinzipiell analoge Effekte wie bei der Betrachtung des Gesamtdefizits. Die Komponenten in der zweiten runden Klammer stellen sog. reale *Fundamentalfaktoren* dar. Inwieweit sie den finanzpolitischen Spielraum erhöhen, hängt vor allem davon ab, wie eine Schuldenkonsolidierung bzw. Schuldenausweitung das reale Wachstum g, die Risikoprämie $\rho$ und den Realzins r beeinflussen. Häufig wird behauptet, ein Abbau übermäßiger Verschuldung reduziere die Risikoprämie im Nominalzins und entfalte positive Wachstumsbeiträge.

Insgesamt verknüpft das Doppelkriterium die Defizitquote mit im engeren Einflussbereich des Eurosystems stehenden Größen wie Zinsen und Preisentwicklung. Diese Verkettung finanz- und geldpolitischer Aktionsparameter kann eine unabhängige Geldpolitik erschweren. Sie lässt unter Umständen gerade die Konflikte, die das finanzpolitische Konvergenzkriterium von der Intention her vermeiden wollte, neu aufleben. Eine restriktive Geldpolitik könnte dann schnell zum Sündenbock finanzpolitischer Verfehlungen werden.[233]

Um diese Verknüpfung mit der Geldpolitik aufzuheben, könnte man das finanzpolitische Doppelkriterium z.B. auf die Primärdefizitquote pd beziehen.[234] Vorstellbar wäre z.B. folgende Regelung:

$$(21) \qquad pd_t \leq \begin{cases} pd^* & \text{für } b_{t-1} \leq b^* = 0{,}6 \\ pd^* - a & \text{für } b_{t-1} > b^* = 0{,}6 \end{cases}$$

Liegt der Schuldenstand unter 60 %, ist das Primärdefizitkriterium pd* bindend (z.B. 2 %). Liegt die Verschuldung über 60 %, ist davon noch ein Abschlag a für die Überschreitung der Schuldengrenze vorzunehmen. Dieses Kriterium weist den Vorteil auf, dass es unabhängig von geldpolitisch beeinflussbaren Größen wie den Zinsen und der Inflationsrate ist. Die Gefahr eines Drucks auf die Geldpolitik zur Einhaltung der finanzpolitischen Kriterien dürfte damit geringer ausfallen. Auch ist es bei dieser Spezifikation nicht mehr so leicht, die Nichteinhaltung der Kriterien mit einer zu restriktiven Geldpolitik zu begründen. Und letztlich wirkt dieses Kriterium weder prozyklisch noch bevorzugt es die am höchsten verschuldeten Länder. Übrig bleibt bei dieser Spezifikation des finanzpolitischen Doppelkriteriums nur mehr der „normale" Zusammenhang zwischen Geldpolitik, Inflation, Wirtschaftswachstum und öffentlichen Haushaltssalden, wie er in Punkt 1.1 beschrieben wurde.

## 1.3 Zusammenfassung

Dieses Kapitel analysierte die Interaktionen zwischen der EWU-weiten Geldpolitik und den nationalen Fiskalpolitiken. Im Speziellen standen die Gefahren im Vordergrund, die durch eine unsolide Haushaltsführung für eine stabilitätsorientierte Geldpolitik entstehen können. Dabei zeigte sich, dass gerade bei steigender öffentlicher Verschuldung der Druck auf die Zentralbank zu einer Lockerung der Geldpolitik bzw. letztendlich einer Monetisierung der Staatsschuld ansteigt. Wenn die Primärsalden nicht reagieren, muss aus Tragfähigkeitsgründen letztlich die Geldpolitik angepasst werden. Eine expansivere geldpolitische Ausrichtung entlastet dabei den Staatshaushalt über sinkende Zinsen, steigende Inflation und höhere Seigniorage-Einnahmen. Falls anhaltende staatliche Defizite aber zu zunehmenden Inflationserwartungen bzw. einem zunehmenden Preisauf-

233 Auch ergibt sich das generelle Problem, dass sich die Vorschriften des Stabilitäts- und Wachstumspaktes (einschließlich der Ausnahmeregelungen) nur auf die Defizitquote beziehen. Wenn das Defizitkriterium eingehalten wird, d.h. $d_t \leq 0{,}03$, verbleibt nur mehr das Schuldenkriterium. Für Länder mit Schuldenquoten über 60 % kann dies bedeuten, dass sie unter Umständen in Rezessionsphasen eine zu große fiskalpolitische Zurückhaltung üben müssen (siehe Balassone/Monacelli, 2000 und Bedingung (18)). Die Flexibilitätsseite des Paktes wird somit entwertet.

234 Weitere Möglichkeiten wären eine reale Spezifikation der Kriterien und ein Einbau von Anreizen zur Reduzierung der Staatsschuldquote, indem z.B. pd* als abnehmende Funktion von $b_{t-1}$ festgelegt wird.

trieb führen, könnten sich stabilitätsorientierte Zentralbanken veranlasst sehen, die Notenbankzinsen auf einem höheren Niveau zu halten, als andernfalls angemessen wäre. Die Vorschriften des *Maastrichter* und *Amsterdamer Vertrages* versuchen, dieses Problemfeld insgesamt zu entschärfen.

Mit dem Vordringen kurzfristiger Zinsbindungen bzw. an Geldmarktzinsen anknüpfenden Finanzierungskonditionen wird das Umfeld für eine stabilitätsorientierte Geldpolitik tendenziell schwieriger. Einerseits wächst bei volatilen und kurzfristig reagierenden Märkten die Notwendigkeit, keine Zweifel an der Stabilitätsorientierung der Geldpolitik aufkommen zu lassen. Andererseits wird durch die wachsende reale Durchschlagskraft der Geldpolitik der Spielraum für notwendige (deutliche) Zinsanhebungen geringer. Eine moderne Geldpolitik möchte jedoch eher „geräuschlos" über Erwartungen wirken. Die Tendenz zur Kurzfristorientierung ist somit aufgrund der veränderten geldpolitischen Wirkungen nicht im Interesse des Eurosystems.

Auch eine formal unabhängige Zentralbank wie die EZB sollte den Koordinierungsbedarf mit der Fiskalpolitik nicht unterschätzen und dem politischen Druck, der zwangsläufig auf sie ausgeübt wird, keine zusätzlichen Angriffspunkte liefern. Deshalb wäre auch eine Modifikation des finanzpolitischen Doppelkriteriums in geeigneter Weise sinnvoll.[235] Die finanzpolitischen Vorschriften des Maastricht-Vertrages könnten dann erfolgreich der Disziplinierung der in nationalen Händen verbleibenden Finanzpolitiken und der erforderlichen Koordinierung zwischen diesen und der zentralisierten Geldpolitik dienen.

Die Anwendung der Regelungen des Stabilitäts- und Wachstumspaktes bedeuten einen Regimewechsel für die fiskalpolitischen Instanzen. Eine mittelfristig ausgeglichene Budgetsituation dürfte es den EWU-Mitgliedsstaaten erlauben, schweren wirtschaftlichen Einbrüchen mit entsprechenden fiskalpolitischen Maßnahmen – diskretionärer und automatischer Natur – ohne exzessive Defizite zu begegnen. Spezielle Risiken liegen allerdings in längeren Rezessionen, solange noch keine ausgeglichenen Haushaltssalden erreicht sind. Dies ist gerade vor dem Hintergrund eines fehlenden zentralisierten EU-Budgets, mit dem *asymmetrische nationale Schocks* ausgeglichen werden könnten, bedeutsam.

## Kontrollfragen

1. Stellen die Vorschriften des Maastricht-Vertrages und des Stabilitäts- und Wachstumspaktes wirksame Vorkehrungen gegenüber den möglichen Störfaktoren dar, die von einer unsoliden staatlichen Haushaltspolitik ausgehen können?
2. Welche problematischen Eigenschaften weist das finanzpolitische Doppelkriterium für „übermäßig" verschuldete Länder auf?

235 Dies steht allerdings politisch nicht zur Debatte.

3. Warum wurde von deutscher Seite auf den Abschluss eines Stabilitäts- und Wachstumspaktes Wert gelegt, wo doch bereits der Maastricht-Vertrag eindeutig auf Dauerhaftigkeit und Nachhaltigkeit bei der Erfüllung der Konvergenzkriterien abzielt?
4. Was versteht man unter Seigniorage und durch welche Größen wird sie beeinflusst?
5. Begründen Sie folgende Aussage: „Je mehr die Inflationserwartungen über die tatsächliche Inflation hinausgehen und je höher die öffentliche Verschuldung bereits ist, desto schwieriger ist eine Stabilisierung der Schuldenquote!"
6. Wie beurteilen Sie das Verhältnis von Regelbindung und Flexibilität in den Vorschriften des Stabilitäts- und Wachstumspaktes?

## Weiterführende Literatur

Eine ausführliche theoretische Analyse der geldpolitischen Probleme bei fehlender Koordination zwischen Geld- und Fiskalpolitik liefern *Sargent, T., Wallace, N.* (1981), Some Unpleasant Monetarist Arithmetic, Federal Reserve Bank of Minneapolis Quarterly Review, Vol. 5, No. 4, S. 1–17 (http://research.mpls.frb.fed.us/research/qr/) und *Woodford, M.* (2000), Fiscal Requirements for Price Stability, Princeton University (http://www.princeton.edu/~woodford/). Speziell die fiskalische Theorie der Preise in einer Währungsunion wird diskutiert von *Bergin, P. R.* (2000), Fiscal Solvency and Price Level Determination in a Monetary Union, Journal of Monetary Economics, Vol. 45, S. 37–53.

Eine ausführliche Diskussion der Rolle von Fiskalpolitiken in einer Währungsunion (Tragfähigkeit, Bindung an Regeln und fiskalpolitische Disziplinierung, Risiko eines bail-outs, Stabilitäts- und Wachstumspakt) findet sich in *DeGrauwe, P.* (2000), Economics of Monetary Union, 4th ed., Oxford University Press, Oxford.

Unterschiedliche Seigniorage-Konzepte diskutiert *Larbig, G. A.* (1999), Seigniorage-Verteilung in der Europäischen Währungsunion, List Forum für Wirtschafts- und Finanzpolitik, Bd. 25, S. 199–221. Er geht auch darauf ein, wer durch die Vergemeinschaftung der Geldpolitik in der EWU gewinnt und verliert.

Nationale Fiskalpolitiken in der EWU (die Notwendigkeit fiskalischer Regeln, die Regelungen des Stabilitäts- und Wachstumspaktes, Steuerharmonisierung und Steuerwettbewerb) und die Europäische Fiskalpolitik vor dem Hintergrund des EU-Budgets und der Frage eines übergeordneten Stabilisierungsmechanismus analysieren *Eijffinger, S. C. W., de Haan, J.* (2000), European Monetary and Fiscal Policy, Oxford University Press, Oxford.

Eine retrospektive Anwendung der Regelungen des Stabilitäts- und Wachstumspaktes unternehmen *Buti et al.* (1997), Budgetary Policies during Recessions: Retrospective Application of the „Stability and Growth Pact" to the Post-War Period, Recherches Economiques de Louvain, Vol. 63, S. 321–366. Strauch (1999) und Zaghini(1999) analysieren in diesem Zusammenhang, welche staatlichen Einzelmaßnahmen zu einer dauerhaften Konsolidierung führen, siehe *Strauch, R.* (1999), Monitoring Fiscal Adjustments in the European Union and EMU, Discussion Paper 4/99, Economic Research Group of the Deutsche Bundesbank, July 1999 (http://www.bundesbank.de); *Zaghini, A.* (1999), The Economic Policy of Fiscal Consolidations: The European Experience, Banca d'Italia, Temi di Discussione del Servizio Studi Nr. 355, June 1999 (http://www.bancaditalia.it).

Indikatoren zur Überwachung der Budgetdisziplin in der EU, die nach dem Maastricht-Vertrag und dem Stabilitäts- und Wachstumspakt gefordert werden, untersucht theoretisch und empirisch *Marín, J.* (1999), Monitoring Budgetary Discipline: Some Simple Indicators, in: Banca d'Italia (Hg.), Indicators of Structural Budget Balances, Essays presented at the Bank of Italy Public Finance Workshop held in Perugia, 26–28 November 1998, S. 285–324.

Ob der Stabilitäts- und Wachstumspakt genügend Flexibiltät besitzt oder die nationalen Fiskalpolitiken übermäßig beschränkt, behandelt *Leeftink, B.* (2000), Rules versus Flexibility: Does the Stability Pact Limit Budgetary Stabilisers?, in: Banca d'Italia (Hg.), Fiscal Sustainability, Essays presented at the Bank of Italy Workshop held in Perugia, 20–22 January 2000, S. 653–679.

# 2 Lohnpolitik

Die Lohnpolitik gehört neben der Finanzpolitik zu den wirtschaftspolitischen Aktionsfeldern, die weiterhin in nationaler Kompetenz bleiben. Dies bedeutet freilich nicht, dass die für die Mitgliedsländer der EWU einheitliche Geld- und Währungspolitik nicht auch den Aktionsspielraum der Lohnpolitik der Nationalstaaten beeinflusst. Die Einschätzungen sind allerdings unterschiedlich: Auf der einen Seite werden für die Lohn- und/oder Beschäftigungsentwicklung erweiterte Spielräume erwartet. Auf der anderen Seite wird vor allem in den Hochlohnländern eine Einengung der lohnpolitischen Gestaltungsmöglichkeiten befürchtet, mit der Folge einer Verschlechterung der Einkommens- und Beschäftigungssituation der Arbeitnehmer.

## 2.1 Lohnerhöhungsspielräume durch die EWU

Erweiterte Spielräume werden möglich durch das Wachstumspotenzial, das sich aus den sinkenden *Transaktionskosten* und der durch den größeren Währungsraum zu erwartenden höheren Stabilität des Außenwerts des Euro ergeben kann. Sinkende Transaktionskosten ergeben sich, weil mit der gemeinsamen Währung innerhalb der EWU Kosten der Kurssicherung und mit Einführung des Euro als allgemeines Zahlungsmittel Kosten des Währungstauschs entfallen. Gegenüber Drittländern bleiben Wechselkursrisiken bestehen. Doch können sich auch hier Kosteneinsparungen einstellen, wenn zukünftig die Gemeinschaftswährung geringere Kursschwankungen gegenüber anderen Währungen (etwa US-Dollar, Yen) aufweist, als dies bei Währungen einzelner Mitgliedsländer (etwa Lira, Peseta, Franc) der Fall war. Solche Kostenvorteile erweitern die Produktionsspielräume und strahlen darüber auch auf die Arbeitsmärkte aus und erlauben Lohn- und/oder Beschäftigungserhöhungen. Positive Wachstumseffekte können sich auf Dauer zudem durch den intensivierten Wettbewerb ergeben, selbst wenn auf kurze Sicht wegen des Rationalisierungsdrucks die positiven Beschäftigungswirkungen ausbleiben sollten. Die längerfristige Perspektive ist abzuwägen gegen das Drängen von Interessenverbänden und politischen Institutionen auf Wettbewerbsbeschränkungen. Diese können nur kurze Atempausen verschaffen, nicht aber dauerhaft Arbeitsplätze sichern.

Für Wachstum, Beschäftigung und Löhne positiv einzuschätzen sind insbesondere die Wirkungen, die von der durch das Eurosystem zu verfolgenden Preisstabilität ausgehen. Hierbei ist es nicht allein die Stabilität des Preisniveaus selbst, die, inflationsbedingte Fehlentscheidungen vermeidend, wachstumsgünstig wirkt. Es sind vor allem auch die durch eine konsequente Stabilitätspolitik begründeten Stabilitätserwartungen, die Investitionsentscheidungen begünstigen – ein Effekt, der noch dadurch verstärkt werden dürfte, dass mit stark schwankenden Inflationsraten verbundene Inflationsunsicherheiten entfallen und fehlende oder sehr geringe Inflationsbefürchtungen ein sinkendes Zinsniveau am Kapitalmarkt erlauben.

Diese Vorteile, die sich mittelfristig für Löhne und Beschäftigung aus der EWU ergeben können, sind allerdings maßgeblich daran gebunden, dass das Eurosystem auftragsgemäß prioritätisch eine stabilitätsorientierte Politik betreibt und nicht etwa durch die Lohnpolitik selbst in nicht zu bewältigende Schwierigkeiten gebracht wird.

## 2.2 Erhöhte Flexibilitätsanforderungen an die Tarifparteien

Mit der Einführung der EWU entfällt in den Mitgliedsländern in zwei wichtigen Politikbereichen die nationale Kompetenz, auf dauerhaft abweichende Wirtschaftsentwicklungen oder auf asymmetrisch wirkende Angebots- und Nachfrageschocks (*asymmetrische Schocks*, siehe Box III.2.1)[236] einzuwirken: in der Geldpolitik und der Wechselkurspolitik. Bei der einheitlichen Geldpolitik und dem Fortfall von Wechselkursen innerhalb der Währungsunion können realwirtschaftliche Divergenzen, vor allem Produktivitätsunterschiede, nicht mehr durch Wechselkurs- und Zinsänderungen abgepuffert oder für eine gewisse Zeit überspielt werden. Sollte beispielsweise infolge inflatorischer Entwicklungen die Auslandsnachfrage nach Produkten des inflationierenden Landes spürbar abnehmen, geht auch die Nachfrage nach seiner Währung zurück. Bei *flexiblen Wechselkursen* würde diese Währung tendenziell abgewertet, wodurch der ursprüngliche Nachfrageeinbruch und die nachgelagerten negativen Produktions- und Beschäftigungsfolgen gedämpft werden. In einer Rezession konnte bislang die nationale Zentralbank eine Zinssenkungspolitik betreiben, um – neben der unmittelbaren binnenwirtschaftlichen Ankurbelung – über zinsbedingte Abwertungseffekte die Nachfrage zu stimulieren. Auch im Falle prinzipiell *fester Wechselkurse* hatte ein solches Land faktisch immer die Möglichkeit der Neufestsetzung seiner Währung im Sinne einer Abwertung, um dem Nachfrageeinbruch zu begegnen. Alle diese Möglichkeiten sind einem einzelnen Mitgliedsland der EWU versagt. **Die Geld- und Währungspolitik ist für die nationale Wirtschaftspolitik kein gestaltbarer Aktionsparameter mehr.**

An dieser mit der EWU veränderten Ausgangsbedingung für die nationale Wirtschaftspolitik ändert sich im Kern auch dadurch nichts, dass für die Vergangenheit die – üblicherweise unterstellten – gesamtwirtschaftlichen Beschäftigungswirkungen außenwirtschaftlicher Schocks nach Belke und Gros (1999, 37 f.) nicht aufzufinden sind. Hieraus zu folgern, dass der Fortfall der dem Wechselkurs zugewiesenen Pufferrolle nicht sonderlich beschäftigungsrelevant wäre, erscheint jedoch problematisch. In der Vergangenheit standen der nationalen Wirtschaftspolitik nämlich Steuerungsgrößen (Geldpolitik, Wechselkurs) zur Verfügung, die mit der EWU entfallen. Zudem sind bei dem für den internationalen Handel wichtigsten Sektor, der Verarbeitenden Industrie, außenwirt-

236 Ob solche Asymmetrien innerhalb der EWU in der Zukunft eher zunehmen – was bei erweitertem Teilnehmerkreis und regionalen Spezialisierungen nicht unwahrscheinlich ist – oder infolge von Konvergenzprozessen zwischen den Mitgliedsländern eher abnehmen werden, lässt sich bislang nicht eindeutig beurteilen. (Siehe hierzu etwa Funke, 1997, 461–469; Frankel/Rose, 1997, 753–760; OECD, 1999, 113–118; Rübel, 2000, 167–174.) Im Falle einer Abnahme wäre der Verlust nationaler Geld- und Wechselkurspolitik weniger bedeutsam.

**Box III.2.1: Asymmetrische Schocks**

Unerwartete realwirtschaftliche Impulse auf der Angebots- oder Nachfrageseite wie auch nicht-antizipierte monetäre Impulse können in den davon betroffenen Ländern abweichende Preis-, Produktions- und Beschäftigungswirkungen auslösen („asymmetrische Schocks"). Massive Verteuerungen von Rohstoffen (z.B. bei Rohöl) werden nicht nur unterschiedliche Produktions- und Beschäftigungseffekte zwischen Export- und Importländern bewirken, sondern auch innerhalb der Ländergruppen. So wird beispielsweise die Rohstoffverteuerung in einem rohstoffarmen Land andere Wirkungen nach sich ziehen als in einem Land, das bei den relevanten Produkten in gewissem Umfang auf Substitute ausweichen kann. In einem System flexibler Wechselkurse könnte dieser Schock über Änderungen der nominalen Wechselkurse abgefedert werden. Die Währung des preiserhöhenden Rohstofflandes würde gegenüber den Importländern aufgewertet. Die Aufwertung fällt umso höher aus, je größer die Importabhängigkeit der einzelnen Importländer ist. Der Schock würde über veränderte Wechselkursrelationen zumindest teilweise absorbiert. Analog könnte etwa ein Konjunktureinbruch in den USA je nach Außenhandelsverbundenheit unterschiedliche Nachfrageeinbrüche in den exportierenden Ländern hinterlassen, die wiederum durch Änderung der Wechselkurse oder eine gegensteuernde expansive Geldpolitik gedämpft werden könnten. Da innerhalb der EWU beide Reaktionsmöglichkeiten auf nationaler Ebene entfallen und eine eventuelle Änderung des nominalen Wechselkurses der gemeinsamen Währung die nationale Nachfrage-, Produktions- und Beschäftigungswirkung nur partiell auffangen kann, müssen andere Anpassungsmechanismen aktiviert oder verstärkt werden.

Das Problem unterschiedlicher Impulswirkungen stellt sich auch innerhalb der EWU infolge eines für alle Mitgliedsländer einheitlichen monetären Anstoßes. Die Erhöhung der kurzfristigen Zinsen durch das Eurosystem könnte beispielsweise wegen unterschiedlicher realwirtschaftlicher Strukturen in den Mitgliedsländern abweichende Produktions- und Beschäftigungseffekte haben. Da Wechselkursänderungen als Puffer entfallen, müssten (nach unten) flexible Preise und Löhne oder Faktorwanderungen als Anpassungsmechanismen fungieren. Diese Schockabsorption ist jedoch angesichts verbreiteter Inflexibilität der Preise nach unten, insbesondere auf den kartellierten (innereuropäischen) Arbeitsmärkten und begrenzter Arbeitskräftemobilität gering zu veranschlagen. Ob solche Anpassungsprobleme eher zu- oder eher abnehmen werden, ist freilich eine Frage des zukünftigen Auftretens asymmetrischer Schocks im Euroraum.

schaftlich bedingte Beschäftigungseffekte durchaus häufig beobachtbar. Beschäftigungsrelevante Schocks können schließlich auch binnenwirtschaftlich ausgelöst worden sein. Geht man davon aus, dass der oben erwähnte inflationäre Impuls beispielsweise von den Tarifparteien verursacht worden ist, eine geld- und wechselkurspolitische Abfederung auf nationaler Ebene aber nicht mehr möglich ist, wird die erhöhte beschäftigungspolitische Verantwortung unmittelbar deutlich. Werden die Stundenlöhne stärker angehoben als der zu erwartende reale Produktivitätszuwachs je Stunde, steigen die Lohnstückkosten. Bei fehlender monetärer Alimentation durch das Eurosystem können diese nicht **allgemein** in den Preisen weitergewälzt werden – jedenfalls nicht über die der

Geldpolitik vom EZB-Rat vorgegebene Preisnorm von etwa 2 %[237] hinaus – und werden deshalb zu Arbeitslosigkeit führen, beziehungsweise diese erhöhen.[238] Diese *Produktivitätsorientierung der Lohnpolitik* (siehe Box III.2.2) kann freilich nur als grobe Daumenregel gelten. Neben den notwendigen Abstrichen wegen bereits vorhandener Arbeitslosigkeit müssen gegebenenfalls noch wegen des (überproportionalen) Anstiegs von Kosten wie z.B. Kapitalkosten, Lohnnebenkosten, Verbrauchsteuern, staatlich administrierten Preisen oder Importgüterpreisen Einschränkungen bei den Lohnanhebungen vorgenommen werden. Berücksichtigt werden müsste außerdem der durch die Lohnerhöhung bedingte Produktivitätsanstieg, der sich aus selektiven Entlassungen zu Lasten der unterdurchschnittlich produktiven, weniger qualifizierten Arbeitskräfte ergibt. Diesen Produktivitätsfortschritt in Lohnsteigerungen weiterzugeben, hieße die lohnpolitisch bedingte Arbeitslosigkeit zu zementieren. Anzusetzen ist also lediglich der (niedrigere) Produktivitätsfortschritt bei Beschäftigungskonstanz bzw. Vollbeschäfttigung.

Gerade bei einheitlicher Geldpolitik in einem gemeinsamen Währungsraum und deshalb sowie infolge von Arbitrageprozessen (auf längere Sicht) annähernd gleicher Preisentwicklung muss die Lohnpolitik in den Mitgliedsländern differenziert werden. Wo niedrige Produktivitätsfortschritte vorliegen, sind niedrige Tarifabschlüsse erforderlich. Andernfalls kommt es auf Dauer zu Entlassungen, sei es direkt als Folge gestiegener Lohnstückkosten oder sei es indirekt als Folge von Substitution zwischen Arbeit und Kapital oder von Betriebsstilllegungen. Bei Grenzproduktivitätsentlohnung gilt, dass der Reallohn (w / p) der Grenzproduktivität (Grenzprodukt) beziehungsweise der Nominallohn der wertmäßigen Grenzproduktivität (Wertgrenzprodukt) entspricht:

$$\frac{w}{p} = \frac{dY}{dA} \quad \text{bzw.} \quad w = \frac{dY}{dA} \cdot p.$$

Diese Beziehung gilt gleichermaßen für das Ausland (Index „a“)

$$\frac{w^a}{p^a} = \left(\frac{dY}{dA}\right)^a \quad \text{bzw.} \quad w^a = \left(\frac{dY}{dA}\right)^a \cdot p^a.$$

237 „Preisstabilität wird definiert als Anstieg des Harmonisierten Verbraucherpreisindex (HVPI) für das Euro-Währungsgebiet von unter 2 % gegenüber dem Vorjahr.“ Siehe Kap. II.2.5.

238 Die Gültigkeit dieser mittel- bis langfristigen Zusammenhänge schließt freilich nicht aus, daß die Geldpolitik kurzfristig weniger rigoros durchschlägt. Zudem können von den EWU-Durchschnittsgrößen zeitweilig nicht unerhebliche Abweichungen in einzelnen Mitgliedsländern vorliegen. So ist die stürmische Wachstumsentwicklung in Irland mit starken Lohnstückkostensteigerungen und im Vergleich zum EWU-Durchschnitt hohen Inflationsraten verbunden. Für Irland wäre eine restriktivere Geldpolitik angezeigt. Die Geldpolitik des Eurosystems hat sich jedoch an der (niedrigeren) EWU-Inflationsrate zu orientieren.

**Box III.2.2: Produktivitätsorientierte Lohnpolitik**

Diese lohnpolitische Regel basiert auf der Aufschlagskalkulation, nach der sich auf makroökonomischer Ebene das Preisniveau (p) aus den Lohnstückkosten ($(w \cdot A) / Y$) und einen Aufschlag ($\gamma$) für die gesamten Nicht-Lohnkosten (einschließlich Gewinn) auf die Lohnstückkosten ergibt:

$$p = (1 + \gamma)\frac{w \cdot A}{Y}$$

Das Produkt aus Nominallohnsatz (w) und gesamtem Arbeitseinsatz (A: Zahl der Arbeitskräfte mal durchschnittliche Arbeitszeit) entspricht den gesamtwirtschaftlichen Lohnkosten; dividiert durch die gesamtwirtschaftliche Produktion (Y), ergeben sich die Lohnstückkosten. Bei konstantem Aufschlagssatz und unter Zugrundelegung von Veränderungsraten folgt

$$\hat{p} \equiv \pi = \hat{w} - \hat{\lambda}$$

Hierbei steht $\lambda$ für die Arbeitsproduktivität ($Y / A$), $\hat{\lambda}$ entsprechend für die Veränderung der Arbeitsproduktivität. Die Preisstabilität ist also nicht gefährdet (Inflationsrate $\pi = 0$), wenn

$$\hat{w} \equiv \hat{\lambda}$$

Die Brücke zur Beschäftigung lässt sich nun einfach durch Rückgriff auf die (*neoklassische*) *Theorie der Arbeitsnachfrage* schlagen.[239] Danach wird bei gewinnmaximierendem Verhalten die Arbeitsnachfrage ausgedehnt, solange der Nominallohnsatz (w) unter dem Wertgrenzprodukt $(dY / dA) \cdot p$ beziehungsweise der Reallohn $w / p$ unter der Grenzproduktivität $(dY / dA)$ liegt. Ausgehend von einer gewinnmaximalen Situation ($(w / p) = (dY / dA)$) bleibt die Beschäftigung unverändert, wenn die Reallöhne mit der gleichen Rate wie die Arbeitsproduktivität wachsen. Die Beschäftigung wird ausgedehnt beziehungsweise die Arbeitslosigkeit abgebaut, wenn die Reallohnsteigerung hinter der der Arbeitsproduktivität zurückbleibt. (Selbverständlich darf die Erhöhung der Arbeitsproduktivität nicht das Ergebnis von Entlassungen sein.) Werden die Nominallöhne über den Arbeitsproduktivitätszuwachs hinaus erhöht und können diese Lohnstückkostensteigerungen nicht in Preissteigerungen weitergegeben werden, steigen also die Reallöhne, so geht die Beschäftigung zurück.

Geht man von der vereinfachenden Annahme wettbewerbsbedingter Preisangleichungsprozesse[240] in einer Währungsunion aus (Siebert, 1998, 116), gilt

$$p(= p^a) = \frac{w}{\frac{dY}{dA}} = \frac{w^a}{\left(\frac{dY}{dA}\right)^a}.$$

239 Im Folgenden wird unterstellt, dass die Arbeitsproduktivität dem Grenzprodukt entspricht. Dies ist z. B. bei einer Cobb-Douglas-Produktionsfunktion der Fall.

240 Eigentlich müsste zwischen handelbaren und nicht-handelbaren Gütern unterschieden werden. Lohnkostenbedingte Preissteigerungen bei nicht-handelbaren Gütern (vor allem Dienstleistungen) berühren die Wettbewerbsposition eines Landes allenfalls insoweit, als sie als Vorprodukte in die Preise handelbarer Güter eingehen.

Länder mit geringer (Grenz-) Produktivität müssen Abstriche bei den Löhnen vornehmen, wenn sie lohnstückkostenbedingte Arbeitslosigkeit vermeiden wollen. In den Niedriglohnländern ist eine aufholende Lohnpolitik erst angebracht, wenn die Arbeitslosigkeit deutlich abgebaut ist und eine dauerhafte Beschleunigung des Produktivitätsfortschritts vorliegt. Mit Ausnahme Irlands gilt dies für die Niedriglohnländer (Italien, Spanien, Finnland, Portugal) im Vergleich zu den Hochlohnländern (Deutschland, Frankreich, Niederlande, Belgien, Österreich) bislang nicht (siehe Tabelle III.2.1).

Es ist zwar damit zu rechnen, dass erhöhte Freizügigkeit auf den Güter-, Finanz- und Arbeitsmärkten und verstärkter Wettbewerb in dem gemeinsamen Wirtschafts- und Währungsraum Produktivitäts- und Einkommensunterschiede zwischen den Mitgliedsländern verringern. Angesichts der noch bestehenden großen Produktivitätsabstände und der diese begründenden Ursachen wie Unterschiede im Humankapital, in der Sachkapitalausstattung der Arbeitnehmer, der sektoralen Strukturen und der innovatorischen Aktivitäten steht eine Konvergenz aber noch in weiter Ferne (Sachverständigenrat, 1998, 195 f.).

*Tabelle III.2.1: Produktivitäts- und Lohnzuwachs in 11 EWU-Staaten (in vH)*

| | Produktivitätszuwachs[a)] 1995–2000 | *Einkommenszuwachs*[b)] 1995–2000 |
|---|---|---|
| Deutschland | 11,3 | 13,6 |
| Frankreich | 9,7 | 15,3 |
| Niederlande | 5,4 | 16,3 |
| Belgien | 9,6 | 13,2 |
| Luxemburg | 8,1 | 12,5 |
| Österreich | 10,3 | 12,9 |
| Italien | 7,6 | 19,1 |
| Spanien | 4,8 | 18,9 |
| Finnland | 15,3 | 22,3 |
| Portugal | 13,7 | 36,7 |
| Irland | 26,3 | 31,4 |

Quelle: Europäische Kommission (1999). Für 1999 und 2000 Schätzungen.

Anmerkungen:

a) Reales Bruttoinlandsprodukt je Beschäftigtem.

b) Nominaleinkommen aus unselbständiger Arbeit je Arbeitnehmer.

## 2.3 Lohnpolitische Disziplinierung oder verschärfter Druck auf das Eurosystem?

Ob die Sozialpartner diese durch die Restriktion für die Lohnpolitik gestiegene Beschäftigungsverantwortung wahrnehmen werden und gewissermaßen den (fortgefallenen) *Wechselkurspuffer* durch einen *Lohnpuffer* ersetzen, ist umstritten. Optimistische Einschätzungen gehen davon aus, dass angesichts der Stabilitätsfortschritte im Vorfeld der EWU und der Kenntnis der eben skizzierten negativen Beschäftigungsfolgen stabilitätswidriger Verhaltensweisen die Lohnpolitik die erforderliche Zurückhaltung quasi automatisch üben würde. Die Disziplinierungserwartungen gründen vor allem auf eine konsequente Stabilisierungspolitik des Eurosystems sowie den **Ausschluss innereuropäischer Solidarhaftung für Staatsschulden** („**no bail out**") und/oder den Ausschluss eines innereuropäischen Finanzausgleichs. Da die monetären Bedingungen für den gemeinsamen Währungsraum einheitlich sind, werden die beschäftigungspolitischen Verantwortlichkeiten transparenter. Unter solchen Bedingungen könnten die negativen Beschäftigungsfolgen, die auf überzogene Lohnabschlüsse oder sonstige Arbeitskostenerhöhungen zurückgehen, nicht mehr anderen wirtschaftspolitischen Akteuren wie etwa der nationalen Zentralbank zugewiesen werden. Da die Tarifparteien wissen, dass nominale Wechselkursänderungen zur Kompensation – international wettbewerbsrelevanter – Arbeitskosten entfallen, werden sie von vornherein Zurückhaltung praktizieren. Die Gewerkschaften können bei überzogenen Lohnabschlüssen weder auf abpuffernde Abwertungen hoffen, noch müssen sie bei lohnpolitischer Zurückhaltung kompensierende Aufwertungseffekte befürchten. Zudem werden EWU-weite Substitutionsprozesse durch geringere Transaktionskosten und höhere Preis- und Lohntransparenz infolge der gemeinsamen Währung erleichtert. Verstärkte grenzüberschreitende Substitution der Unternehmen beim Faktoreinsatz schwächt die Macht der Gewerkschaften, das Arbeitsangebot zu monopolisieren. Die Reallohnelastizität der Arbeitsnachfrage steigt (Burda 2001, 264). *Lohnflexibilität* anstatt Wechselkursflexibilität hätte weiterhin den Vorteil, dass die Lohnentwicklung auf die speziellen Bedingungen einzelner Arbeitsmärkte, also auch auf *strukturelle Arbeitslosigkeit* Rücksicht nehmen könnte, während Wechselkursänderungen nur vergleichsweise globalere Wirkungen auf der Export- und Importseite zeitigen. Schließlich werden auch Anreize zu (beschäftigungsstimulierenden) Arbeitsmarktreformen im Sinne vermehrter Flexibilität vermutet: Da in der EWU auf länderspezifische Schocks nicht geldpolitisch reagiert werden kann, wäre mit größeren Beschäftigungsschwankungen zu rechnen. Um dies zu vermeiden, seien in den einzelnen Mitgliedsländern gleichsam aus einem Vorsichtsmotiv heraus verstärkte Arbeitsmarktreformen zu erwarten (Calmfors 1998b, 3).

Skeptiker hingegen befürchten, dass die Währungsunion eine Verhaltensänderung im Sinne einer aggressiveren Lohnpolitik der nationalen Gewerkschaften begünstigt und die hieraus resultierende höhere Arbeitslosigkeit den Druck auf die stabilitätsorientierte Geldpolitik erhöht. Auch wenn die nationalen Gewerkschaften relativ große Organisationen bleiben, so haben sie doch, bezogen auf den Eurowährungsraum, kleinere „Marktanteile". Stabilitätswidrige Lohnsteigerungen in einem Land gehen in die gemeinsame

Inflationsrate der zwölf Mitgliedsländer – und diese ist Richtschnur für die Geldpolitik des Eurosystems – nur entsprechend dem Gewicht des betreffenden Landes ein. Der Inflationseffekt wird also geringer sein als auf nationaler Ebene. Unterstellt man als Folge verstärkten Wettbewerbs innerhalb der EWU Preisangleichungstendenzen, würden die inflationären Effekte aggressiver Lohnpolitik gedämpft. Selbst inflationsaverse Gewerkschaften werden dann wenig Lohnzurückhaltung üben. Die geringere Inflationswirkung bedeutet bei gegebener Nominallohnerhöhung eine höhere Reallohnsteigerung – und damit zunehmende Arbeitslosigkeit. Diese Effekte werden in den einzelnen Mitgliedsländern umso ausgeprägter sein, je geringer die Wettbewerbsintensität auf den nationalen Arbeitsmärkten ist und je weniger inflationsavers die Gewerkschaften sind (Cukierman/Lippi, 2000, 8 f., 35 f.). Doch auch wenn man davon ausgeht, dass die inflationären Folgen stabilitätswidriger Lohnpolitiken zunächst im Entstehungsland durchschlagen, ist zu bedenken, dass die geldpolitische Disziplinierung der Tarifparteien weitgehend unterbleibt, weil als Maßstab für die Zielrealisierung der Geldpolitik die (niedrigere) EWU-Inflationsrate gilt.

Ein anderer Argumentationsstrang hebt darauf ab, dass die Tarifparteien, vor allem die Gewerkschaften, die Exogenität der Geldpolitik ihren lohnpolitischen Strategien nicht zugrunde legen werden, sondern entweder direkt oder mit Hilfe der Politik Druck auf das Eurosystem auszuüben versuchen, um den vertraglich vorgegebenen Stabilitätskurs zu lockern. Als empirische Stütze hierfür kann gelten, dass selbst die grundsätzlich stabilitätsorientierte Deutsche Bundesbank, die als maßgebliches Vorbild für das Eurosystem gelten kann, zusätzliche Lohnkostensteigerungen monetär alimentierte (Belke, 1996, 198 f.). Ein direkter Weg von Gewerkschaften zum Eurosystem erscheint zurzeit allerdings wenig wahrscheinlich. Regionale Gewerkschaften (etwa deutsche, belgische oder französische) dürften als Einzelgewerkschaften kaum in der Lage sein, genügend Einfluss auf den Kurs des Eurosystems auszuüben. Für die Gesamtheit der Gewerkschaften der EWU-Mitgliedsländer ist dies schon eher vorstellbar. Die Lohnfindungssysteme, Handlungsfähigkeiten und die jeweiligen Interessenlagen sind jedoch (noch) zu heterogen, als dass ein europäisches Lohnkartell absehbar wäre.[241]

Vorläufig gewichtiger könnte die politische Hilfe sein. Auf ihrem Amsterdamer Gipfeltreffen im Juni 1997 haben (auf Druck Frankreichs) die Staats- und Regierungschefs der EU beschlossen, in den EG-Vertrag ein neues Kapitel über Beschäftigungspolitik aufzunehmen. In Artikel 2 des neuen Beschäftigungskapitels heißt es: „Die Mitgliedstaaten betrachten die Förderung der Beschäftigung als Angelegenheit von gemeinsamem Interesse." Art. 3 gibt der EU die Befugnis, die nationalen Beschäftigungspolitiken der Mitgliedsländer zu unterstützen und zu ergänzen. Diese neue Gemeinschaftskompetenz ermöglicht es, dass die Beschäftigungsverantwortung der Tarifparteien der EU zugewiesen wird (Dohse/Krieger-Boden, 1998, 108). Eine Konditionierung der *Autonomie der*

241 Gleichwohl verweist der Sachverständigenrat (1998, 198 f.) warnend auf bereits beobachtbare Bemühungen um eine Europäisierung der Lohnpolitik (und der Sozialpolitik). Kämen diese Bemühungen zum Tragen, würde der beschäftigungspolitisch notwendigen räumlichen Differenzierung der Lohnstruktur entgegengewirkt.

*Tarifparteien* im Sinne der Berücksichtigung des Beschäftigungsziels findet sich im europäischen Vertragswerk, den Maastrichter Vertrag eingeschlossen, nicht. Die beschäftigungsschädlichen Folgen überhöhter Löhne, inflexibler Lohnstrukturen und sozialpolitisch motivierter Regulierungen am Arbeitsmarkt könnten nun in Richtung EU verlagert werden, was anstatt zu höherer Lohnflexibilität schließlich in „gemeinschaftliche" Forderungen an das Eurosystem einmünden kann, um die Finanzierung staatlicher Beschäftigungsprogramme sicherzustellen (Berthold/Fehn, 1998; Feldmann, 1998a). Das obige Elastizitätsargument verlöre entsprechend an Gewicht.

Das Problem einer möglichen Vereinnahmung des Eurosystems zur Finanzierung Europäischer Beschäftigungsstrategien wird auch nicht dadurch geringer, dass nach dem Amsterdamer Vertrag eine europäische Koordination der aktiven Arbeitsmarktpolitik („Förderung der Qualifizierung, Ausbildung und Anpassungsfähigkeit der Arbeitnehmer") in den Vordergrund gerückt wurde. Finanzierungserleichterungen durch das Eurosystem könnten mit der Begründung gefordert werden, dass andernfalls die im europäischen Vertragswerk verankerten Verschuldungsbegrenzungen, insbesondere das Defizitkriterium von drei Prozent, die Regierungen „zu einem suboptimalen Angebot aktiver Arbeitsmarktpolitik verleiten" würde (Jochem, 1999, 676). Eine Ausdehnung aktiver Arbeitsmarktpolitik durch großzügige monetäre Alimentierung mittels expansiver Geldpolitik wöge jedoch doppelt schwer: Zum einen würde das Preisstabilitätsziel gefährdet. Zum anderen käme es höchstwahrscheinlich zu einer Verschwendung knapper Mittel, da – abgesehen von sozialpolitisch unabdingbaren Hilfen für bestimmte Problemgruppen am Arbeitsmarkt – jenseits der Vermittlungs- und Beratungsaktivitäten die ökonomische Zweckmäßigkeit der aktiven Arbeitsmarktpolitik sehr in Frage zu stellen ist (Görgens, 1996; Hagen/Steiner, 2000).[242]

Im Anschluss an den Amsterdamer Gipfel sind mehrere Versuche („Luxemburg-Prozess", November 1997; „Cardiff-Prozess", Juni 1998; „Köln-Prozess", Juni 1999 sowie der Beschäftigungspakt von Lissabon im März 2000) unternommen worden, die gemeinsame Beschäftigungspolitik voranzutreiben. Für die europäische Geldpolitik von besonderer Relevanz ist der Kölner EU-Gipfel, auf dem beschlossen wurde, einen makroökonomischen Dialog zwischen Politik, Europäischer Zentralbank und Tarifparteien in Gang zu setzen. Die Beteiligten sollen im Gespräch „am runden Tisch" ihre Politik aufeinander abstimmen. Dass die hierin angelegten Konfliktpotentiale für die europäische Geldpolitik manifest werden, ist angesichts des aktuellen „Stabilitätsbewusstseins" weniger kurzfristig, wohl aber auf mittlere und längere Sicht wahrscheinlich.[243]

Eine beschäftigungsorientierte Geldpolitik des Eurosystems könnte zwar allenfalls temporär Arbeitslosigkeit verhindern, weil sie die Ursachen der Arbeitslosigkeit nicht beseitigt. Die politische Versuchung, diesen Weg zu beschreiten, darf gleichwohl nicht un-

242 Eine umfassende Darstellung der Evaluierungsprobleme von Maßnahmen aktiver Arbeitsmarktpolitik am Beispiel der neuen Bundesländer findet sich in Eichler/Lechner (2000).

243 Es erscheint noch unklar, ob durch Gespräche „am runden Tisch" Gewerkschaften zu längerfristiger Lohnzurückhaltung veranlasst werden oder ob dies auf die Zeit der Gesprächsrunde(n) beschränkt bleibt.

terschätzt werden. Forderungen nach „flexibler" Handhabung des im Dezember 1996 in Dublin verabredeten „Stabilitäts- und Wachstumspaktes" etwa durch Herausnahme der investiven Staatsausgaben aus den öffentlichen Haushalten zur Erfüllung des Verschuldungskriteriums unterstreichen dies. Die Wahrscheinlichkeit dieser Entwicklung ist umso größer, je mehr es einzelnen Politikern und Vertretern von Interessengruppen gelingt, weite Teile der Bevölkerung davon zu überzeugen, dass die hohe Arbeitslosigkeit nicht vornehmlich ein institutionelles Problem, nämlich Folge rigider Arbeitsmärkte (siehe hierzu Calmfors, 1998a), sondern (angeblich) der Preis für Preisstabilität und zu niedriger Lohnabschlüsse ist. **Ohne Rückhalt in der Bevölkerung aber wird das Eurosystem einen Stabilitätskurs nicht dauerhaft durchhalten können.**

Die beschäftigungspolitische Gemeinschaftskompetenz dürfte insbesondere in regionalstruktureller Sicht wirksam werden und auf diesem Wege ein Gefährdungspotenzial für die Geldpolitik des Eurosystems darstellen. Die Transparenz durch den Euro beseitigt vielleicht noch vorhandene Reste an *Wechselkursillusion* und begünstigt *Lohndemonstrationseffekte* (Lohnunterschiede sind unmittelbar zu erkennen), die Angleichungsforderungen zur Folge haben dürften. Hier ergeben sich Allianzen zwischen den Niedriglohn- und den Hochlohnländern. Von vielen Hochlohnländern wird schon seit geraumer Zeit auf Beseitigung des angeblichen *Lohn- und Sozialdumpings* gedrungen. Angleichung der Lohnniveaus nach oben und eine *Sozialunion* sind bekannte Forderungen. Sind solche Angleichungen nicht durch entsprechende Produktivitätsentwicklungen gedeckt – womit auf kürzere und mittlere Sicht nicht zu rechnen ist -, ergeben sich Stückkostenbelastungen, die bei fehlender monetärer Alimentation zu (steigender) Arbeitslosigkeit führen. Wie aus der Theorie optimaler Währungsräume (siehe Box I.4.2) bekannt ist, könnte solchen Beschäftigungskrisen zwar durch eine höhere (europäische) Mobilität von Arbeit und Kapital entgegengewirkt werden. Nach den bisherigen Erfahrungen sind Arbeitskräftewanderungen jedoch aufgrund sprachlicher und kultureller Unterschiede sowie divergierender Ausbildungssysteme nur schwach ausgeprägt. Dies dürfte sich auch mit Vollendung des Binnenmarktes nicht wesentlich ändern, und wenn die Wanderung in einzelnen Branchen bedeutsam werden sollte, drohen – wie das Beispiel der Bauwirtschaft zeigt – Entsendegesetze. Alternativ zu Arbeitskräfteabwanderungen könnten Kapitalzuflüsse die Arbeitslosigkeit dämpfen. Doch auch wenn man davon ausgeht, dass die Kapitalmobilität in der EWU noch über das durch die Freizügigkeit des EU-Binnenmarktes bedingte Maß hinaus zunimmt, kommt sie als Anpassungsmechanismus kaum in Frage. Dass Länder oder Regionen, in denen durch Stückkostenbelastungen (zunehmende) Arbeitslosigkeit verursacht wurde, für private Kapitalzuflüsse attraktiv sein sollten, ist sehr unwahrscheinlich. Dieser Kostennachteil kann auch nicht durch Zinsanreize (über-)kompensiert werden, da innerhalb einer Währungsunion zwischen den Mitgliedsländern keine Zinsdifferenzen bestehen. Wahrscheinlicher sind deshalb Kapitalabflüsse, wodurch der Problemdruck noch erhöht wird. Gibt das Eurosystem beschäftigungspolitisch motivierten Forderungen nach Lockerungen der Geldpolitik nicht nach, steigen die Ansprüche an Transfers aus *EU-Struktur- und Kohäsionsfonds.* Binnenmarkt und Währungsunion werden dann im politisch-ökonomischen Prozess für Angleichungen der Lohn- und Sozialstandards (nach oben) instrumentalisiert. Bei fehlender realwirtschaftlicher Fundierung wie sie etwa in Unterschieden der Wachstumspotenziale, Infrastrukturausstattung und (bereits bestehender) Arbeitslosigkeit zum Ausdruck kommt, wird als Preis eine Aufstockung der erwähnten Fonds „notwendig".

Beseitigung von „Lohn- und Sozialdumping" beinhaltet im Kern die gleichen Probleme wie Forderungen nach einer Zentralisierung von Tarifverhandlungen auf europäischer Ebene. Wenn Bestrebungen zur Verringerung des Lohngefälles der wirtschaftlichen Situation und Entwicklung in den einzelnen Mitgliedsländern nicht Rechnung tragen, ist ein faktischer Finanzausgleich über Transferströme wahrscheinlich. Hatten die Hochlohnländer die Beseitigung von „Lohn- und Sozialdumping" als Wettbewerbshürde für Niedriglohnländer gedacht, müssen sie diesen Schutz mit höheren Transfers bezahlen, ohne dass bei Empfängern und/oder Zahlern Anreize zur Bekämpfung der eigentlichen Ursachen der Arbeitslosigkeit ausgelöst würden. Zahler sind in gewissem Umfang gegen „Lohn- und Sozialkonkurrenz" geschützt, so dass der Druck zu Arbeitsmarktreformen wie etwa Dezentralisierung von Tarifverhandlungen, Flexibilisierung von Lohnstrukturen und Lockerung von Bestandsschutz- und Mitbestimmungsregelungen, von Vorgaben über Befähigungsnachweise u.a.m. abnimmt. Den Zahlungsempfängern wird nicht nur der Reformdruck zur Flexibilisierung der Arbeits- und Tarifbedingungen genommen, sondern geradezu ein Anreiz geboten, beschäftigungsschädliche Arbeitsmarktordnungen der Hochlohnländer zu übernehmen, da sie von Letzteren für die (negativen) Beschäftigungsfolgen finanziell entschädigt werden.

Der Amsterdamer Vertrag, der die Beschäftigungspolitik zur Gemeinschaftsaufgabe der EU erklärte, betont die fortbestehende nationale Kompetenz für die Arbeitsmärkte betreffende Gesetze und Regulierungen. Versuche von Regierungen, Arbeitsmarktrigiditäten abzubauen, werden jedoch auf massiven Widerstand der (beschäftigten) Insider stoßen, die Reallohnsenkungen und verstärkte Beschäftigungsrisiken fürchten. Aber auch – oder gerade – die (arbeitslosen) Outsider werden sich für die Beibehaltung möglichst großzügiger Arbeitslosenunterstützung energisch einsetzen. Bei diesen Mehrheitsverhältnissen sind Arbeitsmarktreformen für die Regierungen mit hohen politischen Kosten verbunden (Calmfors, 1998). Diese Kosten wiegen noch umso schwerer, weil durch Lockerungen von Arbeitsmarktrigiditäten kurzfristig keine spektakuläre Verringerung der Arbeitslosigkeit erwartet werden kann.

Das Ausbleiben von Arbeitsmarktreformen erhöht wiederum den „Transferbedarf". Hieraus kann sich ein Teufelskreis entwickeln: „Die finanzielle Unterstützung durch die Europäische Union ermunterte zu weiteren überzogenen Lohnabschlüssen und großzügigen Sozialleistungen; da die Arbeitslosigkeit dadurch nochmals erhöht würde, würden weitere Finanzmittel von der Europäischen Union verlangt werden usw." (Feldmann, 1998a, 43). Kommt statt des beispielsweise vom IWF und anderen internationalen Organisationen wiederholt angemahnten Abbaus von Rigiditäten vor allem auf den kontinentaleuropäischen Arbeitsmärkten eine derartige Umverteilungsmaschinerie in Gang, steht möglicherweise sogar die Existenz der Währungsunion auf dem Spiel, da die (zahlenden) EWU-Bürger die *Transferleistungen* nicht mehr als erforderliche Solidaritätsleistungen akzeptieren. Eine gemeinschaftliche EU-Identität existiert bislang kaum, so dass Widerstände gegenüber innereuropäischen Umverteilungen wahrscheinlich sind.

Bedenkt man die Widerstände, die mittlerweile gegen die – auch lohnpolitisch bedingten – Transfers von West- nach Ostdeutschland bestehen, lassen sich die ungleich größeren Akzeptanzprobleme im europäischen Kontext absehen. Wie relevant solche Transferanforderungen sind, zeigt das Beispiel des *Kohäsionsfonds*. Im Vorfeld der EWU wurde durch Bildung des Kohäsionsfonds versucht, die Wohlstandsniveaus der EU-Länder anzunähern. Griechenland, Irland, Portugal und Spanien erhielten in beachtlichem Umfang Mittel, um insbesondere die Verkehrsinfrastruktur auszubauen und den Betritt zur EWU zu erleichtern. Mit Beginn der Währungsunion müssten die Zahlungen für die Mitgliedsländer enden, doch sie verlangen, dass diese Zahlungen fortgesetzt werden.

Da solche Begehrlichkeiten durch die Existenz der EWU vor allem mit Verweis auf Beschäftigungsprobleme eher zunehmen werden, andererseits aber Widerständen der Bevölkerung gegen innereuropäische Umverteilung politisch Rechnung getragen werden muss, ist es im politisch-ökonomischen Prozess, in den auch das grundsätzlich unabhängige Eurosystem eingebunden ist, nicht unwahrscheinlich, dass allgemein der Ruf nach geldpolitischen Lockerungen laut wird.[244] Kommt das Eurosystem den Forderungen nicht nach, ist die Schuldige politisch schnell ausgemacht. Hält es dem politischen Druck nicht stand, schürt es die Europaskepsis in den Mitgliedsländern mit ausgeprägtem „Stabilitätsbewusstsein" der Bevölkerung. Wie die umfangreiche Diskussion zur (modifizierten) *Phillips-Kurve* und zur *NAIRU* gezeigt hat,[245] ist zudem ein dauerhafter beschäftigungspolitischer Erfolg nicht zu erwarten. Zu bedenken ist auch, dass es zu einem Verlust des Vertrauens der Kapitalmärkte in den Euro kommen wird, wodurch über Kapitalabwanderungen schließlich auch Investitionen und Beschäftigung beein-

244 Diese Entwicklung kann auch einen anderen Weg nehmen: Die nationalen Regierungen „verstecken" sich hinter – von ihnen de facto mitgetragenen – Entscheidungen des Europäischen Rats zugunsten expansiverer Politik, setzen so das Eurosystem in Zugzwang, das dann im Vorgriff oder im Nachhinein die Vereinbarungen der Arbeitsmarktparteien alimentiert.

245 Die Vermutung, dass sich Arbeitslosigkeit durch inflationär wirkende Geldpolitik verringern lasse [wie dies die (modifizierte) Phillips-Kurve beschreibt] hat sich nicht bestätigt. Dieser Zusammenhang gilt allenfalls kurzfristig und könnte daher nur temporär genutzt werden. (Siehe hierzu Görgens/Ruckriegel 2000, 222–226 und Box II.5.6.)

Die NAIRU (Non Accelerating Inflation Rate of Unemployment) beziehungsweise die „inflationsstabile Arbeitslosenquote" beinhaltet die Vorstellung, dass es eine strukturell bedingte Arbeitslosigkeit gibt, die gegenüber expansiven wirtschaftspolitischen Maßnahmen resistent ist. Expansive Maßnahmen hätten von dieser Arbeitslosenquote an nur noch inflationäre Effekte. Nach Befunden der OECD (1998, 173 f.) dominiert diese Art der Arbeitslosigkeit in Europa eindeutig. Für Deutschland beziffert sie die NAIRU im Jahre 1997 mit 9,6 % bei einer tatsächlichen Arbeitslosenquote von 11,4 %. Die EU-Kommission (1999, 133) streicht in ihrem Jahresbericht 1999 heraus, dass es gerade die vier größten Volkswirtschaften des Eurogebiets, nämlich Deutschland, Frankreich, Italien und Spanien sind, die besonders hohe strukturbedingte Erwerbslosenquoten aufweisen. (Lediglich in Spanien sind in jüngster Zeit spürbare Verbesserungen der Arbeitsmarktsituation festzustellen. Das iwd (2000, 2) führt diese Erfolge auf den Abbau von Arbeitsmarktregulierungen zurück.)

trächtigt werden. Gelegentliche kausale Zuweisungen der amerikanischen Beschäftigungserfolge zur (angeblich) weniger restriktiven Geldpolitik greifen zu kurz, wenn sie das Umfeld hoher Flexibilität der Wirtschaft, insbesondere der Arbeitsmärkte ausblenden. Die für die Geldpolitik des Eurosystems anzunehmende Konfliktsituation stellt(e) sich für die Geldpolitik der Federal Reserve daher nicht. Ein Einschwenken der nationalen Arbeitsmarktpolitik der Mitgliedsländer der EWU auf den „amerikanischen Weg" um – bildlich gesprochen – eine Linksverschiebung der Phillipskurve zu erreichen, ist jedoch (vorläufig) wenig wahrscheinlich.

Für einen vorsichtigen „Flexibilitätsoptimismus" könnte allerdings einmal der aus den Wirkungsbedingungen einer stabilitätsorientierten Währungsunion sich ergebende Anpassungsdruck auf den Arbeitsmärkten der EU-Mitgliedsländer sprechen.[246] Zum anderen könnte noch ein verstärkender wettbewerblicher Reformdruck entstehen, wenn Länder wie Niederlande, Österreich, Irland, Portugal und Großbritannien, deren Arbeitsmarktflexibilität **relativ** zu den übrigen EU-Ländern hoch ist, sich als Gewinner der Anpassungsprozesse erweisen (Dohse et al., 1999, 57, 59).[247] Die Pufferrolle flexibler Arbeitsmärkte ist umso bedeutsamer, je wahrscheinlicher die Zunahme realwirtschaftlich bedingter asymmetrischer Schocks in der EWU sein sollte.[248] Aber selbst wenn statt zunehmender Spezialisierung in den Mitgliedsländern eher eine Angleichung der Produktionsstrukturen durch die EWU bewirkt würde und deshalb die Wahrscheinlichkeit *asymmetrischer Schocks* sinken sollte, bleibt angesichts der hohen strukturellen Arbeitslosigkeit, die mit Nachfragesteuerung nicht behebbar ist, mehr Flexibilität auf den Arbeitsmärkten unabdingbar. Ob die Erwartung, dass die durch die EWU bedingte Intensivierung des Wettbewerbs, der Handelsintegration und der Kapitalmobilität Flexibilität auf den Arbeitsmärkten, speziell Reallohnflexibilität erzwingt (so Burda, 2001) und damit der Geldpolitik zu höherer Wirksamkeit verhilft, bleibt abzuwarten. Mit einem Rückgang der Arbeitslosigkeit ergäbe sich für das Eurosystem eine wichtige Entlastung. Oder anders: **Die hohe Arbeitslosigkeit in der EU ist eine schwere Hypothek für das Eurosystem.**

246 Cukierman/Lippi (2000, 37) vermuten sogar, dass die – oben erwähnte – wegen der Währungsunion aggressivere Lohnpolitik zwar zu höherer Arbeitslosigkeit führt, diese aber wiederum zurückwirkend den Reformdruck in Richtung Arbeitsmarktflexiblität erhöht.

247 Die Autoren fassen hierunter Lohn(struktur)flexibilität, Arbeitszeitflexibilität sowie räumliche, qualifikatorische und berufliche Mobilität. Zum Flexibilisierungs-Instrumentarium zählen beispielsweise Dezentralisierung von Lohnverhandlungen; sektorale, qualifikatorische und regionale Lohndifferenzierung einschließlich Abbau zu hoher Mindestlöhne und Lohnersatzleistungen; Abbau von Mobilitätshemmnissen wie Bestandsschutzregelungen und Befähigungsnachweise; mehr betriebliche Arbeitszeitflexibilität, Teilzeitarbeit.

248 Durch unterschiedliche nationale Geldpolitiken ausgelöste asymmetrische Schocks sind mit der Währungsunion hinfällig.

## 2.4 Zusammenfassung

Die Erreichung des dem Eurosystem vorrangig vorgegebenen Ziels der Preisstabilität ist zwar langfristig von der Geldpolitik abhängig. Kurz- bis mittelfristig kann der Stabilitätskurs der Geldpolitik jedoch von der Lohnpolitik durchkreuzt und im Extremfall sogar ausgehebelt werden. Zwar ist (vorläufig) nicht damit zu rechnen, dass auf EU-Ebene die Tarifparteien über ein europäisches Lohnkartell das Eurosystem unmittelbar unter Druck setzen. Es gibt jedoch bereits jetzt Anzeichen dafür, dass auf politischem Wege anstatt der erforderlichen Lohndifferenzierungen Lohnangleichungstendenzen, die nicht durch entsprechende Produktivitätsentwicklungen gedeckt sind, begünstigt werden. Da mit der Währungsunion der Wechselkurspuffer entfällt, der die negativen Beschäftigungskonsequenzen steigender Lohnstückkosten temporär auffangen könnte, werden Appelle an das Eurosystem zunehmen, den geldpolitischen Stabilitätskurs im Dienste gemeinschaftlicher Beschäftigungspolitik zu lockern. Für diese Entwicklung spricht zum einen, dass die Staats- und Regierungschefs beschlossen haben, in den EG-Vertrag ein Beschäftigungskapitel aufzunehmen und die Beschäftigungspolitik zur Angelegenheit „von gemeinsamem Interesse" zu machen. Zum anderen dienen die drastisch gestiegenen Dotationen der Struktur- und Kohäsionsfonds zumindest mittelbar der Finanzierung dieser Beschäftigungsziele. Hierdurch werden aber Reformen im Sinne der Flexibilisierung der Arbeitsmärkte hinausgeschoben, so dass der Anpassungsstau steigt. Kommt das Eurosystem den Forderungen nach monetärer Alimentierung nicht nach, wird ihm im politisch-ökonomischen Prozess (fälschlicherweise) die Schuld an der Arbeitsmarktmisere zugeschoben.

### Kontrollfragen

1. Inwieweit kann die EWU Lohnerhöhungsspielräume schaffen?
2. Warum müsste in der EWU der „Wechselkurspuffer" durch einen „Lohnpuffer" ersetzt werden?
3. Über welche politisch-ökonomischen Mechanismen kann die Lohnpolitik den innereuropäischen „Transferbedarf" erhöhen?

## Weiterführende Literatur

Beiträge, die sich besonders mit den Konsequenzen der einheitlichen Geldpolitik in der EWU für die Lohnpolitik und deren mögliche Rückwirkungen auf die Geldpolitik befassen:

*Belke, A.* (1998), Maastricht-Implications of a Centralised Monetary and Currency Policy for Employment in Europe, in: Welfens, P. J. J. (Ed.), European Labour Market and Social Security – Wage Costs, Social Security Financing and Labour Market Reforms in Europe, Springer, Berlin et al., S. 195–246.

*Lehment, H.* (1998), Geldpolitik und lohnpolitischer Verteilungsspielraum in der Europäischen Währungsunion, Die Weltwirtschaft, H. 1, S. 72–84.

*Rübel, G.* (2000), Arbeitsmarktpolitische Implikationen der Europäischen Wirtschafts- und Währungsunion, List Forum für Wirtschafts- und Finanzpolitik, Bd. 26, H. 2, S. 165–182.

Beiträge, die besonders auf den Zusammenhang zwischen einheitlicher Geldpolitik, Beschäftigung und Arbeitsmarkt(in)flexibilität abheben:

*Berthold, N., Fehn, R.* (1998), Does EMU Promote Labor Market Reforms?, Kyklos, Vol. 51, Fasc. 4, S. 509–536.

*Burda, M. C.* (2001), European Labor Markets and the Euro: How much Flexibility Do We Really Need?, in: Deutsche Bundesbank (Ed.), The Monetary Transmission Process: Recent Developments and Lessons for Europe, Palgrave, Chippenham, S. 252–275.

*Calmfors, L.* (1998), Macroeconomic Policy, Wage Setting and Employment – What Differences does EMU Make?, Oxford Review of Economic Policy, Vol. 14, No. 3, S. 125–151.

*Dohse, D., Krieger-Boden, C.* (1998), Währungsunion und Arbeitsmarkt. Auftakt zu unabdingbaren Reformen, Kieler Studien 290, J. C. B. Mohr (Siebeck), Tübingen.

# 3 Wechselkurspolitik

Während die Verantwortung für die Geldpolitik ausschließlich dem Eurosystem zufällt, liegen die wechselkurspolitischen Kompetenzen weitestgehend beim Rat der Wirtschafts- und Finanzminister der Europäischen Union *(ECOFIN-Rat)*. Dies gilt sowohl in Bezug auf das EWS II (WKM II), das ggf. die Währungen der EU-Mitgliedstaaten, die noch nicht Mitglied in der Währungsunion sind *(„pre-in"-Länder)*, an den Euro bindet, als auch im Hinblick auf andere Währungen. So kann der ECOFIN-Rat etwa auf Empfehlung der EU-Kommission und nach Anhörung der EZB einstimmig förmliche Wechselkursvereinbarungen für den Euro gegenüber Drittwährungen beschließen oder „unter außergewöhnlichen Umständen" bei „eindeutigen Wechselkursverzerrungen" mit qualifizierter Mehrheit allgemeine Orientierungen für die Wechselkurspolitik gegenüber bestimmten Drittwährungen (*Wechselkurszielzonen*) aufstellen, was Interventionsverpflichtungen des Eurosystems nach sich ziehen kann. Als historische Vorbilder für Wechselkurszielzonen können etwa die bekannten Plaza- und Louvre-Vereinbarungen aus den achtziger Jahren über Kurs-Ziele für den US-Dollar dienen. „Diese allgemeinen Orientierungen sollten stets die Unabhängigkeit des ESZB respektieren und mit dem vorrangigen Ziel des ESZB, die Preisstabilität zu gewährleisten, vereinbar sein" – so die Entschließung des *Europäischen Rates* vom Dezember 1997 (Deutsche Bundesbank, 1998a, 20).[249]

Um den Einfluss der wechselkurspolitischen Regelungen (*Wechelkursregime*) auf die Geldpolitik beurteilen zu können, sei zunächst kurz die Funktionsweise des Devisenmarktes in Erinnerung gerufen.

## 3.1 Devisenmarkt und Wechselkursregime

Der *Devisenmarkt* unterscheidet sich nicht von anderen Märkten. Er wird geregelt von Angebot und Nachfrage. Handelsobjekt sind Guthaben in Inlandswährung, wobei deren Preis in Auslandswährung (hier stellvertretend in US-Dollar) ausgedrückt wird. Der *nominale Wechselkurs* (e)[248] ist also definiert als x Fremdwährungseinheiten je Euro, z.B. x US-$/ 1 €. Diese so genannte *Mengennotierung des Wechselkurses* löste mit Beginn der Währungsunion die bis dahin gebräuchliche *Preisnotierung des Wechselkurses* (z.B. x DM/ 1 US-$) ab.

---

249 „Die Mitgliedsstaaten haben bei der Währungspolitik in der Tat die Hand am Hebel. Laut Artikel 109 (neu Art. 111, die Verf.) Maastricht-Vertrag liegt die Hoheit der Wechselkurspolitik beim EU-Rat. Wir – die Deutschen – wollten die Kompetenz einschränken. Letztlich gab es aber auch insoweit einen Kompromiß. Der Ministerrat kann mit qualifizierter Mehrheit Zielzonen festlegen. Dieser Beschluß muß dann von dem ESZB ausgeführt werden." Seidel, 1998, 48. Ähnlich Schwarze 2000, 1305.

250 Im Folgenden wird der nominale Wechselkurs vereinfacht als Wechselkurs bezeichnet.

In Schaubild III.3.1 wird der Devisenmarkt dargestellt, auf dem Euroguthaben gegen US-Dollar gehandelt werden. Im Ausgangsgleichgewicht ($e_0$, $X_0$) werden z.B. 100 Mio. € ($X_0$) zu einem Preis von 1,00 US-Dollar je Euro ($e_0$) umgesetzt.

*Schaubild III.3.1: Devisenmarkt: Angebot und Nachfrage*

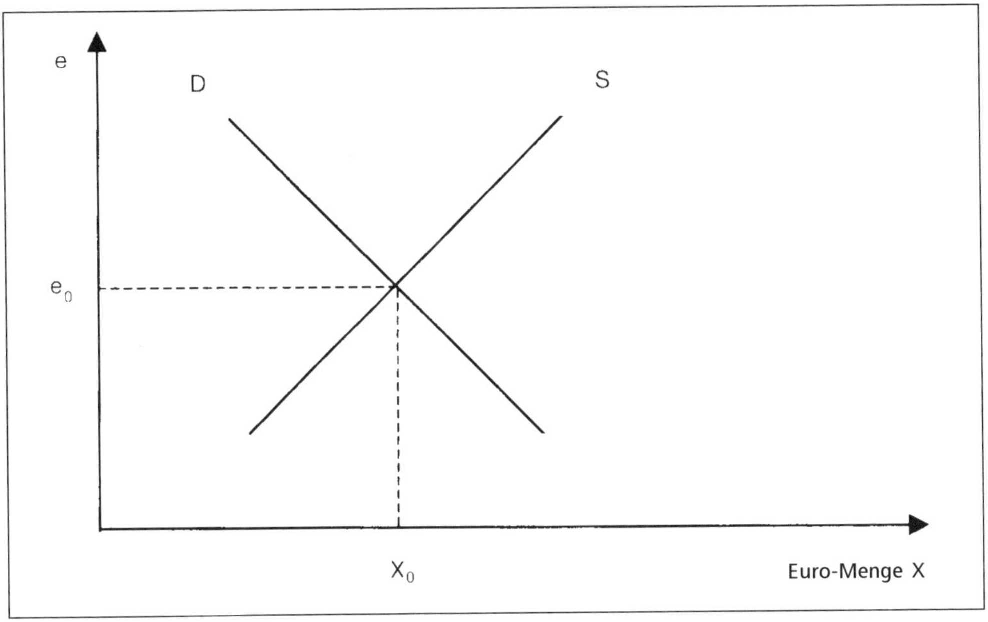


Zur Euronachfrage (D), also zum Angebot von US-Dollar (*Devisenangebot*) gegen Euro, kommt es etwa, weil im Euroraum ansässige Exporteure (Exportgutanbieter) letztlich Euro benötigen, um ihren größtenteils in Euro denominierten Zahlungsverpflichtungen (Löhne, Material etc.) nachzukommen. Werden die Rechnungen der Exporteure nicht in US-Dollar, sondern in Euro fakturiert, so müssen bereits die US-amerikanischen Importeure (Exportgutnachfrager) Euro nachfragen, damit sie ihre auf Euro lautenden Rechnungen begleichen können. US-Dollar können aber auch von Kapitalanlegern (Arbitrageuren, Hedgern und Spekulanten) stammen, die von US-Dollaranlagen in Euroanlagen wechseln wollen. Analog lässt sich das Euroangebot (S), also die Nachfrage nach US-Dollar (*Devisennachfrage*) gegen Euro, von der Importseite her erklären. Da die US-amerikanischen Exporteure (Importgutanbieter) letztlich US-Dollar benötigen, muss sich bei Fakturierung in US-Dollar ein im Euroraum ansässiger Importeur (Importgutnachfrager) US-Dollar besorgen. Bei Fakturierung in Euro werden die Importgutanbieter aus den USA selbst die Erlöse in Euro am Devisenmarkt anbieten. In beiden Fällen kommt es zu einem Angebot an Euro. Das Euroangebot kann aber auch von Kapitalanlegern gespeist werden, die Euro besitzen und Fremdwährungsanlagen erwerben wollen.

Stellt man auf Handels- und Dienstleistungsbilanztransaktionen ab,[251] liegen dem Euroangebot Waren- und Dienstleistungsimporte, der Euronachfrage Waren- und Dienstleistungsexporte des Euroraums zugrunde. Eine Euroabwertung (*Wechselkursabwertung*, sinkender Wechselkurs e) führt zu einer Zunahme der Euronachfrage bzw. einem Rückgang des Euroangebots, weil zum einen Exporte aus dem Euro-Raum in den USA billiger, zum anderen Importe aus den USA im Euroraum teurer werden. Eine Euroaufwertung (*Wechselkursaufwertung*, steigender Wechselkurs e) bewirkt einen Rückgang der Euronachfrage bzw. eine Zunahme des Euroangebots, da Exporte aus dem Euroraum in den USA teurer, Importe aus den USA billiger werden.[252]

Nachdem der Devisenmarkt erklärt ist, soll nun auf den Unterschied zwischen festen und flexiblen Wechselkursen eingegangen werden.

*Schaubild III.3.2: Devisenmarkt: Feste und flexible Wechselkurse*

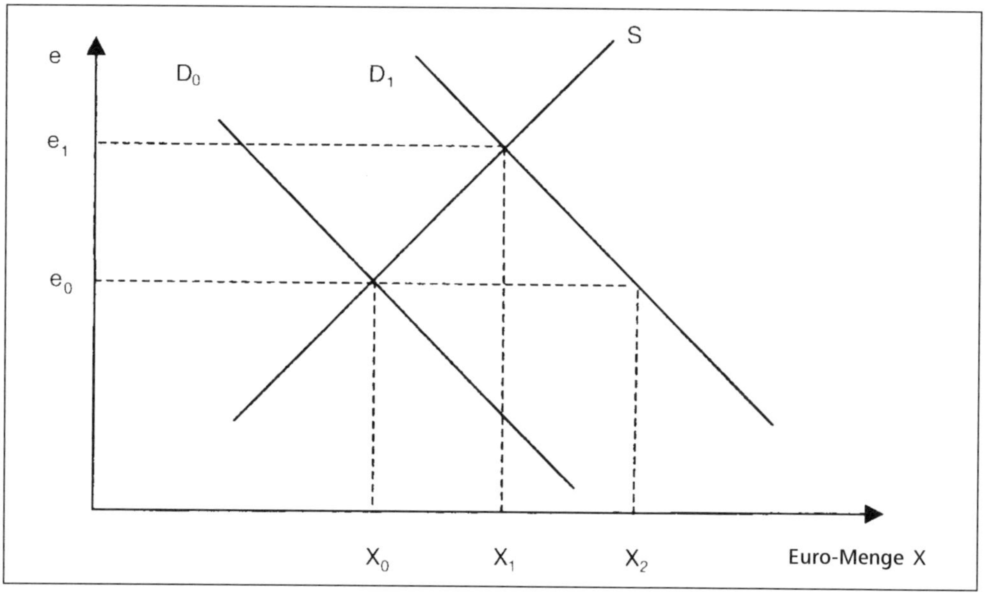


251 Die Beschränkung auf güterwirtschaftlich bedingte Transaktionen erfolgt aus Gründen der Vereinfachung. Will man anlageinduzierte Transaktionen berücksichtigen, so muss man Wechselkurserwartungen, die Zinsdifferenz zwischen Anlagen in In- und Auslandswährung sowie erwartete Wachstumsdifferenzen zwischen In- und Ausland mit ins Kalkül ziehen (siehe hierzu Box III.3.1).

252 Da für die Nachfrage nach bzw. für das Angebot an Euro aus Handels- und Dienstleistungstransaktionen nicht nur die Export- bzw. Importmenge, sondern der Export- bzw. Importwert (Menge mal Preis) entscheidend ist, liegt obigen Aussagen implizit die Gültigkeit der sog. Robinson-Bedingung (bzw. in vereinfachter Form der Marshall-Lerner-Bedingung) zugrunde. Diese stellen sicher, daß sich nach einer Abwertung (Aufwertung) der Inlandswährung die Handelsbilanz verbessert (verschlechtert); siehe hierzu ausführlich Jarchow/Rühmann (2000), Kap. III.

In der Ausgangssituation herrsche der Wechselkurs $e_0$, bei dem die Euromenge $X_0$ umgesetzt wird. Es sei nun angenommen, die Euronachfrage erhöhe sich von $D_0$ auf $D_1$. Beim alten Wechselkurs $e_0$ herrscht somit ein Nachfrageüberschuss in Höhe von $X_2 - X_0$. Bei *flexiblen Wechselkursen* löst dieser Nachfrageüberschuss eine Aufwertung des Euro aus, bis sich das neue Marktgleichgewicht bei $e_1$, $X_1$ eingespielt hat (steigender Wechselkurs des Euro, d.h. Aufwertung des Euro). Bei *festen Wechselkursen* hingegen, also bei Wechselkursen, zu deren Aufrechterhaltung sich die Regierung bzw. der ECOFIN-Rat verpflichtet hat, scheidet diese Wechselkursbewegung aus. Die Notenbank muss vielmehr sicherstellen, dass beim vereinbarten Wechselkurs (z.B. $e_0$) das Angebot der Nachfrage entspricht, im obigen Fall also Euro in Höhe von $X_2 - X_0$ (vollkommen elastisch) anbieten bzw. entsprechend US-Dollar nachfragen.

Grundsätzlich stellt sich jedoch bei festen Wechselkursen die Frage nach dem angemessenen Wechselkurs. Wie soll ein solcher Kurs berechnet und festgelegt werden? **Die Frage nach dem „fundamental gerechtfertigten *Gleichgewichtskurs*" lässt sich weder theoretisch noch empirisch zufrieden stellend beantworten** (siehe hierzu auch Clostermann/Schnatz, 2000b sowie McDonald, 2000).

### Box III.3.1: Die Bestimmungsfaktoren des Wechselkurses

Auch der Wechselkurs bestimmt sich nach der Angebots- und Nachfragesituation auf dem zugrunde liegenden Markt. Hier geht es um den Devisenmarkt. Das Devisenangebot (Euronachfrage) stammt von Exporteuren und Kapitalimporteuren[a)], die Devisennachfrage (Euroangebot) von Importeuren und Kapitalexporteuren[a)]. Hinzu kommen jeweils noch die (offiziellen) Transaktionen von Zentralbanken, z.B. über Devisenmarktinterventionen. Im Folgenden sollen überblicksartig vier grundlegende Determinanten der mittel- bis langfristigen Wechselkursentwicklung dargestellt werden.

**a) Die Kaufkraftparität („Purchasing Power Parity")**

Die *Kaufkraftparitätentheorie* führt die langfristige Wechselkursentwicklung auf unterschiedliche nationale Güterpreisbewegungen zurück. In ihrer **absoluten** Form besagt sie, dass der Wechselkurs zwischen zwei Währungen, z.B. US-Dollar und Euro, gleich dem Verhältnis der nationalen Preisniveaus p und $p^a$ entsprechen muss. Wird wie bisher die Mengennotierung des Wechselkurses e verwendet, gilt also:

(B1)
$$p(\text{Euro}) = \frac{p^a(\$)}{e(\$/€)} \quad \text{bzw.}$$

$$e(\$/\text{Euro}) = \frac{p^a(\$)}{p(€)} \quad \text{bzw.}$$

$$\frac{p^a(\$)}{e(\$/€)\cdot p(€)} = 1$$

Dahinter steht die Vorstellung, dass **identische** Güter bzw. gleichartige Warenkörbe denselben Preis haben müssen, unabhängig davon, wo sie verkauft werden. Eine Erhöhung von p(€) würde demzufolge zu einem sinkenden Wechselkurs, d.h. einer Abwertung des Euro führen.

Diese Preisarbitrage kann allerdings durch tarifäre (Zölle und Kontingente) und nicht-tarifäre Handelshemmnisse (z.B. bestimmte Qualitätsvorschriften), Transport- und Informationskosten, die Existenz nicht handelbarer Güter und das sog. Pricing-to-Market (man erhöht nicht die Preise, sondern nimmt aufgrund der Marktlage Gewinneinbußen hin) gestört werden. Deshalb wird die Kaufkraftparität üblicherweise in **relativer** (komparativer) Form spezifiziert. In dieser Form bezieht sie sich auf Veränderungsraten. Wenn also die Inflationsrate in den USA (π(USA)) 4 % und im Euro-Währungsgebiet (π(EWU)) 1 % beträgt, wird nach der relativen Kaufkraftparität mit einer dreiprozentigen Aufwertung des Euro gerechnet. Formal ergibt sich bei Betrachtung der Zeitpunkte t und t-1

(B2) $$\frac{e(\$/€) - e(\$/€)_{t-1}}{e(\$/€)_{t-1}} = \pi(USA)_t - \pi(EWU)_t$$

**b) Die Produktivitätsentwicklung**

Üblicherweise werden in einem Land handelbare und nicht-handelbare Güter konsumiert und produziert. Der Sektor handelbarer Güter („*tradables*") weist dabei in der Regel wegen des intensiveren Wettbewerbs und einer höheren Kapitalintensität eine höhere Produktivität als der Sektor der nicht handelbaren Güter auf. Allgemein muss die oben abgeleitete relative Kaufkraftparität dann um unterschiedliche Produktivitätsentwicklungen in diesen beiden Bereichen erweitert werden, wie die folgenden Überlegungen zeigen.

Ausgangspunkt ist die Definition des Preisindex P und $P^a$ als gewichteter Durchschnitt der Preise handelbarer ($p_T$ bzw. $p_T^a$) und nicht-handelbarer ($p_N$ bzw. $p_N^a$) Güter. Der Gewichtungsfaktor ist durch α bzw. α* gegeben ($0 \leq \alpha, \alpha^* \leq 1$)

(B3) $$\begin{aligned} P &= \alpha \cdot p_T + (1-\alpha) \cdot p_N = p_T + (1-\alpha) \cdot (p_N - p_T) \\ P^a &= \alpha^a \cdot p_T^a + (1-\alpha^a) \cdot p_N^a = p_T^a + (1-\alpha^a) \cdot (p_N^a - p_T^a) \end{aligned}$$

Unterstellt man die Gültigkeit der Kaufkraftparität im Sektor handelbarer Güter, gilt

(B4) $$e = \frac{p_T^a}{p_T}$$

Löst man (B3) nach $p_T$ bzw. $p_T^a$ auf und setzt dies in (B4) ein, ergibt sich

(B5) $$e = \frac{P^a - (1-\alpha^a)(p_N^a - p_T^a)}{P - (1-\alpha)(p_N - p_T)}$$

Zusätzlich zum Verhältnis der generellen Preisentwicklung, die sich in P und $P^a$ zeigt, wird also der Wechselkurs durch die sog. (gewichteten) *internen Preisverhältnisse* ($p_N - p_T$) bzw. ($p_N^a - p_T^a$) beeinflusst. Werden die Preise in den beiden Sektoren durch einen Aufschlag auf die Lohnstückkosten bestimmt, verhalten sich die Preise der nicht-handelbaren zu den handelbaren Gütern umgekehrt zu ihrer Produktivitätsrelation. Ein Land mit einem im internationalen Vergleich relativ hohen Produktivitätswachstum im Sektor der international handelbaren Güter weist also eine systematische Tendenz zur Aufwertung seiner Währung auf. Ein Produktivitätsanstieg bei den Tradables bewirkt nämlich relativ niedrige Stückkosten und Preise in heimischer Währung.

**c) Zinsparitäten**

Die Wechselkursentwicklung spiegelt auch unterschiedliche Zinsniveaus wider. Liegt der ausländische Zins $i^a$ über dem inländischen Zins i, wird es zu einer Anlage in ausländischer Währung kommen, wodurch die ausländische Währung tendenziell aufwertet. Erst wenn die Zinsdifferenz durch eine erwartete Aufwertung der inländischen Währung wieder ausgeglichen wird, besteht kein Anreiz mehr, Mittel für eine Anlage in ausländischer Währung umzuschichten. Über diese sog. *Arbitrage* kommt es also zu einer Angleichung der Erträge einer Anlage in in- und ausländischer Währung. Dies wird als *ungedeckte (offene) Zinsparität („Uncovered Interest Parity“)* bezeichnet (siehe Box II.2.1). Nach dieser entspricht die Zinsdifferenz zwischen Aus- und Inland ($i^a - i$) der erwarteten Aufwertungsrate. Es gilt

(B6) $$i^a - i = \frac{e^{erw} - e}{e^{erw}}$$

Wird das Wechselkursrisiko über den Terminmarkt abgesichert, wird statt des erwarteten Wechselkurses $e^{erw}$ der Terminkurs $e^T$ eingesetzt. Es resultiert die *gedeckte Zinsparität („Covered Interest Parity“)*:

(B7) $$i^a - i = \frac{e^T - e}{e^T}$$

Der Term auf der rechten Seite wird üblicherweise als *Swapsatz* s bezeichnet.[b)] Die gedeckte und die ungedeckte Zinsparität können folglich gleichzeitig nur gelten, wenn $e^T = e^{erw}$.

Die *Realzinsparität* schließlich verbindet die Realzinsdifferenz ($r^a - r$) zwischen Aus- und Inland mit der realen Wechselkursentwicklung. Unter dem realen Wechselkurs $e^r$ versteht man den preisbereinigten nominalen Wechselkurs (siehe ausführlich Box III.3.5). Er stellt den relativen Preis zweier Güter(körbe), nicht zweier Währungen dar und ist definiert als

(B8) $$e^r = \frac{e \cdot p}{p^a}$$

Als *Realzinsparität („Real Interest Parity“)* ergibt sich

(B9) $$r^a - r \equiv (i^a - \pi^{a,erw}) - (i - \pi^{erw}) = \frac{e^{r,erw} - e^r}{e^{r,erw}} \equiv \Delta e^{r,erw}$$

Die Realzinsparität lässt sich aufspalten in die gedeckte Zinsparität, eine *Wechselkursrisikoprämie*, d.h. inwiefern der Swapsatz von der erwarteten Wechselkursveränderung abweicht, und die erwartete reale Aufwertung.

(B10) $$r^a - r = \underbrace{(i^a - i - s)}_{\text{gedeckte Zinsparität}} + \underbrace{(s - \Delta e^{r,erw})}_{\text{Wechselkursrisikoprämie}} + \underbrace{(\Delta e^{r,erw} + \pi^{erw} - \pi^{a,erw})}_{\text{erwartete reale Aufwertung}}$$

Eine Berücksichtigung all dieser (und noch weiterer) Faktoren und deren Implikationen für die Entwicklung des Euro findet sich in Clostermann/Schnatz (2000a).

**d) Wachstumserwartungen**

Corsetti/Pesenti (1999) brachten als Erklärung des Dollar/Euro-Wechselkurses die unterschiedlichen Wachstumsprognosen für das Euro-Währungsgebiet im Vergleich zu den USA ins Spiel. Diese Argumentation griff auch der IWF (International Monetary Fund) auf. "An alternative explanation for the weakness of the euro against the dollar suggested by many commentators is that it reflects bilateral portfolio equity flows (including mergers and acquisitions) out of the euro area. It has been suggested that these equity flows are driven by the perception of greater prospects for growth and profits in the United States ... it does appear that there is some evidence that an important factor driving exchange rates between the euro area and the United States over the past few years may have been net equity flows, apparently based on perceptions of future growth." (IWF, 2001, 70 und 74). Wie aus den Schaubildern II.3.3a bzw. II.3.3b ersichtlich, kann die Entwicklung des Dollar/Euro-Wechselkurses im Zeitraum 1999/2000 mit diesem Ansatz gut erklärt werden.

*Schaubild III.3.3a: Wachstumserwartungen und Wechselkursentwickung 1999*

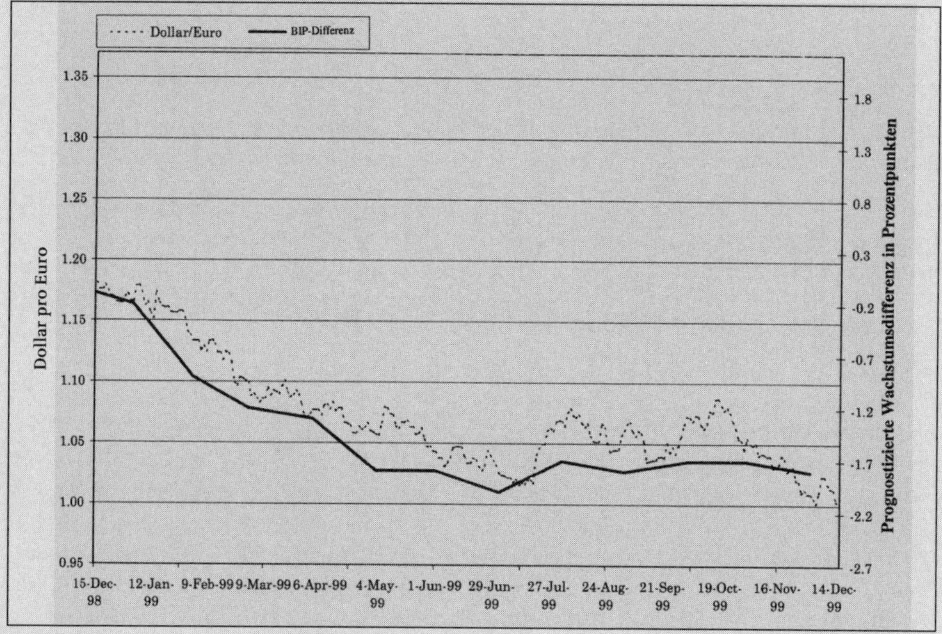


Quelle: http://www.yale.edu/~corsetti/euro/euroit.htm.

*Schaubild III.3.3b: Wachstumserwartungen und Wechselkursentwickung 2000*

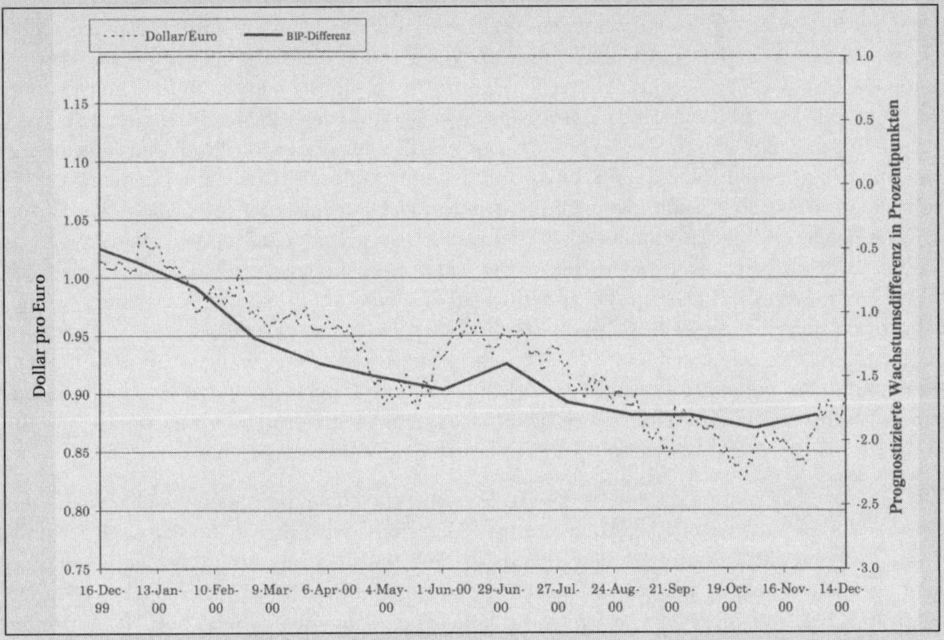


Quelle: http://www.yale.edu/~corsetti/euro/euroit.htm

Anmerkungen: Δ bezieht sich auf Veränderungen.

a) Zu einer näheren begrifflichen Bestimmung von Kapitalimporten und -exporten siehe etwa Görgens/Ruckriegel, 2000, Kapitel II.5.3 (Zahlungsbilanz)

b) Die EZB definiert abweichend hiervon den Swapsatz als Differenz zwischen Termin- und Kassakurs.

## 3.2 Wechselkurszielzonen

Werden (harte) Zielzonen für Wechselkurse vereinbart (*Wechselkurszielzonen*), so muss die Notenbank den Wechselkurs etwa gegenüber dem US-Dollar innerhalb einer bestimmten Bandbreite halten.[253] Die Folgen für die Geldpolitik sind in einem solchen Falle die gleichen wie bei einem förmlichen internationalen Festkurssystem mit Bandbreiten (*förmliches Festkurssystem*). Die Zentralbank ist nämlich zum Handeln gezwungen, sobald der Wechselkurs an die Grenzen der Zielvorgabe stößt.[254]

253 „Wir brauchen eine geordnete, gelenkte Flexibilität – ein System stabiler Wechselkurse, die sich in bestimmten Zielzonen bewegen. Internationale Gremien könnten diese Zielzonen festlegen und das System mehr oder weniger gut lenken. ... das Grundprinzip sollte sein, daß es drei große Blöcke gibt: Euro, Dollar und Yen. Kleine Länder suchen sich eine Leitwährung, an die sie sich ankoppeln.“ Flassbeck, 1998, 134.

254 Zur Technik von Devisenmarktinterventionen im Einzelnen siehe Neely, 2001.

**Box III.3.2: Wechselkurszielzonen**

Der Vorschlag von *Wechselkurszielzonen* geht auf Williamson (1985) zurück. Danach sollen zwischen den weltwirtschaftlich wichtigsten Währungen zunächst relativ weite Schwankungszonen (+/- 10 %) verabredet werden, wobei der Zielbereich im Laufe der Zeit verengt werden soll. Der Ableitung des nominalen Wechselkurszieles liegt ein *realer (Gleichgewichts-)Wechselkurs* als Anker zugrunde. Der mit diesem realen Wechselkurs verbundene nominale Wechselkurs soll dann als Fixpunkt für die Bandbreite dienen. Bei dem angestrebten realen Wechselkurs soll gleichzeitig ein internes Gleichgewicht (niedrige Arbeitslosigkeit bei Preisstabilität) und externes Gleichgewicht (auf Dauer tragbarer Leistungsbilanzsaldo) vorherrschen. Das Konzept sieht eine Anpassung des angestrebten realen Wechselkurses vor, wenn dauerhafte Veränderungen der Fundamentalfaktoren vorliegen, d.h., wenn sich der gleichgewichtige reale Wechselkurs ändert. Bei Erreichen der Grenzen des Schwankungsbereiches des nominalen Wechselkurses sollte ein Zwang zu internationalen Konsultationen und währungspolitischer Kooperation mit der Absicht bestehen, den nominalen Wechselkurs in der Zielzone zu halten, falls eine Veränderung der Zielzonen nicht ins Auge gefasst wird. Als Instrument ist primär die Geldpolitik vorgesehen.

Das erste grundlegende Problem besteht bei diesem Vorschlag darin, den gleichgewichtigen realen Wechselkurs empirisch zu bestimmen. Verschärft wird dieses Problem auf der politischen Ebene, da Änderungen des Zielkurses eine multilaterale Einigung der beteiligten Regierungen voraussetzen, wodurch auch sachfremde politische Erwägungen notwendige Anpassungen verschleppen und verzerren können. Das zweite Problem betrifft die Wechselkursbandbreite. Ein enges Band setzt die Zentralbanken ziemlich schnell spekulativen Attacken aufgrund risikoloser Einbahnspekulationen aus (Erfahrungen im EWS Anfang der neunziger Jahre, siehe dazu auch die Ausführungen in Kap. II.2.3.1 und auch Box III.3.4). Der Stabilitätsauftrag der Zentralbank wird dadurch gefährdet. Plädiert man hier, um zu starken Druck von der Zentralbank zu nehmen, für „weiche" Zielzonen, also für Bänder, die im Gegensatz zu „harten" Zielzonen kurzfristig durchlässig sind, d.h. übertreten werden können, so können Wechselkurszielzonen kaum mehr stabilisierend wirken, da die vorgegebene Schwankungsbreite für die Marktteilnehmer von vornherein nicht glaubwürdig ist. Breite Bänder hingegen, die allein schon wegen der beträchtlichen Unsicherheiten bei der Bestimmung des Gleichgewichtskurses unverzichtbar wären, führen kaum zu einem nachhaltigen Beitrag zur Wechselkursstabilisierung, da (fast) kein Unterschied mehr zu flexiblen Wechselkursen besteht. Letztlich sind Wechselkurszielzonen also nichts anderes als ein Kurieren an Symptomen. Stabile Wechselkurse bedingen vielmehr eine stabilitäts- und wachstumsorientierte Wirtschaftspolitik, wobei der Geldpolitik, die Aufgabe zukommt, die stabilitätspolitischen Voraussetzung für wirtschaftliches Wachstum zu schaffen.

Je nachdem, ob der Euro zur Stärke (Aufwertung) oder zur Schwäche (Abwertung) neigt, kommt es zu unterschiedlichen Konsequenzen für die Geldpolitik.

Angenommen die Zielzone liegt in der Bandbreite zwischen $e_0$ und $e_1$. Dies hat für das Eurosystem zur Folge, dass es in dem oben skizzierten Fall eines zur Stärke neigenden Euro ($e_3 > e_1$) selbstgeschaffene Euro in Höhe ($X_2 - X_1$) vollkommen elastisch zum Wechselkurs $e_1$ anbieten und dafür US-Dollar ankaufen muss. Die Angebotskurve wird durch die Intervention der Zentralbank ab $e_1$ horizontal (siehe Schaubild III.3.4).

*Schaubild III.3.4: Euro neigt zur Stärke*

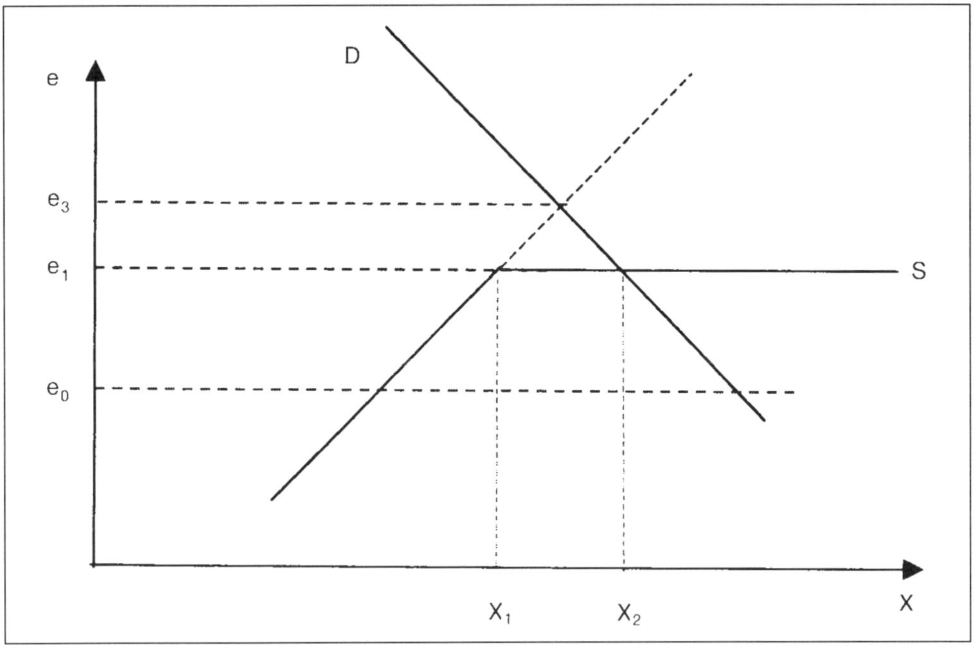


*Schaubild III.3.5: Euro neigt zur Schwäche*

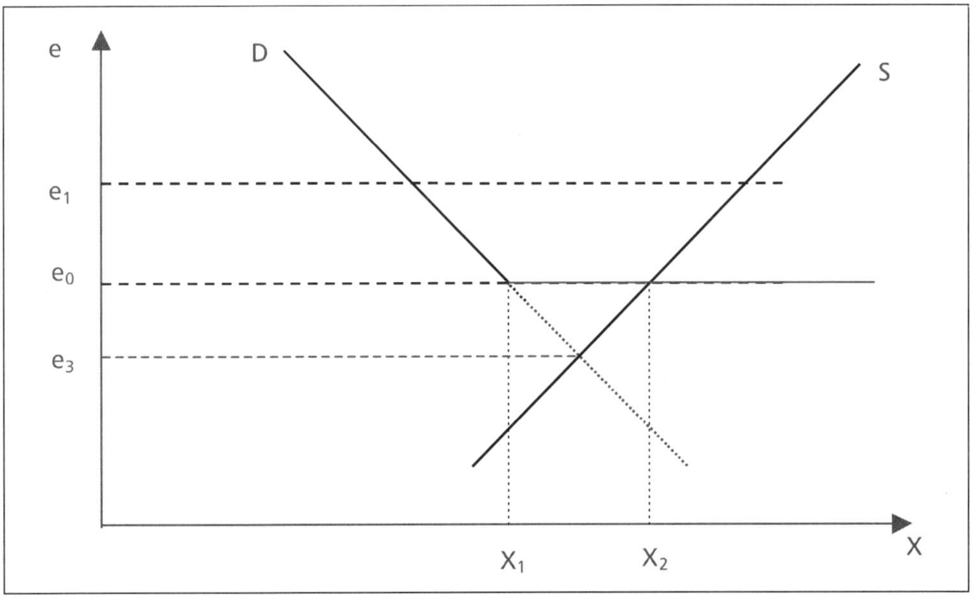

Im Falle eines zur Schwäche neigenden Euro ($e_3 < e_0$) hingegen muss die Notenbank Euro vom Markt nehmen ($X_2 - X_1$). Dafür muss sie entsprechend US-Dollar (vollkommen elastisch) zum Wechselkurs $e_0$ verkaufen, wodurch sich die Währungsreserven der Zentralbank reduzieren. Die Nachfragekurve D verläuft ab $e_0$ horizontal (siehe Schaubild III.3.5).

Die Konsequenzen der Interventionen für die Zentralbank lassen sich anhand der konsolidierten Bilanz des Eurosystems verdeutlichen (siehe Schaubild III.3.6). Auf der Aktivseite zeigt sich, dass das Eurosystem primär über das Halten von Währungsreserven (A.1 in Schaubild III.3.6) und durch ihre Refinanzierungsgeschäfte mit den Kreditinstituten (A.2 in Schaubild III.3.6), dem heute typischen Aktionsparameter der Geldpolitik, Zentralbankgeld zur Verfügung stellt.

Im Falle eines zur Stärke neigenden Euro führt ein Ankauf von US-Dollar über eine Erhöhung der Währungsreserven zu einer Bilanzverlängerung. Passivseitig schlägt sich dies letztlich in einer entsprechenden Erhöhung der Einlagen von inländischen Kreditinstituten nieder (A.1 und P.2 – Einlagen auf Girokonten nehmen gleichzeitig zu). Die Zentralbank kauft hier von gebietsansässigen Kreditinstituten US-Dollar-Forderungen und schreibt diesen Instituten den Gegenwert in Euro auf deren Zentralbankkonten gut. Will die Notenbank den damit verbundenen expansiven Effekten entgegenwirken, so kann sie nur versuchen, das über den Ankauf von Devisen zusätzlich bereitgestellte Zentralbankgeld über eine Rückführung der Kredite an inländische Kreditinstitute zu kompensieren (A.2 wird in dem Maße von der Zentralbank reduziert wie A.1 interventionsbedingt steigt; P.2 bleibt unverändert). Eine derartige Verhaltensweise der Zentralbank bezeichnet man als *Sterilisierungs- bzw. Neutralisierungspolitik*. Angesichts der Höhe evtl. notwendig werdender Interventionen ist dies allerdings ein Unterfangen, welches schnell an seine Grenzen stoßen kann.[255] Auf diese Gefahren weist die Deutsche Bundesbank explizit hin: „Auch könnten mit Wechselkurszielen eventuell verbundene Interventionsverpflichtungen des ESZB die Bankenliquidität in einer Art und Weise beeinflussen, die nicht mehr ohne weiteres mit notenbankpolitischen Instrumenten zu neutralisieren ist.“ (Deutsche Bundesbank, 1998a, 16). Der Zielkonflikt mit einer stabilitätsorientierten Zinspolitik ist somit programmiert: „Mithin dürften quantifizierte Wechselkursziele rasch in Widerspruch zu einer stabilitätsorientierten Zinspolitik geraten.“ (Deutsche Bundesbank, 1998a, 16). Letztlich müsste die Zentralbank kapitulieren und ihre Zinspolitik allein auf die Einhaltung der Zielzonen ausrichten, d.h. im Falle eines zur Stärke neigenden Euro die Notenbankzinsen senken, um die Nachfrage nach Euro und damit den Interventionsbedarf einzudämmen.

---

255 So musste etwa die Deutsche Bundesbank während der EWS-Turbulenzen im September 1992 für über 92 Mrd. DM, im Juli 1993 für annähernd 60 Mrd. DM (davon allein am 30.Juli 1993 für knapp 30 Mrd. DM) EWS-Partnerwährungen ankaufen (Deutsche Bundesbank ,1993a, 23; 1993b, 25). Wäre es Anfang August 1993 nicht zu einer Erweiterung der Bandbreiten im EWS (von +/– 2,25 % auf +/– 15 %) gekommen, so wäre die Bundesbank mit ihren Sterilisierungsbemühungen angesichts eines Gesamtrefinanzierungsvolumens der inländischen Kreditinstitute von noch gut 200 Mrd. DM (Ende Juli) ziemlich bald am Ende gewesen.

*Schaubild III.3.6: Devisenmarktinterventionen und Ausweis des Eurosystems*

| Konsolidierter Ausweis des Eurosystems – vereinfachte Darstellung – zum 6.4.2001 (Mrd. Euro) | |
|---|---|
| Aktiva | Passiva |
| A.1: Währungsreserven<br>– Gold<br>– **Fremdwährungsforderungen** 269 | P.1: Banknotenumlauf |
| A.2: Forderungen in Euro an Kreditinstitute im Euro-Währungsgebiet<br>darunter:<br>– Hauptrefinanzierungsgeschäfte<br>– Längerfristige Refinanzierungsgeschäfte<br>– Befristete Operationen zur Feinsteuerung | P.2: Verbindlichkeiten in Euro gegenüber Kreditinstituten im Euro-Währungsgebiet<br>darunter:<br>– **Einlagen auf Girokonten (Bankenliquidität)** 119<br>– **Einlagefazilität** 0<br>– Befristete Operationen zur Feinsteuerung |
| A.3: Sonstiges | P.3: Sonstiges<br>darunter:<br>– **Ausgleichsposten aus Neubewertung**[a)] 126<br>– **Sonstige Passiva** 73 |

Quelle: EZB, 2001, 6* f.

Anmerkung:

a) Der Ausgleichsposten aus Neubewertung rührt im Wesentlichen daher, dass die Fremdwährungs- und Goldbestände des Eurosystems in der Bilanz nicht zu Anschaffungskosten, sondern zu Marktsätzen bewertet werden, so dass auf der Passivseite ein Gegenposten notwendig ist. In diesem Ausgleichposten aus Neubewertung schlagen sich somit „unrealisierte Gewinne" nieder. In der Bilanz der Deutschen Bundesbank zum 31.12.2000 betrug der Ausgleichsposten bei Gold 24,5 Mrd.€, bei Fremdwährungen lag er bei 13,1 Mrd.€ (Deutsche Bundesbank, 2001, 187). Verkauft die Zentralbank nun etwa Dollarguthaben an die Geschäftsbanken, so kommt es zu einer Bilanzverkürzung, da auf der Aktivseite A.1 (Fremdwährungsforderungen), auf der Passivseite P.2 (Einlagen auf Girokonten) sinken. Dabei wandeln sich die unrealisierten Gewinne in realisierte Gewinne (P.3 – Ausgleichsposten aus Neubewertung sinkt, P.3 – Sonstige Passiva steigt). Soll nun über eine Verminderung der Währungsreserven die Staatsverschuldung zurückgeführt werden, so kann hierzu nur der Teil verwendet werden, der auf „realisierte Gewinne" entfällt. Würde also die Deutsche Bundesbank ihre gesamten Fremdwährungsbestände verkaufen, so blieben – geht man von den Bewertungen zum 31.12.2000 aus – nur 13,1 Mrd.€, die für einen Abbau der Staatsverschuldung verwendet werden könnten. Allerdings müssten in einem solchen Fall die Kredite an Kreditinstitute (A.2) ausgeweitet werden, um die mit einem Verkauf von Devisen an die Geschäftsbanken verbundene Verknappung der Bankenliquidität (P.2 sinkt) auszugleichen.

### Box III.3.3: Grenzen der Interventionsmöglichkeiten von Zentralbanken

Bei Zentralbanken, deren Währung zur Schwäche neigt, sind die Grenzen der Interventionsmöglichkeiten (hier: Verkauf von Fremdwährungen) dann erreicht, wenn ihnen die Währungsreserven ausgehen bzw. alle Kreditmöglichkeiten ausgeschöpft sind. Bei Zentralbanken, deren Währung zur Stärke neigt, werden die Grenzen der Interventionsmöglichkeiten (hier: Ankauf von Fremdwährungen) von den Möglichkeiten zur Neutralisierung der Wirkungen dieser Interventionen auf die Bankenliquidität gezogen. Überlicherweise werden auch diese Möglichkeiten als eher begrenzt angesehen (siehe etwa Deutsche Bundesbank, 1998a, 16).

Dieser gängigen Argumentation wird von Bofinger (2000) entgegengehalten, dass die Zentralbank einer zur Stärke neigenden Währung Bankenliquidität (P.2 – Einlagen auf Girokonten in Schaubild III.3.6) über zinstragende Einlagen (P.2 – Einlagefazilität in Schaubild III.3.6) abschöpfen könnte, auch wenn aktivseitig bereits alle Sterilisierungsmöglichkeiten ausgeschöpft seien (Bofinger, 2000, 141). Wenn nun jeweils die Zentralbank, deren Währung gerade zur Stärke neigt, die Interventionslast tragen würde, könnten Interventionen unbegrenzt erfolgen, da eine Zentralbank die eigene Währung unbegrenzt schaffen kann. Falls etwa der Euro zur Stärke neigt, müsste das Eurosystem zugunsten der ausländischen Währung (z.B. des US-Dollar) intervenieren; wenn der Euro zur Schwäche neigt, müsste die ausländische Zentralbank (im Falle des US-Dollar also die FED) zugunsten des Euro intervenieren. Die intervenierende Zentralbank könnte aber nach wie vor autonom ihren Zinssatz nach stabilitätspolitischen Erfordernissen festsetzen (Bofinger, 2000, 143). Wären auf der Aktivseite der Zentralbankbilanz bereits alle Sterilisierungsmöglichkeiten ausgeschöpft (A.2, also die Kreditvergabe des Eurosystems an die Geschäftsbanken läge bei null), so könnte die Zentralbank über den Zinssatz für die Einlagefazilität den Tagesgeldsatz bestimmen. Keine Bank wäre nämlich bereit, einer anderen Zentralbankgeld zu einem niedrigeren Zinssatz zu verleihen als den, den sie bei der Zentralbank bekommen würde. Andererseits würden Banken, falls der Tagesgeldsatz über den Zinssatz für die Einlagefazilität hinausgehen würde, Einlagen bei der Zentralbank auflösen und am Tagesgeldmarkt anbieten, was einen (deutlichen) Anstieg des Tagesgeldsatzes verhindern würde.

Die Kosten eines solchen Vorgehens für die intervenierende Zentralbank hängen von drei Elementen ab: Dem Zinssatz, zu dem die Devisen angelegt werden können, dem Zinssatz für die Einlagefazilität und den währungsbedingten Bewertungsgewinnen bzw. -verlusten. Unmittelbar einsichtig ist, dass bei der intervenierenden Zentralbank zinsbedingt ein Verlust entsteht, wenn der Zinssatz für die Einlagefazilität, den sie an die Geschäftsbanken zahlen muss, den Zinssatz, den sie bei der Anlage der Währungsreserven vergütet bekommt, übersteigt. Bofinger schlägt für diesen Fall vor, dass die intervenierende Zentralbank ein Abwertungsziel für die eigene Währung verkündet und verfolgt, so dass zinsbedingte Verluste durch eine Aufwertung der Devisenbestände kompensiert werden (Bofinger, 2000, 145). Kritisch an diesem Vorschlag ist allerdings zum einen, dass ein rein „ertragsbedingtes" Wechselkursziel formuliert werden müsste, welches ständig an die sich ändernden Zinsdifferenzen angepasst werden müsste und zudem im Widerspruch zu einer aus anderen Gründen wünschenswerten Wechselkursentwicklung stehen könnte. Zum anderen tragen die intervenierenden Zentralbanken ein hohes Wechselkursrisiko, da der makroökonomisch wünschenswerte Wechselkurs sich im Laufe der Zeit ändern kann. Um dieses Wechselkursrisiko zu begrenzen, sollten – so Bofinger, 2000, 148 – die Zentralbanken, die eine Wechselkurszielzone verteidigen wollen, von vornherein währungsbedingte Gewinne und Verluste untereinander aufteilen. Angesichts der mit diesem Vorschlag verbundenen Probleme dürften die Chancen einer praktischen Umsetzung gering sein, so dass bei politisch bedingten Wechselkursvorgaben die Gefahr einer wechselkursgesteuerten Zinspolitik wohl nach wie vor besteht.

Umgekehrt verhält es sich bei einem schwachen Euro. Hier führt ein Verkauf von US-Dollar über einen Rückgang der Währungsreserven zu einer Bilanzverkürzung, was passivseitig einen Rückgang der Bankenliquidität zur Folge hat (A.1 und P.2 sinken gleichzeitig). Die Zentralbank verkauft also US-Dollar-Forderungen an die Kreditinstitute, und diese zahlen dafür mit Guthaben beim Eurosystem, wodurch deren Einlagen beim Eurosystem abnehmen. Um die damit verbundenen restriktiven Wirkungen zu sterilisieren, kann die Zentralbank zunächst versuchen, die Abflüsse an Bankenliquidität durch vermehrte Kreditgewährung an die inländischen Kreditinstitute auszugleichen (A.2 steigt in dem Maße wie A.1 sinkt, P.2 bleibt folglich unberührt). Eine devisengeschäftsbedingte Abnahme der Guthaben bei der Zentralbank wird also durch eine kreditbedingte Zunahme gerade kompensiert. Dass auch einer solchen Politik schnell Grenzen gesetzt sind, liegt auf der Hand. Bei massivem Interventionsbedarf werden der Zentralbank bald die Währungsreserven ausgehen, so dass letztlich – wenn auch alle Möglichkeiten zur Kreditaufnahme erschöpft sind – nur die Alternative verbleibt, die Notenbankzinssätze zu erhöhen, um die Währung attraktiver zu machen.

Wechselkurszielzonen führen also letztlich dazu, dass die Geldpolitik von der Wechselkursseite her bestimmt wird, d.h. die Zentralbank ist gezwungen, die vorrangige Ausrichtung auf das Ziel der Preisstabilität dem Wechselkursziel unterzuordnen. Oder anders: Feste Wechselkurse, freier Kapitalverkehr und autonome Geldpolitik sind auf Dauer unvereinbar (siehe hierzu auch Box III.3.4).

### Box III.3.4: Geld- und Fiskalpolitik bei fixen und flexiblen Wechselkursen

Die Wechselkurswirkungen zwischen binnenwirtschaftlichen und außenwirtschaftlichen Beziehungen lassen sich in Grundzügen anhand eines einfachen Modells (*Mundell-Fleming-Modell*) aufzeigen. Hierbei wird stets davon ausgegangen, dass das betrachtete Land ein **„kleines" Land** in dem Sinne ist, dass es Einkommen, Preise und Zinsen in der übrigen Welt nicht beeinflussen kann.

Die Integration der Außenwirtschaftsbeziehungen lässt sich bewerkstelligen, indem die Gleichgewichtskurve für den Gütermarkt (die IS-Kurve) um den Saldo zwischen Exporten und Importen (der Außenbeitrag bzw. die Nettoexporte) ergänzt wird. Dieser Saldo soll negativ vom Inlandseinkommen und dem realen Wechselkurs (in Mengennotierung) und positiv vom Auslandseinkommen abhängen. Für die Beschreibung des Finanzmarktgleichgewichts ist neben der Entscheidung zwischen inländischer Geld- und Wertpapierhaltung, die in der LM-Kurve zum Ausdruck kommt, zusätzlich noch die Entscheidung zwischen in-

und ausländischen Wertpapieren zu berücksichtigen. Diese Entscheidung soll sich an Ertragsgesichtspunkten orientieren. Im Gleichgewicht müssen somit beide Anlageformen die gleichen erwarteten Erträge abwerfen. Dies kommt in der *ungedeckten Zinsparität UIP* (siehe auch Box II.2.1) zum Ausdruck, nach der der Inlandszins i (approximativ) dem Auslandszins $i^a$ ergänzt um die erwartete Aufwertung der ausländischen Währung entsprechen muss.

(B1) $$i_t = i_t^a + \frac{e_t - e_{t+1}^{erw}}{e_{t+1}^{erw}}$$

Der Index t bezieht sich auf die unterschiedlichen Zeitpunkte und wird im Folgenden, wenn keine Missverständnisse auftreten können, weggelassen. Aus (B1) ergibt sich für den nominalen Wechselkurs e

(B2) $$e = e^{erw} \cdot (i - i^a + 1)$$

Bei gegebenen Auslandszinsen und Wechselkurserwartungen führt eine Zinserhöhung im Inland also zu einer Aufwertung der Inlandswährung. Anders formuliert: Entspricht der aktuelle dem erwarteten Wechselkurs, müssen auch der Inlands- und Auslandszins gleich sein.

Das Gesamtmodell lässt sich dann durch die IS-/LM-Beziehungen und die Zinsparitätsbedingung (B2) beschreiben.

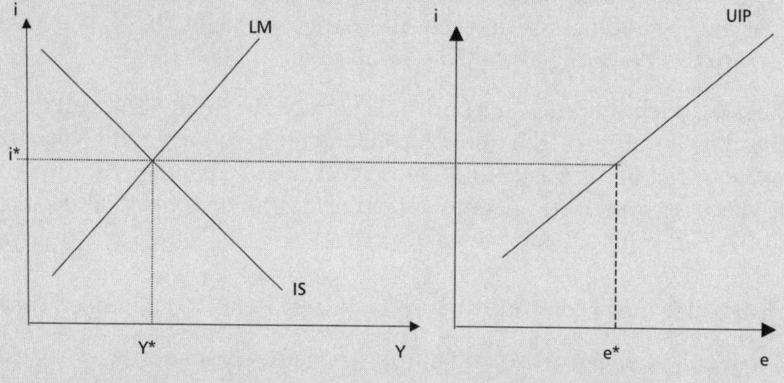


Das Gleichgewicht auf Güter und Finanzmärkten ist durch die i*-Y*-e*-Kombination gekennzeichnet (*-Größen bezeichnen Gleichgewichtsniveaus).

**Geld- und Fiskalpolitik bei flexiblen Wechselkursen**

Die vorangegangenen Grundüberlegungen lassen sich leicht in die Wirkungsweise geld- oder fiskalpolitischer Maßnahmen einbinden. Ausgehend von einem simultanen binnen- und außenwirtschaftlichen Gleichgewicht führt bei *flexiblen Wechselkursen* eine defizitfinanzierte expansive *Fiskalpolitik* (IS nach rechts) zu einem Zinsanstieg im Inland, der seinerseits einen Wechselkursanstieg auslöst. Trotz eines einsetzenden crowding-out-Effektes auf die privaten Investitionen dürften (kurzfristig) die Gesamtnachfrage und – entsprechende

Potenziale vorausgesetzt – Inlandsprodukt und Beschäftigung steigen. Die Nettoexporte werden zurückgehen, so dass ein Budgetdefizit mit einem Handelsbilanzdefizit einhergeht.

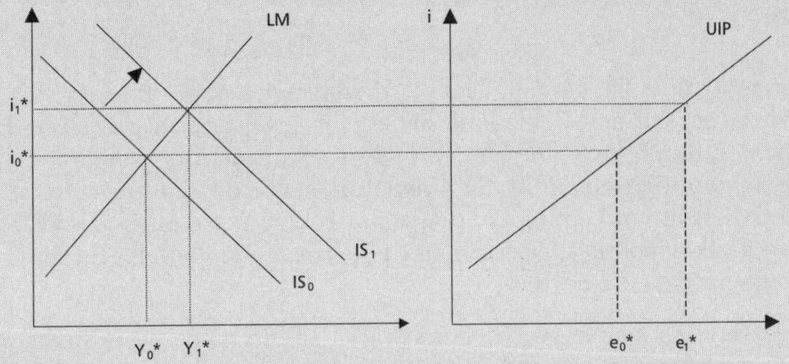


Eine *expansive Geldpolitik* führt hingegen zu einer Zinssenkung. Dadurch werden bei gegebenen Wechselkurserwartungen die inländischen Wertpapiere weniger attraktiv und der Wechselkurs sinkt.

**Geld- und Fiskalpolitik bei fixen Wechselkursen**

Bei vollkommen (und glaubwürdig) *fixen Wechselkursen* $e = \bar{e}$ und vollkommener Kapitalmobilität reduziert sich die UIP auf

(B3) $$i_t = i_t^a + \frac{e_t - e_{t+1}^{erw}}{e_{t+1}^{erw}} = i^a + \frac{\bar{e} - \bar{e}}{\bar{e}} = i^a$$

Der Inlandszins entspricht also dem Auslandszins. Bei Druck auf Veränderung des Wechselkurses muss nämlich die Zentralbank intervenieren, um den fixen Wechselkurs aufrecht zu halten, d.h. sie muss zu $e = \bar{e}$ jede beliebige Menge an Fremdwährung gegen heimische Währung kaufen bzw. verkaufen. Bei $i = i^a$ erfolgt also eine Geldmengenanpassung und die Zentralbank verliert die Kontrolle über die Geldmengenentwicklung.

Bei einer expansiven Fiskalpolitik muss die Zentralbank aufgrund des Aufwertungsdrucks Devisenzuflüsse zu $e = \bar{e}$ aufkaufen. Dies entspricht einer expansiven Geldpolitik und unterstützt den ursprünglich expansiven Effekt der Fiskalpolitik. Zugleich nehmen die Währungsreserven zu.

Eine expansive Geldpolitik ist bei fixen Wechselkursen hingegen vollkommen wirkungslos. Zwar bewirkt sie zunächst ein sinkendes Zinsniveau. Über die Interventionsverpflichtung (Verkauf von Devisen gegen Inlandswährung) wird allerdings dieser ursprüngliche Effekt solange rückgängig gemacht, bis wieder das ursprüngliche Zinsniveau bei $i = i^a$ und damit auch der ursprüngliche Wechselkurs erreicht ist. Die Geldmenge wird zur endogenen Größe.

Wird eine *Neutralisierungspolitik* betrieben, kommt es zu einer ständigen Veränderung des Devisenbestandes der Zentralbank. Im Fall der expansiven Fiskalpolitik nehmen die Währungsreserven ständig zu, im Fall der expansiven Geldpolitik ständig ab. Dies ist allerdings keine auf längere Sicht durchhaltbare Situation.

Wird der fixe Wechselkurs von den Finanzmärkten als zunehmend unglaubwürdig angesehen, d.h. gilt $e = \bar{e} \neq e^{erw}$, muss nicht mehr $i = i^a$ gelten. Wird trotzdem an dem fixen Wechselkurs festgehalten, kann dies über Spekulationsgeschäfte enormen Druck auf die entsprechende Währung auslösen.

Die bisherige Analyse hat gezeigt, dass die Unabhängigkeit des Eurosystems, die es in die Lage versetzen soll, eine Geldpolitik zu betreiben, welche sich am Ziel der Preisstabilität ausrichtet, durch eine Vorgabe von Wechselkurszielzonen unterlaufen werden kann. **Die Geldpolitik und damit die Zinspolitik sowie die Geldmengenentwicklung werden letztlich zu vollkommen endogenen Größen.** Der Einfluss des ECOFIN-Rates auf die Wechselkurspolitik stellt somit eine potenzielle Achillesferse für die Geldpolitik des Eurosystems dar.

Letztlich lassen sich stabile Wechselkurse nicht politisch vorgeben, sondern sie sind das Ergebnis solider ökonomischer Verhältnisse in den jeweiligen Ländern. Ansonsten ergibt sich bei freiem internationalen Kapitalverkehr stets das Problem *risikoloser Einbahnspekulation* auf Kosten der Zentralbanken, wie die EWS-Krisen 1992/93 schmerzvoll lehrten. Wenn sich nämlich der Wechselkurs der einen oder anderen Bandbreite nähert, so löst dies zwangsläufig einseitige Spekulationsbewegungen aus. Sind die Zentralbanken in einer solchen Situation aus binnenwirtschaftlichen Gründen nicht zu extremen Zinsanpassungen bereit, so setzen sich letztlich die Spekulanten durch und die Zentralbanken (der zur Stärke neigenden Währungen) bleiben auf Verlusten aus entwerteten Währungsreserven sitzen. Die Spekulanten gehen bei der Spekulation gegen eine Währung, die unter extremem Abwertungsdruck steht (Verkauf dieser Währung gegen eine andere Währung), kein Verlustrisiko ein, da in einer derartigen Situation eine Aufwertung ausgeschlossen ist. Im – aus Sicht der Spekulanten – ungünstigsten Fall verharrt der Wechselkurs der zur Schwäche neigenden Währung am unteren Punkt der Bandbreite (Mengennotierung), so dass kein Kursgewinn anfällt. Anders hingegen bei flexiblen Wechselkursen. Hier können *„Signalinterventionen"* stabilisierend wirken (Tietmeyer, 1989, 495). Gewinnt die Zentralbank den Eindruck, dass der Markt spekulativ übertreibt, so können Interventionen nützlich sein, um den Marktteilnehmern die Vorstellungen der Zentralbank zu verdeutlichen. Zu einer solchen Maßnahme kam es im Herbst 2000 als anfänglich die EZB,[256] die amerikanische Zentralbank (FED) und die Bank of Japan gemeinsam, später nur noch die EZB zugunsten des Euros intervenierten.[257]

256 Durchgeführt wurden die Interventionen von den nationalen Zentralbanken (NZBen) im Auftrag der EZB.

257 „Mit ihrer Intervention zur Stützung des Euro will die Europäische Zentralbank (EZB) nach Aussage ihres Präsidenten Wim Duisenberg vor allem die Marktakteure beeindrucken. Die EZB verfolge kein Wechselkursziel, sagte Duisenberg gestern in Brüssel bei einer turnusmäßigen Anhörung vor dem Wirtschafts- und Währungsausschuß des Europäischen Parlaments. Den Devisenmärkten sollte klargemacht werden, dass sie nicht risikolos auf einen weiteren Verfall des Eurokurses im Verhältnis zum Dollar spekulieren könnten. ‚Es war eines der Hauptziele der Interventionen, diese Marktpsychologie zu brechen', sagte der EZB Präsident. Deshalb werde sich der Erfolg der Interventionsrunden möglicherweise erst nach langer Zeit beurteilen lassen." Financial Times Deutschland, 2000.

Angesicht der hohen Kosten für die Realwirtschaft, die mit realen Wechselkursschwankungen verbunden sind, und der drastisch gewachsenen internationalen Kapitalmobilität, wird häufig eine Besteuerung von Devisengeschäften (*Tobin-Tax)* ins Spiel gebracht. Schwankungen des realen Wechselkurses, die durch Portfolioumschichtungen verursacht werden, schlagen über eine Veränderung der Wettbewerbsposition der inländischen Produzenten nämlich unmittelbar auf die Realwirtschaft durch. Um solchen Störungen der Realwirtschaft entgegenzuwirken, sollen die Transaktionskosten bei „spekulativen" Kapitalbewegungen erhöht werden. Sieht man von Umgehungsversuchen ab, zu denen es unweigerlich kommen würde, falls eine solche Steuer nicht weltweit eingeführt würde, stellt sich das Problem, zwischen „guten" und „schlechten" Kapitalbewegungen zu unterscheiden. Auch würde durch eine solche Besteuerung die Sanktionsfunktion der Finanzmärkte für eine unsolide Wirtschaftspolitik (Mittelabzug und Abwertung) beeinträchtigt.

## Box III.3.5: Realer Wechselkurs

Unter dem *realen Wechselkurs* einer Währung ($e^r$) versteht man den um das Preisverhältnis zwischen Inlands- und Auslandsgütern ($P/P^a$) bereinigten *nominalen Wechselkurs.* Er ist definiert als

$$e^r = \frac{eP}{P^a} = \left[ \frac{\$/€ \cdot €/\text{Stck.(EWU)}}{\$/\text{Stck.(USA)}} = \frac{\text{Stck.(USA)}}{\text{Stck.(EWU)}} \right]$$

wobei e den nominalen Wechselkurs der betreffenden Währung (hier der Euro) in Mengennotierung, P den Inlandspreis eines Gutes ausgedrückt in Inlandswährung und $P^a$ den Auslandspreis eines Gutes ausgedrückt in Auslandswährung bezeichnen.

Während der nominale Wechselkurs (Mengendefinition) angibt, wie viel eine Inlandswährungseinheit in Auslandswährungseinheiten wert ist (z.B. x $/€), drückt der reale Wechselkurs das Preisverhältnis zwischen Auslands- und Inlandsgütern aus. Der Europreis (P) von Gütern im Inland wird nämlich über den nominalen Wechselkurs (e) in einen Dollarpreis umgerechnet und mit dem gegebenen Dollarpreis amerikanischer Güter ($P^a$) verglichen. Der reale Wechselkurs stellt somit den relativen Preis zweier Güter(körbe), nicht zweier Währungen dar.

Die *Kaufkraftparitätentheorie* ist dann erfüllt, wenn Veränderungen im Preisverhältnis zwischen Inlands- und Auslandsgütern durch entsprechende Anpassungen des nominalen Wechselkurses (e) kompensiert werden, also der reale Wechselkurs unverändert bleibt. Verhält sich der nominale Wechselkurs nicht gemäß der Kaufkraftparitätentheorie, so kommt es zu einer Veränderung des realen Wechselkurses, wodurch (wechselkursbedingt) die preisliche Wettbewerbsfähigkeit der inländischen Produzenten verändert wird.

Beispiel:

Ausgangssituation: $P = 1$ €; $P^a = 1$ \$; $e = 1$ \$/€, also $e^r = 1$

Datenänderung: $P^a$ steigt auf 1,10 \$

a) e steigt auf 1,1 \$/€, also $e^r$ = 1,1 \$/€ · 1 €/1,1 \$ = 1. Folge: Preisliche Wettbewerbsfähigkeit der inländischen Produzenten bleibt unberührt (Kaufkraftparitätentheorie ist erfüllt).

b) e < 1,1 \$/€, also $e^r < 1$, d.h. es kommt zu einer realen Abwertung des Euro. Folge: Preisliche Wettbewerbsfähigkeit der inländischen Produzenten steigt.

c) e > 1,1 \$/€, also $e^r > 1$, d.h. es kommt zu einer realen Aufwertung des Euro. Folge: Preisliche Wettbewerbsfähigkeit der inländischen Produzenten sinkt.

Die DM wertete sich von 1970 bis 1998 real um ca. 1 % p.a. gegenüber dem US-Dollar auf. Nominal machte die Aufwertung sogar etwa 2,3 % p.a. aus. Dies lag an der unterschiedlichen Preisentwicklung in Deutschland und in den USA: So betrug der durchschnittliche Preisanstieg in Deutschland seit 1970 3,2 % p.a., in den USA dagegen 4,5 % p.a. Dieser Unterschied von 1,3 Prozentpunkten macht genau die Differenz zwischen der nominalen und realen Aufwertung aus. Im Vergleich zu 1970 bekam man also 1998 für eine DM mehr Dollar, was in der nominalen Aufwertung der DM zum Ausdruck kommt. In dieser Zeit sind die Preise in den USA aber stärker als in Deutschland gestiegen, so dass der größte Teil der nominalen Wechselkursaufwertung der DM nur einen Ausgleich für die Inflationsdifferenz darstellte. Nur der Teil der nominalen Aufwertung, der über diese Inflationsdifferenz hinausging, also die reale Wechselkursaufwertung der DM gegenüber dem US-Dollar führte zu einer tatsächlichen Verminderung der preislichen Wettbewerbsfähigkeit der deutschen Produzenten.

## 3.3 EWS II (Wechselkursmechanismus II)

Aus geldpolitischer Sicht unproblematisch hingegen ist das *EWS II* (offiziell *Wechselkursmechanismus II* oder *WKM II*), da die beteiligten Notenbanken es selbst in der Hand haben, Interventionen einzustellen, wenn es zu Konflikten mit dem Ziel der Preisstabilität kommt (siehe auch Box II.2.3).

Für EU-Mitgliedstaaten, die sich für eine Teilnahme an der Währungsunion noch nicht qualifizieren konnten bzw. noch nicht an der Währungsunion teilnehmen wollen, ist die Möglichkeit vorgesehen, ihre Währungen über das EWS II an den Euro anzubinden. Dabei werden bilaterale Leitkurse gegenüber dem Euro festgelegt, wobei eine Standard-Bandbreite von +/– 15 % vorgesehen ist. Engere Bandbreiten können vereinbart werden. Devisenmarktinterventionen an den Interventionspunkten erfolgen automatisch und in unbegrenzter Höhe.

Derzeit nimmt nur die dänische Krone mit einer Bandbreite von +/– 2,25 % am EWS II teil. Vom 1.1.1999 bis zum 31.12.2000 gehörte auch die griechische Drachme mit einer Schwankungsmarge von +/– 15 % dem EWS II an.

*Schaubild III.3.7: Euroleitkurse und obligatorische Interventionskurse im EWS II (Stand Juni 2001)*

| Land und Währung | | 1 € = |
|---|---|---|
| **Dänemark**<br>Dänische Krone | Oberer Kurs<br>Leitkurs<br>Unterer Kurs | 7,62824<br>7,46038<br>7,29252 |
| **Griechenland**<br>(1.1.1999 – 31.12.2000)<br>Griechische Drachme | Oberer Kurs<br>Leitkurs<br>Unterer Kurs | 406,075<br>353,109<br>300,143 |

Quelle: EZB, 1999, 77, eigene Ergänzungen.

Wenn eine der beteiligten Währungen gegenüber dem Euro den oberen bzw. unteren Interventionspunkt erreicht, greifen die beteiligten Zentralbanken ein. Die Zentralbank der starken Währung kauft dabei die ihr angebotene schwache Währung. Die Zentralbank, deren Währung am unteren Interventionspunkt notiert, verkauft dagegen die nachgefragte starke Währung. Die Anstöße zu solchen *„obligatorischen" Interventionen* gehen also vom Markt aus, d.h. die Abschlüsse kommen auf Initiative der Marktteilnehmer, nicht der Zentralbanken zustande. Im Fall der sog. *„intramarginalen" Interventionen* werden die Zentralbanken hingegen selbst aktiv. Noch vor Erreichen der Interventionspunkte greifen hier die Zentralbanken von sich aus in das Marktgeschehen ein, um die Kursentwicklung zu beeinflussen. Intramarginale Interventionen müssen unter den Zentralbanken abgestimmt werden, d.h. sie bedürfen der vorherigen Zustimmung der Zentralbank, die die Interventionswährung emittiert. Allerdings wird die EZB nicht intramarginal intervenieren.

Die Finanzierung der Interventionen obliegt der Zentralbank, deren Währung unter Verkaufsdruck steht (also der Schwachwährung). Um sicherzustellen, dass die obligatorischen Interventionen stets finanzierbar sind, haben die Teilnehmer am Wechselkursverbund einen gegenseitigen Beistand in Form der sog. *„sehr kurzfristigen Finanzierung"* vereinbart. Im Rahmen dieser Finanzierung verpflichten sich die teilnehmenden Notenbanken, einer in Not geratenen Partnernotenbank in unbegrenzter Höhe Mittel zur Verfügung zu stellen. Die Laufzeit dieser Kredite beträgt grundsätzlich dreieinhalb Monate, sie ist jedoch innerhalb bestimmter Grenzen um drei Monate zu verlängern. Die Verzinsung erfolgt mit einem repräsentativen Dreimonats-Geldmarktsatz der Gläubigerwährung.

Wenn die Gefahr besteht, dass durch diese Interventionen das Ziel der Preisstabilität beeinträchtigt wird, können sowohl das Eurosystem als auch die nicht zum Euro-Währungsraum gehörenden teilnehmenden nationalen Zentralbanken die Interventionen und deren Finanzierung aussetzen. Interventionen sind nur als flankierende Maßnahme gedacht. Im Vordergrund der Kursstabilisierung soll vielmehr eine stabilitätsorientierte Geld- und Fiskalpolitik stehen.

Eine zweijährige Teilnahme am Wechselkursmechnismus II vor Konvergenzprüfung ist eines der von den Beitrittskandidaten zu erfüllenden Kriterien für eine Aufnahme in die Währungsunion.[258] Auch ein Currency-Board-System (siehe auch Box II.3.6) als „härtere" Form eines Festkurssystems kann hier gegebenfalls („nach sorgfältiger Prüfung des Einzelfalls unter bestimmten Umständen", Deutsche Bundesbank, 2001, 106) als einseitiges Instrument zur Wechselkursstabilisierung akzeptiert werden.

### Box III.3.6: Vom Goldstandard zum Currency Board

In der zweiten Hälfte des 19. Jahrhundert kam ein internationaler *Goldstandard* dadurch zustande, dass einzelne Länder eine *Parität ihrer Währung zum Gold* herstellten. Zu dieser Parität mussten dann die jeweiligen Notenbanken Gold gegen ihre heimische Währung eintauschen. Das Deutsche Reich schloss sich anfangs der 70er Jahre des vorletzten Jahrhunderts diesem System an. Im Reichsbankgesetz von 1875 wurde die neugegründete Reichsbank verpflichtet, von ihr ausgegebene Banknoten gegen Gold zum festgelegten Kurs umzutauschen. Daneben bestand für sie die Pflicht, die ausgegebenen Banknoten zu einem Drittel in Gold und Reichskassenscheinen, die ihrerseits in Gold umtauschbar waren, zu decken. Dabei handelte es sich um eine sog. *Goldumlaufwährung*, da als Geld neben Banknoten auch Goldmünzen umliefen. Banknoten stellten zur damaligen Zeit allerdings noch kein gesetzliches Zahlungsmittel dar.

International waren über die *Kreuzparitäten* die einzelnen Währungen zu einem Festkurssystem verbunden. Lediglich innerhalb der sog. Goldpunkte, die im Wesentlichen durch die Transportkosten des Goldes bestimmt waren, konnten die Wechselkurse schwanken, ohne Anpassungsreaktionen auszulösen. Kam es zu einer Abwertung der heimischen Währung, die über den unteren Goldpunkt (Mengendefinition) hinausging, so führte dies dazu, dass der inländischen Notenbank die heimische Währung gegen Gold verkauft wurde. Das Gold wurde ins Ausland transportiert und der dortigen Notenbank gegen deren Währung verkauft. Somit konnte die ausländische Währung günstiger als zum herrschenden Wechselkurs am Markt beschafft werden. Dies hatte zum einen zur Folge, dass der Abwertungsdruck nachließ, zum anderen wurden aber auch weitere Anpassungsreaktionen der Notenbanken induziert. Da nämlich nur ein bestimmter Bruchteil des Banknotenumlaufs durch Gold gedeckt war, musste entsprechend der Goldabflüsse der Banknotenumlauf weiter reduziert werden. Die inländische Notenbank erreichte dies dadurch, dass sie den Diskontsatz erhöhte, wodurch die gesamtwirtschaftliche Nachfrage gedämpft wurde und das inländische Preisniveau nachgab. Sinkende Preise im Inland führten zu einem Anstieg der Exporte, die Importe hingegen gingen zurück. Andererseits induzierten die Zinserhöhungen im Inland zusätzliche Kapitalimporte. Beides bewirkte wiederum eine Aufwertung der heimischen Währung, wodurch die Goldabflüsse nachließen bzw. ganz zum Stillstand kamen. Unterstützt wurde dies durch gegenläufige Bewegungen im Ausland.

Dieser Mechanismus, der herkömmlicherweise auch als *„Goldautomatismus"* bezeichnet wird, setzte allerdings voraus, dass sowohl Preise als auch Löhne vollkommen flexibel wa-

258 Es sei allerdings an dieser Stelle darauf hingewiesen, dass weder Italien noch Finnland diese Frist vor der Konvergenzprüfung im April/Mai 1998 eingehalten haben (siehe hierzu auch I.3.1).

ren. Eine Starrheit der Löhne nach unten hätte hier unweigerlich über steigende Reallöhne bei sinkenden Preisen zu Arbeitslosigkeit geführt. Zum anderen machte man sich in der Geldpolitik abhängig von den Zufälligkeiten des Goldmarktes. Nachfrage- bzw. Angebotsschwankungen fanden über Goldan- bzw. Goldverkäufe unmittelbaren Niederschlag in der Geldpolitik.

Das *Currency Board* ist dem Goldstandard nachgebildet. Die Währung eines Landes wird hier an die Währung eines Ankerlandes gebunden. Die Zentralbank wird hier allerdings durch eine Währungsbehörde („Currency Board") ersetzt. Es besteht ein fester Wechselkurs zur Währung des Ankerlandes sowie vollkommene In- und Ausländerkonvertibilität, d.h. zum festen Wechselkurs ist jederzeit und unbeschränkt ein Tausch der beiden Währungen möglich. Zu einer Änderung der Geldbasis kommt es nur dann, wenn die Währungsbehörde die Währung des Ankerlandes an- oder verkauft, wobei die Währungbehörde Erträge durch die verzinste Anlage der Währungsreserven erzielt. Für eine nationale Geldpoltik besteht kein Spielraum mehr. Die Renaissance des Currency Board in den 90er Jahren des 20. Jahrhunderts[259] (z.B. Argentinien und Bulgarien) ist dabei vor dem Hintergrund zu sehen, dass in den Ländern, die das Currency Board einführten, Zustände der Hyperinflation herrschten. Durch die Anbindung an eine stabile Ankerwährung wollte man mit einem Schlag Vertrauen in eine stabiltitätsorientierte Geldpolitik schaffen, um über einen Rückgang der Inflationserwartungen die Inflation zu beseitigen.

## 3.4 Zusammenfassung

Im Gegensatz zur Geldpolitik liegen bei der Wechselkurspolitik die Kompetenzen nicht beim Eurosystem, sondern weitgehend beim ECOFIN-Rat. Es ist also denkbar, dass der ECOFIN-Rat mit qualifizierter Mehrheit allgemeine Orientierungen für die Wechselkurspolitik gegenüber bestimmten Drittwährungen aufstellt (Wechselkurszielzonen). Abgesehen vom grundsätzlichen Problem des „richtigen" Wechelkurses, um den die Zielzone gelegt werden soll, hätte dies für die Geldpolitik des Eurosystems zur Konsequenz, dass sich im Zweifelsfall das Ziel der Preisstabilität im Euroraum dem der Stabilisierung des Wechselkurses unterordnen müsste. Letztlich bliebe dem Eurosystem nämlich nichts anderes übrig, als seine Zinspolitik am Wechselkursziel auszurichten. Dies wäre allerdings ein klarer Verstoß gegen das im EG-Vertrag dem Eurosystem eindeutig vorgegebene Ziel der Preisstabilität im Euroraum. Im Gegensatz zu Wechselkurszielzo-

259 Im 19. Jahrhundert kam dem Currency Board in den britischen und französischen Kolonien eine große Bedeutung zu. Der Vorteil eines Currency Boards gegenüber einer unmittelbaren Nutzung der Währung des „Mutterlandes" in den Kolonien bestand in Seigniorage-Gewinnen (siehe hierzu auch Box II.1.3). Während nämlich bei einem Umlauf der Währung des Mutterlandes in den Kolonien die Seigniorage-Einnahmen der Zentralbank des Mutterlandes, z.B. der Bank of England, zuflossen, kamen bei einen Currency Board System diese Einnahmen den Kolonien direkt zugute, da der Currency Board einen Großteil der Währungsreserven in zinstragenden Papieren anlegen konnte. Im Zuge der Unabhängigkeit der Kolonien in den 50er und 60er Jahren des letzten Jahrhunderts wurden dann die Currency Boards abgeschafft und durch nationale Zentralbanken ersetzt, die abhängig von der jeweiligen Regierung waren (Walters, 1998, 740).

nen gegenüber Drittwährungen ist das EWS II geldpolitisch kaum problematisch, da die beteiligten Zentralbanken die Interventionen jederzeit einstellen können, wenn sie dadurch in eine Konfliktsituation mit dem Ziel der Preisstabilität geraten.

## Kontrollfragen

1. Worin besteht der Unterschied zwischen festen und flexiblen Wechselkursen?
2. Worin besteht der Unterschied zwischen einem Festkurssystem und Wechselkurszielzonen?
3. Welche Probleme sind mit Wechselkurszielzonen verbunden?

## Weiterführende Literatur

Neely, C. J. (2001), The Practice of Central Bank Intervention: Looking Under the Hood, Federal Reserve Bank of St. Louis, Review, May/Juni 2001, S. 1–10 (http://www.stls.frb.org/).

Der Beitrag von Neely beschäftigt sich mit der Technik sowie mit den Motiven von Zentralbankinterventionen am Devisenmarkt.

*Krugman, P. R., Obstfeld, M.* (2000), International Economics, 5th Edition, Addison-Wesley, Reading et al. *Obstfeld, M., Rogoff, K.* (1996), Foundations of International Macroeconomics, MIT Press, Cambridge (Mass.) et al.

Das Lehrbuch von Krugman/Obstfeld liefert in Part III eine breite Darstellung der Bestimmungsfaktoren des Wechselkurses. Obstfeld/Rogoff beschäftigen sich in Kapitel 8 ausführlich mit Wechselkursregimen, Wechselkurszielzonen und Devisenmarktinterventionen.

*Deutsche Bundesbank* (1998b), Die technische Ausgestaltung des neuen europäischen Wechselkursmechanismus, Monatsbericht Oktober 1998, 50. Jg., S. 19–25 (http://www.bundesbank.de).

In diesem Sonderaufsatz wird die technische Ausgestaltung des WKM II (EWS II) dargelegt.

# Service

## 1 Antworten zu den Kontrollfragen

### Kapitel I:

1. Von einer auf Dauer tragbaren Finanzlage der öffentlichen Hand kann gemäß dem Vertrag von Maastricht grundsätzlich gesprochen werden, wenn das jährliche Haushaltsdefizit nicht mehr als 3 % und der Bruttoschuldenstand des Staates nicht mehr als 60 % des BIP zu Marktpreisen beträgt. Dauerhaft heißt hierbei, dass vor allem beim Haushaltsdefizit über eine längere Zeit eine entsprechende Haushaltsdiziplin erkennbar ist. Allerdings lassen die Vertragsbestimmungen im Hinblick auf die tatsächlich erreichten Prozentsätze einen Interpretationsspielraum zu. So genügt es, wenn das Defizit erheblich und laufend zurückgegangen war und einen Wert in der Nähe des Referenzwertes erreicht. Ein höheres Defizit bleibt zudem unbeanstandet, wenn der Referenzwert nur ausnahmsweise und vorübergehend überschritten wird und das Defizit in der Nähe des Referenzwertes bleibt. Beim öffentlichen Schuldenstand reicht es aus, wenn er hinreichend rückläufig war und sich rasch genug dem Referenzwert nähert.

2. In einer Reihe von Ländern wurde das Haushaltsdefizit im Jahre 1997 durch einmalige Maßnahmen auf der Ausgaben- oder Einnahmenseite verbessert, was vor dem Hintergrund der Dauerhaftigkeit der Konsolidierungsanstrengungen als nicht unproblematisch angesehen werden muss. Vor allem aber wurde das Staatsschuldenkriterium nicht strikt als Messlatte herangezogen. Besonders auffällig war dies bei der Konvergenzprüfung im Jahre 1998 im Falle der Länder Belgien und Italien. Ähnliches wiederholte sich im Jahre 2000 im Falle von Griechenland.

3. Ausgangspunkt beim Balassa-Samuelson-Effekt ist die Beobachtung, dass bei nicht-handelbaren Gütern die Preise von Land zu Land unterschiedlich sind. Grund hierfür ist im Wesentlichen der Stand der wirtschaftlichen Entwicklung. In wirtschaftlich entwickelten Ländern sind die Preise für nicht-handelbare Güter tendenziell höher. Der hohe Lebensstandard beruht dabei im Wesentlichen auf einem hohen Produktivitätsniveau im Sektor der handelbaren Güter (Landwirtschaft, Verarbeitendes Gewerbe). Bei integrierten nationalen Arbeitsmärkten führt ein hohes Lohnniveau im Sektor der handelbaren Güter auch zu hohen Löhnen im Sektor der nicht-handelbaren Güter (im Wesentlichen Dienstleistungen), da ansonsten die Arbeitskräfte abwandern würden. Betrachtet man nun Länder mit unterschiedlichem Entwicklungsstand und damit unterschiedlichen Produktivitätsniveaus, so kommt es bei einer Angleichung des Lebensstandards – ein Ziel, welches mit Hilfe verschiedener Maßnahmen innerhalb der EU verfolgt wird und was bereits im Vorfeld des Beitritts der MOE-Länder zum Euro-Währungsgebiet angestrebt werden soll – zu folgendem Reaktionsmuster: Handelsliberalisierung, steigender Wettbewerbsdruck, Know-how-Transfer über Direktinvestitionen sowie öffentliche Transferleistungen führen in einem Land

mit Produktivitätsrückstand im Sektor der handelbaren Güter zu rasch ansteigender Produktivität. Dies zieht entsprechend starke Lohnerhöhungen nach sich, die aber auch auf den Sektor der nicht-handelbaren Güter überspringen. Während der Lohnkostenanstieg im Sektor der handelbaren Güter aber durch den Produktivitätsanstieg gedeckt ist, somit die Lohnstückkosten unverändert bleiben, gehen die Lohnerhöhungen im Sektor der nicht-handelbaren Güter kaum mit Produktivitätserhöhungen einher, so dass es bei diesen Gütern zu einem Anstieg der Lohnstückkosten und damit der Preise kommt. Im Zuge des wirtschaftlichen Aufholprozesses kommt es also zu einer Angleichung der Produktivitätsniveaus bei handelbaren Gütern und der Preise für nicht-handelbare Güter. Während dieses Aufholprozesses weisen die weniger entwickelten Länder bedingt durch einen starken Anstieg der Preise bei nicht-handelbaren Gütern somit eine höhere Inflationsrate auf.

4. Fallen nach Beitritt zur Währungsunion für einzelne Länder die Möglichkeiten einer eigenständigen Geldpolitik weg, so treten strukturell bedingte Inflationsunterschiede innerhalb der Währungsunion zutage. Ausgehend von einem vorgegebenen unionsweiten Stabilitätsziel würden strukturell bedingt höhere Inflationsraten in den neuen Mitgliedsländern aufgrund einer dadurch höheren Inflationsrate im Euroraum insgesamt zu einer restriktiveren Geldpolitik führen, d.h. den fortgeschrittenen Kernländern würde ein stärkerer monetärer Restriktionsdruck zugemutet als zuvor. Dies würde den Druck auf das Eurosystem erhöhen, sein derzeitiges Stabilitätsziel aufzuweichen. Ein Aufweichen des Stabilitätsziels wiederum führt zu höheren Inflationserwartungen, die wiederum in höherer Inflation münden. Um diese Probleme zu vermeiden, die durch einen zu frühen Beitritt der aufholenden Volkswirtschaften in die Währungsunion entstehen können, muss auch Fragen der realen Konvergenz Beachtung geschenkt werden. Solche realwirtschaftlichen Elemente sind bereits in den Vorschriften zur Konvergenzprüfung im EG-Vertrag verankert. Besonders zu beachten sind hier „die Entwicklung bei den Lohnstückkosten und andere Preisindizes" (Art. 121.1), wobei der Entwicklung der Preise für nicht-handelbare Güter ein besonderes Augenmerk gelten sollte. Erst bei hinreichend realer Konvergenz, d.h. nach einem weitgehenden Auslaufen des Balassa-Samuelson-Effekts, kann von einem „hohen Grad an Preisstabilität" im Sinne der Konvergenzkriterien des EG-Vertrages gesprochen werden und erst dann sind die Gefahren gebannt, die große strukturell bedingte Inflationsunterschiede für die Währungsunion als Ganzes nach sich ziehen.

## Kapitel II.1:

1. Das Eurosystem besteht aus den rechtlich selbständigen nationalen Zentralbanken der an der Währungsunion teilnehmenden Länder und aus der Europäischen Zentralbank. Die EZB ist zwar rechtlich gesehen eine Tochter der nationalen Zentralbanken, wobei sich die Kapitalanteile der einzelnen nationalen Zentralbanken an der EZB nach dem Bevölkerungs- und dem BIP-Anteil richten. Die EZB ist das Herzstück des Eurosystems. Sie trägt die Verantwortung dafür, dass alle Aufgaben des Eurosystems

entweder durch ihre eigene Tätigkeit oder durch die nationalen Zentralbanken erfüllt werden. Die nationalen Zentralbanken sind dabei der EZB funktional untergeordnet.

2. Die (Zwangs-)Nachfrage rührt zum einen daher, dass sich die Kreditinstitute insgesamt aufgrund des Banknotenmonopols des Eurosystems Banknoten nur vom Eurosystem besorgen können. Zum anderen fußt die (Zwangs-)Nachfrage auf der Mindestreserve, die die Kreditinstitute verpflichtet, Guthaben beim Eurosystem zu halten.

3. Bei den nationalen Zentralbanken kommt es zu Einkünften aus Vermögenswerten, weil die Kreditinstitute Geschäfte mit den nationalen Zentralbanken tätigen müssen, um Banknoten und Einlagen bei der Zentralbank zu erwerben. Um Zentralbankgeld zu erlangen, müssen die Kreditinstitute entweder Fremdwährungsforderungen an die Zentralbank verkaufen oder Kredite bei der Zentralbank aufnehmen. Aus diesen Vermögenswerten erzielt die Zentralbank Einnahmen, da sie Fremdwährungsforderungen zinsbringend anlegt bzw. für die Kredite, die sie an die Kreditinstitute ausreicht, Zinsen vereinnahmt. Im Gegensatz zum früheren Mindestreservesystem der Deutschen Bundesbank, bei dem die Mindestreserve zinslos zu unterhalten war, fallen allerdings beim Mindestreservesystem des Eurosystems Kosten in Form von Zinsen an, da die mindestreservebedingten Guthaben in Höhe des Zinssatzes für das Hauptrefinanzierungsinstrument verzinst werden.

4. Die Unabhängigkeit der Notenbank ist eine notwendige Bedingung für Geldwertstabilität, da erfahrungsgemäß abhängige Notenbanken weniger das Ziel der Geldwertstabilität verfolgen können, sondern sich eher am Ziel der Wiederwahl der jeweiligen Regierung ausrichten, was tendenziell eine höhere Inflation nach sich zieht. Die Unabhängigkeit der Notenbank ist aber für sich genommen nicht hinreichend, da ohne eine entsprechende Stabilitätskultur in der Bevölkerung die Notenbank auf Dauer nicht in der Lage ist, mitunter schmerzliche Maßnahmen zu ergreifen und durchzuhalten.

5. Da die Zentralbanken im Krisenfall als „lender of last resort" gefragt sind, sie also in einem solchen Fall dem Bankensystem zusätzliche Liquidität zur Verfügung stellen müssen, um Zahlungsschwierigkeiten der Banken und damit eine Selbstverstärkung der Finanzkrise zu vermeiden, benötigen die Zentralbanken auch Informationen über einzelne Institute, um sicherzustellen, dass nur illiquide, nicht jedoch insolvente Institute Unterstützung erfahren. Zum anderen lassen sich aus den Informationen, die die Bankenaufsicht liefert, auch Schlüsse darüber ziehen, inwieweit eine Finanzkrise tatsächlich droht, um so ein zu frühes bzw. zu spätes Eingreifen der Zentralbank in ihrer Funktion als „lender of last resort" zu vermeiden.

### Kapitel II.2:

1. Eine geldpolitische Strategie sollte folgenden Grundsätzen entsprechen:

   - Ausrichtung auf das Endziel des Eurosystems, d.h. Preisstabilität. Das Eurosystem muss in der Lage sein, damit dieses Ziel zu erreichen.

- Klare Zuordnung von Verantwortlichkeiten: Die mit der Strategie verbundenen Ziele sollen publiziert werden und damit eine Rechenschaftspflicht und einen Rechtfertigungszwang gegenüber der Öffentlichkeit bei Zielverfehlungen beinhalten. Dafür muss die Strategie transparent und für die Öffentlichkeit verständlich sein.
- Eine Strategie sollte mittel- bis langfristig ausgerichtet sein, um eine Orientierung für die Inflationserwartungen der privaten Marktteilnehmer zu bilden. Kurzfristige Zielabweichungen müssen vereinbar mit der Strategie sein. Dies ist vor allem vor dem Hintergrund der Unsicherheiten in den ersten Jahren der Währungsunion wichtig.
- Die Strategie des Eurosystems muss auf den Erfahrungen der an der Stufe 3 teilnehmenden Länder aufbauen und über einen längeren Zeitraum Bestand haben. Dieser Grundsatz der Kontinuität setzt zum einen voraus, dass die gewählte Strategie robust gegenüber Änderungen im wirtschaftlichen Umfeld ist. Andererseits sollte es sich aber auch um keine für die Teilnehmerländer vollkommen neue Ausrichtung handeln.
- Vereinbarkeit mit der Unabhängigkeit des Eurosystems (ansonsten nicht konform mit Maastricht-Vertrag).
- Schnelle und präzise Datenverfügbarkeit: Die ökonomischen Größen, auf die sich die Strategie stützt, sollten ohne große Verzögerungen und mit hinreichender Genauigkeit verfügbar sein. Dadurch können Fehlentwicklungen frühzeitig erkannt werden, und eine externe Überprüfbarkeit in nicht zu langen Zeitabständen ist gewährleistet.

2. Prinzipiell erlauben es sowohl einstufige als auch zweistufige Strategien, das Ziel Preisstabilität zu erreichen. Beide konzentrieren sich auch auf dieses Endziel. Bei der einstufigen Strategie wird dies deutlicher herausgestellt. Die zweistufige Strategie setzt sich zur Erreichung des Endziels ein Zwischenziel, durch das frühzeitiger Informationen über die Preiswirkungen der geldpolitischen Maßnahmen gewonnen werden. Dafür sollte es allerdings kontrollierbar sein. Die Informationserfordernisse sind geringer als bei einstufigen Strategien. Die Inflationserwartungen sollten über die Regelbindung und die größere Transparenz eine bessere Orientierung haben. Verwendet man ein sinnvoll abgegrenztes Geldmengenaggregat als Zwischenziel, ist zudem die einfache zugrunde liegende und empirisch bestätigte Theorie und die eindeutige Zuordnung von Verantwortlichkeiten herauszustellen.

3. Folgende Gründe sprechen gegen Wechselkursziele für das Eurosystem:

   - EWU ist eine relativ geschlossene und große Volkswirtschaft. Dadurch stellt sich die Frage, an welche Währung der Euro gekoppelt werden sollte. Auch dürfte die Preisentwicklung hauptsächlich durch EWU-interne Faktoren bestimmt sein.
   - Wechselkurs hängt nicht nur von der Geldpolitik ab.

- Wechselkursziel muss glaubwürdig sein. Dies bezieht die glaubwürdige Aufrechterhaltung mit ein. Bei dem Umfang der internationalen Finanztransaktionen und dem freien Kapitalverkehr ist daran zu zweifeln. Die Gefahr spekulativer Attacken ist dann nicht auszuschließen.
- Wechselkursausrichtung entspricht letztlich Verletzung des Maastricht-Vertrages, da dort explizit Preisstabilität als Ziel vorgegeben ist. Durch Devisenmarktinterventionen zur Aufrechterhaltung des Wechselkursziels können sich unerwünschte Geldmengen- und Preiseffekte einstellen.
- Einschränkung des Autonomiegrades der Geldpolitik des Eurosystems, da man sich letztlich an der Geldpolitik des „Ankerwährungslandes" ausrichten muss.

4. Nominale BIP-Steuerung gewichtet die reale Entwicklung, gemessen am realen BIP, genauso stark wie die Preisentwicklung. Es besteht kein Primat der Preisstabilität. Die Geldmengenstrategie baut auf einfache und quantitätstheoretisch gesicherte Zusammenhänge auf: Längerfristig ist Inflation ein monetäres Phänomen. Sie erweckt nicht den Eindruck, sie wäre auch für eine Stabilisierung des Nominaleinkommens im Euroraum verantwortlich. Während Geldmengenzahlen ohne größere Verzögerung monatlich verfügbar sind, erscheinen die Zahlen der VGR nur vierteljährlich mit einer zeitlichen Verzögerung von einigen Monaten. Sie unterliegen auch häufigen Revisionen. Die Politik der nominellen BIP-Steuerung baut zudem auf ein der Öffentlichkeit nur unzureichend verständliches Konzept auf. Dies könnte der Transparenz und der Kommunikation mit der Öffentlichkeit hinderlich sein. Auch bez. der Behandlung der Umlaufgeschwindigkeit gibt es Unterschiede zwischen beiden Strategien: Während bei der nominellen BIP-Steuerung mit dem prognostizierten Wert für die Zielperiode gearbeitet wird, verwendet man im Rahmen der Geldmengenstrategie einen längerfristigen Trendwert. Für eine erfolgreiche Geldmengensteuerung muss zudem der Transmissionsprozess der Geldpolitik gerade nicht bekannt sein. Bei einer Orientierung am nominalen BIP ist dies jedoch Grundvoraussetzung. Gerade vor dem Hintergrund der noch unterschiedlichen nationalen Finanzstrukturen erscheint dies problematisch.

5. Es müssen folgende Bedingungen erfüllt sein:
   - Gute und prognostizierbare Vorlaufeigenschaften bez. der Endziele, vor allem der Preisentwicklung.
   - Geltung der Fisher-Gleichung, d.h. $i = r + \pi^{erw}$
   - Gültigkeit der rationalen Erwartungshypothese bei der Inflation, d.h. es sollen keine systematischen Erwartungsfehler gemacht werden. Dementsprechend wird der Zusammenhang eher langfristiger Natur sein.
   - Keine zu starken Schwankungen der Realzinsen
   - Geltung der Erwartungstheorie der Zinsstruktur, nach der sich die Nominalzinsen von Wertpapieren verschiedener Fristigkeiten vor allem durch unterschiedli-

che Erwartungen über die weitere Entwicklung der kurzfristigen Zinsen unterscheiden. Gelingt eine erfolgreiche Orientierung der Geldpolitik an der Zinsstruktur, könnten dann über die Fisher-Beziehung auch die Inflationserwartungen auf niedrigem Niveau stabilisiert werden.

- Kontrolle der Zinsstruktur durch die Zentralbank. Ein maßgeblicher Einfluss kann bei den kurzfristigen Zinsen vorausgesetzt werden. Bei den längerfristigen Zinsen dagegen ist die Kontrolle nur mehr indirekt über die Beeinflussung von Zins- und Inflationserwartungen gegeben.
- Es sollte eine dominante Kausalität von der Zinsstruktur zur Preisentwicklung vorliegen, nicht umgekehrt. In der Zinsstruktur sind aber Zins- und Inflationserwartungen und damit auch Erwartungen über den zukünftigen Kurs der Geldpolitik enthalten.
- Bei Publikation des Zwischenzielwertes für den Zinsspread sind unter Umständen unerwünschte Ankündigungseffekte zu beachten.

6. Kurz- bis mittelfristig dürfte eine Kombination aus Orientierung an der Geldmenge und umfassender Beurteilung der Preisperspektiven eine empfehlenswerte Strategie sein. Dafür sprechen zunächst, dass Inflation auf Dauer ein monetäres Phänomen ist und das geldpolitische Umfeld für die EZB äußerst unsicher ist. Auch Glaubwürdigkeits- und Kontinuitätsgesichtspunkte sind anzuführen. Langfristig kann es aber aufgrund der Umwälzungen auf den Finanzmärkten (Stichworte: Finanzinnovationen, Disintermediation) zu Instabilitäten kommen, die eine Politik ähnlich der vom Federal Reserve System durchgeführten nahe legt. Dies dürfte umso wahrscheinlicher werden, wenn das Wirtschaftswachstum und die Inflationsraten eher niedrig ausfallen. Als Konsequenz resultiert letztlich eine Strategie ohne explizites Zwischenziel. Sobald das Eurosystem das nötige Standing auf den Märkten aufgebaut hat, sollte eine derartige Politik – falls nötig – auch erfolgreich implementiert werden können.

7. Die geldpolitische Strategie des Eurosystems besteht aus drei Komponenten: der quantitativen Festlegung des vorrangigen Ziels der Preisstabilität (Anstieg des Harmonisierten Verbraucherpreisindex von unter 2 %), einer herausragenden Rolle der Geldmenge, da Inflation letztlich immer ein monetäres Phänomen ist (Bekanntgabe eines Referenzwertes für das Wachstum von M3 in Höhe von 4½ %) und einer auf breiter Grundlage erfolgenden Beurteilung der Preisperspektiven im Euroraum aufgrund einer Vielzahl finanzieller und realer Variablen.

   Es erfolgt dadurch eine Definition des Verständnisses des Eurosystems von Preisstabilität. Somit wird eine Orientierungsgröße für die Inflationserwartungen geliefert. Durch die Bekanntgabe des Referenzwertes für das Geldmengenwachstum inkl. seiner Determinanten wird einerseits die Transparenz gefördert, andererseits berücksichtigt, dass Inflation auf Dauer stets mit einer übermäßigen Ausweitung der Geldmenge einhergeht. Es ist aber zu berücksichtigen, dass die Analysen zur Stabilität der

Geldnachfrage, das statistische Datenmaterial und die Prognosen über die konkreten Auswirkungen des Regimewechsels hin zu einer einheitlichen Geldpolitik mit enormen Unsicherheiten belastet sind. Deshalb hat es sich angeboten, die Geldmenge nicht als Zwischenziel festzulegen, sondern die Preisaussichten anhand einer umfassenden Inflationsprognose zu beurteilen. Die Unsicherheiten sprechen auch dafür, die Geldmengenentwicklung in einem mittelfristigen Kontext zu interpretieren. Insgesamt ist somit die Strategiewahl des Eurosystems für die Anfangsjahre als zielkonform zu bezeichnen. Allerdings ist zu berücksichtigen, dass es ihr an einem strikten öffentlichen Leitkonzept für die Inflationserwartungen fehlt. Dies könnte sich gerade in schwierigen geldpolitischen Situationen als Nachteil erweisen.

8. Das Verhalten der Geldnachfrage bzw. der Umlaufgeschwindigkeit spielt für das Konzept der Geldmengensteuerung die entscheidende Rolle. Da das Eurosystem über die Publikation eines Referenzwertes für M3 der Geldmenge eine herausragende Stellung einräumt, ist auch in diesem Konzept, wenn auch in abgeschwächter Form, die Geldnachfrage wichtig. Die Theorie der Geldnachfrage beschäftigt sich dabei mit den Motiven der Wirtschaftssubjekte zur Geldhaltung. Üblicherweise wird eine Abhängigkeit der Geldnachfrage von einer Transaktionsgröße und den Opportunitätskosten der Geldhaltung postuliert. Ausschlaggebend für die Strategiewahl ist die Stabilität der Geldnachfrage bzw. der Umlaufgeschwindigkeit.

   Diese Stabilität bedeutet, dass sich die Entwicklung des Geldmengenaggregates durch einige wenige Faktoren erklären lässt und die Zusammenhänge im Zeitablauf nicht zu stark schwanken. Instabilitäten können sich z.B. durch Finanzinnovationen, die enge Substitute für Geld darstellen und nicht in der Geldmengengröße enthalten sind, einstellen. Auch ein Regimewechsel, wie er der Übergang auf eine einheitliche Geldpolitik darstellt, kann zu Instabilitäten in dem Sinne führen, dass die zuvor festgestellten (aus nationalen Zahlen) aggregierten Zusammenhänge für das neue Euroaggregat nicht mehr gelten. Wenn die Geldnachfrage instabil wird, ist in der Regel sowohl die Kontrolle der Geldmengenentwicklung durch die Zentralbank beeinträchtigt als auch die Indikatoreigenschaft der Geldmenge für die Preis- und reale Entwicklung in Mitleidenschaft gezogen. Die Frage nach der Stabilität der Geldnachfrage hängt eng mit der Abgrenzung des Geldmengenbegriffes zusammen und ist somit je nach Währungsgebiet unterschiedlich zu beantworten.

## Kapitel II.3:

1. Die Funktion der Mindestreserve besteht einerseits darin, dass sie – neben der Nachfrage nach Banknoten – eine Zwangsnachfrage nach Zentralbankgeld schafft. Die Zwangsnachfrage nach Zentralbankgeld ist die Grundlage für den Einsatz der anderen geldpolitischen Instrumente, mit denen die Zentralbank den Bedarf der Kreditinstitute an Zentralbankgeld befriedigt. Ihre Monopolposition beim Angebot von Zentralbankgeld nutzt die Zentralbank, um über den Preis, d.h. den Zinssatz für Zentralbankgeld, maßgeblichen Einfluss auf das Gefüge der kurzfristigen Bankzinsen zu nehmen. Andererseits führt die Mindestreserve in der Ausgestaltung einer Durch-

schnittsmindestreserve aber auch zu einer Glättung des Tagesgeldsatzes, da kurzfristig am Tagesgeldmarkt auftretende Anspannungen bzw. Verflüssigungen durch ein vorübergehendes Unter- bzw. Überschreiten des nur durchschnittlich zu haltenden Mindestreservesolls abgefedert werden können. Dadurch wirkt die Mindestreserve für die Kreditinstitute wie ein Liquiditätspuffer.

2. Bei den Offenmarktgeschäften handelt es sich um geldpolitische Operationen, die auf Initiative der Zentralbank durchgeführt werden. Während ursprünglich unter Offenmarktgeschäften der Kauf und Verkauf von Wertpapieren am offenen Markt verstanden wurde, wird mittlerweile dieser Begriff vom Eurosystem rein enumerativ gebraucht, d.h. Offenmarktgeschäfte sind diejenigen Geschäfte, die die Zentralbank als solche bezeichnet, ohne dass es sich dabei um Käufe bzw. Verkäufe von Wertpapieren am offenen Markt handeln muss.

3. Offenmarktgeschäfte werden ausschließlich auf Initiative des Eurosystems durchgeführt, d.h. das Eurosystem tritt an die Kreditinstitute heran und bietet entsprechende Geschäfte an. Die Ständigen Fazilitäten stellen hingegen Geschäfte mit dem Eurosystem dar, die auf Initiative der Kreditinstitute zustande kommen, d.h. die Kreditinstitute treten von sich aus an das Eurosystem heran und suchen entsprechende Geschäftsabschlüsse nach.

4. Dem Zinssatz für Hauptrefinanzierungsgeschäfte kommt Signalfunktion zu. Während bis Mitte 2000 das Eurosystem Hauptrefinanzierungsgeschäfte in der Form von Mengentender mit einer festen Zinsvorgabe abgeschlossen hat, ging es danach zum Zinstender mit einem Mindestbietungssatz über. Dieser Mindestbietungssatz übernahm die geldpolitische Signalfunktion, die bislang dem Zinssatz für Mengentender zukam.

5. Die Besicherung erfolgt, um die Zentralbank vor möglichen Ausfällen zu schützen.

## Kapitel II.4:

1. Da am Interbankengeldmarkt nur die Kreditinstitute untereinander Zentralbankgeld handeln, erfolgt lediglich eine Umverteilung eines gegebenen Bestands an Zentralbankgeld. Nur wenn das Eurosystem mit seinen Geschäftspartnern Geschäfte tätigt, kann es zu einer Veränderung des Bestands an Zentralbankgeld kommen.

2. Eine Steuerung des Preises („Tagesgeldsatz“) hat den Vorteil, dass erratische Zinsschwankungen am Geldmarkt und dadurch ausgelöste Irritationen an den Finanzmärkten vermieden werden können. Solche Schwankungen sind bei einer „Mengensteuerung“ allein schon deshalb nicht zu vermeiden, weil in Banken- und Kreditsystemen heutigen Zuschnitts der Geldschöpfungsprozess aus dem Zusammenspiel von Kreditbanken und deren Kunden – also zunächst ohne Zutun der Zentralbank – angestoßen wird. Das Ausmaß des damit einhergehenden zusätzlichen Zentralbankgeldbedarfs wird aber nur in den seltensten Fällen mit dem von der Zentralbank vorgegebenen Zielpfad bei der Bereitstellung von Zentralbankgeld übereinstimmen. Da –

falls die Zentralbank an ihrem Kurs festhält – eine über das von der Zentralbank vorgesehene Zuteilungsvolumen hinausgehende Nachfrage nach Zentralbankgeld nicht befriedigt werden kann, wird es zu starken Zinssteigerungen kommen. Diese sind aber im Unterschied zu den in Marktwirtschaften sonst üblichen Preiswirkungen funktionslos, da durch die Zinssteigerung kein zusätzliches Angebot an Zentralbankgeld mobilisiert werden kann. Eine solche Mengensteuerung würde dazu führen, dass der Tagesgeldsatz keine Rückschlüsse mehr auf die geldpolitischen Intentionen der Zentralbank zuließe. Auch das Instrument der Mindestreserve würde in Frage gestellt, da die Banken gesamtwirtschaftlich ihrer Mindestreservepflicht nicht mehr nachkommen könnten.

3. Leitzinsfunktion für den Tagesgeldmarkt kommt dem Zinssatz für das Hauptrefinanzierungsgeschäft zu. Dieses Offenmarktgeschäft des Eurosystems hat zwar eine Laufzeit von 14 Tagen. Da es jedoch wöchentlich angeboten wird, stellt es ein nahes Substitut zur Tagesgeldaufnahme am Interbankengeldmarkt dar. Kann eine einzelne Bank von Woche zu Woche entscheiden, ob sie einen Kredit bei der Zentralbank aufnimmt oder sich die benötigten Mittel am Interbankengeldmarkt besorgt, wird sie im Allgemeinen nicht bereit sein, für Interbankengeld deutlich mehr zu zahlen, als sie bei Abschluss eines Refinanzierungsgeschäftes mit der Zentralbank aufbringen müsste. Das Hauptrefinanzierungsinstrument stellt allerdings kein vollkommenes Substitut zur Aufnahme von Mitteln am Tagesgeldmarkt dar, da die Zentralbank nicht ständig am Markt präsent ist, d.h. nicht täglich entsprechende Geschäfte mit den Kreditinstituten tätigt. Dies hat zur Folge, dass das Eurosystem nicht zu jedem Zeitpunkt vollständig den Tagesgeldsatz determiniert. In der Zeit zwischen den einzelnen Geschäftsabschlüssen wirkt aber zunächst die Durchschnittsmindestreserve stabilisierend. Reicht die Liquiditätspufferfunktion der Mindestreserve nicht aus, kann das Eurosystem kurzfristig auf Feinsteuerungsoperationen zurückgreifen, wenn sie verhindern will, dass Bewegungen beim Tagesgeldsatz aus Sicht der Geldpolitik unerwünschte Erwartungen bei den längerfristigen Zinsen bzw. bei den Wechselkursen auslösen. Ergreift das Eurosystem keine Feinsteuerungsmaßnahmen, so findet der Tagesgeldsatz beim Zinssatz für die Spitzenrefinanzierungsfazilität seine Obergrenze. Da das Bankensystem über ausreichend Sicherheiten verfügt, stellt der Zinssatz für die Spitzenrefinanzierungsfazilität eine wirksame Obergrenze dar. Keine Bank wird am Interbankengeldmarkt bereit sein, einen höheren Zins für eine Mittelaufnahme zu zahlen, als sie dafür bei der Zentralbank bezahlen muss. Als Zinsuntergrenze fungiert der Zinssatz, den das Eurosystem für Einlagen im Rahmen der Einlagefazilität vergütet, da eine einzelne Bank am Interbankengeldmarkt Zentralbankguthaben nicht zu einem Zins verleihen wird, der unterhalb des Satzes liegt, den die Zentralbank für eine entsprechende Anlage zu vergüten bereit ist.

4. Letztlich wird die Entwicklung der Geldmenge M3 von dem Verhalten der Nichtbanken, genauer von der Geldnachfrage der Nichtbanken bestimmt. Die Zentralbank beobachtet die Entwicklung von M3, die sich monatlich aus der konsolidierten Bilanz des MFI-Sektors ergibt. Weicht die Entwicklung vom erwünschten Pfad ab, so wird der Rat der EZB – sofern die Analyse der Komponenten und Gegenpositionen von

M3 und die sonstigen Inflationsindikatoren (2. Säule) in dieselbe Richtung weisen und somit analoge Entwicklungen bei der künftigen gesamtwirtschaftlichen Nachfrage realistisch erscheinen – die Notenbankzinsen verändern und damit über den monetären Transmissionsprozess indirekt auf M3 und die künftige gesamtwirtschaftliche Nachfrage einwirken.

## Kapitel II.5:

1. Die „normale" Zinsstruktur ist in zeitlicher Hinsicht durch übereinstimmende Entwicklungstendenzen von kurzfristigen und langfristigen Zinssätzen bei höherer Schwankungsbreite und im Durchschnitt niedrigerem Niveau der kurzfristigen Zinsen charakterisiert. Die Entwicklung der langfristigen Zinsen lässt sich als Durchschnitt der erwarteten kurzfristigen Zinsen, das überwiegend höhere Niveau der langfristigen Zinsen damit erklären, dass mit zunehmender Fristigkeit der Finanzanlagen Liquiditätseinbußen und Kursrisiken wachsen, die durch einen höheren Zins prämiiert werden. Von inverser Zinsstruktur spricht man, wenn die kurzfristigen die langfristigen Zinsen übersteigen. Dies kann beispielsweise hervorgerufen werden durch eine restriktive Geldpolitik der Zentralbank, die die kurzfristigen Zinsen erhöht und gleichzeitig die Inflationserwartungen dämpft, was zu sinkenden Kapitalmarktzinsen führt. Ebenso können durch die restriktive Politik ausgelöste Aufwertungserwartungen internationale Anleger zu einem Engagement am Kapitalmarkt bewegen und so auf die langfristigen Zinssätze drücken.

2. Wenn die Zentralbank die Geldmarktzinsen erhöht oder verringert, ändern sich die Refinanzierungskosten der Geschäftsbanken entsprechend. Da diese Kostenänderungen von den Geschäftsbanken in den Kreditzinsen weitergegeben werden und deshalb gleichgerichtete Kapitalkostenänderungen bei den Nichtbanken verursachen, kommt es „normalerweise" zu gegenläufiger Kreditnachfrage und Geldmengenentwicklung. Substitutionseffekte ergeben sich aus dem Bestreben, ein optimales Portfeuille zu realisieren. Rationale Wirtschaftssubjekte werden eine Zusammensetzung ihres Vermögens aus Finanz- und Sachaktiva derart anstreben, dass – bei gleich bleibenden Risiken – eine Umschichtung zwischen den Aktiva keine Ertragsverbesserung mehr bewirkt. Wenn nun beispielsweise durch eine expansive Geldpolitik die Ertragsraten im finanziellen Sektor gefallen sind, ist die Anlage in realen Aktiva attraktiver, was zu steigender Nachfrage nach (langlebigen) Konsumgütern und Investitionsgütern führt. Einkommenseffekte ergeben sich bei Zinsschwankungen für Gläubiger und Schuldner infolge der variierenden Zinseinnahmen beziehungsweise -ausgaben. Der Saldo ist zwar null, doch wegen der unterschiedlichen Ausgabenneigungen (bei Schuldnern höher als bei Gläubigern) ist dennoch mit Nachfragewirkungen zu rechnen.

3. Durch eine stabilitätsorientierte Zinsanhebung der Zentralbank kommt es (bei unveränderten Wachstumserwartungen) zu einem zinsinduzierten Kapitalimport, was zur Währungsaufwertung führt. Diese Aufwertung beschneidet im Regelfall die inlandswirksame Nachfrage durch sinkende Exporte und verstärkte Importkonkurrenz.

Dämpfend wirken auch wechselkursbedingte Einkommens- und Vermögenseffekte, da die Aufwertung die aus dem Ausland zufließenden Einkommen in inländischer Währung ebenso vermindert wie die in ausländischer Währung gehaltenen Vermögenswerte.

4. Geschäftsbanken sind generell mit Informationsproblemen konfrontiert. Deren Reduktion verursacht Kosten, die in die Kreditkosten eingehen. Im Falle restriktiver Geldpolitik könnten potenzielle Kreditnachfrager trotz hoher Bonität wegen der höheren Kreditzinsen „zurücktreten", so dass die verbleibenden schlechteren Risiken anteilsmäßig zunehmen (adverse selection). Zugleich könnte angesichts höherer Kreditzinsen mancher Kreditnachfrager erhöhte Risiken eingehen (moral hazard). Um diese Wirkungen zu vermeiden, könnten Geschäftsbanken die Zinsanhebung unter dem Gleichgewichtsniveau belassen. Eine derartige Höchstpreisfixierung erfordert jedoch eine Kreditrationierung oder Kreditselektion. Die quantitative Wirkung des ursprünglichen geldpolitischen Impulses auf Kreditvolumen und Güternachfrage wird durch diese Verhaltensweisen mithin verstärkt.

5. Seit dem 1.1.1999 wird durch das Eurosystem eine für alle Mitgliedsländer der EWU einheitliche Geldpolitik betrieben. Die Änderung des kurzfristigen Zinssatzes kann in den einzelnen Ländern jedoch in zeitlicher und intensitätsmäßiger Hinsicht abweichende Effekte auslösen. In Ländern, in denen längerfristige Finanzierungsformen vorherrschen (z.B. Deutschland und Frankreich), ist der Transmissionsweg der Geldpolitik länger als in Ländern mit größerer Bedeutung kurzfristiger Finanzierungsformen (z.B. Italien und Großbritannien). Bei höherem Gewicht kurzfristiger Zinssätze für die Ausgabenentscheidungen könnten in den zuletzt erwähnten Ländern schwächere geldpolitische Dosierungen ausreichen. Entsprechend der Schwankungsbreite verschiedener Zinssätze ergeben sich unterschiedliche Einkommenseffekte und daraus resultierende Nachfragewirkungen. Nachfrageänderungen hängen auch von Vermögenseffekten ab, die wiederum in Abhängigkeit der Vermögensstrukturen (festverzinsliche Wertpapiere oder Aktien) international divergieren. Schließlich ist auch die Bedeutung der Banken im gesamten Finanzsystem von Bedeutung. Haben sie dominierendes Gewicht, können sie einerseits eine gewisse Pufferfunktion zwischen Zentralbank und Nichtbanken übernehmen. Andererseits verfügen sie infolge relativ geringer Konkurrenz durch andere Finanzintermediäre über ein höheres Selektionspotenzial, das die Wirkungen der Geldpolitik zu verstärken erlaubt.

6. Die Glaubwürdigkeit des Eurosystems wird begünstigt durch den Verzicht auf eine rein diskretionäre Geldpolitik, eindeutige Vorrangigkeit der Preisstabilität und – bei der Erfüllung seiner Aufgaben – Unabhängigkeit von politischen Weisungen. Andererseits werden die Glaubwürdigkeit beeinträchtigende Transparenzdefizite angemahnt. Zwar ist vollkommene Transparenz unerreichbar. Die Zwei-Säulen-Strategie ist jedoch ein Mischkonzept, das wegen der Komplexität der Informationserfordernisse und der im Prinzip nicht ausschließbaren wechselnden Gewichtigkeit der einzelnen Säulen Glaubwürdigkeitsrisiken in sich birgt. Um die Öffentlichkeit von der

Angemessenheit der Geldpolitik des Eurosystems zu überzeugen, betreibt die EZB eine Kommunikationspolitik, die deutlich über die gesetzlichen Notwendigkeiten hinausgeht. Der Erwerb von Reputation erfordert allerdings einen langen Atem und vor allem nachhaltige Erfolge der Geldpolitik.

## Kapitel III.1:

1. Die traditionell diskutierten Konfliktpotenziale zwischen Geld- und Fiskalpolitik sind unmittelbar aus Gleichung (7) im Haupttext ersichtlich.

$$\text{(7)} \qquad \frac{B_t}{Y_t} \approx \frac{(G_t - T_t)}{Y_t} + (1 + r + \pi^{erw} - \pi - g) \cdot \frac{B_{t-1}}{Y_{t-1}} - \frac{S_t}{Y_t}$$

So reduziert eine Überraschungsinflation ($\pi > \pi^{erw}$) den Realwert der staatlichen Nominalverschuldung zu Lasten der Gläubiger. Der Staat profitiert von dieser „Inflationssteuer", da die staatlichen Schuldpapiere in Nominaleinheiten und einheimischer Währung ausgedrückt sind. Zum anderen führt eine vermehrte Geldschöpfung (Seigniorage) zu zusätzlichen Staatseinnahmen, sofern die Privaten bereit sind, das zusätzliche Geld auch zu halten.

Die Satzung des ESZB und der EZB gewährt sowohl der EZB als auch den nationalen Zentralbanken Unabhängigkeit bei ihren Entscheidungen. Dadurch kann sich die EZB ohne staatliche Einmischung auf ihr Ziel der Gewährleistung von Preisstabilität konzentrieren. Zusätzlich besteht ein Verbot der monetären Finanzierung von Haushaltsdefiziten und des unmittelbaren Erwerbs von Staatsschuldtiteln. Die einzelnen Staaten sehen sich somit „härteren Budgetbeschränkungen" gegenüber, da ihnen eine Monetisierung der Staatsschuld über den Rückgriff auf nationale Zentralbanken nicht mehr offen steht. In diesem Zusammenhang ist auch zu berücksichtigen, dass der Maastricht-Vertrag den Status eines völkerrechtlichen Vertrages besitzt und nur mehr einstimmig von allen EU-Mitgliedsländern geändert werden kann. Zudem haftet kein Land für die Verbindlichkeiten eines anderen Landes (no-bail-out). Zwar kann von politischer Seite Druck zugunsten einer „laxen" Geldpolitik ausgeübt werden. Auch könnte unter Umständen die Glaubwürdigkeit dieser Regelungen von den Märkten bezweifelt werden. Aber durch die institutionellen Vorkehrungen ist das Eurosystem dagegen relativ gut abgesichert. Der Stabilitäts- und Wachstumspakt soll darüber hinaus mittelfristig für einen ausgeglichenen Staatshaushalt sorgen. Er schafft über Sanktionen auch Anreize für eine solide Haushaltsführung.

Allerdings verbleiben folgende Probleme:

- Durch eine zunehmende Kurzfristigkeit der Verschuldung und den Fremdwährungsanteil der öffentlichen Schulden würde der öffentliche Sektor verstärkt ins Fahrwasser der von der Geldpolitik direkt beeinflussbaren kurzfristigen Zinsen und Wechselkurse geraten.

- Eine mangelnde Koordination der nationalen (und unter Umständen EU-weiten) Fiskalpolitiken mit der einheitlichen Geldpolitik kann Erwartungen über die zukünftige Ausrichtung der Geldpolitik auslösen. Dies kann schließlich dazu führen, dass eine an Preisstabilität orientierte Geldpolitik nicht mehr aufrecht erhalten werden kann. Auch können Erhöhungen des Budgetdefizits eines Landes Auswirkungen auf alle anderen Länder haben (z.B. die Zinsen EWU-weit erhöhen).

- Das finanzpolitische Doppelkriterium verbindet die Defizitquote mit im engeren Einflussbereich des Eurosystems stehenden Größen wie Zinsen und Inflationsentwicklung.
- Der Stabilitäts- und Wachstumspakt stellt eine Gratwanderung zwischen notwendiger Flexibilität und erforderlicher Regelbindung dar.

Insgesamt kann dann trotz der institutionellen Vorschriften eine unabhängige Geldpolitik des Eurosystems durch politischen Druck erschwert werden.

2. Für „übermäßig" verschuldete Länder hat das (nominal fixierte) Doppelkriterium folgende negative Eigenschaften: Es reagiert auf unterschiedliche Inflationsraten, seine Wirkung ist umso strenger, je geringer das reale Wirtschaftswachstum ausfällt und es greift (bei $r > g$) umso schwächer, je höher die Schuldenquote ist. So gerät in Rezessionsphasen die Einhaltung des finanzpolitischen Doppelkriteriums von zwei Seiten unter Druck. Die konjunkturelle Komponente des Defizits steigt an, während die zulässige Defizitobergrenze sinkt. Diesen Effekten wirkt eine steigende Inflationsrate entgegen, da sie genau die gegenteiligen Wirkungen hervorruft: Das Defizit sinkt und die Defizitobergrenze steigt tendenziell. In wirtschaftlich schwierigen Zeiten kann somit durch diese Zusammenhänge ein politischer Druck in Richtung weniger Stabilitätsorientierung der Geldpolitik ausgelöst werden.

3. Bei dem in Art. 104 EG-Vertrag vorgesehenen Verfahren bei Verletzung der 3- bzw. 60-Prozentmarke ergab sich ein zu großer Ermessensspielraum des EU-Rates und die Möglichkeit politischer Einflussnahme. Eine Sanktionsautomatik war praktisch ausgeschlossen. Zugleich dauerte der Sanktionsprozess zu lange.

   Bei dem Stabilitäts- und Wachstumspakt ging es darum, das Verfahren bei einem übermäßigen Haushaltsdefizit zu beschleunigen und zu präzisieren sowie eine dauerhafte und nachhaltige Haushaltsdisziplin zu institutionalisieren. In diesem Pakt verpflichten sich die Mitgliedstaaten, mittelfristig zumindest einen ausgeglichenen Haushalt anzustreben. Die Einführung von nicht mehr durch Ratsentscheidungen abhängigen automatischen Sanktionen stieß allerdings an juristische Grenzen des EG-Vertrags.

4. Unter Seigniorage ($S_t$) versteht man die Einnahmen, die der Zentralbank durch das Monopol der Zentralbankgeldschöpfung entstehen und letztlich an den Staat abgeführt werden. Sie sind darauf zurückzuführen, dass die Zentralbank verzinste „Assets" in Form von Krediten und/oder ausländischen Wertpapieren hält, das von den Privaten gehaltene *Zentralbankgeld* (die *Geldbasis*) dagegen unverzinst (oder niedrig verzinst) ist. Die reale Rendite dieser „Assets" beträgt $(i - \pi)$. Die Seigniorage würde nach diesem Konzept also aus den Zinseinnahmen bestehen, die letztlich dem Staat

aus der Emission von Zentralbankgeld zufließen. Wann der Zufluss stattfindet, ist ökonomisch betrachtet irrelevant. Zusätzlich wäre noch der Zuwachs an Zentralbankgeld zu berücksichtigen, der aus der direkten Verschuldung des Staates bei der Zentralbank entsteht. Diese Möglichkeit ist allerdings durch den Maastricht-Vertrag ausgeschlossen. Somit resultieren als reale Seigniorage-Einnahmen

$$
\begin{aligned}
S_t &= (i - \pi)\cdot\frac{Mo_{t-1}}{P_t} + \frac{\Delta Mo_t}{P_t} \\
&= (i - \pi)\cdot\frac{Mo_{t-1}}{P_t} + \frac{\Delta Mo_t}{Mo_{t-1}}\cdot\frac{Mo_{t-1}}{P_t} \\
&= (i - \pi)\cdot\frac{Mo_{t-1}}{P_t} + \mu\cdot\frac{Mo_{t-1}}{P_t} \\
&= (\mu + i - \pi)\cdot\frac{Mo_{t-1}}{P_t}
\end{aligned}
$$

Die Seigniorage entspricht also dem Produkt aus Wachstumsrate der nominalen Geldbasis $\mu$ ergänzt um den ex-post-Realzins $(i - \pi)$. „Bemessungsgrundlage" der Seigniorage ist die reale Basisgeldhaltung Mo / P. Da im Eurosystem die Mindestreserve zum Satz für das Hauptrefinanzierungsinstrument verzinst wird, ist diese Bemessungsgrundlage durch den Banknotenumlauf gegeben.

5. Die Aussage lässt sich unmittelbar an Gleichung (9) des Haupttextes erläutern. Diese gibt die Bedingung für eine Stabilisierung der Schuldenquote an und lautet

$$
\frac{B_t}{Y_t} - \frac{B_{t-1}}{Y_{t-1}} = 0 \Leftrightarrow \frac{(T_t - G_t)}{Y_t} = (r + \pi^{erw} - \pi - g)\cdot\frac{B_{t-1}}{Y_{t-1}} - \frac{S_t}{Y_t}
$$

Ist der Ausdruck auf der rechten Seite positiv, ist zur Stabilisierung der Schuldenquote ein Primärüberschuss $(T_t > G_t)$ nötig. Dieser Fall wird bei $\pi^{erw} > \pi$ und hoher Verschuldung aus der Vergangenheit $(B_{t-t} / Y_{t-1})$ wahrscheinlicher. Allerdings reduziert der Geldschöpfungsgewinn $(S_t)$ den notwendigen Überschuss. Unter Umständen ist deshalb eine Stabilisierung sogar mit einem Primärdefizit vereinbar. Ein monetärer Regimewechsel in Richtung auf mehr Preisstabilität, wie er seit den 90er Jahren weltweit feststellbar ist, stellt somit eine wichtige Änderung für die Finanzpolitik dar. Zusätzlich spielt dabei auch die Geschwindigkeit bzw. Trägheit, mit der sich die Inflationserwartungen nach unten anpassen, eine bedeutende Rolle. Im Falle mangelnder Glaubwürdigkeit der Geldpolitik dürften die Inflationserwartungen nur recht langsam nach unten korrigiert werden.

6. Die zentrale Logik der Vorschriften des Stabilitäts- und Wachstumspaktes zielt einerseits darauf ab, die Glaubwürdigkeit des Eurosystems im Sinne der Verwirklichung seines vertraglichen Auftrags zu sichern. Durch die Beschränkungen des fiskalpolitischen Handlungsspielraums soll von der EZB ein möglicher politischer Druck, die Zinsen zu senken, genommen werden („Glaubwürdigkeitsseite", Regelbindung).

Durch glaubwürdige Regelungen kann die funktionelle Unabhängigkeit des Eurosystems gesichert werden.

Auf der anderen Seite sollen die öffentlichen Haushalte dauerhaft in einem Zustand gehalten werden, der auch in konjunkturellen Schwächephasen jederzeit tragfähig ist und genügend Spielraum für antizyklisches Verhalten lässt („Flexibilitätsseite"). Um die Defizitquote von 3 % dauerhaft einzuhalten, dürfte dies allerdings nur der Fall sein, wenn die strukturellen (d.h. zyklisch bereinigten) Staatshaushalte ausgeglichen sind oder sogar Überschüsse aufweisen. Es ist ausdrücklich nicht das Ziel, ein Schwanken des Haushaltssaldos im Konjunkturzyklus zu verhindern. Die nationale staatliche Aktivität soll ja gerade in der Währungsunion eine nützliche nachfragestabilisierende Aufgabe durch diskretionäre und automatische Anpassungen erfüllen. Damit diese Stabilisatoren allerdings wirken können, muss erstens genügend Spielraum vorhanden sein, damit über einen längeren Zeitraum Schwankungen des Defizits um einen Durchschnittswert möglich sind. Befindet sich der Staat in einer „Schuldenfalle" wird ein Ansteigen des Defizits in der Rezession zu einem weiteren Anstieg in der Zukunft führen. Zweitens müssen die privaten Marktteilnehmer auf eine staatliche Defiziterhöhung (d.h. staatliches Entsparen) mit verstärkter Nachfrage (privatem Entsparen) reagieren. Wird dagegen die gegenwärtige Haushaltspolitik als dauerhaft nicht tragfähig betrachtet, dürfte keine zusätzliche private Nachfrage entstehen. Vielmehr entsteht ein Anreiz, mehr zu sparen, um auf die zukünftig zu erwartenden Steuererhöhungen und/oder staatlichen Ausgabenkürzungen vorbereitet zu sein.

## Kapitel III.2:

1. Sinkende Transaktionskosten (Kosten des Währungstauschs und der Kurssicherung innerhalb der EWU entfallen), höhere Stabilität des Euro im Vergleich zu einzelnen europäischen Währungen gegenüber anderen Währungen (US-Dollar, Yen) sowie ein intensiverer Wettbewerb eröffnen Wachstumspotentiale und damit auch Lohnerhöhungsspielräume. In die gleiche Richtung wirkt eine konsequent auf Preisniveaustabilität ausgerichtete Geldpolitik des Eurosystems. Die hierdurch begünstigten Stabilitätserwartungen wirken ebenso investitionsbelebend wie das infolge weitgehender Inflationsfreiheit mögliche niedrigere Zinsniveau am Kapitalmarkt.

2. Da innerhalb der EWU keine Wechselkurse mehr bestehen und für den Euroraum eine einheitliche Geldpolitik betrieben wird, entfallen bisherige nationale Anpassungsmöglichkeiten in der Form monetärer Alimentation lohnstückkostenbedingten Preisauftriebs und anschließender Währungsabwertung. Um zu vermeiden, dass bei geldpolitischem Stabilitätskurs des Eurosystems Lohnstückkostenerhöhungen negativ auf die Beschäftigung durchschlagen, muss eine zurückhaltende Lohnpolitik die Abfederung übernehmen.

3. Die mit der Währungsunion verbundene Lohntransparenz kann via Lohndemonstrationseffekte in Lohnangleichungsbestrebungen einmünden, die nicht durch entspre-

chende Produktivitätsentwicklungen gedeckt sind. Rasche Lohnangleichungen nach oben werden nicht nur in den Niedriglohnländern mit Hinweis auf Gerechtigkeitsvorstellungen, sondern auch in den Hochlohnländern, hier mit der Forderung nach Schutz vor so genanntem Lohn- und Sozialdumping begründet, gefordert. Um die negativen Beschäftigungsfolgen in den Niedriglohnländern aufzufangen, werden Transfers aus den Hochlohnländern „erforderlich". Notwendige Arbeitsmarktreformen, die an den Ursachen der Beschäftigungsprobleme ansetzen, werden aufgeschoben, wodurch der „Transferbedarf" weiter verstärkt wird.

## Kapitel III.3:

1. Bei flexiblen Wechselkursen bildet sich der Wechselkurs am Markt. Bei festen Wechselkursen hingegen müssen die Zentralbanken der beteiligten Länder ggf. durch Interventionen bzw. eine entsprechende Zinspolitik eine bestimmte Wechselkursparität aufrechterhalten, wobei sich normalerweise der Wechselkurs innerhalb einer bestimmten Bandbreite bewegen kann. Beispiele für Festkurssysteme sind das Festkurssystem von Bretton-Woods (1945–1973) sowie das Europäische Währungssystem I (1979–1998). Diese Festkurssysteme sahen Anpassungen der Wechselkursparitäten (sog. Realignments) als letzte Möglichkeit vor.

2. Der Unterschied zwischen einem Festkurssystem („förmliche Wechselkursvereinbarung") und (harten) Wechselkurszielzonen („allgemeine Orientierungen für die Wechselkurspolitik") ist rein formaler Natur. Während ein Festkurssystem auf einem förmlichen Vertrag zwischen den beteiligten Ländern beruht – der ECOFIN-Rat kann eine förmliche Wechselkursvereinbarung für den Euro gegenüber Drittwährungen nur einstimmig beschließen –, liegen Wechselkurszielzonen, die der ECOFIN-Rat mit qualifizierter Mehrheit beschließen kann, formlose Absprachen zwischen den beteiligten Ländern zugrunde. Theoretisch denkbar wäre auch eine einseitige Formulierung von Zielzonen. So könnte etwa der ECOFIN-Rat einseitig das Eurosystem darauf festlegen, den Wechselkurs des Euro zum US-Dollar in bestimmten Bandbreiten zu stabilisieren, ohne dass die USA ähnlich handeln müssten.

3. Grundsätzlich stellt sich zunächst die Frage nach dem Wechselkurs, um den die Währungen schwanken dürfen. Wie soll ein solcher Kurs berechnet und festgelegt werden? Die Frage nach dem „fundamental gerechtfertigten Gleichgewichtskurs" lässt sich weder theoretisch noch empirisch zufrieden stellend beantworten. Für die Geldpolitik des Eurosystems hätten Wechselkurszielzonen zur Konsequenz, dass sich im Zweifelsfall das Ziel der Preisstabilität im Euroraum dem der Stabilisierung des Wechselkurses unterordnen müsste. Letztlich bliebe dem Eurosystem nämlich nichts anderes übrig, als seine Zinspolitik an dem Wechselkursziel auszurichten. Dies wäre allerdings ein eindeutiger Verstoß gegen das im Vertrag von Maastricht dem Eurosystem vorgegebene Ziel der Preisstabilität.

# 2 Literaturverzeichnis

## Kapitel I:

*BHF-Bank* (2001), Inflationsdifferenzen in der EWU nur zum Teil ein Problem, Wirtschaftsdienst Nr. 2011 vom 31.März 2001.

*Buiter, W.H., Corsetti, G., Roubini, N.* (1992), „Excessive Deficits": Sense and Nonsense in the Treaty of Maastricht, CEPR Discussion Paper No. 750.

*Bundesministerium des Innern* (Hg.) (1998), Deutsche Einheit – Sonderedition aus den Akten des Bundeskanzleramtes 1989/90, Oldenbourg-Verlag, München.

*DeGrauwe, P.* (2000), The Economics of Monetary Integration, 4th ed., Oxford University Press, Oxford.

*De Nederlandsche Bank* (2001), A Comparative Study of the Federal Reserve System and the ESCB, Quarterly Bulletin, March 2001, S. 55–64 (http://www.dnb.nl/englisch/index.htm).

*Der Spiegel* (1998), Abschied von der D-Mark, Nr. 18 vom 27.4.1998.

*Deutsche Bank Research* (2001), Monitor EU-Erweiterung Mittel- und Osteuropa, Nr. 3 (http://www.dbresearch.com).

*Deutsche Bundesbank* (1997a), Informationsbrief zur Europäischen Wirtschafts- und Währungsunion, Nr.3 (Konvergenzkriterien) (http://www.bundesbank.de).

*Deutsche Bundesbank* (1997b), Europäische Organisationen und Gremien im Bereich von Währung und Wirtschaft, Frankfurt/Main (http://www.bundesbank.de).

*Deutsche Bundesbank* (1998a), Stellungnahme des Zentralbankrates zur Konvergenzlage in der Europäischen Union im Hinblick auf die Dritte Stufe der Wirtschafts- und Währungsunion, Monatsbericht April 1998, 50. Jg., S. 17–40 (http://www.bundesbank.de).

*Deutsche Bundesbank* (1998b), Informationsbrief zur Europäischen Wirtschafts- und Währungsunion. Nr. 11 (Stellungnahmen der Deutschen Bundesbank zur Europäischen Währungsunion) (http://www.bundesbank.de).

*Deutsche Bundesbank* (1998c), Europapolitische Entscheidungen vom 1. Mai bis 3. Mai 1998 machen den Weg frei für den Euro-Start am 1. Januar 1999, Monatsbericht Mai 1998, 50. Jg., S. 17–26 (http://www.bundesbank.de).

*Deutsche Bundesbank* (2000), euro 2002, Informationen zur Euro-Bargeldeinführung, Nr. 1, Juli 2000 (http://www.bundesbank.de).

*Deutsche Bundesbank* (2001a), Neuere institutionelle Entwicklungen in der wirtschafts- und währungspolitischen Kooperation, Monatsbericht Januar 2001, 53. Jg., S. 15–34 (http://www.bundesbank.de).

*Deutsche Bundesbank* (2001b), euro 2002, Informationen zur Euro-Bargeldeinführung, Nr. 3, Februar 2001 (http://www.bundesbank.de).

*Deutsche Bundesbank* (2001c), Perspektiven der EU-Erweiterung nach dem Europäischen Rat von Nizza, Monatsbericht März 2001, 53. Jg., S. 15–18 (http://www.bundesbank.de).

*Deutsche Bundesbank* (2001d), Geschäftsbericht 2000 (http://www.bundesbank.de).

*ECOFIN-Rat* (2000a), Pressenotiz zur Tagung am 19.6.2000 in Sta. Maria da Feira (http://www.europa.eu.int).

*ECOFIN-Rat* (2000b), Pressenotiz zur Tagung am 7.11.2000 in Brüssel (http://www.europa.eu.int).

*ECOFIN-Rat* (2001), Pressenotiz zur Tagung am 12.2.2001 in Brüssel (http://www.europa.eu.int).

*Eijffinger, S.C., De Haan, J.* (2000), European Monetary and Fiscal Policy, Oxford University Press, Oxford.

*Europäische Kommission* (1998), Konvergenzbericht 1998, Brüssel (http://www.europa.eu.int/comm).

*Europäische Kommission* (2000), Konvergenzbericht 2000, in: Europäische Wirtschaft Nr. 70, Brüssel (http://www.europa.eu.int/comm).

*Europäische Kommission* (2001), Economic Reform Monitor, Issue 2001/2, April 2001, Spring 2001 Forecast (http://www.europa.eu.int/comm).

*Europäisches Währungsinstitut* (1998), Konvergenzbericht, Frankfurt/Main (http://www.ecb.int).

*Europäische Zentralbank* (1999a), Jahresbericht 1998, Frankfurt/Main (http://www.ecb.int).

*Europäische Zentralbank* (1999b), Die Umsetzung des Stabilitäts- und Wachstumspakts, Monatsbericht Mai 1999, S. 49–80 (http://www.ecb.int).

*Europäische Zentralbank* (1999c), Inflationsunterschiede in einer Währungsunion, Monatsbericht Oktober 1999, S. 39–49 (http://www.ecb.int).

*Europäische Zentralbank* (2000a), Das Eurosystem und die EU-Osterweiterung, Monatsbericht Februar 2000, S. 41–54 (http://www.ecb.int).

*Europäische Zentralbank* (2000b), Konvergenzbericht 2000 (http://www.ecb.int).

*Europäische Zentralbank* (2000c), Pressemitteilung zum Wiener Seminar zum EU-Beitrittsprozess vom 14.–15.12.2000 (http://www.ecb.int).

*Europäische Zentralbank* (2001a), Das Euro-Währungsgebiet nach dem Beitritt Griechenlands, Monatsbericht Januar 2001, S. 39–46 (http://www.ecb.int).

*Europäische Zentralbank* (2001b), Die Einführung der Euro-Banknoten und -Münzen, Monatsbericht April 2001, S. 71–78 (http://www.ecb.int).

*Europäische Zentralbank* (2001c), Jahresbericht 2000 (http://www.ecb.int).

*Fehl, U., Oberender, P.* (1999), Grundlagen der Mikroökonomie, 7. A., Vahlen, München.

*Forschungsinstitute* (2001), Die Lage der Weltwirtschaft und der deutschen Wirtschaft im Frühjahr 2001 (Frühjahresgutachten).

*Frenkel, J.A., Rose, A. K.* (1998), The Endogeneity of the Optimum Currency Area Criteria, The Economic Journal, Vol. 108, S. 1009-1025.

*Görgens, E., Ruckriegel, K.* (2000), Grundzüge der makroökonomischen Theorie, 7. A., P.C.O., Bayreuth.

*Grassinger, R.* (1998), Nutzen und Kosten einer Währungsunion, Nomos, Baden-Baden.

*Gros, D.* (2000), How fit are the candidates for EMU? The World Economy, Vol. 23, S. 1367–1377.

*Häde, U.* (1998), Zur Rechtmäßigkeit der Entscheidungen über die Europäische Wirtschafts- und Währungsunion, Juristenzeitung, 53. Jg., S. 108–1095.

*Hankel, W., Nölling, W., Schachtschneider, K.A., Starbatty, J.* (1998), Die Euro-Klage, Rowohlt, Reinbek bei Hamburg.

*Hass, R.H., Schenk, K.-E., Wass von Czege, A.* (Hg.) (2000), Erweiterung und Vertiefung der Europäischen Union, Nomos Verlagsgesellschaft, Baden-Baden.

*HypoVereinsbank Research* (2001), Euro for the East – Nicht ohne reale Konvergenz (http://www.hypovereinsbank.de).

*Jochimsen, R.* (1998), Perspektiven der europäischen Wirtschafts- und Währungsunion, 2.A., Nomos, Baden-Baden.

*Kenen, P.* (1969), The Theory of Optimum Currency Areas: An Eclectic View, in: Mundell R. A., Swoboda, A. K. (eds.), Monetary Problems in the International Economy, University of Chicago Press.

*Khan, D.-E.* (Hg.) (1998), EU-Vertrag – EG-Vertrag in den Fassungen von Maastricht und Amsterdam mit Protokollen, Schlussakten und Erklärungen, 4. A., Deutscher Taschenbuch Verlag (C.H. Beck), München.

*Klein, M.* (1993), Bieten die Konvergenzkriterien von Maastricht die Grundlage für eine stabile europäische Währung? Ifo-Studien, 39. Jg., S. 1–18.

*Lafrance, R., St-Amant, P.* (1999), Optimal Currency Areas: a Review of the Recent Literature, Bank of Canada Working Paper 99-16 (http://www.bankofcanada.ca).

*Landeszentralbank im Freistaat Bayern* (1999), Das Europäische Zentralbanksystem im Dienst des Bürgers: Was ändert sich mit Beginn der Währungsunion? München.

*McKay, J. E.* (1997), Evaluating the EMU Criteria: Theoretical Constructs, Member Compliance and Empirical Testing, Kyklos, Vol. 50., S. 63–82.

*McKinnon, R.* (1963), Optimum Currency Areas, American Economic Review, Vol. 53, S. 509-517.

*Mundell, R. A.* (1961), A Theory of Optimum Currency Area, The American Economy Review, Vol. 51, S. 657–665.

*Nölling, W.* (1998), Der Euro vor Gericht 1998, in: Heilemann, U., Kath, D., Kloten, N. (Hg.), Entgrenzung als Erkenntnis- und Gestaltungsaufgabe – Festschrift für Reimut Jochimsen zum 65. Geburtstag –, Duncker & Humblot, Berlin, S. 265–282.

*Österreichische Nationalbank*, Focus von Transition, verschiedene Jahrgänge (http://www.oenb.co.at).

*Ohr, R.* (1998): Gesamtwirtschaftliche Risiken der Europäischen Währungsunion, in: Stein, J. H. von (Hg.), Handbuch EURO, C. H. Beck, München, S. 15–30.

*Ohr, R., Schmidt, A.* (2001), Europäische Geld- und Währungspolitik, in: *Ohr, R., Theurl, T.* (Hg.) (2001), Kompendium Europäische Wirtschaftspolitik, Vahlen, München, S. 417–466.

*Ohr, R., Theurl, T.* (Hg.) (2001), Kompendium Europäische Wirtschaftspolitik, Vahlen, München.

*Paraskewopoulos, S.* (Hg.) (2000), Die Osterweiterung der Europäischen Union, Duncker & Humblott, Berlin.

*Polkowski, A.* (2001), Die mittel- und osteuropäischen Länder auf dem Weg in die EU, in: Wirtschaftsdienst, 81. Jg., S. 111–116.

*Reimann, W.* (1998), Der Euro – ein „politisch' Lied", in: Heilemann, U., Kath, D., Kloten, N. (Hg.), Entgrenzung als Erkenntnis- und Gestaltungsaufgabe – Festschrift für Reimut Jochimsen zum 65. Geburtstag –, Duncker & Humblot, Berlin, S. 255–263.

*Remsperger, H.* (2001), Konvergenz und Divergenz in der Europäischen Währungsunion, Deutsche Bundesbank Auszüge aus Presseartikeln, Nr. 20 vom 27.April 2001, S. 3–7.

*Ruckriegel, K.* (1997), Zur Neubewertung der Währungsreserven der Deutschen Bundesbank, WISU, 26. Jg., S. 728-730.

*Schäfer, W.* (2001), EU-Osterweiterung, in: Ohr, R., Theurl, T. (Hg.) (2001), Kompendium Europäische Wirtschaftspolitik, Vahlen, München, S. 241–270.

*Scheller, H. K.* (2000), Die Europäische Zentralbank, Fritz Knapp, Frankfurt.

*Schmidt, C., Straubhaar, T.* (1995), Maastricht II: Bedarf es realer Konvergenzkriterien? Wirtschaftsdienst, 75. Jg., S. 434–442.

*Schwarze, J.* (Hg.) (2000), EU-Kommentar, Nomos-Verlagsgesellschaft, Baden-Baden.

*Seidel, M.* (1998), Rechtliche und politische Probleme bei Übergang in die Endstufe der Wirtschafts- und Währungsunion, in: Francke, H.-H., Ketzel, E., Kotz, H.-H. (Hg.), Europäische Währungsunion, Duncker & Humblot, Berlin, S. 163–179.

*Seidel, M.* (2000), Konstitutionelle Schwächen der Währungsunion, Europarecht, 35. Jg., S. 861–878.

*Sinn, H.-W., Reutter, M.* (2000), Die Mindestinflationsrate für die Euro-Länder, Ifo-Schnelldienst, 53. Jg. H. 35/36, S. 23–26.

*Spahn, H.-P.* (1997), Schulden, Defizite und die Maastricht-Kriterien: Eine theoretisch-empirische Bestandsaufnahme, Konjunkturpolitik, 43. Jg., S. 1–15.

*Stockman, A.* (2001), Optimal Central Bank Areas, Financial Intermediation, and Mexican Dollarization, Journal of Money, Credit and Banking, Vol. 33, S. 648–666.

*Theurl, T., Meyer, E.* (2001), Institutionelle Grundlagen der Europäischen Union, in: Ohr, R., Theurl, T. (Hg.) (2001), Kompendium Europäische Wirtschaftspolitik, Vahlen, München, S. 41–203.

*Tietmeyer, H.* (1999), The Social Market Economy and Monetary Stability, Economica, London et al.

*Tsionas, E. G.* (2001), Euro-land: any Good for the European South? Journal of Policy Modeling, Vol. 23, S. 67–81.

*von Carlowitz, P.* (2001), Enlarging the EU: How Can the Costs be Minimised? Intereconomics, Vol. 36, S. 77–86.

*Welfens, P. J., Jungmittag, A.* (2001), Die Integration Osteuropas in die EU, in: WiSt, 30. Jg. S. 87–92.

*Wessels, W.* (1996), Europäische Union – Entwicklung eines politischen Systems, in: Ohr, R. (Hg.), Europäische Integration, W. Kohlhammer, Stuttgart u.a., S. 19–45.

*Zeitler, F.-Ch.* (2000), The euro and the currency systems in Central an Eastern Europe, Vortrag anlässlich des European Banking & Financial Forums am 28. März 2000 in Prag (http://www.bundesbank.de/lzb-bayern).

## Kapitel II.1:

*Alesina, A., Summers, L.H. (1993),* Central Bank Independence and Macroeconomic Performance: Some Comparative Evidence, Journal of Money, Credit and Banking, Vol. 25, S. 151–162.

*Barro, R. J. (1997),* Determinants of Economic Growth, MIT Press, Cambridge (Massachusetts) et al.

*Bini Smaghi, L., Gros, D.* (2000), Open Issues in European Central Banking, Macmillan Press Ltd., London.

*Blinder, A. S.* (1999), Central Banking in Theory and Practice, MIT Press Cambridge (Massachusetts) et al.

*Board of Governors of the Federal Reserve System* (1994), The Federal Reserve System – Purposes and Functions, Washington D.C. (http://www.ferderalreserve.gov/pf/pf.htm).

*Bofinger, P., Pfleger, K., Hefeker, C.* (1998a), Stabilitätskultur in Europa – Theoretische Grundlagen, empirische Befunde, Bedeutung für die EWU, Deutscher Sparkassen Verlag, Stuttgart.

*Bofinger, P., Pfleger, K., Hefeker, C.* (1998b), Stabilitätskultur in Europa, in: Francke, H.-H., Ketzel, E., Kotz, H. H. (Hg.), Europäische Währungsunion, Duncker & Humblot, Berlin, S. 37–161.

*Briault, C.* (1995), The Costs of Inflation, Bank of England Quarterly Bulletin, Vol. 35, S. 33–45 (http://www.bankofengland.co.uk/).

*Brumm, H. J.* (2000), Inflation and Central Bank Independence: Conventional Wisdom Redux, Journal of Money, Credit and Banking, Vol. 32, S. 807–819.

*Bundesministerium der Finanzen* (2001), Entwurf eines Siebenten Gesetzes zur Änderung des Gesetzes über die Deutsche Bundesbank – Referentenentwurf vom 6.4.2001 (http://www.bundesfinanzministerium.de).

*Burckhardt, C.* (2001), Eichels Kröten für die Bundesbank – Unabhängigkeit tangiert, Deutsche Bundesbank Auszüge aus Presseatrikel, Nr. 20 vom 27. April 2001, S. 11–12.

*Caesar, R.* (2000), A New Model for Central Bank Constitutions? Central Banking, Vol. 11, S. 76–92.

*Castren, O.* (1998), Central Bank Independence and Accountability – How does the European Central Bank Fit into the Picture? Bank of Finland Bulletin, Vol. 72, No. 8, S. 12–15 (http://www.bof.fi).

*Courtis, N.* (1997), New Analysis. ESCB Profits: a Bundesbank Miscalculation? Central Banking, Vol. 8, No. 2, S. 19-24.

*Cukierman, A.* (1992), Central Bank Strategy, Credibility, and Independence: Theory and Evidence, MIT Press, Cambridge (Massachusetts) et al.

*Cukierman, A., Lippi, F.* (1998), Central Bank Independence, Centralization of Wage Bargaining, Inflation and Unemployment: Theory and Evidence, Banca d'Italia, Temi di discussione, No. 332 (http://www.bancaditalia.it).

*De Haan* (ed.) (2000), The History of the Bundesbank, Routledge, London et al.

*De Nederlandsche Bank* (2001), A Comparative Study of the Federal Reserve System and the ESCB, Quarterly Bulletin, March 2001, S. 55–64 (http://www.dnb.nl/englisch/index.htm).

*Deutsche Bundesbank* (1997), Informationsbrief zur Europäischen Wirtschafts- und Währungsunion, Nr. 6 (Stabilitäts- und Wachstumspakt) (http://www.bundesbank.de).

*Deutsche Bundesbank* (1998a), Informationsbrief zur Europäischen Wirtschafts- und Währungsunion, Nr. 10 (Anforderungen an die rechtliche Konvergenz) (http://www.bundesbank.de).

*Deutsche Bundesbank* (1998b), Gesetz über die Deutsche Bundesbank und Satzung des Europäischen Systems der Zentralbanken und der Europäischen Zentralbank, Bankrechtliche Regelungen 1 (http://www.bundesbank.de).

*Deutsche Bundesbank* (1999a), Der Beginn der Wirtschafts- und Währungsunion am 1. Januar 1999, Monatsbericht Januar 1999, 51. Jg., S. 19–32 (http://www.bundesbank.de).

*Deutsche Bundesbank* (1999b), Geschäftsbericht 1998 (http://www.bundesbank.de).

*Deutsche Bundesbank* (2001a), Stellungnahme des Zentralbankrates der Deutschen Bundesbank zur Reform der Bundesbankstruktur und der Finanzmarktaufsicht, Pressenotiz vom 23.3.2001 (http://www.bundesbank.de).

*Deutsche Bundesbank* (2001b), Perspektiven der EU-Erweiterung nach dem Europäischen Rat von Nizza, Monatsbericht März 2001, 53. Jg., S. 15–18 (http://www.bundesbank.de).

*Deutsche Bundesbank* (2001c), Die neue Baseler Eigenkapitalvereinbarung (Basel II), Monatsbericht April, S. 15–44.

*Europäische Zentralbank* (1998), Guideline of the European Central Bank on the Framework for Accounting and Reporting in the European System of Central Banks (http://www.ecb.int).

*Europäische Zentralbank* (1999a), Monatsbericht Januar 1999, Frankfurt/Main (http://www.ecb.int).

*Europäische Zentralbank* (1999b), Consolidated Opening Financial Statement of the European System of Central Banks (Eurosystem) ass at 1 January 1999, Pressemitteilung vom 5. Januar 1999 (http://www.ecb.int).

*Europäische Zentralbank* (1999c), Jahresbericht 1998, Frankfurt/Main (http://www.ecb.int).

*Europäische Zentralbank* (1999d), Der institutionelle Rahmen des Europäischen Systems der Zentralbanken, Monatsbericht Juli 1999, S. 59–67 (http://www.ecb.int).

*Europäische Zentralbank* (1999e), TARGET und der Euro-Zahlungsverkehr, Monatsbericht November 1999, S. 49–60 (http://www.ecb.int).

*Europäische Zentralbank* (1999f), Die Rechtsinstrumente der Europäischen Zentralbank, Monatsbericht November 1999, S. 61-67 (http://www.ecb.int).

*Europäische Zentralbank* (2000a), Währungsreserven und Devisengeschäfte des Eurosystems Monatsbericht Januar 2000, S. 5–61 (http://www.ecb.int).

*Europäische Zentralbank* (2000b), WWU und Bankenaufsicht, Monatsbericht April 2000, S. 53–70 (http://www.ecb.int).

*Europäische Zentralbank* (2001a), Monatsbericht April 2001, Statistischer Teil (http://www.ecb.int).

*Europäische Zentralbank* (2001b), Die neue Basler Eigenkapitalvereinbarung aus Sicht der EZB, Monatsbericht Mai, S. 65–84 (http://www.ecb.int).

*Europäisches Währungsinstitut* (1998), Konvergenzbericht, Frankfurt/Main (http://www.ecb.int).

*Fase, M.M.G., Vanthoor, W.F.V.* (2000), The Federal Reserve System discussed: a comparative analysis, De Nederlandsche Bank, Staff Reports 2000, No. 56.

*Feldstein, M.S.* (1999), Costs and Benefits of Price Stability, Chicago University Press, Chicago et al.

*Flassbeck, H., Welter, T., Interwies, E.* (1998), Internationale Koordination der Wirtschafts- und Währungspolitik, Gutachten im Auftrag der Friedrich-Ebert-Stiftung.

*Eijffinger, S.C., De Haan, J.* (2000), European Monetary and Fiscal Policy, Oxford University Press, Oxford.

*Frenkel, J. A.* (1999), Globalization, Central Bank Independence and Monetary Policy. Zeitschrift für das gesamte Kreditwesen. 52. Jg., S. 898–903.

*George, E.* (2000), Central Bank Independence, Bank of England Quarterly Bulletin, Vol. 40, S. 403–407 (http://www.bankofengland.co.uk/).

*Görgens, E., Ruckriegel, K.* (2000), Grundzüge der makroökonomischen Theorie, 7. A., P.C.O., Bayreuth.

*Goodfriend, M.* (2000), The Role of a Regional Bank in a System of Central Banks, Federal Reserve Bank of Richmond Economic Quarterly, Vol. 86/1, Winter 2000, S. 7–25 (http://www.rich.frb.org/).

*Gros, D.* (1998), Distributing Seigniorage under EMU, Ifo-Schnelldienst, 51. Jg., S. 29–39.

*Häde, U.* (1998), Zur Rechtmäßigkeit der Entscheidungen über die Europäische Wirtschafts- und Währungsunion, Juristenzeitung, 53. Jg., S. 1088–1095.

*Haferkamp, D.* (2001), Europas Notenbanken im Wandel, Deutsche Bundesbank Auszüge aus Presseartikeln, Nr. 20 vom 27. April 2001, S. 7–11.

*Hahn, H. J.* (1990), Währungsrecht, C. H. Beck, München.

*Hahn, H. J., Häde, U.* (2001), Die Zentralbank vor Gericht. Rechtschutz und Haftung in der Europäischen Wirtschafts- und Währungsunion, Zeitschrift für das gesamte Handelsrecht und Wirtschaftsrecht, 165. Jg., S. 30–61.

*Hayo, B.* (1998a), Empirische und theoretische Studien zur Europäischen Währungsunion, Peter Lang, Frankfurt.

*Hayo, B.* (1998b), Inflation Culture, Central Bank Independence and Price Stability, European Journal of Political Economy, Vol. 14, S. 241–263.

*Herrero, A. G., Gaspar, V., Hoogduin, L., Morgan, J., Winkler, B.* (Hrsg.) (2001), Why Price Stability?, First ECB Central Banking Conference, Frankfurt (http://www.ecb.int).

*Herz, B., Greiber, C.* (2001), Taylor Regeln: Erfahrungen der Deutschen Bundesbank, Implikationen für die Europäische Zentralbank, in: Söllner, F. Wilfert, A. (Hg.), Die Zukunft des Sozial- und Steuerstaates, Festschrift zum 65. Geburtstag von Dieter Fricke, Physica-Verlag, Heidelberg, S. 453–469.

*Hillery, P. V., Thompson, S. E.* (2000), The Federal Reserve Banks as Fiscal Agents and Depositories of the United States, Federal Reserve Bulletin, Vol. 86, S. 251–259 (http://www.federalreserve.gov).

*Holtfrerich, C.-L., Reis, J., Toniolo. G.* (Edit.) (1999), The Emergence of Modern Central Banking from 1918 to the Present. The Emergence of Modern Central Banking from 1918 to the Present, Ashgate Publishing Ltd., Aldershot (UK) et al.

*Illing, G.* (1997), Theorie der Geldpolitik, Springer, Berlin et al.

*Illing, G.* (2000), Zentralbankverfassungen, in: von Hagen, J., von Stein, H.: Obst/Hinter Geld-, Bank- und Börsenwesen, 40. A., Schäffer-Poeschel, Stuttgart, S. 1620–1639.

*Issing, O.* (1992), Unabhängigkeit der Notenbank und Geldwertstabilität, Deutsche Bundesbank, Auszüge aus Presseartikeln, Nr. 79 vom 10.11.1992, S. 1–8.

*Issing, O.* (1998), Die Bedeutung stabilen Geldes, in: Knappe, E., Berthold, N. (Hg.), Ökonomische Theorie der Sozialpolitik – Bernhard Külp zum 65. Geburtstag –, Physica-Verlag, Heidelberg, S. 48–59.

*Issing, O.* (2000a), Hayek, Currency Competition and European Monetary Union, Occasional Paper 111, The Institute of Economic Affairs, London.

*Issing, O.* (2000b), New Technologies in Payments – A Challenge to Monetary Policy, Lecture to be delivered at the Center for Financial Studies, Frankfurt am Main, 28. Juni 2000 (http://www.ecb.int).

*Issing, O.* (2000c), Why Price Stability, Beitrag zur EZB Konferenz „Why Price Stability" im November 2000 (http://www.ecb.int).

*Jospin, L.* (2000), A Prime Ministeral View of Central Banks, Central Banking, Vol. 11, No. 1 Aug. 2000, S. 52–55.

*Kirchgässner, G.* (1996), Geldpolitik und Zentralbankverhalten aus Sicht der Neuen Politischen Ökonomie, in: Bofinger, P., Ketterer, K.-H. (Hg.), Neuere Entwicklungen in der Geldtheorie und Geldpolitik, J. C. B. Mohr (Paul Siebeck), Tübingen, S. 21–41.

*Läufer, N.K.* (1999), „Inflationssteuer, Eigentumsgarantie und Europäische Währungsunion". Eine ökonomisch-juristische Analyse. Teil I: Die Inflationssteuer als perfektes Steueräquivalent. (Geldentwertung als Quasi-Besteuerung), Deutsche Steuer-Zeitung, 87. Jg., S. 763–782.

*Lange, C., Nolte, F.* (1998), Konsequenzen der Europäischen Währungsunion für den Geldschöpfungsgewinn der Mitgliedsländer, Kredit und Kapital, 31. Jg., S. 494–519.

*Landeszentralbank im Freistaat Bayern* (1999), Das Europäische Zentralbankensystem im Dienst des Bürgers: Was ändert sich mit Beginn der Währungsunion? München.

*Landeszentralbank in Hessen* (1998), Die Rolle der Landeszentralbanken im Europäischen System der Zentralbanken, Frankfurter Finanzmarkt-Bericht Nr. 32 (http://www.bundesbank.de/lzb-hessen).

*Liebscher, K.* (1999), Stabilitätsauftrag und Zentralbankunabhängigkeit, in: Simmert, D., Welteke, E. (Hg.), Die Europäische Zentralbank, Deutscher Sparkassen Verlag, Stuttgart, S. 71–99.

*Loef, H. E.* (1998), Stabilitätskultur und Zentralbankunabhängigkeit, in: Francke, H.-H., Ketzel, E., Kotz, H. H. (Hg.), Europäische Währungsunion, Duncker & Humblot, Berlin, S. 317–339.

*Mankiw, G.* (2000), Macroeconomics, 4th Edition, Worth Publishers, New York.

*Meade, E. E. (Ed.)* (1999), The European Central Bank How Accountable? How Decentralized? American Institute for Contemporary German Studies, Washington, D.C.

*Meade, E. E., Sheets, D.N.* (1999), Centralization vs. Decentralization in the Federal Reservesystem: Lessons for the European Central Bank, in: Meade, E. E. (Ed.) (1999), The European Central Bank How Accountable? How Decentralized? American Institute for Contemporary German Studies, Washington, D.C., S. 51–67.

*Mishkin, F. S.* (2000), What Should Central Banks Do? Federal Reserve Bank of St. Louis Review, Vol. 82, November/December 2000, 1–13 (http://www..stls.frb.org/).

*Mishkin, F. S.* (2001a), The Economics of Money, Banking and Financial Markets, 6th Edition, Addison-Wesley Publishing Company, Readings et al.

*Mishkin, F. S.* (Ed.) (2001b), Prudential Supervision: What Works and What Doesn't, University of Chicago Press, Chicago.

*Mishkin, F. S., Eakins, S. G.* (2000), Financial Markets and Institutions, 3rd Edition, Addison-Wesley Publishing Company, Readings et al.

*Naudin, F.* (2000), The European Central Bank, Kogan Page Ltd, London.

*Neumann, M. J. M.* (1998), Geldwertstabilität: Bedrohung und Bewährung, in: Deutsche Bundesbank (Hg.), Fünfzig Jahre Deutsche Mark, C. H. Beck, München, S. 310–346.

*Padoa-Schioppa, T.* (2000), An Institutional Glossary of the Eurosystem, ZEI Policy Paper, B 16, 2000, S. 23–37 (http://www.zei.de).

*Pöhl-Kommission* (2000), Expertengruppe Bundesbankstrukturreform, Bericht zur Strukturreform der Deutschen Bundesbank vom 4. Juli 2000, Veröffentlichung des BMF (http://www.bundesfinanzministerium.de).

*Pollard, P. S.* (1993), Central Bank Independence and Economic Performance, Federal Reserve Bank of St. Louis Review, Vol. 75, Juli/Aug., S. 21–36 (http://www..stls.frb.org/).

*Randzio-Plath, C.* (2000), A New Political Culture in the EU – Democratic Accountability of the ECB, ZEI Policy Paper, B 16, 2000, S. 3–22 (http://www.zei.de).

*Richter, R.* (1994), „Stabilitätskultur" als Problem der Institutionen-Ökonomik, in: Hesse, H., Issing, O. (Hg.), Geld und Moral, Vahlen, München, S. 74–90.

*Rogoff, K.* (1998), Blessing or Curse? Foreign and Underground Demand for Euro Notes, Economic Policy, S. 263–290.

*Ruckriegel, K.* (1997), Zur Neubewertung der Währungsreserven der Deutschen Bundesbank, WISU, 26. Jg., S. 728–730.

*Ruckriegel, K.* (1998), Die Deutsche Bundesbank im Europäischen System der Zentralbanken, WISU, 27. Jg., S. 237–240.

*Ruckriegel, K.* (2000), Das Eurosystem, WISU, 29. Jg., 1483–1487.

*Schwarze, J.* (Hg.) (2000), EU-Kommentar, Nomos-Verlagsgesellschaft, Baden-Baden.

*Schich, S., Seitz, F.* (2000), Overcoming the Inflationary Bias Through Institutional Changes – Experiences of Selected OECD Countires, Schmollers Jahrbuch – Zeitschrift für Wirtschafts- und Sozialwissenschaften, Vol. 120, S. 1–24.

*Seidel, M.* (1998), „Die Politiker meinen der Vertrag stehe zu ihrer Disposition", Interview mit Prof. Seidel, Welt am Sonntag, 15. November 1998, Nr. 46, S. 47–48.

*Seidel, M.* (2000), Konstitutionelle Schwächen der Währungsunion, Europarecht, 35. Jg., S. 861–878.

*Seitz, F.* (1995), Der DM-Umlauf im Ausland, Diskussionspapier 1/95, Volkswirtschaftliche Forschungsgruppe der Deutschen Bundesbank (http://www.bundesbank.de).

*Simmert, D., Welteke, E.* (Hg.) (1999), Die Europäische Zentralbank, Deutscher Sparkassen Verlag, Stuttgart.

*Sinn, H.-W., Feist, H.* (1997), Eurowinners and Eurolosers: The Distribution of Seigniorage in EMU, European Journal of Political Economy, Vol. 13, S. 665–689.

*Sinn, H.-W., Feist, H.* (2000), Seigniorage Wealth in the Eurosystem: Eurowinners and Eurolosers Revisited, CESifo Working Paper No. 353, November 2000 (http://www.cesifo.de).

*Smith, A.* (1789), Der Wohlstand der Nationen, 5. A., London, nachgedruckt als dtv. Taschenbuch-Ausgabe (hg. von H.C. Recktenwald), 7. A., Deutscher Taschenbuch Verlag, München 1996.

*Solveen, R.* (1998), Der Einfluss der Unabhängigkeit auf die Politik der Zentralbanken, J. C. B. Mohr (Paul Siebeck), Tübingen.

*Spiegel, M. M.* (1998), Central Bank Independence and Inflation Expectations: Evidence from Britisch Index-Linked Gilts, Federal Reserve Bank of San Francisco Economic Review, No. 1, S. 3–14 (http://www.frbsf.org/).

*Temple, J.* (1998), Central Bank Independence and Inflation: Good News and Bad News, Economics Letters, Vol. 61, S. 215–219.

*Tietmeyer, H.* (1999), The Social Market Economy and Monetary Stability, Economica, London et al.

*Tödter, K.-H., Ziebarth, G.* (1997), Preisstabilität oder geringe Inflation für Deutschland? Eine Analyse von Kosten und Nutzen, Diskussionspapier 3/97, Volkswirtschaftliche Forschungsgruppe der Deutschen Bundesbank (http://www.bundesbank.de).

*Tödter, K.-H., Ziebarth, G.* (2000), From low Inflation to Price Stability in Germany: Measurement, Costs and Benefits, in: De Haan (Ed.), The History of the Bundesbank, Routledge, London et al., S. 67–96.

*von Hayek, F. A.* (1983), Die Verfassung der Freiheit, Mohr, Tübingen.

*Walsh, C. E.* (1998), Monetary Theory and Policy, The MIT Press, Cambridge (Massachusetts).

*Welteke, E.* (1999), Die Rolle der Bundesbank im Europäischen System der Zentralbanken, in: Simmert, D., Welteke, E. (Hg.), Die Europäische Zentralbank, Deutscher Sparkassen Verlag, Stuttgart, S. 143–155.

*Wissenschaftlicher Beirat beim Wirtschaftsministerium* (1998): Grundlegende Reform der gesetzlichen Rentenversicherung, Bonn.

*Wynne, M. A.* (1999), The European System of Central Banks, Federal Reserve Bank of Dallas, Economic Review, First Quarter 1999, S. 2–14 (http://www.dallasfed.org).

*Zeitler, F.-C.* (1996a), Stabilitätskultur – ein Beitrag für Europa, Deutsche Bundesbank, Auszüge aus Presseartikeln, Nr. 42 vom 1.7.1996, S. 7–10 (http://www.bundesbank.de).

*Zeitler, F.-C.* (1996b), Stabilitätskultur – das Wurzelgeflecht einer harten Währung, Zeitschrift für das gesamte Kreditwesen, 49. Jg, S. 1039–1041.

*Zeitler, F.-C.* (1999), Zahlungsverkehrssysteme für den Euro, Zeitschrift für das gesamte Kreditwesen, 52. Jg., S. 432–437 (http://www.bundesbank.de/lzb-bayern).

*Zeitler, F.-C.* (2001), Experiences with the European Monetary Union, Vortrag an der Tel Aviv University am 30. April 2001 (http://www.bundesbank.de/lzb-bayern).

*Zimmermann, K. W., Just, T.* (2001), Politische Glaubwürdigkeit und der Euro: Eine Verfassungsökonomische Perspektive, in: Söllner, F., Wilfert, A. (Hg.), Die Zukunft des Sozial- und Steuerstaates, Festschrift zum 65. Geburtstag von Dieter Fricke, Physica-Verlag, Heidelberg, S. 373–397.

## Kapitel II.2:

*Andrés, J., Hernando, J., López-Salido, J. D.* (2000), Assessing the Benefits of Price Stability: The International Experience, Banco de España, Servicio de Estudios, Estudios Económicos No. 69-2000.

*Angeloni, I., Rovelli, R.* (Eds.) (1998), Monetary Policy and Interest Rates, MacMillan Press, Houndmills u.a.

*Arnold, I. J. M.* (1994), The Myth of a Stable European Money Demand, Open Economies Review, Vol. 5, S. 245–259.

*Arnold, I. J. M.* (1996), Fallacies in the Interpretation of a European Monetary Aggregate, Weltwirtschaftliches Archiv, 132. Jg., S. 753–762.

*Arnold, I. J. M., de Vries, C. G.* (2000), Endogeneity in European Money Demand, European Journal of Political Economy, Vol. 16, S. 587–609.

*Artis, M. J., Bladen-Hovell, R. C., Zhang, W.* (1993), A European Money Demand Function, in: Masson, P. R., Taylor, M. P. (Eds.), Policy Issues in the Operation of Currency Unions, Cambridge University Press, Cambridge, S. 240–263.

*Artis, M. J., Mizen, P., Kontolemis, Z.* (1998), Inflation Targeting: What can the ECB Learn from the Recent Experience of the Bank of England? The Economic Journal, Vol. 108, S. 1810–1825.

*Balassa, B.* (1964), The Purchasing Power Doctrine: A Reappraisal, Journal of Political Economy, Vol. 72, S. 584–596.

*Baltensperger, E.* (2000), Die Rolle des Geldes im Inflation Targeting, in: Engel, G., Rühmann, P. (Hg.), Geldpolitik und Europäische Währungsunion, Vandenhoeck & Ruprecht, Göttingen.

*Bénassy-Quéré, A.* (1996), Potentialities and Opportunities of the Euro as an International Currency, European Commission, Directorate-General for Economic and Financial Affairs, Economic Papers No. 115, July 1996.

*Berk, J.M., van Bergeijk, J.* (2000), Is the Yield Curve a Useful Information Variable for the Eurosystem, ECB Working Paper No. 11, February 2000 (http://www.ecb.int).

*Bernanke, B. S., Woodford, M.* (1997), Inflation Forecasts and Monetary Policy, Journal of Money, Credit and Banking, Vol. 29, S. 653–684.

*Bernanke, B. S., Laubach, T., Posen, A. S., Mishkin, F. S.* (1999), Inflation Targeting: Lessons from the International Experience, Princeton University Press, Princeton.

*Beyer, A., Doornik, J. A., Hendry, D. F.* (2000), Reconstructing Aggregate Euro-Zone Data, Journal of Common Market Studies, Vol. 38, S. 613–624.

*Bofinger, P., Hasse, R. H., Neumann, M. J. M.* (1998), Wirtschaftspolitisches Forum: Erfolgsbedingungen für die Europäische Währungsunion, Zeitschrift für Wirtschaftspolitik, 47. Jg., S. 335–357.

*Bofinger, P., Reischle, J., Schächter, A.* (1996), Geldpolitik – Ziele, Institutionen, Strategien und Instrumente, Vahlen, München.

*Boskin, M., Dulberger, E., Gordon, J., Griliches, Z., Jorgenson, D.* (Advisory Commission To Study The Consumer Prive Index) (1996), Toward a More Accurate Measure of the Cost of Living, Washington.

*Brand, C., Cassola, N.* (2000), A Money Demand System for Euro Area M3, ECB Working Paper No. 39, November 2000 (http://www.ecb.int).

*Brandner, P., Schuberth, H.* (1999), Effizienz und Transparenz der geldpolitischen Strategie des ESZB, Monatsbericht, Österreichisches Institut für Wirtschaftsforschung, 72. Jg., S. 61–73.

*Browne, F. X., Fagan, G., Henry, J.* (1997), Money Demand in EU Countries: A Survey, European Monetary Institute Staff Papers No. 7, March 1997.

*Bruggemann, A.* (2000), The Stability of EMU-Wide Money Demand Functions and the Monetary Policy Strategy of the European Central Bank, The Manchester School, Vol. 68, S. 184–202.

*Cabrero, A., Escriva, J. L., Munoz, E., Penalosa, J.* (1998), The Controllability of a Monetary Aggregate in EMU, Banco de España – Servicio de Estudios, Documento de Trabajo No. 9817.

*Calza, A., Gartner, C., Sousa, J.* (2001), Modelling the Demand for Loans to the Private Sector in the Euro Area, ECB Working Paper No. 55, April 2001 (http://www.ecb.int).

*Cassard, M., Lane. T., Masson, P. R.* (1997) Core ERM Money Demand and Effects on Inflation, The Manchester School of Economic and Social Studies, Vol. 65, S. 1–24.

*CEPR* (2000), One Money, Many Countries, Monitoring the European Central Bank 2, London.

*Clausen, V.* (2001), Asymmetric Monetary Transmission in Europe, Springer, Berlin et al.

*Clostermann, J., Seitz, F.* (1999), Der Zusammenhang zwischen Geldmenge, Output und Preisen in Deutschland – ein modifizierter P-Star-Ansatz, ifo Diskussionsbeiträge Nr. 60.

*Coenen, G., Vega, J.-L.* (1999), The Demand for M3 in the Euro Area, ECB Working Paper No. 6, September 1999 (http://www.ecb.int).

*Debelle, G.* (1997), Inflation Targeting in Practice, IMF Working Paper 97/35 (http://www.imf.org).

*Dedola, L., Gaiotti, E., Silipo, L.* (2001), Money Demand in the Euro Area: Do National Differences Matter? Banca d'Italia, Temi di Discussione No. 405 (http://www.bancaitalia.it).

*Detken, C., Hartmann, P.* (2000), The Euro and International Capital Markets, ECB Working Paper No. 19, April 2000 (http://www.ecb.int).

*Deutsche Bank Research* (2000), Euroland Inflation Report, Frankfurt/Main, Dezember 2000 (http://www.dbresearch.com).

*Deutsche Bundesbank* (1995), Die Geldpolitik der Bundesbank, Frankfurt/Main (http://www.bundesbank.de).

*Deutsche Bundesbank* (Hg.) (1996), Monetary Policy Strategies in Europe, Vahlen, München.

*Deutsche Bundesbank* (1998a), Finanzmarktpreise als geldpolitische Indikatoren, Monatsbericht Juli 1998, 50. Jg., Nr. 7, S. 51–69 (http://www.bundesbank.de).

*Deutsche Bundesbank* (1998b), Probleme der Inflationsmessung, Monatsbericht Mai 1998, 50. Jg., Nr. 5, S. 53–66 (http://www.bundesbank.de).

*Deutsche Bundesbank* (1998c), Die technische Ausgestaltung des neuen europäischen Wechselkursmechanismus, Monatsbericht Oktober 1998, 50. Jg., Nr. 10, S. 19–25 (http://www.bundesbank.de).

*Deutsche Bundesbank* (1999a), Der Beginn der Wirtschafts- und Währungsunion am 1. Januar 1999, Monatsbericht Januar 1999, 51. Jg., Nr. 1, S. 19–32 (http://www.bundesbank.de).

*Deutsche Bundesbank* (1999b), Monetäre Analyse für das Euro-Währungsgebiet, Monatsbericht März 1999, 51. Jg., Nr. 3, S. 15–29 (http://www.bundesbank.de).

*Deutsche Bundesbank* (1999c), Taylor-Zins und Monetary Conditions Index, Monatsbericht April 1999, 51. Jg., Nr. 4, S. 47–63 (http://www.bundesbank.de).

*Deutsche Bundesbank* (Hg.) (1999d), Zur Diskussion über den Verbraucherpreisindex als Inflationsindikator – Beiträge zu einem Workshop in der Deutschen Bundesbank, Diskussionspapier 3/99, Volkswirtschaftliche Forschungsgruppe der Deutschen Bundesbank (http://www.bundesbank.de).

*Deutsche Bundesbank* (2000), Kerninflationsraten als Hilfsmittel der Preisanalyse, Monatsbericht April 2000, 52. Jg., Nr. 4, S. 49–63 (http://www.bundesbank.de).

*Deutsche Bundesbank* (2001a), Monetäre Entwicklung im Euro-Währungsgebiet seit Beginn der EWU, Monatsbericht Juni 2001, 53. Jg., Nr. 6, S. 41–58 (http://www.bundesbank.de)

*Deutsche Bundesbank* (2001b), Realzinsen: Entwicklung und Determinanten, Monatsbericht Juli 2001, 53. Jg., Nr. 7, S. 33–50 (http://www.bundesbank.de)

*Duca, J.V.* (2000), Financial Technology Shocks and the Case of the Missing M2, Journal of Money, Credit and Banking, Vol. 32, S. 820–839.

*Duisenberg, W. F.* (1998), Die internationale Rolle des Euro, Vortrag bei der Konrad-Adenauer-Stiftung in Berlin am 22.10.1998, abgedruckt in: Deutsche Bundesbank (Hg.), Auszüge aus Presseartikeln, Nr. 63, S. 2–6.

*Duwendag, D., Ketterer, K.-H., Kösters, W., Pohl, R., Simmert, D.B.* (1998), Geldtheorie und Geldpolitik – Eine problemorientierte Einführung mit einem Kompendium monetärer Fachbegriffe, 5. A., Springer, Berlin et al.

*Ehrmann, M., Smets, F.* (2001), Uncertain Potential Output: Implications for Monetary Policy, ECB Working Paper No. 59, April 2001 (http://www.ecb.int).

*Eijffinger, S. C. W.* (2000), Monetary Policy of the ECB: Strategy and Instruments, in: de Haan, J. (Ed.), The History of the Bundesbank – Lessons for the European Central Bank, Routledge, London and New York, S. 125–142.

*Eijffinger, S. C. W., de Haan, J.* (2000), European Monetary and Fiscal Policy, Oxford University Press, Oxford.

*Estrella, A., Mishkin, F. S.* (1997), The Predictive Power of the Term Structure of Interest Rates in Europe and the United States: Implications for the European Central Bank, European Economic Review, Vol. 41, S. 1375–1401.

*Europäisches Währungsinstitut* (1997a), Die einheitliche Geldpolitik in Stufe 3 – Festlegung des Handlungsrahmens, Frankfurt/Main, Januar 1997 (http://www.ecb.int).

*Europäisches Währungsinstitut* (1997b), Die einheitliche Geldpolitik in Stufe 3 – Allgemeine Regelungen für die geldpolitischen Instrumente und Verfahren des ESZB, Frankfurt/Main, September 1997 (http://www.ecb.int).

*Europäische Zentralbank* (1999a), Die stabilitätsorientierte geldpolitische Strategie des Eurosystems, Monatsbericht Januar 1999, S. 43–56 (http://www.ecb.int).

*Europäische Zentralbank* (1999b), Monetäre Aggregate im Euro-Währungsgebiet und ihre Rolle in der geldpolitischen Strategie des Eurosystems, Monatsbericht Februar 1999, S. 29–47 (http://www.ecb.int).

*Europäische Zentralbank* (1999c), Die Rolle kurzfristiger Konjunkturindikatoren bei der Analyse der Preisentwicklung im Euro-Währungsgebiet, Monatsbericht April 1999, S. 31–45 (http://www.ecb.int).

*Europäische Zentralbank* (1999d), Längerfristige Entwicklungen und konjunkturelle Schwankungen der wichtigen volkswirtschaftlichen Indikatoren der Länder des Euro-Währungsgebiets, Monatsbericht Juli 1999, S. 35–58 (http://www.ecb.int).

*Europäische Zentralbank* (1999e), Die internationale Rolle des Euro, Monatsbericht August 1999, S. 35–58 (http://www.ecb.int).

*Europäische Zentralbank* (1999f), Inflationsunterschiede in einer Währungsunion, Monatsbericht Oktober 1999, S. 39–49 (http://www.ecb.int).

*Europäische Zentralbank* (2000a), Preis- und Kostenindikatoren für das Euro-Währungsgebiet: ein Überblick, Monatsbericht August 2000, S. 35–53 (http://www.ecb.int).

*Europäische Zentralbank* (2000b), Die zwei Säulen der geldpolitischen Strategie der EZB, Monatsbericht November 2000, S. 41–53 (http://www.ecb.int).

*Europäische Zentralbank* (2000c), Von Experten erstellte gesamtwirtschaftliche Projektionen für das Eurowährungsgebiet, Monatsbericht Dezember 2000, S. 54–60 (http://www.ecb.int).

*Europäische Zentralbank* (2000d), Die einheitliche Geldpolitik in Stufe 3 – Allgemeine Regelungen für die geldpolitischen Instrumente und Verfahren des Eurosystems, Frankfurt/Main, November 2000 (http://www.ecb.int).

*Europäische Zentralbank* (2001a), Gestaltungsrahmen und Instrumentarium der monetären Analyse, Monatsbericht Mai 2001, S. 43–63 (http://www.ecb.int).

*Europäische Zentralbank* (2001b), A Guide to Eurosystem Staff Macroeconomic Projection Exercises, June 2001 (http://www.ecb.int).

*Europäische Zentralbank* (2001c), Monatsbericht Juni 2001 (http://www.ecb.int).

*Europäische Zentralbank* (2001d), Indizes zur Messung der Kerninflation im Euro-Währungsgebiet, Monatsbericht Juli 2001, S. 55–66 (http://www.ecb.int).

*Fagan, G., Henry, J.* (1998), Long Run Money Demand in the EU: Evidence for Area-Wide Aggregates, Empirical Economics, Vol. 23, S. 483–506.

*Falk, M., Funke, N.* (1995), The Stability of Money Demand in Germany and the EMS: Impact of German Unification, Weltwirtschaftliches Archiv, 131. Jg., S. 470–488.

*Fase, M. M. G., Winder, C. C. A.* (1998), Wealth and the Demand for Money in the European Union, Empirical Economics, Vol. 23, S. 507–524.

*Federal Reserve Bank of Kansas City* (Ed.) (1993), Changing Capital Markets: Implications for Monetary Policy, Jackson Hole (http://www.kc.frb.org/publicat/sympos/symmain.htm).

*Feldstein, M.* (ed.) (1999), The Costs and Benefits of Price Stability, The University of Chicago Press, Chicago and London.

*Funke, M.* (2001), Money Demand in Euroland, Journal of International Money and Finance, Vol. 20, erscheint demnächst.

*Funke, M., Cabos, K.* (2000), Theorie und Evidenz der Geldnachfrage, in: Obst, G., Hintner, O., Geld-, Bank- und Börsenwesen, 40. A., hg. von von Hagen, J., von Stein, J.H., Schäffer-Pöschel, Stuttgart, S. 1491–1512.

*Gerdesmeier, D.* (1996), Die Rolle des Vermögens in der Geldnachfrage, Diskussionspapier 5/96, Volkswirtschaftliche Forschungsgruppe der Deutschen Bundesbank (http://www.bundesbank.de).

*Gerlach, S., Smets, F.* (1997), The Term Structure of Euro-Rates: Some Evidence in Support of the Expectations Hypothesis, Journal of International Money and Finance, Vol. 16, S. 305–321 (http://www.bis.org/publ/index.htm).

*Gerlach, S., Smets, F.* (1998), Exchange Rate Regimes and the Expectations Hypothesis of the Term Structure, in: Angeloni, I., Rovelli, R. (Eds.), Monetary Policy and Interest Rates, Basingstoke et al., MacMillan, S. 11–35 (http://www.bis.org/publ/index.htm).

*Gerlach, S., Svensson, L. E. O.* (2001), Money and Inflation in the Euro Area: A Case for Monetary Indicators, BIS Monetary and Economic Department, Working Paper No. 98 (http://www.bis.org/publ/index.htm).

*Goodhart, C.* (1975), Problems of Monetary Management: The UK Experience, Paper presented for the conference in monetary economics, Reserve Bank of Australia.

Gottschalk, J. (1999), On the Monetary Transmission Mechanism in Europe – Results from a Cointegration Analysis of a Money Demand System, Jahrbücher für Nationalökonomie und Statistik, Bd. 219, S. 357–374.

*Greenspan, A.* (1993), Testimony to the Sub-Committee on Economic Growth and Credit Formation of the Committee on Banking, Finance and Urban Affairs of the US House of Representatives on 20/7/1993.

*Groneveld, J. M* (1998) Inflation Patterns and Monetary Policy – Lessons for the European Central Bank, Edward Elgar Publishing, Cheltenham.

*Groneveld, J. M., Koedijk, K. G., Kool, J. M.* (1997), Money, Prices and the Transition to EMU, Banca Nazionale del Lavoro, Quarterly Review, No. 203, S. 481–504.

*Hartmann, P.* (1998), Currency Competition and Foreign Exchange Markets, Cambridge University Press, Cambridge.

*Hayo, B.* (1999), Estimating a European Demand for Money, Scottish Journal of Political Economy, Vol. 46, S. 221–244.

*Herrero, A. G., Gaspar, V., Hoogduin, L., Morgan, J., Winkler, B. C.* (Hg.) (2001), Why Price Stability?, First ECB Central Banking Conference, Frankfurt (http://www.ecb.int).

*Herwartz, H., Reimers, H.-E.* (2001), Long-run Links between Money, Output and Prices: Worldwide Evidence, Hochschule Wismar, mimeo.

*Hoffmann, J.* (1998), Probleme der Inflationsmessung in Deutschland, Diskussionspapier 1/98, Volkswirtschaftliche Forschungsgruppe der Deutschen Bundesbank (http://www.bundesbank.de).

*Hu, Z.* (1993), The Yield Curve and Real Activity, IMF Staff Papers, Vol. 40, S. 781–806.

*Hubrich, K.* (1999), Estimation of a German Money Demand System – A Long-run Analysis, Empirical Economics, Vol. 24, S. 77–99.

*Illing, G.* (1997), Theorie der Geldpolitik – Eine spieltheoretische Einführung, Springer, Berlin et al.

*Issing, O.* (1994), Die Geldmengenstrategie der Deutschen Bundesbank, Vortrag auf dem Symposium „20 Jahre Geldmengensteuerung in Deutschland“ in Montabaur am 9.12.1994, abgedruckt in: Deutsche Bundesbank (Hg.), Auszüge aus Presseartikeln, Nr. 91, S. 1–11.

*Issing, O.* (1997), Der Euro im Weltwährungssystem, Vortrag auf dem Symposium der Adolf Weber Stiftung in Frankfurt am 15.4.1997, abgedruckt in: Deutsche Bundesbank (Hg.), Auszüge aus Presseartikeln, Nr. 22, S. 1–7.

*Issing, O.* (1998a), Monetary Policy in EMU, Rede in Washington am 6.10.1998.

*Issing, O.* (1998b), The European Central Bank on the Eve of EMU, Rede vor der LSE European Society in London am 26.11.1998, abgedruckt in Deutsche Bundesbank (Hg.), Auszüge aus Presseartikeln Nr. 70 vom 27.11.1998, S. 13–19.

*Issing, O.* (1998c), Die Europäische Zentralbank – Das Problem der Glaubwürdigkeit, in: Duwendag, D. (Hg.), Finanzmärkte im Spannungsfeld von Globalisierung, Regulierung und Geldpolitik, Duncker & Humblot, Berlin, S. 179–192.

*Issing, O.* (2000), The European Central Bank as a New Institution and the Problem of Accountability, in: de Haan, J. (Ed.), The History of the Bundesbank – Lessons for the European Central Bank, Routledge, London and New York, S. 143–156.

*Issing, O., Gaspar, V., Angeloni, I., Tristani, O.* (2001), Monetary Policy in the Euro Area – Strategy and Decision Making at the European Central Bank, Cambridge University Press, Cambridge.

*Jarchow, H.-J.* (1998), Theorie und Politik des Geldes 1, 10. A., UTB, Vandenhoeck & Ruprecht, Göttingen.

*Kahn, G. A., Parrish, K.* (1998), Conducting Monetary Policy with Inflation Targets, Federal Reserve Bank of Kansas City Economic Review, Vol. 83, S. 5–32 (http://www.kc.frb.org/publicat/econrev/er98.htm).

*Kempa, B.* (1998), Währungspolitische Strategien zur Heranführung der „Pre-Ins“ an die Europäische Währungsunion, Außenwirtschaft, 53. Jg., S. 539–551.

*King, M.* (1996), Direct Inflation Targets, in: Deutsche Bundesbank (Hg.), Monetary Policy Strategies in Europe, Vahlen, München, S. 45–71.

*Kremers, J. J. M., Lane, T. D.* (1992), The Implications of Cross-Border Aggregation, IMF Working Paper 92/71.

*Lahiri, K., Ivanova, D., Seitz, F.* (2000), Interest Rate Spreads as Predictors of German Inflation and Business Cycles, International Journal of Forecasting, Vol. 16, S. 39–58.

*Laidler, D. E. W.* (1993), The Demand for Money – Theories, Evidence & Problems, 4th ed., Harper Collins College Publishers, New York.

*Leiderman, L., Svensson, L.* (Hg.) (1995), Inflation Targets, Centre for Economic Policy Research, London.

*Masson, P. R., Turtelboom, B. G.* (1997), Characteristics of the Euro, the Demand for Reserves, and Policy Coordination under EMU, IMF Working Paper 97/58, May 1997 (http://www.imf.org).

*McCallum, B. T.* (1987), The Case for Rules in the Conduct of Monetary Policy: A Concrete Example, Federal Reserve Bank of Richmond Economic Quarterly, Vol. 73, Nr. 5, S. 10–18.

*McCandless Jr., G. T., Weber, W. E.* (1995), Some Monetary Facts, Federal Reserve Bank of Minneapolis Quarterly Review, Vol. 19, S. 2–11 (http://research.mpls.frb.fed.us/research/qr/).

*Monticelli, G.* (1996) EU-Wide Money and Cross-Border Holdings, Weltwirtschaftliches Archiv, 132. Jg., S. 215–235.

*Monticelli, C., Strauss-Kahn, M.-O.* (1992), European Integration and the Demand for Broad Money, BIS Working Paper Nr. 18 (http://www.bis.org/publ/index.htm).

*Morana, C.* (2000), Measuring Core Inflation in the Euro Area, ECB Working Paper No. 36, November 2000 (http://www.ecb.int).

*Müller, C., Hahn, E.* (2001), Money Demand in Europe: Evidence from the Past, Kredit und Kapital, 34. Jg., S. 48–75.

*Mundell, R.* (1998), What Makes a Great Currency, Central Banking, Vol. 9, S. 35–42.

*Neumann, M. J. M.* (2000), Strategien der Geldpolitik, in: Obst, G., Hintner, O., Geld-, Bank- und Börsenwesen, 40. A., hg. von von Hagen, J., von Stein, J.H., Schäffer-Pöschel, Stuttgart, S. 1594–1604.

*Nicoletti-Altimari, S.* (2001), Does Money Lead Inflation in the Euro Area, ECB Working Paper No. 63, May 2001 (http://www.ecb.int).

*Orphanides, A.* (2000), The Quest for Prosperity without Inflation, ECB Working Paper No. 15, March 2000 (http://www.ecb.int).

*Richter, R.* (1999), Deutsche Geldpolitik 1948–1998, Mohr Siebeck, Tübingen.

*Rogers, J. H.* (2001), Price Level Convergence, Relative Prices and Inflation in Europe, Board of Governors of the Federal Reserve System, International Finance Discussion Paper No. 699, March 2001 (http://www.federalreserve.gov).

*Rudebusch, G. D.* (2000), Assessing Nominal Income Rules for Monetary Policy with Model and Data Uncertainty, ECB Working Paper No. 14, February 2000 (http://www.ecb.int).

*Runkle, D. E.* (1998), Revisionist History: How Data Revisions Distort Economic Policy Research, Federal Reserve Bank of Minneapolis Quarterly Review, Vol. 22, Nr. 4, S. 3–12 (http://research.mpls.frb.fed.us/research/qr/).

*Samuelson, P.A.* (1964), Theoretical Notes on Trade Problems, Review of Economics and Statistics, Vol. 23, S. 1–60.

*Santillán, J., Bayle, M., Thygesen, C.* (2000), The Impact of the Euro on Money and Bond Markets, ECB Occasional Paper No.1, July 2000 (http://www.ecb.int).

*Scharnagl, M.* (1996), Geldmengenaggregate unter Berücksichtigung struktureller Veränderungen an den Finanzmärkten, Diskussionspapier 2/96, Volkswirtschaftliche Forschungsgruppe der Deutschen Bundesbank (http://www.bundesbank.de).

*Schich, S. T.* (1996), Alternative Spezifikationen der deutschen Zinsstrukturkurve und ihr Informationsgehalt hinsichtlich der Inflation, Diskussionspapier 8/96, Volkswirtschaftliche Forschungsgruppe der Deutschen Bundesbank (http://www.bundesbank.de).

*Seitz, F.* (1998), Goodhart's Law: Was es für Deutschland und die Europäische Währungsunion bedeutet, WISU, 27. Jg., S. 1407–1410.

*Seitz, F., Reimers, H.-E.* (1999), Currency Substitution: A Theoretical and Empirical Analysis for Germany and Europe, The Manchester School, Vol. 67, S. 137–153.

*Shen, P.* (1998), How Important is the Inflation Risk Premium? Federal Reserve Bank of Kansas City Economic Review, Vol. 83, Nr. 4, S. 35–47 (http://www.kc.frb.org).

*Shiratsuka, S.* (1999), Measurement Errors and Quality-Adjustment Methodology: Lessons from the Japanese CPI, Federal Reserve Bank of Chicago, Economic Perspectives, Vol. 23, Issue 2, S. 2–13 (http://www.frbchi.org).

*Siklos, P. L.* (1999), Inflation-Target Design: Changing Inflation Performance and Persistence in Industrial Countries, Federal Reserve Bank of St. Louis Review, Vol. 81, No. 2, S. 47–58 (http://www.stls.frb.org/publications/review/).

*Sinn, H.-W., Reutter, M.* (2000), The Minimum Inflation Rate for Euroland, CESifo Working Paper No. 377, December 2000 (http://www.cesifo.de).

*Smets, F.* (2000), What Horizon for Price Stability, ECB Working Paper No. 24, July 2000 (http://www.ecb.int).

*Spencer, P.* (1997), Monetary Integration and Currency Substitution in the EMS: The Case for a European Monetary Aggregate, European Economic Review, Vol. 41, S. 1403–1419.

*Stark, T., Croushore, D.* (1998), Evaluating McCallum's Rule when Monetary Policy Matters, Journal of Macroeconomics, Vol. 20, S. 451–485.

*Stracca, L.* (2001), The Functional Form of the Demand for Euro Area M1, ECB Working Paper No. 51, March 2001 (http://www.ecb.int).

*Svensson, L. E. O.* (1997), Inflation Forecast Targeting: Implementing and Monitoring Inflation Targets, European Economic Review, Vol. 41, S. 1111–1146 (http://www.iies.su.se/leosven/).

*Svensson, L. E. O.* (1999a), Inflation Targeting as a Monetary Policy Rule, Journal of Monetary Economics, Vol. 43, S. 607–654 (http://www.iies.su.se/leosven/).

*Svensson, L. E. O.* (1999b), Monetary Policy Issues for the Eurosystem, Carnegie Rochester Conference Series on Public Policy, Vol. 51–1, S. 79–136 (http://www.iies.su.se/leosven/).

*Svensson, L. E. O.* (2000), The First Year of the Eurosystem: Inflation Targeting or Not? American Economic Review, Papers & Proceedings, Vol. 90, S. 95–99 (http://www.iies.su.se/leosven/).

*Tavlas, G. S.* (1998), The International Use of Currencies. The U.S. Dollar and the Euro, Finance & Development, Vol. 35, Nr. 2, S. 46–49.

*Taylor, J. B.* (1993), Discretion versus Policy Rules in Practice, Carnegie-Rochester Conference Series on Public Policy, Vol. 39, S. 195–214.

*Tewes, T.* (1995), Anmerkungen zur Notenbankstrategie: Sollte die Notenbank Geldwertstabilität direkt oder über ein Zwischenziel ansteuern? Konjunkturpolitik, 41. Jg., S. 244–267.

*Tödter, K.-H., Reimers, H.-E.* (1994), P-Star as a Link Between Money and Prices in Germany, Weltwirtschaftliches Archiv, 130. Jg., S. 273–289.

*Trecroci, C., Vega, J. L.* (2000), The Information Content of M3 for Future Inflation, ECB Working Paper No. 33, October 2000 (http://www.ecb.int).

*Tullio, G., de Souza, E., Giucca, P.* (1996) The Demand for Money Functions in Europe and in Germany Before and After the Fall of the Berlin Wall, in: De Grauwe, P., Micossi, S., Tullio, G. (Eds.), Inflation and Wage Behaviour in the EMS, Clarendon Press, Oxford, S. 310–338.

*Vega, J.-L., Wynne, M. A.* (2001), An Evaluation of Some Measures of Core Inflation for the Euro-Area, ECB Working Paper No. 53, April 2001 (http://www.ecb.int).

*Welfens, P. J. J.* (1998), Europäische Währungsunion, Binnenmarkt und Wohlfahrtseffekte, WISU, 27. Jg., S. 1469–1477.

*Wesche, K.* (1997a), The Demand for Divisia Money in a Core Monetary Union, Federal Reserve Bank of St. Louis Review, Vol. 79, S. 51–60 (http://www.stls.frb.org/publications/review/).

*Wesche, K.* (1997b), The Stability of European Money Demand: An Investigation of M3H, Universität Bonn, mimeo (http://united.econ.uni-bonn.de/~iiw/index.html).

*Wicksell, K.* (1907), The Influence of the Rate of Interest on Prices, Economic Journal, Vol. 17, S. 213–220.

*Woodford, M.* (1994), Nonstandard Indicators for Monetary Policy: Can Their Usefulness be Judged from Forecasting Regressions, in: Mankiw, N.G. (Ed.), Monetary Policy, University of Chicago Press, Chicago, S. 95–115.

*Wynne, M. A.* (1999a), The European System of Central Banks, Federal Reserve Bank of Dallas Economic Review, 1st quarter 1999, S. 2–14 (http://www.dallasfed.org).

*Wynne, M. A.* (1999b), Core Inflation: A Review of some Conceptual Issues, ECB Working Paper No. 5, May 1999 (http://www.ecb.int).

*Zentrum für Europäische Integrationsforschung* (2000), EMU Monitor vom 29.11.2000, Bonn (http://www.zei.de).

## Kapitel II.3:

*Bindseil, U.* (1997), Die Stabilisierungswirkungen von Mindestreserven, Diskussionspapier 1/97, Volkswirtschaftliche Forschungsgruppe der Deutschen Bundesbank (http://www.bundesbank.de).

*Bindseil, U., Seitz, F.* (2001), The Supply and Demand for Eurosystem Deposits The First 18 Months, European Central Bank, Working Paper Series, No. 44 (http://www.ecb.int).

*Borio, C. L.* (1997), Monetary Policy Operating Procedures in Industrial Countries, BIS Working Paper, Nr. 40 (http://www.bis.org/publ/index.htm).

*Deutsche Bank Research* (2001), Electronic money – the payment instrument of the future? 26. März 2001 (http://www.dbresearch.com).

*Deutsche Bundesbank* (1990), Der Wochenausweis der Deutschen Bundesbank, Monatsbericht Januar 1990, 42. Jg., S. 22–33.

*Deutsche Bundesbank* (1995), Die Geldpolitik der Deutschen Bundesbank, Frankfurt/Main.

*Deutsche Bundesbank* (1998a), Informationsbriefe zur Europäischen Wirtschafts- und Währungsunion, Nr. 15 (Geldpolitische Instrumente) (http://www.bundesbank.de).

*Deutsche Bundesbank* (1998b), Informationsbriefe zur Europäischen Wirtschafts- und Währungsunion, Nr. 16 (Mindestreserve) (http://www.bundesbank.de).

*Deutsche Bundesbank* (1998c), Informationsbriefe zur Europäischen Wirtschafts- und Währungsunion, Nr. 17 (Grenzüberschreitende Nutzung von Sicherheiten) (http://www.bundesbank.de).

*Deutsche Bundesbank* (1998d), Die Umsetzung der Geldpolitik des ESZB durch die Deutsche Bundesbank und ihre Ausformung in den Allgemeinen Geschäftsbedingungen, Monatsbericht Nov. 1998, 50. Jg., S. 19–26 (http://www.bundesbank.de).

*Deutsche Bundesbank* (1999), Neuere Entwicklungen beim elektronischen Geld, Monatsbericht Juni 1999, 51. Jg., S. 41–58 (http://www.bundesbank.de).

*Deutsche Bundesbank* (2000), Die Integration des deutschen Geldmarkts in den einheitlichen Euro-Geldmarkt, Monatsbericht Januar 2000, 52. Jg., S. 15–32 (http://www.bundesbank.de).

*Deutsche Bundesbank* (2001), Geschäftsbericht 2000 (http://www.bundesbank.de).

*Europäische Zentralbank* (1998a), Bericht über elektronisches Geld, Frankfurt/Main (http://www.ecb.int).

*Europäische Zentralbank* (1998b), Die Einheitliche Geldpolitik in Stufe 3: Allgemeine Regelungen für die geldpolitischen Instrumente und Verfahren des ESZB, Frankfurt/Main, Sept. 1998 (http://www.ecb.int).

*Europäische Zentralbank* (1998c), Guideline of the European Central Bank on the Framework for Accounting and Reporting in the European System of Central Banks, Frankfurt/Main (http://www.ecb.int).

*Europäische Zentralbank* (1999a), Consolidated Opening Financial Statement of the European System of Central Banks (Eurosystem) ass at 1 January 1999, Pressemitteilung vom 5. Januar 1999 (http://www.ecb.int).

*Europäische Zentralbank* (1999b), Der Handlungsrahmen des Eurosystems: Beschreibung und erste Beurteilung, Monatsbericht Mai 1999, S. 33–48 (http://www.ecb.int).

*Europäische Zentralbank* (2000a), Die Umstellung auf Zinstender bei den Hauptrefinanzierungsgeschäften, Monatsbericht Juli 2000, S. 39–44 (http://www.ecb.int).

*Europäische Zentralbank* (2000b), Die einheitliche Geldpolitik in Stufe 3: Allgemeine Regelungen für die geldpolitischen Instrumente und Verfahren des Eurosystems, November 2000 (http://www.ecb.int).

*Europäische Zentralbank* (2000c), Fragen rund um den Einsatz von elektronischem Geld, Monatsbericht November 2000, S. 55–67 (http://www.ecb.int).

*Europäische Zentralbank* (2001a), Die Rahmenregelungen für Sicherheiten des Eurosystems, Monatsbericht April 2001, S. 55–70 (http://www.ecb.int).

*Europäische Zentralbank* (2001b), Monatsbericht April 2001, Statistischer Teil (http://www.ecb.int).

*Europäische Zentralbank* (2001c), Geschäftsbericht 2000 (http://www.ecb.int).

*Federal Reserve Bank of New York* (ed.) (1993), Reduced Reserve Requirements: Alternatives for the Conduct of Monetary Policy and Reserve Managements, April 1993.

*Feinman, J. N.* (1993), Reserve Requirements: History, Current Practice, and Potential Reform, Federal Reserve Bulletin, Vol. 79, S. 570–589.

*Freedman, C.* (2000), Monetary Policy Implementation: Past, Present and Future – Will the Advent of Electronic Money Lead to the Demise of Central Banking? Beitrag zur Tagung „Future of Monetary Policy and Banking" der Weltbank am 11.7.2000 (http://www.worldbank.org).

*Goodhart, C. A. E.* (2000), Can Central Banking Survive the IT Revolution? Beitrag zur Tagung „Future of Monetary Policy and Banking" der Weltbank am 11.7.2000 (http://www.worldbank.org).

*Hesse, H.* (1991), Gebieten internationale Gründe die Abschaffung der Mindestreserve? Weltwirtschaftliches Archiv, Bd. 127, S. 429–450.

*Issing, O.* (1996), Einführung in die Geldpolitik, 6. A., Vahlen, München.

*Issing, O.* (2000), New Technologies in Payments – A Challenge to Monetary Policy, Lecture to be delivered at the Center for Financial Studies, Frankfurt am Main, 28. Juni 2000 (http://www.ecb.int).

*Kabelac, G.* (1999) Cyber Money as a Medium of Exchange, Discussion Paper 05/99, Deutsche Bundesbank (http://www.bundesbank.de)..

*Kath, D.* (1993), Mindestreseven in Europa, Österreichische Sparkassenzeitung, 80. Jg., S. 322–326.

*Kath, D.* (1998), Die Revolution des Geldwesens: Das Ende des Münzzeitalters hat begonnen, in: Heilemann, U., Kath, D., Kloten, N. (Hg.), Entgrenzung als Erkenntnis- und Gestaltungsaufgabe – Festschrift für Reimut Jochimsen zum 65. Geburtstag -, Duncker & Humblot, Berlin, S. 207–222.

*King, M.* (1999), Challenges for Monetary Policy: New and Old, in: New Challenges for Monetary Policy, Federal Reserve Bank of Kansas City (http://www.kc.frb.org/).

*Landeszentralbank im Freistaat Bayern* (1999a), Jahresbericht 1998, München (http://www.bundesbank.de/lzb-bayern).

*Landeszentralbank im Freistaat Bayern* (1999b), Refinanzierung der Kreditinstitute bei der Notenbank: Ein praktischer Leitfaden für „Neueinsteiger", Fakten und Hintergründe zu Wirtschaft und Währung, Nr. 1/1999, München (http://www.bundesbank.de/lzb-bayern).

*Landeszentralbank im Freistaat Bayern* (2001), Jahresbericht 2000, München (http://www.bundesbank.de/lzb-bayern).

*Landeszentralbank in Hessen* (2000), Wirtschaftskredite als Sicherheiten in der Notenbankrefinanzierung, Frankfurter Finanzmarktbericht, Oktober 2000, Nr. 37 (http://www.bundesbank.de/lzb-hessen).

*Meister, E., Hofmann, G.* (1994), Mindestreserve fit gemacht für Europa, Zeitschrift für das gesamte Kreditwesen, 47. Jg., S. 210–214.

*Menkhoff, L.* (1997), Competitive Neutrality of Monetary Policy Instruments for EMU, in: Welfens, P. J. J. (ed.), European Monetary Union, Springer, Berlin, S. 235–263.

*Müller, A.* (1992), Die Mindestreserve: Ausgestaltung und Wandlungen eines Instrumentes der deutschen Zentralbank seit 1948, Duncker & Humblot, Berlin.

*Remsperger, H.* (1998), Geldpolitik der EZB: Strategie und Instrumente, in: Stein, J.H. von (Hg.), Handbuch EURO, C. H. Beck, München, S. 55–69.

*Remsberger, H., Angenendt, U.* (1995), Freiwillige Reserven in der Europäischen Währungsunion, Die Bank, S. 401–406.

*Ruckriegel, K.* (1989), Finanzinnovationen und nationale Geldpolitik, P.C.O., Bayreuth.

*Ruckriegel, K.* (1990), Computergeld, WiSt, 19. Jg., S. 245–246.

*Ruckriegel, K.* (1996), Zum geldpolitischen Instrumentarium der Europäischen Zentralbank, WISU, 25. Jg., S. 448–450.

*Ruckriegel, K., Schleicher, B., Seitz, F.* (2000), Die Rolle der Mindestreserve im Eurosystem, Wirtschaftsdienst, 80. Jg., S. 314–320.

*Schleicher, B.* (1996), Die Mindestreserve – ein obsoletes Instrument einer modernen Notenbank? Selbstverlag, Berlin 1996.

*Seitz, F., Ruckriegel, K.* (1999), Electronic Money: Implikationen für die Geldpolitik, in: Fink, D.,Wilfert, A. (Hg.), Handbuch der Telekommunikation, Vahlen, München, S. 227–242.

*Stevens, E. J.* (1991), Is there any Rationale for Reserve Requirements? Federal Reserve Bank of Cleveland, Economic Review, Vol 27, No. 3, S. 1–17.

*Tudyka, K. P.* (1964), System und Politik der Mindestreserve, Duncker & Humblot, Berlin.

*Wilfert, A.* (2001), Elektronisches Geld – Enttäuschte Erwartungen und übertriebene Befürchtungen, in: Söllner, F., Wilfert, A. (Hg.), Die Zukunft des Sozial- und Steuerstaates, Festschrift zum 65. Geburtstag von Dieter Fricke, Physica-Verlag, Heidelberg, S. 470–488.

## Kapitel II.4:

*Alexander, V.* (1998), Geldpolitik und Volatilitäten auf Finanzmärkten, in: Baltensperger, E. (Hg.), Spekulation, Preisbildung und Volatilität auf Finanz- und Devisenmärkten, Duncker & Humblot, Berlin, S. 95–128.

*Anderson, R. G., Rasche, R. H.* (2001), Retail Sweep Programs and Bank Reserves, 1994–1999, Federal Reserve Bank of St. Louis, Review, January/February 2001, S. 51–72 (http://www.stls.frb.org/)

*Anker, P.* (2001), Geldpolitik und Finanzmärkte, Papier präsentiert auf der Konferenz Finanzmarkt Deutschland – Forschung und Praxis, veranstaltet vom Institut for Financial Studies und der DFG am 22.2.2001 an der Universität Frankfurt (http://ifk-cfs.de).

*Anker, P., Wasmund, J.* (1998), Geldmarktsteuerung und Zinsstruktur: Ergebnisse für Deutschland und die USA, Kredit und Kapital. 31. Jg., S. 544–566.

*Ayuso, J., Repullo, R.* (2001), Why Did the Banks Overbid? An Empirical Model of the Fixed Rate Tenders of the European Central Bank, Banco de España, Working Paper No. 105 (http://www.bde.es).

*Baltensperger, E.* (1998), Geldpolitik bei wachsender Integration, in: Deutsche Bundesbank (Hg.), Fünfzig Jahre Deutsche Mark, H. C. Beck, München, S. 475–559.

*Bindseil, U., Seitz, F.* (2001), The Supply and Demand for Eurosystem Deposits – The First 18 Months, European Central Bank, Working Paper Series, No. 44 (http://www.ecb.int).

*Board of Governors of the Federal Reserve System* (1994), The Federal Reserve System – Purposes and Functions, Washington D.C. (http://www.federalreserve.gov/pf/pf.htm).

*Borio, C.L.* (1997), Monetary Policy Operating Procedures in Industrial Countries, BIS Working Paper, Nr. 40 (http://www.bis.org/publ/index.htm).

*Deutsche Bundesbank* (1993), Zum Einfluss von Auslandstransaktionen auf Bankenliquidität, Geldmenge und Bankkredite, Monatsbericht Januar 1993, 45. Jg., S. 19–34.

*Deutsche Bundesbank* (1994), Die Geldmarktsteuerung der Deutschen Bundesbank, Monatsbericht Mai 1994, 46. Jg., S. 61–75.

*Deutsche Bundesbank* (1995), Die Geldpolitik der Deutschen Bundesbank, Frankfurt/Main.

*Deutsche Bundesbank* (1996), Reaktionen der Geldmarkt- und kurzfristigen Bankzinsen auf Änderungen der Notenbanksätze, Monatsbericht Oktober 1996, 48. Jg., S. 33–48.

*Deutsche Bundesbank* (1997), Geldpolitik und Zahlungsverkehr, Monatsbericht März 1997, 49. Jg., S. 33–46 (http://www.bundesbank.de).

*Deutsche Bundesbank* (1997), Der verbriefte Geldmarkt in Deutschland, Monatsbericht Oktober 1997, 49. Jg., S. 45–60 (http://www.bundesbank.de).

*Deutsche Bundesbank* (1998), Informationsbriefe zur Europäischen Wirtschafts- und Währungsunion, Nr. 16, November 1998 (http://www.bundesbank.de).

*Deutsche Bundesbank* (1999), Monetäre Analyse für das Euro-Währungsgebiet, Monatsbericht März 1999, 51. Jg., S. 15–29 (http://www.bundesbank.de).

*Deutsche Bundesbank* (2000), Die Integration des deutschen Geldmarkts in den einheitlichen Euro-Geldmarkt, Monatsbericht Januar 2000, 52. Jg., S. 15–32 (http://www.bundesbank.de).

*Deutsche Bundesbank* (2001), Geschäftsbericht 2000 (http://www.bundesbank.de).

*Europäische Zentralbank* (1999a), Monatsbericht Februar 1999, Frankfurt/Main (http://www.ecb.int).

*Europäische Zentralbank* (1999b), Der Handlungsrahmen des Eurosystems: Beschreibung und erste Beurteilung, Monatsbericht Mai 1999, S. 33–48 (http://www.ecb.int).

*Europäische Zentralbank* (1999c), TARGET und der Euro-Zahlungsverkehr, Monatsbericht November 1999 (http://www.ecb.int).

*Europäische Zentralbank* (2000a), Das Euro-Währungsgebiet ein Jahr nach Einführung des Euro: Wesentliche Merkmale und Veränderungen in der Finanzstruktur, Monatsbericht Januar 2000 (http://www.ecb.int).

*Europäische Zentralbank* (2000b), Jahresbericht 1999 (http://www.ecb.int).

*Europäische Zentralbank* (2001a), Monatsbericht April 2001 (http://www.ecb.int).

*Europäische Zentralbank* (2001b), Jahresbericht 2000 (http://www.ecb.int).

*Europäische Zentralbank*, (2001c), Gestaltungsrahmen und Instrumentarium der monetären Analyse, Monatsbericht Mai 2001, S. 43–63 (http://www.ecb.int).

*Gebauer, W.* (1996), Geld: Angebot versus Nachfrage, in: Bofinger, P., Ketterer, K.-H. (Hg.), Neuere Entwicklungen in der Geldtheorie und Geldpolitik, Mohr, Tübingen, S. 243– 62.

*Görgens, E., Ruckriegel, K.* (1995a), Das geldpolitische Konzept der Deutschen Bundesbank, WISU, 24. Jg., S. 840–852.

*Görgens, E., Ruckriegel K.* (1995b), Die geldpolitische Steuerung der Deutschen Bundesbank, WISU, 24. Jg., S. 1040–1047.

*Görgens, E., Ruckriegel, K.* (2000), Grundzüge der makroökonomischen Theorie, 7. A.; P.C.O., Bayreuth.

*Goodhart, C.* (2001), The Endogeneity of Money, Papier, präsentiert auf der Conference on Monetary Policy in a World with Endogenous Money and Global Capital, 23.–25. März 2001, veranstaltet vom Stiftungslehrstuhl der Deutschen Bundesbank an der FU Berlin (http://www.wiwiss.fu-berlin.de).

*Hakkio, C. S., Sellon, G. H.* (2000), The Discount Window: Time for Reform? Federal Reserve Bank of Kansas City, Economic Review, Second Quarter, S. 5–20 (http//:www.kc.frb.org/).

*Hardy, D. C.* (1996), Market Reaction to Changes in German Official Interest Rates, Diskussionspapier 4/96, Volkswirtschaftliche Forschungsgruppe der Deutschen Bundesbank, (http://www.bundesbank.de).

*Hesse, H.* (1994), Als Wissenschaftler in der Politik? Deutsche Bundesbank, Auszüge aus Presseartikeln, Nr. 47, S. 6–15.

*Issing, O.* (1994), Die Geldmengenstrategie der Deutschen Bundesbank, Deutsche Bundesbank, Auszüge aus Presseartikeln, Nr. 91, S. 1–11.

*Lang, D.* (1999), Die Geldmenge und ihre bilanziellen Gegenposten: Ein Vergleich zwischen wichtigen Ländern der Europäischen Währungsunion, Diskussionpapier 1/99, Volkswirtschaftliche Forschungsgruppe der Deutschen Bundesbank, Frankfurt/Main (http://www.bundesbank.de).

*Mankiw, G.* (2000), Macroeconomics, $4^{th}$ Edition, Worth Publishers, New York.

*Masuch, K., Pill, H., Willeke, C.* (2000), Framework and Tools of Monetary Analysis, European Central Bank, Seminar on Monetary Analysis: Tools and Applications, 20 to 21 November 2000, S. 155–186 (http://www.ecb.int).

*Meulendyke, A.-M.* (1998), U.S. Monetary Policy & Financial Markets, Federal Reserve Bank of New York.

*Meyer, L. H.* (1998), Payment of Interest on Demand Deposits and on Required Reserve Balances, Testimony Before the Committee on Banking, Housing and Urban Affairs, U.S. Senate, March 3, 1998, Federal Reserve Bulletin, Vol. 84, May 1998, S. 326–330.

*Meyer, L. H. (2000)*, Payment of Interest on Reserves and Fed Surplus, Testimony Before the Committee on Banking and Financial Services, U.S. House of Representatives, May 3, 2000, Federal Reserve Bulletin, Vol. 86, July 2000, S. 454–458.

*Mishkin, F. S., Eakins, St. G.* (2000), Financial Markets and Institutions, 3rd. Edition, Addison-Wesley Publishing Company, Readings et al.

*Mishkin, F. S.* (2001), The Economics of Money, Banking and Financial Markets, 6th. Edition, Addison-Wesley Publishing Company, Readings et al.

*Nautz, D.* (2000), Die Geldmarktsteuerung der Europäischen Zentralbank und das Geldangebot der Banken, Physica-Verlag, Heidelberg.

*Nissen, H.-P.* (2001), Das Geldangebot, WISU, 30. Jg., S. 586–596.

*Ruckriegel, K.* (1989), Finanzinnovationen und nationale Geldpolitik, P.C.O., Bayreuth.

*Sellon, G. H., Weiner, S. E.* (1996), Monetary Policy without Reserve Requirements: Analytical Issues, Federal Reserve Bank of Kansas City, Economic Review, Fourth Quarter, S. 5–24 (http// :www.kc.frb.org/).

*Sellon, G. H., Weiner, S. E.* (1997), Monetary Policy without Reserve Requirements: Case Studies and Options for the United States, Federal Reserve Bank of Kansas City, Economic Review, Second Quarter, S. 5–30 (http//:www.kc.frb.org/).

*Taylor, J. B.* (1993), Discretion versus Policy Rules in Practice, Carnegie-Rochester Conference Series on Public Policy, Vol. 39, S. 195–214.

*Taylor, J. B.* (Ed.) (1999a), Monetary Policy Rules, The University of Chicago Press, Chicago and London.

*Taylor, J. B.* (1999b), The Robustness and Efficiency of Monetary Policy Rules as Guidelines for Interest Rate Setting by the European Central Bank, Journal of Monetary Economics, Vol. 43, S. 655–679.

*Thornton, D. L.* (2000), The Relationship between the Federal Funds Rate and the Fed's Federal Funds Rate Target: Is it Open Market or Open Mouth Operations? Discussion paper 9/00, Economic Research Centre of the Deutsche Bundesbank (http://www.bundesbank.de).

*Wolters, J.* (1998), Untersuchungen der Renditestruktur am deutschen Kapitalmarkt 1970–1996, in: Baltensperger, E. (Hg.), Spekulation, Preisbildung und Volatilität auf Finanz- und Devisenmärkten, Duncker & Humblot, Berlin, S.129–152.

*Wolters, J., Hassler U.* (1998), Die Zinsstruktur am deutschen Interbanken-Geldmarkt: Eine empirische Analyse für das vereinigte Deutschland, Ifo-Studien, 44. Jg., S. 141–160.

*Zeitler, F.-C.* (1999), Zahlungsverkehrssysteme für den Euro, Zeitschrift für das gesamte Kreditwesen, 52. Jg., S. 432–437 (http:/www.bundesbank.de/lzb.bayern).

## Kapitel II.5:

*Alberola-Ila, E., Tyrväinen, T.* (1998), Is There Scope for Inflation Differentials in EMU? Banco de España – Servicio de Estudios, Documento de Trabajo nº 9823.

*Angeloni, I., Smets, F. Weber, A. A.* (2000), Monetary Policy Making under Uncertainty, EZB und Center for Financial Studies, Frankfurt.

*Aschinger, G.* (1995), Börsenkrach und Spekulation, Vahlen, München.

*Batini, N, Martin, B., Salmon, C.* (1999), Monetary Policy and Uncertainty, Bank of England Quarterly Bulletin, Vol. 39, S. 183–189.

*Baumgartner, J., Url, T.* (1999), Gemeinsame Geldpolitik – unterschiedliche Auswirkungen? Österreichisches Institut für Wirtschaftsforschung, Monatsberichte, 72. Jg., S. 75–88.

*Belke, A., Gros, D.* (1998), Asymmetric Shocks and EMU: Is there a Need for a Stability Fund? Intereconomics, Vol. 33, Nr. 6, S. 274–288.

*Berk, J. M.* (1998), Monetary Transmission: What do we know and how can we use it? Quarterly Review, Banca Nazionale de Lavoro, Nr. 205, S. 145–170.

*Bernanke, B. S., Gertler, M, Gilchrist, S.* (1994), The Financial Accelerator and the Flight to Quality, NBER Working Paper No. 4789.

*Bernanke, B. S., Gertler, M.* (1995), Inside the Black Box: The Credit Channel of Monetary Policy Transmission, The Journal of Economic Perspectives, Vol. 9, S. 27–48.

*BHF-Bank* (1998), Geldpolitische Transmission und Finanzstruktur in Euroland, Wirtschaftsdienst Nr. 1903, 29. August 1998.

*Bockelmann, H.* (1996), Unterschiede in den nationalen Finanzstrukturen und ihre makroökonomische Bedeutung, in: Duwendag, D. (Hg.), Finanzmärkte, Finanzinnovationen und Geldpolitik, Schriften des Vereins für Socialpolitik, N. F., Bd. 242, Duncker & Humblot, Berlin, S. 11–39.

*Bofinger, P.* (1998), Erfolgsbedingungen für die Europäische Währungsunion, Zeitschrift für Wirtschaftspolitik, 47. Jg., S. 336–346.

*Borchert, M.* (1999), The Euro and the Large Banks Behaviour within de EMU – Entrepreneurial Strategies and Monetary Policy, Banca Nazionale del Lavoro Quarterly Review, No. 208, S. 39–68.

*Borio, C. E. V., Fritz, W.* (1995), The Response of Short-Term Bank Lending Rates to Policy Rates: A Crosscountry Perspective, BIS Working Paper No. 27 (httw://www.bis.org/publ/index.htm).

*Britton, E., Whitley, J.* (1997), Comparing the Monetary Transmission Mechanism in France, Germany and the United Kingdom: Some Issues and Results, Bank of England Quarterly Bulletin, May 1997, S. 152–162.

*Brooke, M., Clare A., Lekkos, I.* (2000), A Comparison of Long Bond Yields in the United Kingdom, the United States, and Germany, Bank of England Quarterly Bulletin, Vol. 46, S. 150–158.

*Buiter, W. H.* (1999), „Alice in Euroland", Journal of Common Market Studies, Vol. 37, No. 2, S. 181–209.

*Buttiglioni, L. P., Del Giovane, P., Tristani, O.* (1997), Monetary Policy Actions and the Term Structure of Interest Rates: A Crosscountry Analysis, Temi di Discussione del Servizio Studi, No 306, Banca d'Italia.

*Cecchetti, S. G.* (2001), Legal Structure, Financial Structure and the Monetary Policy Transmission Mechanism, in: Deutsche Bundesbank (Hg.), The Monetary Transmission Process, Recent Developments and Lessons for Europe, Palgrave, Chippenham, S. 170–194.

*Cecchetti, S. G., Chu, R. S., Steindel, C.* (2000), The Unreliability of Inflation Indicators, Federal Reserve Bank of New York, Current Issues in Economics and Finance, Vol. 6, No. 4.

*CEPS* (1998), Capital Markets and EMU, Report of a CEPS Working Party, Brussels (http://www.ceps.be).

*Clausen, V.* (2001), Asymmetric Monetary Transmission, Springer, Berlin et al.

*Clostermann, J., Schnatz, B.* (2000), The Determinants of the Euro-Dollar Exchange Rate, Discussion Paper 2/00, Economic Research Group of the Deutsche Bundesbank (http://www.bundesbank.de).

*Davis, E. P.* (1995), Banking, Corporate Finance, and Monetary Policy: An Empirical Perspective, Oxford Review of Economic Policy, Vol. 10, S. 49–67.

*de Bondt, G. J.* (2000), Financial Structure and Monetary Transmission in Europe, Edward Elgar, Cheltenham.

*Dedola, L., Lippi, F.* (2000), The Monetary Transmission Mechanism: Evidence from the Industries of Five OECD Countries, Temi di Discussione del Servizio Studi, No 389, December 2000, Banca d'Italia.

*DeGrauwe, P.* (2000), Monetary Policies in the Presence of Asymmetries, Journal of Common Market Studies, Vol. 38, S. 593–612.

*Deutsche Bundesbank* (1995), Gesamtwirtschaftliche Bestimmungsgründe der Entwicklung des realen Außenwerts der D-Mark, Monatsbericht August 1995, 47. Jg., S. 19–40 (http://www.bundesbank.de).

*Deutsche Bundesbank* (1997), Die Bedeutung internationaler Einflüsse für die Zinsentwicklung am Kapitalmarkt, Monatsbericht Juli 1997, 49. Jg., S. 23–40 (http://www.bundesbank.de).

*Deutsche Bundesbank* (1998a), Entwicklung des Bankensektors und Marktstellung der Kreditinstitutsgruppen seit Anfang der neunziger Jahre, Monatsbericht März 1998, 50. Jg., S. 33–64 (http://www.bundesbank.de).

*Deutsche Bundesbank* (1998b), Eine stabilitätsorientierte geldpolitische Strategie für das ESZB, Informationsbrief zur WWU Nr. 16, S. 17–19 (http://www.bundesbank.de).

*Deutsche Bundesbank* (2000), Transparenz in der Geldpolitik, Monatsbericht März 2000, 52. Jg., S. 15–30 (http://www.bundesbank.de).

*Ehrmann, M.* (2000a), Comparing Monetary Policy Transmission Across European Contries, Weltwirtschaftliches Archiv, Bd 136, S. 58–83.

*Ehrmann, M.* (2000b), Firm Size and Monetary Policy Transmission: Evidence from German Business Survey Data, ECB Working Paper No. 21 (http://www.ecb.int).

*Ehrmann, M., Worms, A.* (2001), Interbank Lending and Monetary Policy Transmission: Evidence for Germany, ECB Working Paper No. 73 (http://www.ecb.int).

*European Central Bank* (1999), Possible Effects of EMU on the Banking Systems in the Medium to Long Term, February 1999 (http://www.ecb.int).

*Eijffinger, S. C. W, Hoeberichts, M. M.* (2000), Central Bank Accountability and Transparency: Theory and Some Evidence, Discussion paper 6/00, Economic Research Centre of the Deutsche Bundesbank (http://www.bundesbank.de).

*Europäische Zentralbank* (1998), Die einheitliche Geldpolitik in Stufe 3. Allgemeine Regelungen für die geldpolitischen Instrumente und Verfahren des ESZB, Frankfurt am Main, September 1998 (http://www.ecb.int).

*Europäische Zentralbank* (1999a), Die stabilitätsorientierte geldpolitische Strategie des Eurosystems, Monatsbericht Januar 1999, S. 43–56 (http://www.ecb.int).

*Europäische Zentralbank* (1999b), Der Bankensektor im Euroraum: strukturelle Merkmale und Entwicklungen, Monatsbericht April 1999 S. 47–60 (http://www.ecb.int).

*Europäische Zentralbank* (1999c), Inflationsunterschiede in einer Währungsunion, Monatsbericht Oktober 1999, S. 38–49 (http://www.ecb.int).

*Europäische Zentralbank* (2000a), Das Euro-Währungsgebiet ein Jahr nach Einführung des Euro: Wesentliche Merkmale und Veränderungen in der Finanzstruktur, Monatsbericht Januar 2000, S. 37–54 (http://www.ecb.int).

*Europäische Zentralbank* (2000b), Geldpolitische Transmission im Euro-Währungsgebiet, Monatsbericht Juli 2000, S. 45–62 (http://www.ecb.int).

*Europäische Zentralbank* (2000c), Die zwei Säulen der geldpolitischen Strategie der EZB, Monatsbericht November 2000, S. 41–53 (http://www.ecb.int).

*Europäische Zentralbank* (2000d), Von Experten erstellte gesamtwirtschaftliche Projektionen für das Euro-Währungsgebiet, Monatsbericht Dezember 2000, S. 54–60 (http://www.ecb.int).

*Europäische Zentralbank* (2001a), Geldpolitik bei Unsicherheit, Monatsbericht Janaur 2001, S. 47–61 (http://www.ecb.int).

*Europäische Zentralbank* (2001b), Das Euro-Währungsgebiet nach dem Beitritt Griechenlands, Monatsbericht Januar 2001, S. 39–46 (http://www.ecb.int).

*Europäische Zentralbank* (2001c), Die externe Kommunikation der Europäischen Zentralbank, Monatsbericht Februar 2001, S. 67–74 (http://www.ecb.int).

*Europäische Zentralbank* (2001d), Charakteristika der Unternehmensfinanzierung im Euro-Währungsgebiet, Monatsbericht Februar 2001, S. 41–56 (http://www.ecb.int).

*Europäische Zentralbank* (2001e), Zusammenhang zwischen Zinsen im Kundengeschäft der Banken und den Marktzinsen, Monatsbericht Juni 2001, S. 22–24 (http://www.ecb.int).

*Faust, J. Svensson, L. E. O.* (1998), Transparency and Credibility: Monetary Policy with Unobserved Goals, NBER Working Paper No. 6452.

*Federal Reserve Bank of St. Louis* (1995), Channels of Monetary Policy, Proceedings of the Nineteenth Annual Economic Policy Conference of the Federal Reserve Bank of St. Louis, Vol. 77, No. 3.

*Fratzscher, M.* (2001), Financial Market Integration in Europe: On the Effects of EMU on Stock Markets, ECB Working Paper No. 48, March 2001 (http://www.ecb.int).

*Frey, B.* (1981), Theorie demokratischer Wirtschaftspolitik, Vahlen, München.

*Fröyland, E., Lönning, I.* (2000), The Significance of Uncertainty in Monetary Policy, Norges Bank Economie Bulletin Q 4, S. 136–142.

*Gerlach, S.* (1996), Monetary Policy and the Behaviour of Interest Rates: Are Long Rates Excessively Volatile? BIS Working Papers, No. 34 (http://www.bis.org/publ/index.htm).

*Gerlach, S., Smets, F.* (1995a), The Term Structure of Euro Rates: Some Evidence in Support of the Expectations Hypothesis, Journal of International Money and Finance, Vol. 16, S. 305–321 (http://www.bis.org/publ/index.htm).

*Gerlach, S., Smets, F.* (1995b), The Monetary Transmission Mechanism: Evidence from the G-7 Countries, BIS Working Papers, No. 26 (http://www.bis.org/publ/index.htm).

*Gersbach, H., Hahn, V.* (2001), Should the Individual Voting Records of Central Bankers be Published? Discussion Paper 02/01, Economic Research Centre of the Deutsche Bundesbank (http://www.bundesbank.de).

*Görgens, E., Ruckriegel, K.* (2000), Grundzüge der makroökonomischen Theorie, 7. A., PCO, Bayreuth.

*González Mínguez, J. M.* (1997), The Balance-Sheet Transmission Channel of Monetary Policy: The Cases of Germany and Spain, Banco de España, Servicio de Estudios, Documento de Trabajo, No 9713.

*Goodhart, C.* (1999), Central Bankers and Uncertainty, Bank of England Quarterly Bulletin, Vol. 39, S. 102–121.

*Größl, I., Stahlecker, P., Wohlers, E.* (1999), Finanzierungsstruktur und Risiken im Unternehmenssektor der Bundesrepublik Deutschland – Eine empirische Bestandsaufnahme, HWWA Discussion Paper 83, Hamburg (http://www.hwwa.de).

*Gros, D., Jimeno, J., Monticelli, C., Tabellini, G., Thygesen, N.* (2001), Testing the Speed Limit for Europe, 3rd Annual Report of the CEPS Macroeconomic Policy Group, Brussels (http://www.ceps.be).

*Gruber, T.* (2000), Unterschiedliche geldpolitische Transmissionsmechanismen und Stabilitätskulturen als mögliche Ursache geldpolitischer Spannungen in der Europäischen Währungsunion, Hohenheimer Volkswirtschaftliche Schriften, Bd. 36, Peter Lang, Frankfurt a. M.

*Gruber, T., Ohr, R.* (1997), Common Monetary Policy with Different Financial Structures, Intereconomics, Vol. 32, S. 3–7.

*Guender, A., Moersch, M.* (1997), On the Existence of a Credit Channel of Monetary Policy in Germany, Kredit und Kapital, 30. Jg., S. 171–185.

*Guiso, L, Kashyap, A. K., Panetta, F., Terlizzesse, D.* (2000), Will Common European Monetary Policy have Asymmetric Effects? Temi di Disussione del Servizio Studi, No 384, Banca d'Italia.

*Hallet, A. J., Warmedinger, T.* (1998), On the Asymmetric Impacts of a Common Monetary Policy, Center for European Integration Studies (ZEI), Bonn, Sept. 1998.

*Hallet, A. J., Piscitelli, L.* (1999), EMU in Reality: The Effect of a Common Monetary Policy on Economics with Different Transmission Mechanisms, Empirica, Vol. 26, S. 337–358.

*Hansen, H.-J.* (1996), Der Einfluss der Zinsen auf den privaten Verbrauch in Deutschland, Diskussionspapier 3/96, Volkswirtschaftliche Forschungsgruppe der Deutschen Bundesbank (http://www.bundesbank.de).

*Hayo, B., Uhlenbrock, B.* (2000), Interindustry Effects of Monetary Policy in Germany, in: V. Hagen, J., Waller, C. J. (Hg.), Regional Aspects of Monetary Policy in Europe, Kluwer Academic Publishers, Boston/Dordrecht/London, S. 127–158.

*Hamburgisches Welt-Wirtschafts-Archiv* (2001), INFO 1/2001 (http://www.hwwa.de).

*Hefelor, C., Moersch, M.* (1997), Possible Effects of EMU on German Long-Term Interest Rates, Intereconomics, Vol. 32, S. 144–157.

*Hesse, H., Braasch, B.* (1999), „Asset Inflation" aus geld- und währungspolitischer Sicht, in: Herausforderungen an die Wirtschaftspolitik an der Schwelle zum 21. Jahrhundert, Festschrift für Lutz Hoffmann, hg. von Nübler, I., Trabold, H., Berlin.

*Hesse, H., Braasch, B.* (2000), Aktienkurse in geldpolitischer Sicht, in: Geldpolitik und Europäische Währungsunion, Festschrift für H. J. Jarchow, hg. von G. Engel, P. Rühmann, Vandenhoek & Ruprecht, Göttingen, S. 111–128.

*IMF* (2001), World Economic Outlook. Fiscal Policy and Macroeconomic Stability, Washington D. C (http://www.imf.org).

*Issing, O.* (1994) Finanzmärkte und Zentralbankpolitik, Schriftenreihe des Instituts für Kapitalmarktforschung, an der J. W. Goethe-Universität Frankfurt am Main, Kolloquien-Beiträge 38, Frankfurt am Main.

*Issing, O.* (1996), Einführung in die Geldpolitik, 6. A., Vahlen, München.

*Issing, O.* (1998a), Einführung in die Geldtheorie, 11. A., Vahlen, München.

*Issing, O.* (1998b), Die Europäische Zentralbank – Das Problem der Glaubwürdigkeit, in: Duwendag, D. (Hg.), Finanzmärkte im Spannungsfeld von Globalisierung, Regulierung und Geldpolitik, Schriften des Vereins für Socialpolitik, N. F., Bd. 261, Duncker & Humblot, Berlin, S. 179–192.

*Issing, O.* (1998c), The European Central Bank as a New Institution and the Problem of Accountability, in: Institut für Weltwirtschaft (Ed.), Challenges for Highly Developed Countries in the Global Economy. Symposium in Honor of Prof. Dr. Horst Siebert, Kiel, S. 90–97.

*Issing, O.* (1999), The Eurosystem: Transparent and Accountable or 'Willem in Euroland', Journal of Common Market Studies, Vol. 37, S. 503–519.

*Issing, O., Bischofberger, K.* (1996), Derivate und Geldpolitik, in: Duwendag, D. (Hg.), Finanzmärkte, Finanzinnovationen und Geldpolitik, Schriften des Vereins für Socialpolitik, N. F., Bd. 242, Duncker & Humblot, Berlin, S. 111–137.

*Issing, O., Gaspar, V., Angeloni, I., Tristani, O.* (2001), Monetary Policy in the Euro-Area. Strategy and Decision Making at European Central Bank, Cambridge University Press, Cambridge.

*Jarchow, H. J.* (1998), Theorie und Politik des Geldes I, 10. A., Vandenhoeck & Ruprecht, Göttingen.

*Jensen, H.* (2001), Optimal Degrees of Transparency in Monetary Policymaking, Discussion Paper 04/01, Economic Research Centre of the Deutsche Bundesbank, Januar 2001 (http://www.bundesbank.de).

*Kaehler, J., Korn, O.* (1995), Wirkungszusammenhänge zwischen Zinsen und makroökonomischer Aktivität. Eine Untersuchung zu den binnen- und außenwirtschaftlichen Effekten der deutschen Geldpolitik, Nomos, Baden-Baden.

*Kakes, J.* (2000), Monetary Transmission in Europe. The Role of Financial Markets and Credit, Edward Elgar, Cheltenham.

*Kieler, M., Saarenheimo, T.* (1998), Differences in Monetary Policy Transmission? A Case Not Closed, European Commission, Directorate-General for Economic and Social Affairs, Economic Papers, No. 132, November 1998.

*Kneeshaw, J. T.* (1995), A Survey of Non-Financial Sector Balance Sheets in Industrialised Countries: Implications for the Monetary Policy Transmission Mechanism, BIS Working Papers, No. 25 http://www.bis.org/publ/index.htm).

*Kremer, M.* (1999), Die Kapitalmarktzinsen in Deutschland und den USA: Wie eng ist der Zinsverbund? Diskussionspapier 2/99, Volkswirtschaftliche Forschungsgruppe der Deutschen Bundesbank (http://www.bundesbank.de).

*Krugman, P. R.* (1998), It's back: Japan's Slump anf the Return of the Liquidity Trap, Brookings Papers on Economic Activity, Nr. 2, S. 137–187.

*Krugman, P. R., Obstfeld, M.* (2000), International Economics – Theory and Policy, 5th ed., Addison-Wesely, Reading (MA).

*Küppers, M.* (2000), Banken in der geldpolitischen Transmission, Mohr Siebeck, Tübingen.

*Lüdke, U.* (2000), The Credit Channel in Germany and the UK: Differences in the Transmission of Monetary Policy? Deutsche Bank Research, Research Notes in Economics & Statistics, August 2000 (http://www.dbresearch.com).

*Meltzer, A. H.* (1995), Monetary, Credit (and Other) Transmission Process: A Monetarist Perspective, The Journal of Economic Perspectives, Vol. 9, S. 49–72.

*Mishkin, F. S.* (1978), The Household Balance Sheet and the Great Depression, Journal of Economic History, Vol. 38, S. 918–937.

*Mishkin, F. S.* (1995), Symposium of Monetary Transmission Mechanism, The Journal of Economic Perspectives, Vol. 9, S. 3–10.

*Mishkin, F. S.* (2001), The Economics of Money, Banking and Financial Markets, 6th ed., Addison-Wesley, Reading etc. (http://www.hepg.awl.com/mishkin/money&banking/index.htm).

*Mojon, B.* (2000), Financial Structure and the Interest Rate Channel of ECB Monetary Policy, European Central Bank Working Paper Series, Working Paper No. 40 (http://www.ecb.int).

*Morris, S., Shin, H. S.* (2000), Welfare Effects of Public Information, Discussion Paper 7/00, Economic Research Centre of the Deutsche Bundesbank, November (http://www.bundesbank.de).

*Moutot, P. P.* (1997), Monetary Policy in European Monetary Union: Instruments, Strategy and Transmission Mechanisms, in: Oesterreichische Nationalbank (Hg.), Monetary Policy in Transition in East and West: Strategies, Instruments and Transmission Mechanisms, Vienna, S. 82–103.

*Nautz, D., Wolters, J.* (1999), The Response of Long-term Interest Rates to News about Monetary Policy Actions: Empirical Evidence for the U.S. and Germany, Weltwirtschaftliches Archiv, Bd. 135, S. 397–412.

*OECD* (1999a), Financial Market Trends 72, Paris, February.

*OECD* (1999b) EMU, Facts, Challenges and Policies, Paris.

*Ruckriegel, K.* (1997), Auf dem Weg zur Europäischen Währungsunion, WISU, 26. Jahrgang, S. 212–214.

*Rübel, G.* (2000), Arbeitsmarktpolitische Implikationen der Europäischen Wirtschafts- und Währungsunion. List Forum für Wirtschafts- und Finanzpolitik, Bd. 26, S. 165–182.

*Sachverständigenrat zur Begutachtung der gesamtwirtschaftlichen Entwicklung* (1998), Jahresgutachten 1998/99, Deutscher Bundestag, Drucksache 14/73.

*Sachverständigenrat zur Begutachtung der gesamtwirtschaftlichen Entwicklung* (1999), Jahresgutachten 1999/2000, Stuttgart.

*Saidenberg, M. R., Strahan, P. E.* (1999), Are Banks Still Important for Financing Large Business? Federal Reserve Bank of New York, Current Issues in Economics and Finance, Vol. 5, No. 12 (August) (http://www.ny.frb.org/rmaghome/curr_iss/1999.html).

*Schich, S., Seitz, F.* (2000), Overcoming the Inflationary Bias Through Institutional Changes – Experiences of Selected OECD Central Banks, Schmollers Jahrbuch – Zeitschrift für Wirtschaft- und Sozialwissenschaften, 120. Jg., S. 1–24.

*Schmidt, R. H.* (2001), Differences between Financial Systems in European Countries: Consequences for EMU, in: Deutsche Bundesbank, The Monetary Transmission Process, Recent Developments and Lessons for Europe, Palgrave, Chippenham, S. 208–240.

*Smith, T. R.* (1998), Banking Competition and Macroeconomic Performance, Journal of Money, Credit and Banking, Vol. 30, S. 753–815.

*Söderström, U.* (2000), Monetary Policy with Uncertain Parameters, European Central Bank Working Paper Series, Working Paper No. 13, February 2000 (http://www.ecb.int).

*Spiegel, M. M.* (1998), Central Bank Independence and Inflation Expectations: Evidence from British Index-linked Gilts, Economic Review, Federal Reserve Bank of San Francisco, No. 1, S. 3–14.

*Stöß, E.* (1996), Die Finanzierungsstruktur der Unternehmen und deren Reaktion auf monetäre Impulse, Diskussionspapier 9/96, Volkswirtschaftliche Forschungsgruppe der Deutschen Bundesbank (http://www.bundesbank.de).

*Toolsema, L. A., Sturm, J.-E., de Haan, J.* (2001), Convergence of Monetary Transmission in EMU – New Evidence, CESifo Paper No. 465, April 2001 (http:/www.cesifo.de).

*van den Heuvel, S. J.* (2001), The Bank Capital Channel of Monetary Policy, Vortrag auf der Konferenz „Financial Innovation and Monetary Transmission" bei der Federal Reserve Bank of New York am 5./6. April 2001.

*Vermeulen, P.* (2000), Business Fixed Investment: Evidence of a Financial Accelerator in Europe, European Central Bank Working Papier Series, Working Paper No. 37, November 2000 (http://www.ecb.int).

*Vollmer, U.* (2000), Warum gibt es (immer noch) Kreditgenossenschaften? Eine institutionenökonomische Analyse, Jahrbücher für Wirtschaftswissenschaften, Vol. 51, S. 53–74.

*Walsh, C. E.* (1998), Monetary Theory and Policy, The MIT Press, Cambridge/Mass.

*Wesche, K.* (2000), Is there a Credit Channel in Austria? The Impact of Monetary Policy on Firm's Investment Decisions, Österreichische Nationalbank, Working Paper 41 (http://www.oenb.co.at/workpaper/pubwork.htm).

*Winkler, B.* (2000), Which Kind of Transparency? On the Need for Clarity in Monetary Policy – Making, European Central Bank Working Paper Series, Working Paper No. 26, August 2000 (http://www.ecb.int).

## Kapitel III.1:

*Balassone, F., Franco, D.* (2000), Assessing Fiscal Sustainability: a Review of Methods with a View to EMU, in: Banca d'Italia (Hg.), Fiscal Sustainability, Essays presented at the Bank of Italy Workshop held in Perugia, 20–22 January 2000, S. 21–60.

*Balassone, F., Monacelli, D.* (2000), EMU Fiscal Rules: Is there a Gap? Banca d'Italia, Temi di Discussione del Servizio Studi Nr. 375, July 2000 (http://www.bancaditalia.it).

*Ball, L.* (1992), Why Does High Inflation Raise Inflation Uncertainty? Journal of Monetary Economics, Vol. 29, No. 3, S. 371–388.

*Ball, L., Elmendorf, D. W., Mankiw, N. G.* (1998), The Deficit Gamble, Journal of Money, Credit and Banking, Vol. 30, S. 699–720.

*Baltensperger, E., Jordan, T. J.* (1997), Principles of Seigniorage, Schweizerische Zeitschrift für Volkswirtschaft und Statistik, 133. Jg., S. 133–151.

*Banca d'Italia* (Hg.) (1999), Indicators of Structural Budget Balances, Essays presented at the Bank of Italy Public Finance Workshop held in Perugia, 26–28 November 1998.

*Banca d'Italia* (Hg.) (2000), Fiscal Sustainability, Essays presented at the Bank of Italy Workshop held in Perugia, 20–22 January 2000.

*Barrell, R., Karen, D.* (2000), An Evaluation of Monetary Targeting Regimes, National Institute Economic Review, Nr. 174, S. 105–113.

*Beetsma, R. M. J. W., Bovenberg, A. L.* (1999), Does Monetary Unification Lead to Excessive Debt Accumulation? Journal of Public Economics, Vol. 74, S. 299–325.

*Beetsma, R. M. J. W., Bovenberg, A. L.* (2001), Structural Distortions and Decentralised Fiscal Policies in EMU, CESifo Working Paper No. 473, May 2001 (http://www.cesifo.de).

*Beetsma, R. M. J. W., Uhlig, H.* (1999), An Analysis of the Stability and Growth Pact, Economic Journal, Vol. 109, S. 546–571.

*Bergin, P. R.* (2000), Fiscal Solvency and Price Level Determination in a Monetary Union, Journal of Monetary Economics, Vol. 45, S. 37–53.

*Berndsen, R. J.* (1997), The EMU Debt Criterion: An Interpretation, DNB Staff Reports No. 18/1997 (http://www.dnb.nl/english/e_publicaties/index.htm).

*Blanchard, O.* (1997), Macroeconomics, Prentice-Hall, London.

*Borio, C. E. V.* (1995), The Structure of Credit to the Non-Government Sector and the Transmission Mechanism of Monetary Policy: A Cross-Country Comparison, BIS Working Paper No. 24, April 1995 (http://www.bis.org/publ/index.htm).

*Brandner, P., Diebalek, L., Schuberth, H.* (1998), Structural Budget Deficits and Sustainability of Fiscal Positions in the European Union, Working paper 26, Österreichische Nationalbank (http://www.oenb.co.at).

*Breuss, F.* (1999), Wozu fiskalische Tragfähigkeit in der Wirtschafts- und Währungsunion der Europäischen Union? in: Neck, R., Holzmann, R. (Hg.), Was wird aus Euroland? Manzsche Verlags- und Universitätsbuchhandlung, Wien, S. 97–159.

*Bundesministerium der Finanzen* (2001), Finanzpolitik im Spannungsfeld des Europäischen Stabilitäts- und Wachstumspaktes – Zwischen gesamtwirtschaftlichen Erfordernissen und wirtschafts- und finanzpolitischem Handlungsbedarf (http://www.bundesfinanzministerium.de)

*Buti, M., Franco, D., Ongena, H.* (1997), Budgetary Policies during Recessions: Retrospective Application of the „Stability and Growth Pact" to the Post-War Period, Recherches Economiques de Louvain, Vol. 63, S. 321–366.

*Buti, M., Franco, D., Ongena, H.* (1998), Fiscal Discipline and Flexibility in EMU: The Implementation of the Stability and Growth Pact, Oxford Review of Economic Policy, Vol. 14, S. 81–97.

*Buti, M., Martinot, B.* (2000), Open Issues in the Implementation of the Stability and Growth Pact, National Institute Economic Review, Nr. 174, October, S. 92–104.

*Canzoneri, M. B., Diba, B. T.* (1999), The Stability and Growth Pact: A Delicate Balance or an Albatross? Empirica, Vol. 26, S. 241–258.

*Calomiris, C. W.* (1999), The Impending Collapse of the European Monetary Union, The Cato Journal, Vol. 18, S. 445–452.

*Caporale, G. M.* (1992), Fiscal Solvency in Europe: Budget Deficits and Government Debt under European Monetary Union, National Institute Economic Review, Nr. 140, Mai 1992, S. 69–77.

*Carlstrom, C. T., Fuerst, T. S.* (2000), The Fiscal Theory of the Price Level, Federal Reserve Bank of Cleveland Economic Review, Vol. 36, No. 1, S. 22–32 (http://www.clev.frb.org/research).

*Casella, A.* (1999), Tradable Deficit Permits: Efficient Implementation of the Stability Pact in the European Monetary Union, Economic Policy, Nr. 29, S. 321–361.

*Champ, B., Freeman, S.* (1994), Modeling Monetary Economies, John Wiley & Sons, New York et al.

*Christiano, L. J., Fitzgerald, T. J.* (2000), Understanding the Fiscal Theory of the Price Level, Federal Reserve Bank of Cleveland Economic Review, Vol. 36, No. 2, S. 2–38 (http://www.clev.frb.org/research).

*Cobham, D.* (1998), Macroeconomic Analysis – An Intermediate Text, 2nd ed., Longman, London/New York.

*Davis, G., Kanago, B.* (1998), High and Uncertain Inflation: Results from a New Data Set, Journal of Money, Credit and Banking, Vol. 30, S. 218–230.

*De Bandt, O., Mongelli, F. P.* (2000), Convergence of Fiscal Policies in the Euro Area, ECB Working Paper No. 20, May 2000 (http://www.ecb.int).

*DeGrauwe, P.* (2000), Economics of Monetary Union, 4th ed., Oxford University Press, Oxford.

*Deutsche Bundesbank* (1997a), Die Entwicklung der Staatsverschuldung seit der deutschen Vereinigung, Monatsbericht März 1997, Vol. 49, Nr. 3, S. 17–32 (http://www.bundesbank.de).

*Deutsche Bundesbank* (1997b), Wichtige Elemente des Stabilitäts- und Wachstumspakts, Informationsbrief zur Europäischen Wirtschafts- und Währungsunion Nr. 6, Mai 1997, S. 3–9 (http://www.bundesbank.de).

*Dixit, A.* (2001), Games of Monetary and Fiscal Interactions in the EMU, European Economic Review, Vol. 45, S. 589–613.

*Eichengreen, B., Wyplosz, C.* (1998), The Stability Pact: More Than a Minor Nuisance? in: Begg, D., von Hagen, J., Wyplosz, C., Zimmermann, K. (Eds.), EMU: Prospects and Challenges for the Euro, Oxford, Blackwell Publishers, S. 67–104.

*Eijffinger, S. C. W., de Haan, J.* (2000), European Monetary and Fiscal Policy, Oxford University Press, Oxford.

*Europäische Kommission* (1998), EURO 1999: Bericht über den Konvergenzstand mit Empfehlung für den Übergang zur dritten Stufe der Wirtschafts- und Währungsunion, Teil 2: Bericht, Luxemburg.

*Europäische Kommission* (2000), Europäische Wirtschaft Nr. 70, Luxemburg (http://www.europa.eu.int/comm/index_de.htm).

*Europäisches Währungsinstitut* (1998), Konvergenzbericht – Nach Art. 109j des Vertrags zur Gründung der Europäischen Gemeinschaft vorgeschriebener Bericht, Frankfurt/Main (http://www.ecb.int).

*Europäische Zentralbank* (1999a), Monatsbericht März 1999 (http://www.ecb.int).

*Europäische Zentralbank* (1999b), Die Umsetzung des Stabilitäts- und Wachstumspakts, Monatsbericht Mai 1999, S. 63–78 (http://www.ecb.int).

*Europäische Zentralbank* (2000), Die Finanzpolitik im Euro-Währungsgebiet unter den Bedingungen einer alternden Bevölkerung, Monatsbericht Juli 2000, S. 49–80 (http://www.ecb.int).

*European Commission – Directorate-General for Economic and Financial Affairs* (1997), Economic Policy in EMU, Part B: Specific Topics, Economic Papers No. 125, November 1997, Brussels.

*European Commission – Directorate-General for Economic and Financial Affairs* (1998), The Euro: Explanatory Notes, Euro Papers No. 17, February 1998.

*European Commission – Directorate-General for Economic and Financial Affairs* (2000), European Economy Nr. 3, Public Finances in EMU – 2000 (http://europa.eu.int/comm/economy_finance/index_en.htm).

*Frisch, H.* (1998), The Algebra of Government Debt, Finanzarchiv, N.F., Bd. 54, S. 586–599.

*Gambacorta, L.* (1999), What is the Optimal Institutional Arrangement for a Monetary Union? Temi di Discussione del Servizio Studi Nr. 356, June 1999 (http://www.bancaditalia.it).

*Girodano, R.* (2001), Optimal Debt Maturity under EMU, Banca d'Italia, Temi di Discussione del Servizio Studi Nr. 41, March 2001 (http://www.bancaditalia.it).

*Gramlich, E. M., Wood, P. R.* (2000), Fiscal Federalism and European Integration: Implications for Fiscal and Monetary Policies, Board of Governors of the Federal Reserve System, International Finance Discussion Papers Nr. 694, December 2000 (http://www.federalreserve.gov).

*Haslag, J. H.* (1998), Seigniorage Revenue and Monetary Policy, Federal Reserve Bank of Dallas Economic Review, 3rd quarter 1998, S. 10–20 (http://www.dallasfed.org).

*Hayek, F. A.* (1991), Die Verfassung der Freiheit, Mohr, Tübingen.

*Hebbink, G. E.* (1997), Electronic Money and Seigniorage of EU Central Banks, De Nederlandsche Bank Econometric Research and Special Studies Department, Research Memorandum Nr. 490 (http://www.dnb.nl/english/e_publicaties/index.htm).

*Heinemann, F., Winschel, V.* (2001), Public Deficits and Borrowing Costs: The Missing Half of Market Discipline, ZEW Discussion Paper 01–16, March 2001 (http://www.zew.de).

*Illing, G.* (1999), Nominal Bonds and Budgetary Discipline in a Currency Union, Kredit und Kapital, 32. Jg., S. 1–23.

*Issing, O.* (1998), Einführung in die Geldtheorie, 11. A., Vahlen, München.

*Issing, O.* (1999), Der Euro und seine Stabilität – Konsequenzen für die Finanzpolitik, Rede anlässlich des Finanzpolitischen Kongresses am 24.3.1999 in Frankfurt/Main, abgedruckt in Deutsche Bundesbank (Hg.), Auszüge aus Presseartikeln Nr. 19 vom 25.3.1999, S. 10–16.

*Kletzer, K., von Hagen, J.* (2000), Monetary Union and Fiscal Federalism, ZEI Working Paper B1-2000, Januar 2000 (http://www.zei.de).

*Larbig, G. A.* (1999), Seigniorage-Verteilung in der Europäischen Währungsunion, List Forum für Wirtschafts- und Finanzpolitik, Bd. 25, S. 199–221.

*Leeftink, B.* (2000), Rules versus Flexibility: Does the Stability Pact Limit Budgetary Stabilisers? in: Banca d'Italia (Hg.), Fiscal Sustainability, Essays presented at the Bank of Italy Workshop held in Perugia, 20–22 January 2000, S. 653–679.

*Löwe, J.* (1999), Staatsverschuldung in der Währungsunion – Probleme bei der Umsetzung des EU-Stabilitätspaktes und ökonomische Ansätze ihrer Überwindung, Außenwirtschaft, Vol. 54, S. 549–568.

*Marín, J.* (1999), Monitoring Budgetary Discipline: Some Simple Indicators, in: Banca d'Italia (Hg.), Indicators of Structural Budget Balances, Essays presented at the Bank of Italy Public Finance Workshop held in Perugia, 26–28 November 1998, S. 285–324.

*Martenczuk, B.* (1998), Der Europäische Rat und die Wirtschafts- und Währungsunion, Europarecht, Vol. 33, S. 151–177.

*OECD* (1999), EMU – Facts, Challenges and Policies, Paris.

*Price, R.* (1997), The Rationale and Design of Inflation-Indexed Bonds, IMF Working Paper 97/12 (http://www.imf.org/external/pubind.htm).

*Prskawetz, A., Feichtinger, G., Luptàcik, M.* (1998), The Accomplishment of the Maastricht Criteria with Respect to Initial Debt, Journal of Economics, Vol. 68, S. 93–110.

*Röger, W.* (2000), Ageing and Fiscal Sustainability in Europe, in: Banca d'Italia (Hg.), Fiscal Sustainability, Essays presented at the Bank of Italy Workshop held in Perugia, 20–22 January 2000, S. 255–285.

*Rogoff, K.* (1998), Blessing or Curse? Foreign and Underground Demand for Euro Notes, Economic Policy, April 1998, S. 263–290.

*Ruckriegel, K.* (1995), Staatsverschuldung als Auslöser inflationärer Prozesse, WISU, 24. Jg., S. 578–581.

*Sargent, T., Wallace, N.* (1981), Some Unpleasant Monetarist Arithmetic, Federal Reserve Bank of Minneapolis Quarterly Review, Vol. 5, No. 4, S. 1–17 (http://research.mpls.frb.fed.us/research/qr/).

*Schulze, H. D.* (1998), Can Tighter Money Now Mean Higher Inflation Now? Journal of Money, Credit and Banking, Vol. 30, S. 404–410.

*Seitz, F.* (1995), Der DM-Umlauf im Ausland, Diskussionspapier 1/95, Volkswirtschaftliche Forschungsgruppe der Deutschen Bundesbank, Mai 1995 (http://www.bundesbank.de).

*Sell, F. L.* (1998), Zu den Wirkungen des Stabilitätspaktes in der Europäischen Währungsunion, Ifo-Studien, 44. Jg., S. 233–266.

*Smeets, H.-D., Vogl, B.* (2001), Der Stabilitäts- und Wachstumspakt – eine kritische Würdigung, in: Söllner, F., Wilfert, A. (Hg.), Die Zukunft des Sozial- und Steuerstaates, Festschrift zum 65. Geburtstag von Dieter Fricke, Physica-Verlag, Heidelberg, S. 421–451.

*Söllner, F.* (2000), Die Umsetzung der Maastricht-Kriterien zur Staatsverschuldung im föderalen System der Bundesrepublik Deutschland, Ifo-Schnelldienst, Vol. 53, H. 10, S. 8–18.

*Strauch, R.* (1999), Monitoring Fiscal Adjustments in the European Union and EMU, Discussion Paper 4/99, Economic Research Group of the Deutche Bundesbank, July 1999 (http://www.bundesbank.de).

*von Hagen, J.* (1998), Discussion of Winckler, Hochreiter and Brandner's Paper, in: Calvo, G., King, M. (Eds.), The Debt Burden and its Consequences for Monetary Policy, MacMillan Press, Houndsmills, S. 277–282.

*Walsh, C. E.* (1998), Monetary Theory and Policy, The MIT Press, Cambridge.

*Welsch, H.* (2000), Domestic Fiscal Policy in a Monetary Union: What are the Spillovers? Jahrbücher für Nationalökonomie und Statistik, Bd. 220, S. 327–342.

*Winckler, G., Hochreiter, E., Brandner, P.* (1998), Deficits, Debt and European Monetary Union: Some Unpleasant Fiscal Arithmetic, in: Calvo, G., King, M. (Eds.), The Debt Burden and its Consequences for Monetary Policy, St. Martin's Press, New York, S. 254–276.

*Woodford, M.* (1998), Control of the Public Debt: A Requirement for Price Stability? in: Calvo, G., King, M. (Eds.), The Debt Burden and its Consequences for Monetary Policy, St. Martin's Press, New York, S. 117–154.

*Woodford, M.* (2000), Fiscal Requirements for Price Stability, Princeton University (http://www.princeton.edu/~woodford/).

Zaghini, A. (1999), The Economic Policy of Fiscal Consolidations: The European Experience, Banca d'Italia, Temi di Discussione del Servizio Studi Nr. 355, June 1999 (http://www.bancaditalia.it).

## Kapitel III.2:

*Addison, J. T., Siebert, W. S.* (Eds.) (1997), Labour Markets in Europe: Issues of Harmonization and Regulation, Dryden Press, London.

*Belke, A.* (1996), Theorie und Empirie politischer Konjunkturzyklen – Eine kritische Analyse der Zeitreihendynamik in Partisan-Ansätzen, J. C. B. Mohr (Siebeck), Tübingen.

*Belke, A.* (1997), Beschäftigungseffekte der EWWU: Wechselkursfixierung, Sozial- und Politische Union, WISU, 26. Jg., S. 878–886.

*Belke, A.* (1998), Maastricht-Implications of a Centralised Monetary and Currency Policy for Employment in Europe, in: Welfens, P. J. J. (Ed.), European Labour Market and Social Security – Wage Costs, Social Security Financing and Labour Market Reforms in Europe, Springer, Berlin et al., S. 195–246.

*Belke, A., Gros, D.* (1999), Estimating the Costs and Benefits of EMU: The Impact of External Shocks on Labour Markets, Weltwirtschaftliches Archiv, Bd. 135, S. 1–47.

*Bergmann, J., Lenz, C.* (Hg.) (1998), Der Amsterdamer Vertrag, Omnia.

*Berthold, N., Fehn, R.* (1998), Does EMU Promote Labor Market Reforms? Kyklos, Vol. 51, Fasc. 4, S. 509–536.

*Burda, M. C.* (2001), European Labor Markets and the Euro: How much Flexibility Do We Really Need? in: Deutsche Bundesbank (Ed.), The Monetary Transmission Process: Recent Developments and Lessons for Europe, Palgrave, Chippenham, S. 252–275.

*Calmfors, L.* (1998a), Macroeconomic Policy, Wage Setting and Employment – What Differences does EMU Make? Oxford Review of Economic Policy, Vol. 14, No. 3, S. 125–151.

*Calmfors, L.* (1998b), Monetary Union and Precautionary Labour-Market Reform, Institute for International Economic Studies, Seminar Paper No. 659 (http://www.iies.su.sel).

*Calmfors, L.* (2001), Wages and Wage-Bargaining Institutions in the EMU – A Survey of the Issues, CESifo Working Paper No. 520, July 2001 (http://www.cesifo.de).

*Cukierman, A., Lippi, F.* (2000), Labor Markets and Monetary Union: A Strategic Analysis, Banca d'Italia, Temi di Discussione, No. 365 (February 2000).

*Deutsche Bundesbank* (1997), Wichtige Elemente des Stabilitäts- und Wachstumspakts, Informationsbrief zur Europäischen Wirtschafts- und Währungsunion, Nr. 6, Mai 1997, S. 3–9 (http://www.bundesbank.de).

*Deutsche Bundesbank* (1998), Eine stabilitätsorientierte geldpolitische Strategie für das ESZB, Informationsbrief zur WWU, Nr. 16, 16. November 1998 (http://www.bundesbank.de).

*Deutsche Bundesbank* (1999), Entwicklung und Finanzierungsaspekte der öffentlichen Investitionen, Monatsbericht April 1999, S. 29–46 (http://www.bundesbank.de).

*Dohse, D., Krieger-Boden, C.* (1998), Währungsunion und Arbeitsmarkt. Auftakt zu unabdingbaren Reformen, Kieler Studien 290, J. C. B. Mohr (Siebeck), Tübingen.

*Dohse, D., Krieger-Boden, C., Soltwedel, R.* (1999), Europäische Währungsunion und Arbeitsmarkt, Wirtschaftswissenschaftliches Studium, 28. Jg., S. 54–61.

*Eichler, M., Lechner, M.* (2000), Die aktive Arbeitsmarktpolitik in den neuen Bundesländern, in: Raugnitz, J. (Hg.), Zehn Jahre Deutsche Einheit: Bilanz und Perspektiven, Institut für Wirtschaftsforschung Halle, Halle, S. 148–168.

*Europäische Kommission* (1999), Europäische Wirtschaft, No. 69, Luxemburg.

*Feldmann, H.* (1998a), Die neue gemeinschaftliche Beschäftigungspolitik, Integration, 21. Jg., S. 43–49.

*Feldmann, H.* (1998b), Europäische Währungsunion und Arbeitsmarktflexibilität, Außenwirtschaft, 53. Jg., S. 53–80.

*Frankel, J. A., Rose, A. K.* (1997), Is EMU More Justitiable ex post than ex ante? European Economic Review, Vol. 41, S. 753–760.

*Fröhlich, H.-P., Klös, H.-P., Kroker, R., Schnabel, C., Schröder, Chr.* (1997), Lohnpolitik in der Europäischen Währungsunion, Beiträge zur Wirtschafts- und Sozialpolitik, Institut der deutschen Wirtschaft Köln, Deutscher Instituts-Verlag, Bd. 234.

*Funke, M.* (1997), The Nature of Shocks in Europe and in Germany, Economica, Vol. 64, S. 461–469.

*Görgens, E.* (1993), Der Arbeitsmarkt im europäischen Integrationsprozess, in: Gröner, H., Schüller, A. (Hg.), Die europäische Integration als ordnungspolitische Aufgabe, Gustav Fischer, Stuttgart-Jena-New York.

*Görgens, E.* (1996), Aktive Arbeitsmarktpolitik, Wirtschaftswissenschaftliches Studium, 25. Jg., S. 175–180.

*Görgens, E., Ruckriegel, K.* (2000), Grundzüge der makroökonomischen Theorie, 7. A., PCO, Bayreuth.

*iwd* (Institut der deutschen Wirtschaft, 2000), Europäischer Beschäftigungspakt. Nicht unbedingt ein Königsweg, 26. Jg., Nr. 12, 23. März 2000 (http://www.iwkoeln.de).

*Hagen, T., Steiner, V.* (2000), Aktive Arbeitsmarktpolitik erfolglos? ZEW news, Juli/August 2000, S. 4.

*Jochem, A.* (1999), Erfordert die Europäische Währungsunion die Koordination der aktiven Arbeitsmarktpolitik in den Mitgliedsländern? Jahrbücher für Nationalökonomie und Statistik, Bd. 219, H. 5 + 6.

*Layard, R., Nickell, S., Jackmann, R.* (1997), Unemployment. Macroeconomic Performance and the Labour Market, Oxford University Press, Oxford.

*Lehment, H.* (1998), Geldpolitik und lohnpolitischer Verteilungsspielraum in der Europäischen Währungsunion, Die Weltwirtschaft, H. 1, S. 72–84.

*OECD* (1998), Economic Outlook, Nr. 63, Paris.

*OECD* (1999), EMU, Facts, Challenges and Policies, Paris.

*Rübel, G.* (2000), Arbeitsmarktpolitische Implikationen der Europäischen Wirtschafts- und Währungsunion, List Forum für Wirtschafts- und Finanzpolitik, Bd. 26, H. 2, S. 165–182.

*Sachverständigenrat zur Begutachtung der gesamtwirtschaftlichen Entwicklung* (1998), Jahresgutachten 1998/99, Deutscher Bundestag, Drucksache 14/73.

*Schnabel, C.* (1996), Lohnpolitik und die Europäische Währungsunion: Erfahrungen und Erwartungen in Deutschland, in: Jacobi, O., Pochet, P. (Hg.), Gemeinsamer Währungsraum – Fragmentierter Lohnraum, Hans-Böckler-Stiftung, Düsseldorf, S. 99–11.

*Siebert, H.* (1998), Arbeitsproduktivität und Löhne in der Europäischen Währungsunion, Die Weltwirtschaft, H. 2, S. 115–120.

## Kapitel III.3:

*Arbeitsgemeinschaft wirtschaftswissenschaftlicher Forschungsinstitute e.V.* (1998), Herbstgutachten vom 16.10.1998, S. 76–80.

*Bertola, G., Caballero, R. J.* (1992), Target Zones and Realignments, American Economic Review, Vol. 82, S. 520–536.

*Blanchard, O.* (2000), Macroeconomics, 2nd ed., Prentice Hall, New Jersey.

*Bofinger, P.* (2000), A Framework for Stabilizing the Euro/Yen/Dollar Triplet, The North American Journal of Economics and Finance, Vol. 11, S. 137–151.

*Braasch, B.* (1996), Zur Professionalisierung des Anlageverhaltens und ihren Auswirkungen auf den internationalen Zinszusammenhang und die Geldpolitik, in: Gahlen, B., Hesse, H., Ramser H.J. (Hg.), Finanzmärkte, Mohr Siebeck, Tübingen, S. 331–352.

*Burda, M., Wyplosz, C.* (1997), Macroeconomics – A European Text, 2nd ed., Oxford University Press, Oxford.

*Clostermann, J., Schnatz, B.* (2000a), The Determinats of the Euro-Dollar Exchange Rate, Deutsche Bundesbank, Economic Research Group, Discussion Paper 2/00.

*Clostermann, J., Schnatz, B.* (2000b), The Determinants of the Euro-Dollar Exchange Rate: Synthetic Fundamentals and a Non existing Currency, Konjunkturpolitik, Applied Economics Quaterly, 46. Jg., H. 3, S.274–302.

*Corsetti, G., Pesenti, P.* (1999), Stability, Asymmetry and Discontinuity: the Launch of Monetary Union, Brookings Papers on Economic Activity, 2, S. 295–372.

*Deutsche Bundesbank* (1993a), Zum Einfluss von Auslandstransaktionen auf Bankenliquidität, Geldmenge und Bankkredite, Monatsbericht Januar 1993, 45. Jg., S. 19–34.

*Deutsche Bundesbank* (1993b), Die jüngsten geld- und währungspolitischen Beschlüsse und die Entwicklung im Europäischen Währungssystem, Monatsbericht August 1993, 45. Jg., S. 19–27.

*Deutsche Bundesbank* (1998a), Informationsbrief zur Europäischen Wirtschafts- und Währungsunion. Nr. 10 (Wirtschaftspolitische Koordinierung, Wechselkurspolitik und Außenvertretung der Europäischen Gemeinschaft in der Endstufe der Wirtschafts- und Währungsunion) (http://www.bundesbank.de).

*Deutsche Bundesbank* (1998b), Die technische Ausgestaltung des neuen europäischen Wechselkursmechanismus, Monatsbericht Oktober 1998, 50. Jg., S. 19–25 (http://www.bundesbank.de).

*Deutsche Bundesbank* (2001), Geschäftsbericht 2000 (http://www.bundesbank.de).

*Europäische Zentralbank* (1999), Jahresbericht 1998, Frankfurt/Main (http://www.ecb.int).

*Europäische Zentralbank* (2001), Monatsbericht April 2001, Statistischer Teil (http://www.ecb.int).

*Financial Times Deutschland* (2000), Duisenberg verteidigt Euro-Interventionen, Ausgabe vom 24.11.2000.

*Flassbeck, H.* (1998), SPIEGEL-Gespräch mit dem DIW-Konjunkturexperten und Lafontaine-Berater Heiner Flassbeck über Spekulanten und neue Spielregeln für das Weltfinanzsystem, Spiegel 42/1998 vom 12.10.1998, S. 132–135.

*Frenkel, M.* (1999), Zielzonen bedeuten die Aufgabe der geldpolitischen Selbständigkeit (Gespräch), Frankfurter Allgemeine Zeitung vom 17.2.1999.

*Frenkel, J. A., Goldstein, M.* (1998), Die internationale Rolle der Deutschen Mark, in: Deutsche Bundesbank (Hg.), Fünfzig Jahre Deutsche Mark, C. H. Beck, München, S. 723–771 (http://www.bundesbank.de).

*Görgens, E., Ruckriegel, K.* (2000), Gründzüge der makroökonomischen Theorie, 7. A., P. C. O., Bayreuth.

*Isard, P.* (1995), Exchange Rate Economics, Cambridge University Press, Cambridge.

*Issing, O.* (1999), Wechselkursbandbreiten sind eine Einladung für Spekulanten (Gespräch), Frankfurter Allgemeine Zeitung vom 17. Februar 1999.

*IWF* (2001), World Economic Outlook, May 2001, Chapter II (http:www.imf.org).

*Jarchow, H.-J, Rühmann, P.* (2000), Monetäre Außenwirtschaft – I. Monetäre Außenwirtschaftstheorie, 5. Aufl., Vandenhoeck & Ruprecht, Göttingen.

*Jarchow, H.-J, Rühmann, P.* (1997), Monetäre Außenwirtschaft – II. Internationale Währungspolitik, 4. A., Vandenhoeck & Ruprecht, Göttingen.

*Ketterer, K.H., Nagel, J.* (1998), Die Tobin-Steuer – Ein Instrument zur Stabilisierung des EWS II, in: Lange, C., Rohde, A., Westphal, H.M. (Hg.), Monetäre Aspekte der europäischen Integration, Duncker & Humblot, Berlin, S. 122–138.

*Kremski, T.* (1997), Wechselkursverhalten in Bandbreitensystemen, Gabler, Wiesbaden.

*Kremski, T.* (1998), Harte und weiche Wechselkurszielzonen, in: Lange, C., Rohde, A., Westphal, H. M. (Hg.), Monetäre Aspekte der europäischen Integration, Duncker & Humblot, Berlin, S. 107–121.

*Krugman, P. R.* (1991), Target Zones and Exchange Rate Dynamics, Quarterly Journal of Economics, Vol. 106, S. 669–682.

*Krugman, P. R., Miller, M. H.* (1993), Why have a Target Zone, Carnegie-Rochester Conference Series on Public Policy, Vol. 38, S. 279–314.

*Krugman, P. R., Obstfeld, M.* (2000), International Economics, 5th Edition, Addison-Wesley, Reading et al.

*MacDonald, R.* (2000), Concepts to Calculate Equilibrium Exchange Rates: An Overview, Deutsche Bundesbank Discussion Paper 3/00.

*Mishkin, F. S., Eakins, St.G.* (2000), Financial Markets and Institutions, 3rd Edition, Addison-Wesley Publishing Company, Readings et al.

*Neely, C. J.* (2001), The Practice of Central Bank Intervention: Looking Under the Hood, Federal Reserve Bank of St. Louis, Review, May/Juni 2001, S. 1–10 (http://www.stls.frb.org).

*Obstfeld, M., Rogoff, K.* (1996), Foundations of International Macroeconomics, MIT Press, Cambridge (Mass.) et al.

*Oorschot, C., Vijselaar, F., Voormeulen, C.* (2000), Exchange Rate Policy of the Euro Area, in: Bergeijk, P., Berndsen, R., Jansen, J. (eds.), The Economics of the Euro Area, Edward Elgar, Cheltenham, UK et al., S. 221–240.

*Pansard, F.* (1999), Interest Rate, Speculative Attacks, and Target Zones, Economics Letters, Vol. 62, S. 81–83.

*Rohde, A., Jansen, O.* (1999), Europäische Zentralbank und Wechselkurspolitik, in Simmert, D., Welteke, E. (Hg.), Die Europäische Zentralbank, Deutscher SparkassenVerlag, Stuttgart, S. 211–230.

*Roth, G.* (1998), Geldpolitik im Zeitalter der Globalisierung, in: Lange, C., Rohde, A., Westphal, H. M. (Hg.), Monetäre Aspekte der europäischen Integration, Duncker & Humblot, Berlin, S.63–81.

*Ruckriegel, K.* (1997), Auf dem Weg zur Europäischen Währungsunion, WISU, 26. Jg., S. 212–214.

*Ruckriegel, K.* (1998), Die Zahlungsbilanz, WISU, 27. Jg., S. 360–366.

*Ruckriegel, K., Seitz, F.* (1998), Wechselkurspolitik in der EWWU: Die Achillesferse der Geldpolitik? WISU, 27. Jg., S. 1292–1296.

*Schwarze, J.* (Hg.) (2000), EU-Kommentar, Nomos-Verlagsgesellschaft, Baden-Baden.

*Seidel, M.* (1998), Die Politiker meinen, der Vertrag stehe zu ihrer Disposition, Gespräch, Welt am Sonntag vom 15. Nov. 1998, S. 47f.

*Sell, F. L.* (1999), Zielzonen für die Wechselkurs- oder für die Geldpolitik? List Forum für Wirtschafts- und Finanzpolitik, Bd. 25, S. 1–11.

*Tietmeyer, H.* (1989), Anmerkungen zu den neuen internationalen Kooperationsbemühungen seit der Plaza-Vereinbarung 1985, in: Bub, N., Duwendag, D., Richter, R. (Hg.) Geldwertsicherung und Wirtschaftsstabilität (Festschrift für Helmut Schlesinger zum 65. Geburtstag), Knapp, Frankfurt/Main, S. 479–497.

*Walters, A.* (1998), Currency boards, The New Palgrave – A Dictionary of Economics, Vol. 1, Macmillan Reference Ltd., S. 740–742.

*Williamson, J.* (1985), The Exchange Rate System, Institute for International Economics, Washington D. C.

*Wissenschaftlicher Beirat bei Bundesministerium für Wirtschaft und Technologie* (1999), Wechselkurszielzonen, Schreiben an den Bundesminster für Wirtschaft und Technologie vom 4.März 1999.

*Zeitler, F.-C.* (1998), Nur flexible Kurse führen durch die Krise, Focus 41/98 vom 5.10.1998, S. 334.

# 3 Glossarium

**Adaptive Erwartungen**
Werden Erwartungen aufgrund früherer Erfahrungen unter zusätzlicher Berücksichtigung früherer Erwartungsfehler gebildet, spricht man von adaptiven Erwartungen.

**Adverse Selektion**
Wie der *Moral Hazard* beruht auch die adverse Selektion (Negativauslese) auf asymmetrischer Information. Sie betrifft jedoch die Kreditvergabe. Leistungsfähige, aber am Markt wenig bekannte (junge) Firmen, die noch keine dauerhaften Kreditbeziehungen aufgebaut haben, werden wegen des Informationsdefizits möglicherweise von der Kreditvergabe ausgeschlossen. Dies bedeutet, dass „gute Risiken" (Zins- und Kreditrückzahlung dieser Firmen wären eigentlich sicher) aussortiert werden und „schlechte Risiken" unter den Kreditnehmern ein größeres Gewicht haben. Verstärkend kommt hinzu, dass sich „gute Risiken" bei steigenden Zinsen zurückziehen.

**Ankerwährung**
Preisstabile internationale Währung, an die weniger stabile Länder ihre Währungen binden. Als Ankerwährung fungieren vor allem der US-Dollar und der Euro.

**Asymmetrische Schocks**
Nachhaltige und unerwartete realwirtschaftliche Impulse auf der Angebots- oder Nachfrageseite wie auch nicht-antizipierte finanzielle Impulse können in den davon betroffenen Ländern abweichende Preis-, Produktions- und Beschäftigungswirkungen auslösen („asymmetrische Schocks"). Massive Verteuerungen von Rohstoffen (z.B. bei Rohöl) werden nicht nur unterschiedliche Produktions- und Beschäftigungseffekte zwischen Export- und Importländern bewirken, sondern auch innerhalb der Ländergruppen. So wird beispielsweise die Rohstoffverteuerung in einem rohstoffarmen Land andere Wirkungen nach sich ziehen als in einem Land, das bei den relevanten Produkten in gewissem Umfang auf Substitute ausweichen kann. In einem System flexibler Wechselkurse würde dieser Schock über Änderungen der nominalen Wechselkurse abgefedert. Die Währung des preiserhöhenden Rohstofflandes würde gegenüber den Importländern aufgewertet. Die Aufwertung fällt umso höher aus, je größer die Importabhängigkeit der einzelnen Importländer ist. Der Schock würde über veränderte Wechselkursrelationen zumindest teilweise absorbiert. Analog könnte etwa ein Konjunktureinbruch in den USA je nach Außenhandelsverbundenheit unterschiedliche Nachfrageeinbrüche in den exportierenden Ländern hinterlassen, die wiederum durch Änderung der Wechselkurse oder eine gegensteuernde expansive Geldpolitik gedämpft werden könnten. Da innerhalb der EWU beide Reaktionsmöglichkeiten auf nationaler Ebene entfallen und eine eventuelle Änderung des nominalen Wechselkurses der gemeinsamen Währung die nationale Nachfrage-, Produktions- und Beschäftigungswirkung nur partiell auffangen kann, müssen andere Anpassungsmechanismen aktiviert oder verstärkt werden.

**Automatische Stabilisatoren**
Die nachfragestabilisierende Wirkung durch eine automatische Reaktion fiskalpolitischer Größen auf zyklische Schwankungen. Auf der Einnahmeseite ist hier das progressiv ausgestaltete Einkommensteuersystem zu nennen. Auf der Ausgabenseite kommt es in konjunkturelllen Schwächephasen zu einem Anstieg staatlicher Transfers (z.B. Arbeitslosengeld). Insgesamt steigt damit konjunkturbedingt die *Defizitquote* an. Damit diese automatischen Stabilisatoren allerdings wirken können, muss genügend Spielraum vorhanden sein, damit über einen längeren Zeitraum Schwankungen des Defizits um einen Durchschnittswert möglich sind.

**Bail-out**
Nach Art. 103 EG-Vertrag haftet kein Land für die Verbindlichkeiten eines anderen Landes. Dies wird als sog. „no-bail-out-Klausel" bezeichnet.

**Balassa-Samuelson-Effekt**
In Ländern mit einem kräftigeren Produktivitätswachstum und damit auch mit einer stärkeren Verbesserung des Lebensstandards ist tendenziell eine höhere Inflationsrate zu verzeichnen. Der Balassa-Samuelson-Effekt erklärt diese Differenzen, indem er einen Zusammenhang zwischen der Entwicklung der Preise der nicht-handelbaren Güter und dem Produktivitätswachstum herstellt. Danach findet das Produktivitätswachstum primär im Bereich der handelbaren Güter (Industrie, Landwirtschaft) statt. Das starke Produktivitätswachstum in diesem Bereich hat aber auch entsprechend starke Lohnerhöhungen zur Folge. Produktivitätsbedingt starke Lohnerhöhungen im Sektor der handelbaren Güter schlagen aber auch auf den Sektor der nicht-handelbaren Güter (Dienstleistungen) durch. Da dort kaum Produktivitätsfortschritte möglich sind, kommt es zu einem Anstieg der Lohnstückkosten und darüber der Preise für nicht-handelbare Güter, was insgesamt das Preisniveau steigen lässt.

**Bankenkanal**
Unter Bankenkanal (Bank Lending Channel) werden zum einen Verhaltensweisen der Geschäftsbanken subsumiert, die selektiv zulasten bestimmter Kreditnehmer, und zwar von Haushalten und kleineren Unternehmen gehen, da diese mangels Ausweichmöglichkeit auf andere Finanzierungsarten auf Bankkredite angewiesen sind. Die Selektion kann in eine Kreditrationierung einmünden, die daraus entsteht, dass der im Gefolge restriktiver Geldpolitik am Kreditmarkt mögliche Zinserhöhungsspielraum nicht ausgeschöpft wird. Banken werden dann auf marktmögliche Zinserhöhungen verzichten, wenn sie das mit der Zinserhöhung einhergehende wachsende Kreditausfallrisiko höher einschätzen als den gestiegenen Zinsertrag. Kreditausfallrisiken wachsen, weil für Kreditnehmer bei höheren Kreditzinsen ein Anreiz besteht, riskante Projekte in Angriff zu nehmen und dies gegenüber dem Kreditgeber verschleiern.

**Basistender**
Siehe längerfristige Refinanzierungsgeschäfte.

**Basiszinssatz**
Die Notwendigkeit, ein einheitliches geldpolitisches Instrumentarium für den gesamten Euro-Raum zu schaffen, führte mit Beginn der Europäischen Währungsunion zum 1. Januar 1999 zur Aufgabe des deutschen Diskontkredits. Da der Diskontsatz der Deutschen Bundesbank in einer Vielzahl von deutschen Gesetzestexten und Verträgen als Referenzgröße dient, musste eine entsprechende Nachfolgeregelung für den Diskontsatz geschaffen werden. Mit Beginn der Währungsunion wurde der Diskontsatz daher entsprechend den Regelungen des Diskontsatz-Überleitungsgesetzes (DÜG) durch den so genannten Basiszinssatz ersetzt. Der Basiszinssatz wird in Anlehnung an den Zinssatz für das längerfristige Refinanzierungsgeschäft ermittelt.

**Bedingte Prognosen**
Prognosen, die auf bestimmten Annahmen (Bedingungen) beruhen. So erstellt z.B. die EZB eine Inflationsprognose unter der Bedingung unveränderter kurzfristiger Zinsen und Wechselkurse (unveränderter geldpolitischer Kurs). Im Gegensatz dazu handelt es sich bei einer unbedingten Prognose um eine „echte" Prognose in dem Sinne, dass eine möglichst gute Übereinstimmung von Prognose und tatsächlicher Entwicklung angestrebt wird.

**Befristete Transaktion**
Geschäft (sog. reverse transaction), bei dem das Eurosystem Vermögenswerte auf Basis einer Rückkaufsvereinbarung kauft oder verkauft oder Kredite gegen Verpfändung von Sicherheiten gewährt.

**Bilanz des Eurosystems**
Die konsolidierte Bilanz des Eurosystems (konsolidierter Ausweis des Eurosystems) wird jeweils zum Wochenschluss (Freitag) erstellt. Der Ausweis gibt Auskunft über den Bedarf an Zentralbankgeld und die Art der Zurverfügungstellung durch die Zentralbank.

**Bilanzkanal**
Der Bilanzkanal (Balance Sheet Channel) hebt die Beeinflussung des Unternehmenswertes und anderer Kreditsicherheiten durch eine restriktive Geldpolitik hervor. Wenn diese zu steigenden Zinsen und in deren Gefolge zu sinkenden Kursen von Rentenpapieren und Aktien (*Vermögenseffekte*) sowie infolge erhöhter Zinszahlungen (*Einkommenseffekte*) zu einem sinkenden Cash flow führt, vermindert sich die Basis für die Besicherung von Krediten bei – wegen des gesunken Cash flow – zugleich erhöhtem Kreditbedarf. Die geringeren Vermögenswerte werden die Banken veranlassen, eine Fremdfinanzierungsprämie in Form eines Zuschlags bei den Zinsen zu verlangen oder die Kreditvergabe zu rationieren. Auch für den Bilanzkanal wird vermutet, dass kleine Firmen und private Haushalte vorzugsweise betroffen sind (*Bankenkanal*).

**Bilaterale Geschäfte**
Verfahren, bei dem das *Eurosystem* nur mit einem oder wenigen Geschäftspartnern direkt Geschäfte abschließt, ohne *Tenderverfahren* zu nutzen.

**BIP-Deflator**
Das Verhältnis von nominalem und realem BIP. Maß für die allgemeine Preisentwicklung in einem Land, in welches alle im Inland produzierten Güter und Dienstleistungen eingehen.

**Bubills**
Unterjährige Staatsschuldtitel in Deutschland. Sie werden seit 1996 begeben.

**Cashflow-Effekt**
Siehe Einkommenseffekt.

**CFA**
Communauté Financière de l'Afrique, in der der CFA-Franc umläuft. Der CFA-Franc wurde 1948 eingeführt. Er steht in einer fixen Wechselkursbeziehung zum Französischen Franc (FF). Dieser Wechselkurs kann gemeinsam von der französischen Regierung und den CFA-Staaten (Benin, Burkina Faso, Kamerun, Zentralafrikanische Republik, Tschad, Kongo, Elfenbeinküste, Äquatorial-Guinea, Gabun, Mali, Niger, Senegal, Togo und Komoren) neu festgesetzt werden. Das französische Finanzministerium garantiert den Umtausch des CFA-Franc in den FF zum fixen Wechselkurs. Ab 1999 trat der Euro an die Stelle des FF.

**Core Inflation**
Siehe Kerninflation.

**Covered Interest Parity (CIP)**
Siehe Gedeckte Zinsparität.

**Currency Board**
Währungssystem, bei dem die *Geldbasis* vollkommen durch Devisen gedeckt ist.

**Currency Substitution**
Siehe Währungssubstitution.

**Defizitquote**
Der Vertrag von Maastricht (bzw. Amsterdam) sieht als ein *Konvergenzkriterium* vor, dass der jährliche Finanzierungsfehlbetrag der öffentlichen Haushalte nicht mehr als 3 % des nominalen Bruttoinlandsprodukts betragen soll. Der Vertag stellte dabei nicht auf eine einmalige, sondern auf eine dauerhafte und nachhaltige Erfüllung ab. Allerdings ließen die Vertragsbestimmungen einen gewissen Interpretationsspielraum zu. So genügte es, wenn das Defizit erheblich und laufend zurückgegangen ist und einen Wert in der Nähe des Referenzwertes erreicht. Ein höheres Defizit ist auch mit dem Vertrag vereinbar, wenn der Referenzwert nur ausnahmsweise und vorübergehend überschritten wird und das Defizit in der Nähe des Referenzwertes bleibt. Auch künftige Beitrittskandidaten werden sich diesem Kriterium stellen müssen. Zudem erfordert der *Stabilitäts- und Wachstumspakt,* dass die EWU-Staaten mittelfristig zumindest eine Defizitquote von null, wenn nicht einen Überschuss aufweisenden Staatshaushalt erreichen sollen.

**Deflation**
Negative Wachstumsrate der Preise, d.h. absoluter Preisrückgang.

**Delors-Bericht**
Mitte der 80er Jahre erlebte der Gedanke einer Europäischen Wirtschafts- und Währungsunion eine Renaissance. Vertraglich verankert wurde das Ziel einer schrittweisen Verwirklichung der Wirtschafts- und Währungsunion in der Einheitlichen Europäischen Akte, die am 1. Juli 1987 in Kraft trat. Im darauf folgenden Jahr beauftragte der Europäische Rat eine Arbeitsgruppe unter Vorsitz von Kommissionspräsident J. Delors, konkrete Schritte zur Umsetzung dieser Union zu prüfen. Auf der Grundlage des erstellten Berichts (Delors-Bericht), der das Erreichen einer Wirtschafts- und Währungsunion in drei Stufen vorsah, beschloss der Europäische Rat im Juni 1989, die erste Stufe der Wirtschafts- und Währungsunion am 1. Juli 1990 zu beginnen.

**Derivate**
Produkte, die von einem Basiswert (z.B. Aktien) abgeleitet sind. Darunter fallen z.B. Optionen, Futures und Swaps.

**Devisenmarktinterventionen**
An- bzw. Verkauf von Fremdwährungen durch das Eurosystem, um Einfluss auf den Wechselkurs des Euro zu nehmen.

**Devisenswapgeschäfte**
Bei Devisenswapgeschäften (*Feinsteuerungsoperationen*) kauft (verkauft) das Eurosystem im Falle einer beabsichtigten Liquiditätszuführung (Liquiditätsabschöpfung) Devisen von den (an die) Kreditinstituten (Kreditinstitute) und verkauft (kauft) sie zugleich wieder per Termin.

**Direct Inflation Targeting**
Siehe direkte Inflationssteuerung.

**Direkte Inflationssteuerung**
Einstufige *geldpolitische Strategie*, die auf ein Zwischenziel verzichtet. Sie wird z.B. von der Bank of England verfolgt. Charakteristische Elemente sind 1) die Festlegung einer zu steuernden Preisgröße, 2) die öffentliche Ankündigung eines numerischen mittelfristigen Ziels für die Inflationsrate, 3) eine institutionelle Absicherung des Endziels Preisstabilität bzw. der Inflationsbekämpfung, 4) eine herausgehobene Stellung einer modellgestützten Inflationsprognose, in die mehrere Indikatoren eingehen, 5) eine erhöhte Transparenz durch verstärkte Kommunikation mit der Öffentlichkeit und den Märkten über Ziele und Absichten der Notenbank (z.B. über die Publikation eines Inflationsberichtes), 6) eine verstärkte Verantwortung der Zentralbank, die Inflationsziele zu erreichen, und eine Rechenschaftspflicht bei Zielverfehlungen. Die geldpolitische Handlungsempfehlung wird dabei anhand eines Vergleichs der offiziellen Inflationsprognose (der Inflationserwartung der Zentralbank) mit dem Inflationsziel abgeleitet.

**Disinflation**
Rückgang der Inflationsrate.

**Disintermediation**
Unter Disintermediation versteht man, dass Unternehmen und Haushalte bei Finanzierungs- und Anlageentscheidungen Geschäftsbanken als Finanzintermediäre zunehmend ausklammern. Insbesondere Großunternehmen greifen zunehmend weniger auf Geschäftsbanken als Kreditgeber zurück. Da geldpolitische Impulse des Eurosystems zunächst auf die Dispositionen der Geschäftsbanken einwirken, wird das rasche Durchschlagen der Geldpolitik mit zunehmender Disintermediation bzw. in EU-Mitgliedsländern mit überdurchschnittlich fortgeschrittener Disintermediation beeinträchtigt.

**Diskretionäre Geldpolitik**
Fallweise Anpassung der Geldpolitik ohne geldpolitische *Regelbindung*.

**Divisia-Aggregat**
Ein Geldmengenaggregat, bei dem die einzelnen Komponenten nach ihrem Liquiditätsgrad gewichtet werden.

**Durchschnittserfüllung (Durchschnittsmindestreserve)**
Mechanismus, der es den Kreditinstituten erlaubt, ihre *Mindestreserven* auf Grundlage ihrer durchschnittlichen Reserveguthaben in der *Mindestreserveerfüllungsperiode* zu erfüllen.

**ECB Watcher**
Mit der Gründung der EZB hat sich eine Zunft von Ökonomen etabliert, die die europäische Geldpolitik beobachtet und kommentiert. Ziel der ECB Watcher ist einmal die Abschätzung von Folgen der europäischen Geldpolitik für Unternehmensstrategien (speziell von Banken) oder für Aktivitäten internationaler Organisationen (etwa des Internationalen Währungsfonds). Ein weiterer Schwerpunkt ist die kritische Analyse der betriebenen Geldpolitik einschließlich ihrer theoretischen Grundlagen sowie die Erarbeitung von Empfehlungen, die in Pressekonferenzen und Publikationen der Öffentlichkeit präsentiert werden.

**ECOFIN-Rat**
Im Gegensatz zur einheitlichen Geldpolitik im Euroraum bleiben die anderen Felder der Wirtschaftspolitik, insbesondere die Finanz- und die Lohnpolitik in nationaler Verantwortung. Um der Geldpolitik Flankenschutz zu gewähren, rückt die Koordinierung der allgemeinen Wirtschaftspolitik verstärkt in den Mittelpunkt. Zentrales Gremium hierfür auf europäischer Ebene ist der Ministerrat in der Zusammensetzung der Wirtschafts- und Finanzminister, der sog. ECOFIN-Rat.

**ECU**
Vor der Einführung des Euro existierte bereits eine europäische Währungseinheit, der ECU („European Currency Unit"). Der ECU war als (künstlicher) Währungskorb definiert, der sich aus feststehenden Beträgen von zwölf der 15 EU-Währungen zusammensetzte. Der offizielle ECU fungierte u.a. als Recheneinheit im EWS und als Zahlungsmittel zwischen EU-Zentralbanken sowie offizielle Reservewährung. Private ECU waren auf ECU lautende Finanztitel. Am 1.1.1999 wurde der private ECU im Verhältnis 1:1 durch den Euro ersetzt. Auch existieren seither keine offiziellen ECU mehr.

**Eigenverzinsung des Geldes**
Verzinsung des Geldmengenaggregats. Sie wird errechnet als Summe der anteiligen Verzinsungen der in ihm enthaltenen Komponenten.

**Einkommenseffekte**
Zu einem Einkommenseffekt (auch Cashflow-Effekt genannt) kommt es bei geldpolitischen Maßnahmen über eine Umverteilung der Zahlungsströme, da sich die Zinseinnahmen der Gläubiger und die Zinsausgaben der Schuldner verändern. Da bei Schuldnern von einer höheren Ausgabenneigung auszugehen ist als bei Gläubigern, werden sich auch dann gesamtwirtschaftliche Nachfragewirkungen ergeben, wenn der Saldo aus Zinseinnahmen und Zinsausgaben null sein sollte. Bei Zinserhöhungen entstehen nachfragedämpfende, bei Zinssenkungen nachfrageerhöhende Effekte.

**Einlagefazilität**
Durch Rückgriff auf die Einlagefazilität (*Ständige Fazilitäten*) haben die Kreditinstitute jederzeit die Möglichkeit, Guthaben bis zum nächsten Geschäftstag beim Eurosystem zu einem vorher festgesetzten Zinssatz anzulegen.

**Einstufige Strategie**
Siehe direkte Inflationssteuerung.

**Elektronisches Geld**
Unter elektronischem Geld versteht man sog. vorausbezahlte Karten („prepaid cards") und softwaregestützte Systeme, die der Übertragung elektronisch gespeicherter Werteinheiten über Telekommunikationsnetze (z.B. das Internet) dienen und üblicherweise als „Netzgeld" bezeichnet werden.

**Endziel**
Gemäß dem Maastricht-Vertrag ist dem *Eurosystem* ein eindeutiges Endziel vorgegeben: die Gewährung von *Preisstabilität*. Nur wenn dieses Ziel nicht gefährdet ist, können weitere Ziele (z.B. konjunktureller Natur) verfolgt werden.

**EONIA**
Euro Overnight Index Average. Tagesgeld-Referenzzins im Euro-Währungsgebiet, in dessen Berechnung Umsatzziffern ausgewählter Kreditinstitute eingehen.

**Erwartungskanal**
Für die Geldpolitik spielen insbesondere Inflationserwartungen eine wichtige Rolle. Erwartungen können vergangenheitsorientiert (statisch, extrapolativ oder adaptiv, d.h. frühere Erwartungsfehler berücksichtigend) oder auch zukunftsgerichtet gebildet werden. Im letzten Fall, bei so genannten rationalen Erwartungen, werden die Wirkungen der Geldpolitik von den Wirtschaftssubjekten in ihren Plänen antizipiert. Dies hat zur Folge, dass etwa eine expansive Geldpolitik in dem Maße wirkungslos wird, wie sie Inflationserwartungen erzeugt: Der Versuch, via Senkung der Geldmarktzinsen auch die Kapitalmarktzinsen zu senken, kann misslingen, wenn – erwartungsbedingt – in den Kapitalmarktzins ein (erhöhter) Inflationszuschlag einkalkuliert wird. Geldpolitisch ausgelöste Inflationserwartungen haben weiterhin auch eine außenwirtschaftliche Di-

mension, indem vor allem institutionelle Anleger mit Kapitalabzügen aus inflationsgefährdeten Ländern reagieren. Zinssteigerungen und Abwertungen (einschließlich der damit verknüpften *Einkommens-* und *Vermögenseffekte*) sind die Folge. Realwirtschaftlich nicht begründbare spekulative Übersteigerungen mit ihren destabilisierenden Konsequenzen sind nicht auszuschließen.
Da Inflationserwartungen stark von Erfahrungen geprägt werden, entsteht für die europäische Geldpolitik das Problem, dass bestimmte Maßnahmen in einzelnen Ländern unterschiedlich interpretiert werden – die niedrigen Inflationsraten der letzten Jahre sind für einige der EU-Länder ein neues Phänomen. Für den Erfahrungs-Erwartungs-Zusammenhang ist weiterhin die *Glaubwürdigkeit* der geldpolitisch zuständigen Institution von Belang. Anders als für die Deutsche Bundesbank, wo ein vergangenheitsorientiertes Vertrauen auf einen Stabilitätskurs rational war, muss das Eurosystem und hier insbesondere die Europäische Zentralbank Glaubwürdigkeit durch konsequente Stabilitätspolitik erst aufbauen.

**Erwartungstheorie**
Nach der Erwartungstheorie der Zinsstruktur ergibt sich der langfristige Zins als Durchschnitt der erwarteten kurzfristigen Zinsen. Würde für einen Zeitraum von fünf Jahren und einem kurzfristigen Zins im Ausgangsjahr von 3 % ein kontinuierlicher Anstieg um jährlich 0,5 % erwartet, müsste der langfristige Zins 4 % betragen.

**Erweiterter Rat**
Solange nicht alle EU-Mitgliedstaaten der Währungsunion beigetreten sind, fungiert als beratendes Gremium der Erweiterte Rat, der aus dem Präsidenten und dem Vizepräsidenten der EZB sowie den Präsidenten aller nationalen Zentralbanken der EU besteht. Der Erweiterte Rat verfügt über keine geldpolitischen Kompetenzen. Er soll vorrangig die geldpolitische Koordinierung verstärken. Ihm kommt ferner die Aufgabe zu, die Funktionsweise des neuen *Wechselkursmechanismus II (WKM II bzw. EWS II)* zu überwachen.

**ESZB**
Siehe Europäisches System der Zentralbanken.

**EURIBOR**
Euro Interbank Offered Rate, Geldmarkt-Referenzzins unter Banken im Euro-Währungsgebiet.

**Euro**
Am 31.12 1998 wurden zwischen dem Euro und den nationalen Währungen des Euro-Währungsraumes unwiderruflich feste Wechselkurse festgelegt. Seit dem 1.1.1999 stellen die einstmals eigenständigen nationalen Währungen rechtlich nur noch Untereinheiten des Euro dar.

**Eurobanknoten und -münzen**
Während einer dreijährigen Übergangsfrist, also bis zum 31.12.2001, ist der Euro nur als Buchgeld verfügbar. Zu Beginn des Jahres 2002 wird der Euro auch als Bargeld (Bank-

noten und Münzen) umlaufen. Der Parallelumlauf von nationalem Bargeld und Eurobargeld als gesetzliches Zahlungsmittel ist dabei nach Beschluss des ECOFIN-Rates vom 8. November 1999 auf höchstens zwei Monate begrenzt. Bis auf Deutschland haben alle anderen Mitgliedstaaten von der Möglichkeit eines zeitlich begrenzten Nebeneinanders der umlaufenden gesetzlichen Zahlungsmittel Gebrauch gemacht. In Deutschland hingegen werden auf Euro lautende Banknoten und Münzen bereits zum 1.1.2002 alleiniges gesetzliches Zahlungsmittel (sog. juristischer Big Bang). Allerdings werden Einzelhandel und Kreditinstitute bis zum 28.2.2002 noch auf DM lautende Banknoten und Münzen in Zahlung annehmen („modifizierte Stichtagsregelung"). Die Deutsche Bundesbank wird zeitlich unbefristet und betragsmäßig unbeschränkt auf DM lautende Banknoten und Münzen zum festen Umtauschkurs (1,95583 DM je Euro) in Euro umtauschen.

**Eurogruppe**
Informelles Zusammentreffen der Finanz- und Wirtschaftsminister aus den Euro-Ländern. Rechtsverbindliche Entscheidungen werden aber nur vom ECOFIN-Rat getroffen.

**Europäische Investitionsbank (EIB)**
Die Europäische Investitionsbank wurde 1958 gegründet. Sie finanziert als Finanzinstitution der EU vor allem (langfristige) Investitionen zur Förderung einer weiteren Integration der EU-Staaten.

**Europäisches System Volkswirtschaftlicher Gesamtrechnungen (ESVG)**
System einheitlicher statistischer Definitionen und Klassifikationen zur quantitativen Darstellung der EU und ihrer Mitgliedstaaten (z.B. des BIP). Die Definitionen des ESVG dienen u.a. als Grundlage der Berechnung der fiskalpolitischen Konvergenzkriterien *Schuldenquote* und *Defizitquote*.

**Europäische Zentralbank**
Die Europäische Zentralbank (EZB) wurde zum 1. Juni 1998 gegründet. Sie bildet das Herzstück des Eurosystems; sie trägt die Gesamtverantwortung dafür, dass alle Aufgaben des Eurosystems entweder durch ihre eigene Tätigkeit oder durch die nationalen Zentralbanken erfüllt werden. Das Direktorium der EZB erteilt hierzu den nationalen Zentralbanken die erforderlichen Weisungen gemäß den Richtlinien und Entscheidungen des EZB-Rates.

**Europäisches System der Zentralbanken (ESZB)**
Dem ESZB gehören neben der Europäischen Zentralbank (EZB) die nationalen Zentralbanken aller EU-Mitgliedstaaten (derzeit 15) an.

**Europäisches Währungsinstitut (EWI)**
Vorgängerinstitut der Europäischen Zentralbank.

**Eurostat**
Statistisches Amt der EU.

**Eurosystem**
Das Eurosystem setzt sich aus den rechtlich selbstständigen nationalen Zentralbanken des Euroraumes und der rechtlich selbstständigen *Europäischen Zentralbank*, die ihren Sitz in Frankfurt/Main hat, zusammen.

**Euro-Währungsraum**
Zum Euro-Währungsraum gehören derzeit (Stand August 2001) die Länder Belgien, Deutschland, Finnland, Frankreich, Griechenland, Irland, Italien, Luxemburg, Niederlande, Österreich, Portugal, Spanien.

**EWS II**
Siehe Wechselkursmechanismus II.

**EWU**
Europäische Währungsunion.

**EWWU**
Europäische Wirtschafts- und Währungsunion.

**Externer nominaler Anker**
Siehe Wechselkursziel.

**Extrapolative Erwartungen**
Vergangenheitsorientierte Erwartungsbildung, in die frühere Entwicklungen und Entwicklungsänderungen eingehen.

**EZB**
Siehe Europäische Zentralbank.

**EZB-Rat**
Zentrales Entscheidungsorgan des Eurosystems ist der EZB-Rat. Er besteht aus dem Präsidenten und dem Vizepräsidenten der EZB, den (vier) weiteren Mitgliedern des Direktoriums der EZB und den Präsidenten der nationalen Zentralbanken der Staaten, die an der Währungsunion teilnehmen. Während die Berufung der Präsidenten der nationalen Zentralbanken bei den einzelnen Mitgliedstaaten liegt, erfolgt die Ernennung der Mitglieder des Direktoriums der EZB einvernehmlich durch die Regierungen der Mitgliedstaaten auf der Ebene der Staats- und Regierungschefs. Beschlüsse des EZB-Rates benötigen die einfache Mehrheit der persönlich anwesenden Mitglieder, wobei jedes Mitglied über eine Stimme verfügt. Bei Stimmengleichheit gibt die Stimme des Präsidenten der EZB den Ausschlag. Eine Ausnahme bilden Entscheidungen über das EZB-Kapital, über die Beiträge der nationalen Zentralbanken zu den Währungsreserven der EZB sowie über Fragen der Gewinnverteilung im Eurosystem. Hier werden die Stimmen nach den (voll eingezahlten) Kapitalanteilen gewichtet. Direktoriumsmitglieder sind bei diesen Fragen somit nicht stimmberechtigt.

**Fehlerkorrekturterm**
Koeffizient in einer Schätzgleichung (z.B. einer Geldnachfragegleichung), der angibt, wie Abweichungen vom Gleichgewicht („Fehler") korrigiert werden.

**Feinsteuerungsoperationen**
Feinsteuerungsoperationen werden eingesetzt, um unerwarteten Veränderungen bei der Bankenliquidität (Schwankungen der Einlagen auf den Girokonten der Kreditinstitute beim Eurosystem) entgegenzuwirken und so zu starke Zinsausschläge am Geldmarkt zu verhindern.

**Finanzieller Akzelerator**
Eine nur mäßige Erhöhung von Notenbank- und Marktzinsen kann zu unerwartet starken Rückgängen der Güternachfrage führen. Dieser finanzielle Akzelerator ist auf informationsbedingte Kreditangebotsbeschränkungen zurückzuführen, die in eine Kreditselektion zulasten bestimmter Kreditnehmer oder in eine Kreditrationierung einmünden.

**Finanzierungsstrukturen**
Unterschiedliche Finanzierungsstrukturen im Euroraum gelten als ein gewichtiges Störpotenzial für die einheitliche Geldpolitik. Die Unterschiede betreffen insbesondere das Gewicht der Geschäftsbanken gegenüber anderen Finanzierungsinstitutionen (*Bankenkanal*) sowie die Fristigkeit der Finanzierung (einschließlich der damit einhergehenden *Einkommens-* und *Vermögenseffekte*). Je geringer das Gewicht von Geschäftsbanken in einzelnen Mitgliedsländern ist, desto größer zugleich der Kreis von Finanzierungsinstitutionen, die nicht im direkten Einflussbereich des Eurosystems stehen.
Die Fristigkeit der Finanzierung ist für die Durchschlagskraft der Geldpolitik deshalb wichtig, weil den geldpolitischen Anknüpfungspunkt des Eurosystems die kurzfristigen Geldmarktzinsen bilden. Deren Durchwirken auf die Kapitalmarktzinsen (*Substitutionseffekte*) kann beispielsweise von Inflationserwartungen (*Erwartungskanal*) durchkreuzt werden, erfordert aber zumindest Zeit. In Ländern mit vorherrschend langfristiger Finanzierung (z.B. Deutschland) wirkt ein bestimmter geldpolitischer Impuls daher verzögert – und möglicherweise schwächer – als in Ländern (z.B. Italien), in denen kurzfristige Finanzierungsformen dominieren.
Inwieweit unterschiedliche Finanzierungsstrukturen im Endeffekt unterschiedliche Wirkungen in den einzelnen Mitgliedsländern begründen, hängt von ihrer jeweiligen Ausprägung ab. So ist die Wirksamkeit geldpolitischer Impulse etwa in Italien und Spanien, wo eine Dominanz der Geschäftsbanken im finanziellen Sektor mit relativ hohem Gewicht kurzfristiger Finanzierung einhergeht, höher einzuschätzen als in Deutschland, wo die starke Position der Geschäftsbanken mit vornehmlich langfristiger Finanzierung gekoppelt ist. Eine mit Deutschland vergleichbare Wirkung könnte sich (im Beitrittsfalle) für Großbritannien einstellen, da dort eine stärkere Bedeutung kurzfristiger Finanzierung mit einer schwächeren Position der Geschäftsbanken im finanziellen Sektor verbunden ist.

**Finanzinnovationen**
Das Auftreten neuer Substitute zur Geldhaltung. Finanzinnovationen sorgten in vielen Ländern, z.B. in den USA und Großbritannien, dafür, dass die Geldnachfragerelationen instabil wurden. Häufige Ursache dafür waren Deregulierungen auf den Finanzmärkten, d.h. letztlich die zuvor existierenden Regulierungen.

**Finanzpolitisches Doppelkriterium**
Die Vorschrift des Maastricht-Vertrages (bzw. Amsterdam-Vertrages), wonach in der EWU sowohl eine *Schuldenquote* von 60 % als auch eine *Defizitquote* von 3 % eingehalten (erreicht) werden sollen.

**Fisher-Effekt**
Behauptung, dass sich langfristig eine zunehmende Inflation eins zu eins in gestiegenen Nominalzinsen niederschlägt.

**Fiskalische Dominanz**
Eine Version der *Fiskalischen Theorie der Preise* unterstellt, dass sich der Staat auf eine gewisse Budgetposition festlegt, während die Geldpolitik über die *Seigniorage* (erhöhtes Geldmengenwachstum und damit höhere Inflation) für die Zahlungsfähigkeit des öffentlichen Sektors zu sorgen hat (fiskalische Dominanz). Inflation ist nach dieser Variante zwar ein monetäres Phänomen. Die Geldpolitik ist aber letztendlich bestimmt durch die Fiskalpolitik und kann darauf nur reagieren. In der EWU ist dagegen vertraglich intendiert, dass die Geldpolitik dominant ist, indem sie sich auf die Gewährleistung von Preisstabilität konzentriert und die einzelnen Länder sich mit ihrer Budgetposition daran anpassen.

**Fiskalische Theorie der Preise**
Gemäß der sog. fiskalischen Theorie der Preise ist zur Gewährleistung von Preisstabilität nicht nur eine unabhängige Zentralbank erforderlich. Vielmehr behauptet sie, dass dafür auch eine adäquate fiskalpolitische Ausrichtung in dem Sinne notwendig ist, dass die Finanzpolitik auf eine dauerhafte Tragfähigkeit der Haushaltslage zur Verhinderung einer übermäßigen Verschuldung, die zu Zahlungsunfähigkeit führt, ausgerichtet sein muss.

**Frühindikator**
Siehe Indikator.

**Futures**
Börsengehandelte, standardisierte Termingeschäfte. Als Basiswert kommen z.B. Zinsen (Zinsfutures), Aktienindices (Aktienindexfutures), Fremdwährungen (Devisenfutures) aber auch Waren (z.B. Kaffee) in Frage.

**Gedeckte Zinsparität**
Nach der gedeckten Zinsparität muss der Ertrag einer Anlage in Inlandswährung dem einer kursgesicherten Anlage in Auslandswährung entsprechen.

**Gegenposten**
Die Gegenposten zur Geldmenge geben Informationen über die Entstehungsseite der Geldmenge. Sie sind aus der konsolidierten Bilanz der *MFIs* ablesbar. Die Hauptkomponenten sind die Kreditgewährung an den privaten und öffentlichen Sektor, die längerfristigen finanziellen Verbindlichkeiten der MFIs und die Nettoforderungen der MFIs an Ansässige außerhalb des Euro-Währungsgebietes.

**Geldbasis**
Die *Geldbasis* setzt sich aus dem Bargeldumlauf (Bestand an Banknoten und Münzen außerhalb der Zentralbank) und den Einlagen der Kreditinstitute bei der Zentralbank (Reservehaltung) zusammen.

**Geldfunktionen**
Funktion des Geldes als Tausch- und Wertaufbewahrungsmittel sowie Recheneinheit.

**Geldillusion**
Wahrnehmungsfehler bez. der Entwicklung des Geldwerts im Zeitablauf.

**Geldlücke**
Prozentuale Differenz zwischen der tatsächlichen Höhe von M3 und dem Stand, der durch den *Referenzwert* impliziert wird. Sie wird von der EZB im Rahmen der ersten Säule ihrer Strategie beobachtet.

**Geldmarkt**
Am Geldmarkt werden kurzfristige Forderungen, also Laufzeiten von einem Tag (über Nacht) bis – in der Regel – einem Jahr, gehandelt.

**Geldmarktfonds**
Investmentfonds, die in kurzfristige Anlageformen investieren.

**Geldmarktsteuerung**
Das Eurosytem steuert mithilfe seines geldpolitischen Intrumentariums den Tagesgeldsatz.

**Geldmenge**
Im Euro-Währungsgebiet existieren drei offizielle Geldmengenbegriffe. M1 umfasst den Bargeldumlauf und täglich fällige Einlagen. In M2 sind zusätzlich Einlagen mit einer vereinbarten Laufzeit bis zu zwei Jahren und Einlagen mit einer vereinbarten Kündigungsfrist von bis zu drei Monaten enthalten. Das umfassendste Geldmengenaggregat ist M3. In diese Größe gehen auch noch *Repogeschäfte*, Bankschuldverschreibungen mit einer Laufzeit bis zu zwei Jahren, Anteile an Geldmarktfonds und Geldmarktpapiere ein (sog. *marktfähige Instrumente*). Beim Bargeld zählt (aus statistischen Gründen) der gesamte Umlauf außerhalb des Euro-Bankensystems zur Geldmenge. Die restlichen Teile des Geldmengenaggregats beziehen sich auf Verbindlichkeiten von im Euro-Währungsgebiet ansässigen „*Monetären Finanzinstituten*“, dem sog. „Geldschöpfungssektor“, gegenüber Nichtbanken (ohne Zentralregierungen) im Euro-Währungsgebiet. Die Währung, auf die sie lauten, spielt dafür keine Rolle, d.h. es sind z.B. auch Fremdwährungseinlagen in den Geldmengenbegriffen enthalten. Neben den Verbindlichkeiten des Geldschöpfungssektors zählen zu den Geldmengenbegriffen auch die Verbindlichkeiten von Zentralregierungen mit monetärem Charakter. Darunter fallen die Bankeinlagen vergleichbaren Verbindlichkeiten von Post- und Schatzämtern und staatlichen Sparkassen.

**Geldmengenstrategie**
Siehe Geldmengenziel.

**Geldmengenziel**
*Geldpolitische Strategie*, die sich im Sinne einer zweistufigen Strategie des Zwischenziels eines sinnvoll abgegrenzten Geldmengenaggregates bedient, mithilfe dessen versucht wird, das eigentliche Endziel „Preisstabilität" zu erreichen. Dementsprechend sollte die ausgewählte Geldmenge hinreichend über die Zinspolitik kontrollierbar sein und einen voraussehbaren engen und längerfristigen Zusammenhang zum Endziel aufweisen. Die Stabilität der Geldnachfrage ist somit Grundvoraussetzung für einen sinnvollen Einsatz von Geldmengenzielen. Das *Eurosystem* hat sich kein Geldmengenziel, sondern einen *Referenzwert* für die Entwicklung von M3 gesetzt.

**Geldnachfrage**
Die Geldnachfrage (Liquiditätspräferenz) bezieht sich auf reale Geldbestände. Sie ist abhängig vom realen Transaktionsvolumen (stellvertretend erfasst z.B. über das reale BIP) und Opportunitätskostenvariablen (z.B. der Differenz zwischen der Eigenverzinsung des Geldes und dem Ertrag einer alternativen Anlageform).

**Geldneutralität**
Behauptung, dass eine Erhöhung der Geldmenge auf Dauer keinen Effekt auf den Output hat, sondern sich nur in proportionalen Erhöhungen des Preisniveaus niederschlägt.

**Geldpolitische Strategie**
Unter einer geldpolitischen Strategie versteht man ein mittel- bis langfristig ausgerichtetes und in sich stimmiges Verfahren, nach dem im Sinne einer Grundsatzentscheidung über den Instrumenteneinsatz zur Erreichung der geldpolitischen Endziele entschieden wird. Sie beinhaltet den gesamten Weg vom Instrumenteneinsatz bis zu den Endzielen der Geldpolitik. Der Einsatz einer geldpolitischen Strategie empfiehlt sich wegen der unvollständigen Kenntnis des genauen Transmissionsprozesses der Geldpolitik. Sie soll den geldpolitischen Entscheidungsträgern die Informationsverarbeitung erleichtern und Hilfestellung bei geldpolitischen Entscheidungen liefern. Durch ein in sich geschlossenes und glaubhaftes Konzept, das der Öffentlichkeit bekannt ist, soll auch eine Verstetigung der Geldpolitik erreicht werden. Und darüber hinaus kann sie als Kommunikationsmedium mit der Öffentlichkeit eingesetzt werden und zur Berechenbarkeit von Notenbankaktionen und Reduktion von geldpolitischer Unsicherheit beitragen. Die Strategie des *Eurosystems* besteht aus drei Elementen, einer quantitativen Definition von *Preisstabiliät*, einem publizierten *Referenzwert* für die Geldmengenentwicklung und einer auf breiter Basis beruhenden Beurteilung der Preisperspektiven.

**Geldschöpfungseinnahmen**
Siehe Seigniorage.

**Geldschöpfungsmultiplikator**
Verhältnis von *Geldmenge* zu *Geldbasis*.

**Geldüberhang**
Positive Abweichung der nominalen Geldmenge von einer mittels eines Modells geschätzten *Gleichgewichtsgeldmenge*. Analog ist ein Geldunterhang die entsprechende negative Abweichung.

**Geldunterhang**
Siehe Geldüberhang.

**Gesetz des einheitlichen Preises**
Nach dem Gesetz des einheitlichen Preises entsprechen sich bei freiem internationalen Güterhandel auf Wettbewerbsmärkten die Inlands- und die Auslandspreise *handelbarer Güter* in einer Währung ausgedrückt.

**Glaubwürdigkeit**
Maß, inwiefern die Bevölkerung und die Märkte glauben, dass eine Politikankündigung auch umgesetzt und durchgeführt wird. Glaubwürdigkeit einer auf Preisstabilität ausgerichteten Institution ist Grundvoraussetzung für eine entsprechende Erwartungsbildung (*Erwartungskanal*). Institutionelle, konzeptionelle und personelle Entscheidungen können einen wichtigen Beitrag zur Glaubwürdigkeit leisten.

- In institutioneller Sicht gehört hierzu die *Unabhängigkeit* des Eurosystems bei Wahrnehmung seiner Aufgaben und seine vorrangige Verpflichtung auf das Ziel der Preisstabilität.
- In konzeptioneller Hinsicht zählt hierzu eine transparente geldpolitische Strategie, die zugleich Unstetigkeiten eines im Grundsatz diskretionären Kurses vermeidet.
- In personeller Hinsicht vermag die persönliche Unabhängigkeit und eine Kontinuität sichernde Gestaltung der Amtszeit der Mitglieder des EZB-Rats ein Stück Glaubwürdigkeit zu begründen.

**Gleichgewichtsgeldmenge**
*Geldmenge*, die sich ergibt, indem die Werte der makroökonomischen Bestimmungsgründe der *Geldnachfrage* in die Gleichung der langfristigen Geldnachfrage eingesetzt werden.

**Gleichgewichtiger Realzins**
Höhe des Realzinses, bei dem die Volkswirtschaft voll ausgelastet ist und das Inflationsziel eingehalten wird. Über dieses Niveau hinausgehende Realzinsen sind verbunden mit einer schwachen Konjunktur und *Disinflation* (oder sogar *Deflation*). Niedrigere Realzinsen dagegen signalisieren zukünftige Inflationsprobleme und konjunkturelle Überhitzungserscheinungen.

**Goodhart's Law**
Dieses nach dem britischen Ökonom Charles Goodhart benannte Gesetz besagt, dass eine festgestellte statistische Beziehung zusammenbricht, wenn diese für Kontrollzwecke ausgenützt werden sollte. Falls also eine Zentralbank z.B. versucht, aufgrund vergangener stabiler Beziehungen zwischen einer bestimmten Geldmengenspezifikation und Zinsen, Sozialprodukt und Preisen, auf das entsprechende Aggregat verstärkt ihre Aufmerksamkeit zu richten, evtl. sogar eine Geldmengenstrategie darauf aufzubauen, wäre nach Goodhart's Law davon auszugehen, dass es durch eine Änderung der ökonomischen Strukturen zu Instabilitäten und Strukturbrüchen in diesen Beziehungen kommt. Und

dadurch würde dieses Aggregat seine positiven Eigenschaften als Informations- und Zwischenzielvariable verlieren.

**Handelbare Güter**
Güter, die mit ausländischen Produkten auf Inlands- oder Auslandsmärkten im Wettbewerb stehen.

**Handelswechsel**
Siehe Kategorie-2-Sicherheiten.

**Harmonisierter Verbraucherpreisindex**
Auf harmonisierter Basis errechneter Verbraucherpreisindex für das Euro-Währungsgebiet. Er wird von *Eurostat* veröffentlicht. An ihm beurteilt das Eurosystem die Preisperspektiven und definiert *Preisstabilität*.

**Hauptrefinanzierungsgeschäfte (-instrument)**
Im wöchentlichen Rhythmus über das *Tenderverfahren* angebotene *Offenmarktgeschäfte* mit einer Laufzeit von zwei Wochen. Sie können entweder als *Pensionsgeschäft* oder in Form eines *Pfandkredits* (Darlehen gegen Verpfändung) abgewickelt werden.

**Haupttender**
Siehe Hauptrefinanzierungsinstrument.

**Hausbankprinzip**
Werden die Finanzierungsangelegenheiten eines nicht-finanziellen Unternehmens dauerhaft und überwiegend von einer Bank abgewickelt, hat sie die Funktion einer Hausbank. Hieraus erwachsen beiderseitige Informationsvorteile, die sich günstig für die Kreditерhältlichkeit und die Kreditkonditionen auswirken können.

**Headline Inflation**
Inflationsrate, die sich auf die Entwicklung des Preisindex in seiner Gesamtheit bezieht.

**HVPI**
Siehe Harmonisierter Verbraucherpreisindex.

**Implizite Staatsschulden**
Aufgrund zurückgehender Geburtenraten und einer gestiegenen Lebenserwartung kommen auf den Staat in Form von Rentenzahlungen und Gesundheitsfürsorge steigende Belastungen zu. Diese Ansprüche künftiger Rentengenerationen werden als implizite Staatsschulden bezeichnet.

**Indexierte Anleihen**
Bei indexierten Anleihen ist die Verzinsung an einen Preisindex gekoppelt. Dadurch soll ein bestimmter *Realzins* garantiert werden.

**Indikator**
Größe, die über die Entwicklung einer Zielgröße (z.B. die Preisentwicklung) frühzeitig Informationen liefert (z.B. die Wachstumsrate der Geldmenge). Neben diesen Frühindi-

katoren gibt es auch sog. Spätindikatoren (z.B. die Arbeitslosenquote für die Wirtschaftsentwicklung).

**Inflationsbericht**
In den meisten Ländern mit *direkten Inflationszielen* wird über die Publikation eines Inflationsberichts die Analyse und Diagnose des Inflationsprozesses der Öffentlichkeit in möglichst transparenter und ausführlicher Weise zugänglich gemacht.

**Inflationserwartungen**
Siehe Erwartungskanal.

**Inflationskriterium**
Aus der Anwendung des Vertrages von Maastricht (bzw. von Amsterdam) ergibt sich als ein *Konvergenzkriterium*, dass die durchschnittliche Inflationsrate eines Landes, gemessen an einem *Harmonisierten Verbraucherpreisindex*, während des letzten Jahres vor der *Konvergenzprüfung* um nicht mehr als anderthalb Prozentpunkte über dem ungewogenen arithmetischen Mittel der Inflationsrate der drei preisstabilsten Mitgliedstaaten der EU liegen darf. Auch künftige Beitrittskandidaten werden sich diesem Kriterium stellen müssen.

**Inflationssteuer**
Eine *Überraschungsinflation* reduziert den Realwert der Nominalverschuldung zulasten der Gläubiger. Der Staat profitiert davon, da die staatlichen Wertpapiere in Nominaleinheiten und einheimischer Währung ausgedrückt sind. Eine vermehrte Geldschöpfung der Zentralbank führt zu zusätzlichen Staatseinnahmen, sofern die Privaten bereit sind, das zusätzliche Geld auch zu halten. Wenn allerdings die Geldnachfrage aufgrund der durch die vermehrte Geldschöpfung letztlich steigenden Inflation zurückgeht (also sozusagen die Bemessungsgrundlage der „Inflationssteuer“ wegbricht), darf man sich davon keine größeren Effekte zur Stabilisierung der Staatsfinanzen versprechen.

**Inflationsunsicherheit**
Höhere Inflationsraten gehen i.d.R. mit einer höheren Inflationsunsicherheit einher, d.h. die Inflation lässt sich weniger gut prognostizieren. Messen kann man die Inflationsunsicherheit z.B. anhand der Standardabweichung der Inflationsraten.

**Inflationsziel**
Von der Zentralbank angestrebter Wert für die gemessene Preissteigerung.

**Innertageskredite**
Während eines Geschäftstages stellt das Eurosystem seinen Geschäftspartnern auf der Grundlage von Sicherheiten zinslose Innertageskredite für Zwecke des Zahlungsverkehrs zur Verfügung.

**Interbankengeldmarkt**
Auf dem Interbankengeldmarkt handeln die Kreditinstitute (ohne Zentralbank) untereinander Zentralbankguthaben. Im Mittelpunkt des Interbankengeldmarktes steht der Markt für Tagesgeld (Tagesgeldmarkt).

**Internationale Güter**
Siehe handelbare Güter.

**Internationaler Preiszusammenhang**
Beschreibung der Übertragungskanäle zwischen Inlands- und Auslandspreisen.

**Interventionspunkte**
Innerhalb des *EWS II* sind um die bilateralen Paritäten gewisse Schwankungsbreiten zugelassen. Diese betragen im Normalfall ± 15 %. Sobald diese Grenzen erreicht sind, sind automatisch *Devisenmarktinterventionen* in unbegrenzter Höhe zur Aufrechterhaltung der bilateralen Paritäten vorgesehen. Deshalb bezeichnet man sie als Interventionspunkte.

**Inverse Zinsstruktur**
Siehe Zinsstruktur.

**Investitionseffekte (Tobins q)**
Die Übertragung montärer Impulse in den güterwirtschaftlichen Bereich erfolgt nach James Tobin durch die Veränderung der Relation (q) zweier Ertragsraten bzw. der zugehörigen Kapitalwerte. Die Variable q ist definiert als Verhältnis des Marktwertes eines Unternehmens (MWU) zu den Wiederbeschaffungskosten des Sachkapitals (WBK) dieses Unternehmens.

$$q = \frac{MWU}{WBK}$$

Solange der Marktwert höher ist als die Wiederbeschaffungskosten ($q > 1$), lohnt sich die Neuinvestition. Bei $q < 1$ unterbleiben Neuinvestitionen, und via Abschreibungen ist mit einer Verringerung des Kapitalstocks zu rechnen.
Mit Wiederbeschaffungskosten (Reproduktionskosten) ist der Preis gemeint, der für die Beschaffung des physischen Kapitals eines Unternehmens (Betriebsgelände, Maschinenpark, sonstige Anlagen) zu zahlen wäre. Der Marktwert entspricht dem Gegenwartswert der erwarteten Unternehmenserträge. Anstatt der beiden Vermögenswerte könnten auch Ertragsraten (bei gegebener Produktivität bedeutet ein steigender Vermögenswert eine sinkende Ertragsrate) gegenübergestellt werden. Die erwartete Ertragsrate wäre dann mit einem festen Zins (durchschnittliche Rendite am Kapitalmarkt) zu vergleichen, der bei einer alternativen Anlage der Mittel am Kapitalmarkt erzielt worden wäre.
Zum empirischen Test dieser Investitionshypothese wird für die Erfassung der Wiederbeschaffungskosten auf den Preisindex für Erzeugnisse des Investitionsgüter produzierenden Gewerbes (InvP – Ind) zurückgegriffen. Als Maß der Unternehmenswerte dient die Entwicklung des Aktienkursindexes (Ak – Ind).

$$q = \frac{Ak - Ind}{InvP - Ind}$$

Dem Rückgriff auf die Aktienkurse liegt die Vorstellung zugrunde, dass sich der Gegenwartswert der erwarteten Erträge in den Kursen niederschlägt und mithin eine durch Kursanstieg bewirkte Erhöhung von q steigende Investitionen erwarten lässt. Zumindest auf kurze Sicht ist hier jedoch Vorsicht geboten. Die in steigenden Kursen zum Ausdruck kommenden Ertragserwartungen der Anleger müssen sich nicht mit denen der Unternehmensleitungen decken. Letztere sind jedoch nur investitionsrelevant.

**Kapital der EZB**
Das Kapital der EZB beträgt 5 Mrd €. Der Anteil, der auf die einzelnen nationalen Zentralbanken entfällt, bestimmt sich zu je 50 % nach dem Anteil des jeweiligen EU-Mitgliedstaates an der Bevölkerung der Gemeinschaft und dem Anteil des jeweiligen Landes am BIP (Bruttoinlandsprodukt) der Gemeinschaft. Auf der Basis aller 15 EU-Mitgliedsländer entfiel auf die Deutsche Bundesbank ein Kapitalanteil von 24,4935 %. Da zurzeit aber nur zwölf Länder der Währungsunion und damit dem Eurosystem angehören und nur diese Länder ihren Kapitalanteil am Grundkapital voll eingezahlt haben, liegt der Anteil der Deutschen Bundesbank am voll eingezahlten Kapital bei etwa 30 %.

**Kapitalkosteneffekt**
Über eine Anhebung der Geldmarktzinsen erhöht die Zentralbank die Refinanzierungskosten der Geschäftsbanken. Diese werden die Kostensteigerungen schließlich in höheren Kreditzinsen weitergeben, so dass für die Nichtbanken die Finanzierungs- bzw. Kapitalkosten steigen. Dieser Anstieg dämpft die Kreditnachfrage und damit das Geldmengenwachstum.

**Kapitalmarkt**
Sammelbegriff für alle Märkte, auf denen langfristige (i.d.R. mit Laufzeit über einem Jahr) Kredite gehandelt werden. Er wird auch als Rentenmarkt bezeichnet.

**Kapitalmobilität**
Siehe vollkommene Kapitalmobilität.

**Kategorie-1-Sicherheiten**
(*Sicherheiten*) Für Kategorie-1-Sicherheiten kommen nur marktfähige Papiere in Frage, die vom Eurosystem festgelegte einheitliche und in der gesamten Währungsunion geltende Zulassungskriterien erfüllen.

**Kategorie-2-Sicherheiten**
(*Sicherheiten*) Kategorie-2-Sicherheiten werden – im Rahmen von der EZB festgelegten Mindeststandards – jeweils von den nationalen Zentralbanken bestimmt. Sie sind für die nationalen Finanzmärkte und Bankensysteme von besonderer Bedeutung. Neben marktfähigen Sicherheiten können die nationalen Zentralbanken auch nicht-marktfähige Sicherheiten zulassen. Die Deutsche Bundesbank hat hier u.a. Handelswechsel mit einer Restlaufzeit von höchstens 180 Tagen und Kreditforderungen der Banken – ohne Kontokorrentkredite – mit einer Restlaufzeit von bis zu zwei Jahren zugelassen.

**Kaufkraftparität**
Das Verhältnis der mit bestimmten Beträgen verschiedener Währungen (z.B. Euro und Dollar) erwerbbaren Gütereinheiten. Die Kaufkraftparitätentheorie des Wechselkurses behauptet, dass das in nationalen Währungseinheiten ausgedrückte Preisverhältnis für einen bestimmten Warenkorb den Wechselkurs bestimmt (absolute Kaufkraftparität).

Wird auf die Relation der Preisveränderungen als Bestimmungsgröße des Wechselkurses abgehoben, wird von relativer (komparativer) Kaufkraftparität gesprochen. Nach dieser entspricht die Wechselkursänderung der Differenz der Inflationsraten.

**Kerninflation**
Die Interpretation der Daten zur Teuerung wird dadurch erschwert, dass sie eine hohe Volatilität aufweisen (z.B. verursacht durch saisonale Schwankungen, irreguläre Witterungsverhältnisse, Ölpreisschocks, administrierte Preise, indirekte Steuern). Diese kurzfristigen Schwankungen stehen nicht im Zusammenhang mit dem grundlegenden Inflationsprozess und eine vorausschauende und mittelfristig orientierte Geldpolitik sollte sich von ihnen nicht beirren lassen. Vielmehr sollte sie ihr Augenmerk auf den generellen Preistrend richten. Entsprechend wird ein Preisindikator benötigt, der diesen Preistrend anzeigt, also möglichst wenig durch temporäre Schocks beeinträchtigt ist. Für diese Größe hat sich der Begriff Kerninflation („Core Inflation") eingebürgert. Es existiert jedoch keine konkrete und allgemein akzeptierte theoretische Definition der Kerninflation.

**Kleinst-Quadrat-Schätzung**
Siehe Ordinary Least Squares.

**Konjunkturbereinigtes Defizit**
Siehe strukturelles Defizit.

**Konsumeffekte (Lebenszyklus-Hypothese)**
Nach der Lebenszyklus-Hypothese Modiglianis ist der Konsum nicht vom (kurzfristigen) aktuellen Einkommen abhängig, sondern die finanziellen Möglichkeiten über die gesamte Lebenszeit hinweg bestimmen den (relativ gleichmäßigen) Strom konsumtiver Ausgaben (Konsumglättungsmotiv). Sieht man von ererbtem oder zu vererbendem Vermögen ab, bedeutet dies, dass das Lebenseinkommen (einschließlich der Zinseinkommen aus Ersparnis) dem Lebenszeitkonsum entspricht.
Bei – angestrebtem – gleichmäßigem Konsum werden die Individuen Teile ihres während der Erwerbsphase erzielten Einkommens zur Rückzahlung von vor der Erwerbsphase aufgenommenen Krediten (z.B. Studenten-BAföG) verwenden sowie zur Vorsorge für das Rentenalter sparen, damit auch in dieser Phase der Konsumstandard aufrechterhalten werden kann. Wird das Lebenszeiteinkommen durch die Zahl der Lebensjahre dividiert, erhält man die durchschnittliche jährliche Konsumsumme. Entsprechend den Schwankungen des aktuellen Einkommens in den einzelnen Lebensperioden ergeben sich altersspezifische Konsumquoten.
Haben die Wirtschaftssubjekte ein Anfangsvermögen, das nicht auf eigener Arbeitsleistung beruht, schlagen sie einen höheren Konsumpfad ein (*Vermögenseffekt*). Dieser Anstieg entspricht dem auf die (verbleibende) Lebenszeit verteilten Vermögen zuzüglich der aus diesen Vermögensanlagen fließenden Zinserträge. Da zu den finanziellen Möglichkeiten auch das Finanzvermögen und hierunter auch das Aktienvermögen zählt, hat eine expansive Geldpolitik nach dieser Theorie via Aktienkursanstieg nachfragebelebende Effekte beim Konsum.

**Konvergenzkriterien**
Jedes Land, welches der Währungsunion beitreten will, muss nach dem Vertrag von Maastricht bestimmte Eintrittsbedingungen erfüllen. Die Konvergenzkriterien sollen sicherstellen, dass nur solche Länder an der Währungsunion teilnehmen, die bereits vorher ihre stabilitätspolitische Leistungsfähigkeit nachgewiesen haben.

**Konvergenzprogramm**
Mittelfristige, von nicht an der Währungsunion teilnehmenden EU-Ländern vorgelegte Planungen und Annahmen über die Entwicklung wichtiger ökonomischer Größen im Hinblick auf die Erreichung des im *Stabilitäts- und Wachstumspakt* festgelegten mittelfristigen Ziels eines nahezu ausgeglichenen oder einen Überschuss aufweisenden öffentlichen Haushalts. Die Konvergenzprogramme sind jährlich zu aktualisieren und werden von der *EU-Kommission* und dem Wirtschafts- und Finanzausschuss geprüft.

**Konvergenzprüfung**
Die erste Konvergenzprüfung zur Aufnahme in die EWU wurde im April/Mai 1998 auf der Grundlage der Konvergenzberichte der EU-Kommission und des EWI vorgenommen. Gemäß EG-Vertrag findet eine solche Prüfung alle zwei Jahre oder auf Antrag eines Mitgliedstaates statt, wobei letztlich der ECOFIN-Rat mit qualifizierter Mehrheit auf Vorschlag der EU-Kommission entscheidet, ob ein Land aufgenommen wird. Vor diesem Beschluss wird das Europäische Parlament angehört und im Rat in der Zusammensetzung der Staats- und Regierungschefs findet eine Aussprache statt.

**Kreative Buchführung**
Maßnahmen mit zeitlich begrenzter Wirkung, mit denen man im Jahr 1997 die *Defizitquote* beeinflusste.

**Kreditkanal**
Mit Kreditkanal (credit channel) wird ein transmissionstheoretischer Ansatz bezeichnet, der die besondere Rolle der Kreditvergabe der Geschäftsbanken im Transmissionsprozess herausstellt. Er bezieht sich vor allem auf restriktive geldpolitische Maßnahmen. Ausgangspunkt bildet die Beobachtung, dass im Gefolge restriktiver Geldpolitik die realen Wirkungen (z.B. Rückgang der Investitionen) stärker ausfallen als aufgrund einer nur mäßigen Veränderung der Marktzinsen zu erwarten wäre. Als allgemeine Ursache gelten fehlende Beleihungssicherheiten und informationsbedingte Kreditangebotsbeschränkungen der Geschäftsbanken, die in eine Kreditselektion zulasten bestimmter Kreditnehmer oder sogar Kreditrationierung einmünden. Üblicherweise werden zwei sich in ihren Wirkungsmechanismen unterscheidende, im Ergebnis aber sehr ähnliche „Kanäle" unterschieden: *Bankenkanal* und *Bilanzkanal*.
Geldpolitische Steuerungsprobleme im Euroraum können daraus erwachsen, dass zum einen das Gewicht der Geschäftsbanken im finanziellen Sektor insgesamt unterschiedlich ist (*Finanzierungsstrukturen*) und deshalb mehr oder weniger Ausweichmöglichkeiten der Kreditnachfrager bestehen. Zum anderen hängen Informationsasymmetrien auch von der Dauerhaftigkeit der Beziehungen zwischen Geschäftsbanken und Kunden ab. Beim Hausbankprinzip wie in Deutschland ist das Informationsproblem der Geschäftsbanken relativ gering. Für die Bedeutung des Kreditkanals sind schließlich – im

Eurosystem divergierende – Möglichkeiten der Besicherung von Krediten von Bedeutung.

**Kurzfristorientierung**
Eine Kurzfristorientierung im Finanzsektor lässt sich unterteilen in eine kurzfristige Kapitalbindung (Verwendung von Finanzkontrakten mit kurzer Laufzeit), eine kurzfristige Zinsbindung (am Geldmarkt orientierte Verzinsung mit regelmäßiger Zinsanpassung bei längerfristigen Kreditkontrakten) und eine „Kurzatmigkeit" (kurzfristig orientiertes Handeln der Finanzmarktakteure). Dadurch wirken sich geldpolitische Maßnahmen verstärkt und auf direkte Weise aus, da sie auch bestehende Finanzierungsbeziehungen und nicht nur neu abgeschlossene Verträge treffen. Insgesamt erhöht sich damit die Durchschlagskraft der Geldpolitik auf die reale Wirtschaft.

**Längerfristige Refinanzierungsgeschäfte**
Im monatlichen Rhythmus über das *Tenderverfahren* angebotene *Offenmarktgeschäfte* mit einer Laufzeit von drei Monaten. Sie können entweder als *Pensionsgeschäft* oder in Form eines *Pfandkredits* abgewickelt werden.

**Laspeyres-Preisindex**
Preisindex, bei dessen Konstruktion von einem konstantem Warenkorb ausgegangen wird (z.B. Verbraucherpreisindices wie der *HVPI*).

**Law of one Price**
Siehe Gesetz des einheitlichen Preises.

**Leitkurse**
Die im *EWS II* auf freiwilliger Basis festgelegten bilateralen Paritäten zwischen dem Euro und den nicht an der Währungsunion teilnehmenden Währungen.

**Leitkursanpassungen**
Den am *EWS II* beteiligten Währungsbehörden steht das Recht zu, ein vertrauliches Verfahren zur Überprüfung der Leitkurse einzuleiten. Leitkursanpassungen, sog. *Realignments*, dürfen bei offensichtlichen Fehlentwicklungen nicht ausgeschlossen werden.

**Leitzinsfunktion**
Leitzinsfunktion für den Tagesgeldmarkt kommt dem Zinssatz für das Hauptrefinanzierungsgeschäft zu. Dieses Offenmarktgeschäft hat eine Laufzeit von 14 Tagen. Da es jedoch wöchentlich angeboten wird, stellt es ein nahes Substitut zur Tagesgeldaufnahme am *Interbankengeldmarkt* dar. Während der einzelnen Abschlüsse wirkt die Mindestreserve stabilisierend.

**Liquiditätseffekt**
Tatsache, dass eine expansive Geldpolitik über die Zurverfügungstellung von mehr Liquidität zunächst zinssenkend wirkt.

**Liquiditätslücke**
Die Liquiditätslücke bezeichnet die (logarithmische) Differenz zwischen der tatsächlichen und der gleichgewichtigen Umlaufgeschwindigkeit ($v - v^*$).

**Liquiditätspräferenz**
Siehe Geldnachfrage.

**Liquiditätsprämientheorie**
Die *Erwartungstheorie* der Zinsstruktur vermag nicht zu erklären, warum langfristige Zinssätze normalerweise über den kurzfristigen liegen. Die Liquiditätsprämientheorie interpretiert diese Differenz als Prämie für die mit zunehmender Fristigkeit von Finanzanlagen steigenden Kursrisiken.

**Lohnflexibilität**
Bei einer einheitlichen Geldpolitik und dem Fortfall von Wechselkursen innerhalb der Währungsunion können realwirtschaftliche Divergenzen, vor allem Produktivitätsunterschiede, nicht mehr durch Wechselkurs- und Zinsänderungen abgepuffert werden. Vereinbaren die Tarifparteien eines Mitgliedslandes der EWU etwa über den zu erwartenden realen Produktivitätszuwachs hinausgehende Lohnanhebungen, steigen die Lohnstückkosten. Die negativen Produktions- und Beschäftigungsfolgen können nicht (mehr) im nationalen geldpolitischen (expansive Geldpolitik) und wechselkurspolitischen (Abwertung der eigenen Währung) Alleingang gedämpft werden; die Kontraktion schlägt mithin auf den nationalen Güter- und Arbeitsmärkten durch.
In einer optimistischen Einschätzung wird davon ausgegangen, dass die Tarifparteien diese neuen Ausgangsbedingungen respektieren und eine in Bezug auf die realwirtschaftlichen Bedingungen flexible Lohnpolitik betreiben werden. Die pessimistische Einschätzung geht davon aus, dass die Tarifparteien, speziell die Gewerkschaften, unter Mithilfe der Politik die Beschäftigungsverantwortung auf das Eurosystem zu verlagern versuchen werden. Unter diesem Druck könnte das Eurosystem auf Dauer keine stabilitätsorientierte Geldpolitik durchhalten. Begründet wird diese Befürchtung mit dem Hinweis auf den *Vertrag von Amsterdam*, der die Beschäftigungsförderung zur Angelegenheit von gemeinsamem Interesse der EU-Mitgliedsländer erklärte.

**Lucas-Kritik**
Die vom Nobelpreisträger Robert Lucas formulierte Behauptung, wonach bestehende Relationen zwischen ökonomischen Größen sich aufgrund von (rationalen) Erwartungsanpassungen der Marktakteure verändern, wenn ein Politikwechsel stattfindet.

**Marktfähige Finanzinstrumente**
Unter marktfähigen Finanzinstrumenten, die in M3 enthalten sind, versteht die EZB Geldmarktpapiere, Geldmarktfondsanteile, Repogeschäfte und Schuldverschreibungen mit einer Ursprungslaufzeit von bis zu zwei Jahren.

**M1**
Siehe Geldmenge.

**M2**
Siehe Geldmenge.

**M3**
Siehe Geldmenge.

**Mengennotierung**
Mit Beginn der Stufe 3a der Europäischen Währungsunion erfolgte ein Übergang in der Wechselkursnotierung von der bis dahin üblichen Preisnotierung (z.B. 1 $ = x DM) zur sog. Mengennotierung, bei der die inländische Währung Bezugspunkt ist (z.B. 1 € = x $).

**Mengentender**
Beim Mengentender (*Tenderverfahren*) setzt das Eurosystem vorab den Zinssatz fest, zu dem es bereit ist, Geschäfte abzuschließen. Übersteigt das Bietungsaufkommen den vom Eurosystem angestrebten Zuteilungsbetrag, so werden die Gebote anteilig im Verhältnis des vorgesehenen Zuteilungsbetrages zum Gesamtbietungsaufkommen zugeteilt (sog. *Repartierung*).

**MFI**
Siehe Monetäre Finanzinstitute.

**Mindestbietungssatz**
Ende Juni 2000 ist das Eurosystem dazu übergegangen, die Hauptrefinanzierungsgeschäfte als Zinsstender unter Vorgabe eines Mindestbietungssatzes auszuschreiben. Die Gebote der Kreditinstitute dürfen dabei diesen Mindestbietungssatz nicht unterschreiten. Der *Mindestbietungssatz* übernahm die geldpolitische Signalfunktion für den Tagesgeldsatz, die bis dahin dem Zinssatz für Mengentender zukam.

**Mindestinflationsrate**
Die einheitliche Geldpolitik des Eurosystems kann sich nur auf die Inflationsrate im gesamten Euro-Währungsgebiet konzentrieren. Sie kann nicht zugleich regionale Preisentwicklungen berücksichtigen oder sogar versuchen, diese zu beeinflussen. Solange die nationalen Inflationsraten einiger Länder deutlich über 2 % liegen, müssen somit andere Länder – zur Einhaltung des Inflationsziels von 2 % – Preissteigerungsraten unter 2 % aufweisen. Damit stellt sich die Frage, ob nicht die gemessenen 2 % insgesamt zu ehrgeizig gesetzt sind, da sie für einige Länder unter Umständen Deflationsgefahren heraufbeschwören. Nach dieser Argumentation sollte sich die EZB eine Mindestinflationsrate für die EWU setzen, die diese Gefahren verhindert.

**Mindestreserve**
Die Mindestreserve verpflichtet die Kreditinstitute, für bestimmte Verbindlichkeiten in Höhe eines bestimmten Prozentsatzes (*Mindestreservesatz*) Guthaben beim Eurosystem zu unterhalten.

**Mindestreserveerfüllungsperiode**
Die Mindestreserveerfüllungsperiode beträgt einen Monat. Sie beginnt am 24. des laufenden Monats und endet am 23. des Folgemonats. Dabei dienen beispielsweise die Monatsendstände zum 31.1. als *Mindestreserve-Soll* für die Erfüllungsperiode vom 24.2.–23.3. Die Guthaben der Kreditinstitute beim Eurosystem müssen im Kalendertagesdurchschnitt der Mindestreserveerfüllungsperiode das Mindestreservesoll erreichen (*Durchschnittserfüllung*).

**Mindestreservefunktionen**

- Anbindungsfunktion
  Grundsätzlich bindet die Mindestreserve – gemeinsam mit der Nachfrage nach Banknoten – die Kreditinstitute an die Zentralbank. Die Mindestreserve zwingt die Kreditinstitute – in Höhe der bei der Zentralbank zu haltenden Guthaben – zur Refinanzierung bei ihr und erzeugt so gemeinsam mit dem Banknotenmonopol der Zentralbank erst das Band, damit die anderen Instrumente der Zentralbank greifen können. Dadurch wird auch das Liquiditätsmanagement der Zentralbank erleichtert, da die Mindestreserve für eine stabile Nachfrage nach Zentralbankgeld sorgt.

- Stabilisierungsfunktion (Glättungsfunktion)
  Zum zweiten führt die Mindestreserve in der Ausgestaltung als Durchschnittsmindestreserve zu einer Stabilisierung des Tagesgeldsatzes. Die zur Erfüllung der Mindestreservepflicht notwendigen Zentralbankguthaben brauchen dann nicht von Tag zu Tag in der von der Mindestreserve geforderten Höhe gehalten zu werden. Sie müssen vielmehr nur im Durchschnitt der Kalendertagesendstände einer Erfüllungsperiode dem Mindestreservesoll entsprechen. Dies heißt aber, dass während einer Erfüllungsperiode Mindestreseveunterschreitungen und -überschreitungen miteinander verrechnet werden können. Die Option Überschussreserven mit Reservefehlbeträgen zu verrechnen wird oft als „intertemporale Arbitrage“ oder auch Liquiditätspufferfunktion bezeichnet. Kurzfristig am Tagesgeldmarkt auftretende Anspannungen bzw. Verflüssigungen können durch ein vorübergehendes Unterschreiten bzw. Überschreiten des durchschnittlich zu haltenden Mindestreservesolls abgefedert werden.

**Mindestreservesätze**

Derzeit gibt es im Eurosystem nur einen (positiven) Mindestreservesatz. Er beträgt 2 %. Die Kreditinstitute sind also verpflichtet, für bestimmte Verbindlichkeiten Guthaben beim Eurosystem in Höhe von 2 % der Verbindlichkeiten zu unterhalten.

**Mindestreservesoll**

Grundlage für die Berechnung des Mindestreservesolls, also der Höhe des beim Eurosystem zu haltenden mindestreservebedingten Guthabens, bilden die Monatsendstände der reservepflichtigen Verbindlichkeiten der Kreditinstitute. Das Mindestreservesoll wird durch die Multiplikation der reservepflichtigen Bilanzpositionen mit den *Mindestreservesätzen* ermittelt.

**Mindestreserveverzinsung**

Um das Instrumentarium der Mindestreserve wettbewerbsneutral zu gestalten, werden die Guthaben der Kreditinstitute beim Eurosystem bis zur Höhe des Mindestreservesolls zum (nach Kalendertagen gewichteten) Durchschnittszinssatz der während der *Mindestreserveerfüllungsperiode* abgeschlossenen Hauptrefinanzierungsgeschäfte verzinst. Bei Zinstendern wird hierbei auf den marginalen Zuteilungssatz abgestellt. Guthaben, die das Mindestreservesoll überschreiten (sog. Überschussreserven) bleiben unverzinst.

**Ministerrat**
Der Ministerrat ist wichtigstes Entscheidungsgremium der EU und politisches Entscheidungszentrum. Seine Mitglieder sind Fachminister der nationalen Regierungen (je ein Vertreter pro Land). Er tagt in verschiedenen Zusammensetzungen (z.B. als Rat der Finanz- und Wirtschaftsminister, dem sog. *ECOFIN-Rat*). Die Mitglieder des Rates sind weisungsgebundene Interessenvertreter ihres Landes. Der Vorsitz im Ministerrat wechselt alle sechs Monate nach einer vom Rat einstimmig festgelegten Reihenfolge. Der Ministerrat sorgt für die Abstimmung der Wirtschaftspolitik der Mitgliedstaaten, verabschiedet die von der Kommission vorgelegten Rechtsakte (Richtlinien, Verordnungen), schließt Abkommen mit dritten Staaten und internationalen Organisationen ab und überträgt die Befugnisse zur Durchführung der Vorschriften, die er erlässt, an die EU-Kommission. Auch die Entscheidung über den Beitritt eines neuen Mitgliedslandes trifft zunächst der Rat (zusätzlich ist die Zustimmung durch das Europäische Parlament erforderlich).

**Monetäre Einkünfte**
Nach Art. 32.5 und Art. 33.1 der Satzung des *ESZB* und der *EZB* richtet sich die Verteilung der um die Zinszahlungen auf Einlagen der Kreditinstitute (im Wesentlichen also auf Mindestreserveguthaben) verminderten monetären Einkünfte der nationalen Zentralbanken (*NZB*en) und des Nettogewinns der *EZB* (ggf. nach Abzug von Zuführungen zu einem Reservefonds) nach den voll eingezahlten Anteilen am Kapital der EZB. Bei den monetären Einkünften der nationalen Zentralbanken handelt es sich um Einnahmen aus Vermögenswerten, die nationale Zentralbanken als Gegenposten zum Banknotenumlauf und zu ihren Verbindlichkeiten aus Einlagen der Kreditinstitute halten.

**Monetäre Finanzinstitute**
Zu den monetären Finanzinstituten (MFIs) gehören drei Gruppen: die Zentralbanken, gebietsansässige Kreditinstitute und sonstige Finanzinstitute, deren wirtschaftliche Tätigkeit darin besteht, Einlagen bzw. Einlagensubstitute von anderen Wirtschaftssubjekten als MFIs hereinzunehmen und auf eigene Rechnung Kredite zu gewähren und/oder in Wertpapieren zu investieren. Darunter fallen vor allem Geldmarktfonds.

**Monetary Conditions Index (MCI)**
Indikator für die geldpolitische Ausrichtung, in den i.d.R. ein realer kurzfristiger Zins und die reale Wechselkursentwicklung eingeht.

**Moral Hazard**
Asymmetrisch verteilte Information kann unerwünschte Verhaltensweisen begünstigen, die als Moral Hazard und *adverse Selektion* bezeichnet werden. Bei restriktiver Geldpolitik kann die Kreditvergabe deshalb besonders stark eingeschränkt werden, weil hohe Zinsen manche Kreditnehmer zu „waghalsiger" Kreditverwendung veranlassen könnten („Moral Hazard"). Die getätigten Geschäfte können zwar sehr profitabel sein, bergen jedoch auch ein hohes Kreditausfallrisiko in sich. Da die Kreditgeber nur unvollkommene Informationen über die spätere Verwendung des gewährten Kredits haben, werden sie die Kreditvergabe „zur Sicherheit" eher vermeiden.

**Multi-Indikatoren-Ansatz**
Politik des FED ohne explizites Zwischenziel, bei der realen Variablen eine besondere Rolle zukommt.

**Nabe-und-Speichen-Modell**
Das *EWS II* ist um den Euro konzipiert. Dieser ist sowohl Bezugsgröße als auch Recheneinheit des Mechanismus. Die Währungen sind auf bilateraler Basis mit dem Euro verbunden.

**Nationale Güter**
Siehe nicht-handelbare Güter.

**Natürlicher Realzins**
Siehe gleichgewichtiger Realzins.

**Nicht-handelbare Güter**
Güter, die nicht dem internationalen Wettbewerb ausgesetzt sind und nicht über die nationalen Grenzen hinweg gehandelt werden.

**Nominaler Anker**
Nominale Orientierungsgröße für die Geldpolitik und die (Inflations-)Erwartungen der privaten Marktteilnehmer.

**Nominelle BIP-Steuerung**
Geldpolitisches Steuerungsverfahren, das sich als Zwischenziel auf das nominelle BIP stützt.

**Non-Tradables**
Siehe nicht-handelbare Güter.

**Normale Zinsstruktur**
Siehe Zinsstruktur.

**NZB(en)**
Nationale Zentralbank(en).

**Offenheitsgrad**
Maß für die Bedeutung des Außenhandels für ein Land (z.B. gemessen anhand der Exporte und Importe am BIP).

**Offenmarktgeschäfte**
Bei Offenmarktgeschäften (*Hauptrefinanzierungsgeschäft, Längerfristige Refinanzierungsgeschäfte, Feinsteuerungsoperationen, Strukturelle Operationen*) handelt es sich um geldpolitische Operationen, die auf Initiative der Zentralbank durchgeführt werden. Während ursprünglich unter Offenmarktgeschäften der Kauf und Verkauf von Wertpapieren am offenen Markt verstanden wurde, wird mittlerweile dieser Begriff rein enumerativ gebraucht, d.h. Offenmarktgeschäfte sind diejenigen Geschäfte, die das Eurosys-

tem als solche bezeichnet, ohne dass es sich dabei um Käufe bzw. Verkäufe von Wertpapieren am offenen Markt handeln muss.

**Öffentliches Gut**
Ein öffentliches Gut ist gekennzeichnet durch die Nicht-Anwendbarkeit des Ausschlussprinzips und die Nicht-Rivalität im Konsum. So nehmen z.B. die positiven Auswirkungen staatlicher Konsolidierungspolitik in einer Währungsunion den Charakter eines öffentlichen Gutes an.

**OLS**
Siehe Ordinary Least Squares.

**Operatives Ziel**
Als operatives Ziel strebt das *Eurosystem* durch Einsatz seiner geldpolitischen Instrumente eine bestimmte, als zielkonform betrachtete, Höhe des *Tagesgeldsatzes* (*EONIA*) an.

**Opting-Out-Klausel**
Im Vertrag von Maastricht hatten sich Dänemark und das Vereinigte Königreich eine sog. Opting-Out-Klausel ausbedungen. Nach dieser Klausel konnten diese beiden Länder auch bei Erfüllung der Konvergenz-Kriterien selbst entscheiden, ob sie der Währungsunion beitreten.

**Optionen**
Optionen sind bedingte Termingeschäfte. Der Käufer einer Option erwirbt gegen Zahlung einer Optionsprämie das Recht, den Basiswert (z.B. eine Aktie) in einer bestimmten Menge zu einem im Voraus vereinbarten Preis (Basispreis) zu kaufen (Kaufoption, Call) oder zu verkaufen (Verkaufsoption, Put). Der Verkäufer der Option (Stillhalter) verpflichtet sich gegen eine Prämie, auf Anforderung des Käufers den vereinbarten Basiswert zu liefern (Kaufoption) oder zu beziehen (Verkaufsoption).

**Ordinary Least Squares (OLS)**
Ökonometrisches Verfahren zur Bestimmung der besten Schätzung („best fit") des Zusammenhangs zwischen zwei oder mehreren Variablen. Dabei werden die quadratischen Abweichungen zwischen den tatsächlichen und geschätzten Datenpunkten minimiert.

**Output Gap**
Der Output Gap bezeichnet die (prozentuale) Abweichung des tatsächlichen BIP vom *Produktionspotenzial* oder gleichgewichtigen BIP.

**Outright-Geschäft**
Transaktion, bei der das *Eurosystem* Vermögenswerte definitiv am Markt per Kasse oder Termin kauft oder verkauft.

**Pensionsgeschäfte**
Bei Pensionsgeschäften wird das Eigentum an einem Vermögenswert dem Gläubiger übertragen, wobei die Parteien gleichzeitig vereinbaren, die Transaktion durch eine Rückübertragung des Vermögenswertes zum Ende der Laufzeit des Geschäfts umzukehren.

**Pfandkredit**
Beim Pfandkredit wird dem Gläubiger ein durchsetzbares Sicherungsrecht an den hinterlegten Pfändern eingeräumt, wobei die Sicherheiten im Eigentum des Schuldners verbleiben (Darlehen gegen Verpfändung).

**Phillips-Kurve**
Die ursprüngliche Phillips-Kurve beschreibt die inverse Beziehung zwischen Arbeitslosenquote und Nominallohnänderungsrate. Je höher (niedriger) die Arbeitslosenquote ist, desto geringere (höhere) Nominallohnsteigerungen sind durchsetzbar. In der modifizierten Phillipskurve wurde die Nominallohnänderungsrate in die Inflationsrate überführt. Diese Transformation erfolgt durch Berücksichtigung der Produktivitätsentwicklung, die zur Lohnstückkostenentwicklung führt. Die Preisentwicklung wird sodann mittels eines bestimmten Aufschlagssatzes auf die Lohnstückkosten ermittelt.
Mit der Gegenüberstellung von Arbeitslosenquote und Inflationsrate schien ein wirtschaftspolitischer Zielkonflikt identifiziert zu sein, wonach geringere Arbeitslosigkeit durch mehr Inflation – und umgekehrt – zu erreichen sei. Empirische Erfahrungen legen jedoch nahe, dass dieser „trade off" allenfalls kurzfristig besteht, und zwar solange, wie die inflatorische Entwicklung falsch eingeschätzt wird. Erkennen etwa die Arbeitnehmer, dass Nominallohnerhöhungen wegen Inflationsbeschleunigung tatsächlich Reallohnsenkungen waren, werden sie Lohnkorrekturen durchzusetzen versuchen, die im Falle des Erfolgs die Beschäftigungsgewinne wieder rückgängig machen. Die (langfristige) Phillips-Kurve wird vertikal. Sollten die Wirtschaftssubjekte, die inflatorischen Konsequenzen der expansiven (Geld-) politik von vornherein durchschauen (*rationale Erwartungen*) und ex ante in die Preis- und Lohnbildung einbeziehen, gibt es nicht einmal einen temporären Effekt.

**Potenzielles BIP**
Siehe Produktionspotenzial.

**Pre-Ins**
Nicht an der Währungsunion teilnehmende EU-Länder.

**Preislücke**
Nach dem *P-Stern*-Konzept setzt sich die (logarithmische) Differenz zwischen dem tatsächlichen und dem gleichgewichtigen Priesniveau, die sog. Preislücke ($p - p^*$) zusammen aus der *Liquiditätslücke* ($v - v^*$) und der Kapazitätsauslastung bzw. dem *Output-Gap* ($y^* - y$).

**Preisnorm**
Mittelfristig maximal zu tolerierende Inflationsrate. Dieser Wert wurde z.B. von der Deutschen Bundesbank bis zum Beginn der EWU als höchstens 2 % definiert.

**Preisnotierung**
Wenn beim Wechselkurs die ausländische Währung als Bezugseinheit dient (z.B. 1 $ = x €), spricht man von der Preisnotierung des Wechselkurses.

**Preisstabilität**
Unter Preisstabilität versteht das *Eurosystem* einen Anstieg des *Harmonisierten Verbraucherpreisindex* (HVPI) im gesamten Euroraum von unter 2 % gegenüber dem Vorjahr. Es ist somit nicht die Preisentwicklung in einzelnen Ländern relevant. Sie wird gemessen auf Verbraucherebene, nicht an anderen Preisgrößen (z.B. den Erzeugerpreisen oder dem BIP-Deflator). Des Weiteren impliziert die getroffene Formulierung, dass sowohl eine Inflation (Preissteigerungen über 2 %) als auch eine Deflation (negative Wachstumsraten des HVPI) unvereinbar mit Preisstabilität sind.

**Primärdefizit**
Die laufenden Staatsausgaben (ohne Zinszahlungen auf die Staatsschulden) abzüglich der laufenden Staatseinnahmen (zinsbereinigtes Defizit).

**Produktionspotenzial**
Gesamtwirtschaftliche Produktion, die sich unter Berücksichtigung des technischen Fortschritts mit den jeweils verfügbaren Produktionsfaktoren Arbeit und Sachkapital bei normaler Auslastung erstellen lässt.

**Projektionen**
Die EZB erstellt zwei Mal im Jahr sog. gesamtwirtschaftliche Projektionen. Dabei handelt es sich um *bedingte Prognosen* der Entwicklung bestimmter gesamtwirtschaftlicher Größen (z.B. der Inflation und des Euro-BIP) über einen Zeitraum bis zu zwei Jahren. Sie werden unter der Bedingung unveränderter kurzfristiger Zinsen und Wechselkurse (unveränderter geldpolitischer Kurs) abgeleitet.

**P-Stern („P-Star")**
Ende der 80er Jahre wurde von Mitarbeitern des Federal Reserve Board der Indikator P-Stern („P-Star") entwickelt, der zur theoretischen und empirischen Fundierung des Geldmengen-Preis-Zusammenhangs beitragen sollte.
Der Grundgedanke des Ansatzes ist denkbar einfach: Zusätzliches Geld führt langfristig zu höheren Preisen, sofern es nicht durch eine zunehmende Güterproduktion oder eine höhere Geldhaltung (geringere *Umlaufgeschwindigkeit*) absorbiert wird. Ausgehend von der Quantitätsgleichung wird dasjenige Preisniveau als gleichgewichtig (= P-Stern P*) bezeichnet, das sich bei einem gegebenen Geldmengenbestand M in einer Situation normal ausgelasteter Kapazitäten Y* und einer gleichgewichtigen Umlaufgeschwindigkeit V* einstellen würde (dabei bezeichnen Kleinbuchstaben logarithmierte Größen):

$$P^* = \frac{M \cdot V^*}{Y^*} \quad \text{bzw.} \quad p^* = m + v^* - y^*$$

Für das tatsächliche Preisniveau P (p) dagegen gilt

$$P = \frac{M \cdot V}{Y} \quad \text{bzw.} \quad p = m + v - y$$

Der Unterschied zwischen den tatsächlichen und den gleichgewichtigen Preisen, die sog. *Preislücke* (in logarithmischer Form) ist also gegeben durch

$$(p - p^*) = (v - v^*) + (y^* - y)$$

Die Preislücke $(p - p^*)$ setzt sich zusammen aus der Liquiditätslücke $(v - v^*)$ und der Kapazitätsauslastung bzw. dem Output Gap $(y^* - y)$. Wenn nun die tatsächliche Preisentwicklung im Zeitablauf gegen die gleichgewichtige konvergiert, kann diese Preislücke als Inflationsindikator verwendet werden. Nach der Preislückengleichung ist mit einer Beschleunigung des Preisauftriebs zu rechnen, wenn die Produktionskapazitäten übermäßig ausgelastet sind $(y > y^*)$ und/oder die Umlaufgeschwindigkeit niedriger (die Geldhaltung höher) als im langfristigen Gleichgewicht $(v < v^*)$ ist. Die Preislücke erfasst damit das Inflationspotenzial bereits realisierter Güternachfrage (Nachfrageüberhang) als auch potenzieller Nachfrage (Liquiditätsüberhang).

**Quantitätsgleichung**
Definitorischer Zusammenhang, nach dem der Wert des Transaktionsvolumens in einer Volkswirtschaft der Geldmenge multipliziert mit der Umlaufgeschwindigkeit des Geldes entsprechen muss.

**Rationale Erwartungen**
Unter rationalen Erwartungen wird eine zukunftsorientierte Erwartungsbildung verstanden, in die alle zukunftsrelevanten Informationen unter Einschluss theoretischer Vorstellungen über die Einflussfaktoren der Erwartungsvariablen einbezogen werden. Erwartungsirrtümer entstehen nur rein zufällig oder aufgrund neuer Informationen.

**Reale Geldlücke**
(Logarithmische) Differenz zwischen der tatsächlichen und gleichgewichtigen realen Geldmenge.

**Realer Wechselkurs**
Der preisbereinigte nominale Wechselkurs. Er entspricht dem relativen Preis ausländischer Güter in Einheiten inländischer Güter.

**Realignment**
Siehe Leitkursanpassungen.

**Real Money Gap**
Siehe reale Geldlücke.

**Realwirtschaftliche Strukturunterschiede**
Unterstellt man, dass eine geldpolitische Maßnahme des Eurosystems in allen Mitgliedsländern der EWU eine zeitlich und in der Höhe übereinstimmende Änderung bei den Zinsen unterschiedlicher Laufzeiten bewirkt, so können sich die realwirtschaftlichen Transmissionsprozesse dennoch in Abhängigkeit bestimmter Strukturunterschiede im realen Sektor unterscheiden. Dies gilt einmal hinsichtlich der Branchenstrukturen, da die Zinsempfindlichkeit der Investitionen etwa nach Kapitalintensitäten und Ausrei-

fungszeiten der Investitionen differiert. Unterschiedliche Anteile mehr oder weniger kapitalintensiver Industriezweige in den Mitgliedsländern könnten deshalb für abweichende gesamtwirtschaftliche Zinselastizitäten verantwortlich sein.
Strukturelle Differenzierungen der Wirkungen monetärer Impulse ergeben sich auch durch unterschiedliche Konsum- und Staatsquoten. Da Ausgaben für Konsumgüter und die Ausgaben des Staates relativ zinsrobust sind, ergeben sich bei hohen Anteilen geringere gesamtwirtschaftliche Ausgabenänderungen als Folge zinspolitischer Maßnahmen. Außer solchen quantitativen Strukturen spielen noch spezifische Bedingungen in Teilbereichen der Wirtschaft eine wichtige Rolle. Dies gilt vor allem für die Arbeitsmärkte, die im Unterschied zu Großbritannien, wo Regulierungen abgebaut wurden, in den derzeitigen Mitgliedsländern der EWU – wenn auch unterschiedlich – stark reguliert sind. Geldpolitisch bedeutsam sind diese Regulierungen, weil das Durchwirken monetärer Impulse im realen Sektor, also die Veränderung von Produktion und Beschäftigung behindert wird.
Schließlich können sich aus dem Zusammenspiel von Außenwirtschaftsstruktur und Wechselkurskanal Änderungen im Transmissionsprozess ergeben. Der Zinskanal wird normalerweise durch den Wechselkurskanal verstärkt. Da mit der gemeinsamen Währung der Wechselkurskanal innerhalb der EWU entfällt, fehlt auch dieser Verstärkungseffekt. Es bleibt aber selbstverständlich der Wechselkurskanal für die Beziehungen außerhalb des gemeinsamen Währungsraumes (zu EU-Ländern, die nicht dem Eurosystem angehören, und zu Nicht-EU-Ländern).

**Realzins**
Ein Realzins ist definiert als ein um die erwartete Inflation korrigierter nominaler Zinssatz. Er gibt folglich den realen Ertrag einer Anlage an. Probleme bei der Berechnung von Realzinsen bereiten vor allem die *Inflationserwartungen*, da diese nicht direkt beobachtbar sind. Zunächst ist dabei zu klären, auf welches Inflationsmaß man sich stützen will. Hier kommen z.B. Konsumentenpreise wie der HVPI, der BIP-Deflator oder Erzeugerpreise in Betracht. Um dann in einem zweiten Schritt die Erwartungen abzubilden, kann man sich statistisch-ökonometrischer Verfahren, Umfragedaten oder indexierten Anleihen bedienen. Die Fortschritte auf dem Weg zu niedrigen Inflationsraten, Wechselkursstabilität und einer verbesserten öffentlichen Haushaltslage in den letzten Jahren haben zu relativ niedrigen Realzinsen im Euroraum geführt.

**Rechenschaftspflicht**
Entsprechend dem demokratischen Selbstverständnis vom Parlament als höchstem Souverän wird von Kritikern der bestehenden Regelungen eine weiter gehende demokratische Rechenschaftspflicht des Eurosystems gefordert. Zugleich wird hierin ein Beitrag zur Erhöhung der *Transparenz* gesehen. Nach den Statuten des Eurosystems hat die EZB Informationspflichten (Jahresbericht, vierteljährliche Tätigkeitsberichte, Berichterstattungspflicht des Präsidenten der EZB vor dem Ausschuss für Wirtschaft und Währung des Europäischen Parlaments einmal im Vierteljahr). Das gesetzliche Mindestmaß wird von der EZB jedoch deutlich überschritten (Monatsbericht anstatt Quartalsbericht, Pressekonferenzen, alle zwei Wochen Pressemitteilungen). Die Veröffentlichung

von Protokollen der EZB-Ratssitzungen lehnt das Eurosystem (bislang) mit Verweis auf die Gefahr von Renationalisierungstendenzen der Geldpolitik ab.

**Referenzwert**
Für das Wachstum von M3 veröffentlichte das *Eurosystem* bisher jedes Jahr einen (zeitlosen) Referenzwert von 4½ %, der mit einem inflationsfreien Wirtschaftswachstum vereinbar sein soll. Er wurde aus den gesamtwirtschaftlichen Bestimmungsgrößen Definition von Preisstabilität, mittelfristiger Trend im BIP-Wachstum und trendmäßige Veränderung der *Umlaufgeschwindigkeit* festgelegt und wird am Ende jeden Jahres überprüft.

**Regelbindung**
Orientierung der Geldpolitik an einer geldpolitischen Regel, z.B. der Vorgabe von Geldmengenzielen.

**Rentenmarkt**
Siehe Kapitalmarkt.

**Repartierung**
Zuteilung des Angebots nach Quoten bei Übernachfrage. So sind z.B. die Gebote bei einem Hauptrefinanzierungsgeschäft in der Regel größer als das vom *Eurosystem* als bedarfsgerecht bemessene Zuteilungsvolumen, so dass eine Repartierung nötig wird. Bei einem *Mengentender* werden alle Gebote zu einem einheitlichen Repartierungssatz zugeteilt. Bei einem *Zinstender* dagegen werden allein die Gebote zum marginalen Zuteilungssatz entsprechend repartiert, alle darüberliegenden Gebote (liquiditätszuführende Transaktionen) voll zugeteilt. Darunter liegende Gebote werden nicht berücksichtigt.

**Repogeschäfte**
Bei Repogeschäften, handelt es sich um „echte" Pensionsgeschäfte. Bei echten Pensionsgeschäften überträgt der Pensionsgeber ihm gehörende Vermögensgegenstände (i.d.R. Wertpapiere) an einen Dritten, dem sog. Pensionsnehmer, gegen Zahlung eines bestimmten Betrags. Gleichzeitig wird vereinbart, dass die Vermögensgegenstände zu einem festgelegten späteren Zeitpunkt an den Pensionsgeber zurückübertragen werden müssen. Die Vermögensgegenstände werden weiterhin beim Pensionsgeber in der Bilanz ausgewiesen. In Höhe des Betrages, den der Pensionsgeber für die befristete Überlassung der Vermögensgegenstände vom Pensionsnehmer erhält, muss er eine Verbindlichkeit gegenüber dem Pensionsnehmer ausweisen. Sofern es sich beim Pensionsgeber um ein im Euro-Währungsraum ansässiges Kreditinstitut und beim Pensionsnehmer um eine im Euro-Währungsraum ansässige Nichtbank handelt, wird diese Verbindlichkeit unter der Rubrik „Repogeschäfte" in M3 erfasst. Aus Sicht der Nichtbank handelt es sich dabei faktisch um eine besicherte Termineinlage.

**Rezession**
Die Regelungen des *Stabilitäts- und Wachstumspaktes* beinhalten, dass der *Referenzwert* von 3 % normalerweise nicht überschritten werden darf. Eine Überschreitung kann allerdings hingenommen werden, sofern diese nur ausnahmsweise und vorübergehend

ist. Dies ist bei außergewöhnlichen Ereignissen der Fall, die sich der Kontrolle des Landes entziehen und die gesamtstaatliche Finanzlage schwer wiegend beeinträchtigt haben. Darunter fällt auch eine schwere Rezession. Es wurde festgelegt, dass bei einem Rückgang des realen BIP von über 2 % („außergewöhnlich schwere“ Rezession) in einem Jahr keine Strafen verhängt werden. Liegt der Einbruch zwischen 0,75 % und 2 % („schwere Rezession“), kann der EU-*Ministerrat* die Sanktionen auf Antrag aussetzen. Wenn sich die Wirtschaftstätigkeit um weniger als 0,75 % verringert hat, sichern die Mitgliedstaaten zu, sich nicht auf den Ausnahmezustand zu berufen.

**Risikolose Einbahnspekulation**
Wenn eine Währung in einem fixen Wechselkurssystem unter deutlichem Abwertungsdruck steht, sehen sich Spekulanten, die gegen diese Währung spekulieren, einem praktisch risikolosen Geschäft gegenüber, da eine Aufwertung in einer derartigen Situation ausgeschlossen ist.

**Risikoprämie**
Risikoaufschläge auf Zinsen, sog. Risikoprämien, existieren wegen Bonitäts-, Liquiditäts-, Inflations-, Wechselkurs- und politischen Risiken.

**Rückkaufsvereinbarungen**
Siehe Pensionsgeschäfte.

**Schnelltender**
Siehe Tenderverfahren.

**Schock**
Unerwartete Veränderung eines auf die aggregierte Nachfrage oder das aggregierte Angebot einwirkenden Faktors.

**Schuldenfalle**
Wenn der Realzins größer als die Wachstumsrate der Volkswirtschaft ist, steigt die Staatsverschuldung im Verhältnis zum BIP selbst bei ausgeglichenem Primärsaldo ständig an. Man bezeichnet diese Situation als staatliche Schuldenfalle.

**Schuldenquote**
Der Vertrag von Maastricht sah als ein *Konvergenzkriterium* vor, dass der öffentliche Bruttoschuldenstand 60 % des nominalen Bruttoinlandsprodukts nicht übersteigen sollte. Allerdings ließen die Vertragsbestimmungen einen gewissen Interpretationsspielraum zu. Beim Schuldenstand reichte es auch aus, wenn er hinreichend rückläufig war und sich rasch genug dem Referenzwert näherte. Auch künftige Beitrittskandidaten werden sich diesem Kriterium stellen müssen.

**Seigniorage**
Unter der Seigniorage versteht man die Einnahmen, die der Zentralbank durch das Monopol der Zentralbankgeldschöpfung entstehen und letztlich an den Staat abgeführt werden. Diese Einkünfte sind darauf zurückzuführen, dass die Zentralbank verzinste „Assets“ in Form von Krediten und/oder in- bzw. ausländischen Wertpapieren hält, das

von den Privaten gehaltene *Zentralbankgeld* (*Geldbasis*) dagegen unverzinst (oder niedrig verzinst) ist. Oder anders ausgedrückt: Zentralbankgeld stellt eine Verbindlichkeit der Zentralbank (und letztlich des Staates) dar, der als Aktivposten zinstragende Positionen in gleicher Höhe gegenüberstehen.

**Sicherheiten**
Alle liquiditätszuführenden Operationen des Eurosystems sind mit Sicherheiten zu unterlegen. Die Kreditinstitute können die Sicherheiten als Pfand hinterlegen (*Pfandkredit*) oder durch die Übertragung des Eigentums an Vermögenswerten im Rahmen von *Rückkaufsvereinbarungen* (*Pensionsgeschäfte*) stellen, wobei die Deutsche Bundesbank auf Pfandkredite zurückgreift.

**Signalisierungsstrategie der Zentralbank**
Während beim Tagesgeld das Eurosystem den Zinssatz über seine Operationen unmittelbar steuert, hat es auf die längerfristigen Geldmarktsätze nur mittelbar Einfluss, und zwar über die Erwartungen der Marktteilnehmer bezüglich der künftigen Bedingungen am Tagesgeldmarkt. Der Einfluss der Zentralbank auf die längerfristgen Geldmarktsätze hängt also im Wesentlichen davon ab, dass sie ihren geldpolitischen Kurs klar signalisiert. Der *Signalisierungsstrategie* der Zentralbank kommt somit im Transmissionsprozess eine entscheidende Rolle zu.

**Sonderziehungsrecht**
Das Sonderziehungsrecht (SZR) ist ein internationales Zahlungsmittel im Verkehr zwischen Zentralbanken, das durch die 1. Ergänzung des Abkommens über den Internationalen Währungsfonds am 28.7.1969 geschaffen wurde. Der Wert des SZR bestimmt sich nach den Wechselkursen der wichtigsten internationalen Währungen (US-Dollar, Euro, Japanischer Yen, Pfund Sterling).

**Spätindikator**
Siehe Indikator.

**Speculative Bubbles**
Aufgrund optimistischer Erwartungen kann es zu spekulativen Kapitalbewegungen kommen, die in Zuflussländern zu – sich selbst verstärkenden – Wechselkursaufwertungen und Kurssteigerungen bei Wertpapieren („asset inflation") führen. Es bilden sich spekulative Blasen. Werden die spekulativen Übersteigerungen erkannt und/oder nehmen die Inflationserwartungen zu, kommt es zu gegenläufigen Kapitalbewegungen mit entsprechenden Preis-(Kurs-)Einbrüchen. Die Blasen platzen.

**Spitzenrefinanzierungsfazilität**
Die Spitzenrefinanzierungsfazilität bietet den Kreditinstituten die Möglichkeit, sich über Nacht Liquidität zu einem vorher festgelegten Zinssatz zu beschaffen. Die nationalen Zentralbanken können hier Liquidität auf der Basis von Pensionsgeschäften oder als Pfandkredit zur Verfügung stellen.

**Stabilität der Geldnachfrage**
Die Stabilität der Geldnachfrage bzw. der Umlaufgeschwindigkeit bedeutet, dass sich die Geldmengenentwicklung durch einige wenige Faktoren erklären lässt und die Zusammenhänge im Zeitablauf nicht zu stark schwanken. Empirisch beinhaltet dies zunächst, dass eine langfristige Geldnachfragefunktion existiert. Zudem sollten die geschätzten Koeffizienten nicht zu sehr im Zeitablauf schwanken. Dann lässt sich die Beziehung auch für eine Prognose der Geldmengenentwicklung verwenden. Darüber hinaus bezieht sich Stabilität auf die systematische Beeinflussbarkeit der Geldmengenentwicklung mit Hilfe der Instrumente der Geldpolitik. Und schließlich sollte auch ein längerfristiger Geldmengen-Preis-Zusammenhang feststellbar sein.

**Stabilitätsprogramm**
Länder, die an der Währungsunion teilnehmen, müssen jährliche Stabilitätsprogramme vorlegen. In diesen werden Planungen und Annahmen über die Entwicklung wichtiger ökonomischer Größen im Hinblick auf die Erreichung des im *Stabilitäts- und Wachstumspakt* festgelegten mittelfristigen Ziels eines nahezu ausgeglichenen oder einen Überschuss aufweisenden öffentlichen Haushalts dargestellt. Die Stabilitätsprogramme werden von der *EU-Kommission* und dem Wirtschafts- und Finanzausschuss geprüft.

**Stabilitäts- und Wachstumspakt**
Der Stabilitäts- und Wachstumspakt wurde vom ehemaligen deutschen Finanzminister Theo Waigel initiiert und auf dem EU-Gipfel in Amsterdam Mitte 1997 verabschiedet. Dabei ging es darum, das Verfahren bei einem übermäßigen Haushaltsdefizit zu beschleunigen und zu präzisieren sowie eine dauerhafte und nachhaltige Haushaltsdisziplin zu institutionalisieren. In diesem Pakt verpflichten sich die Mitgliedstaaten, mittelfristig zumindest einen ausgeglichenen Haushalt anzustreben. Dadurch sollten potenzielle Konflikte der nationalen Haushaltspolitiken mit der vergemeinschafteten Geldpolitik begrenzt werden. Dafür müssen die EWU-Länder Stabilitätsprogramme vorlegen. Bei Verstößen können Sanktionen beschlossen werden (z.B. Geldbußen).

**Stagflation**
Gleichzeitiges Auftreten von Rezession und Inflation.

**Standardtender**
Siehe Tenderverfahren.

**Ständige Fazilitäten**
Ständige Fazilitäten (*Einlagefazilität, Spitzenrefinazierungsfazilität*) können die Kreditinstitute jederzeit auf eigene Initiative in Anspruch nehmen. Sie stehen an jedem Geschäftstag zur Verfügung.

**Statische Erwartungen**
Die Erwartungsbildung wird ausschließlich durch die jüngste Entwicklung bestimmt.

**Strukturelles Defizit**
Das um konjunkturzyklische Effekte bereinigte staatliche Haushaltsdefizit.

**Strukturelle Operationen**
Strukturelle Operationen kommen dann zum Einsatz, wenn das Eurosystem die Liquiditätsposition des Finanzsektors gegenüber dem Zentralbanksystem grundsätzlich und dauerhaft verändern will.

**Substitutionseffekte**
Substitutionseffekte stehen im Mittelpunkt der Wirkungsweise des *Zinskanals*. Will das Eurosystem etwa inflationären Tendenzen begegnen und erhöht deshalb die Refinanzierungskosten der Geschäftsbanken, steigt der *Tagesgeldsatz* am *Interbankengeldmarkt*. Diese Verteuerung führt zunächst dazu, dass auch die Zinssätze für kurzfristige Termingelder steigen, da für die einzelne Bank die Einlagen von Nichtbanken ein Substitut zur Aufnahme von Geldmarktmitteln sind. Im Einklang mit den Geldmarktsätzen entwickeln sich auch die Sätze für Spareinlagen. Das Anziehen der Einstandskosten für kurzfristige Gelder löst einen Anstieg der Renditen am Rentenmarkt und bei den längerfristigen Bankpassivazinsen aus, da die Banken versuchen werden, auf die vorläufig noch günstigere Refinanzierung mit längerfristigen Mitteln, also auf den Verkauf von festverzinslichen Wertpapieren am Rentenmarkt auszuweichen. Aus portfoliotheoretischer Sicht (*Zinskanal*) reicht die Substitutionskette über den monetären Bereich hinaus und erfasst auch den realen Sektor.
Erhöhungen der Kapitalmarktzinsen im Gefolge gestiegener Geldmarktzinsen können allerdings durch Stabilitätserwartungen (*Erwartungskanal*) gebremst werden. Bei sinkendem Inflationszuschlag im Kapitalmarktzins und/oder durch induzierten Kapitalimport infolge stabilitätsbedingter Aufwertungserwartungen kann sich sogar eine so genannte inverse Zinsstruktur einstellen, das heißt, dass die Geldmarktzinsen höher als die Kapitalmarktzinsen sind.

**Swap**
Vertragliche Vereinbarung über den Austausch von Zahlungsströmen auf der Basis eines zugrunde liegenden Nominalbetrages. Verbreitet sind vor allem Zins- und Währungsswaps.

**Swapsatz**
Differenz zwischen dem Wechselkurs der Termintransaktion und dem der Kassatransaktion bei einem *Devisenswapgeschäft*.

**Tagesgeldmarkt**
Am *Tagesgeldmarkt* haben die Geschäfte entweder von vornherein eine feste Laufzeit von einem Tag („overnight", sog. Tagesgeld) oder zunächst eine unbestimmte Laufzeit („bis auf Weiteres"), bei der jedoch an jedem Geschäftstag vom Geldnehmer oder Geldgeber mit sofortiger Wirkung gekündigt werden kann (sog. täglich fälliges Geld). Während unter deutschen Banken im Handel untereinander noch täglich fälliges Geld überwiegt, sind im grenzüberschreitenden Handel reine Übernachtkredite Standard.

**Tagesgeldsatz**
Zentraler Ansatzpunkt für die geldpolitischen Instrumente des Eurosystems ist der Tagesgeldsatz am *Interbankengeldmarkt* (*EONIA*). Das Eurosystem strebt am Tagesgeld-

markt den Zins an, den es als zielkonform betrachtet. Dieser Zins ist der Hebel, mit dem der *Referenzwert* für M3 und Preisstabilität erreicht werden sollen.

**TARGET**
Um ein leistungsfähiges Instrument zur operationalen Durchführung der Geldpolitik des Eurosystems, vor allem zur „Verteilung“ von Zentralbankgeld über den Euro-Geldmarkt, bereitzustellen und grenzüberschreitende Zahlungen innerhalb der EU effizient und sicher abzuwickeln, wurde ein Trans-Europäisches Echtzeit-Bruttozahlungssystem für den Euro, abgekürzt TARGET (Trans-European Automated Real-Time Gross Settlement Express Transfer System), eingeführt. Es besteht aus den (15) national eigenständigen Echtzeit-Bruttozahlungssystemen der nationalen Zentralbanken des *ESZB* und dem Zahlungsverkehrsmechanismus der EZB, die miteinander verknüpft sind.

**Taylor-Regel**
Spezielle Form einer geldpolitischen Reaktionsfunktion. Die Regel war als normatives Konzept gedacht. Durch einen Vergleich des tatsächlichen kurzfristigen Zinses mit dem nach der Taylor-Regel abgeleiteten Wert (Taylor-Zins) sollte der Restriktions- bzw. Expansionsgrad der Geldpolitik bestimmt werden. Der sog. Taylor-Zins setzt sich traditionell aus vier Komponenten zusammen:

1. der erwarteten Inflationsrate $\pi^{erw}$,
2. dem realen Gleichgewichtszins $r^*$,
3. einer „Inflationslücke“, d.h. der Abweichung der erwarteten Inflation $\pi^{erw}$ vom Inflationsziel $\pi^{Ziel}$,
4. einer „Produktionslücke“ bzw. einem „Output Gap“ (ygap) als Abweichung der aktuellen realen Produktionstätigkeit y von ihrem Potenzialwert $y^*$.

Werden die Gewichte der Inflationslücke und des Output Gap über die Parameter $\alpha$ und $\beta$ erfasst, ergibt sich für den Taylor-Zins $i^{Tay}$ in kompakter Form folgender Ausdruck

$$i^{Tay} = \pi^{erw} + r^* + \alpha \cdot (\pi^{erw} - \pi^*) + \beta \cdot ygap$$

**Tenderverfahren**
*Offenmarktgeschäfte* des Eurosystems werden normalerweise in Form von Tendern, also im Wege der Ausschreibung durchgeführt. Der Schnelltender unterscheidet sich dabei vom Standardtender zum einen durch eine begrenztere Zahl von Geschäftspartnern, zum anderen durch eine schnellere Abwicklung.

**Term Structure**
Siehe Zinsstruktur.

**Tradables**
Siehe handelbare Güter.

**Transmission (monetärer Impulse)**
Mit Transmission sind die Wirkungszusammenhänge gemeint, die zwischen vom Eurosystem ausgelösten monetären Impulsen einerseits und anderen monetären Variablen wie etwa Zinssätze unterschiedlicher Fristigkeit sowie realen Größen wie Konsum, Investition, Beschäftigung, Produktion und/oder Preisniveau andererseits bestehen. Mit den geldpolitischen Instrumenten bestimmt das Eurosystem die Refinanzierungskosten der Geschäftsbanken im Euroraum einheitlich. Hierdurch wird der Geldmarktzins recht zuverlässig gesteuert, da die Refinanzierungskosten auf den *Interbankengeldmarkt* durchschlagen, d.h. auf die Konditionen, zu denen die Banken untereinander Liquidität handeln.
Trotz des gleichen monetären Impulses werden bei Unterschieden in den anschließenden Transmissionsprozessen geldpolitische Steuerungsprobleme erwachsen. Dies liegt daran, dass es verschiedene, mehr oder weniger komplementäre Übertragungswege gibt und unterschiedliche Gewichte dieser Übertragungswege zwischen den EU-Mitgliedsländern existieren.
Solange die Bedeutung der verschiedenen „Kanäle" (*Erwartungs-, Kredit-, Wechselkurs- und Zinskanal*) und „Effekte" (*Einkommens-, Kapitalkosten-, Substitutions-, Vermögens-, Wechselkurseffekte*) aufgrund länderspezifischer Erfahrungen und institutioneller Bedingungen divergiert, entfaltet die einheitliche Geldpolitik in den EU-Mitgliedsländern unterschiedliche nominale und reale Wirkungen.

**Transparenz der Geldpolitik**
Die Transparenz der Geldpolitik ist eine maßgebliche Bedingung für die Glaubwürdigkeit der Zentralbank und damit auch für den Erfolg der Geldpolitik. Elementare Bestandteile einer transparenten Geldpolitik sind neben der eindeutigen Definition des Endziels Klarheit über die geldpolitische Konzeption bzw. Strategie, Veröffentlichung der entscheidungsrelevanten Informationen und die schlüssige Begründung der Entscheidung. Perfekte Transparenz ist weder für eine Zentralbank selbst noch für die Öffentlichkeit möglich. Deshalb ist entscheidend, dass die Zentralbank die Öffentlichkeit in einem fortlaufenden Kommunikationsprozess informiert und von der Angemessenheit ihrer Geldpolitik überzeugt.

**Überraschungsinflation**
Unerwartete Inflation, d.h. die tatsächliche Inflationsrate liegt über der erwarteten.

**Überschussreserven**
siehe Mindestreserveverzinsung.

**Umlaufgeschwindigkeit**
Verhältnis von nominalem BIP (stellvertretend für das Transaktionsvolumen) und Geldmenge. Ein trendmäßiger Rückgang der Umlaufsgeschwindigkeit, wie er im Euro-Währungsgebiet für M3 auszumachen ist, wird üblicherweise mit dem Vermögenscharakter eines Teils der Geldkomponenten (hauptsächlich der zinstragenden Teile), die nicht nur Transaktionszwecken dienen, erklärt. Dadurch wächst M3 im Trend schneller als das BIP. Dementsprechend ist ein Zuschlag beim inflationsfreien Geldmengenwachstum vorzunehmen, um eine „Geldknappheit" zu vermeiden.

**Unabhängigkeit**
Das Eurosystem ist unabhängig. Die Unabhängigkeit lässt sich in vier Teilaspekte zerlegen.

- Funktionelle Unabhängigkeit: Das Ziel der Gewährleistung der Preisstabilität ist vorrangiges Ziel der Notenbankpolitik.
- Institutionelle Unabhängigkeit: Das Eurosystem ist von Weisungen Dritter unabhängig.
- Personelle Unabhängigkeit: Die Verträge der Organmitglieder haben eine lange Laufzeit.
- Finanzielle Unabhängigkeit: Das Eurosystem kann sich selbst mit den für seine Arbeit erforderlichen finanziellen Mitteln ausstatten.

**Unbedingte Prognosen**
Siehe bedingte Prognosen.

**Uncovered Interest Parity (UIP)**
Siehe Ungedeckte Zinsparität.

**Ungedeckte Zinsparität**
Nach der Ungedeckten Zinsparität müssen sich die erwarteten Erträge einer Anlage in Inlands- bzw. Auslandswährung angleichen.

**Vehikelwährung (Vehicle currency)**
Währung, die in internationalen Transaktionen Verwendung findet, obwohl die Transaktionspartner nicht in dem Land wohnen, in dem diese Währung emittiert wird. Als Vehikelwährung fungiert vor allem der US-Dollar.

**Verantwortlichkeit**
Diese kann sich beziehen auf die Ziele und/oder die Durchführung der Geldpolitik. Das Primärziel Preisstabilität ist dem Eurosystem politisch vorgegeben. Ihm bleibt es allerdings vorbehalten, dieses Ziel inhaltlich auszufüllen. *Unabhängigkeit* von politischen Weisungen besteht hingegen bei der Durchführung der Geldpolitik. Das Europäische Parlament kann weder geldpolitische Entscheidungen umstoßen noch durch vorzeitige Entlassung des Präsidenten Einfluss nehmen. Die für demokratisch verfasste Staaten charakteristische Letztverantwortlichkeit des Parlaments besteht im Falle der Geldpolitik des Eurosystems – wie bei der früheren Deutschen Bundesbank – nicht. Diese Beschränkung des Parlaments beruht wesentlich auf der empirischen Erfahrung eines positiven Zusammenhangs zwischen Preisstabilität und Unabhängigkeit der Zentralbank.

**Vermögenseffekte**
Vermögenseffekte resultieren aus Änderungen der Vermögenswerte. Geldpolitisch ausgelöste Zinssteigerungen führen über Substitutionsprozesse (*Substitutionseffekte, Zins-*

*kanal*) zu Kursverlusten bei finanziellen Aktiva (festverzinsliche Wertpapiere, Aktien). Diese Vermögensverluste dämpfen die investive und die konsumtive Nachfrage.

**Vertrag von Maastricht**
1991 billigte der Europäische Rat den Vertrag von Maastricht. Dieser Vertrag trat nach Abschluss der innerstaatlichen Ratifikationsverfahren am 1. November 1993 in Kraft. Der Maastrichter Vertrag erweiterte die Bestimmungen des EWG-Vertrages um Vorschriften über die stufenweise Weiterentwicklung der Gemeinschaft zu einer Wirtschafts- und Währungsunion und führte zu einer Umbenennung des EWG-Vertrages in einen Vertrag über die Europäische Gemeinschaft (EG-Vertrag).

**Vertrag von Amsterdam**
Im Vertrag von Amsterdam, der im Oktober 1997 vom Europäischen Rat in Amsterdam beschlossen wurde und der zum 1. Mai 1999 in Kraft trat, wurde der EG-Vertrag um ein Kapitel zur Beschäftigungspolitik ergänzt und die Rolle des Europäischen Parlaments gestärkt. Auch wurde der gesamte Vertragstext des EG-Vertrages neu strukturiert.

**Vertrag von Nizza**
Das Treffen des Europäischen Rats in Nizza im Dezember 2000 brachte eine Weiterentwicklung des EG-Vertrages. Es wurden institutionelle Änderungen vereinbart, um neue Länder aufnehmen zu können. Der „Vertrag von Nizza" muss noch durch die Parlamente aller Mitgliedstaaten ratifiziert werden. Die wichtigsten institutionellen Änderungen betreffen die Neugewichtung der Stimmen im Rat, die Größe und Neuorganisation der Kommission, den Übergang zur Entscheidung mit qualifizierter Mehrheit bei einer Reihe von Fragen sowie das Europäische Parlament (Größe und Sitzverteilung).

**Volkswirtschaftliche Gesamtrechnung (VGR)**
Systematische rechnerische Erfassung und Darstellung der Wirtschaftstätigkeiten von inländischen Wirtschaftseinheiten für eine abgelaufene Periode.

**Vollkommene Kapitalmobilität**
Bei vollkommener Kapitalmobilität bestehen keine Kapitalverkehrsbeschränkungen über die Grenzen hinweg. Dies heißt, es existieren keine Restriktionen für die internationale Mittelaufnahme und Mittelvergabe. In der EU sind seit der ersten Stufe der *EWWU* und nach dem Auslaufen einiger Übergangsbestimmungen inzwischen alle Kapitalverkehrsbeschränkungen abgeschafft.

**Währungsreserven**
Gold- und Fremdwährungsbestände des Eurosystems.

**Währungssubstitution**
Aktives Wechseln zwischen unterschiedlichen Währungen aufgrund veränderter Ertrags-Risiko-Konstellationen.

**Wechselkurseffekte**
Außer den geldpolitisch ausgelösten internationalen Kapitalbewegungen und den hierdurch wechselkursbedingten Änderungen von Exporten und Importen (*Wechselkurs-*

*kanal*) gibt es noch Wechselkurseffekte im Sinne von *Einkommens-* und *Vermögenseffekten.* Nachfragedämpfende Wirkungen erwachsen im Falle einer Aufwertung der heimischen Währung und bei Vorliegen einer Netto-Gläubigerposition gegenüber dem Ausland einmal daraus, dass aus ausländischen Vermögensanlagen fließende Einkommensströme (z.B. Zinszahlungen, Dividenden) sich in inländischer Währung vermindern. Zum anderen sinken – in inländischer Währung gerechnet – die Vermögenswerte der in ausländischer Währung gehaltenen Aktiva. Die eine restriktive Geldpolitik unterstützenden Wechselkurseffekte gelten analog für eine expansive Geldpolitik.

**Wechselkurskanal**
Durch restriktive Geldpolitik ausgelöste Zinserhöhungen führen über induzierte Kapitalbewegungen tendenziell zu einer Aufwertung, durch expansive Geldpolitik ausgelöste Zinssenkungen zu einer Abwertung der heimischen Währung. Hierdurch verändern sich die Preise handelbarer Güter: Bei einer Aufwertung werden Exporte teurer und Importe billiger. Die im Inland wirksam werdende Nachfrage schwächt sich ab. Die restriktive Geldpolitik wird also durch die induzierten Wechselkursänderungen unterstützt. Analoges gilt für die expansive Geldpolitik.
Innerhalb der EWU existiert selbstverständlich kein Wechselkurskanal mehr, gegenüber Drittländern bleibt er gleichwohl relevant. Da die außenwirtschaftliche Verflechtung mit Drittländern zwischen den EU-Ländern divergiert, werden vom Eurosystem geldpolitisch ausgelöste Wechselkursänderungen unterschiedliche Rückwirkungen auf die Export- und Importströme in den Mitgliedsländern haben.

**Wechselkurskriterium**
Der Vertrag von Maastricht (bzw. von Amsterdam) sieht als ein *Konvergenzkriterium* eine spannungsfreie Teilnahme am EWS-Wechselkursmechanismus innerhalb der letzten zwei Jahre vor der Konvergenzprüfung vor. Auch künftige Beitrittskandidaten werden sich diesem Kriterium stellen müssen, wobei nun der *Wechselkursmechanismus II* (EWS II) als Bezugspunkt dient.

**Wechselkursmechanismus II (EWS II)**
Für EU-Mitgliedstaaten, die sich für eine Teilnahme an der Währungsunion zum 1.1.1999 noch nicht qualifizieren konnten bzw. noch nicht an der Währungsunion teilnehmen wollten, ist die Möglichkeit vorgesehen, ihre Währungen über den Wechselkursmechanismus II an den Euro anzubinden. Derzeit nimmt die dänische Krone mit einer Bandbreite von +/– 2¼ % teil.

**Wechselkursziel**
*Geldpolitische Strategie*, die über die Wahl eines Wechselkurses gegenüber einer ausgewählten Währung oder einem Währungskorb als *Zwischenziel* die Inlandswährung an eine als wertstabil anerkannte ausländische Währung koppelt. Über die Entscheidung für eine externe Orientierungsgröße soll Stabilität aus dem Ausland importiert werden. Deshalb bezeichnet man sie auch als „externen nominalen Anker“.

**Wertpapierpensionsgeschäfte**
Siehe Pensionsgeschäfte.

**Werner-Plan**
Im Verlauf der zweiten Hälfte der 60er Jahre kam es zu zunehmenden Spannungen im Weltwährungssystem. Deshalb schien eine engere wirtschafts- und währungspolitische Zusammenarbeit immer notwendiger. Im Februar 1969 legte die *EU-Kommission* deshalb ein Memorandum vor. Darauf aufbauend erarbeitete eine Arbeitsgruppe unter Leitung des damaligen luxemburgischen Ministerpräsidenten Werner einen Plan zur Gründung einer Wirtschafts- und Währungsunion. Auf der Grundlage dieses sog. Werner-Plans verabschiedete der Ministerrat 1971 eine Grundsatzentscheidung über die Verwirklichung der Wirtschafts- und Währungsunion in drei Stufen bis zum Jahr 1980. Da es nach dem Zusammenbruch des Bretton-Woods-Systems und vor dem Hintergrund der Ölpreiskrise jedoch nicht gelang, einheitliche Zielvorstellungen über eine gemeinsame Stabilitätspolitik zu formulieren, scheiterte dieser Anlauf zu einer Wirtschafts- und Währungsunion.

**Wirtschafts- und Finanzausschuss**
Beratendes Gremium auf EU-Ebene, das mit Beginn der Währungsunion den zuvor bestehenden Währungsausschuss ablöste. Jeder Mitgliedstaat sowie die EU-Kommission und die *EZB* ernennen jeweils höchstens zwei Mitglieder. Seine Aufgaben sind im EG-Vertrag geregelt. Darunter fallen u.a. die Beobachtung der Wirtschafts- und Finanzlage der teilnehmenden Länder.

**Zielkorridor**
Aus den drei Komponenten Wirtschaftswachstum, Preisnorm und Umlaufgeschwindigkeit errechnete sich das stabilitätsgerechte Geldmengenziel der Bundesbank. Sie verfolgte jedoch kein Punktziel, sondern legte um diesen Wert einen sog. Zielkorridor (z.B. ± 1 Prozentpunkt).

**Zinskanal**
Mit dem „Zinskanal“ werden direkte und indirekte binnenwirtschaftliche Zinswirkungen geldpolitischer Maßnahmen beschrieben. Mit den direkten Zinswirkungen ist der *Kapitalkosteneffekt* gemeint. Dieser entsteht dadurch, dass im Gefolge einer Änderung der Geldmarktzinsen durch die Zentralbank sich auch die Kreditzinsen (und damit die Kreditkosten) gleichgerichtet ändern. Im Mittelpunkt der indirekten Zinswirkungen stehen in portfoliotheoretische Vorstellungen eingebettete *Substitutionseffekte*. Entsprechend dem Rationalkalkül wird davon ausgegangen, dass Banken und Nichtbanken eine rendite-risiko-gesteuerte Zusammensetzung ihres aus Finanz- und Sachaktiva bestehenden Vermögens derart anstreben, dass durch Umschichtungen zwischen den Aktiva keine Ertrags-Risiko-Verbesserung des Gesamtvermögens mehr möglich ist (optimales Portefeuille). Wenn beispielsweise im Gefolge restriktiver geldpolitischer Maßnahmen die kurzfristigen Zinsen steigen und damit das Verhältnis der Ertragsraten sich ändert, werden die Geschäftsbanken zur Wiederherstellung des Portfoliogleichgewichts (bei gegebenem Risiko) langfristige Wertpapiere verkaufen, so dass auch die Kapitalmarktzinsen steigen. Die Nichtbanken werden als Folge der Zinssteigerungen eine Umschich-

tung der finanziellen Mittel zu längerfristigen Anlagen (Geldkapital, festverzinsliche Wertpapiere) vornehmen. Die Umschichtungen werden auch auf das Sachkapital übergreifen, das angesichts der Renditesteigerung bei langfristigen Finanzanlagen weniger attraktiv ist. Für die Haushalte hat dies letztlich eine rückläufige Nachfrage beispielsweise nach Eigentumswohnungen und nach langlebigen Konsumgütern wie etwa Möbel und Autos zur Folge. Für die Unternehmen gewinnen Finanzanlagen bei steigenden Zinsen gegenüber Investitionen in Sachkapital relativ an Attraktivität, was die Investitionsgüternachfrage dämpft.

**Zinskorridor**
Reicht die stabilisierende Wirkung der Mindestreserve (*Mindestreservefunktionen*) nicht aus und ergreift das *Eurosystem* keine *Feinsteuerungsmaßnahmen*, so findet der Tagesgeldsatz beim Zinssatz für die *Spitzenrefinanzierungsfazilität* seine Obergrenze. Die Spitzenrefinanzierungsfazilität ist mengenmäßig nicht begrenzt, soweit hinreichend Sicherheiten gestellt werden können. Die Kreditinstitute können von sich aus auf sie zugreifen. Da das Bankensystem normalerweise über ausreichend Sicherheiten verfügt, stellt der Zinssatz für die Spitzenrefinanzierungsfazilität eine wirksame Obergrenze für den Tagesgeldsatz dar. Keine Bank wird nämlich bereit sein, am Interbankengeldmarkt einen höheren Zins für eine Mittelaufnahme zu zahlen, als sie dafür bei der Zentralbank bezahlen muss. Als Untergrenze fungiert der Zinssatz, den das Eurosystem für Einlagen im Rahmen der *Einlagefazilität* vergütet, da eine einzelne Bank am Interbankengeldmarkt Zentralbankguthaben nicht zu einem Zins verleihen wird, der unterhalb des Satzes liegt, den die Zentralbank für eine entsprechende Anlage zu zahlen bereit ist. Somit ergibt sich ein Zinskorridor für den Tagesgeldsatz, festgelegt nach oben durch den Spitzenrefinanzierungssatz, nach unten durch den Einlagesatz.

**Zinskriterium**
Der Vertrag von Maastricht (bzw. von Amsterdam) sieht als *Konvergenzkriterium* vor, dass der langfristige Zinssatz, gemessen am durchschnittlichen Nominalzinssatz für langfristige (zehnjährige) Staatschuldverschreibungen oder vergleichbare Wertpapiere, im Verlauf des Jahres vor der Konvergenzprüfung einen bestimmten Referenzwert nicht übersteigen darf. Dieser Referenzwert liegt um 2 Prozentpunkte über dem ungewogenen arithmetischen Mittel der langfristigen Zinssätze der drei preisstabilsten EU-Mitgliedsländer. Auch künftige Beitrittskandidaten werden sich diesem Kriterium stellen müssen.

**Zinsspread**
Zinsdifferenz zwischen einem lang- und einem kurzfristigen Zins.

**Zinsstruktur**
Üblicherweise versteht man unter der Zinsstruktur die Fristigkeitsstruktur („term structure") der (nominalen) Zinssätze. Das heißt, es geht um Zinssätze oder Renditen von (vergleichbaren) Wertpapieren, die sich nur in der Restlaufzeit unterscheiden. Aus Vereinfachungsgründen beschränkt man sich häufig nur auf die Differenz zwischen einem langfristigen (z.B. dem Zins von Staatsanleihen) und einem kurzfristigen Zins (z.B. dem Dreimonatszins), der sog. Zinsdifferenz oder dem Zinsspread. Man spricht von einer nor-

malen Zinsstruktur, wenn die langfristigen Zinsen über den kurzfristigen liegen. Im umgekehrten Fall liegt eine inverse Zinsstruktur vor. Die Zinsstruktur kann als Konjunktur-, Inflations- und Glaubwürdigkeitsindikator für die Geldpolitik nützliche Informationen liefern. Sie wird auch vom Eurosystem im Rahmen der zweiten Säule der geldpolitischen Strategie aufmerksam verfolgt.

**Zinstender**
Der Zinstender zeichnet sich dadurch aus, dass die Kreditinstitute neben der Betragshöhe auch den Zinssatz nennen müssen, zu dem sie bereit sind, Offenmarktgeschäfte mit dem Eurosystem abzuschließen. Bei Zinstendern kann das Eurosystem die Zuteilung entweder zu einem einheitlichen Satz oder zu den individuellen Bietungssätzen vornehmen (*Zuteilungsverfahren*).

**Zuteilungsverfahren**
Erfolgt im Rahmen des Zinstenders die Zuteilung zu den individuellen Bietungssätzen der Kreditinstitute, so spricht man vom „amerikanischen Zuteilungsverfahren", erfolgt sie zu einem einheitlichen Satz, so handelt es sich um das sog. „holländische Zuteilungsverfahren". Beim holländischen Zuteilungsverfahren werden (bei liquiditätszuführenden Transaktionen) alle akzeptierten Gebote zum niedrigsten vom Eurosystem noch akzeptierten, also dem marginalen Bietungssatz, abgerechnet.

**Zwei-Säulen-Konzept**
Der publizierte *Referenzwert* für M3 und die auf breiter Grundlage erfolgende Beurteilung der Preisperspektiven im Rahmen der geldpolitischen Strategie des Eurosystems.

**Zweistufige Strategie**
Siehe Zwischenziel.

**Zwischenziel**
Operiert die Geldpolitik mit einem Zwischenziel (z.B. der Geldmenge), bezeichnet man dies *als zweistufige Strategie*, da sie sich zur Erreichung des *Endziels* auf eine weitere Variable – eben das Zwischenziel – konzentriert, die sie eher kontrollieren kann. Eine sinnvolle Zwischenzielgröße sollte dabei einen im Zeitablauf stabilen Zusammenhang zum *Endziel* aufweisen.

**Zyklisches Defizit**
Das aufgrund eines konjunkturellen Abschwungs entstehende staatliche Haushaltsdefizit.

# 4 Stichwortverzeichnis

**N**



**O**



**P**



**Q**



**R**